JN262040

モンゴル覇権下の高麗

帝国秩序と王国の対応

Masahiko Morihira
森平雅彦……【著】

名古屋大学出版会

モンゴル覇権下の高麗　目次

凡例

一、史料原文の引用には新字体を使用する。ただし一つの新字体が複数の旧字体に対応する場合など、一部に例外もある。
一、引用史料の原文・訳文中の［ ］は細註、……は省略をあらわす。
一、引用史料の原文・訳文に付した傍点・傍線は筆者による。
一、史料訳文中の（＝ ）は筆者による注記、〔 〕は筆者による補足をあらわす。
一、史料訳文中で囲み線を付した語句は、原文の用語をそのまま使用していることをとくに強調したものである。
一、引用史料の冒頭に付したアルファベットは筆者が整理のため便宜的につけたものである。同一章内ではそのアルファベットにより当該史料を〝史料A〟のごとく指称する。
一、行論中の紀年は西暦を主とし、高麗・モンゴル関係の展開時期については、原則として、これに高麗の国王在位紀年、およびモンゴル皇帝在位紀年（憲宗モンケまで）ないし元の年号紀年（世祖クビライ以降）を適宜付記する（例：一二七五（忠烈王元／至元一二）年）。史料の記載により表示する場合には適宜いれかえる（例：忠烈王元（至元一二／一二七五（忠烈王元／至元一二））年）。その他の時期に関しては、史料の記載にもとづく以外、主として西暦に朝鮮史上の国王在位紀年を適宜付記する。なおいうまでもないが、太陽暦である西暦の一年は太陰太陽暦の一年と月・日のレベルで完全に一致するわけではない。本書において前近代の紀年に関して使用する西暦は、従来東洋史学で慣例的におこなわれてきた〝目安〟の表示である。
一、高麗の国王在位紀年は、同時代では即位称元法が一般的だったとみられるが、本書では便宜上、朝鮮時代の官撰史書にして高麗史研究の基本史料である『高麗史』『高麗史節要』が採用する踰年称元法による。
一、巻末に引用・参照文献を一括掲載し、各章の註で個々の文献に言及する際には、編著者名と刊年により、たとえば森平［二〇〇八］のごとく記す。
一、史料年代が必ずしも周知されていない金石文の実物や、後代の族譜等に収載されたその録文資料については、撰述年次と撰者をとくに付記した。

序　章　高麗・元関係史研究の意義と課題

一　高麗・元関係史研究の意義と本書の視座

高麗は、九一八年から一三九二年まで、あしかけ四七五年間の長きにわたり朝鮮半島に存在した王朝である。朝鮮半島における人類の営みの歴史を探究するうえで、枢要な研究対象であることはいうまでもなく、これまで多くの先学によって多角的に分析がすすめられてきた。本書はこの高麗の歴史のうち、一三世紀後半～一四世紀半ばにおける元朝期のモンゴル帝国、すなわち世祖皇帝クビライにはじまる大元大モンゴル国（Dai-ön yeke mongγol ulus）――以下、本書では元または大元ウルスと指称する[1]――との国家間関係について、基本的な構造を解明しようとするものである。

その冒頭にあたり、本節では、かかる研究テーマをとりあげることの基本的な意義と、本書の課題についてのべたいとおもう。まずは高麗史全体の流れのなかで、この問題がどのような位置にあるのかを確認しておこう。

九一八（太祖元）年の建国後、九三六（太祖一九）年にいたって新羅末期の後三国（新羅、後百済、泰封→高麗）分立状態に終止符をうった高麗は、その最初期には王権に脆弱性をかかえていたが、一〇世紀半ば以降、中国の唐・宋の制度を参酌し、これに独自性をくわえて漸次体制整備をすすめ、一一世紀後半までに中央集権的な官僚制国家をきずきあげた。国内では王都開京（現・黄海北道開城市）において貴族的な門閥官僚を中心に文治主義がさかえ、中国古典にもとづく学術・文芸や、仏教、また高麗青磁に代表される文化がはなひらいた。そして宋・契丹・西夏・女真・日本といった諸政権・諸民族がおりなす多極化した東方ユーラシアの国際環境のもと、後唐・後晋・後周・北宋・遼・金といった大陸の歴代王朝に対し、称臣、朝貢して王位の承認（冊封）をうける現実路線の事大形式の外交を展開する一方、その国制にみずからの君主を天子・皇帝に比擬する内容を有し、周辺異域に対する王化の波及を標榜するなど、独特な国家姿勢を示したことが注目される。(2)

こうして確立されてきた高麗の古典的体制(3)は、しかし一二世紀にははやくも動揺をみせるようになる。とりわけ一一七〇・七三（毅宗二四・明宗三）年の武臣による宮廷クーデタ事件（庚寅・癸巳の乱）をきっかけに、朝鮮史上まれにみる武臣執権期がその後一世紀間にわたってつづく。それは既存の王朝を否定するまでの革新性こそもたなかったが、文臣優位の伝統はもとより、良賤の身分秩序までをもゆりうごかす、新たな可能性をはらんだ社会変動をともなっていた。

しかし、こうして高麗の社会が新たなステージにはいったとき、その目の前にあらわれ、歴史展開に大きく作用したのが、ほかならぬモンゴル帝国だった。モンゴル高原の遊牧諸部族を統合したチンギス・カンが一二〇六（熙宗二／太祖チンギス元）年に帝位につくと、ほどなく金朝治下の華北・遼東地方への経略を開始するが、その過程で朝鮮半島に逃れた契丹人集団を追撃して、一二一八（高宗五／太祖チンギス一三）年、はじめてモンゴル軍が高麗と接触する。これをきっかけに両国の通交がはじまるが、モンゴル側のあいつぐ貢物要求に高麗政府が不満をつのらせるなか、一二二五（高宗一二／太祖チンギス二〇）年のモンゴル使遭難事件をきっかけに、通交はいったん途絶する。そして一二三一（高宗一八／太宗オゴデイ三）年から五九（高宗四六／憲宗モンケ九）年にかけて、モンゴル軍の大規模な軍事侵攻が断続的にくりかえされた。この侵攻は当初、一二二五年の使者の遭難を高麗による殺害と断じ、その問罪を名目に開始されたが、基本的にはモンゴル帝国がその各時期においてユーラシアの東西で広範に推進していた征服戦争と並行、連動する動きだったとみられる。

これに対して高麗では、ときの執権武臣崔氏の主導下で王都を開京から江華島にうつし、地方では海島や山城への「入保」（籠城）を命じて、あしかけ二九年の長きにわたって抵抗をつづけた。しかし積極的な事態打開策をみいだせぬまま住民被害が拡大するなか、崔氏政権は円滑な権力継承の失敗もあって徐々に求心力を失っていき、一二五八（高宗四五／憲宗モンケ八）年、宮廷クーデタによって打倒される。

かくして高麗は抗戦の責任を崔氏におしつける形でモンゴルとの本格的な講和交渉にふみだし、一二五九（高宗四六／憲宗モンケ九）年、王太子倎（のちの元宗）が父王高宗にかわる降使としてときの皇帝憲宗モンケのもとへとむかった。しかしその途上、モンケは急死し、その弟クビライとアリク・ブケとのあいだに帝位継承をめぐる対立が表面化する。かかる状況下で太子倎がクビライのもとに帰参した結果、一二六〇（元宗元／中統元）年より高麗はその政権である元に臣属することとなった。武臣執権勢力は崔氏失脚後も金俊・林衍らのもとで命脈をたもっていたが、一二七〇（元宗一一／至元七）年に元の圧力のもとで完全崩壊する。こうして〝王政復古〟をはたした国王を中心に、高麗は元との緊密な関係のもと、その後約一世紀間にわたって史的展開をとげることになる。元・高麗軍が一二七四（元宗一五／至元一一）・八一（忠烈王七／至元一八）年の二度にわたって日本に侵攻したのもこのときだった。

やがて一三五六（恭愍王五／至正一六）年、ときの恭愍王は求心力にかげりのみえはじめた元の直接的な影響下から離脱をはかり、対元関係のなかで変容した王権と統治体制の再建をすすめていく。こうした高麗の試みは、その後、元（北元）や明との外交戦、紅巾軍や倭寇の侵奪、国内反対勢力の抵抗など、流動化した内外情勢への対応におわれるなか、必ずしも十分な成果をあげられなかったが、しかしそのなかから、朱子学の理念を標榜する改革派官僚が成長していき、やがて事態は一三九二（恭譲王四／朝鮮太祖元）年の王朝変革へと展開していく。

以上のように対元関係は、一三世紀後半〜一四世紀半ばの高麗国家史を大きく特徴づける事象の一つであった。もとより前述のように、高麗が大陸の王朝に対して事大外交をおこなうこと自体はその最初期からみられた現象である。しかし元以前のそれは基本的に外交上の〝形式〟であり、冊封宗主国の干渉が高麗の国内問題にまで直接およぶことはなかった。これに対して元との宗属関係は、無限定ではないにせよ、相当レベルの実質性をともない、これを背景とする対元関係の影響は、国内の政治・社会・経済・文化の諸方面に幅広くおよんだ。たとえば武臣執権期の終焉という高麗政治史上の一大軌道変更は象徴的な出来事である。つまり対元関係は、単に国際関係史上のひとこまであるにとどまらず、当時の高麗史全般を理解するうえで関鍵となる研究テーマなのである。

それゆえ高麗史の時期区分として、この時期については密接な対元関係を指標として前後の時期と区別することが可能であり、現在この分野をリードしている大韓民国（以下では韓国と称する）の学界でも、「元干渉期」という呼称が一般化している。ただ筆者としては、高麗が元からうけた影響の形態・局面の多様性、および双方向的な交流の様態からみて、これを高麗の従属的・受動的側面が強調されがちな「干渉」という用語に代表させることがふさわしいとは、必ずしもおもえない。以下ひとまず本書では、かかる影響の背景として元との一定の実質性をともなう宗属関係が維持された期間という意味で、「事元期」という呼称を用いることにしたい[4]。具体的には高麗がクビライ政権と講和した一二六〇年から、恭愍王が離元政策を開始する一三五六年までのあしかけ九七年間に相当する。

この事元期は、高麗後期のみならず、さらに中・長期的な歴史変動のなかでも重要な位置を占めると考えられる。一一世紀後半までに整備されてきた高麗の古典的体制は、その後、武臣執権期、事元期を通じて変容し、再編され、高麗末・朝鮮初の変革を経て、一五世紀後半までに新たな古典として『経国大典』に大成される。この高麗・朝鮮両王朝における二つの古典的体制確立期のはざまにあって、事元期は多くの重要な画期に関わっていると考えられるのである。二、三の事例をあげてみよう。

まず政治面について。前述のごとく高麗はその国制に自国の君主を天子・皇帝に比擬する内容をふくんでいたが、かかる〝僭擬〟は一三世紀末に元の詰責をうけて大きく変更される。すなわち皇帝傘下の諸侯国にみあった格式に降等されるのだが、このような国家体制はのちの朝鮮朝にもうけつがれる。またこのとき、唐・宋の制に準拠した最高中枢機関である中書・門下・尚書の三省（中書門下省と尚書省の二省説もある）が僉議府（のちに僉議使司、都僉議使司と改称）に統合され、機密顧問にあずかる枢密院も密直司に改称された。そして、これらの機関の宰相たちの会議（合坐）が、従来「軍国重事」に関する一部の宰相の特任機構であった都兵馬使と一体化することにより、単独の最高議決機関としての都評議使司がうまれる。(5) これは朝鮮朝の最高機関である議政府の前身となるものであった。(6)

経済面では、高麗前期、王朝政府は官僚をはじめとする権力構成員に対する土地分給制度として田柴科を整備したが、後期には国王から下賜される賜給田などの手段を通じた権勢家の土地兼併・奪占の影響もあり、これが機能不全におちいる。そこで朝鮮朝の建国勢力は、高麗滅亡直前の一三九一（恭譲王三）年、事実上新政権の看板政策の一つとして、旧来の土地権益を整理し、新たな土地分給制度として科田法をうちだす。この間、土地の兼併・奪占がもっとも盛行したのは事元期だったといわれるが、当時その要因の一つである賜給田が盛行した背景には、対元関係の影響のもと、現役の国王と、引退した前国王、王世子、場合によってはその他の有力王族とのあいだで王座をめぐる分派党争が頻発するなか、各国王がみずからの権力基盤をかためるため、その支持勢力に対してかかる経済給付をさかんにおこなったことが関係するとみられる。(7)

また文化面では、高麗支配層が為政者の素養として儒教を重んじつつ護国の道として仏教をあつく信仰したのに対し、朝鮮朝では王権イデオロギーから仏教を排し、儒教、とりわけ南宋の朱熹が大成した朱子学を体制教学とした。この朱子学が朝鮮半島に本格的に伝えられたのは、まさに事元期のことだった。そしてその促進要因の一つとして、国家間関係を媒介とする元とのヒトおよび文物の交流や、科挙の復活・学校の振興といった元の儒学関連政策が高麗にも波及したことなど、密接な対元関係そのものが関わっていた。(8)

このように対元関係は、高麗前期から朝鮮前期にいたる中・長期的な社会変動のなかで多くの重要な変化に関わっていると考えられる。しかし朝鮮半島社会に対する対元関係の影響とその歴史的意義については、なお全容解明にはほど遠い状況である。その原因は何より、対元関係そのものが十分なレベルで精密かつ体系的に解明されていない点にある。もとより対元関係は国家レベルから民間レベルまで多岐にわたるが、ことの発端がそうであるように、国家間関係がその基軸となることは大筋でみとめられよう。もちろんそれがみかけにすぎない部分もあるだろうが、どこまでが外見で、どこまでが内実であるかをみきわめるためにも、まずは国家間関係を詳細かつ体系的に把捉しておきたい。そしてその核心は、人々の行動に一定の準則・枠づけをあたえる制度化・慣例化された事項であり、とりわけ王朝を代表する国王・王室をめぐるそれがもっとも基本的な骨格となる。

以上の観点から本書では、高麗・元関係を形づくる基幹中の基幹として、両国の国家間関係における高麗王および高麗王室の位置づけに関わる制度・慣例上の事項を、詳細かつ体系的に明らかにすることを当面の課題とする（以下ではとくにことわらず高麗・元関係とのべた場合、両国の国家間関係をさすものとする）。これは必ずしも対元関係における高麗人の行動実態や内心のホンネを直接論じるものではなく、基本的には、その前提としてのタテマエや形式の部分を把握しようとするものである。元側が上位にたつ関係形式を論じる以上、元側からみた対高麗関係を論じるかのごとき様相を呈することもあるが、あくまで高麗が対元関係を構築するうえでの基礎条件として、この問題をとりあげる次第である。

このように本書は、一義的に高麗社会、ひいては朝鮮半島社会の史的展開過程をあとづける作業の一環として対元関係を論じるものだが、さらにその根底にある問題意識を二点ほどのべておきたい。

まず第一点は、朝鮮国際関係史研究の一環としての意義である。

これまでの朝鮮史研究において、国際関係史は、意識するか否かにかかわらず、朝鮮社会の本質をうらなう論題としてあつかわれてきた部分がある。周知のとおり、かつて日本では、戦前期を中心に朝鮮他律性史観がとなえられてきた(9)。その主要な根拠の一つに、朝鮮の歴代王朝が大陸の王朝に対して事大外交をおこなってきたという事実がある。戦後の日本や解放後の南北朝鮮では、これに対する批判から、朝鮮の人々が外圧に対して果敢に抵抗した事実をほりおこす動きが活発になり、このような抵抗史観に重きをおいた歴史記述がみられるようになった。また一九八〇年前後より、朝鮮歴代王朝に、自国に対する自尊の意識とその政治的な表現が存在した事実が〝発見〟され、注目されるようになった。[10] 近年では事大外交の形式性に対する認識も、学界レベルでは広く定着してきたといえよう。

筆者が対元従属下の高麗に着目することは、ある意味でこうした趨勢に逆行するようにみえるかも知れない。実際、筆者は、かつてある研究者から、〝韓国人にとって恥ずかしい時代〟をあえて研究テーマに選ぶ理由を糾されたこともある。しかし外圧へのラディカルな抵抗活動に対して無前提に価値をおき、抵抗に関わらなかった、あるいは抵抗活動から離れていった人々の歴史的な存在意義を捨象するとすれば、全体状況の構造的理解という点で問題であろう。それどころか、このような見方では、そうした抵抗がしばしば挫折したという歴史的結果の前に、かえって他律性の印象を再生産しかねない危険性すらあるとおもわれる。また朝鮮歴代王朝の自尊姿勢も、実際には現実の大陸王朝との関係に応じて、対外的、あるいは国内的にもさまざまな形で抑制、調整される複雑な様相を呈した。多くの場合、全面的に純化された自己表現ではなく、現代の歴史家からみて〝名実のずれ〟〝矛盾〟ともおもえる様相を呈し、それもしばしば外向けの顔と内向けの顔の使い分けという単純な二分法ですらなかった点が重要な特色である。[11]

事元期を単純に〝民族受難の歴史〟としてかたづける見方もまた、それ以前の段階でモンゴルに抵抗して消えていった人々にスポットライトをあてる一方、対元従属下に生きる道を選んだ、または選ぶほかなかった、あるいは選択を意識することすらなく状況のなかで日々の生活をつむいでいた人々の〝主体〟をみうしなわせる危険性をはらんでいる。少なくとも高麗の人々は、元によってただ一方的に抑えこまれ、ひたすら受身で呻吟していたわけではない。それどころか、多大な人的・物的損害をよぎなくされた対日戦役すらバネとして利用し、さまざまな生存戦略を個人または集団としてめぐらせ、実践してもいた。そうした〝成果〟の一端は、ユーラシアの東西において、モンゴルの支配下で結果的にその姿形を失っていった政権も少なくないなか、高麗が元の衰退後まで命脈をたもち、朝鮮朝にバトンをひきついだことにもあらわれている。

そのような硬軟両面にわたり、したたかで弾力性に富んだ国際対応は、多くの時代で厳しい対外環境にさらされてきた朝鮮半島の人々ならではの特色であり、古代から現代にいたるまで、その歴史が学術研究のテーマとして魅力的であるゆえんの一つである。そこで観察される人間現象の複雑な豊かさは、〝抵抗か、さもなくば服従か〟、〝自尊か、さもなくば事大か〟といった単純な二分法では、とうてい把握しきれない。周辺国際環境に対する対応方式のかかる深みにこそ、一地域研究の文脈をこえた朝鮮史研究の歴史学としての一般的意義、さらには普遍的な人間探究テーマとしての価値の一端がみいだされるのであり、これを通じて、たとえば国際関係論やアイデンティティー論をはじめとする人文・社会科学の関連諸分野に対し、興味深いモデルやアイデアを提供することも可能であろう。本研究はそのような問題意識を大きな基礎にすえてすすめられる。本書の副題「帝国秩序と王国の対応」も、一つには〝広域のヘゲモニーと地域社会の関係〟という人類史上の一般現象のひとこまとしての意味合いを意識したものである。

問題意識の第二は、モンゴル帝国史研究の新たな潮流との関わりである。近年来、モンゴル帝国史の見直しが活発にすすめられ、その世界史的な画期性が指摘されている。[12] モンゴルを野蛮な破壊者とみなす論調はかげをひそめ、モンゴル政権下における多様な文化の高揚と、商業をはじめとする経済の活況、ダイナミックなヒト・モノ・情報のうごき、ゆるやかな統合のもとで国際化した社会の多様性や開放性などが強調されている。さらに元については、これを伝統的な「中国史」の枠組みにおしこめる見方が批判され、遊牧民政権としての連続性や、のちの明清時代におよぼした影響の大きさがいわれるようになった。本書もその最新成果を積極的に吸収することで、高麗・元関係史像の見直しをはかるものである。本書において章により大元ウルスという呼称を用いているのは、これを伝統的な「中国史」の範疇でとらえていないことを強調するためであり、元と簡称する場合でも、同様な認識のもとで使用していることを、あらかじめことわっておきたい。[13]

またその際に注意したいのは、そもそもモンゴル帝国とは、中央集権国家とは異なり、比較的高度な自立性・自律性を保持したさまざまなレベルの政治勢力を傘下におき、一面においてそうした諸勢力の複合体・連合体として存在する政治体だったという点である。次章以降で具体的にのべるように、当時の高麗もまた元という政治体の一構成単位としての側面を有するが、実のところ、モンゴル帝国の傘下にあった下位の政治勢力、なかんずく元におけるその実像については、史料的な制約から数多の不明点をのこしている。そうしたなかで高麗は、むしろ比較的潤沢な史料情報を有する部類である。その意味において、高麗・元関係史の研究は、モンゴル帝国を構成する下位政治勢力の事例研究、ひいてはモンゴル帝国の国家構造分析の一環として位置づけることも可能であろう。本書が直接の到達目標とするところではないが、つねに意識しておきたい視座の一つである。

ただあえて付言すると、モンゴル帝国に関わる論題がユーラシア規模の〝スケールの大きさ〟を有することそれ自体は、本書の文脈においてはあくまで二義的な問題であり、そこに直接の研究動機があるわけではない。もとよりその客観的意義はそれとして十分にみとめ、また関心をよせるものであるが、本書にとってのモンゴル帝国の重要性は、基本的に、それが朝鮮半島における人類の歴史の一局面に深く関わるという、ただそのことにある。これは決して問題を矮小化するものではない。いったい歴史学をめぐっては、ある事象とそれがもたらす影響の空間的・時間的・量的な現象面のスケールに関心がひきよせられがちである。人類史全体を一つの人体にたとえるならば、それは人体を器官のレベルで腑分けし、どこが脳で、どこが心臓であるかを探るようなところがある。もちろんそれはそれとして大切である。しかし、いかに脳や心臓を強調したところで、それだけでは人体の全体構造はみえてこない。また人体の本質を遺伝子レベルで解析しようとするならば、表皮の一片、体毛の一本であっても脳や心臓と同等の価値をもつはずである。

人類社会の〝一見小さなひとこま〟にその普遍的・根源的な命題（遺伝子）をみいだす試みは、歴史学でも他の人文社会諸学でもおこなわれていることで、筆者が喋々するまでもない。前述のごとく、筆者が高麗・元関係史、ひいては朝鮮史にみいだそうというのも、人類社会の本質一般を理解する手がかりとしての学術的価値である。ただモンゴル帝国史については、現象面のスケールの大きさに魅了される部分が大きいのは事実であるし、また現代の日本社会では、朝鮮史自体が日本との地理的・歴史的な関係性という別の現象面におけるスケールの大きさゆえに、ときに安易な形で特別視されやすい面もある。本書における筆者の問題関心が、それとは異なる性格のものであることを、あらかじめ明確にしておきたい。もちろん、これは単に〝違う〟ということをいうだけであり、他の問題関心の当否や優劣を云々するものではない。

二　学説史とその問題点

つづいて、高麗・元関係における高麗王・高麗王室の位置づけに関わる制度・慣例を解明するという当面の課題に即して、筆者が本研究をスタートさせた一九九〇年代半ばまでの学説史を概観し、その方法的な問題点を明らかにしていこう。

近代歴史学における高麗・元関係史への関心は、明治日本における「元寇」研究にさかのぼるが、その本格的研究は、戦前日本における朝鮮史研究の泰斗、池内宏が嚆矢である。池内はその「元寇」研究においても元・高麗情勢に関する詳細な論述によってぬきんでた業績をのこしたが、[14] その基礎となる高麗・元関係史の論考を一九一七年から三三年にかけて発表している。[15] そこでは講和後初期の両国交渉、三別抄の反元抗争、元の済州島支配、高麗に対する元の達魯花赤《ダルガチ》 daruγači（監視官）派遣、元が高麗に設置した機関である征東行省の沿革、恭愍王の離元政策など、各時期の基本的論点を幅広くとりあげ、主としてその制度史・事件史的な事実関係を論じた。その成果は『満鮮史研究』中世第三冊[16]に収録されている。このほか戦前日本では、津田左右吉が高麗北辺の領土割譲問題について、[17] 鴛淵一が征東行省について、[18] 丸亀金作が一四世紀初に元から高麗王家にあたえられた瀋王号について[19]それぞれ論じたが、網羅性の点で池内の業績が圧倒的な存在感を示している。

第二次世界大戦後の日本と韓国では、一九五〇年代にも元に対する高麗支配層の童女献上（貢女）問題に関する柳

洪烈の論考[20]、高麗王家に降嫁されたモンゴル公主の政治的位相に関する金成俊の論考[21]、瀋王問題ならびに元朝帝室と済州島の関係に関する岡田英弘の論考[22]などが散発的に発表され、欧米ではルイ・アンビスが両国の王族間通婚に関する基礎的な研究をおこなったが[23]、一九六〇年代にはいると大きな進展がみられた。すなわち韓国の高柄翊と日本の北村秀人があいついで発表した征東行省の沿革・組織・機能に関する研究である[24]。両者の研究は、史料の網羅性、論点の総合性という点で、高麗・元関係の研究水準をまったく新たな次元にひきあげた。これにより、当初元の日本攻撃の司令部として設置された征東行省が、のちに高麗における元の最高地方統治機関となり、高麗王を長官として通常はその高度な自律性のもとに運営されつつも、状況に応じて元の高麗統御手段として利用されたことなどが論じられた。こうした成果をうけて、当時の韓国学界の水準を示す国史編纂委員会の『한국사《韓国史》』でも、征東行省を中心にすえて両国関係が論じられることになる[25]。このほか一九六〇年代には、北朝鮮のキム・ジェホンとアメリカのウィリアム・ヘンソーンがモンゴルの高麗侵略に関する専著をあらわしたが[26]、そのなかで初期の対元交渉、特に後者では高麗に対する元の要求事項について論及している。

一九七〇・八〇年代にも北村秀人が瀋王問題について実証性の高い研究を発表し、韓国でも金庚来と李昇漢が同じテーマをとりあげた[27]。また金恵苑が忠烈王の対元交渉活動や両国間の通婚関係について着実な成果をあげたほか[28]、領土割譲問題に関する方東仁・金九鎮の専論も発表された[29]。台湾でも征東行省に関する丁崑健の論考、通婚関係に関する蕭啓慶の論考があらわれた[30]。ただ全体的な構造をとらえる方向性にはとぼしいなか、韓国の元朝史研究者である周采赫が、モンゴル帝国の国家構造をふまえて両国関係の特質を論じようとしたことは[31]、実証面に難をのこすものの貴重な問題提起だったといえよう。

むしろ高麗・元関係史以上に、この時期から一九九〇年代にかけて韓国の高麗史研究では、事元期の国内政治史を政治勢力の性格分析という観点から論じる動きが活発になる。閔賢九の「権門世族」論はその嚆矢であった[32]。そこでは事元期の執権層が、元との関係を背景に科挙などによらず政治進出をはたした新興勢力で、代々高位職を占め、さまざまな社会弊害の主体となった「権門世族」と規定された。閔の所説に対してはのちに金光哲が批判をくわえ、当時の支配層の多くは伝統的な官僚家門としての「世族」に出自し、国王に近しい「側近」集団によって各王代の政治運営が主導されたと論じたが、(33) その後も事元期の個別王代の政治過程に関する詳細な研究がつぎつぎにあらわれている。近年では当時の政局を、元との一体化を志向する「通制」派と高麗の独自性維持を志向する「国俗」派の角逐として整理する見解もある。(34) いずれにせよ、ここでは対元関係が国内政局にあたえた影響が論じられたわけで、高麗・元関係史研究の深化ということができる。

一方、高麗・元関係そのものに関する研究は、一九九〇年代には主として韓国の学界において進められ、高麗から派遣された質子（禿魯花《トルガク》 turγaγ）に関する梁義淑の論考、(35) 瀋王問題ならびに元での高麗直轄化運動（立省問題）に関する金恵苑の論考があらわれたが、(36) 九〇年代半ばの動向は大きな飛躍として記憶されよう。その一つは一九九四年に刊行された張東翼の『高麗後期外交史研究』である。(37) その白眉は中国文献の博捜による大量の新史料の発掘であり、これにもとづく征東行省の組織・沿革に関する研究は、従来の水準を大きくぬりかえた。また高麗・元両国の政治交渉やその他の交流に関しても多くの新事実が明らかにされた。こうした成果にもとづき、新版の『한국사《韓国史》』でも、張東翼が高麗・元関係を執筆担当している。(38) また張が収集した中国文献中の関係史料は、一九九七年に『元代麗史資料集録』(39) として刊行され、この分野の研究に大いに裨益している。

さらに一九九六年に発表された李益柱の博士論文『高麗・元関係의《の》 構造와《と》 高麗後期 政治体制』(40) と、その一部を学術誌に掲載した「高麗・元関係의《の》 構造에《に》 대한《関する》 研究」(41) は、文字どおり両国関係の構造を正面から論じた画期的な研究である。その特徴は、従来の研究が元からの抑圧・干渉という側面を強調してきたのに対し、むしろ高麗が独自の王朝体制のもとで高度な自律性を保持したことに注目した点にある。両国関係のそのような枠組みを、李は中国伝統の華夷論的国際秩序（華夷秩序）の延長線上に位置づけ、史料用語にもとづき「世祖旧制」とよんだ。この「世祖旧制」論は、その後、韓国の学界において高麗・元関係に関する通説としての地位を得るようになった。

以上のように、一九九〇年代半ばまでの高麗・元関係に関する研究は、段階的な画期を経ながら多くの成果を積みかさねてきた。が、そこにはなお根本的な問題点を指摘できるとおもわれる。

第一の問題点は、両国関係の構造に対する体系的な追究の欠如である。多くの論者は、ごく一部の論点について、数本以下の論考を発表しただけで研究作業に継続性がなく、そもそも構造を体系的に把握しようという志向性にとぼしい。そして構造解明を志向した数少ない論者についても、特定の〝部分〟だけをクローズアップさせた論法の問題点を指摘できる。かつては「征東行省」を中心に両国関係が論じられ、いま「世祖旧制」論が通説化している。ほかにも両国の通婚関係にもとづいて高麗・元関係を「駙馬国体制」とよぶ論者もいる。(42) しかしそれらは高麗・元関係をおりなすさまざまな制度・慣例の一部をとりだし、それをもって全体的な体制を規定しようとするものである。いかに重要でも、他の制度・慣例をふくめた体系を示さぬままに「体制」を云々できないはずである。他の制度・慣例との重要性の違いをふまえたうえで一つに代表させることは可能かも知れないが、少なくとも、数多の制度・慣例の内容が悉皆調査されているわけではない現段階で、そのような論法はなりたたないはずである。

第二の問題点は、いずれの論考にしてもモンゴル帝国史研究の最新成果が十全にふまえられておらず、議論の前提となるモンゴル帝国史の理解に不十分・不正確な点をふくむ点である。前述のように、近年、日本の東洋史学界を中心にモンゴル帝国史研究は急速な深まりをみせ、そこには旧来のイメージを一新するような成果も数多い。高麗・元関係上の事象もその知見をふまえて再認識されなくてはならない。韓国の研究者の場合、かつてはこうした最新の研究情報にアクセスする物理的・技術的な限界もあり、単純には批判できないが、日本の学界もふくめて、朝鮮史研究者であるがゆえに、他分野の史料・研究成果に対する追跡があまかったことは否定できない。しかし「朝鮮史」「中国史」「北アジア史」といった歴史学の分野区分は、あくまで便宜的な大枠にすぎないはずである。研究対象とする事象がそれらをまたぐ形で展開しているのであれば、その広がりに応じて自由自在に越境すべきであり、決して枠内に安住すべきものではない。高麗・元関係を追究するのであれば、モンゴル帝国史の史料情報や研究成果を、できるだけ専門家と同じレベルで咀嚼、吸収し、議論の質をモンゴル帝国史プロパーからの批判にたえるだけの水準に高めていく必要がある。もちろん筆者もそうであるように、個人でカバーできる史料言語・研究言語にはおのずと能力の限界があるため、理想どおりにいかない部分は多々あるが、少なくともそうした〝あるべき姿〟を念頭におくことが肝心である。

このようにみてくると、本書に求められる姿勢はおのずと明らかである。すなわち、

①高麗・元関係について、当面の目的である高麗王・高麗王家の位置づけに関わる制度・慣例を逐一摘出し、その詳細を個別に解明したうえで、全体的な体系を提示すること。

②①の作業にあたっては、モンゴル帝国史研究の史料情報と研究成果を十分に咀嚼、吸収することで、理解の正確を期すること。

以上の二点に集約されるであろう。

筆者はこうした姿勢の重要性について、本書のもととなる既発表論文においてすでにくりかえし問題提起してきたが、さいわい多くの研究者によってうけいれられ、その後、筆者の成果を批判的かつ生産的に発展させた新たな研究も生まれている。こうした最新の研究状況については、本論のなかで適宜言及することにしたい。

三　本書の構成

以上にのべた課題にこたえるべく、本書ではつぎのような構成をとる。

まず第1編「モンゴル支配層のなかの高麗王家」では、元に臣属した高麗王家がモンゴル支配層の一員として位置づけられていたことに関する諸問題を、四章にわたって論じる。

第一章「駙馬高麗国王の誕生――元における高麗王の地位についての予備的考察」では、『元史』諸王表にも記載される「駙馬高麗国王」という王号の成立過程とその意義について検討する。事元期においては最初期の元宗と夭逝した忠穆・忠定の二王をのぞく歴代高麗王が、モンゴル帝室の公主（皇女・王女）をめとってその駙馬（女壻）となった。そのことが王号にも反映されたわけだが、かかる立場を高麗王家が獲得した経緯、および、そこにモンゴル王侯と同等の地位の取得という、高麗王が元の傘下に存立していくうえできわめて重大な政治的意味があったことを明らかにする。

第二章「高麗王位下とその権益――大元ウルスの一分権勢力としての高麗王家」では、第一章の検討をふまえ、高麗王がモンゴル駙馬として獲得した権益の数々について基礎的な事実関係を確認する。高麗王位下とは、モンゴル帝国の最上層部を構成する分権的な王侯貴族集団の一員としての高麗王と、その隷下の人間集団や権益に対する呼称である。具体的にはモンゴル駙馬としての資格に即した権力機構の存在、本国外における私属民の配置、モンゴル王侯と同様な投下領といわれる権益地の設定などの諸問題を検討する。

第三章「高麗王家とモンゴル皇族の通婚関係に関する覚書」では、両国の通婚過程について事実関係を再検討したうえで、そこにみられるパターンを析出する。史料的な制約から当事者レベルの意識として確定できないことに難点をのこすが、今後モンゴル帝室の他の通婚事例との対比が可能になるように、解釈の可能性を整理した。

第四章「元朝ケシク制度と高麗王家――高麗・元関係における禿魯花の意義に関連して」では、高麗王家が事元期を通じて元に送遣していた禿魯花《トルガク》という質子についてとりあげる。この禿魯花については「宿衛」という組織との関係が指摘されてきたが、この「宿衛」がケシク kešig という元朝皇帝直属の親衛隊であり、高麗から送られた禿魯花はケシクに参与して元朝皇帝に近侍していたこと。そしてこれが単なる人質とは異なり、当該王族や高麗王家が対元関係上有利な立場を獲得するうえで、とりわけ両国の王室間で通婚関係を開始するうえで、重要な政治的意義があったことを指摘する。

つづく第2編「相互連絡のインターフェースと高麗・元関係」は、高麗と元の密接な相互連絡を具現化するインターフェースとして、公文書、交通、使節交渉の制度や実態に着目し、そこに投影された両国関係を四章にわたって検討したものである。

第五章「高麗王とモンゴル官府・官人の往復文書」では、まず前半部において、一三世紀前半の交戦期における高麗王とモンゴル官人の往復文書の形式を検討する。この時期、高麗では、モンゴルの皇帝のみならず、侵攻軍の指揮官や宮廷書記官たちに対しても国王名義の親書を送り、事態の打開を模索していた。こうした通信方式は、元朝期にも中書省に代表される元の高級官府との往復文書として継承されるが、後半部ではその形式について論じる。またそれは同時に、高麗王の征東行省長官としての立場と深く関わるテーマともなっている。さらには、このことが後世の東アジアの外交文書形式に影響をあたえた可能性についても論及したい。

第六章「大元ウルスと高麗仏教――韓国・松広寺所蔵の元代チベット文法旨をめぐって」では、中村淳と筆者の共同研究によって実体が明らかになった松広寺（韓国全羅南道順天市）所蔵の法旨文書（元朝皇帝により仏教最高権威として帝師ないし国師に任じられたチベット高僧の発令文）について、発給の経緯を考察し、本文書の存在によって示唆される、皇帝を頂点とした元の宗教秩序の高麗への波及問題について論じる。

第七章「高麗における元の站赤――ルートの比定を中心に」では、モンゴル帝国が広大な版図を支配、統合するためにヒト・モノ・情報の伝達手段として整備した站赤《ジャムチ》 jamči（駅伝）について、それが高麗国内でどのように敷設されたか、ルートの解明を試みるとともに、その特徴が両国関係のいかなる側面を反映するものであるかを考察する。

第八章「『賓王録』にみる至元一〇年の遣元高麗使」では、一二七三（元宗一四／至元一〇）年に元に派遣された高麗使節について、編成から帰国までの足取りを復元、分析する。一時の例外をのぞき、元は高麗にみずからの官吏を常駐させなかったため、両国の緊密な関係とは、具体的にはきわめて頻繁な使者の往来により実現された。ゆえに使者の往来とこれを通じた交渉の実態は、両国関係を理解する関鍵の一つとなる。本章ではその事例分析をおこなうが、使節団の性格に関連して、両国関係において中国伝統の華夷秩序が継承された側面について論じることにもなる。

さらに第3編「帝国における王国の存立」では、第九章「事元期高麗における在来王朝体制の保全問題」において、元という帝国の覇権下に高麗という独自の王国が存在しつづけたことの制度的な性格を考察する。ここでは、高麗・元関係の構造が、通説のような中国伝統の華夷秩序の枠組みのみで説明しきれるものではなく、高麗在来王朝体制の保全という問題も、ユーラシア各地におけるモンゴル帝国の征服地支配の一般的なありかたから大きく逸脱するものではなかったことを指摘する。

最後に終章「元における高麗の機能的位置――〝帝国東方辺境の守り手〟として」では、本書全体のまとめとして、個別に論じてきた制度・慣例上の諸事項が、全体としていかなる連関構造のもとにあるか、主として機能論的な観点から整理する。その結果、注目されるのは、高麗が元の東方辺境の鎮守を担当する役割をあたえられ、また高麗側でもそれを自任し、自国の利害主張に利用していたことである。そしてかかる〝名目〟と関連しつつ、通婚関係、征東行省、在来王朝体制の保全、站赤などの制度・慣例が運用され、そこに禿魯花・ケシク制度や、華夷秩序・宗教秩序などの要素がくみあわされた構図を提示したい。

以上のように本書では、序章と終章をのぞき三編九章の構成をとるが、多様な論点をさまざまな角度・次元でとりあげるにあたり、一つの章に複数の論点が関わっていたり、一つの論点が複数の章や編にわたって論及されたりする部分があるため、全体的な流れにわかりにくいところがあるかも知れない。総括である終章をのぞき、第一章から第九章までの各章と主要な論点の配置関係を簡略に図示すると、

主要論点構成表

章	主要論点
第一章	通婚関係
第二章	通婚関係
第三章	通婚関係
第四章	禿魯花・ケシク制度
第五章	征東行省、文書制度
第六章	文書制度、宗教秩序
第七章	交通制度
第八章	交通制度、使節交渉、華夷秩序
第九章	華夷秩序、王国体制の維持

上の主要論点構成表のようになる。

征東行省の組織や機能に関しては現状で既存の学説を大きくあらためる必要はないと判断されるため、とくに専論をたてていないが、終章において、元の国家体制のなかでの位置づけについて論及している。また瀋王位や貢女に関する問題は本書の主題に直接関わる論題ではないと判断されるため、とくに章をたてていない。

本書を構成する各章は、序章をのぞき、いずれも過去に学術誌等に発表した個別論文を大幅に増補改訂したものである。初出段階での掲載媒体や行論の都合から、元と大元ウルス、カアン qa'an と皇帝といった用語の違いがあるが、元を「中国史」の一部とみなさないことをとくに強調する等、用語法にこめた当初の意図を重んじ、あえてそのままにしている。章によってはすでにのべた本書全体としての研究目的に直接関わらない論点について言及した部分もあるが、これも当該章の議論が当初有していた意図の一つに違いないので、そのままのこすことにした。

もとより本書の成果もいまだ初歩的な段階であり、考古学の発掘調査にたとえるならば、せいぜい精密地表調査か、重要と考えられるいくつかのポイントにトレンチ（試掘坑）をいれた段階にすぎない。いっそう本格的な検討が継続される必要があり、そこから高麗と元の国家間関係の全体像、さらに非政治レベルにいたる高麗・元関係の全般的理解へとつなげていかなくてはならない。本書がそうした研究の〝序説〟ないし〝橋頭堡〟として位置づけ得るものになれば、さいわいである。

註

（1）大元という国号は一二七一（元宗一二／至元八）年に誕生するが、本書では便宜的に一二六〇（元宗元／中統元）年にクビライ政権が発足した時点より、これを元または大元ウルスと指称する。なお大元ウルスという呼称は杉山正明の提唱にもとづく（杉山［一九九五b］、同［一九九六a］、同［一九九六b］、同［一九九七］、同［二〇〇四a］など参照）。同時代の用語であるかについては疑問も提起されているが（舩田［二〇〇六］一〇六～一〇七頁）、当否の判断は専門家のさらなる検討にまつとし、本書ではひとまず分析概念としての立場でこれを用いる。

(2) この問題に関する研究史については森平［二〇〇七］参照。
(3) ここでいう「古典的体制」という用語については、「歴史のなかで、その後の国制や文化の基礎となり、のちの時代から何らかの規範意識をもって回顧される国制や文化を「古典的」と定義」するという吉田［一九九七］（一九四頁）の所論と、それをふまえた渡辺信一郎［二〇〇三］（第三章）の中国古代国制史に関する議論を参考にしている。
(4) 「事元期」という用語については、矢木［二〇〇八a］（xi頁、註6）の議論も参考にしている。
(5) 矢木［二〇〇八a］一八二〜一八八頁、参照。
(6) 末松［一九九六］二九三〜三〇四頁、参照。
(7) 以上の土地兼併・奪占問題の政治的背景については、森平［一九九六］参照。
(8) 以上の朱子学東伝の国際的背景については、森平［二〇〇三］、同［二〇〇六］、同［二〇一一］参照。
(9) 近現代の日本における朝鮮史観の展開過程については、あらためて整理、検討する必要があるが、ここではひとまず旗田［一九六九］参照。
(10) 森平［二〇〇七］参照。
(11) 森平［二〇〇七］一五七〜一五九頁、参照。
(12) 代表的な論著として、ここではひとまず岡田［一九九二］、杉山［一九九二］、同［一九九五b］、同［一九九六a］、同［一九九六b］、同［一九九七］、同［二〇〇四a］、宮［二〇〇六a］をあげておく。
(13) 本書では、中国という語を、主として、地域としてのチャイナ・プロパーや、そこに胚胎した文化伝統に関して用いており、政権について中国王朝などという場合は、〝中国を支配した王朝〟の意味で用いている。
(14) 池内［一九三一b］。
(15) 池内［一九一七］、同［一九二五］、同［一九二六a］、同［一九二六b］、同［一九二九］、同［一九三一a］、同［一九三三］。
(16) 池内［一九六三a］。
(17) 津田［一九一三a］、同［一九一三b］。
(18) 鴛淵［一九二九］。
(19) 丸亀［一九三四］。
(20) 柳洪烈［一九五七］。
(21) 金成俊［一九五八］。
(22) 岡田［一九五八］、同［一九五九］。
(23) Hambis［一九五七］。

(24) 高柄翊［一九六一］、同［一九六二］、北村［一九六四］、同［一九六五］。
(25) 高柄翊［一九七四］。
(26) 김재홍［一九六三］、Henthorn［一九六三］。
(27) 北村［一九七二］、金庚来［一九八八］、李昇漢［一九八八］。
(28) 金恵苑［一九八六］、同［一九八九］。
(29) 方東仁［一九八二］、同［一九八四］、金九鎮［一九八九］、方東仁［一九九〇］。
(30) 丁［一九八〇］、蕭［一九八三 a］。
(31) 周采赫［一九八九］。
(32) 閔［一九七四］。
(33) 金光哲［一九九一］。
(34) 金炯秀［二〇〇一］。
(35) 梁義淑［一九九三 a］、同［一九九三 b］。
(36) 金恵苑［一九九三］、同［一九九四］。
(37) 張東翼［一九九四 a］。
(38) 張東翼［一九九四 b］。
(39) 張東翼［一九九七］。
(40) 李益柱［一九九六 a］。
(41) 李益柱［一九九六 c］。
(42) 閔［一九七四］、同［二〇〇四］。

第1編　モンゴル支配層のなかの高麗王家

第一章　駙馬高麗国王の誕生
――元における高麗王の地位についての予備的考察

一　問題の所在

一二五九（高宗四六／憲宗モンケ九）年、高麗はあしかけ二九年にわたる抵抗のすえ、モンゴル帝国への帰服を決し、王太子倎（のちの元宗）を降使として遣わした。おりしもときの大カアン qa'an（皇帝）である憲宗モンケは、南宋攻略戦の陣中に急死し、倎は末弟アリク・ブケと帝位を争う皇弟クビライ（のちの世祖）のもとに投じた。その結果、同国は以後およそ一世紀間にわたり、その政権である元に臣属して、それとの緊密な政治関係のもとで史的展開をとげることになる。

この間、忠烈王から恭愍王にいたる歴代ほとんどの高麗王が元朝帝室の公主（皇女・王女）をめとり、その駙馬（グレゲン güregen～küregen＝女壻）となったことは、すでによく知られた事実である。『元史』巻一〇八・諸王表によると、まさに当時の高麗王は、最高ランクの金印獣鈕があたえられる諸王・駙馬の一人、「駙馬高麗国王」として位置づけられている。

これらの事柄は両国関係を考える際には当然ながら注目され、高麗に対する元の支配統制策のひとこまとして、また元の政治秩序内における高麗の地位上昇を示すものとして論じられてきた。[1]しかしこれまでのところ、その具体的内容、とくに制度面に関する実証的な把握は必ずしも十分ではなく、抽象的なイメージばかりが先行しがちであることも否めない。こうしたことは、両国関係の具体的な構造、とりわけ元の国家体制上における高麗の位置づけについて、いまだ体系的な理解が深められていないことの要因にもつながっている。それゆえ本書では、高麗王をとりまく対元関係上の制度的環境について逐一の解明をめざしているわけだが、その際、もっとも根本的な属性である駙馬高麗国王という地位そのものに対する理解は、とりわけ緊要な課題であると考える。

そこで本章では、まず高麗王家に公主が降嫁され、駙馬高麗国王という王号が成立するまでの経緯を可能なかぎり実証的に明らかにし、あわせてその制度的な基本性格について論及したいとおもう。いずれも、駙馬高麗国王という地位の史的性格を追究していくうえで大前提となる、初歩的な事実関係の確認を目的とするものである。

二　公主降嫁をめぐる高麗王家の率先帰服

モンゴル帝室は通婚対象として特定の姻族（クダ quda）をもっていたが、高麗王家に対する公主降嫁の由来を考える前提として、まず他の駙馬家に関するそれをうかがってみよう。ウンギラト族のような来歴の古い姻族については必ずしも明示的ではないが、太祖チンギス以降、新たに駙馬となったものについては、漢字借音のモンゴル語で記述されたモンゴル帝国の建国説話、いわゆる『モンゴル秘史（元朝秘史）*Mongγol-un Niuča Tobčaʼan*』につぎのような記載がある。[2]

クビライ長官《ノヤン》をカルルグ族に出征せしめぬ。カルルグ族のアルスラン汗はクビライに降り来りたり。クビライ長官、アルスラン汗を連れ来りて、チンギス可汗に謁見せしめぬ。〝手むかわざりき〟とて、チンギス可汗、アル

スランを嘉して〝娘を与えん〟と（云いて）勅しぬ。（第二三五節）

ウイグル族のイドゥウド、チンギス可汗に使者を送れり。アドキラグ、ダルバイなる二名もて奏上し来るに、〝雲の晴れて、母なる太陽を見しがごと、氷の消えて、河水を得しがごと、チンギス可汗の令名を聞きて、げに喜びぬ。チンギス可汗の嘉すれば、黄金の帯の輪環より（何がしかを）、真紅の衣服の片布より（何がしかを）得なば、第五の、汝の子たりて力を与えん〟と（云いて）奏上し来たれり。その言の葉にチンギス可汗の嘉して答を言い遣るに〝娘をぞ与えん、第五の子たるべし……〟と云いて遣れば……（第二三八節）

兎の年、ヂョチを右翼の軍兵もて、《森の人衆》に出馬せしめぬ。ブカ、道先案内たりて行きぬ。オイラド族のクドゥガ・ベキは万《トゥメン》のオイラド族の前に投降し来たりぬ。……〔チンギス可汗は〕オイラド族のクドゥガ・ベキを迎え、〝前に服して、己が万のオイラド族をひき連れ来りぬ〟と（云いて）嘉して、彼の子、イナルチにチェチェイゲンを与えぬ。イナルチの兄、トロルチにヂョチの娘のホルイカンを与えぬ……（第二三九節）

このように、「カルルグ」（カルルク）・「ウイグル」・「オイラド」（オイラト）の首長は、いずれも率先してモンゴルに帰服してきたことに対する報奨（ソユルガル soyurγal）として公主の降嫁をうけ、駙馬になったという。[3] ウイグルとオイラトについては、フレグ・ウルスにおいてペルシア語で編まれた歴史書、ラシード・アッディーン『集史 *Jāmiʻ al-Tawārīkh*』の当該部族誌にも同じ趣旨の記載がみられる。[4]

もっとも、この率先帰服という事由には多分に名目的な部分もふくまれるらしい。かつて「クドゥガ・ベキ」（クドカ・ベキ）は太祖に敵対するジャムカやナイマン族にくみしていたし、[5] また後掲するように『元史』には、世祖がカルルクについて帰服が遅れたものとのべた記事がある。そもそもモンゴルにおいて、通婚関係と政治的な同盟関係（アンダ anda）とのあいだには密接な相関関係があった。[6] 公主降嫁とは、基本的には他勢力を自陣にとりこむ政略につながっており、率先帰服の功績とは一種の方便とみてよいだろう。とはいえ、公主降嫁は公式には大カアンから賜る最高レベルの報奨《ソユルガル》に違いないのであり、その際、もっぱら事由として喧伝されるのは、上記のような率先帰服の功績だったのである。

以上をふまえ、つぎに高麗王家に対し公主降嫁が開始されるにいたった事由についてみてみると、やはり同様に説明されていることがわかる。典型的な例として、事元期高麗を代表する文人官僚である李斉賢の『益斎乱藁』巻六・同崔松坡贈元郎中書をみると、(7) 一三二〇（忠粛王七／延祐七）年に英宗シディバラによって「吐蕃」（チベット）に流配された忠宣王を弁護するなかで、つぎのようにのべられている。

私見では、弊邑（＝高麗）は事大してから一〇〇年あまりにわたり毎年職貢をおさめ、いまだかつて少しの怠りもない。かつて契丹のいやしい妾腹である金山王子なる者がおり、中原の民を掠奪して兵を辺境の地にもてあそんだ。朝廷（＝モンゴル）は哈真・扎剌を遣わして軍をひきいて討罪させたが、天候は寒冷で雪が深く、補給路が閉ざされて軍は進退できなくなり、あやうく凶徒の笑いものとなるところであった。〔そこで〕我が忠憲王（＝高宗）は趙冲・金就礪に命じて糧食を運んで軍を救援し、前後相応じてこれ（＝契丹）を滅ぼした。〔これにより〕両国の将帥はたがいに兄弟のちぎりをむすび、万世相忘れぬことを誓った。これぞ弊邑が太祖皇帝（＝チンギス）のために力をつくしたときである。世祖皇帝が南征してからもどり、まさに大統を継承しようとする際、介弟（＝アリク・ブケ）が北方の地で変乱を扇動した。諸侯は憂疑して往来に大きな支障をきたしたが、我が忠敬王（＝元宗）は世子として群臣をひきい、梁楚の郊で〔世祖に〕拝迎した。天下はここに遠方の人がすすんで帰服する様子をみて、天命の帰するところを知った。これぞ弊邑が世祖皇帝に忠をつくしたものである。忠敬王は爵位を継いで東方にかえり、忠烈王が再び世子として天子のもとに入侍した。世祖はその功をおもい、その義を嘉し、寵遇の深甚なること、天下におよぶものはなく、公主をめとらせて特別な恩を示し、しばしば詔旨

を頒降して旧俗を変更しないようにした。四海のうちでは〔このことを〕美談と称えている。（窃惟、弊邑事大以来百有餘歳、歳修職貢、未嘗少弛。往者有遼氏卑孽金山王子者、駆掠中原之民、弄兵于海。朝廷遣哈真・扎剌、帥師討罪、天寒雪深、甬道不継、軍不得前却、幾為凶徒笑。我忠憲王、命趙冲・金就礪、転餉済師、掎角而滅之。両国之帥、相与約為兄弟、誓万世無相忘。是則弊邑尽力於太祖皇帝時也。世祖皇帝、南征而返、将継大統時、有介弟扇変于朔方。諸侯憂疑、道路甚梗、我忠敬王、以世子率群臣、拝迎于梁楚之郊。天下於是覩遠人之悦服、知天命之有帰。是則弊邑尽忠於世祖皇帝者也。忠敬王、襲爵東帰、忠烈王、復以世子入侍輦轂。世祖念其功、嘉其義、眷遇深至、天下莫及、令尚公主、以示殊恩、屢頒詔旨、毋改旧俗。四海之内、称為美談）

ここで高宗が「太祖皇帝のために力をつくした」というのは、モンゴルに反旗をひるがえして高麗領内に闖入した契丹人集団をチンギスが哈真・扎剌に命じて追討させた際、高麗が趙冲・金就礪を遣わして助勢した一二一八～一九（高宗五～六／太祖チンギス一三～一四）年の事件をいうものである。これがモンゴルと高麗の最初の接触であり、その後しばらくは平和裡に交渉がおこなわれた。しかし六年後のモンゴル使節遭難事件をきっかけに国交は途絶し、一二三一（高宗一八／太宗オゴデイ三）年にいたってモンゴル軍による大規模な高麗侵攻が開始されるのである。

つぎに元宗が「世祖皇帝に忠をつくした」というのは、一二五九（高宗四六／憲宗モンケ九）年における憲宗モンケの死後、降使としてそのもとにむかうはずだった当時王太子の元宗が、対南宋戦からの帰途にあった世祖クビライのもとに投じたという、本章の冒頭でもふれた事件をさす。当時弟アリク・ブケと帝位を争っていた世祖は、これを奇貨としてうけいれ、翌一二六〇（元宗元／中統元）年には死亡した高宗にかわる高麗の新国王として元宗を冊立し、これ以後、高麗は元に臣属することになるのである。

また忠烈王が「世子として天子のもとに入侍した」[8]というのは、一二七一（元宗一二／至元八）年に同王が質子（禿魯花《トルガク》 turγaγ）として世祖のもとに入侍したことをさす。

李斉賢は以上の事柄を公主降嫁の事由につながる高麗王家の功績とするわけだが、忠宣王の流配をめぐる議論では、他でも同様な論理が用いられている。(9)

　このうち忠烈王に関する件は、後述のように公主降嫁は一二六九（元宗一〇／至元六）年の段階ですでに話がもちあがっており、その正式承認はほかならぬ一二七一年であることから、公主降嫁が検討されるにいたった直接的な事由とはなり得ない。基本的には、公主降嫁の案が浮上してから一二七四（元宗一五／至元一一）年にこれが実現するまでの過程で生じた、後づけの論理と考えられる。(10)

　これに対し、高宗による太祖への貢献と、元宗による世祖への貢献とは、公主降嫁にさきだつ出来事であるゆえ、その直接の事由としてはいちおう妥当であるかにおもわれる。実際、降嫁事由の説明としては、これら両方、もしくはどちらか一方をとりあげる場合がむしろ多いようである。必ずしも事件の詳細を明記するものばかりではないが、たとえば『益斎乱藁』巻八・乞比色目表には、

> かえりみておもいますに、弊邑（＝高麗）は我が大邦（＝モンゴル帝国）に帰服し、憤激して契丹を攻め、聖武（＝太祖チンギス）の東征軍を助け、光輝をみて汴梁の地をたずね、北上する世祖皇帝の軍を迎え、とうとう降嫁の栄誉をこうむりました。（顧惟、弊邑服我大邦、敵愾攻遼、助聖武東征之旅、観光過汴、迎世皇北上之師、遂蒙釐降之栄）

とある。また至正九（忠定王元／一三四九）年付け李穀撰「趙瑋墓誌銘」(11)にも、

> かつて世祖皇帝が海内を統一しおえて遠方を懐柔するにあたり、我が忠憲（＝高宗）がよしみを通じ、忠敬（＝元宗）が功績をたてたことを嘉し、［これを］顕彰、報奨する礼をおこない、そこで皇女を忠烈王に降嫁した。（惟昔世皇既一海内、而懐柔要荒、嘉我忠憲之帰款・忠敬之勤労、而行崇徳報功之典、迺釐降帝女于忠烈王）

とある。さらに『高麗史』巻三一・忠烈王世家・二三（大徳元／一二九七）年二月己亥にみえる忠烈王の成宗テムルに対する上言でも、つぎのようにのべられている。

臣の先臣禃（＝元宗）はモンケ皇帝の己未年（＝一二五九年）に世子として入朝しました。当時世祖皇帝は南征よりもどるところで、先臣は袍笏をととのえて汴梁の郊で迎拝しました。世祖は嘉嘆して寵遇は日ごとにさかんであり、小臣（＝忠烈王）の代にいたって公主を降嫁し、代々東藩となりました。（臣之先臣禃、於蒙哥皇帝己未歳、以世子入覲。時世祖皇帝回自征南、先臣具袍笏、迎拝于汴梁之墟。世祖嘉嘆、寵睠日隆、至於小臣、釐降公主、世為東藩）

元側でも、武宗カイシャンが忠烈王妃クトゥルク・ケルミシュ公主を追封した際の制書に、

その祖先が太祖（＝チンギス）に功績があることにより、帝室が通婚することを許した。（由其先有功於太祖、許帝室以連姻）(12)

とあり、また朱徳潤の『存復斎集』巻七・祭太尉瀋王（＝忠宣王）文に、

世祖神武皇帝が天下を経営して以来、威勢はさかんであり、中国はすでに平らぎ、とどかないところはなく、したがわない者はいなかった。当時先王（＝元宗）は国を挙げて内附し、ともに荒遠の地を安定させたので、ここに皇女を降嫁し、都においてめあわせた。（自世祖神武皇帝経営四方、赫赫皇皇、中土既平、無遠弗届、無人不将。于時先王挈国内附、相平遼荒、爰降帝女、式配于京）

と記されている。

そして以上のような高宗と元宗の貢献とは、たしかにモンゴル――直接には太祖チンギスと世祖クビライ――に対

する高麗の率先帰服を意味するものと位置づけられ、かつそれが公主降嫁にむすびつけられていた。すなわち『益斎乱藁』巻八・陳情表には、

伏しておもいますに、聖朝（＝モンゴル帝国）が義をおこして基をひらいて以来、ただ小国のみが王化になびいて率先帰服し、御威光に加勢して賊を討ち、契丹人擾乱の謀をしずめ、危険をおかして〔世祖の〕軍を迎え、世祖が王業をおこすのを賛助しました。これにより、〔元は高麗に対して〕甥舅のよしみを講じ、〔高麗における〕統治者の地位をまかせました。（伏念、自聖朝奮義而肇基、惟小国向風而先服、助威討賊、遏遼民狼頓之謀、冒険迎師、賛世祖龍興之業。由是講甥舅之親、而委以保釐之位）

とある。また忠宣王が一三二一（忠粛王八／至治元）年に流配先の「吐蕃」（チベット）から本国の臣僚に対して寄せた書にも、

高王（＝高宗）が聖武皇帝（＝太祖チンギス）に対し、元王（＝元宗）が世祖皇帝に対して率先帰服し、天運を助けて功績をたてたことで、父忠烈王は公主をめとることができた。（高王之於聖武、元王之於世皇、率先帰附、佐運樹功、先考忠烈王、得尚公主）

とある[13]。さらに崔瀣『拙藁千百』巻一・送盧教授西帰序に、

〔元の〕天子は東国（＝高麗）が率先して王化になびいたので、代々公主をめとることを許した。（天子、以東国首先嚮化、世許尚主）

とあり、元中期の人である通事舎人王観の言にもつぎのように記されている。

高麗が義を慕って王化になびき、聖朝（＝モンゴル帝国）に帰順して一〇〇年あまりになる。代々臣節をうけついで失っていない。世祖皇帝はその忠誠を嘉し、皇女をめあわせ、位は親王と同等にした。寵賜がさかんであることは、これと比肩するものがない。（高麗慕義向化、帰順聖朝、百餘年矣。世世相承、不失臣節。世祖皇帝、嘉其忠懇、妻以帝女、位同親王。寵錫之隆、莫与為比⒁）

しかし以上の史料は、いずれも世祖の息女であるクトゥルク・ケルミシュ公主が忠烈王にはじめて降嫁された一二七四（元宗一五／至元一一）年よりかなりのち、一二九〇年代以降のものである。これに対し、降嫁以前の高麗に対する評価は、以上とまったく反対だった。たとえば『元史』巻七・世祖本紀・至元七（元宗一一／一二七〇）年二月乙未には、つぎのような世祖の言葉がみえている。

禃（＝元宗）に詔諭して「そなたは内附するのが遅れたので、諸王の下に配するのである。我が太祖のとき、亦都護《イディクト》はまっさきに帰附したので諸王の上に列せしめ、阿思蘭《アルスラン》は遅れて帰附したのでその下に配した。卿はそのことを知るように」ともうしわたした。（詔諭禃曰、汝内附在後、故班諸王下。我太祖時、亦都護先附、即令歯諸王上、阿思蘭後附、故班其下。卿宜知之）

のちにもふれるように、一二六九（元宗一〇／至元六）年、元宗は権臣林衍によりいったん廃位されたが、元側の政治的圧力によってほどなく復位した。右の記事内容は翌年事件の釈明のために元宗が入元した際の出来事だが、このとき世祖は元宗に対し、率先帰服したウイグルの王《イディクト》は諸王の上位に列せられたが、遅れたカルルクの君主アルスランは諸王の下位とされたというエピソードを告げたのである。すなわち、高麗王もまた帰服が遅れて諸王の下位にある身であるから、立場をわきまえ、おこないをつつしめとの謂である。高麗は率先帰服どころか、逆に〝帰服の遅れ〟を責められる立場だったのである。

高麗は実際三〇年近くにわたってモンゴルへの帰服をこばみつづけたのであるから、元側の指摘はごく当然ともいえる。『高麗史節要』巻一七・高宗四五（憲宗モンケ八／一二五八）年一二月には、モンゴルへの帰服を決した当初の高麗がモンゴルに遣使して達魯花赤《ダルガチ》（daruɣači ＝監視官）の派遣を請うた際の言葉をつぎのように伝えている。

将軍朴希実・趙文柱・散員朴天植らをモンゴルに遣わして達魯花赤〔の派遣〕を要請し、「本国がいまだ事大の誠意をつくしていないのは、ただ権臣が政をほしいままにして内属をよろこばなかったためです。そこで今後、崔竩はもはや死亡したので、ただちに海島を出て陸地におもむき、上国の命にしたがおうとおもいます。しかし官軍（＝モンゴル軍）が国境にせまり、いうなればネズミの穴がネコに見張られているような状況なので、どうしても出ていけないのです」とつげた。（遣将軍朴希実・趙文柱・散員朴天植等如蒙古、請達魯花赤曰、本国所以未尽事大之誠、徒以権臣擅政不楽内属。故爾今、崔竩已死、即欲出水就陸、以聴上国之命。而天兵圧境、比之鼠穴為猫所守、不敢出耳）

高麗側に率先帰服をほこるような態度は微塵も存在しない。長年にわたる敵対行為の責任を執権武臣崔氏におしつけながらも、結果的に「本国」ぐるみでモンゴルにそむいてきた事実をみとめている。

一二五九年に元宗が世祖のもとに投じた際にも、元は結果的にこれを奇貨として高麗との和平に利用したが、

高麗は万里のかなたにある国であり、唐の太宗ですら親征しても屈服させられなかったが、いまその世子がみずから我がほうに来投してきたのは、まさしく天意である。（高麗万里之国、自唐太宗親征而不能服、今其世子自来帰我、此天意也）

と伝えられる世祖の歓迎の言葉とは裏腹に、元宗に対する当初の待遇は、「接待は粗末で、その心を懐柔するところがない（供張疎薄、無以懐輯其心）」という内容だった。[15]

その後も元宗代前半にかけて、元側の姿勢には〝新附〟したばかりの高麗に対する警戒心がほのみえている。『高麗史』巻二五・元宗世家・元（中統元／一二六〇）年三月丁亥によると、元の江淮宣撫使趙良弼は、高麗懐柔策を世祖に進言するなかで、

　高麗は、名は小国ですが、山海をへだてることをたのみ、朝廷が兵を用いること二〇年あまりになりますが、いまだに臣服していません。（高麗雖名小国、依阻山海、国家用兵二十餘年、尚未臣附）

とのべており、同・元年四月丙午にみえる高麗に対する世祖の書には、

　天下のうちでまだ臣服していないのは、そなたの国と宋だけである。（普天之下、未臣服者、惟爾国与宋耳）

とある。また程鉅夫『雪楼集』巻五・払林忠献王神道碑によると、元の愛綏は、一二六二（元宗三／中統三）年に大規模な仏事をおこなおうとした世祖を諫めて周辺情勢に言及し、

　いまは高麗が新たに帰服したばかりであり、李壇が再びそむいて淮海のほとりでは〔戦陣の〕銅鑼が〔なりひびき〕暁におよんでいます。（方今高麗新附、李壇《ママ》復叛、淮海之壖、刁斗達旦）

とのべたという。当時高麗政府は、「新附之国」の義務としての質子（禿魯花）の提出・戸籍の提出・駅站（站赤《ジャムチ》 jamči）の設置・軍事協力・糧食の供出・達魯花赤の設置にくわえ、避難先の江華島から旧都開京（現・黄海北道開城市）への還都などを要求されていたが、これを満足に履行せず、ついには元から二心を疑われるにいたっていた。[16] 高麗をいまだ情勢の安定しない〝新附の国〟とする見方は、公主が降嫁されたのちの一二七八（忠烈王四／至元一五）年ですら、元の東征元帥府の上言のなかに、「高麗はようやく服属したばかりで、民心がまだ安定していない（高麗初服、民心未安）[17]」とみられる。

高麗が長年にわたる抵抗の事実を黙殺して、太祖チンギスとの最初の接触を率先帰服といいだすのは、現存史料によるかぎり一二九四（忠烈王二〇／至元三一）年が最初である。忠烈王はこの年即位したばかりの成宗テムルの下問をうけ、高麗の帰服が太祖以来七六年になることを鄭可臣に上書させた[18]。このときかかる下問があった具体的な理由は不明だが[19]、皇帝の代がわりにともない、高麗の〝帰服が遅れた国〟としての立場がかわり得る契機があったのである。そしてこの後、前記のごとく太祖代の出来事にさかのぼり、また世祖即位時の経緯にふれて、モンゴルに対する高麗の率先帰服がいわれるようになる。

かかる認識変化は両国のいかなる思惑によるものだったのか、いまのところ史料から直接に知ることはできない。ただ前掲した関係史料の多くがそうであるように、率先帰服の功績とは、高麗が元に対して何らかの要求をおこない、あるいは自国の利益を擁護しようとする際のよりどころとして、また高麗王家を顕彰する文脈において、のべたてられている。少なくとも結果的に、元の傘下における高麗の立場向上につながっていることは疑いない。しかしこれは時間をかけて両国のあいだに成立してきた認識なのであり[20]、高麗に公主が降嫁されるにいたった本来的な事由とみなすことはできないのである。

それどころか、帰服当初の高麗は、少なくとも率先帰服というタテマエからいえば、元にとって公主降嫁にふさわしい相手ではなかったことになる。はじめて降嫁がおこなわれた当時ですら、これを正当化するもっとも適当な事由である上述の功績が認知されていなかったことは注目に値する。かかる状況下で公主降嫁が実現した背景には、相応の事情が双方それぞれに別途存在していたとおもわれる。次節ではこの問題を検討していこう。

高麗王家に公主が降嫁されるまでの経緯については、高柄翊、蕭啓慶、金成俊、金恵苑、鄭容淑などが論及している[21]。いずれも、このことがはじめてもちあがった時期について、高麗においてときの執権武臣林衍が元宗とするどく対立し、一二六九（元宗一〇／至元六）年六月に王を廃位して王弟の安慶公淐を擁立した事件との関わりを指摘する。というのも、元の政治的圧力によってこの年一一月に元宗が復位した際、事件処理のため高麗に派遣された元使黒的が、当時「王太子」であった忠烈王に対する公主降嫁がすでに決定済みであることを、元宗に対してつぎのようにつげているからである[22]。

三　高麗に対する公主降嫁の事情

王が黒的らのために宴を設けて上座にすわらせようとしたところ、黒的らは辞譲して「いま王太子はすでに皇女をめとることを許された。我らは帝の臣である。王はすなわち帝の駙馬大王の父である。どうしてあえて礼にそむこうか。王が西向すれば我らは北面し、王が南面すれば我らは東面する」とのべた。王は辞譲して「天子の使者がどうして下座につくべきであろうか」といい、固辞して東西に相対した。（王宴黒的等、使坐上座、黒的等譲曰、今王太子、已許尚帝女。我等帝之臣也。王乃帝駙馬大王之父也。何敢抗礼。王西向、我等北面、王南面、我等東面。王辞曰、天子之使、豈可下座、固辞東西相対）

これについて金成俊は、のちに高麗側があらためて降嫁を奏請した際、世祖がこれを拒絶したことから、黒的の言の信憑性を疑い、林衍を牽制するための虚言であったとする。しかしそのような政略性をみとめつつ、ことの重大さからして、降嫁の許可自体は事実であったとする鄭容淑の見解が穏当であろう。とはいえ、いずれの論者にしても、公主の降嫁が、いつ、いかにしてもちあがったのか、厳密かつ論証的には特定していない。

この問題については、まず大徳一〇（忠烈王三二／一三〇六）年付け方于宣撰「鄭仁卿墓誌銘」[23]の一節が具体的な情報を提供してくれる。

至元六年己巳になって今上（＝忠烈王）が親朝したが、公（＝鄭仁卿）は摂校尉として扈従した。この年七月、帰還して婆娑府に到着し、林衍が〔王を〕廃立したことを聞き、ひきかえして朝廷（＝元）におもむこうと話しあったが、左右の侍従は故郷を懐かしむ心をおさえられず、あるいは鴨緑江をわたることをすすめた。公は決然と大義をかかげて乗輿を奉じ、〔欠字あり〕天子の宮廷にいたり、まず皇帝のもとにおもむいて、元王（＝元宗）の復位、公主の降嫁、出兵して賊を討つことなど数ヶ条の事項を奏陳したところ、〔世祖は〕みなうなずいて了承した。これぞ万世の功である。（至至元六年己巳、今上親朝、公以摂校尉扈従。是年七月、還至婆娑府、聞林衍廃立事、議欲還赴朝廷、左右侍従、不能無懐土之心、或勧渉鴨江。公確挙大義、奉乗輿、□至闕庭、先赴帝所、奏陳元王復位・釐降公主・遣兵討賊等数条事、一皆頷可。此則万世之功也）

『高麗史節要』巻一八・元宗一〇（至元六／一二六九）年七月の記載によると、林衍の国王廃立事件が勃発した直後、元への使行からの帰途で鴨緑江下流右岸の婆娑府（現・遼寧省丹東市振安区九連城鎮）にあった王太子（忠烈王）のもとに静州（現・平安北道新義州市）の官奴丁伍孚がおとずれ、事変の発生を伝えたが、従臣のあいだでは帰国をすすめる者と慎重策をすすめる者とに意見がわかれた。そこで鄭仁卿が国内に潜入して情報をあつめ、また林衍が元に遣わした使者が捕らえられるなどして状況が把握される。そのうえで王太子は世祖のもとにひきかえし、その助勢を要請しようとしたという。

上記の墓誌銘の一節はこうした経緯を概述したものだが、その際、鄭仁卿がまっさきに世祖のもとにおもむき、元宗の復位・公主の降嫁・林衍の討伐などを奏請し、これがみな承諾されたというくだりが注目される。このときの公主降嫁の要請については、のちに鄭仁卿が功臣に認定された際、忠烈王の教書[24]のなかでもつぎのように言及されている。

己巳年にいたり、天下が会同するため寡人は入朝し、つつがなく謁見をすませたが、帰還して婆娑府にいたったところ、権臣林衍が権柄をほしいままにして乱を起こし、王室をゆるがしたことを耳にした。一行は震驚し、議論は紛糾して一進一退し、疑惑を抱いたまま、なかなか決定できないでいた。そなたは国のことだけを考えて自分の家を忘れ、ことの利害を明らかにのべ、我が身を助けまもって皇帝のもとにひきかえし、本朝の事変について奏上し、帝室との婚姻を要請したところ、ついに皇帝の思し召しをこうむり、兵をととのえて〔寡人を〕警護して帰還させ、再び三韓（＝高麗）を正して栄誉を万国にひろめ、これによって今日のさいわいにいたった。（越己巳年、以天下会同、寡人上朝利覲、回来到婆娑府、聞権臣林衍擅権柄搆乱動揺王室。一行震驚、議論紛紜、一進一退、持疑未決。爾国耳忘家、敷陳利害、挟護寡躬、還入帝所、奏以本朝事変、請昏天戚、果蒙帝眷、勅兵護還、復整三韓、流栄万国、式至今日休）

世祖は同年八月に忠烈王から事件の通報をうけ、ただちに塔朶思不花と李諤を高麗に遣わして元宗の廃位理由を糾したが、翌月には忠烈王に「特進上柱国」の地位をあたえ、三〇〇〇の軍を授けて「国難」におもむかせるとした。また一〇月にはジャライル国王頭輦哥を中心とする軍を発動し、高麗を威圧しつつ進攻にそなえるとともに、黒的を高麗に派遣して林衍に元宗の復位をせまり、林衍はやむなくこれを受諾したのだった[25]。

このように鄭仁卿の奏請のうち、元宗の復位と林衍の討伐にむけての動きはただちに実行されたのであり、公主の降嫁についても墓誌銘に「みなうなずいて了承した」とあることに信憑性をみとめてよかろう。すなわち、前述した黒的の発言はまさにこのことをふまえているとすれば、自然ななりゆきと諒解される。公主降嫁を元側の発案とする見解もあるが[26]、元が事件に反応したのは忠烈王の通報をうけてからとみられ[27]、上掲史料によるかぎり、その通報とは鄭仁卿の奏請にほかならない。ゆえに公主の降嫁は、一二六九年の高麗の国王廃立事件をきっかけに、おそらくは同年八月、まず忠烈王側から提案されたと考えられる。

とすれば、つぎなる疑問は、忠烈王がこのような時期に公主降嫁を願い出た理由である。従来、公主降嫁の意義としては、高麗王が元の権威を背景にして崔氏・金俊・林衍とつづいてきた武臣政権をしりぞけ、その権威・権力を回復したことがいわれてきた。[28]これは少なくとも結果論としては首肯できるし、史料的な論証は困難ながら、それが公主降嫁要請の動機の一角を占めていた可能性も一定に評価すべきである。しかし筆者としては、国内向け対策としての意義とは別に、当時高麗・元両国のあいだに横たわっていたつぎのような懸案との関連性も指摘しておきたいのである。

『元史』巻一五四・洪福源伝附 洪俊奇伝に「至元六年、高麗の権臣林衍がそむいた（至元六年、高麗権臣林衍叛）」とあることをはじめ、元は林衍の国王廃立を元に対する反乱ととらえていた。『高麗史』など関係史料をみるかぎり、元宗と林衍の対立は、より直接には国政上の主導権争いだったとおもわれるが、世祖の冊封をうけた元宗を許可なく廃することは、元の威信をおかすものとうけとめられたのである。しかもこの事件が、のちの元側史料に、

高麗は江華島に兵を避けて四〇年になり、臣下として朝貢するといいながら、ついに〔島から〕出ることを承知せず、権臣が険阻をたのんで王位をほしいままに動かすにいたった。（麗国避兵江華島四十載、雖云臣貢、終莫肯出、致柄臣恃険擅王位[29]）

いまの瀋王の祖（＝元宗）はその令公林演（＝林衍）の説にまどい、その場所（＝江華島）に安住し、しかるべき時期に〔開京に〕うつらなかった。（今瀋王之祖、惑其令公林演之説、而安其所、不以時徙[30]）

などと伝えられているように、元側では林衍一身のみならず、国王以下、高麗総体の帰服如何の問題としてとらえていたらしい。前述のように、そもそも事件以前の段階で、開京還都などの諸要求を履行しない高麗に対し、元は不信

感をあらわしていたのである。

『永楽大典』にひく元の政書『経世大典』政典・征伐・高麗の記事を抜粋した『元高麗紀事』には、至元六年一一月二日の奏議として、高麗の国王廃立事件への対応に関わる元の枢密院の議論をまとめた記事がおさめられている。そこにみえる馬亨の発言記録には、同年五月における彼の上奏がつぎのようにひかれており、廃立事件がおこる直前、すでに元側では高麗の不従順に対して強硬論がとなえられていたことがわかる。

臣亨がつつしんで皇帝陛下に奏上します。高麗はもともと箕子が封じられた地であり、漢晋の時代にはみな郡県をおきました。いま来朝したとはいえ、その心ははかりがたいものがあります。わたくしが聞くところ、さきにおおせを下し、労力を勘案して陸地に出居するように命じましたが、いまにいたるまで出てきません。先年〔日本に〕遣使して和好しようとしたのは本来親仁善隣の道のためですが、いま高麗は謀をたくらんで言葉をかざり、上命にそむいています。そもそも隣国が隣国の事情を知らないとはあり得ないことです。南宋に郝経を拘束され、いままた日本に遣使して万一上命に逆らうことがあれば、威信を損なってしまいます。その後に兵をおこしても、地は滄海にへだてられ、勝敗は確実を期しがたいものがあります。それゆえ千鈞の大弩は〔小さな〕ネズミのために発してはなりません。いま軍を厳重にととのえて道を高麗にかり、日本攻略を名目とするのがよろしいでしょう。勢いに乗じて高麗をおそい、郡県として定め、その民を安撫すべきです。逆取順守（＝道に反した手段で目的をはたし、その後は正道にかえる）の方針をとり、かの国の戦船・器械・軍旅を収用し、あわせて南宋の要路をおさえ、日本との往来の便を妨害すべきです。これぞ万全の態勢であります。いまこれを遅らせると、おそらく〔高麗は〕兵を島嶼にあつめ、海中に糧食を貯蔵して広く守りを固めてしまい、揺り動かすことができなくなります。このことを考慮しないわけにはいきません。（臣亨謹奏皇帝陛下。高麗本箕子所封之地、漢晋皆為郡県。今雖来朝、其心難測。窃聞、先曾有旨、令量力出居陸地、至今不出。去歳、遣使和好、本為親仁善隣之道、今高

麗謀称飾詞、有違上命。夫隣國不知隣国之事情者、未之有也。南宋見執郝経、今又遣使於日本、万一逆上命、有失威重。後雖起兵、地限滄海、勝負難必。故千鈞之弩、不為鼷鼠而発。於今不若厳兵、仮道於高麗、以取日本為名。乗勢可襲高麗、定為郡県、安撫其民。可為逆取順守、就用本国戦船・器械・軍旅、兼守南宋之要路、缺日本往来之事情。此万全之勢也。今遅之、恐聚兵於島嶼、積糧於海内、広被固守、不能搖矣。此不可不察也）

すなわち馬亨は、江華島から還都せず、態度が欺瞞的である高麗には信がおけないとして、日本攻略を名目として高麗に兵をいれ、平定して郡県となし、その人的・物的資源を収用して、南宋に通じる要路をおさえ、南宋と日本の往来をたちきることをすすめたのである。ただし彼は、時期を逸すると高麗は防衛態勢をととのえて海島にたてこもってしまい、容易に攻略できなくなるとも警告している。そして、廃立事件に対する対処としてはつぎのような見解をのべている。

いますでに争いのいとぐちがあるが、兵を動かしてこれを討つのはよろしくない。〔兵を〕動かして勝利を得ても良策とはいえず、万一勝利しなければ、上は朝廷の威光をそこない、下は士卒の力をそこなってしまう。彼（＝高麗）が山河の険阻をたのみ、海中に糧食をたくわえ、守りを固めて動かなければ、いかなる計略でこれを攻めとろうか。いま高麗には一〇年分の鋭気があるが、朝廷が日本を討伐することには必ず滅虢取虞（＝ある国を攻めたのちに矛先を転じて別の国を攻め滅ぼす）の考えがあるものとおそれ、またおりにふれて上命に違反した罪があるので、薄氷をふむように深く不安をおぼえ、そのため何もせずに動きを待っているのである。いまもし兵を発すれば、虎について山にはいり、薪を抱いて消火にあたるようなもので、まことにおこなうべきではない。亨がおもうに、もし表文を進上して事情を説明してくれれば、遣使してその罪を寛赦し、進奉を減免し、その領民・社稷を安撫し、そこで一、二名の執政者を召し出し、やってきたら南宋の罪悪を数えあげ、ともに力をあわせて心を一つにし、声をそろえて討罪することを求めるのがよい。日本への遣使は親仁善隣の道のためであるから、この意もまた説明して懐柔するのがよろしい。〔そうすれば〕やってきた者は聖旨に感慕して大挙をなしとげるだろう。南宋を平定しおわるのをまって、再び異志〔の有無〕をとりしらべ、兵をめぐらせてこれをこらしめても遅くはない。これぞ一挙両得である。全勝の策といえる。いまこのまま兵を発すれば、彼もまた兵でもって我がほうに応じる。これは敵国を一つ生じるものである。（今既已有釁端、不宜動兵伐之。動而得勝、亦不為善、万一不勝、上損国家之威、下損士卒之力。彼恃江山之険阻、積糧於海内、謹守不動、何計取之。今高麗有十年之鋭、恐朝廷攻伐日本、必有滅虢之心、又節次有違上命之罪、深不自安、如履薄氷、所以無故而待動也。今若発兵、如虎入山、抱薪而救火、此実不可為也。亨謂、如有来進表文所告情節、即宜遣使寛赦其罪、減免進奉、安撫其民社、仍召執政者一二人、至則数南宋之罪悪、欲与戮力一心、同声伐罪。所遣使於日本、為親仁善隣之道、亦是此意宜以語温恤。其来者、庶幾感慕聖旨、以成大挙。待南宋已平、再審他志、迴兵誅之、亦未爲晩。是一挙而両得也。可為全勝之策。今便発兵、彼亦以兵応我。是生一敵国也）

すなわち、強硬策の不利を説き、高麗は元側の出方次第で離反にいたる瀬戸際にたっているゆえ、高麗側がおれてきたならばこれを赦し、所領を安堵すれば、南宋や日本に対する経略にもすすんで協力するだろうという。そして南宋を平定したのち、高麗になお異志があれば、そのときあらためて討伐すればよく、いま新たな敵国を生じるのは得策ではないとするのである。

つづいて前枢密院経歴の馬希驥はつぎのようにのべている。

いまの高麗は、いにしえの新羅・百済・高句麗の三国があわさって一つになったものである。およそ藩鎮は権力を分散させれば制御しやすく、諸侯が強盛であれば臣服させがたいのは古今の通義である。さきごろ詔を下し、使者を遣わして日本に恩をたれるように命じたが、ひそかに妨害をはかった。住民をうつして海島を放棄して陸地におもむくことも、ききしたがわなかった。このときも安易に山水の堅固をたのみ、強大を自認し、抵抗の兆候がすでにあらわれていた。けだし臣下の権力が非常に大きいためである。ちかごろ上国に要請せず、ほしいままにみずから〔王を〕廃立したことは、法として容認すべきではない。しかし遠国の統治は常制に拘束されない。叛心を抱く者を安んじ、臨機の処置につとめることが肝要である。いま小国のことはすでにこのようである。我が朝としてはよく熟議するのがよい。希驥がおもうに、罪を赦して所領を〔そのまま〕認めるようなことは、上国として無原則な政策はとらない。〔とはいえ〕もし兵をおこして討伐しても、三軍に全勝の成果があがらないことが憂慮される。〔そこで〕双方を勘案して中間をとり、廃立をおこなった謀臣一人を糾問するにとどめ、諸人をあざむきまどわした重罪をゆるし、彼の州城の軍民の多寡を調査し、二つに分離してその国を別々におさめさせ、権勢を拮抗させてたがいに牽制させれば、我が国は時間をかけて良策を議論し、個別に対処することが容易になる。このようにすれば、彼の人々は必ず聖朝の寛大な赦免の大恩に感謝し、その国は廃さずとも自然に弱まる。むかし漢の主父偃が諸侯の権力を削減したのは、まさしくその議である。まして高麗は辺境の残類であり、遠い海島にあって久しく朝廷の声教を耳にしていない。寛大に赦免することにし、みずからあらためさせることを許すべきで、それはまた我が上国の、遠邦を懐柔して辺境を安んじ、残暴を善にかえ殺生を退ける心でもある。いまもしこれ（＝以上の方策）をすてて実施せず、あるいは威力をもって召喚し、あるいは兵を集めて勇んでことを進め、もしも小国の権臣が凶暴をほしいままにして叛逆し、山水を楯に宋と連衡して海島を固守すれば、我が聖朝は一〇〇万の雄兵があるとはいえ、歳月をかけても下すことができず、はなはだ大国の利益ではないのである。（今之高麗、乃古新羅・百済・高句麗三国併而為一也。大抵藩鎮、権分則易制、諸侯強盛、則難臣、古今之通義也。曩者、詔命遣信使、垂恩於日本、陰謀沮壊。遷居民捨水而就陸、亦不聴従。此時、亦易有恃山水之固、自為強大、抗拒之萌、已見矣。蓋臣下権太重故也。近者不請上国、擅自廃立、法当不容。然治遠邦者、不牽於常制。安反側者、務要於従権。今者小国事、已如斯矣。我朝誠宜熟議。希驥以謂、若釈罪就封、上国不為姑息之政。或興兵致討、三軍恐無全勝之功。合無両釈、取其酌中、止鞠廃立謀臣之一夫、赦詿誤諸人之重罪、験彼州城軍民多寡、離而為二、分治其

国、使権侔勢等自相維制、則我国徐議良図、易為区処耳。如是則彼人人必懐聖朝寛宥之大恩、其国不削而自弱矣。昔漢之主父偃削諸侯権、是其議也。況高麗辺陲残類、海嶼遠方、不聞朝廷之声教久矣。宜従寛恕、許令自新、亦我上国懐遠安辺勝残去殺之意也。今倘捨此而不為、或以威力追召、或以積兵進取、万一小国権臣恣凶作逆、阻山恃水、与宋連衡、拒守海嶼、我聖朝雖有雄兵百万、未可以歳月下之、甚非大国之利也)

彼もまた、馬亨と同様な理由で高麗には信がおけないとするが、攻略の困難にくわえ、高麗と南宋の連合をも危惧して強硬策を不可とし、廃立事件の首謀者のみを糾問することでこれを赦すのがよいとした。ただし彼は、藩属国が大きな勢力をもつのはよくないとし、高麗の所領を二分して相互に牽制するようにしむければ、統御しやすくなるとした。

このように元は、廃立事件に前後して、武力制圧による高麗の直轄郡県化から、所領の分割、いったん懐柔したうえでの様子見まで、高麗に対する警戒を前提に、硬軟いくつかの対応策を考慮していたのである。その意味では、このとき高麗は実に存亡の危機にたたされていたといっても過言ではない。高麗側の姿勢に対する元側の問責があいつぐなか、交渉の第一線にあった忠烈王には、元側で上記のような論議がおこることは十分に予測できたはずであるし、そのような動静を察知していたかも知れない。そのようななか、公主降嫁という破格の優待をみずから奏請することは、ある意味では僭越ともいうべき意表をついた行動である。しかしこののち、一二七四（元宗一五／至元一一）年にクトゥルク・ケルミシュ公主が忠烈王に降嫁された際、高麗の父老たちは、「一〇〇年にわたる戦乱のすえ、再び太平の世を目のあたりにするとは、おもってもみなかった（不図、百年鋒鏑之餘、復見太平之期）」とよろこびあったと伝えられる。[31] 公主降嫁の由来を伝える前掲の諸史料からもうかがわれるように、やはり公主降嫁の意義としては、一義的に高麗と元の関係を大きく好転させたことが重視されなくてはなるまい。

したがって忠烈王がこれを奏請した意図としては、元に対する積極的な親和・恭順の姿勢を示し、モンゴル帝室の駙馬としての地位を得ることで、元との関係において当時危殆に瀕していた高麗王朝の保全をはかること、この点をみのがすことはできないのである。

つぎに元側が公主降嫁を許した理由については、これを直接に物語る史料がみあたらない。そこで国王廃立事件に際して元側が考慮した案件を通じて間接的にうかがってみよう。

前述のごとく元の枢密院は、強硬策をさけ、林衍の罪は問うが高麗そのものは懐柔する方針を提案していた。一二七〇（元宗一一／至元七）年正月と二月に高麗にむけて発せられた世祖の詔諭では、たしかにそのような意志が表明されている。[32]復位した元宗は、このころ廃立事件の釈明のため元に出むいていたが、元の召喚にもかかわらず林衍はしたがわなかった。ほどなく林衍は病死するが、子の惟茂がその地位を継承し、同年五月、元宗の帰国とともに元軍が進駐するにおよんで叛意を明らかにした。しかし惟茂が宮中の廷臣に殺害されることで武臣政権は崩壊し、対元関係を背景としてほぼ一世紀ぶりに国王が実権を回復する。その後も、武臣政権をささえてきた軍事組織である三別抄が一二七三年まで抵抗をつづけたものの、事態はおおむね元側の筋書きどおりに推移したといえる。

馬亨や馬希驥の言によると、彼らはまず高麗攻略の困難さを考慮している。険阻な地勢をたのみ、海島にたてこもる高麗は、容易に攻略しがたい敵手として認識されている。過去数十年にわたって高麗がモンゴルに対する抵抗を継続できた理由が、純粋に高麗側の軍事的力量にのみ起因するとはいえないとおもうが、少なくともこの当時、元朝政府の首脳はそのような印象をもっていたのである。

さらに彼らは南宋の存在についても考慮している。一二六八（元宗九／至元五）年九月、元軍は対南宋経略の最前線である襄陽・樊城方面に進出し、ここに六年間におよぶ包囲戦が展開される。高麗の国王廃立事件は、元が南宋に対する本格的攻略に着手した矢先の出来事だった。馬亨が高麗を南宋経略に利用することをすすめ、馬希驥が高麗と南宋の連合を懸念した背景には、そのようなさしせまった事情があったことになる。そして、海島にたてこもり南宋と連繫した高麗は難敵であるという馬希驥の発言にくわえ、高麗に異志あれば南宋平定のあとで問罪すればよいという馬亨の言からすると、敵手として高麗の軍事力を重大視し、また高麗をさしあたり敵にまわしたくないというのも、ひとえに南宋という存在があってのことだったことがわかる。

また馬亨は対日経略との関係についてもふれている。一二六六（元宗七／至元三）年以来、元は高麗を通じて日本との交渉を試みており、この後、元の日本攻略の助勢は高麗にとってもっとも緊要な政策課題となる。従来このことは元が高麗の存続を許した主要な理由の一つとみなされており[33]、それなりに自然な解釈ではある。ただし馬亨その人によれば、高麗をとりつぶしてその人的・物的資源を接収したうえで対日経略をすすめるという選択肢もあり得たのである。結論として、高麗政府を懐柔し、なおも対日経略を先導させようというのも、すでに強硬策が不利な状況になったとの認識を前提とするものであった。国王廃立事件に関する議論をみるかぎり、対日経略とのかねあいは、高麗の存続をみとめる理由として必要条件ではあっても、必ずしも十分条件ではなかったようである。

なお一二六九（元宗一〇／至元六）年は、オゴデイ家・チャガタイ家・ジョチ家の反クビライ勢力が、中央アジアでいわゆるタラスの会盟をおこなった年でもある。しかし史料にみるかぎり、この方面の情勢が考慮された形跡はない。

以上のように、高麗の国王廃立事件に際して、元は対南宋戦とのかねあいを中心に、対日経略なども考慮しつつ、抵抗があなどれない高麗に対する強硬策を不利と判断し、その存続を容認することを選んだと考えられる[34]。そこで元は、高麗との関係を安定させるため、忠烈王の要請をうけいれ、公主降嫁による同王家の懐柔と後援という方策を採用したのであろう。この点において元と高麗王家の利害が一致したのである。元はみずからの勢力圏内にある在地君主家のすべてに対して公主を降嫁したわけではないから、高麗の政治的な重みは、このときそれだけ高く評価される形になったといえる。

ただし逆にいえば、高麗にはそれだけ服属の安定が求められたということでもあった。この時点での降嫁の許可はあくまで当座の処置だったようで、これがただちに実行されたわけではない。一二七〇（元宗一一／至元七）年二月、廃立事件の釈明のため元におもむいた元宗は、あらためて公主降嫁を請うたが、かかる重要事を「他事」にかこつけて奏請するのは不適切であり、「還国」して「百姓を撫存」したうえで「特に遣使」して奏請せよと拒絶された[35]。当時はまだ江華島に林氏勢力が健在であり、高麗情勢の鎮静化が公主降嫁の前提だったことがうかがわれる。その後、国王権力が回復した高麗では、元の達魯花赤と屯田経略司が進駐するなかで、開京への還都・質子の派遣・駅站の設置・日本攻略の助勢などが段階的に実施され、数年のうちに元側のかねてからの要求をほぼ充足するにいたる[36]。一二七一（元宗一二／至元八）年正月、同王は再び公主降嫁を奏請したが、その際の表文でも、前提として開京還都の完了が報じられている[37]。そして同年一〇月には降嫁の許可が高麗に伝えられるが[38]、実際にクトゥルク・ケルミシュ公主が忠烈王に降嫁されたのは、一二七四（元宗一五／至元一一）年五月のことだった[39]。済州島を拠点とした三別抄の抵抗が前年ようやく鎮定され、第一次日本攻撃を目前にひかえた時期であるが、この段階にいたって高麗の服属は確実になったと判断されたのであろう[40]。

四　駙馬から駙馬高麗国王へ

元宗は一二七四（元宗一五／至元一一）年六月に死去し、公主を降嫁されたばかりの忠烈王が即位することになった。かくして高麗王は世祖の駙馬としてきわめて高い政治的地位を得たかのようである。ところが忠烈王が即位する際、つぎのような事件がおこっている。

〔王は〕便服・皁鞓の姿で本闕に幸して袍笏にきがえ、康安殿にて詔をうけとった。その詔には「国王（＝元宗）は生前しばしば世子（＝忠烈王）が〔王位を〕継承すべきであるとのべていた。いま世子に命じて国王の役目をうけつがせ、すべての所属についてはみな指揮管理をまかせる」とあった。王は詔をうけおわると、景霊殿に参謁して康安殿に還御し、黄袍を着用して即位し、群臣の朝賀をうけ、そこで詔使のために宴を設けた。詔使は王が駙馬であることから王を南面に推し、詔使は東向し、達魯花赤は西向きに着席した。王が酒をふるまうと、詔使は拝受し、飲みおわるとまた拝をしたが、達魯花赤は立ったまま飲み、拝をしなかった。詔使が「王は天子の駙馬である。老子はどうしてあえてこのようにするのか。我らが帰って奏上すれば、そなたは罪を問われずにすもうか」というと、〔達魯花赤は〕「公主が不在であるし、またこれは先王（＝元宗）の時代の礼である」と答えた。（以便服・皁鞓幸本闕、更備袍笏、受詔于康安殿。其詔曰、国王在日、屢言世子可以承替。今命世子承襲国王勾当、凡在所属、並聴節制。王受詔畢、謁景霊殿、還御康安殿、服黄袍即位、受群臣朝賀、仍宴詔使。詔使、以王駙馬、推王南面、詔使東向、達魯花赤西嚮坐。王行酒、詔使拝受、飲訖又拝、達魯花赤、立飲不拝。詔使曰、王天子之駙馬也。老子何敢如是。吾等還奏、汝得無罪耶、荅曰、公主不在、且此先王時礼耳）[41]

すなわち、宴席上、王が酒をふるまった際、詔使は忠烈王を駙馬の礼でもって遇したが、つぎに達魯花赤は、「先王」元宗のときの作法を用いて忠烈王の駙馬としての立場をないがしろにした。このとき忠烈王に関しては、それまでの高麗王としての格式と、駙馬としての格式とのあいだに、ある種の〝ずれ〟があったことがわかる。

このずれについて、つぎに上掲記事にみえる宴席での席次から考えてみたい。周知のごとく、古来中国では序列を可視的に表現する礼制として席次が重視されてきた。元の礼制も中国歴代の制度を参酌してととのえられたようだが、宴席などではモンゴル固有の慣習も多くのこしていたという[42]。しかし多くの内容がいまだ詳らかではないので、ひとまず中国のアナロジーによる意味解釈はさしひかえ、席次の序列性にのみ焦点をあてる。

そこで上掲記事にもどると、駙馬として南面に推された忠烈王がもっとも優位であるのはいうまでもないとして、次位が東面した詔使、次々位が西面した達魯花赤であることは、両者の政治的地位や忠烈王による行酒の順番からしても間違いないだろう。

これについては『高麗史』巻三八・恭愍王世家・四（至正一五／一三五五）年八月癸亥にも、元の皇太子が月魯帖木児を遣わしてきて栄安王大夫人のために宴を設けた。王はその邸宅に幸した。王と李氏はともに南面し、皇后の妹（＝実際には姉）[43]である趙希冲の妻が東に坐し、奇轍と月魯帖木児が西に坐し、宰枢は階上に坐した。（元皇太子遣月魯帖木児来、宴栄安王大夫人。王幸其第。王与李氏並南面、皇后弟趙希冲妻坐東、奇轍与月魯帖木児坐西、宰枢坐階上）

という事例がある。ときの順帝トゴン・テムルの皇太子アユルシリダラを生んだ皇后奇氏は高麗人であり、その亡父奇子敖は栄安王に封じられた。皇太子が月魯帖木児を遣わして奇子敖の妻李氏（栄安王大夫人）に宴を賜った際、彼女は恭愍王とともに南面した。東には奇皇后の姉である趙希冲の妻が座し（西面）、皇后の兄で奇氏一族の中心人物である奇轍が月魯帖木児とともに西に座した（東面）。この一四世紀半ばの事例でも、関係人物の政治的地位からみて、南面を最高位として東面、西面の順に優位だったとみられる。

さらに、前掲した『高麗史』巻二六・元宗世家・一〇（至元六／一二六九）年一一月癸亥の記事にはつぎのように記されていた。

王が黒的らのために宴を設けて上座にすわらせようとしたところ、黒的らは辞譲して「いま王太子はすでに皇女をめとることを許された。我らは帝の臣である。王はすなわち帝の駙馬大王の父である。どうしてあえて礼にそむこうか。王が西向すれば我らは北面し、王が南面すれば我らは東面する」とのべた。王は辞譲して「天子の使者がどうして下座につくべきであろうか」といい、固辞して東西に相対した。（王宴黒的等、使坐上座、黒的等譲曰、今王太子、已許尚帝女。我等帝之臣也。王乃帝駙馬大王之父也。何敢抗礼。王西向、我等北面、王南面、我等東面。

王辞曰、天子之使、豈可下座。固辞東西相対）

すなわち元使黒的は、駙馬の父である元宗は上座につくべきであるとし、王が西向するならばみずからは北面し、王が南面するならばみずからは東向するとした。このうち後者は忠烈王即位時の宴席で詔使がとった席次である。そして北面は西面よりも下位になるわけで、四面のうち最下位となる。

ところで、この元宗と黒的の事例について注意されるのは、元宗が帝使の上座につくのは僭越であると固辞したため、結局、両者が東西にむかいあったということである。中国においてかかる席次は、南北に向かいあう君臣関係のような絶対的な上下関係ではなく、賓主関係の表現である。(44) 元宗と黒的の場合も、たがいに相手を上座にすえ、下座におくまいとした揚げ句の妥協・折衷であるから、どちらが東西いずれに座したかは不明であるものの、ともかく対等性の強い関係表現とみる分にはさしつかえあるまい。

後述のように、元宗代から忠烈王代はじめにかけて、元の朝臣と高麗王の席次は、結局、この東西に向かいあう形式がとられていたらしい。忠烈王は即位後、元と同名になる官制や、「宣旨」「朕」「奏」「赦」といった用語など、君主を天子・皇帝になぞらえた高麗伝統の国制を、一諸侯としての格式に即して降等し、元に対する僭擬をさけていた。(45) そのかわり、モンゴル王侯の一員たる駙馬の地位は、本来元において一般朝臣の上位にあるわけである。だからこそ、一時において忠烈王やその父である元宗は宴席上で元使の上座をすすめられ、これが恭愍王代はじめまでひきつがれているのである。しかし当初、忠烈王はこのことを高麗王としての格式において確立できていなかったことになる。

かかる〝ずれ〟はつぎのようなことに関わっているとおもわれる。すなわち『高麗史節要』巻一九・忠烈王元（至元一二／一二七五）年五月には、王は詔使が到着したことを聞き、西門外に出迎した。王はすでに公主をめとり、詔使であっても城を出て迎えたことがなかった。通訳の金台が元におもむいた際、省官がこれに語っていうには、「駙馬王が詔使を出迎えないことについて、例がないとはいわない。しかし王は外国の君主である。詔書が到着すれば出迎えなくてはならない」とのことであった。〔そこで〕ここにいたり、はじめてこれを出迎えた。（王聞詔使来、出迎西門外。王既尚主、雖詔使、未嘗出城而迎。舌人金台如元、省官語之曰、駙馬王不迎詔使、不為無例。然王是外国之主也。詔書至、不可不迎。至是、始迎之）

とある。当初忠烈王はみずからが駙馬であることをもって詔使を城外で出迎えなかったのだが、元は「外国の君主」である高麗王は必ず出迎えるように指示したという。

『経世大典』站赤におさめる至元二九（忠烈王一八／一二九二）年正月七日の中書省の上奏（『永楽大典』巻一九四一九）には、「外国」の使節が福建に来着していたとあり、元・楊瑀『山居新話』巻二には、江浙行省の掾吏に現地の「土人」の任用が禁じられたことに対し、同行省左丞の仏住が、〝それならば中央の中書省では「外国人」を任用することになる〟と皮肉った、という逸話がみえる。これらの「外国」が元の境域外をさすことは明白である。また元の魏初は、至元八（元宗一二／一二七一）年四月二四日の奏議のなかで、

外では交趾（＝陳朝大越）が臣と称し、高麗が入貢し、日本と南宋が徳化を仰ぎ慕っています。（外則交趾称臣、高麗入貢、日本・江左、瞻望徳化[46]）

とのべ、高麗を陳朝大越・日本・南宋とともに元の「外」としている。一二七五年に元の省官が高麗のことを「外国」と表現したのも、これらと同様な認識によるものであろう。忠烈王が駙馬となったのちにも、元朝総体の外部にあってこれに服属する「外国」という従来の格式が、高麗王について優先されていたのである。

当然ながら、かかる状況は忠烈王にとって好ましくなかったようである。一二七七（忠烈王三／至元一四）年、高麗では重臣金方慶に対する謀反誣告事件が発生し、元側の諸勢力がその取り調べに介入してくるが、翌年、事情聴取のため元に召喚された忠烈王は、逆にこの機会を利用して、達魯花赤や、屯田経略司をはじめとする在高麗元軍の撤収をみとめられ、また駙馬の特権である站赤の劄子（利用許可証）の発給権を獲得するなどした。[47] 忠烈王は元朝勢力の国内への浸透に抗して統治権限を強化するとともに、駙馬として実体的な権限を求めていったものと考えられる。『元史』世祖本紀によると、同年七月には「駙馬印」を「改鑄」されてもいる。[48] 駙馬としての地位が再確認されたのであろう。とはいえ、高麗は元宗以来、元から駙馬印とは別に高麗「国王之印」をうけていたわけなので、[49] 高麗王の地位と駙馬の地位とは、依然として分離したままであった。

しかし三年後、『高麗史』巻二九・忠烈王世家・七（至元一八／一二八一）年三月乙卯に、

将軍盧英が元より帰還した。皇帝は駙馬国王の宣命と征東行中書省の印を賜った。これにさきだち王が「臣はすでに公主をめとりましたので、宣命をあらためて駙馬の二字をくわえることを願います」と上奏し、皇帝はこれを許可した。（将軍盧英還自元。帝賜駙馬国王宣命・征東行中書省印。先是王奏曰、臣既尚公主、乞改宣命、益駙馬二字、帝許之）

とあるように、忠烈王は「駙馬国王」の宣命を請い、これを賜った。ここに駙馬高麗国王の号が成立したのである。『元史』巻一一・世祖本紀によると、それはこの年の二月辛未のことであったという。[50]

なお『元高麗紀事』と、その収載記事が主要な典拠になったとみられる『元史』高麗伝では、至元一五（忠烈王四／一二七八）年七月に「改鑄」されたのが「駙馬高麗王印」であったとする。しかし双方とも、駙馬の号を冠した高麗王の宣命の授与について、『元史』世祖本紀と同じく至元一八（忠烈王七／一二八一）年二月としており、矛盾をおかしている。『高麗史』世家と『高麗史節要』では、「駙馬国王金印」、あるいは「駙馬国王印」が忠烈王八（至元一

九／一二八二）年に高麗にもたらされたことを伝えており、[51]一方で『元史』世祖本紀と同様、忠烈王四（至元一五／一二七八）年に「駙馬金印」が下賜されたことを伝えている。[52]『元高麗紀事』と『元史』高麗伝が一二七八年に下賜された「駙馬高麗王印」とするものは、あくまで駙馬印のことをさすとみるべきである。

さて、『高麗史』忠烈王世家には、駙馬高麗国王の王号成立を伝える前掲記事につづき、その翌日（丙辰）の記事が、

　王が忻都・茶丘と会議し、王は南面し、忻都らは東面した。事大して以来、王と使者は東西に相対した。いま忻都はあえて礼にあらがわなかった。国人は大いによろこんだ。忻都たちは合浦にむかった。（王与忻都・茶丘議事、王南面、忻都等東面。事大以来、王与使者、東西相対。今忻都不敢抗礼。国人大悦。忻都等往合浦）

とある。[53]まずこの記事により、このときまで高麗王と元の朝臣は対等関係に準じた東西の席次で向かいあっていたことが判明する。そして、駙馬の地位と高麗王の地位とが一体化した駙馬高麗国王という王号の成立にともない、これがあらためられ、高麗王が上位につく南面―東面の席次がとられるようになったことがわかる。

こうした地位向上のうらには、前掲史料にも征東行中書省（元の第二次日本遠征司令部）の印の授与がみえているように、当時計画中の第二次日本遠征を高麗が遂行するという反対給付がのしかかっていたとおもわれる。[54]ともあれ、以上のような過程をへて、はじめて高麗王の格式は元の駙馬として実体化していったと考えられる。[55]

五　小　結――高麗王位下の成立

元にとって、はじめ高麗は信のおける藩属国ではなかった。それゆえ権臣林衍が国王廃立事件をおこすと、元は高

麗の廃絶までを考慮しながらこれに介入したのである。そうした、高麗にとって危機的な状況のなか、忠烈王はかえって公主降嫁という破格の優待をみずから要請することで元への恭順姿勢を明らかにし、王国の生きのこりと事件の解決をはかったのである。一方で元側も、対南宋戦が本格化した情勢を中心に、日本経略とのかねあいなども考慮しつつ、抵抗があなどれない高麗に対する強硬策を不利と判断し、忠烈王の要請をうけいれてこれを懐柔する方針をとった。かくして高麗情勢が安定するのをまったうえで、両国君主家の通婚が成立したのである。しかし高麗王の格式が元の駙馬として実体化していくのは、忠烈王代はじめの段階的な交渉のすえ、一二八一年に駙馬高麗国王の王号が成立してからと考えられる。

駙馬高麗国王が誕生するまでの過程は以上のとおりである。それでは、そのようなモンゴル帝国の駙馬とは、制度上そもそもいかなる地位を意味するのであろうか。本章のまとめとして、最後にこの点についてのべておきたい。

モンゴル帝国の王侯貴族である帝室親族の諸王・駙馬・公主・后妃や族長その他遊牧集団の有力首長たちは、分地分民をうけ、そうして形成された分権的な政治勢力の単位を投下（アイマク ayimaq）といった。それゆえ、投下はかつてモンゴルの封建制などと評されたこともあるが、諸王・駙馬・公主・后妃といった帝室血縁に関しては、他と区別してとくに位下ともいう。大《イェケ》モンゴル国《ウルス》（Yeke mongγol ulus）の上部構造には、こうした諸投下の複合体、連合体としての一面があるという。(56)

高麗王に関しても、『経世大典』站赤におさめる大徳五（忠烈王二七／一三〇一）年二月の遼陽行省大寧路の上言（『永楽大典』巻一九四二〇）に、同路管下の站赤の疲弊原因の一つとして、「高麗王位下の貨物運搬の駝駄（高麗王位下押運物貨駝駄）」の過重があがっており、また『元高麗紀事』にみえる大徳三（忠烈王二五／一二九九）年正月の元の丞相完沢の上奏では、忠宣王の政治姿勢を批判するなか、高麗に派遣した使者からの報告を引用し、

またかつて太后の懿旨を奉じ、公主（＝忠宣王妃ブッダシュリ公主）と謜（＝忠宣王）の両位下の怯薛䚟（＝ケシ

クテイ kešigtei。親衛隊）は一つに合併することになったが、諒はおおせを奉じず……（又嘗奉太后懿旨、公主与諒両位下怯薛䚟、合併為一、諒不奉旨……）

とのべている。高麗王もまた他の駙馬と同様に位下として位置づけられていたことは明白である。そこで駙馬高麗国王に対する元の制度的な位置づけについては、第一にこの点を基本的な性格としてとらえる必要がある。つまり高麗王は、少なくとも形式上は、元という国家を内的に構成する一分権勢力として存在するにいたったのである[57]。

今後問題となるのは高麗王位下の具体的な内容だが、これについては投下としての実質性をいくつか指摘することができる。

元の朝臣との席次については前述したが、忠烈王は一二九四（忠烈王二〇／至元三一）年の成宗テムル即位時の宴席において、諸王・駙馬のなか第七位に座し[58]、その六年後の只孫《ジスン》 jisün 宴（宮中饗宴）では、諸王・駙馬のうち第四位に座したという[59]。とくに前者の事例については、『集史』テムル・カアン紀に、成宗即位式に参列した主要な諸王七名が、ココチュ（世祖の第九子）、トゴン（世祖の第一一子）、カマラ（成宗の兄）、イェスン・テムル（カマラの子）、アーナンダ（世祖の第三子マンガラの子）、テムル・ブカ、イジル・ブカ（ともに世祖の第七子アウルクチの子）と列挙されており、李命美は、忠烈王がこうした皇帝の近親者に比肩する席次をあたえられたと推定している[60]。

元における高麗王の地位については、ほかにも「位は親王と同等（位同親王）」（『高麗史』巻一二五・柳清臣伝）、「席次はウンギラトの次位を獲得した（坐得次於雄吉剌台）」（『益斎乱藁』巻八・陳情表）といった同時代人の評価もみえている。後者は高麗王家の地位が元朝帝室の筆頭姻族であるウンギラト王家に次ぐとのべており、興味ぶかい。また投下は大カアンより定例の歳賜と臨時の下賜をうけたが、忠烈王以降は高麗王も同様な歳賜をうけたらしく[61]、忠烈王は成宗即位の際にウンギラト駙馬家の当主マンジタイやオングト駙馬家の当主コルギスとともに多額の銀を下賜されている[62]。何より権力機構や所領支配についても元の他の諸王・駙馬に準ずる部分があったことは象徴的だが、これについては次章で詳論する。

ただし駙馬高麗国王をめぐっては、投下としての一般性と同時に、特殊性がみられることにも注意しなくてはならない。その際には、征東行省など、王をとりまく元の他の諸制度や、高麗在来の王朝体制の存在も重要なポイントになるだろう。またモンゴル帝室との通婚状況をふくめ、元の諸王・駙馬のなかでの相対的な位相を把握することも不可欠である。こうした諸問題を追究することにより、駙馬高麗国王の史的性格に対する理解をさらに深めていかなくてはならない。

註

(1) 代表的な論考として、高柄翊［一九七四］、蕭［一九八三a］、金成俊［一九八五］、金恵苑［一九八九］、周采赫［一九八九］、鄭容淑［一九九二］、張東翼［一九九四a］などがある。

(2) 以下の『モンゴル秘史』の日本語訳は小澤［一九八九］七五～七七・八二～九八頁による。なお、ここで引用した史料訳文中の語句の表記法は、筆者が〔 〕でくわえた補足と省略部分をのぞき、いずれも小澤による。

(3) ソユルガルの概念については、村上［一九九三c］一八四～一八五頁、参照。

(4) 志茂［一九九五］四一一・四三一～四三二頁、参照。

(5) 『モンゴル秘史』第一四一節、および『元史』巻一・太祖本紀・歳甲子。

(6) 村上［一九七〇］一五八頁、磯野［一九八五］六三～六五頁、参照。

(7) 本記事は『東文選』巻六二にもおさめられ、より部分的な録文が『高麗史』巻一一〇・李斉賢伝と『高麗史節要』巻二四・忠粛王一〇年正月にも載る。『益斎乱藁』所載のものとは字句が異なる箇所もあるが、内容的な差はない。

(8) この問題については、本書第四章、参照。

(9) 一三二三（忠粛王一〇／至治三）年に閔漬らが忠宣王を弁護した上表文（『高麗史』巻一〇七・閔漬伝）にかかる言及がみられる。

(10) ただしこのことは、両国間で通婚が実施される時点において、少なくともこれをタテマエのレベルで動機づけると同時に、双方の平和的な統属関係を保障するものとして、すこぶる重要な意義があったと考えられる。詳しくは本書第四章、参照。

(11) 韓国・国立中央博物館蔵。筆者は韓国・国立文化財研究所の韓国金石文総合映像情報システム（http://gsm.nricp.go.kr/_third/user/main.jsp）により原物と拓本の写真を閲覧（二〇一三年八月二七日最終確認）。なお釈文にあたっては、李穀『稼亭集』巻一二・高

麗国重大匡僉議賛成事上護軍平壌君趙公墓誌、『東文選』巻一二五・高麗国重大匡僉議賛成事上護軍平壌君趙公墓誌、劉燕庭（劉承幹補）『海東金石苑』補遺巻六・趙瑋墓誌、朝鮮総督府［一九一九］四九三～四九五頁、李蘭暎［一九六八］二三四～二三五頁（表題を趙仁規墓誌銘と誤記）、許興植［一九八四b］一一八四～一一八七頁、金龍善［二〇一二］五四三～五四四頁も参照。

(12)『元文類』巻一一・高麗国王封曾祖父母父母制、『高麗史』巻三三・忠宣王世家・二（至大三／一三一〇）年七月乙未。

(13)『高麗史』巻三五・忠粛王世家・八年一一月壬午。

(14)『高麗史』巻一二五・柳清臣伝。

(15)『高麗史』巻二五・元宗世家・元（中統元／一二六〇）年三月丁亥。なお元宗の来投を歓迎する世祖の言葉は李斉賢『益斎乱藁』巻九上・有元贈敦信明義保節貞亮済美翊順功臣太師開府儀同三司尚書右丞相上柱国忠憲王世家にも同じ文章がおさめられており、『高麗史』の記事との関係がうかがわれる。そして、この「忠憲王世家」は一四世紀の著作であり、モンゴル帝国における高麗王家の由緒を強調する内容をふくむため、そもそも世祖の発言とされるものは、後代の潤色をはらんでいる可能性も否定できない。

(16)池内［一九三一b］二六～二七・三五～三七頁、蕭［一九八三a］二三四～二三五頁、参照。なお高麗がかかる態度をとった原因としては、当時の政府内部における権臣金俊を中心とする反モンゴル志向の残存を第一に指摘できる。ただし高麗内部でも国王側と金俊側のあいだに政治主導権をめぐる葛藤があり、それが対元政策に反映していたことにも注意が必要である。また当時の高麗政府の財政が実際として元の要求にどこまでたえられたのかも問題である。

(17)『元高麗紀事』至元一五年春。

(18)『高麗史』巻三一・忠烈王世家・二〇年五月甲寅「帝はかつて翰林学士撒刺蛮に高麗が帰附した年月を問わせた。王は鄭可臣に上書させて、「太祖聖武皇帝がはじめ朔方の地に勃興した際、大きな勢力のある国があり、金国に対する征討を助勢したが、功をたのんでおごり、帝命をきかなくなった。金山王子なる者がおり、国号をあらためて大遼と自称し、中都等の地の子女・玉帛を掠奪して、東のかた江東城に逃亡して拒守した。朝廷（＝モンゴル帝国）は哈真・扎刺を遣して追討させたが、ちょうど雪深い時期であり、道は険しく糧食が維持できなかった。高王（＝高宗）はこれを聞いて趙冲・金就礪を遣し、援兵を送って軍をねぎらい、醜虜を殲滅した。そこで表を奉って東藩となることを請うた。太祖は慶都虎思を遣し、優詔してこれに答え、大いに称賞をくわえたが、［それ以来］いまにいたるまで七六年になる」と回答した（帝嘗使翰林学士撒刺蛮《ママ》、問高麗帰附年月。王使鄭可臣上書、以対曰、太祖聖武皇帝、肇興朔方時、則有大勢国、助征金国、恃功而驕、不用帝命。有金山王子者、改其国号、自称大遼、奪掠中都等処子女玉帛、東走江東城拒守。朝廷遣哈真・扎刺《ママ》追討、時方雪深道険、粮餉不継。高王聞之、遣趙冲・金就勵《ママ》、済兵犒師、殲其醜虜。因奉表請為東藩。太祖遣慶都虎思、優詔荅之、大加稱賞、于今七十有六年矣）」。

(19)『高麗史』巻二八・忠烈王世家・四（至元一五／一二七八）年七月丁亥には、「中書省が本国歴朝の事跡と臣服した日付をつぶさに記録させ、皇帝が登極して以来の使者の名目、国王が親朝した年月とともに上呈させた。国史院からの通知にもとづくものであ直後に同様な下問があったのも、先代に関する史書の編纂などと関わりがあるのかも知れない。

の国史院が、おそらく修史事業に関連して高麗の帰服年月を問題とする場合があったようである。世祖が死亡して成宗が即位した

る（中書省令具録本国累朝事跡及臣服日月、与帝登極已来使介名目・国王親朝年月、以呈。因国史院報也）」という記事がある。元

（20）ただし『高麗史』巻二五・元宗世家・元（中統元／一二六〇）年八月戊申には、「大府少卿張季烈・将軍辛允和がモンゴルからもどり、「臣らは新都開平府に参上し、……皇帝は『そなたの国は大国（＝モンゴル帝国）につかえて四〇年になる。いまここに朝会するのは八〇国あまりだが、そなたらが礼遇の手厚さをみるところ、そなたの国ほどのものがあろうか』とおおせになり、差等を設けて〔臣らに〕衣帛を賜りました」と報告した（大府少卿張季烈・将軍辛允和、還自蒙古云、臣等詣新都開平府、……帝曰、爾国事大国四十年。今茲朝会者八十余国、汝等見其礼待之厚、如爾国者乎、賜衣帛有差）」とある。帰服したばかりの高麗について、過去四〇年間モンゴルに臣属してきたかのごとく世祖がのべたわけだが、これは世祖の即位を慶賀するために来訪した高麗使に対する発言である。当時は帝位継承戦がいまだ決着をみておらず、また正統性という点で、世祖は必ずしも有利ではなかったという（杉山［二〇〇四c］参照）。おそらくそうした事情から、参集した高麗使に対し、世祖はことさらに温言をのべたのであろう。しかし一時的にせよ、かなり早い時期に、高麗の抵抗という事実を無視した言辞が元朝皇帝によって示された点が注目される。

（21）高柄翊［一九七四］四二五頁、蕭［一九八三a］二三四～二三七頁、金成俊［一九八五］一五〇～一五二頁、金恵苑［一九八九］一六五～一六九頁、鄭容淑［一九九二］二〇八～二一三頁。

（22）『高麗史』巻二六・元宗世家・一〇年一一月癸亥。

（23）韓国・国立中央博物館蔵。筆者実見。なお釈文にあたっては、『海東金石苑』補遺巻六・鄭仁卿墓誌、朝鮮総督府［一九一九］四七三～四七六頁、許興植［一九八四b］一〇九七～一〇九九頁、金龍善［二〇一二］四二三～四二五頁も参照。

（24）実物は現存せず、『瑞山鄭氏家乗』（一八一九年）に録文がのこる。筆者は盧ほか［二〇〇〇b］（図版六頁）所収の写真を参照。

（25）以上の経緯については、『元史』巻六・世祖本紀・至元六年八月丙申、九月己未、戊辰、一〇月丁亥の諸条による。なお池内［一九三一b］四九～五八頁、参照。

（26）金恵苑［一九八九］一六五～一六六頁、鄭容淑［一九九二］二一〇～二一一頁。

（27）池内［一九三一b］五二～五三頁、参照。

（28）蕭［一九八三a］二三五頁、金成俊［一九八五］一五一～一五二頁、金恵苑［一九八九］一六八頁、鄭容淑［一九九二］二一二頁、張東翼［一九九四a］一一五頁。

（29）張之翰『西巌集』巻一九・大元栄禄大夫中書平章政事趙公神道碑銘。

（30）姚燧『牧庵集』巻二四・転運塩使曹公神道碑。

（31）『高麗史』巻三一・忠烈王世家の史臣賛、『高麗史節要』巻一九・元宗一五年一一月。

(32)『元高麗紀事』至元七年正月一五日、二月一六日。

(33) 蕭［一九八三a］二三五～二三六頁、金恵苑［一九八九］一六八頁。

(34) 本章では元との宗属関係下で高麗が存続し得た背景について、あくまで国王廃立事件の際の経緯にかぎって論じている。このことはもともと高麗帰服の際に世祖が承認し、のちに「世祖旧制」として高麗の既得権と化した枠組みだが、当初からときどきの政治情勢のなかで揺れ動きつつ、結果的に維持されていったものである（本書第九章、参照）。

(35)『高麗史』巻二六・元宗世家・一一年二月甲戌。

(36) Henthorn［一九六三］一九四～二二五頁、李益柱［一九九六c］一七～二一頁、参照。同じく元が要求してきた戸籍の提出については、一二六九（元宗一〇／至元六）年に「民戸」の「計点」がおこなわれたことをその履行ととらえる見解もある（李益柱［一九九六c］一九頁、朴鍾進［二〇〇〇］二〇四～二〇七頁）。しかしこれは高麗の内政上の措置ととらえるべきで、元が高麗に戸籍を提出させることはなかったと考えられる（この問題については本書第九章で詳論）。

(37)『高麗史』巻二七・元宗世家・一二年正月丙子。

(38)『高麗史』巻二七・元宗世家・一二年一〇月辛丑。

(39)『高麗史』巻二七・元宗世家・一五年五月丙戌、『元史』巻八・世祖本紀・至元一一年五月丙申。

(40) 以上の経緯が公主降嫁にいたるまでの実情であるとすれば、降嫁が実施された際、その理由がどのように説明されたかが問題となろう。これについては本書第四章で論じる。

(41)『高麗史』巻二八・忠烈王世家・元宗一五年八月己巳。

(42)『元史』巻六七・礼楽志・序文「元の国家運営については、はじめ朔漠の地に勃興し、朝会・燕饗の礼は多くがその習慣にもとづいていた。太祖元年（＝一二〇六（熙宗二）年）、阿難河で諸侯王と大いに会同して皇帝の位につき、はじめて九斿白旗をたてた。世祖の至元八年（＝一二七一（元宗一二）年）、劉秉忠・許衡に命じてはじめて朝儀を制定した。それ以来、皇帝の即位、元正・天寿節、および諸王・外国の来朝、皇后・皇太子の冊立、群臣による尊号の上呈、太皇太后・皇太后の冊宝の進呈から、郊廟の儀礼が終了した後の群臣の朝賀にいたるまで、すべて朝会儀礼のようになった。しかし宗親との大饗宴、大臣に対する賜宴には、依然としてその習慣にもとづく礼を用いることを重視した（元之有国、肇興朔漠、朝会燕饗之礼、多従本俗。太祖元年、大会諸侯王于阿難河、即皇帝位、始建九斿白旗。世祖至元八年、命劉秉忠・許衡始制朝儀。自是、皇帝即位、元正・天寿節、及諸王・外国来朝、冊立皇后・皇太子、群臣上尊号、進太皇太后・皇太后冊宝、暨郊廟礼成群臣朝賀、皆如朝会之儀。而大饗宗親、錫宴大臣、猶用本俗之礼為多）」。

(43) 奇皇后自身は奇子敖の「季」（末子）であり、趙希冲の妻はその「長女」である（『稼亭集』巻一二・高麗国承奉郎摠部散郎賜緋魚袋贈三重大匡僉議政丞判典理司事上護軍奇公行状）。

(44) 岡安［一九八三］八～九頁、奥村［一九八四］参照。
(45)『高麗史』巻二八・忠烈王世家・元（至元一二／一二七五）年一〇月庚戌、二年三月甲申など。
(46) 魏初『青崖集』巻四・奏議。
(47)『高麗史』巻二八・忠烈王世家・四年七月甲申、壬辰、戊戌。
(48)『元史』巻一〇・世祖本紀・至元一五年七月壬寅。
(49)『高麗史』巻二五・元宗世家・元（中統元／一二六〇）年八月壬子によると、即位直後の元宗に下された世祖の詔のなかに「いま卿に虎符・国王の印ならびに衣段・弓刀等の物を賜る（今賜卿虎符・国王之印并衣段弓刀等物）」とある。『元史』巻四・世祖本紀・中統元年六月是月にも元宗に「国王封冊・王印及虎符」を賜ったことが記されている。
(50)『元史』巻一〇八・諸王表では、駙馬高麗国王の始封年次について「至元」とのみ記し、年数が欠字になっている。中華書局標点本の校勘記では、忠烈王が公主を降嫁され即位した至元一一（元宗一五／一二七四）年にかけているが、当然ながら至元一八（忠烈王七／一二八一）年が正しいことになろう。
(51)『高麗史』巻二九・忠烈王世家・八年九月甲子、『高麗史節要』巻二〇・忠烈王八年九月。なお最近、川西裕也により、至正四（忠恵王後五／一三四四）年付けの官教（高麗王の官僚親任文書）にこの「駙馬高麗国王印」がおされている事例が確認され、その印文がパクパ字漢文で記されていることが判明した（川西［二〇一一］一一七～一二〇頁）。
(52)『高麗史』巻二八・忠烈王世家・四年七月壬寅、『高麗史節要』巻二〇・忠烈王四年七月。
(53)『高麗史節要』巻二〇・忠烈王七年三月にもほぼ同文を掲げるが、「今忻都不敢抗礼」の箇所を「今忻都・茶丘不敢抗礼」とする。
(54) 上記の席次変化についても、征東行中書省（征東行省）印の取得を直接の原因とみるむきがあるかも知れない。しかし忠烈王はすでに前年一〇月に同省の長官職（左丞相）に叙任され（『元史』巻一一・世祖本紀・至元一七年一〇月癸酉）、一二月に冊命と印信を受領している（『高麗史』巻二九・忠烈王世家・六年一二月辛卯）。叙任ないし冊命受領ののち、駙馬高麗国王号の成立前にも、元の官人は頻繁に高麗をおとずれており、そこには日本遠征関連の案件もふくまれる（『高麗史』巻二九・忠烈王世家・六年一〇月丁酉、是月、一一月戊申、庚戌、七年正月戊戌、丁巳）、行省幹部就任により元朝官人との席次が変化するならば、すでにこれらの機会にそれがあらわれるはずである。
(55) ただし高麗に対する「外国」視はその後ものこっている。高麗の李穀が起草した文章では元に対して自国を「外国」と称しているほか（李穀『稼亭集』巻八・代言官請罷取童女書）、高麗使金之淑が元朝宮廷において「諸侯王之列」に列せられず、交趾国（陳朝大越）と席次を争い（『高麗史節要』巻二一・忠烈王二一（元貞元／一二九五）年六月）、また江南におもむいた高麗王の御用商船が「海外不臣之国」と同様な抽分（関税）を徴収されそうになるなどのことがあった（『牧庵集』巻一六・福建行省平章政事史公神道碑）。

(56) 投下の制度的な概容については、海老沢［一九六六］、岩村［一九六八］、周藤［一九六九］、安部［一九七二a］、松田［一九七八］、小林高四郎［一九八三］、周良霄［一九八三］、愛宕［一九八八a］、村上［一九九三a］、同［一九九三b］、同［一九九三c］、植松［一九九七a］、李治安［二〇〇七］などを参照。

(57) かつて周采赫［一九八九］（二八頁）は、高麗王が他のモンゴル諸王と同様な「分封地」の「藩王」となった可能性を指摘した。高麗王にとっての「分封地」をどのようにとらえるかに問題をのこすが（本書第二章、参照）、高麗王位下という位置づけを得たかぎりにおいて、他のモンゴル諸王と同様な立場になった点はたしかである。

(58)『高麗史』巻三一・忠烈王世家・二〇年四月甲午。

(59)『高麗史』巻三一・忠烈王世家・二六（大徳四／一三〇〇）年六月壬子。

(60) 李命美［二〇〇三］七〇〜七一頁。

(61) 一三一〇（忠宣王二／至大三）年に元より下された「高麗国王封曾祖父母父母制」（『元文類』巻一一）の一節に、忠烈王について「当初世子だったが、ほどなく皇女を降嫁し、たちまち王位を継がせたのは、諸侯の子が代をあらためるものとは異なる。ついに土地の物産を定期貢納するのをやめ、歳賜を宗親と同様にするように配慮した（初由世子、已帝女之降釐、旋俾嗣王、非公孫之復始。遂罷時貢其方物、顧同歳賜於宗親）」とある（『高麗史』巻三三・忠宣王世家・二年七月乙未にもほぼ同文をおさめるが、「顧同歳賜於宗親」の個所を「固同歳賜於宗親」とする）。

(62)『元史』巻一八・成宗本紀・至元三一（忠烈王二〇／一二九〇）年四月乙巳に、「駙馬である蛮子帯《マンジタイ》に銀七六五〇〇両、〔同じく駙馬である〕闊里吉思《コルギス》に〔銀〕一五四五〇両、〔同じく駙馬である〕高麗王王昛（＝忠烈王）に〔銀〕三〇〇〇〇両を賜る（賜駙馬蛮子帯銀七万六千五百両、闊里吉思一万五千四百五十両、高麗王王昛三万両）」とある。

第二章　高麗王位下とその権益

——大元ウルスの一分権勢力としての高麗王家

一　問題の所在

高麗は建国以来、五代諸国や宋・遼・金など大陸の諸王朝とのあいだで宗属関係の形式をむすんできた。しかし一三世紀後半〜一四世紀半ばにおいて、大元ウルスが藩属国としての高麗におよぼした控制は、たとえば王位継承への介入が象徴するように、平時においてすら、他とは比較にならないほど大規模かつ直接的であった点に大きな特色がある。従来の朝鮮史研究者が、両国の政治的な支配—被支配関係に強い関心をよせ、高麗史上における当該期のイメージとしてこの点を強調し、とりわけ韓国の学界において元干渉期という呼称が定着しているのも、けだし当然といえよう。

しかし視点をかえると、モンゴル帝国が他の諸勢力をみずからの内部にとりこみつつ国家形成をなしとげてきたこともまた、基本的な事実である。本書第一章で指摘したように、高麗王もまた、大カアン qaʼan（皇帝）一族の公主を代々めとってその駙馬（女壻）となり、投下の一つ、高麗王位下として位置づけられていた。このモンゴル帝国における投下[1]とは、諸王・駙馬・公主・后妃やその他の有力遊牧首長それ自身、もしくはその麾下の遊牧集団、またときにはその所領・属民などもさす、要するに、かようなモンゴル王侯貴族の分権的な政治勢力の単位に対する漢語の呼称であり、帝室の血縁である諸王・駙馬・公主・后妃に関してはとくに位下ともいった。かつてモンゴルの封建制と評されもしたように、大元ウルスの基本構造には、かかる諸投下の複合体・連合体としての一面があるとされる。高麗王は少なくとも、形のうえではその一員として存在したのである。高麗を大元ウルス総体とは別枠に区別して、一国対一国の相互交渉として両国の関係を描く図式を当然とするまえに、いったんは高麗が大元ウルスの内部構成要素であった側面を照射する必要があるといえよう。(2)

とくに現状では、両国関係の構造に関わる諸々の事実関係――とりわけその基本骨格ともいうべき制度と慣例――を一つずつ具体的に確認していく基礎作業が求められる段階でもある。これまで両国の関係については、〝中華帝国〟におけるいわゆる華夷秩序の表面的なアナロジーで形容されることが多く、モンゴル国家としての大元ウルスの史的内実を具体的にふまえた理解は、いちじるしくたち遅れているのである。(3)

ひるがえってみるに、既往の研究に対して指摘される以上のことごとは、それぞれ次元こそ異なるものの、ともに高麗史研究の基本的な視野のありかたに関わる問題でもある。近年すすめられている既往の地域史・一国史・民族史等の枠組みの相対化とは、一つには、ある歴史事象をそのいずれかの専有物とみなす先入観を排し、事象それ自体に即して、それが展開する場の広がりを、各研究者がその問題意識のもとでとらえなおす試みといえよう。いわゆる「朝鮮史」の内容もそうした検証の対象となる。位下としての性格をふまえて大元ウルス臣属下における高麗王の存立を考える場合、大元ウルスという国家そのものが、外的な付帯要素どころか、もっとも基本的な環境として視界におさめられるべきなのである。

本章では以上の問題意識を背景としつつ、第一章でつぎなる課題としてあげた高麗王位下の具体的内容について考察する。位下としての位置づけは単なる名目にとどまらず、高麗王は他の諸王・駙馬と同様に大カアン主催の大会に参加し、その宴（トイ toi）において一定の席次を占め、歳賜やその他の下賜をうけとるなどしていた。ここではさらに、他の諸王・駙馬に準じた権力機構や所領等の権益の存在を指摘する基礎的な作業をつうじて、高麗王家が投下として一定の実体をそなえていた様相を、具体的に明らかにしたいとおもう。

権力機構についてはこの後すぐのべるとして、行論の便宜上、大元ウルスにおける投下の制度的な輪郭について、一般的な知見をまずのべておこう。各投下は多くの場合、北方草原地帯に遊牧本領を保有して牧民集団をひきいたほか、旧金領にあたる華北、および旧南宋領にあたる江南の路・府・州・県に一定数の人戸を分与され、それぞれ投下領として保有した。ただし投下領の人戸に対する直接的な統治行為は、原則として大元ウルス中央政府が任命した地方官が担当し、華北では五戸絲料、江南では戸鈔を徴収して中央政府経由で各投下に頒給し、投下側の関与は、投下領の長官として達魯花赤《ダルガチ》 daruγači を任命し、行政を監督する間接的な形式にとどめられた。そのほかにも投下は、工匠をはじめ各種の労役に従事する直属の人戸を保有し、これらを大元ウルスの各地に展開させていた。このように各投下は、各所に点在する権益のむすびつきのうえになりたっていたという。(4)

二　高麗王位下の権力組織

(1) 王府と断事官

大元ウルスの諸王・駙馬の位下には、漢語で王府(5)と称される統治・家政機構がおかれていた。そのおもだった属僚として、内政・軍事全般をつかさどる長官格の王傅、司法をつかさどる断事官（ジャルグチ ǰarγuči）などの存在が知られており、これらは員数や品級などの規定において大元ウルス中央政府の控制下におかれる形をとっていた。(6)かかる王府の設置は、ともに「諸王」と通称されたモンゴル諸王・駙馬のみに許された、その「王」としての地位を象徴する特権であった。(7)

それゆえ、『高麗史』巻三〇・忠烈王世家・一六（至元二七／一二九〇）年一一月丁卯に、

表 2-1　高麗王府断事官の事例

姓名	着 任 年	在任確認年	主要典拠	備　考
趙仁規	1290（忠烈王 16）		『稼亭集』3 趙仁規祠堂記	本貫は平壌祥原
権　溥		忠烈王代？	『益斎乱藁』7 権溥墓誌銘	本貫は安東
呉　潜	1300（忠烈王 26）		『同福呉氏大同譜』(1980) 呉潜墓誌文	本貫は同福
趙　璉		1308（忠烈王 34）	『平壌趙氏世譜』(1929) 趙仁規墓誌文	趙仁規の子
壬老君		1314（忠粛王 1）	『養吾斎集』32 袁謹斎墓誌銘	漢人（江南？）
李斉賢	1320（忠粛王 7）		『牧隠集』文藁 16 李斉賢墓誌銘	本貫は慶州
趙徳裕		1341（忠恵王後 2）	『稼亭集』3 趙仁規祠堂記	趙璉の子
権　適		1352（恭愍王 1）	「権準墓誌銘」	権溥の孫
権　鉉		1370（恭愍王 19）＋α（以前？）	『牧隠集』文藁 16 権廉墓誌銘	権溥の曾孫

注 1）典拠については『高麗史』列伝その他の関係記事もあわせて参考にしている。
　2）「権準墓誌銘」は韓国・国立中央博物館蔵。筆者実見。李仁復撰。撰述年は欠損のため「至正」年間としかわからないが，墓主は至正壬辰（至正 12／恭愍王元／1352）年没。釈文にあたっては文化財管理局文化財研究所［1993］105 頁，金龍善［2012］632〜635 頁も参照。
　3）近現代の族譜に録文がのこる呉潜墓誌文と趙仁規墓誌文については，前者が後至元 2（忠粛王後 5／1336）年付け尹奕撰，後者が至大元（忠烈王 34／1308）年付け方于宣撰。なお釈文にあたっては金龍善［2012］489〜491・629〜632 頁も参照。

皇帝（＝世祖）が趙仁規を高麗国王府断事官となし、金虎符を賜った。（帝以趙仁規為高麗国王府断事官、賜金虎符）

とあるように、高麗王に関しても帝命のもとに王府がおかれていた事実は、その駙馬としての地位のたしかなあらわれと評してよい。その創設は少なくとも、忠烈王が駙馬高麗国王の王号をあたえられ、高麗王の地位が駙馬として実体化していった一二八一（忠烈王七／至元一八）年以降[8]のことであろう。あるいは高麗王府の初出である上掲史料[9]がその設置を伝えているのかも知れないが、詳細は不明である。

上掲史料にみえる高麗王府の断事官について、判明事例を一覧にしたものが表2-1である。一二九〇年以来、恭愍王代までの存続が断続的に確認される。このうち最後の権鉉については、その父廉について死後三〇年あまりを経て記された墓誌中での記録であり、すでに過去の官歴となっている可能性もあるが、少なくとも恭愍王代に高麗が実質的に大元ウルスの影響下から離脱するころまで、断事官が王府とともにおかれたことはまちがいなかろう。

その活動については、『高麗史』巻一二三・李英柱伝につぎのような事例が確認される。

金州の民で大文という者には族党が一〇〇人近くいた。英柱は権勢をたのみ、圧力をくわえて〔彼らを〕奴隷にしようとした。都官佐郎李舜臣は〔権力者に〕媚びへつらう性格であり、事実をまげて英柱の意におもねり、文書を操作して〔大文の族党を〕賤民とした。大文は王府断事官趙仁規に訴えた。仁規はその文書記録を検証し、英柱の姦偽をつぶさに報告した。王（＝忠烈王）は舜臣をとらえ、英柱を罷免した。（金州民大文者、族党近百人。英柱倚勢、欲圧而為奴。都官佐郎李舜臣性諂、曲阿英柱意、舞文為賤。大文訴王府断事官趙仁規。仁規考其案、具陳英柱姦偽。王囚舜臣、罷英柱職）

すなわち、都官佐郎李舜臣が権勢家の李英柱におもねって、金州（現・慶尚南道金海市）の民大文の族党を英柱の奴隷にしようとしたところ、訴えをうけた王府断事官の趙仁規が関係記録を調査してその非を判じたという。

以上は高麗国内の訴訟において断事官が具体的な権能を有したことをうかがわせる逸話である。ただし高麗在来の諸官府との相互関係が不分明であり、この孤立した事例をもってただちに一般化することは避けるべきだろう。とりわけ、初期の断事官である趙仁規以外には、その職位における政治行為が史料上まったく確認されない。高麗王府断事官の実態については、なお慎重に評価する必要がある。

ところで一三〇七（忠烈王三三／大徳一一）年、成宗テムル没後の元の帝位継承紛争において武宗カイシャンの〝推戴〟[10]に関わった忠宣王は、その功績により瀋陽王に封じられた。この王号は三年後には瀋王に進封され、一三一六（忠粛王三／延祐三）年に忠宣王の甥暠に継承される。忠宣王と暠はそれぞれ成宗の兄である晋王カマラとその子梁王スンシャンの息女をめとり、『元史』巻一〇八・諸王表にも駙馬として「瀋王」がかかげられる。この瀋王（瀋陽王）に関連して、元の掲傒斯の『文安公全集』文集巻八・蕭景能墓誌銘には、

父均衡は賑恤穀を供出したことにより贛州平準庫使・漢陽府漢川県砂礫使の地位にいたった。〔それから〕まもなく近臣の推薦により奉訓大夫・瀋陽王傅府断事官を授かり、ほどなくして例規により退任した。（父均衡、以

賑粟致位贛州平準庫使・漢陽府漢川県砂濼使。俄以近臣薦授奉訓大夫・瀋陽王傅府断事官、尋以例罷）

とある。蕭景能（中国江南廬陵の人）の父である蕭均衡が「瀋陽王傅府断事官」に任じられたというのだが、このことから、瀋陽王のもとにも王傅や断事官をそなえた王府がおかれていたことが判明する。

『高麗史節要』巻二四・忠粛王九（至治二／一三二二）年三月にも、

当初上王（＝忠宣王）は元に滞在していたが、従臣の司僕正白応丘が貨殖に能力があるので、命じて瀋王府の事務を主幹させた。（初上王在元、以従臣司僕正白応丘能殖貨、命幹瀋王府事）

とあり、忠宣王がその財務能力をみこんで白応丘を事務責任者として任用した「瀋王府」の存在がみとめられる。また李斉賢の『益斎乱藁』にも「瀋府」の属僚に関する記載がみえる。[11] 丸亀金作はこれらの「瀋王府」や「瀋府」について、漠然と瀋王独自の官府としたが、[12] 北村秀人が指摘するように[13]史料解釈に誤りがあり、そのまましたがうわけにはいかない。北村自身はこれらを元の大都（現・北京市）における瀋王の居宅とするのだが、これにも直接の根拠があるわけではない。[14] そこで、モンゴル諸王位下の統治機構である王府が瀋陽王に関しても実在したことをふまえるならば、これらもまた同様な意味での王府をさすものと考えられるだろう。[15] とくに『益斎乱藁』にみえる「瀋府」は畜のものであり、瀋王（瀋陽王）府が一貫して存在したことがわかる。

上記の各断事官が選任された個別の経緯については不明な点が多い。ただ高麗人の多くは高麗政府の高官ともなっており、趙仁規や呉潜のように当代の国王からとりわけ寵遇されたとされる人物をふくむことが参考になる。[16]『高麗史』巻一〇五・趙仁規伝に「子の徳裕は父の地位を継いで王府断事官となった（子徳裕、襲父爵為王府断事官）」とあるように、世襲例も確認される。また二人の漢人である壬老君と蕭均衡の存在も注目される。とくに蕭均衡の就任は「近臣」（ここではカアンの側近）の推薦だったという。こうしたことは、高麗王家の位下における仕路が、高麗本国の外部にまで、しかも大元ウルスの体制レベルで広がっていたことを示す。

一方、高麗王傅の名は一例も確認されない。駙馬オングト高唐王家のごとく、王府に後から王傅がおかれるようになった例[17]もあるので、高麗王傅は実際おかれなかったとも考えられる。また近年の研究によると、少なくとも元朝初期までのモンゴル帝国では、王傅と断事官のあいだに機能的な共通性がみられるともいう[18]。そうだとすると、高麗王府では責任者である王傅の役割を断事官がはたしていた可能性も考えられるかも知れない。

（2）ケシク

ケシク kešig（怯薛）とは、チンギス・カンがモンゴルの支配層である千戸長・百戸長・十戸長の子弟や平民の有能者をもとに編成し、モンゴルの勢力拡大とともに新たな服属者をもここにとりこんでいったカアン直属の親衛隊である。宿衛（ケブテウル kebte'ül）・箭筒士（コルチ qorči）・侍衛（トルガウト turγa'ud）に組織され（侍衛は戦時に勇士〔バートル ba'atur〕となる）、輪番でカアンを護衛するほか、カアンの生活全般にわたる多様な職務を分掌する家政機関であり、また政府機構に表裏するその人的基盤として、その地位は大いに重んじられた[19]。

カアン以外にも、諸王・駙馬・公主・后妃については、その位下、とくに諸王・駙馬の場合は王府にケシクを保有したことが知られている。高麗王についても『元高麗紀事』に、

A　〔大徳〕三年（＝一二九九〔忠烈王二五〕年）正月、……丞相完沢らが「高麗王謜（＝忠宣王）には罪があり、さきに吉丁らを遣してこれを尋問させました。いま吉丁等がもどっていうには、『……またかつて太后の懿旨を奉じ、公主（＝忠宣王妃ブッダシュリ公主）と謜の両位下の怯薛䚟は一つに合併することになったが、謜はおおせを奉じず……』とのことでした……」と上奏した。（三年正月、……丞相完沢等奏、高麗王謜有罪、先遣吉丁等往詰問之。今吉丁等回言、……又嘗奉太后懿旨、公主与謜両位下怯薛䚟、合併為一、謜不奉旨……）

とある。これにより、忠宣王がみずからの「怯薛䚟」（ケシクテイ kešigtei ＝ケシクの構成員）を擁し、それが位下に所属する性格のものだったことが判明する。

表 2-2 高麗王の怯薛執事

名　称	史料上の初出	モンゴル名	モンゴルでの管掌事項
忽赤／忽只	1274（元宗 15）設置	qorči	弓箭を持しての警護
鷹坊／時波赤	1275（忠烈 1）設置	šiba'uči	タカ類の飼育
必闍赤	1278（忠烈 4）設置	bičigeči	文書事務
阿車赤／阿闍赤／阿加赤	1289（忠烈 15）	ačači	房　舎
八加赤	1344（忠恵王後 5）	balaγači	門　衛
于達赤／迂達赤	1352（恭愍王 1）以前	üldüči	刀剣を持しての警護
速古赤	1373（恭愍王 22）	šikürči	衣服・天蓋

注）既知の怯薛執事にかぎってあげたが，他にも「波吾赤」「詔羅赤」などがある。白鳥［1970］はそれぞれ baγurči（旅客または旅客を管掌する者），žaruči（服従者・下僕）と解したほか，于達赤を門衛の職である玉典赤（egüdeči）にあて，阿加赤を aγači と読んでいる。

高麗側の史料には、高麗王の保有にかかるモンゴルのケシクの諸職掌（怯薛執事）と同名のさまざまな組織が登場する。これらについては白鳥庫吉が初歩的な語義解説をくわえ、[20]内藤雋輔と権寧国も軍制史の観点から部分的にとりあげているが[21]、それらに私見をくわえて整理したものが表2-2である。

このうち忽赤の創設については、『高麗史』巻八二・兵志・宿衛・元宗一五（至元一一／一二七四）年八月に、

忠烈王が即位し、官人の子弟でかつて〔みずからに〕随従して禿魯花となった者を輪番で宿衛させ、忽赤と号した。（忠烈王即位、以衣冠子弟嘗従為禿魯花者、分番宿衛、号曰忽赤）

とある。忠烈王は、世子のときにともに「禿魯花」（トルガク turγaγ ＝質子）として入元した官人子弟を即位とともにみずからの忽赤とした。カアンのケシクは四番にわかれて三日交替で宿衛にあたったが、忠烈王の忽赤が「輪番で宿衛」にあたったことは、まさにこれを彷彿とさせる。同じく『高麗史』巻八二・兵志・宿衛によると、当初四番に編成された忽赤は忠烈王元（至元一二／一二七五）年正月には三番に改編されたが、

〔忠烈王〕八年（＝一二八二（至元一九）年）五月、達達人（＝モンゴル人）

を忽赤三番に分属させ、中朝の体例により各番三日交替で当直させた。牽龍等の諸宿衛もまた同様にした。（八年五月、以達達人分属忽赤三番、依中朝体例、令各番三宿而代。牽龍等諸宿衛、亦然）

とあるように、「忽赤三番」は「中朝の体例」（大元ウルスの制度）にしたがい、三日交替で宿衛の当直にあたったという。この「体例」がケシクの制度をさすことは明白であろう。

また鷹坊についても、高麗王や大元ウルスに献上するためタカ・ハヤブサなど鷹狩用の猛禽類を調達したことが知られているが、[22]『高麗史』巻一二三・印侯伝には、

王（＝忠烈王）はかつて宰枢に対し、「我が国は小さく民は貧しく、旱害は頻繁であるから、鷹坊を廃止しようとおもう」といった。〔これに対して〕侯は、「鷹坊は皇帝に要請して設置したのですから、どうして性急に廃止してよいでしょうか」とのべた。（王嘗謂宰枢曰、国小民貧、旱災滋甚、欲罷鷹坊。侯曰、鷹坊請於帝而置之、豈宜遽罷）

とあり、高麗王の鷹坊がカアンの許可のもとにおかれていたことがわかる。さらに『高麗史』巻八二・兵志・宿衛・忠烈王一三（至元二四／一二八七）年閏二月には、

忽赤・鷹坊の三品以下〔の者〕に弓箭をおびて輪番で入直させる。（令忽赤・鷹坊三品以下佩弓箭輪次入直）

とあり、鷹坊が忽赤とともに弓箭をおびて番直していたことも判明する。

このように忽赤と鷹坊については、モンゴルのそれとほぼ同様な組織であり、高麗王のケシクを構成する怯薛執事だったと考えられる。

つぎに必闍赤については、一二七八（忠烈王四／至元一五）年、宮中で迅速に機務を処決するための国王秘書団と

して創設され、「別庁宰枢」とも称されたという。[23]

一方、『元高麗紀事』至元一八（忠烈王七／一二八一）年二月には、

賰（＝忠烈王）が「本国の必闍赤は文書の授受に通じていないため、天朝の吏員から郎中・員外を一員ずつ任命して補佐とするように要請します」と上言した。（賰《ママ》上言、本国必闍赤、不諳行移文字、請於天朝吏員除郎中・員外各一員為参佐）

とあり、元との公文書の授受に関わる必闍赤が登場する。

忠烈王は当時第二次日本攻撃の司令部として設置された征東行省の長官（丞相）だったが、元との公文書授受を支障なくおこなう必要から、行省の属僚である郎中と員外郎に元の吏員を迎えることを要請したとみられる。そのため「本国の必闍赤」とは行省所属の蒙古必闍赤[24]にもみえるが、これはモンゴル語の文章を担当する下級吏員である。必要ならばその要員の派遣を求めればすむ話であり、上級官員の郎中・員外郎が代替すべきことではない。あるいは必闍赤とは書記の汎称でもあるので、行省のその他の関連職をさすかにもみえるが、本来高麗にとってなじみのうすい外来語を新設の宮廷秘書団の固有名称として採用する一方で、同時期から普通名詞として同じ語句を使用したとは考えにくい。そこでこの「本国の必闍赤」とは、上記の「別庁宰枢」のそれをさすとみるのが自然であろう。

日本攻撃をひかえた当時の高麗にとって、征東行省の文書事務は機務にほかならない。しかしこの必闍赤たちは元の文書制度に必ずしも習熟していなかったため、専門知識を有する行省専属の実務スタッフが必要になったのであろう。ケシクとしての必闍赤が対元関係上の文書事務を管掌しつつ――実際は担いきれなかったわけだが――君主の秘書・相談役として機務を処理することは、まったく矛盾しない。上記の高麗王の必闍赤も、高麗王位下のケシクを構成する怯薛執事とみてよいだろう。

その他の組織については、史料的に職掌が判然としない部分も多いが、同様に怯薛執事として理解してよいとおも

う。前述のごとく諸王・駙馬は位下としての資格においてケシクを保有し、それは高麗王も同様だったからである。モンゴルのケシクと同名である以上、高麗側の一方的な模倣などではなく、駙馬としての資格にもとづく組織として大元ウルス内でも公認されていたとみるべきだろう。前掲史料Aによると、忠宣王のケシクは王妃であるモンゴル公主のケシクと合併するように指示されている。高麗王位下のケシクは、他のモンゴル位下のケシクと制度的な位置づけが何ら異ならないのである。

恭愍王以降、忽赤・速古赤・迂達赤などは、記録上、投下に対応するモンゴル語、アイマク ayimaq の漢字音写である「愛馬」と総称される形で登場することもある[25]。愛馬が上記以外の怯薛執事をふくむかどうか、必ずしもさだかでないが、ほかに忠勇衛・司幕・司饔など漢語名の愛馬もあり[26]、これらは高麗在来の官制とも複雑に関係しながら重要な政治的機能を担ったようだ[27]。このような愛馬の組織・運用実態は、ケシクというモンゴル由来の制度に対する高麗なりの受容の形態であり、高麗の政治体制における大元ウルスの影響を考量する一材料ともなる。が、ここではひとまず、高麗王位下におけるケシクの存在を確認できれば十分である。

三　投下領としての高麗本国

大元ウルス前半期に活躍した文人官僚である姚燧は、その文集『牧庵集』巻三におさめる「高麗瀋王詩序」において、高麗王家のことをつぎのようにのべている。

王は異姓であり皇族とは差違がある。しかし宗王が大国に封じられたとしても、名目だけの封邑をたてまつるに等しい。なぜならば、いまだかつて祖が子と宗廟を別にしたことはないからである。人民は天子が官吏に統治させ、その政庁には監郡と府属を置くことができるが、みな要請して朝廷からこれを任命する。そうであれば刑罰の執行や軍事行動は、どうしてあえて律をこえようか。民は五家ごとに絲を課税することわずかに一斤とし、しかも指令を下してほしいままにその地より徴発することを許さず、みなこれを天子の府庫に運び、年末に頒給する。そのしくみもまた細密である。どういうわけか高麗王家はそうではない。宗廟の祭祀があり、その祖先を祀っている。百官が配備され、その職を統べている。賞罰と命令はその国で独自におこなわれ、税収はすべて三韓の境内で占用され、天子の府庫には入らない。（王異姓之于天宗有間也。然宗王雖受封大国、同升虚邑。何也未嘗祖別子于廟。人民則天子使吏治之、其府雖得置監郡与府属、皆請而命諸朝。而刑人・殺人・動兵、何敢越律。其民五家賦絲、為斤纔一、猶不聴下令擅徴発其地、皆輸之天府、歳終頒之。其網亦密矣。遇高麗氏則不然。有宗廟蒸嘗、以奉其先也。有百官布列、以率其職也。其刑賞号令、専行其国、征賦則尽是三韓之境惟所用之、不入天府）

彼はまず大元ウルスの「宗王」について説明する。すなわち、独自に宗廟を設けることはない。領民はカアンの官吏がおさめ、政庁（王府）に「監郡」（達魯花赤）とその他の属僚をおくことはできるが、朝廷に要請して任命をうけなくてはならない。司法権や軍事権にも制限がある。領民からは五戸ごとに絲一斤、すなわち五戸絲料を徴収するが、投下が独自に徴収してはならず、中央政府に納入されたものが歳末に頒給される。

以上の内容は、諸王・駙馬による投下領支配の一般的な規定についてのべており、既往の知見にたがうところはない。(28) そのうえで姚燧は、高麗本国が、こうした諸王・駙馬の標準からはずれているとする。すなわち、独自の宗廟祭祀と官僚機構を保持する高麗王によって直接統治され、税収も独占されているというのである。

しかし逆にこのことは、大元ウルスの官人からみて、本来高麗本国は、モンゴル王侯の諸権益のうち、遊牧本領の牧民集団のような直接権益とは範疇を異にし、大元ウルス政府の行政官が統治業務を担当し、投下領主に対しては、そこから徴収された五戸絲料を間接的に頒給する投下領と同じ範疇に属するというに等しい。すなわち、ここから高麗本国は、特異なケースながら、高麗王の投下領にほかならないとの認識をくみとることもできよう。

しかもこれは、姚燧の個人的見解にとどまるものではなかったとおもわれる。ここでいう「瀋王」は忠宣王のことだが、「高麗瀋王詩序」では、著述の経緯について、姚燧が同王側から「文章をつかさどる臣には詩がないわけにはいかない。あなたにはそのために序を執筆してほしい（詞垣之臣、不可不有詩也。君為序之）」と要請されたことを伝えている。ここでいう「詩」が「高麗瀋王詩」にほかならないが、これは「翰長」（翰林院の長）がその僚属をひきいてともに製述したものだという。当時の大元ウルスには翰林兼国史院と蒙古翰林院があったが、後者はモンゴル文の制誥等をつかさどる。この場面の翰林院は前者であろう。すなわちこの詩は、制誥や修史をつかさどり皇帝の顧問にそなえる翰林兼国史院によって生みだされた、すぐれて政治的な作品なのである。それゆえ高麗本国を高麗王家の投下領とみなすかのような序の内容にも、当時の大元ウルス政府内における認識が一定に反映されているとみることができよう。

たしかに当時の高麗本国は大元ウルスの最高地方統治機関である行省の一つ、征東行省（前述した日本攻撃司令部としてのそれとは異なる）の管区として位置づけられていた。それゆえ王侯貴族の権益地として、他の行省の管下に分布する投下領と対比されるのは、ある意味自然でもある。しかし征東行省の運営は例外的に高麗王の大幅な裁量にまかされており、属僚も王の保挙にもとづいて選任され、一時的な例外をのぞけば、大元ウルスによる直接統治は基本的に実現しなかった。それゆえ、如上の認識の実効性はなかなか判定しがたい部分がある。とはいえ、高麗本国が大元ウルスの統治体制からまったく隔絶していたわけでもないようである。

たとえば対日出兵の失敗後、大元ウルスのきもいりで高麗国内に設置された「巡軍・合浦・全羅・耽羅・西京等万戸府」について、

みな指揮する軍隊が存在せず、むなしく金符をおびて勅任であることをほこり、平民をまねきよせ、［それを］

かってに〔万戸府所属の〕戸計と称し、州県に税役を徴収させないように強いており、非常に不都合である。（並無所領軍、徒佩金符、以夸宣命、召誘平民、妄称戸計、勒令州県不敢差発、深為未便）[29]

という記事がある。これは一三五六（恭愍王五／至正一六）年に恭愍王が大元ウルスの中書省に送った上書の一節だが、万戸府がみずからの「戸計」として高麗の人戸をあつめ、高麗政府による徴税をさまたげているとの苦情申し立てである。戸計とは大元ウルスの戸口制度における人戸のことで、ここでは万戸府所属の人戸をいう。これらの万戸府は実質的に高麗政府の手で運営されていたが、制度的には大元ウルスの軍事機構であり、その長（万戸）も形式上は皇帝から親任される。そのため、万戸府の戸計とされた人戸は高麗政府の徴税対象外と主張できたのである。

また一二七三～九四年に大元ウルスの直轄領となっていた済州島では、高麗に返還されたのちにも帝室直属の牧民集団（牧子、哈赤）が居住し、牧畜活動をつづけていた。[30]

さらには大元ウルスにつかえた高麗人宦官方臣祐に関連してつぎのような逸話もある。

皇慶年間のはじめ、朔方の蕃王八驢迷思が部衆をひきいてみずから朝廷に帰順してきた。〔朝廷では〕彼らを鴨緑江の東方に居住させようと議論したが、平章（＝方臣祐）は「高麗は土地が狭く山がちで、狩猟や牧畜をおこなう場所がありません。北方の民がここに住めば、必ずや楽しまず、いたずらに東方の民（＝高麗の民）を騒がし、おそらくは安住しないことでしょう」と上奏した。仁宗はその言葉をもっともであるとして中止した。（皇慶初、朔方蕃王八驢迷思、率衆自帰朝。議将処之鴨緑之東、平章奏曰、高麗地俠多山、無所田牧。北俗居之、必不楽、徒令東民驚動、或不按堵耳。仁宗然其言而止）[31]

すなわち、中央アジアの反元派のモンゴル諸王の一人とみられる八驢迷思が部民をひきいて元に帰順してきた際、大元ウルスでは彼らを高麗の地に居住させようとしたが、方臣祐が反対し、ときの仁宗皇帝を翻意させたという。ただしこのとき臣祐が懸念したのは、八鱸迷思の部民と定住民である現地住民とのあいだに予想されるトラブルであった。高麗本国内に八鱸迷思らが居住すること自体については、直接問題視された形跡がみられない。

このように当時の高麗本国は、その境域が高麗王権によって排他的に占有されていたわけではなく、大元ウルスの他の政治勢力、または元に由来する政治機構がはいりこみ、独自の権力空間を形成し得る状況にもあったのである。これは大元ウルスの諸地域においても複数の政治勢力の権益がモザイク状に分布、展開していたことの延長線上にとらえられる状況である。それゆえ高麗本国を高麗王の投下領とすることについて、その境域を漠然となぞらえたものではなく、所属の異なる人戸をのぞき、しかるべき領民の範囲を限定した、一定の具体性をともなう認識だったと想定することは、必ずしも不可能ではなかろう。

また一四世紀前半には大元ウルス政府により高麗本国を直轄しようという動きがしばしばおこったが[32]、そのなかに、一三二三（忠粛王一〇／至治三）年、高麗の傍系王族である瀋王暠を高麗王に擁立する政治運動の過程で、その与党がおこしたケースがある。彼らの本来の目標からみて、これが高麗王家そのものの廃絶や、本国における同王家の一切の権益剥奪をめざしたものとは考えにくい。本国での奪権をめざしながら大元ウルスによる直轄化をはたらきかけるという、この一見矛盾した状況について整合的な説明を試みるならば、高麗本国の実質的な高麗王投下領化がもくろまれていた可能性が考えられるのではないだろうか。すなわち高麗本国を大元ウルスで直轄すると同時に、これを高麗王家の投下領として位置づけ、同王家に対しては一定の範囲内で行政監督権をみとめつつ、所定の税収を頒給することが想定されていたのではないかとおもうのである。瀋王暠一党はそのような統治権の大幅委譲を大元ウルス側に提案することで、高麗王就位に対する支持をとりつけようとしたのではないだろうか。

このような状況理解がみとめられるならば、高麗本国を高麗王の投下領と位置づけることは、単なる比喩以上の現実味をおびてくるであろう。もとより結果的に現実化しなかったわけだが、筆者は当時の高麗本国の一面を、〝可能態としての高麗王投下領〟ととらえてみたい[33]。

そもそも大元ウルスに臣属するなかで高麗が従来の王朝体制を維持できたのは、高麗が世祖に帰服した際にこのことが保証され、のちにこれが「世祖旧制」として高麗の既得権となったからである。[34] また高麗王が本国を統治するにあたっては、このほか征東行省をはじめとするさまざまな枠組みが複合的にからんでいた。本国が高麗王の投下領として認識されることの意味も、最終的にはそのような複合構造のなかに位置づけたうえで評価する必要がある。

四　高麗王の掃里

（1）掃里の所在と組織構成

『高麗史』巻八二・兵志・站駅にはつぎのような記事がある。

B〔忠烈王〕五年（＝一二七九（至元一六）年）六月、都評議使司がいうには、「今年正月、皇帝（＝世祖）が〔高麗の〕朝聘の路程に伊里干を設置して役使に奉仕させることとし、ただちに塔伯海らを遣わし、瀋州・遼陽の間におもむいて田土を配給し、四至を標定させました。〔また〕鴨緑江内については本国にみずから二ヶ所〔の伊里干〕を設置させました。〔そこで〕いま〔つぎのような措置を〕要請します。賜った土地で営城伊里干と名づけたものには、各道の富民二〇〇戸を審査してここに移住させ、副戸長・別将等を選んで頭目とし、それぞれ五〇人を担当させ、五年で交替させます。移住させる民のうち父母兄弟が郷里にとどまる者は税役を免除し、功績のあった頭目には褒賞をあたえます。移住させる二〇〇戸には一戸あたり銀一斤・七綜布五〇匹を支給して家屋の経費とし、白苧布三匹・七綜布一五匹を農具の代価とし、白苧布二匹・七綜布一五匹を食糧〔の経費〕とします。また紬四匹・緜四斤・六七綜布一五匹・毛衣冠と皮鞋各二つ・爐臼一つ・食器二つ・農牛二頭・牸牛三頭・

駄駝鞍一つ・油単と草席各五つを支給します。また両界の亡丁と投化丁の田土をそれぞれ四結支給し、交替した者に順次ひきつがせます。モンゴル語と漢語のできる者を二人ずつ選び、引率、指揮管理させます。指揮管理担当者には一人あたり銀一斤・白苧布一匹・広苧と広布各一五匹・紬五匹・緜三斤・米一五石・馬三匹を下賜し、毎年その家に紬と苧布を各三匹・米一〇石を援助します。鴨緑江内の伊里干二ヶ所はそれぞれ一〇〇戸とし、一戸あたり苧二匹・六七綜布五匹を支給して農具〔の経費〕とし、苧二匹・六七綜布七匹を食糧〔の経費〕とします。また紬二匹・緜二斤・六七綜布五匹・毛衣冠と皮鞋各二つ・爐臼一つ・馬一匹・牛三頭・駄駝鞍一つ・油単と草席各三つを支給します。押領官は二人で、一人あたり苧布五匹・紬三匹・緜二斤・広苧と広布各五匹・米七石を下賜します。従者は一人ずつで、各人に苧一匹・米二石〔を支給すること〕とします」。〔王は〕これを了承した。（五年六月、都評議使言、今年正月、帝令於朝聘路次置伊里干、以供役使、尋遣塔伯海等、就瀋州・遼陽之間、撥与土田、標定四至。其鴨緑江内、令本国自置両所。今請。於所賜之地名営城伊里干者、刷各道富民二百戸徙居之、択副戸長・別将等為頭目、各管五十人、五年而遆。所徙民、父母兄弟之留郷者復之、頭目之有功者賞之。其所徙二百戸、戸給銀一斤・七綜布五十匹、為屋舎之費、白苧布三匹・七綜布十五匹、為農器之直、白苧布二匹・七綜布十五匹、為口粮。又給紬四匹・緜四斤・六七綜布十五匹・毛衣冠・皮鞋各二・爐臼一・食器二・農牛二頭・牸牛三頭・駄駝鞍一・油単・草席各五。又給両界亡丁・投化丁田各四結、令更者遆受。択能蒙漢語者各二人、押去管領。其管領人、人賜銀一斤・白苧布一匹・広苧・広布各十五匹・紬五匹・緜三斤・米十五石・馬三匹、歳資其家紬・苧布各三匹・米十石。鴨緑江内伊里干二所、各一百戸、戸給苧二匹・六七綜布五匹、為農器、苧二匹・六七綜布七匹、為口粮。又給紬二匹・緜二斤・六七綜布五匹・毛衣冠・皮鞋各二・爐臼一・馬一匹・牛三頭・駄駝鞍一・油単・草席各三。押領官二人、人賜苧布五匹・紬三匹・緜二斤・広苧・広布各五匹・米七石。傔者各一人、人苧一匹・米二石。従之）

すなわち一二七九年、世祖の指示により高麗王が入朝する際の役使に供する「伊里干」と称する人戸を、「遼陽」

（現・遼寧省遼陽市）・「瀋州」（のちに瀋陽。現・遼寧省瀋陽市）地方に一ヶ所（営城伊里干）、鴨緑江以東の朝鮮半島内に二ヶ所おくことになり、そこに充当する人員と、支給物資（住居・農具代、食糧代、土地、牛馬等の家財道具、管理職手当など）の内訳が策定されたのである。『高麗史』巻二九・忠烈王世家・五年四月辛丑に「中郎将鄭公・宋賢を元に遣わし、伊里干の設置を要請した（遣中郎将鄭公・宋賢如元、請置伊里干）」とあるように、これはその直前に高麗側から要望したことでもあった。朝鮮半島内の「伊里干」についてはは高麗が独断で設置してもよさそうにおもえるかも知れないが、この方面における入朝路の大半は、当時（一二七〇～九〇年）、東寧路（当初は東寧府）として大元ウルスに編入されていた地域を通過しており、そのため、大元ウルス側の許可が必要だったものとみられる。

また『高麗史』巻三五・忠粛王世家・一五（致和元・天暦元／一三二八）年七月己巳には、忠粛王が前出の瀋王暠と利権を争うなかで発した、つぎのような言葉が記録されている。

> 営城・宣城の二つの掃里は、高麗王が朝見で往来する際の供給のため、世祖がこれを設置することを許可したものである。子が父より継承できず、他人がこれを保有するのは道理といえようか。（営城・宣城両掃里、世祖為高麗王朝見往来供給、許置之。子不得伝之於父、而他人有之、豈其理也）

ここにみえる「掃里」もまた、高麗王が「朝見で往来する際の供給」のため、世祖が設置をみとめたものである。さらに「掃里」の所在地をさす「営城・宣城」のうち、前者は史料Bにみえる「伊里干」の設置地と一致する。ここから、史料Bでいう「伊里干」は「掃里」に対応することが判明するのである。

本節では、この掃里（以下はおもにこちらで表記）と高麗王位下の関係について検討するが、はじめに具体的な地名があがっている宣城掃里と営城掃里の所在地について確認しておこう（図2-1参照）。

設置目的より、これらが王都開京（現・黄海北道開城市）以北の朝鮮半島北西部から遼東地方をへて元の二つの国都――大都と上都（現・内蒙古自治区錫林郭勒盟正藍旗）――にむかう途上にあったことは容易に推測できる。このう

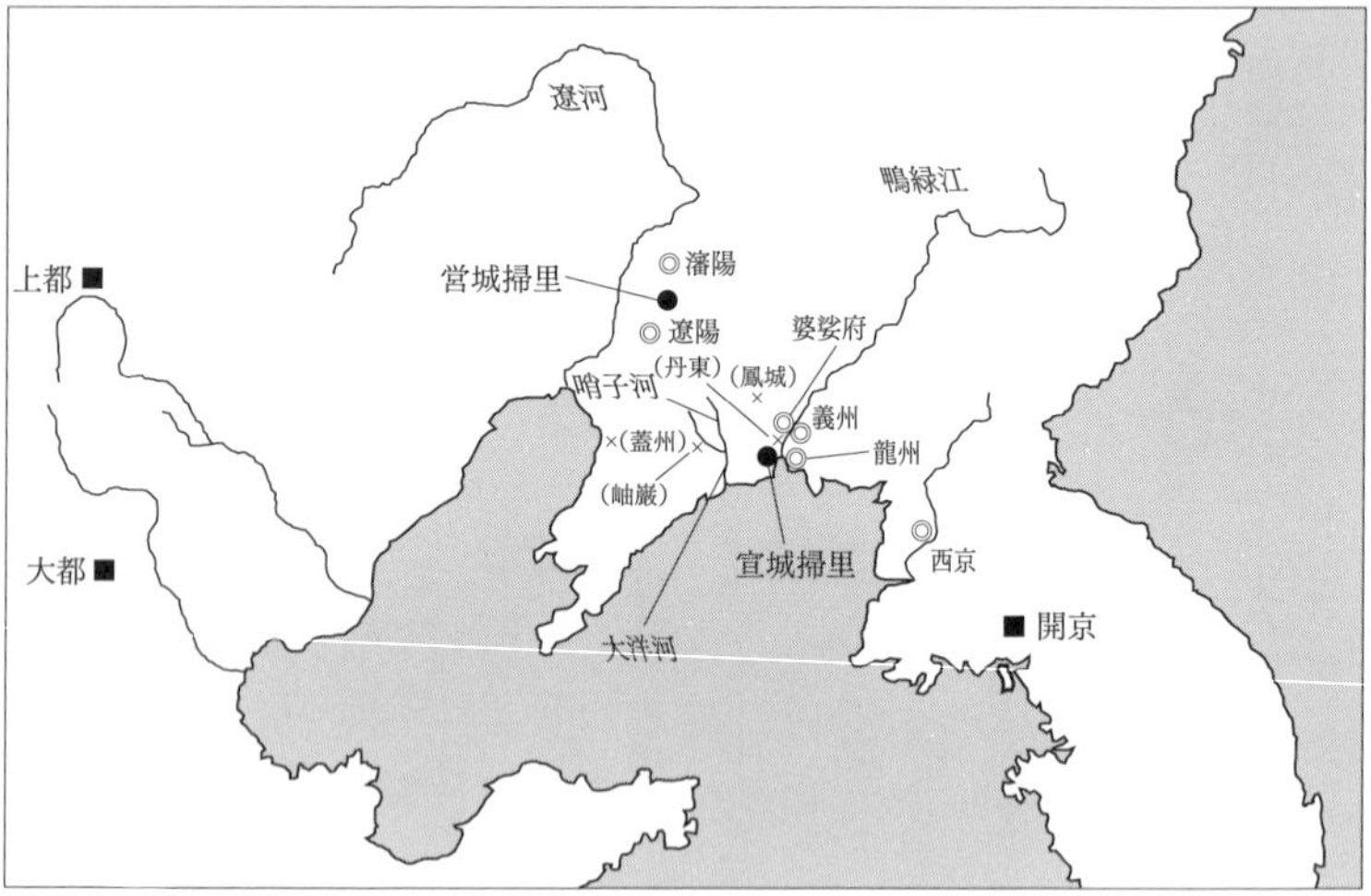

図 2–1　掃里関係地図

注）（　）内は現在の地名。

ち宣城という地名は史料Bにみえないが、上記の地域における宣城についてはすでに二〇世紀はじめ、箭内亙に考証がある[35]。箭内は、金末の遼東に自立した蒲鮮万奴をモンゴル軍が攻略した際、「蓋州・宣城等十餘城」をぬき、ついで「石城」（現・遼寧省丹東市振安区九連城鎮付近）を攻破したと伝える『元史』巻一四九・王珣伝附 王栄祖伝の記事と、明初に蓋州の守将方嵩らが北元の納哈出を撃退して「宣城・杓子河（＝哨子河）」に追撃したと伝える畢恭等『遼東志』巻五・官師志・名宦の記事をあげ、宣城は蓋州（現・遼寧省営口市蓋州市）と九連城（元代の婆娑府）のあいだ、哨子河（大洋河の支川）付近にあるとした。そして岫巌（現・遼寧省鞍山市岫巌県）の漢語音 Hsiu-yen は宣（hsuan）に通じるとして、宣城を岫巌にあてたのである。

　しかし宣城のうち宣一字だけに岫巌の二字分の音をあてて宣城＝岫巌というのは、いかにも強引である。宣城に関する史料は、『高麗史』巻一一三・安祐伝附 李芳実伝にも、

　恭愍王三年、大護軍に転任した。宣城達魯花赤の魯連祥がそむいたので、芳実は龍州の兵をひきいてひそかに江をわたり、ただちに連祥の家に進入して父子を刺殺し、首級を京に送った。（恭愍三年、転大護軍。宣城達魯花赤魯連祥叛、芳実以龍州兵潜渡江、直入連祥家、刺殺父子、伝

首于京）

とある。恭愍王三（至正一四／一三五四）年ころ、「宣城達魯花赤」魯連祥がそむいたため、高麗の軍官李芳実は、龍州（鴨緑江河口部左岸。現・平安北道龍川郡）の兵をひきいて「江」（鴨緑江）をひそかにわたり、ただちにその家を攻めて魯父子を殺害したという[36]。史料の記述から、宣城が高麗国外の鴨緑江最下流付近にあったことが推察される。

またモンゴル軍の圧迫をうけていた一二三二（高宗一九／太宗オゴデイ四）年に高麗が「蒙古国元帥」に対して送った書状の一節には、つぎのようにある。

また淮安公侹がうけとった書簡を閲するに、「そなたの国は人戸を選んで開州館と宣城山麓におもむかせ、住み着いて耕作させよ」とのことである。私見によると、大国が分地を割きあたえるのは、我が民に耕食させようとするもので、その義にはよろこび感じ入るところがある。しかし我が国各地域の人民・牛畜等は物故・損失がおびただしい。それゆえこの一国の微々たる土地ですら耕墾できず、窮迫して雑草を茂らせるのを隠忍している。ましてや千里もはるかな大国の境内に〔我が国の〕どこの人物・牛畜等を分遣して耕作させられようか。力がおよばないところであり、道理として強制しがたい。どうか大きな度量をもってこのことを諒解されたい。（又閲淮安公侹所蒙手簡称、你国選揀人戸、赴開州館及宣城山脚底、住坐種田。窃思、大国所以割与分地、将使吾民耕食、則其義在所欣感。然我国毎処人民牛畜等、物故損失者大夥。故遮一国区区之地、尚不勝耕墾、忍使鞠為茂草。況於千里遼遠大国之境、将部遣甚処人物牛畜等、使之耕種耶。力所不堪、理難強勉。惟大度諒之[37]）

このとき高麗はモンゴルから「開州館」（現・遼寧省丹東市鳳城市）と「宣城山」に人戸を入植させることを要求されたのだが、この「宣城山」も「大国の境内」に位置している。

さらに同年、高麗はモンゴル側の要求に応じて船舶と船員を龍州から送り出したが[38]、高麗がその到着・未着を問いあわせたものとみられる文書が李奎報の『東国李相国集』巻二八に「送某官状」としておさめられる。そこにはつぎのような一節がある。

近ごろ淮安公が節下（＝使者に対する尊称）を伴送し、春分後に貴殿の指示が伝えられたところ、「海船と軍人を今年三月三日までに宣城山に来会させるよう求める」との事案があった。ただちに有司に命じて西北面兵馬使に指揮を下させて軍人と船舶を徴募させ、官員を選定してその押送を監督してゆかせた。しかし航海における風濤は予測しがたく、期日にまにあったかどうか、むなしくわからずにいる。（近者、淮安公伴送節下、過分後、来伝台教、有要海舡及軍人限今年三月初三日会到宣城山事件。即命有司指揮西北面兵馬、令募軍人及舟楫、選揀官員、管押前去。然水程風濤、不可預剋、但未識及期与否）

すなわち、龍州を発した船舶がむかったさきは「宣城山」だったのである。これは前述した魯連祥事件における高麗軍の行程ともかさなり、宣城山は魯連祥がいた宣城と同じ場所とみてよいだろう。そしてそれは鴨緑江河口近辺だったのである。

この宣城山を朝鮮半島内の地名とみて、宣城掃里を鴨緑江以東の掃里にあてる説もあるが[39]、如上の考証からそれが不当であることは明白である。かかる宣城の位置については、後代の文献ながら、清代の地方志に、鳳凰城（現・遼寧省丹東市鳳城市）の「東南一百七十里（＝約一〇〇km）」に位置するとみえる[40]。また二〇世紀はじめの安東（現・遼寧省丹東市）の地方志、王介公等『安東県志』巻一・疆域志・山川・山脈にも、

宣城山は県の西南九〇里にある。宣城村上に明・永楽年間の宣城衛の遺址がある。（宣城山、在県西南九十里。宣城村上、有明永楽年間宣城衛故址）

とある（九〇中国里は約五〇㎞[41]）。この『安東県志』付載の安東県全図では「宣城村」を鴨緑江河口部の第八区に表示し、日本の陸地測量部一〇万分一地形図「龍巌浦」（一九三二年）でも「宣城甸子」として同じ位置に表示するが、遼寧省丹東市東港市の域内となった現在も同じ地点に宣城山と宣城の地名がのこされている。

以上のような宣城の位置は箭内亙があげた史料にも符合する。大元ウルス時代、九連城の地には婆娑府がおかれ、鴨緑江下流域の站赤《ジャムチ》 jamči、すなわち遼陽・瀋陽方面と高麗をむすぶ駅伝ルート上の要衝となっていた[42]。高麗王の大元ウルス入朝ルートが史料に詳述されることは少なく、通常は站赤ルートにそって婆娑府の対岸の義州（現・平安北道義州郡）から渡河したとみられるが[43]、なかには忠烈王が龍州から渡河したとみられるケースもある[44]。したがって王の入朝を支援する要員が鴨緑江河口部におかれていたとしても首肯できる。史料Bの段階で言及される三ヶ所の掃里にはふくまれないことになるが、後から編成されたのであろうか。ただし後述のように四ヶ所に掃里を設置する計画は当初からあったらしい。

一方、営城掃里については、史料B原文に「瀋州・遼陽之間」とあることが手がかりになる。これは〝瀋陽・遼陽のあたり〟との意味にみえるかも知れないが、そうした用例は、田間・俗間のように、ある環境の広がりをいう場合に多く、地名にもとづいて地方をいいあらわす表現にはなじまない。少なくとも管見では、この時代の文献ではそのような場合、たとえば後掲史料の原文にもみえるように「東京路地」「遼瀋地面」「遼陽・瀋陽・双城・女真等処」、あるいは「高麗田地」[45]などと記される。ここではすなおに〝瀋陽と遼陽のあいだ〟という意味に解釈しておくのが適当であろう。

そこで二〇世紀前半のものだが、遼陽・瀋陽地方に関する地方志・地図類を調べてみると、遼陽から瀋陽にむかう幹線路のかたわらに営城子（英城子とも表記。現・遼寧省遼陽市灯塔市）という地名を確認できる[46]。またその一〇㎞北にある十里河（現・遼寧省瀋陽市蘇家屯区）は、明代に遼陽〜瀋陽間を中継する虎皮営城駅がおかれた場所である[47]。営城掃里がどちらの営城にあたるのか、あるいはまた別の場所にあったのか、これだけでは判断しかねるが、遼陽〜

瀋陽間のルート上かその付近にあったことは間違いなかろう。営城子と十里河のあたりは遼陽と瀋陽のほぼ中間地点なので、双方それなりの蓋然性がある[48]。

つぎに掃里の組織構成を要約しておこう。史料Bによると、営城掃里には高麗の各道から選ばれた富民二〇〇戸を移住させ、五年交替で五〇人を統率する「頭目」を選び、またモンゴル語と漢語のできる者二人に指揮管理させたという。各一〇〇戸からなる鴨緑江以東の二ヶ所の掃里は「押領官」が統轄した[49]。

宣城掃里については詳細不明だが、これに関連して、前出した「宣城達魯花赤」の魯連祥が注目される。まず宣城は大元ウルスの路・府・州・県などの地方行政単位とは異なるから、その「達魯花赤」は大元ウルスの地方行政官としてのそれではない。しかも魯連祥は一三五四（恭愍王三／至正一四）年ころに高麗軍によって攻殺されたわけだが、このことが大元ウルスとのあいだで問題になった形跡はない。魯連祥が大元ウルス直属の官吏であればあり得ないことである。一三五六（恭愍王五／至正一六）年に高麗が大元ウルスの直接的な影響下から離脱をめざして北境で軍事行動をおこした際には、当然ながら大元ウルスとの外交問題に発展した。このことは、魯連祥が高麗国外にありながら高麗王権の管理下に位置づけられた存在だったことを意味するであろう。ここから、魯連祥は宣城におかれた高麗王の掃里の責任者であり、その職名をモンゴル風に達魯花赤といった可能性が考えられる。

なおこれらの掃里は本国からの徙民だけで組織されたわけではない可能性もある。『高麗史』巻二八・忠烈王世家・四（至元一五／一二七八）年七月壬辰にはつぎのような一節がある。

王は中書省に上書して、「……かつて聖旨を奉じるに、己未年（＝一二五九（高宗四六／憲宗モンケ九）年）以降に掠奪された人々を放還させることをお許しになった。先年また省旨があり、北京路・東京路・東寧府における庚午年（＝一二七〇（元宗一一／至元七）年）以降の逃亡・誘引・捕虜・略取による人々もまた捜索して返還させることになった。〔しかし〕現在のところ帰還者はまだほとんど目にしていない。〔そこで〕あらためて捜索させ、代々居住して移住に不都合な者は東京路の地にあつめ、公主の行旅の雑役に充当することを伏して希望する」とつげた。（王上書中書省曰、……曾奉聖旨、己未年已来駆掠人、許令放還。年前又有省旨、北京・東京路・東寧府庚午年已来逃誘擄掠之人、亦令推刷還之。目今還者、未見一二。伏望、更令推刷、其有累世居住不便移徙者、於東京路地圓聚、以充公主行李厮養之役）

忠烈王は、返還をみとめられた本国外の高麗人流出民のうち、現地に長年居住して送還が困難な者たちを「東京路」（のちの遼陽路）にあつめ、王妃であるモンゴル公主関係の行旅において役使することを願い出たのである。同王の目的は第一に高麗人流民を回収することにあったが、公主に供するという口実はこれに矛盾しない。行旅や運輸のための役使という機能は掃里にも一致する。上記の要請に対する元側の諾否について明文はないが、この半年後に高麗側の要請もあって掃里の設置が許可されたことは、おそらく無関係ではなかろう。回収された高麗人流民の一部が本国に送還されず、そのまま掃里に充当された可能性は十分に考えられるとおもう。

以上のように掃里は、高麗によって、その領民をもとに高麗国外において設置、運営されたのである。

（2）掃里の制度的性格

そもそも掃里とは、座席・住居・宿所・根拠地などを意味するモンゴル語サウリ saʼuri＜saʾuri の漢字音写である[50]。高麗王の掃里との関連では、太宗オゴデイが「撒兀舌里惕」（saʼurid＝saʼuri の複数形）ごとに站赤をおくことを指示したという『モンゴル秘史』第二七九節の記載が注目される[51]。この saʼurid には「坐毎」という傍訳が付されているが、ここでは宿所を意味すると解される。また『経世大典』站赤におさめる至大四（忠宣王三／一三一一）年正月一六日の通政院の上奏には、緊急の用務ではない使臣の不当な要求をとりしまらない「脱脱禾孫・掃憐裏頭目毎」（脱脱禾孫・掃憐の責任者ら）は処罰するという「聖旨節該」がひかれている（『永楽大典』巻一九四二五）。通政院は站赤をつかさどる官府、脱脱禾孫《トトカスン》 tutqasun は站赤利用者の非違をとりしまる監理官である。そして聖旨につづく兵部の議では、「脱脱禾孫・掃憐裏頭目毎」が「各站」と換言されている。この「掃憐」もまた站赤に関わる sa'uri にほかならない。以上により掃里には駅站の施設をさす場合があったことがわかる。このような掃里の機能は、入朝の行旅において役使に供するという高麗王のそれにもかさなる。

そこで注目されるのは、『元史』巻一〇・世祖本紀・至元一六（忠烈王五／一二七九）年正月癸丑の「高麗国に勅を下し、大灰艾州東京柳石孛落の四駅を置く（勅高麗国、置大灰艾州東京柳石孛落四駅）」という記事である。「四駅」の地名をどのように区切ってよむべきか判然とせず、いずれにせよ、どのようによんでも現状では多くが未詳地名になってしまうが、唯一「東京」のみは当時の遼陽の呼称である。あたかもこの方面の駅站を高麗に設置させたかのような記事だが、史料Bによれば世祖が高麗に対してこの地方における掃里の設置を命じたのは同年同月のことである。そして掃里は駅站の施設を意味する場合があり、高麗王の掃里の機能もこれに一致することからすれば、この記事は高麗に対する掃里設置の指示を記録したものと理解できるであろう。ここから高麗王の掃里もまた「駅」であったことが判明する。よみかたのよくわからない四地名は、実際に掃里がおかれた宮城・宣城と鴨緑江以東の二ヶ所の地点に何らかの形で対応するのであろう。[52]

しかも、掃里にはモンゴル諸王の保有するものがあった。『経世大典』站赤（『永楽大典』巻一九四一八）には、

〔至元二一（忠烈王一〇／一二八四）年二月〕一〇日、参議中書省事明里不花・学士阿難答等が上奏して裁可された事項。……一、山東運司は公課の負担が過重であり、塩の輸送にあたる地域が数千里におよぶ。また宣徳府は〔皇帝の〕車駕・納鉢（＝宿所）と北平王の掃里を用意しなくてはならないところである。それぞれ駅馬を増給するものとする……（十日、参議中書省事明里不花・学士阿難答等奏準事理。……一、山東運司、辦課甚重、行塩之地数千里。及宣徳府、所合準備車駕・納鉢・北平王掃里。各擬増給鋪馬……）

とあり、北平王ノムガンの掃里が確認される。宣徳府（現・河北省張家口市宣化区）は大都の西北方にあり、同王が駐屯していたモンゴリアと大元ウルス中央をむすぶ要衝であった。宣徳府が同王の掃里や皇帝の「車駕・納鉢」の負担により駅馬を増給されたところをみると、この掃里は同王と大元ウルス中央の連絡を中継する拠点だったのであろう。

また『元典章』巻四〇・刑部・刑獄・獄具・罪人無得鞭背におさめる至元二九（忠烈王一八／一二九二）年二月の中書省文書中にみえる懐孟路分司僉事趙朝列の牒（御史台の呈に引用された河北河南道粛政廉訪司の申における引用）の文言に、

うけとった懐孟路録事司の城中に住む人戸劉阿韓の口頭の訴えに、「一〇月中に河内県から派遣されて息子劉蹺が万善店の牧地におもむき、小薛大王の掃里の建設にあたったところ、本路の笑薛同知がことにかこつけて息子劉蹺の背中を一七回打ちすえて死なせた」［とあった］……（抛懐孟路録事司在城住坐人戸劉阿韓口告、十月内、蒙河内県差委、男劉蹺前去萬善店営盤、搭蓋小薛大王掃里、有本路笑薛同知因事於男劉蹺背上打訖一十七下身死……）

とあり、小薛《ソセ》大王の掃里が確認される。「万善店」は、太行山脈南辺にほど近い懐孟路の河内県（現・河南省焦作市沁陽市）との関連から、当地について唐代の史料から知られる万善という地名に同定できる。掃里はその牧地（原文は営盤）にあったようなので小薛の牧地にもみえるが、建設（原文は搭蓋）[53]という具体的な行為の対象になったところをみると、むしろ何らかの施設だったのであろう。ただし小薛とその部民は、当時その百数十kmほど北方の上党・潞州（現・山西省長治市）方面で活動していた。[54]この掃里も同王の居所などではなく、王に関係する行旅や運輸の拠点──大元ウルス中央ないし汴梁路睢州（現・河南省商丘市睢県）にあった同王の投下領との連絡のためか──であった公算が大きい。

既述のように、投下には各種の労役に従事する私属の人戸（戸計）を保有する特権がみとめられており、それらは大元ウルス内の各地に展開していた。たとえば『元典章』巻三・聖政・均賦役の大徳一二（忠烈王三四／一三〇八）年二月八日の聖旨に「投下軍・匠・站赤等諸色戸計」「諸王・公主・駙馬各投下軍・站・人匠・打捕・鷹房・権要等戸」などとみえている軍戸・匠戸・鷹房戸等の戸計がこれに相当する。その一種に站戸（站赤）もふくまれるわけだが、掃里は駅站にも対応するゆえ、少なくとも諸王の行旅・運輸に関わる場合、その人員は投下の站戸であったと考えてよいだろう。すなわち、高麗王が遼東地方などの本国外において独自の掃里（駅站）を保有したことは、かかる投下の特権にかさなるのである。高麗王は位下としての資格を有していたので、その掃里も同様な枠組みのものである可能性が想定される。

このことは、前述のごとく高麗王の掃里が伊里干と称されたことからも裏づけられるだろう。この語については、従来人戸を意味するモンゴル語イルゲン irgen の漢字音写であることが指摘され[55]、また『高麗史』巻一二四・尹秀伝に、

はじめ秀（＝尹秀）らは諸道の鷹坊を分掌し、〔鷹坊の配下に〕逃亡民を招き集めて伊里干と称した。伊里干は中華の言葉でいう聚落である。（初秀等分管諸道鷹坊、招集逋民、称為伊里干。伊里干、華言聚落也）

とあることから、人戸やその集団をさす普通名詞として理解されるにとどまってきた。ただイルゲンには、とくに部族・氏族など集団の構成員や、支配対象となる領民のことなどをさして用いられる場合がある[56]。そこで注意されるのは、伊里干もまた掃里や上掲史料にみえる鷹坊といった特定の政治的組織に所属する人戸だったことである[57]。しかもそれらは、カアンの承認・指示によっておかれた、もともと高麗には存在しない組織である。その所属人戸が共通して、高麗においてなおモンゴル語（の音写）で称されていること自体、大元ウルス由来の性格に関わるとみてよいだろう。実際、鷹坊は高麗王位下の怯薛執事だったわけで、これに所属する人戸とは、上述した投下の鷹坊（鷹房）戸にほかならない[58]。そして他の投下において鷹坊戸と站戸は同類型の直属の私属民であった。したがって、位下として

位置づけられた高麗王が「駅」として保有した掃里の伊里干もまた、同様な站戸であった可能性は高い。すなわち高麗王が保有した掃里の組織は――鷹坊の伊里干もまたそうだが――モンゴルの諸王・駙馬が保有した投下の私属民に準ずる存在だったと考えられるのである。

五　瀋陽路の投下領

一四世紀はじめに高麗王家が元より受封した瀋王／瀋陽王（以下、とくにことわらないかぎり瀋王と総称）の位については、その名称から大元ウルスの遼陽行省管下の瀋陽路との関係が注目されてきた。丸亀金作と岡田英弘は、その先駆的な研究において、やや具体性を欠くものの、瀋王は瀋陽路の実質的な支配者だったとしている[59]。一方、これに対して北村秀人は、両者の史料解釈上の問題を指摘し、瀋王は名目的な称号にすぎなかったとして論じている[60]。前述した瀋王府に関する丸亀と北村の見解の相違も、実はかかる瀋王の性格に関する見解の相違に由来するのである。

詳しくとりあげる余裕はないが、北村の先行研究批判には首肯できる部分も多く、少なくとも現段階において丸亀・岡田説をそのままみとめることはできない。しかし前述のごとく、北村の所論についても、王府に象徴される瀋王の位下としての性格を十分にとらえきっていないという問題があった。そこで、瀋王と瀋陽路の関係については、投下制度の観点からあらためてみなおす必要がある。その意味において、瀋王の投下領が瀋陽路におかれたという金恵苑の指摘[61]は、すこぶる注目に値する。

金は論拠の一つとして、大元ウルスの諸王・駙馬にあたえられた王号の多くが投下領の所在地にちなむ点をあげる。北平王や鎮南王のように王の政治的役割にちなんだ王号もあるが、金の指摘はおおむね妥当である。

桑哥が「……諸王勝納合児の印文には『皇姪貴宗之宝』とあります。宝〔という文言〕は人臣が使ってよいものではありません。その投下領にちなんで『済南王印』とあらためるのがよいでしょう」とのべた。〔世祖は〕すべてこれを了承した。（桑哥言、……諸王勝納合児印文、曰皇姪貴宗之宝。宝、非人臣所宜用。因其分地、改為済南王印為宜。皆従之）[62]

とあるように、それが志向されたようでもある。かかる王号は諸王家・駙馬家に対して大元ウルス政府が外からあたえた一種の格づけだったが[63]、越王禿剌や太平王燕鉄木児のように、投下領の受封とともに関連する王号をあたえられた例もある[64]。瀋王が瀋陽路に投下領をあたえられていたという推測もあながち見当はずれではない。しかし、雲南に駐屯した雲南王、遼東地方に勢力を展開していた遼王のように[65]、地域名称を関した王号がつねに投下領の所在地にもとづくとはかぎらず、論拠として必ずしも万全ではない。

そこで『高麗史節要』巻二三・忠宣王二（至大三／一三一〇）年五月のつぎのような史料原文に注目してみよう。

C　帝（＝武宗）命瀋陽路官吏、毋得隔越瀋王奏請。違者理罪[66]。

これについて丸亀金作は、「元帝が瀋陽の地の一切の支配を瀋陽王に委ねて帝之を統べ、その連絡を圓滑ならしめんが為め、瀋陽路の官吏に命じ、瀋王の奏請を隔越することなき様厳命したものであらう」と解した[67]。一方、北村秀人は、「元の武宗は瀋陽路の官吏に対して、忠宣王の奏請通りに高麗流民の推刷を行い、占匿等の違背行為のないように厳命したものと推測される」ととらえた[68]。両者の解釈にはへだたりがあり、「隔越」のとらえかたも異なるが、「奏請」の主体を瀋王とみる点では一致する。

しかし筆者は、つぎのような史料があることから、以上の解釈にはいずれも賛成できない。すなわち『元典章』巻二・聖政・振朝綱におさめる大徳一一（忠烈王三四／一三〇七）年一二月の至大改元詔書の「一款」では、カアンを輔弼する中書省の役割と、「分を越えて奏事する者」に対する戒飭とを前置きしたうえで、「近侍人員・内外大小衙門」は「選法・銭粮」その他の「一切公事」に関して「並びに中書省の可否を経由して施行」するように指示し、「毋得隔越聞奏。違者究治」という禁令でしめくくっている。文脈からみて、最後の禁令における「聞奏」の主体が「近侍人員・内外大小衙門」であり、「隔越」が中書省を「経由」しないとの意味になることは明らかである。つまり「近侍人員・内外大小衙門」は中書省を経由せずに上奏してはならないとの内容なのである。同様な禁令は『元典章』では同じ「振朝綱」中の諸記事のほか、巻四・朝綱・政紀・奏事経由中書省や、新集の朝綱・中書省・紀綱・不許隔越中書省奏啓にもみえ、また『元史』本紀中にも散見される。たとえば「申飭内侍及諸司隔越中書奏請之禁」（『元史』巻二五・仁宗本紀・延祐元（忠粛王元／一三一四）年一〇月乙未）という記事も、「内侍及諸司」が中書省を経由せず、「隔越」して奏請することを禁止するとの意味である。史料Cの字句表現が以上の禁令記事と共通することは、みて明らかであろう。

したがって史料Cもまた、瀋陽路の官吏が瀋王を介さずに奏請すること一般を禁じた規定と解釈すべきである。[69]ここから、中央—遼陽行省—瀋陽路という大元ウルス政府の地方統治の指揮系統上、瀋陽路の上位には瀋王が介在したことがうかがわれるのである。少なくとも中央に報告するような路の統治の重要局面に瀋王が関与したことは疑う余地がない。当時の瀋王は忠宣王だが、以上のことが史料Cの意味を理解するうえで大前提となる。

ただし忠宣王は瀋陽路や遼陽行省の官ではなかったし、[70]また当時同王が中書省の政事に参議していたということとの関わりも、[71]瀋陽路との特別なつながりをうまく説明できない。したがって史料Cの規定は、基本的には文字どおり、忠宣王の瀋王という王ないし駙馬としての地位——高麗王としてのそれをふくみこむかも知れないが——に関わるものととらえるべきであろう。

それでは、かかる条件をみたす瀋王と瀋陽路の関係には、いかなるケースがあり得るだろうか。前述のごとく、一部の例外をのぞく従来の研究では、瀋陽地方に居住する高麗人を支配するために瀋王位が設けられたと説明してきた[72]。しかし、その根拠と「支配」の中身とが大元ウルスの制度をふまえて具体的に論じられておらず、無前提な付会にとどまるといわざるを得ない。瀋陽地方を高麗人が居住する特殊地域とみなすむきもあるが、そもそも多種多様な人間集団からなる大元ウルス統治下の社会において、高麗人集団が特殊であるというならば、いかなる意味において特殊であるのか、そのことが具体的に説明されなくてはなるまい。史料Cの意味については、王爵や路の統治体制との関わりを具体的にふまえたうえで、考えられる可能性を検討しなくてはならないのである。

大元ウルスでは、モンゴリアをはじめとする辺境の要地に皇子や諸王を派遣し、軍隊をひきいて駐屯させることがあり、これを出鎮といった[73]。史料Cとの関連では、現地の統治に大きな権限を行使した安西王マンガラや雲南王フゲチの例が注目されよう。しかし、忠宣王と瀋王暠は生涯のほとんどを大元ウルス中央でおくった。しかもクビライの皇子にあたえられたものと同様な権限が、一駙馬にすぎない瀋王にみとめられた可能性は、そもそも考えにくい。また安西王や雲南王の統治権限にしても、すでに世祖在位期間のうちに大幅に縮小され、少なくとも形のうえではカアンの統治機関である行省を中心とする体制にかわっている[74]。一四世紀はじめ、遼陽行省管下の瀋陽路が例外になるとは考えにくく、その形跡は他の史料からもうかがえない。征東行省丞相の任が象徴するように、たしかに当時高麗王は大元ウルスの東辺防衛において一定の戦略的役割を担っていた[75]。しかしこの場合は高麗本国がその根幹であり、これと隣接もしない一路の統治問題にはやはりなじまない。

またモンゴリア東辺に本拠をおくオッチギン王家は、はやくから隣接するマンチュリアに勢力を拡張し、大元ウルス政府の地方行政機関がおかれてからも当該地域の女真人戸の一部をともども統治対象にしていた[76]。そこで、瀋陽路において同様な権益が瀋王にもみとめられたと仮定するならば、前述のような同地域に居住する高麗流民との関わりなどが考えられよう。とくに一二五九（高宗四六／憲宗モンケ九）年以降に流出した高麗人については、高麗王への帰属がみとめられていた[77]。

しかしそれにともなう流民推刷事業は、掃里に充当するような例外をのぞけば、本国への送還を基本方針として、記録上一四世紀前半まで継続されている。[78] 仮に瀋王家がそうした人戸に対する統治権限を一部現地で執行することが許されたとしても、あくまで特殊な局面であり、その対象ももはや瀋陽路管下の住民とはいえないから、同王家が路の指揮系統のうえで現地行政官の上位にたつ理由にはなるまい。しかも同様な刷還対象民は瀋陽路以外の遼東地方一帯で広範囲に分布したので、瀋陽路にかぎってそのような権限をみとめるというのも不自然である。また上記の年限以前に遼東地方に流入した高麗人は、高麗政府にさきんじてモンゴルに帰服した洪福源（もと西京（現・平壌市）の郎将）・王綧（太宗オゴデイのときに質子となった高麗王族）とその子孫がひきいる瀋陽路高麗軍民総管府[79]の管下におかれ、明確に区別されていた。しかも流民推刷の際には、「所轄の官府と頭目の人」が返還すべき高麗人を「軍戸」、「農氓」（農民）と詐称し、ほしいままに「挟帯」（隠匿）、「当攔」（妨害）して「与」えないという事態が生じていたという。[80] こうした状況からみて、返還対象外の高麗人にまで瀋王家の統治権限がおよんでいたとは、とうていおもえない。

このように、他の可能性が除外される結果、条件をみたすものとして、管見のかぎりでは瀋陽路に瀋王の投下領が設定された可能性が、唯一のこされるとおもうのである。

投下領主は少なくとも名目上、投下領がおかれた路・府・州・県の代表者となる。既述のように、そこでの統治行為は基本的に大元ウルス政府の地方行政機関が担当するが、投下側より達魯花赤が任命され、投下の権益を代表して行政監督にあたった。また、

勅命があり、「諸王の投下領の民に訴訟があれば、王傅と設置した監郡（＝達魯花赤）が共同して治めよ。監郡がいなければ、王傅がこれを審理せよ」とのことであった。（勅、諸王分地之民有訟、王傅与所置監郡同治。無監郡者、王傅聴之）[81]

とあるように、達魯花赤の有無にかかわらず、王傅が投下領の司法に関与するとの規定もあった。前述のように、通常このことは断事官の職掌として知られている。

史料Cでは瀋王自身が路の統治に直接関与したかのようにのべているが、実際の事務は王の属僚によるものと考えるべきだろう。同様な表現として、『元史』巻八七・百官志・大宗正府の至元九（元宗一三年／一二七二）年付けの記事にみえる「諸王を府の長官とし、他はみな御位下と封国をもつ諸王とする（以諸王為府長、餘悉御位下及諸王之有国封者）」という例をあげることができる。モンゴルの皇族行政をつかさどる大宗正府の長に諸王が就任するのはともかく、その他のスタッフが御位下（カアン）や諸王自身だったとはおもえないので、実際にはその属僚が任にあたったと考えられるのである。

こうしてみると、もはや前述した王号の名称問題も、金恵苑がいうように瀋陽路における瀋王投下領の存在を示唆する材料になってこよう。「瀋陽王」である忠宣王が高麗王に復位する際、「瀋陽路人」が王を「享」した（宴でもてなした）ということも、[82]何か関係があるのかも知れない。

また『朝鮮太祖実録』巻一・総書によると、のちの恭愍王一九（一三七〇）年一二月、高麗の東北面元帥李成桂（のちの朝鮮太祖）が大元ウルス（当時はいわゆる北元）の遼陽を攻略した際、遼東半島の金州・復州（現・遼寧省大連市金州区および瓦房店市復州城鎮）等に掲示した榜文のなかで、

元が統一をはたして〔高麗に〕公主を降嫁し、遼陽・瀋陽の地を湯沐邑として、これにより行省を設置した。

（元朝一統、釐降公主、遼瀋地面、以為湯邑、因置分省）

とのべている。この榜文は箕子朝鮮までをひきあいにして高麗の遼東領有権を主張したものであり、その論理自体をただちに事実とみなすことはできない。しかし高麗王が駙馬となって遼陽・瀋陽の地に「湯沐邑」（原文は湯邑）を得たという内容については、同じ遼陽行省管内におけるごく近い過去に関する出来事であり、内容も具体性にとむだ

けに、説得力の面で何らかの根拠があったとみることが可能であろう。その際、この「湯沐邑」を高麗王の掃里に関連づける見解もあるが[83]、大元ウルスでこの種の用語をもちいる場合、ふつうは投下領をさすことが注意される[84]。

政変をへて帝位についた武宗は、政権安定のためモンゴル王侯貴族に対して王号の授与や種々の賜与をさかんにおこなったことで知られている[85]。賜与内容には投下領も一部ふくまれるが、前出した越王禿剌も政変の功労者であり、それによって投下領とこれにちなむ王号を受封した[86]。忠宣王も武宗推戴の功臣に位置づけられ、「瀋陽王」受封はこれに対する報奨であったから、同王にもさらに関連して投下領があたえられたとして、とくに不思議ではないのである[87]。

残念ながら、投下領所在の地方官府が奏請をおこなう際には投下領主を経由するという規定の明文は、管見の範囲でみいだすことができなかった。しかし投下領主には達魯花赤を通じた投下領の行政監督権がみとめられているので、少なくともこれと矛盾する内容ではない。以上の検討から、史料Cは、瀋陽路統治上の意思決定に瀋王側が投下領主としてたちあい、監督する権限の保障として理解できるとおもう。ただし瀋王が瀋陽路の統治に具体的にどのように関わったかについては、史料の欠如から不明とせざるを得ない。だが基本的には前述したような原則にそくした制限的・間接的な内容にとどまったとみるべきであり、大幅な統治権限をアプリオリに想定するのは適当ではない。

では、そのように想定するとして、瀋王投下領の人戸はどのように考えられるだろうか。これについては、『元史』巻五九・地理志・遼陽等処行中書省・瀋陽路に「至順銭糧戸」として註記された五一八三戸をあてる見解もある[88]。しかし投下領では多くの場合、路・府・州・県の人戸のうち一定数がわりあてられたので、「銭糧戸」すべてが該当する保証はない。

また瀋陽路在住の高麗人を無前提に瀋王にむすびつけられないことは前述したが、少なくとも瀋陽路高麗軍民総管府管下の高麗人（のある部分）が投下領としてわりあてられた可能性は考慮してよい。「瀋州を設立して高麗からの降服者を住まわせた（立瀋州、以処高麗降民）」（『元史』巻六・世祖本紀・至元三（元宗七／一二六六）年二月癸酉）とあるように、高麗人の存在は瀋陽地方が行政単位化される契機であったし、[89]また同総管府はこの地方の駅站管理に関しても一定の責任をおっていた。[90]

ただし瀋陽路の統治に関係する官府はこれだけではなかった。至正一二（恭愍王元／一三五二）年付けの「瀋陽路城隍廟記」[91]には、「瀋陽等路高麗軍民総管府」「瀋陽等路安撫使高麗軍民総管府」にくわえて、「瀋陽等路軍民総管府」の名がみえている。その設立時期は不明だが、そもそも遼東地方の歴史的背景や地理的環境から考えて、瀋陽路に高麗人以外の住民が存在しなかったとは考えにくい。[92]上記の官府はそうした住民の統治に関わるものだったのではないだろうか。

こうした各官府の相互関係はいまのところ不明だが、少なくとも「瀋陽等路軍民総管府」や、推測される広範な住民との関係を考慮せずに、高麗軍民総管府や瀋陽路在住の高麗人との関係のみから投下領の人戸を云々することはできないのである。ただし具体的な史料がみあたらない現段階では、ひとまず実態は不明としておくほかない。[93]

六　小　結

本章では、大元ウルスの駙馬である高麗王家における、他の諸王・駙馬に準じた投下としての権力組織・所領等について、その存在を確認する基礎的な考察をおこなってきた。その結論はつぎのとおりである。

①断事官やケシクを擁する王府がおかれ、高麗王族が受封した瀋王の王府には王傅もおかれた模様である。これら王府の属僚には高麗本国外からも人士が任用されていた。

②高麗本国は高麗王の投下領になぞらえられた。本国では従来どおりの王朝支配がおこなわれたが、大元ウルスの

統治体制に融合しつつある側面もあり、上記のような認識にも一定の実効性が潜在していた疑いがある。いわば〝可能態としての投下領〟であった。

③高麗王は本国外に掃里（駅站）を保有し、伊里干を配置したが、この組織は各種労役に従事する投下の私属民の範疇でとらえることができる。高麗王位下の怯薛執事である鷹坊に所属する伊里干もまた同様である。

④瀋王に関しては瀋陽路に投下領を受封していた可能性が考えられる。

なお『高麗史』巻三五・忠粛王世家・一五（致和元・天暦元／一三二八）年七月己巳に、

ただ懿州に置いた廨典庫（＝貸金業）の店舗と江南の田土については、父王があたえた証書がともにある。（但懿州所置廨典庫店鋪、江南土田、父王所与文契俱在）

という忠粛王の言がみえるが、この「江南の田土」を高麗王がカアンよりあたえられた賜田とする見解もある。[94] 植松正によると、大元ウルスにおいては賜田もまた投下領の一形態であったという。[95] 上記の江南賜田説はいまのところ憶測の域を出るものではないが、これが当を得ているとすると、高麗王位下は中国江南にも投下領を保有したことになる。

このように、高麗王家は位下として単なる名目にとどまらない一定の実体をそなえていたと考えられる。同王家のもっとも基本的な存立基盤は高麗本国だったであろうが、カアンのもとに参集して歳賜などをうける大元ウルス中央をふくめ、本国外にもそれは存在した。既述のように、大元ウルスの基本構造には、各地の所領や権益のむすびつきのうえになりたつ諸投下の複合体・連合体としての一面がある。高麗王家もまたかかる国家構造の内部に存立の場をもち、これを構成する一分権勢力として存在したといえよう。

もちろん以上は、事柄の表層を概観したにとどまっており、厳密には一つの側面について見方の可能性を示した段階にすぎない。本来、モンゴル人でも遊牧君主でもない高麗王家は当然ながら遊牧本領をもたないし、そもそも本領である高麗本国が投下領になぞらえられることをはじめ、特殊性が色濃いことはたしかである。モンゴル投下との類似性は、形式面はともかく、実態面では一部の局面にとどまるというべきだろう。

ひるがえって、このような高麗王家は、分権勢力の一つとして、大元ウルスという国家それ自体を具体的にはどのような形で構成していたのか。他の投下との共通点・相違点を比較することはもとより、さらには、各投下が全体としておりなす構造のなかで、高麗王家が相対的にどのような位置を占めたのかを明らかにしなくてはならない。

またその体系的な考察のためには、すでに若干言及したように、征東行省など高麗王家に関係する周辺諸制度との相関関係も重要になってくる。とくに、本国において在来の王朝体制が維持されたことは、高麗王位下の最大の特色である。いったい大元ウルス臣属下における高麗は、一方で大元ウルスの体制内部への融合を志向しながら、一方では相対的な独立性・独自性を少なくとも結果的に保持していった。ときにはたがいに矛盾しあうこの二つのベクトルが、それぞれどのような形で制度化され、関係が調停されたのか。あるいはされなかったのか。これは両国のあいだに構築された諸関係の意義を考量するうえで根本的な問題の一つである。

以上のような問題の広がりを視野にいれつつ、ひきつづき、高麗王家と元の関係を規定する個々の制度・慣例について微視的な検証作業を積みかさねていくことにしよう。

註

（1）投下については以下の論考を参照。ウラヂミルツォフ［一九四一］、海老沢［一九六一］、同［一九六二］、同［一九六六］、岩村［一九六八］、周藤［一九六九］、安部［一九七二ａ］、海老沢［一九七三］、松田［一九七八］、同［一九七九］、同［一九八〇ａ］、堀江［一九八二］、小林高四郎［一九八三］、周良霄［一九八三］、愛宕［一九八八ａ］、同［一九八八ｂ］、李治安［一九九二］、村上［一九九三ａ］、同［一九九三ｂ］、同［一九九三ｃ］、李治安［一九九四］、植松［一九九七ａ］、同［一九九七ｂ］、同［一九九七ｃ］、村岡［一九九七］、杉山［二〇〇四ｂ］、同［二〇〇四ｅ］、李治安［二〇〇七］。

（2）そうした方向性の数少ない研究として、周采赫［一九八九］、金浩東［二〇〇七］、李玠奭［二〇〇八］をあげることができる。

（3）たとえば李益柱［一九九六ａ］（二四八～二四九頁）でも、両国の関係については「基本的な形式においては伝統的な事大関係を再現」したものであると、冊封・朝貢などの語を用いて説明される。しかしかかる論法では、いうところの「王朝体制の維持と元の干渉という二重性」が特殊な様相とみなされるばかりで、これを必然たらしめた両国関係の固有な構造が具体的にみえてこないのである。

（4）ただし投下の実態は多様であり、なお個別事例分析の蓄積が求められる（松田［一九七八］、同［一九七九］、同［一九八〇a］、堀江［一九八二］、植松［一九九七b］、村岡［一九九七］、杉山［二〇〇四e］など参照）。その意味において、本章を投下の一事例研究として位置づけることも可能であろう。

（5）王府とその組織については、松田［一九七八］四六～四八頁、同［一九七九］四六～五一頁、堀江［一九八二］三九〇～三九五頁、小林高四郎［一九八三］四〇～四二頁、松田［一九九三］一四～一五頁、村上［一九九三a］二〇～二一・二四～二六頁、四日市［二〇〇二］四一～四二頁、李治安［二〇〇七］第六章を参照。

（6）『元史』巻一〇八・諸王表・序文。

（7）なお後至元四（忠粛王後七／一三三八）年立碑の掲傒斯撰「大元勅賜故諸色人匠府達魯花赤竹公神道碑」では、漢文碑面における魯王「府」を、ウイグル字モンゴル文碑面では遊牧君長の宮居の謂であるオルド ordu と対訳する。本碑の釈文については、Cleaves［一九五一］を参照。

（8）本書第一章第四節、参照。

（9）なお『高麗史』巻二六・元宗世家・一〇（至元六／一二六九）年一一月甲子に、「王が復位し、涓は私邸にもどった。百官は王府に参内し、扈駕して入廷した。モンゴルの使者がこれに随行した（王復位、涓還私第。百官詣王府、扈駕入闕。蒙使従之）」とあるように、元宗代までは開京（現・黄海北道開城市）の高麗王宮のことを「王府」と称することもある。ただし忠烈王代以降は「王宮」と記すことが多くなるようで、あるいは元制にもとづく王府の設定と関係があるのかも知れない。

（10）実際にはクーデタによって成宗没後の元朝宮廷をいったんは掌握したアユルバルワダ（のちの仁宗）が、強大な軍事力を有する兄カイシャンに対して妥協をよぎなくされた結果、これに帝位をゆずった形である。

（11）『益斎乱藁』巻七・推誠亮節功臣重大匡光陽君崔公墓誌銘并序、および同・有元高麗国匡靖大夫都僉議参理上護軍春軒先生崔良敬公墓誌銘。

（12）丸亀［一九三四］二一～二二頁。

（13）北村［一九七二］一一八～一二三頁。

（14）金恵苑［一九九三］（四〇～四一頁）も北村と同意見だが、やはり具体的な論証を欠く。

（15）認識に具体性を欠くが、李昇漢［一九八八］（四七～四八頁）もこれらをモンゴル諸王の王府に対比している。

（16）『高麗史』巻一〇五・趙仁規伝、および同書巻一二五・呉潜伝。

(17) 闊復「駙馬高唐忠献王碑」(『元文類』巻二三)は、成宗の大徳九(忠烈王三一／一三〇五)年に高唐王闊里吉思とその祖宗が追爵されたことを記念して撰述されたが、成宗の即位が「聖上御極」と記され、記載内容も成宗代までの事項にかぎられるなど、成宗代のうちに書かれたとみられる。そしてここには高唐王府に関する言及がみえるが、一方、内蒙古百霊廟のオングト王府址(オロン・スム遺跡)で発見された丁亥(一三四七／忠穆王三／至正七)年付け「王傅徳風堂碑記」によると、高唐王傅の設置はつぎの武宗の至大元(忠烈王三四／一三〇八)年のことである。なお「王傅徳風堂碑記」については横浜ユーラシア文化館蔵の原碑拓本を実見し、釈文にあたり江上［二〇〇〇］(四四二～四四五頁)所載の拓影と釈文も参照した。閲覧に際して労をとっていただいた畠山禎氏をはじめとする同館関係者に深く感謝する。

(18) 四日市［二〇〇二］四一～四二頁。

(19) ケシクに関する論考は数多いが、本章での叙述に必要な範囲で直接参照したものはつぎのとおり。箭内［一九三〇］、ウラヂミルツォフ［一九四一］、坂本［一九七〇］、真杉［一九七〇］、片山［一九七七］、同［一九八〇a］、同［一九八〇b］、同［一九八二］、蕭［一九八三b］、葉［一九八三］、片山［一九八七a］、同［一九八七b］、同［一九八八］、村上［一九九三c］。

(20) 白鳥［一九七〇］四一二～四一五・四五〇～四五二・四五四～四五七・四八三～四八四頁。

(21) 内藤雋輔［一九六一b］二三六～二四三頁、権［一九九四］一四二～一四六頁。

(22) 高麗の鷹坊については、内藤雋輔［一九六一c］、朴洪培［一九八六］、李仁在［二〇〇〇］参照。

(23) 『高麗史』巻一〇四・金周鼎伝。

(24) 『元史』巻九一・百官志・行中書省。

(25) 愛馬については、金昌洙［一九六六］参照。

(26) ただし権近の『陽村集』巻四〇・牧隠先生李文靖公行状では、必闍赤について「王府知印」という漢語の別名を記載している。忠勇衛・司幕・司饔なども本来何らかのモンゴル名の怯薛執事に対応する可能性はある。

(27) 愛馬は高麗在来の近侍職をさすとみられる成衆官とあわせて、「成衆愛馬」とも称される。忽赤は在来の中央軍にかわって国王の侍衛を担い(権［一九九四］一四〇～一四四頁、参照)、必闍赤はのちに武臣政権以来の人事行政組織である政房の構成員としても登場する(金昌賢［一九九八］第二・三章、参照)。また司幕と司饔はそれぞれ王の住居と食事を担当している(『高麗史』巻一一八・趙浚伝)。

(28) ただし五戸ごとに絲一斤という五戸絲料は世祖代より前の規定である。世祖代からは五戸ごとに絲二斤がわりあてられ、二五戸絲とも称された(岩村［一九六八］四二一～四二六頁、小林高四郎［一九八三］四六～四七頁、愛宕［一九八八b］二五〇～二五二頁、参照)。

(29) 『高麗史』巻三九・恭愍王世家・五年一〇月戊午。

(30) 高昌錫［一九八五］、金日宇［二〇〇〇］第Ⅳ章、参照。
(31)『益斎乱藁』巻七・光禄大夫平章政事上洛府院君方公祀堂碑。
(32) 征東行省の組織を他の行省と同様に大元ウルス政府の常調官（通常人事で選任した官員）におきかえて、高麗政府による本国統治を廃止しようという、いわゆる立省問題がそれである。北村［一九六五］、高柄翊［一九七〇b］第九節、金恵苑［一九九四］参照。
(33) 筆者が一九九八年に本章のもととなる論考（森平［一九九八b］）を発表したのち、本節相当部分の議論について金浩東と李玠奭から批判が出された（金浩東［二〇〇七］一一二〜一一三頁、李玠奭［二〇〇八］五八頁）。その趣旨は、高麗本国の統治実態が投下領のそれとは大きく異なるにもかかわらず、筆者が高麗本国を投下領と同一視しているというものである。これは筆者の行論の拙さにも起因する誤解であり、筆者の意図はあくまで潜在的な可能性を指摘することにある。本章ではその点をあらためて強調した。ただし投下領については、今後個別事例の分析を通じて原則とは異なる多様な実態が明らかになる可能性もあり（たとえば杉山［二〇〇四e］参照）、制度上の規定もまた絶対視はできない。
(34) この問題に関する先行研究として、李益柱［一九九六a］第一章、同［一九九六c］がある。筆者の見解については本書第九章で詳論する。
(35) 箭内［一九一三a］三二三〜三二六頁。
(36) 魯連祥殺害事件の年次は厳密には特定しがたい。ただ恭愍王初期の宰相曹益清が政府内で議論されていた魯連祥への武力行使に反対し、その後、一三五三（恭愍王二／至正一三）年に死去している（『高麗史』巻一〇八・曹益清伝）。魯連祥は一三五三年以前の段階ですでにそむき、これに対する軍事行動が計画されていたのである。李芳実が一三五四年に大護軍に就任すると、ほどなく作戦が実施されたとみて大過なかろう。
(37) 李奎報「送蒙古国元帥書」（『東国李相国集』巻二八、『東文選』巻六一）。『高麗史』巻二三・高宗世家・一九年三月甲午にも書状の文面が節略された形で引用されており、文字の異同も若干ある。
(38)『高麗史』巻二三・高宗世家・一九年三月甲午。
(39) 金恵苑［一九九三］四四頁。
(40) 伊把漢等『盛京通志』巻一〇・城池・鳳凰城城池、呂燿会等『盛京通志』巻一五・城池・鳳凰城城池、阿桂等『盛京通志』巻二九・城池・鳳凰城界内歴代城池、台隆阿等『岫岩志略』巻三・輿地志・鳳凰城村鎮附。なお「東南」とされる方位は、実際には鳳城のほぼ真南である。路程としては東南方向に迂回するため、このように記されたのだろうか。
(41) 臧式毅等『奉天通志』巻八一・山川・各県山水・鴨緑江流域・安東県にも同内容の記事がある。
(42) 箭内［一九一三a］三一五〜三二二頁、同［一九一三b］四五四頁、参照。

(43) 高麗国内に設定された站赤ルートについては本書第七章を参照。国王入元時に義州の通過が確認される例は、『高麗史』巻二八・忠烈王世家・四(至元一五／一二七八)年四月己卯にみえる。また忠烈王二二(元貞二／一二九六)年の入朝も、義州南隣の霊州(現・平安北道枇峴郡)を経由しているので(『高麗史』巻三一・忠烈王世家・二二年一〇月戊申)、義州で渡河したとみられる。

(44) 『高麗史』巻二九・忠烈王世家・一〇(至元二一／一二八四)年四月戊申。

(45) 『益斎乱藁』巻六・在大都上中書都堂書。

(46) 『奉天通志』巻六〇・疆域・遼陽県・第二区および奉天全省輿図、永貞等『遼陽州郷土志』附図、裴煥星等『遼陽県志』巻四・区村志および附図、陸地測量部五万分一地形図「東烟台」(一九三三年)、および満州国治安部一〇万分一地形図「沙河堡」(一九三二年)。

(47) 『遼東志』巻二・建置・駅伝によれば、虎皮営城駅は遼陽の北五五里におかれた。伊把漢等『盛京通志』巻一〇・城池・奉天府城池・十里河城と呂燿会等『盛京通志』巻一五・城池・奉天府城池・十里河城には「城(＝瀋陽)南六十里。週囲一里零一百三十歩。南一門、即明之虎皮駅」とあり、阿桂等『盛京通志』巻二九・城池・奉天府・十里河城にも文面は若干異なるが同じ内容が記されている。また『遼陽州郷土志』巻二・道路・十里河堡にも「原名虎皮駅」と割註がある。

(48) 営城掃里の所在地については遼陽の東方にある営城子にあてる説もある(北村［一九七二］一二七頁)。この地は『中国古今地名大辞典』(商務印書館、一九三一年)に「在遼寧遼陽県東四十一里」とある営城子に相当し、山崎総与『満洲国地名大辞典』(日本書房、一九三七年)によれば、太子河北岸の燕州城の地にあるという。燕州城は丹東～遼陽間のルート付近にある高句麗以来の城址だが、大元ウルスの站赤ルートからはずれ、史料Bに「遼陽・瀋陽之間」とあることにもあわないので、筆者はこの説をとらない。

(49) 一二九〇(忠烈王一六／至元二七)年に東寧路が高麗に返還されたのちにも鴨緑江以東の掃里が存続したか否か、確実なところはわからない。ただし一三二八(忠粛王一五／致和元・天暦元)年に忠粛王と瀋王暠が掃里の利権をあらそった際に言及されていないことからみて、廃止された可能性が高いとおもう。

(50) 岡本［一九七六］六五頁、参照。

(51) 『モンゴル秘史』の当該記事の釈読は、小澤［一九八九］五二七～五二九頁による。

(52) このうち「艾州」については、崔世珍『吏文輯覧』巻三に「艾州。すなわち義州である。艾と義は音が似ており、そこで漢人はあるいは艾州と称し、または愛州と称する(艾州。即義州也。艾義音似、故漢人或称艾州、又称愛州)」と記された艾州と同一かも知れない。そうであれば、鴨緑江以東の掃里の一つは義州におかれていた可能性が出てくる。なおこの地は元のきもいりで站赤の駅站がおかれた場所でもある(本書第七章第三節、参照)。

(53) 「搭蓋」は、上を作って下をおおうという意味だが、具体的には「小屋がけされた家畜飼育場」とおもわれる名詞的用例や、「□橋を」架ける」という意味で用いられた例があるので（岡本［一九七五］一一七〜一二〇頁、同［一九七六］二七四頁、参照）、ひとまずこのように解した。
(54) 李治安［一九九二］二〜四頁、参照。
(55) 白鳥［一九七〇］四二四頁。
(56) 村上［一九七〇］一八〜一九頁、同［一九九三c］一九一〜一九八頁、参照。
(57)『高麗史』巻三九・恭愍王世家・六（至正一七／一三五七）年八月戊午にも「都堂が行省に上書して「……近ごろ奇轍・盧頙・権謙らがひそかに本処（＝双城・三撒等）の頭目と結託し、私的に亦里干をおき、本国の犯罪者を数多くひきいれ、たまり場をなしている……」とつげた（都堂呈行省書曰、……近有奇轍・盧頙・権謙等密与本処頭目交結、私置亦里干、多引本国犯罪之人、萃於淵薮……）」とある。ここでいう「亦里干《イルゲン》」も、高麗政府はその不当性を主張するが、奇轍ら元朝帝室の外戚が高麗東北境外の地においたとされる私属の人戸集団である。
(58) 怯薛執事とその隷属民の関係、とくに鷹坊のそれについては、片山［一九八二］を参照。
(59) 丸亀［一九三四］、岡田［二〇一〇］（初出は同［一九五九］）。
(60) 北村［一九七二］。
(61) 金恵苑［一九九三］三七〜四〇頁。
(62)『元史』巻一四・世祖本紀・至元二四（忠烈王一三／一二八七）年一〇月戊寅。
(63) 堀江［一九八五］二四九〜二五一頁、杉山［二〇〇四f］三二四頁、参照。諸王・駙馬のすべてが王号を保有したわけではない。また反対に、王号保有者のすべてが諸王・駙馬というわけでもない（野口［一九八四］二八九〜二九一頁、参照）。
(64) 禿剌は大徳一一（忠烈王三三／一三〇七）年七月癸亥に越王号を賜り、その九日後に越州路に投下領を受封した（『元史』巻二二・武宗本紀）。また『元史』巻三二・文宗本紀・致和元（忠粛王一五／一三二八）年九月癸酉に、「燕鉄木児を太平王に封じ、太平路を食邑とした（封燕鉄木児為太平王、以太平路為食邑）」とある。
(65) 雲南王の動向については、松田［一九八〇b］、李治安［二〇〇七］続編第三章、遼王の動向については堀江［一九八五］二四九頁、参照。
(66)『高麗史』巻三三・忠宣王世家・二年五月辛卯にも同じ記事が収録されているが、「瀋王」を「瀋陽」につくる。これでは文章が意味をなさないので、『高麗史節要』の記載が正しいと判断される。
(67) 丸亀［一九三四］二二頁。
(68) 北村［一九七二］一三三頁。
(69) 金恵苑［一九九三］（四八頁）と李昇漢［一九八八］（四四〜四五頁）も同様によみくだしている。ただし「隔越」を史料用語のままに用いているので、どのような意味にとっているのか、必ずしも判然としない。
(70)『高麗史』で史料Cの直後におさめられた武宗の制書にも、その肩書は「開府儀同三司・太子太師・上柱国・駙馬都尉・瀋陽王・征東行尚書省右丞相・高麗国王王璋」とある（『高麗史』巻三三・忠宣王世家・二（至大三／一三一〇）年七月乙未）。
(71)『高麗史』巻三三・忠宣王世家・忠烈王三四（至大元／一三〇八）年五月戊寅。
(72) このような見方をとる比較的新しい専論としては、金九鎮［一九八六］がある。
(73) 出鎮については、松田［一九七九］、同［一九八〇b］、同［一九八二］、杉山［一九九六b］二五～二九頁、李治安［二〇〇七］第五章および続編第一～三章、参照。
(74) 松田［一九七九］、同［一九八〇b］、李治安［二〇〇七］続編第三章、参照。
(75) 崔瀣は『拙藁千百』巻二・全柏軒墓誌において「太師忠烈王は歴世功績のある帝室の姻戚という重い立場で東方を鎮守して三五年になる（太師忠烈王、以世勳懿戚之重坐、鎮東方三十有五年）」とのべ、駙馬としての忠烈王を東方の鎮めと表現している。また『高麗史』巻一二五・柳清臣伝によると、元の官人である王観は、「それゆえ我が国では、つねづね東方での有事に際して本国（＝高麗）が出兵して戦役に協力しなかったことがなく、遼河以東、海にのぞむまで万里にわたり、これによって鎮静を得ています（故国家、常有事於東方、本国未嘗不出兵以佐行役、自遼水以東瀕海万里、頼以鎮静）」とのべ、高麗を遼河の東方地域における軍事的なおさえと表現している。とりわけ後者の言から、大元ウルスにおける高麗の戦略的役割が本国の範囲内にとどまらないことも示唆される。なおこの問題については本書終章で詳論する。
(76) 海老沢［一九七三］四〇～四二頁、堀江［一九八二］三九五～三九七・四〇一～四〇二頁、参照。
(77)『元高麗紀事』中統元（元宗元／一二六〇）年四月二日に「〔世祖が〕おおせを下して高麗国王倎（＝元宗）に宣諭し、「……前年春二月からの捕虜と逃亡民に関して放還を要請したことについては、すでに有司に指示してことごとく捜索することにした。〔この〕約言を交わして以降、逃亡・捕虜等の者たちは帰国させるので、到着したら収容して慰撫するように……」ともうしわたした（降旨宣諭高麗国王倎曰、……自前年春二月被虜逃来人民、乞放還事、已下有司遍行刷会。自言約之後、逃虜人等、令帰国、到可収係存恤……）」とあるように、高麗が世祖に帰服した際にこれが承認された。
(78) 本書第九章、表9-1、参照。
(79) 北村［一九七二］一一三～一一六頁、金九鎮［一九八六］四七一～四七三頁、参照。当初は高麗軍民万戸と称し、一二六一（元宗二／中統二）年より安撫高麗軍民総管府として遼陽に治した。一二六三（元宗四／中統四）年に王綧の総管府が分離して瀋州に治したが、一二九六（忠烈王二二／元貞二）年に合併、瀋陽等路安撫高麗軍民総管府に改編された。しかし後出の「瀋陽路城隍廟記」によれば、一四世紀半ばにも二種の高麗軍民総管府の区別が存したようである。
(80)『高麗史』巻三六・忠恵王世家・元（至順二／一三三一）年四月庚寅。

（81）『元史』巻一六・世祖本紀・至元二七（忠烈王一六／一二九〇）年五月癸亥。

（82）『高麗史』巻三三・忠宣王世家・忠烈王三四（至大元／一三〇八）年一〇月辛卯。

（83）金恵苑［一九九三］四四～四五頁。

（84）『元文類』巻四〇・経世大典序録・治典・投下には「現在の制度では、郡県の官はみな朝廷から任命される。ただ諸王の邑司と賜与された湯沐邑については、みずから人を推薦できる。しかし必ずその名を朝廷に報告したのちに職を授け、他官に通じることはできない（今制、郡県之官、皆受命于朝廷。惟諸王邑司与其所受賜湯沐之地、得自挙人。然必以名聞諸朝廷、而後授職、不得通于他官）」とある。ここでいう諸王の「邑司」は諸王直属の人戸集団を統轄する官府だが、「湯沐邑（湯沐之地）」は投下領のことをさす（海老沢［一九六六］四一頁、村上［一九九三ａ］二二頁、参照）。他の元朝史料において「湯沐邑」や「食邑」として表現されるものも同様である。この時代、高麗でも王や王妃のために「食邑」や「湯沐邑」を設けることがあったが、やはり特定の郡県（の税収）をわりあてる形式だったようである（『高麗史』巻三四・忠宣王世家・三（至大四／一三一一）年八月庚午、同書巻八九・后妃伝・斉国大長公主）。

（85）野口［一九八四］、杉山［一九九五ａ］一〇四頁、参照。

（86）『元史』巻一一七・禿剌伝。受封した投下領は「紹興路」と記されているが、註64に前出した禿剌の投下領越州路の「越州」は紹興の古名である。ただし『元史』地理志にかかる路の名称は記録されていない。

（87）最近、李玠奭［二〇〇八］（六一～六八頁）は、忠烈王が高麗王位を継承する前の段階で世祖の駙馬として元の王爵をうけ、これにより瀋州を投下領として授与された可能性を指摘した。この議論は、『高麗史』巻二八・忠烈王世家や『高麗史節要』巻一九に、元宗の死後、一二七四（元宗一五／至元一一）年七月に元が在元中の忠烈王を「王」に「冊」し、八月に同王が帰国して高麗王に即位した際にも「受詔」したとあることを問題視し、前者が元の王爵の授与、後者が高麗王位の授与を意味すると解したことを出発点とする。しかし「冊」は字義にしたがえば忠烈王個人に宛てた任命状をさすのに対し、後者の「詔」は「高麗国王・宗族及大小官員・百姓人等」、すなわち高麗の王室・官民全体に宛てて忠烈王の襲位を諭告するもので（高麗史料より詳しい録文が『元高麗紀事』至元一一年七月是月、『元史』高麗伝・至元一一年七月に載る）、任命状そのものとは性格の異なる文書である（なお大元ウルスでは高官任命に際してもこの種の通知文を関係者に対して発給している。詳しくは堤［二〇〇三］参照）。前者の「冊」については『元史』巻八・世祖本紀・至元一一年七月癸巳に「高麗国王」の任命状と明記されているが、李のごとくこれを疑う理由はないのである。忠烈王投下領保有説は、以上の誤解を前提として他の関連史料をむすびつけた論であるため、いまのところ首肯できない。

（88）金恵苑［一九九三］三九頁。

（89）瀋陽路の成立についても同様である（北村［一九七二］一一五頁、参照）。

(90)『経世大典』站赤によれば、遼陽等処行中書省所轄一百二十処の站赤のなかに、「安撫高麗総管府所轄站二処、馬七十匹・車七輛・牛七十隻」、「瀋州高麗総管府所轄馬站二処、馬七十匹」とある（『永楽大典』巻一四九二二）。また至元二五（忠烈王一四／一二八八）年正月における站赤への給付に関する兵部の議論のなかにも、「安撫高麗総管府、周歳元額鈔三十錠。瀋州高麗総管府、周歳元額鈔一十五錠」とある（『永楽大典』巻一四九一八）。

(91)『満洲金石志』巻五・城隍廟記、『満洲金石志稿』第一冊（南満洲鉄道株式会社、一九三六年）、二〇六～二〇八頁。

(92) 一般の人戸ではないが、「瀋陽路城隍廟記」には「高麗女直漢軍都万戸府」もみえる。

(93) なお北村［一九七二］（一〇八頁）は、瀋王暠の没後、孫の篤朶不花（脱脱不花）が同王位を継承するまでに九年の空位期間があることを、瀋王が「特定地域の支配者」ではなかった証拠とする。しかし、王号がただちに継承されなかった例は安西王家についてもみえており（松田［一九七九］四六～四七頁、参照）、必ずしもこれをもって瀋王家の権益地の廃絶や不在を断じることはできない。また金恵苑［一九九三］（四九～五一頁）は、瀋王進封とともに瀋陽路の「分封地」は没収されたとし、その根拠として、①瀋王位継承の不連続、②瀋陽地方の高麗人流出民の推刷再開、③瀋王暠と王妃訥倫公主の葬儀が高麗本国でおこなわれ、公主が高麗公主に位置づけられていること、④瀋王が高麗本国の諸権益を求めて策動したこと、⑤当時行中書省が行尚書省に改編されたこと、などをあげる。しかし①については上記のごとく必ずしも投下領不在の論拠とはならず、②も前述のごとく投下領問題とは区別すべき事柄である。③については、投下領主が投下領に埋葬されたという話は寡聞にしてきかない。また高麗公主とは『元史』巻一〇九・諸公主表の用語であり、ここでは高麗王室に降嫁された公主の謂と考えられる。同じ諸公主表において、たとえばイキレス駙馬家に降嫁された公主は「昌国公主位」に一括されているが、宗系である昌王家にくわえ、そこから分枝した寧昌郡王家にとついだ者もあわせて記載している。④については、投下領の喪失ばかりがその原因であるとはかぎらない。また管見のかぎり、⑤のような行省の組織改編とこれにともなう施政方針の変化が、投下領主の権益削減にまでむすびついたことを示唆する史料はみあたらない（『元史』武宗本紀をみると、むしろ同時期においても王侯貴族に対する新たな権益分配がしばしば実施されている）。

(94) 北村［一九七二］一二六頁、金恵苑［一九九三］四三頁。

(95) 植松［一九九七a］第二節、同［一九九七c］。

第三章　高麗王家とモンゴル皇族の通婚関係に関する覚書

一　問題の所在

一三世紀後半から一四世紀半ばにかけて元に臣属した高麗の歴代国王（第二四代元宗～第三一代恭愍王）は、臣属最初期の元宗と、夭逝した忠穆・忠定の二王をのぞき、ことごとくモンゴル帝室の公主（皇女・王女）をめとった。このことはすでによく知られた事実であり、多くの研究者がその展開過程について論及している。(1)

そもそもモンゴル帝室には、ウンギラト族など特定の姻族（クダ quda）と連続的に通婚する習慣があった。そしてモンゴル帝室の公主をめとった駙馬（グレゲン güregen ＝女壻）は、皇族に準ずる地位として、しばしばモンゴル男性皇族とともに「諸王・駙馬」と並称され、あるいは双方あわせて「諸王」と総称されたうえ、(2)元代には魯王・昌王など中国風の王号もさかんに授与された。かかるモンゴルの駙馬は、ウルス ulus、アイマク ayimaq などとよばれ高度な自律性をもつ分権集団（漢語では位下または投下と称される）(3)の首長たる王侯貴族の一員として、かかる諸勢力の連合体ないし複合体としての一面を有するモンゴル帝国の最上層部を構成する存在だった。

高麗王家と元の通婚関係も、モンゴル帝国内における同王家の位置づけに関わる問題であり、両国の関係を考えるうえで避けては通れないテーマである。これについては本書第一章・第二章で明らかにしたように、当時の高麗王は、一二八一（忠烈王七／至元一八）年に誕生した駙馬高麗国王という称号のもと、モンゴル駙馬としての格式を具備する高麗王位下として存立したのである。

一方、両王室間の通婚パターンについて、金恵苑は、皇帝自身をのぞく元側の通婚相手の多くが、元朝政府の設定する最高格の王爵（金印獣鈕をあたえられる中国風の晋王・営王などの一字王号）をもつ宗王であることを指摘した[4]。さらに近年、李命美は、高麗の通婚相手となるモンゴル皇族を、元の核心勢力、西南部に所在する宗王、前代の通婚対象と連続性のある家系という三パターンに分類し、通婚の意味や背景を詳しく分析している[5]。

しかしこうした先学の努力にもかかわらず、個別の婚姻事実に関していまだ論証にもとづく共通認識が得られていない点があり、また通婚パターンのとらえかたについて私見とは異なる部分も少なくない。もとより絶対的な史料不足のため、後者については明確な答えを容易に導き出せないのが実情だが、むしろそのような状況においては、表面的な議論で断定的な結論を急がないことが肝要であろう。このテーマを生産的に追究するには、史料記述の範囲内で指摘し得る事実と、それに対する解釈の多様な可能性を、まずは抑制をたもちつつもできるだけ幅広く探っておく必要があるとおもう。そのうえで、ユーラシア各地で展開されたモンゴル帝室の通婚様態をみわたし、相互に比較して、より蓋然性の高い解釈をみつもってゆくことが、問題理解のもっとも有効な手段となろう。もちろん広大な空間範囲にわたる数多の事例を多様な言語で書かれた文献から渉猟し、各地域固有の歴史的背景をふまえながら悉皆調査してゆくことなど、一人の力ではとうていおよびがたい。そこでより現実的には、モンゴル政権下のユーラシア諸地域をフィールドとする専門研究者と協同して情報の交換・集積をすすめてゆくのが、さしあたり賢明で確実な方策であると考える。

モンゴル帝国の支配と統合という問題を考えるうえでも、最高支配層の通婚関係が重要な論点となることに異論はあるまい。しかしこの問題がこれまで十分な質と量をもって事例網羅的に検討されてきたかというと、残念ながら必ずしもそうではない。むしろ関心は低調とすらいえ、その構造的特徴が具体的に論じられたモンゴル帝室の姻族は、史料的条件にめぐまれたウンギラト族やオイラト族など、もっとも突出した事例にかぎられている。

しかし他事例の分析があらわれるのを座してまつだけでは研究の進展はみこめない。そこで本章では、まず高麗史研究の立場から、高麗王家とモンゴル皇族の通婚関係に関する基礎的な事実と特徴、およびその意味について、現時点でいえることを提示してみたい。史料的制約から指摘する事柄に意味としての実態が存在するのかという根本的な不安はつきまとっている。基本的に問題点の剔抉にとどまらざるを得ないため、覚書と題した次第である。それでもかかる雑考をあえて公にするのは、高麗の事例から得られる知見を関連諸分野の研究者に広く共有してもらうことで、これに対するフィードバックを期待するからである。

二　モンゴル帝室の通婚関係の諸形態

本節ではまず高麗王家に関する議論の前提として、モンゴル帝室の婚姻形態一般に関して既知の情報を整理しておきたい。一時的な関係にとどまる婚家はともかくとして、高麗王家との比較では、連続的に通婚したケースが重要となるゆえ、そのパターンを概観していこう。

(1) 互酬的な通婚

モンゴル帝室が一部の姻族と互酬的な通婚関係(相互に女性をとつがせあう関係)をむすんだことについては、宇野伸浩が詳細なパターン分析をおこなっている。[6] 以下、宇野の考察にもとづいて整理すると、このような通婚をおこなった姻族としては、まずモンゴル諸部族のなかでもウンギラト諸族のウンギラト族、イキレス族、オルクヌート族、コロラス族がある。これらは伝説上の黄金の壺を共通の祖先とする一つの外婚集団を形成しており、モンゴル帝

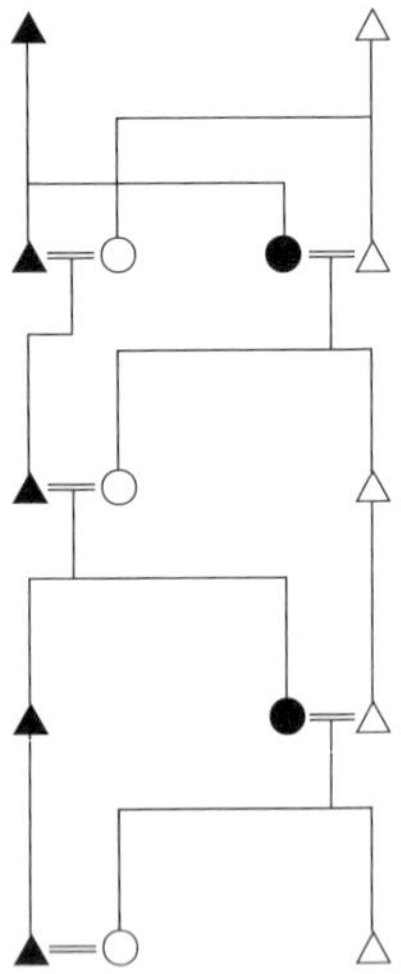

図 3-1　互酬的通婚にみられるパターンの理念型

注）△▲は男性，○●は女性。

室との通婚関係はチンギス・カン以前にさかのぼる古い伝統を有する。とりわけウンギラト族のアルチ・ノヤン家は、チンギス・カンの妻ボルテをはじめ、多くの皇后（カトン qatun）を出した有力姻族だった。

一方、チンギス・カン以降にそのような関係をもつにいたった新参の姻族として、オイラト族のクドカ・ベキ家をあげることができる。オイラト族はモンゴル高原西北部に展開した有力部族だが、首長のクドカ・ベキにひきいられて勃興期のモンゴルに帰参した際、率先帰服に対する報奨としてその息子にチンギス・カンの公主が降嫁されたのである。

これらの姻族のうち、ウンギラト族のアルチ・ノヤン家とオイラト族のクドカ・ベキ家については、モンゴル帝室との通婚関係にしばしば共通のパターンが看取される。すなわち第一世代が姉妹交換婚により通婚を開始したのち、「妻の兄弟の息子に自分の娘をとつがせる婚姻」という世代をずらした女性の交換が相互にくりかえされたのだが（図3-1参照）、これにより、二集団間に持続的な姻戚関係が形成され、母方の親族関係と姻戚関係がかさなりあう密接なきずなが生みだされた。[7] このような通婚がおこなわれた背景と効果としては、上記の二つの家系が、くりかえされるモンゴルの帝位継承紛争にとりわけ深く関わり、通婚関係を有する帝室内の特定一派の支持勢力として重要な位置を占めてきたことが注目される。

宇野によると、モンゴル帝室と互酬的な通婚をおこなう姻族のうちでも、他の事例については、このような明瞭なパターンはみいだせないという。しかしいずれもモンゴル諸部族のなかでも帝室と歴史的な親縁性を有する中核勢力であったことは指摘できるであろう。

（2）公主降嫁を中心とする通婚

互酬的な通婚の一方で、もっぱらモンゴル帝室からの公主降嫁によって姻戚関係を維持してゆくケースが存在する。すなわちアラクシ・ディキト・クリ以降のオングト王家と、バルチュク・アルト・テギン以降のウイグル王家がこれに相当する。後述のように高麗王家の通婚も現象的にはこのパターンに該当するので、比較のためにこの二例をやや詳しくみておこう。なお以下の行論で言及するモンゴル皇族の家系を確認するため、あらかじめ図3-2をかかげておく。

まず陰山北方に展開したチュルク系の遊牧民であるオングト族については、その王府址であるオロン・スム遺跡を通じて確認されるように、ネストリウス派キリスト教が広まっていたことで知られる。金代にはその羈縻下で北辺防衛の任に位置づけられていたが、チンギスが勃興してくると、アラクシ・ディキト・クリがこれに積極的に協力したため、彼の王家はモンゴル帝国のもとで厚遇され、元朝治下では高唐王や趙王の号をあたえられた(8)。モンゴル帝室との通婚関係については、『元文類』巻二三におさめる閻復の「駙馬高唐忠献王碑」と、オロン・スムのオングト王府址で発見された丁亥（一三四七／忠穆王三／至正七）年付け「王傅徳風堂碑」(9)、および『元史』巻一一八・阿剌兀思剔吉忽里《アラクシ・ディキト・クリ》伝、同書巻一〇九・諸公主表・趙国公主位、さらに北京図書館（現・中国国家図書館）蔵抄本の劉敏中『中庵集』巻四におさめる「勅賜駙馬趙王先徳加封碑銘」などが基本史料となり、その他の関連情報が東西史料にのこされる。この問題については趙晟佑が初期の経緯を論じ(10)、ルイ・アンビスや江上波夫も全体状況を概観しているが(11)、蓋山林と周清澍の研究が詳細で体系的である(12)。最近ではチャオ・ジョージ・チンジも再論している(13)。これらの史料と先行研究を参考にしつつ、若干の補訂をくわえて表示したものが図3-3と表3-1である。

ここにみてとれる状況としては、つぎのような点を指摘できるであろう。

①通婚関係はアラクシ・ディキト・クリがチンギスの息女である阿剌海別吉をめとったことからはじまり（同公主はその後、不顔昔班、鎮国、孛要哈とあいついでレヴィレート婚をおこなったとみられる）、以降に迎えたモンゴル公

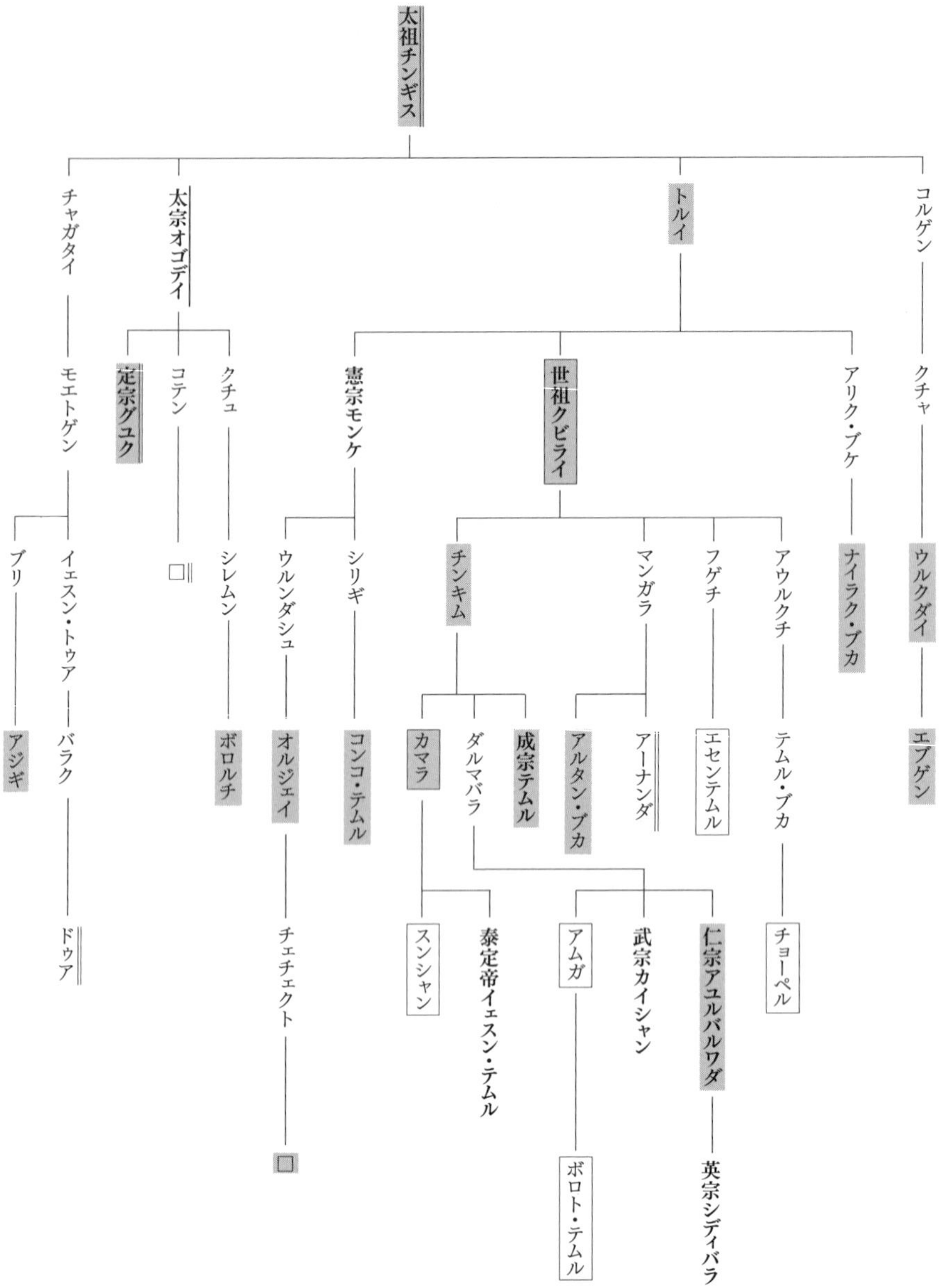

図3-2　関係モンゴル皇族の家系

注）通婚対象の表示は，網掛け：オングト王家。傍線：ウイグル王家（ただし単線は当人の孫娘の降嫁）。囲み線：高麗王家。

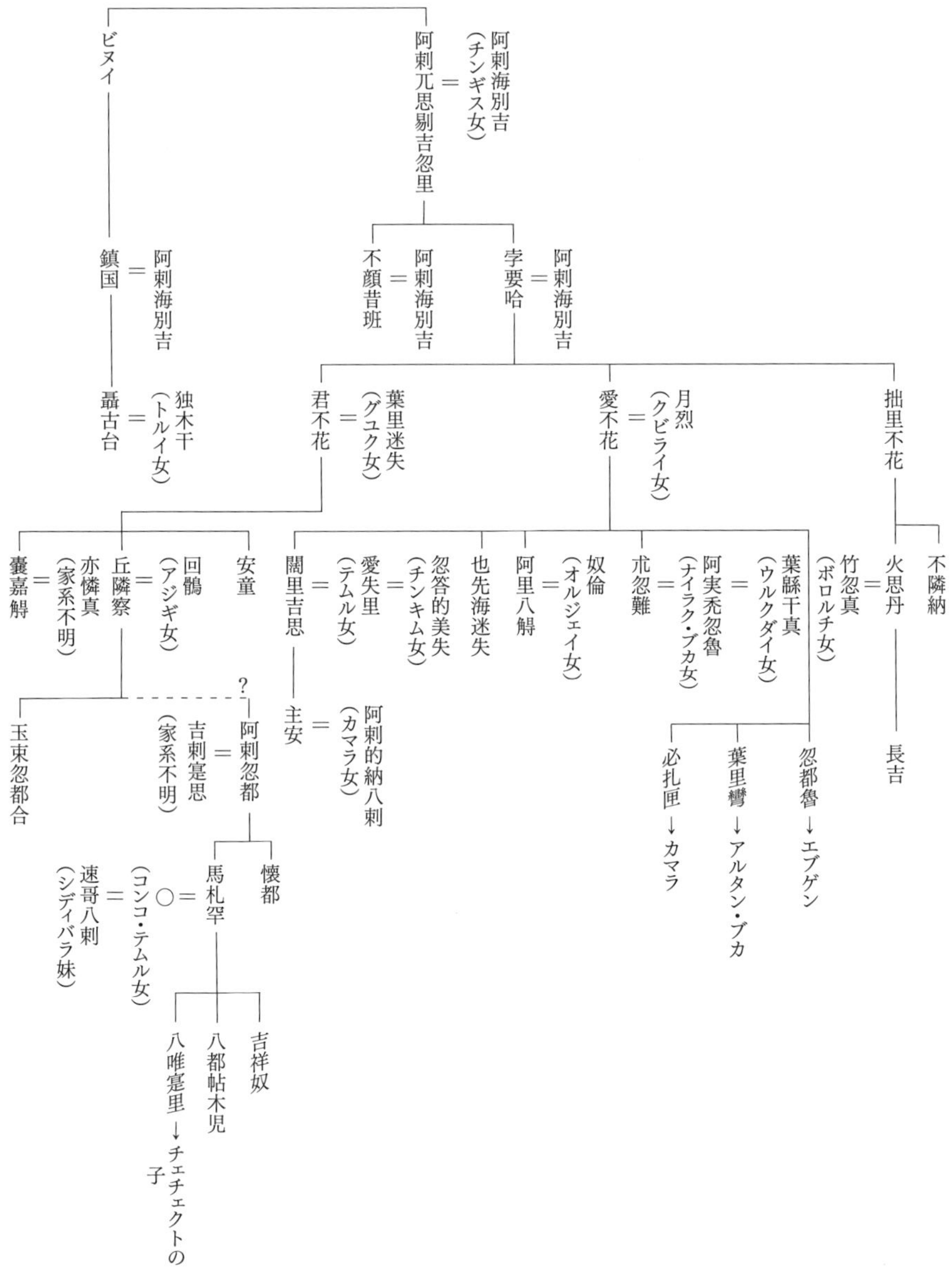

図 3-3　オングト王家とモンゴル皇族の通婚関係

注）人名はおもに「駙馬高唐忠献王碑」にもとづき，これにないものは各々関係史料によった。斜体字は王女をあらわし，出嫁先を矢印でしめした（以下，図 3-4，図 3-5 も同様）。

表 3-1

①オングト王家に対する公主降嫁

公主名	降嫁対象	公主の出自	系1	系2	系3
阿剌海別吉	阿剌兀思剔吉忽里	チンギス女			
〃	不顔昔班	〃			
〃	鎮　国	〃			
〃	孛要哈	〃			
独木干	聶古台	トルイ女	トルイ系		
葉里迷失	君不花	グユク女	オゴデイ系		
月　烈	愛不花	クビライ女	トルイ系	クビライ系	
亦憐真	囊嘉鯓	不明			
回　鶻	丘隣察	アジギ女	チャガタイ系		
忽答的美失	闊里吉思	チンキム女	トルイ系	クビライ系	チンキム系
愛失里	〃	テムル女	〃	〃	〃
奴　倫	阿里八鯓	オルジェイ女	〃	モンケ系	
葉繇干真	朮忽難	ウルクダイ女	コルゲン系		
阿実禿忽魯	〃	ナイラク・ブカ女	トルイ系	アリク・ブケ系	
竹忽真	火思丹	ボロルチ女	オゴデイ系		
阿剌的納八剌	主　安	カマラ女	トルイ系	クビライ系	チンキム系
吉剌寔思	阿剌忽都	不明			
不　明	馬札罕	コンコ・テムル女	トルイ系	モンケ系	
速哥八剌	〃	アユルバルワダ女	〃	クビライ系	チンキム系

②オングト王家からの出嫁

王女名	出嫁対象	王女の父	系1	系2	系3
必扎匣	カマラ	愛不花	トルイ系	クビライ系	チンキム系
葉里彎	アルタン・ブカ	〃	〃	〃	マンガラ系
忽都魯	エブゲン	〃	コルゲン系		
八唯寔里	チェチェクトの子	馬札罕	トルイ系	モンケ系	

注1）①は降嫁対象，②は王女の父の輩行順に配列してあり，実線間が同一輩行である。
　2）系は通婚対象となった各モンゴル王家の系統。系1はチンギスの子の世代，系2はトルイの子の世代，系3はクビライの子の世代における系統を表示。以下，表3-2，表3-3も同様。

主は、出身不明の二例をのぞき、すべてチンギス諸子の家系より降嫁されている。
②公主降嫁のみの完全な一方通行のパターンだったわけではなく、のちの世代になるとモンゴル皇族に息女をとつがせたケースが四例あらわれる。[14]ただし帝妃は出さなかった。
③チンギス以降における通婚対象の内訳は、チャガタイ系一例、オゴデイ系二例、トルイ系一二例、コルゲン系二例であり、トルイ系が大きな比重を占める。
④トルイ系内において、トルイ以降は、モンケ系三例、クビライ系七例、アリク・ブケ系一例であり、クビライ系に大きな比重がある。
⑤クビライ系内において、クビライ以降は、チンキム系五例、マンガラ系一例であり、チンキム系が多数を占める。以上のように皇統にちかい婚姻がめだつ。
⑥ただし少数派に属する家系との通婚ケースもさまざまな世代で確認される。
⑦皇帝の息女や姉妹をめとったケースが一〇例にのぼる（レヴィレート婚をふくむ）。
⑧オングト王家の当主の継承関係は必ずしも明確ではないが、[15]当主以外でも公主を降嫁された者がいたらしい（少なくとも丘隣察、嚢嘉䚟、火思丹、阿里八䚟など）。
⑨通婚したモンゴル皇族のうち、少なくともアジギとアルタン・ブカは元の西辺鎮守を担う宗王であり、その根拠地はオングト本領に比較的近い。[16]

つぎにウイグル王家についてみていこう。モンゴル高原で活動するチュルク系の遊牧民だったウイグルが九世紀に天山方面に定住して建国した天山ウイグル王国は、一二世紀前半にカラ・キタイの影響下にはいるが、一二〇九年、チンギス・カンの台頭をみてとった国王（亦都護《イディクト》）バルチュク・アルト・テギンは、モンゴルに帰順の意を表明する。これにより王はチンギスの五番目の子として遇され、所領も安堵されることになった。ただその後、モンゴル権力が次第に浸潤してくるなか、一三世紀末に元とこれに敵対するカイドゥ、ドゥア勢力との抗争にまきこまれた結果、ウイグル王家はその居所をビシュ・バリクよりカラ・ホージョ（高昌）にうつし、さらには本領を離れて甘粛の永昌に寄寓することをよぎなくされ、独自の王国としての実体を失っていった。ただし亦都護の地位は元代を通じて保持され、高昌王の号もあたえられている。[17]

モンゴル帝室との通婚関係については、『元史』巻一二二・巴而朮阿而忒的斤《バルチュク・アルト・テギン》伝、虞集の「高昌王世勲碑」（『道園学古録』巻二四、『道園類稿』巻三九、『元文類』巻二六、乾隆「武威県志」（『五涼考治六徳集全誌』巻一）、原碑）[18]がまとまった史料となるほか、東西史料に断片的な情報がのこされている。はやくに佐口透やルイ・アンビスも論及しているが、[19]卡哈爾・巴拉提と劉迎勝の研究が王家の系譜をふくめてもっとも詳細である。[20]最近ではチャオ・ジョージ・チンジも再論している。[21]これらの史料と先行研究を参考に状況を表示したものが図3-4と表3-2である。

ここにみてとれる状況としては、つぎのような点を指摘できる。

①通婚関係はバルチュク・アルト・テギンにチンギスの息女である也立安敦、ついで家系不明のアラジン公主[22]があたえられたことにはじまり（ただし当事者の死亡により実際の婚姻はいずれも未成立）、以降に迎えたモンゴル公主は、出身不明の四例をのぞき、いずれもチンギス諸子の家系より降嫁された。その内訳はオゴデイ系六例、トルイ系一例となる。

②オゴデイ系のなかでもオゴデイの子コデンの系統が半数の三例を占める。

③通婚したモンゴル皇族のうち、コデン王家は代々河西（旧西夏領）を本領とし、[23]アーナンダは安西王として元の西辺鎮守を担い、[24]ともにウイグル王家の近隣に所在した。

④モンゴル公主をめとった者はいずれも亦都護や高昌王の地位についている。

⑤ウイグル王家がチャガタイ家のドゥアに息女を差し出した例もあるが、元と敵対して一二七五年にカラ・ホージョを包囲したドゥア軍の要求に応じた緊急措置であった。[25]

以上の二王家のほかにも、チベット仏教サキャ派のコン氏（元がチベット仏教の高僧より任じた帝師の一族）が元に

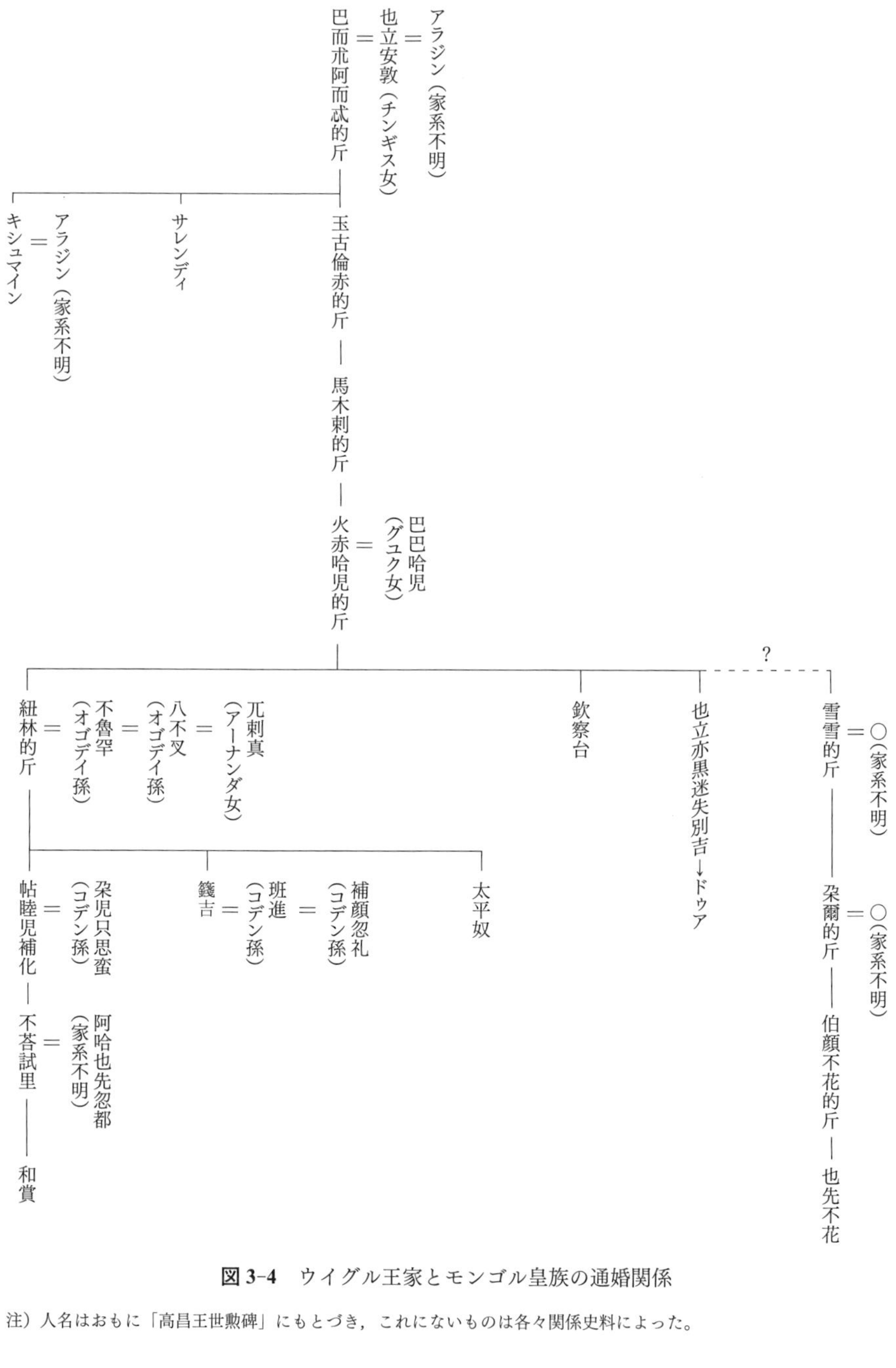

図 3-4　ウイグル王家とモンゴル皇族の通婚関係

注）人名はおもに「高昌王世勲碑」にもとづき，これにないものは各々関係史料によった。

表 3-2

①ウイグル王家に対する公主降嫁

公主名	降嫁対象	公主の出自	系 1	系 2	系 3
也立安敦	巴而朮阿而忒的斤	チンギス女	※ただし未婚		
アラジン	〃	不　明	※ただし未婚		
〃	キシュマイン	不　明			
巴巴哈児	火赤哈児的斤	グユク女	オゴデイ系		
不魯罕	紐林的斤	オゴデイ孫	〃		
八不叉	〃	〃	〃		
兀剌真	〃	アーナンダ女	トルイ系	クビライ系	マンガラ系
不　明	雪雪的斤	不　明			
朶児只思蛮	帖睦児補化	コデン孫	オゴデイ系		
班　進	籛　吉	〃	〃		
補顔忽礼	〃	〃	〃		
不　明	朶爾的斤	不　明			
阿哈也先忽都	不荅試里	不　明			

②ウイグル王家からの出嫁

王女名	出嫁対象	王女の父	系 1	備　考
也立亦黒迷失別吉	ドゥア	火赤哈児的斤	チャガタイ系	講和のために提出

注）①は降嫁対象の輩行順に配列してあり，実線間が同一輩行である。

よって封じられた白蘭王は、初代のチャクナドルジェが前出したコデンの息女をめとり、その後をついだソェナムサンポ、クンガーレクペーギェンツェンパルサンポもまたモンゴル帝室の公主をめとった[26]。

このように公主降嫁によりモンゴル帝室と連続して通婚するケースは、姻族がいずれも非モンゴル系であり、そこに何らかの理由が存する可能性も指摘されている[27]。しかしモンゴル帝室において非モンゴル系姻族との通婚がつねに公主降嫁に限定されたわけではない。前述のごとくオングト王家はもちろん、非常措置だったがウイグル王家についてもモンゴル皇族に納妃したケースがある。フレグ・ウルスのイル・カンの場合は、必ずしも連続的ではないにせよ、ルーム・セルジュータ朝やマルディンのオルトゥク朝といった在地政権と通婚する際には、おもに納妃をうける形をとったという[28]。しかもケルマーンのカラ・キタイ朝の場合、アバガとバイドゥの両カンに納妃する一方で[29]、フレグの子モンケ・テムルの息女をめとってもいるから[30]、つねに納妃に限定されていたわけでもないのである。

非モンゴル系であることが何らかの理由となり、婚姻形態にかたよりが生じる可能性は考え得る。しかし公主降嫁と納妃、どちらのパターンにかたよるかは、ユーラシアの東西各地における政治情勢や社会・文化の違いなど、また別の要件が関係するものと推測される。

三　高麗王家とモンゴル皇族の通婚過程

本節では高麗王家とモンゴル皇族の通婚がどのように展開されたのか、双方の通婚主体を具体的に確認してゆく。これについては前述のごとき先行研究もあるが、日本語で書かれたものとしては全容を整理した専論がなく、個別の事実関係について共通認識が得られていない部分ものこされているので、あらためて論じておきたい。なおとくにことわらないかぎり、以下にのべるモンゴル公主の略歴は『高麗史』巻八九・后妃伝の記載や同書・世家の関係年記事にもとづいている。

(1)　忠烈王妃　斉国大長公主　忽都魯掲里迷失《クトゥルク・ケルミシュ》

世祖クビライ（在位一二六〇～九四）の息女であり、一二七四（元宗一五／至元一一）年、当時世子だった忠烈王（在位一二七四～九八・一二九八～一三〇八）に降嫁された[31]。二男一女をもうけ、一二七五（忠烈王元／至元一二）年に生まれた長男はのちに忠宣王となるが、一二七七（忠烈王三／至元一四）年に生まれた長女は生後まもなく病死し[32]、一二七八（忠烈王四／至元一五）年に生まれた次男も夭逝したらしい[33]。公主自身は一二九七（忠烈王二三／大徳元）年に三九歳で死亡した。一二七五（忠烈王元／至元一二）年に高麗で元成公主、一二九四（忠烈王二〇／至元三一）年に元より安平公主に冊封され、没後は高麗で荘穆仁明王后、仁明太后を贈諡され、一三一〇（忠宣王二／至大三）年に元より斉国大長公主を追封された。

『高麗史』巻八九・后妃伝の本伝によると、公主の母は阿速真可敦であり、ウンギラト王家出身の正后チャブイではない。この阿速真可敦について金恵苑は、柯劭忞が『新元史』巻一〇四・后妃伝で、クビライの第四斡耳朶《オルド》の所属、建国の功臣フーシン族のボロクルの息女にして第八皇子アヤチと第一一皇子トゴンの生母と記す烏式真皇后に同定した。[34]『元史』には烏式真の名がみえないが、同書巻一〇六・后妃表ではクビライの第四斡耳朶の所属として伯要兀真皇后をあげており、金は烏式真がこれと同一人物であるとしたのである。

柯劭忞は『新元史』の撰述典拠を示した『新元史考証』でも烏式真に関する記載根拠を明らかにしていない。一方、『新元史』の編纂にも利用されたラシード・アッディーン『集史』[35]のクビライ・カアン紀・世系表では、上記のアヤチと第九皇子ココチュの生母について、フーシン族の Būrqūl Nūyān の息女 Hūshjīn（Ūshjīn＝烏式真）とし、トゴンの生母についてはバヤウト族の Būrāqchīn の息女 Bāyāūjīn（伯要兀真）と記す。[36]これによると、烏式真はたしかに実在するが、伯要兀真とは部族も異なるまったくの別人だったことになる。

また金恵苑は、記録上一〇名をこえるクビライの后妃のうち、忽都魯掲里迷失の降嫁当時、そのうち帖古倫皇后はすでに亡く、南必皇后は婚姻前であり、その他は部族名すら記録されていないので、烏式真は正后チャブイにつぐ序列にあったと推定する。[37]

ただしこれは『元史』と『新元史』のみにもとづく判断である。『集史』クビライ・カアン紀・世系表にみえる第五皇子クリダイの生母、メルキト族の Tūrāqājīn[38]は、『元史』や『新元史』に部族名が記されない塔剌海皇后に相当する可能性があるし、同書には第六皇子フゲチ・第七皇子アウルクチの母、ドルベン族の Dūrbajīn Khātūn[39]のごとく漢文史料にみえない后妃も登場する。漢文文献の后妃名や部族名表示の有無だけで后妃の序列を議論するのは危険である。また『集史』メルキト族誌では、上記のTūrūqāījīnについて、息子がいないため他の后妃より地位が低かったと記す。(40) 所生情報がクビライ紀とは異なるが、息子の有無が后妃の序列に関わるならば、烏式真の所生より年長の皇子を生んだ、チャブイ以外の上記の后妃たちが存命だった場合、烏式真よりも高い序列にあった可能性がある。

（2）忠宣王妃　薊国大長公主　宝塔実憐《ブッダシュリ》

クビライの皇太子チンキムの子にして成宗テムル（在位一二九四～一三〇七）の長兄、晋王甘麻剌《カマラ》の息女である。(41) 生母は不明。(42) 即位前の忠宣王（在位一二九八・一三〇八～一三一三）に対して一二九六（忠烈王二二／元貞二）年に降嫁された。所生はない。一三一〇（忠宣王二／至大三）年、元より韓国長公主に封じられ、一三一五（忠粛王二／延祐二）年に死亡した。その後、一三四三（忠恵王後四／至正三）年に元から薊国大長公主に追封されている。

なお忠宣王にはモンゴル女性の妃として懿妃也速真がおり、世子鑑と忠粛王を生んだ。(43) しかし彼女は公主と称されておらず、モンゴル皇族ではなかったと考えられる。

（3）忠粛王妃　濮国長公主　亦憐真八剌《イリンチンバル》

クビライの第六皇子フゲチの子、営王也先帖木児《エセン・テムル》の息女である。生母は不明。忠粛王（在位一三一三～三〇・一三三二～三九）の即位後、一三一六（忠粛王三／延祐三）年に降嫁されたが、三年後に死亡した。所生はない。靖和公主と贈諡され、一三四三（忠恵王後四／至正三）年に元から濮国長公主に追封された。

（4）忠粛王妃　曹国長公主　金童《キムトン?》

成宗テムルの次兄ダルマバラの庶長子、魏王阿木哥《アムガ》の息女である。生母は不明。亦憐真八剌公主の没後、一三二四（忠粛王一一／泰定元）年に忠粛王に降嫁されたが、これは英宗シディバラ（在位一三二〇～二三）によって忠誠を疑われた忠粛王が、四年間にわたる元都抑留のすえ、泰定帝イェスン・テムル（在位一三二三～二八）の即位にともなって復権をはたしたときのことだった。公主はその翌年、王とともに高麗入りし、龍山元子を生んだが、その年一八歳で死亡した。その後、一三四三（忠恵王後四／至正三）年に元から曹国長公主に追封されている。なお龍山元子は一七歳で死亡した。[44]

（5）忠粛王妃　慶華公主　伯顔忽都《バヤン・クトゥグ》

忠粛王のもう一人のモンゴル人王妃である伯顔忽都公主の出自について、『高麗史』巻八九・后妃伝の本伝は「蒙古女」としか記さない。しかし公主と称される以上、モンゴル皇族であることは疑いない。その家系について多くの研究は不明とするが、蕭啓慶と羅賢佑は、李斉賢『益斎乱藁』巻九上・忠憲王世家に、

> 皇慶癸丑（＝皇慶二（忠宣王五／一三一三）年）、世子の江陵君に譲位した。〔江陵君の〕諱は燾、一名を阿剌忒実里という。英王の息女をめとり、また魏王の二人の息女をめとった。（皇慶癸丑、遜位于世子江陵君。諱燾、一名阿剌忒実里。尚英王女、又尚魏王二女）

とあることから、世子江陵君燾、すなわち忠粛王に降嫁されたのは「英王」（営王）の公主のほか魏王の二人の公主であり、伯顔忽都公主は魏王阿木哥の息女にして金童公主の姉妹であると指摘した。[45] けだし正鵠を射た見解であろう。[46] 所生はなく、一三四四（忠恵王後五／至正四）年に死去し、一三六七（恭愍王一六／至正二七）年に元から粛恭徽寧公主を贈諡された。生母は不明である。

婚姻時期については、『高麗史』本伝に「〔忠粛〕王が元においてこれをめとり、〔同王〕後二年、王とともに〔高麗に〕やってきた（王在元娶之、後二年、与王来）」とあり、王が公主を元でめとり、一三三三（忠粛王後二／元統元）年、ともに高麗入りしたということが参考になる。[47] 忠粛王は一三三〇（忠粛王一七／至順元）年に子の忠恵王（在位

一三三〇〜三二・一三三九〜四四）に譲位したが、これは忠粛王が、当時泰定帝の後嗣アリギバや兄明宗コシラ（在位一三二九）との内乱・内訌（天暦の内乱）を経て即位した文宗トク・テムル（在位一三二八〜二九・一三二九〜三二）から向背を疑われ、これに乗じて忠恵王の支持者が策動した結果だった。そこで同王は退位後ただちに入元し、復位運動を展開した模様であり、一三三二（忠粛王後元／至順二）年にこれを実現、翌年帰国したのである。伯顔忽都公主の高麗入りはこれにともなうものだった。

忠粛王は、在位中では一三一六（忠粛王三／延祐三）年、一三二一（忠粛王八／至治元）〜二五（忠粛王一二／泰定二）年にも入元したが[48]、このときそれぞれ前述の二名の公主をめとっている。その際、同時に伯顔忽都をめとったならば、そのむね記載されてしかるべきであり、他の公主の動向がそれなりに記録されているのに対し、伯顔忽都の記録が皆無というのは不可解である。また忠粛王は即位前にも入元しており[49]、このときすでに同公主をめとっていれば、同王は即位前から駙馬としての資格を有したことになる。しかし王が駙馬の称をみとめられたのは一三一六（忠粛王三／延祐三）年に公主を降嫁されてからのことだった[50]。そもそも伯顔忽都公主と幾年も前に婚姻しながら、しかも同時期、もしくはその後に他の公主をめとりながら、同公主のみが一三三三年まで元にとどまっていたというのも奇妙であろう。ゆえに伯顔忽都公主の降嫁は一三三〇〜三三年の入元時だったと考えるのが自然である。

ここでは妻が死亡したのちにその姉妹をめとる典型的なソロレート婚がおこなわれた形になり、モンゴル帝室では多くの類例がある。高麗王家において一人の王が姉妹をめとることは事元以前にもあったが、ソロレート婚に相当するケースはいまのところ確認できない。

なお慶華公主という呼称は一三三六（忠粛王後五／後至元二）年に設立された公主府の名称にちなむものである。

（6）忠恵王妃　徳寧公主　亦憐真班《イリンチンバル》

忠恵王は一三三〇（忠粛王一七／至順元）年に最初に即位した際、クビライの第七皇子アウルクチの孫である鎮西武靖王（関西王）焦八《チョーペル》（搠思班《チョスバル》）の息女、亦憐真班公主をめとった。公主の生母は不明。所生に忠穆王（在位一三四四～四八）と長寧翁主がいる。一三六七（恭愍王一六／至正二七）年に元より貞順淑儀公主に封じられ、一三七五（禑王元）年に死去した。なお長寧翁主は元のウンギラト駙馬家（魯王）にとついでいる。[51]

（7）恭愍王妃　徽懿魯国大長公主　宝塔失里《ブッダシュリ》

一三四九（忠定王元／至正九）年、忠定王（在位一三四九～五一）との王位継承競争にやぶれ元朝宮廷にあった即位前の恭愍王（在位一三五一～七四）に降嫁された。所生はなく一三六五（恭愍王一四／至正二五）年に死亡している。降嫁後ほどなく元より承懿公主に封じられ、没後は仁徳恭明慈睿宣安王太后の号を贈られた。一三六七（恭愍王一六／至正二七）年に元から魯国徽翼大長公主を追贈され、のちに徽懿魯国大長公主にあらためられた。

公主の出自について『高麗史』巻八九・后妃伝の本伝には「元宗室魏王之女」とある。この魏王については前出の阿木哥とみる説[52]が多数派だが、阿木哥の子である孛羅帖木児《ボロト・テムル》に比定する見解もある。[53]筆者は孛羅帖木児説をとるが、その根拠はつぎのとおりである。

まず『高麗史』巻四二・恭愍王世家・一九（一三七〇）年五月壬子に「王は公主の父魏王が誅死したことを聞き、朝政を一時停止し、質素な食事とした（王聞公主父魏王誅死、輟朝素膳）」とあり、一三七〇年、宝塔失里公主の父である魏王の死が高麗に伝えられている。しかし、阿木哥はすでに一三二四（忠粛王一一／泰定元）年に死亡している。[54]したがって少なくとも、公主の父が阿木哥ではあり得ないことは明らかである。

一方、『元史』巻一〇七・宗室世系表・魏王阿木哥位には阿木哥の子が七名あがっているが、そのうち魏王と記されるのは孛羅帖木児のみであり、以降の世代については人名の記載もない。『元史』巻一〇八・諸王表でも魏王については阿木哥と孛羅帖木児のみをあげる。阿木哥の死後、魏王位は孛羅帖木児に継承されたのであろうが、魏王位の保持者が両名にかぎられるのであれば、恭愍王と通婚した魏王は孛羅帖木児以外にあり得ないことになる。

『元史』巻四三・順帝本紀・至正一三（恭愍王二／一三五三）年五月癸酉には、

知枢密院事伯家奴が武国公に封じられ、諸王孛羅帖木児とともに出陣した。（知枢密院事伯家奴、封武国公、与諸王孛羅帖木児同出軍）

とあり、同書巻一九四・喜同伝に付す襄陽録事司達魯花赤塔不台の所伝に、

魏王が汝寧府・亳州に在陣し、塔不台が食糧を供給した。王は酒を好み、戦備を怠っていた。ある晩、賊が王を襲撃したが、王は横臥したままおきあがれないうちに捕らえられた。（魏王軍汝・亳、塔不台供餉。王嗜酒、軽戦備。一夕、賊劫王、王臥未能起、為所執）

とある。金恵苑は両記事の「諸王孛羅帖木児」と「魏王」を同一人物とみている。[55]「諸王孛羅帖木児」の出陣は一三五三年という年からみて、当時安徽・河南で勢力を広げていた紅巾軍への対応だった公算が大きい。塔不台の逸話は正確な年代が不明だが、元末の民衆反乱のなかで元に殉じた「忠義」の所伝の一つであり、魏王が「賊」に捕らえられた汝寧府（治所は現・河南省駐馬店市汝南県）・亳州（現・安徽省亳州市）地方は、韓林児・劉福通らにひきいられた紅巾軍主力の活動地域である。金の指摘どおりならば、恭愍王との通婚時における魏王孛羅帖木児の存命が証明されよう。

同名のモンゴル皇族としては、天暦の内乱に際して文宗政権と敵対して捕らえられ、処刑された可能性がある「諸王孛羅帖木児」もいる。[56]彼が魏王孛羅帖木児その人であり、実際このとき処刑されたのであれば、紅巾軍に捕らえられた魏王は別人であり、同時期に戦陣にあった諸王孛羅帖木児とも別人ということになる。そして『元史』宗室世系表と諸王表には、魏王位の継承関係について記載漏れがあることになる。

しかし、文宗政権に敵対した「諸王孛羅帖木児」が魏王その人である保証はない。むしろ天暦の内乱の直後に忠粛

王が魏王孛羅帖木児の女兄弟である伯顔忽都公主をめとったことからすれば、その可能性には疑問符もつく。前述のごとく、このとき忠粛王は文宗政権への向背に関する自身への疑惑を払拭すべく入元中であったから、同政権に敵対した宗王家との縁組みが容易に成立するとは考えにくい。あるいは、上記の「諸王孛羅帖木児」が魏王その人だったとしても、文宗政権がこれを早期に赦免した可能性も皆無ではなかろう。いずれにせよ、現状では魏王位に関する『元史』の記述や、紅巾軍との戦いに「魏王」と「諸王孛羅帖木児」がともに姿をみせるとみられる点を重視し、宝塔失里公主の父にして一三五〇年前後に魏王位にあった人物は、孛羅帖木児とみておくのが穏当である（なお公主の生母は不明）。

（8）瀋王妃　訥倫《ノルン》公主

一三〇七年の成宗テムル没後の奪権抗争で武宗カイシャン（在位一三〇七～一一）・仁宗アユルバルワダ（在位一三一一～二〇）兄弟を支持した忠宣王は、その功績により瀋陽王に封じられ、のちに瀋王に進封された。王は高麗王とあわせて二種類の王号をもつことになり、高麗王位を忠粛王にゆずったのちも瀋王号を保持した。しかし一三一六（忠粛王三／延祐三）年に、わが子のごとく寵愛する甥の暠に瀋王位をゆずった。[57] これにともない暠は晋王カマラの子である梁王松山《スンシャン》の息女訥倫公主をめとり、駙馬になった。[58]『元史』巻一〇九・諸公主表・高麗公主位では同公主が「□国公主」と記され、何らかの封号を有したようだが、詳細はわからない。公主の生母も不明である。

そのほか『高麗史』巻九〇・宗室伝・平壌公基によると、高麗の傍系王族である平陽公昡（顕宗の後孫）の息女伯顔忽篤《バヤン・クトゥグ》は、東宮時代の仁宗に幸を得たといい、[59] 生母である順妃許氏（のちに忠宣王妃）の墓誌では「伯顔忽篤皇后」と記されている。[60] しかし元側史料をみるかぎり、彼女が正式に仁宗妃になったとは確認できない。上記『高麗史』の所伝も単に「幸を得た」とのべるのみである。王統から遠く離れた傍系宗室であることからみて、王室間のれっきとした縁組みではなかった可能性が高い。彼女のことは『高麗史』巻八九・后妃伝・順妃許氏に「順妃の息女が皇太子

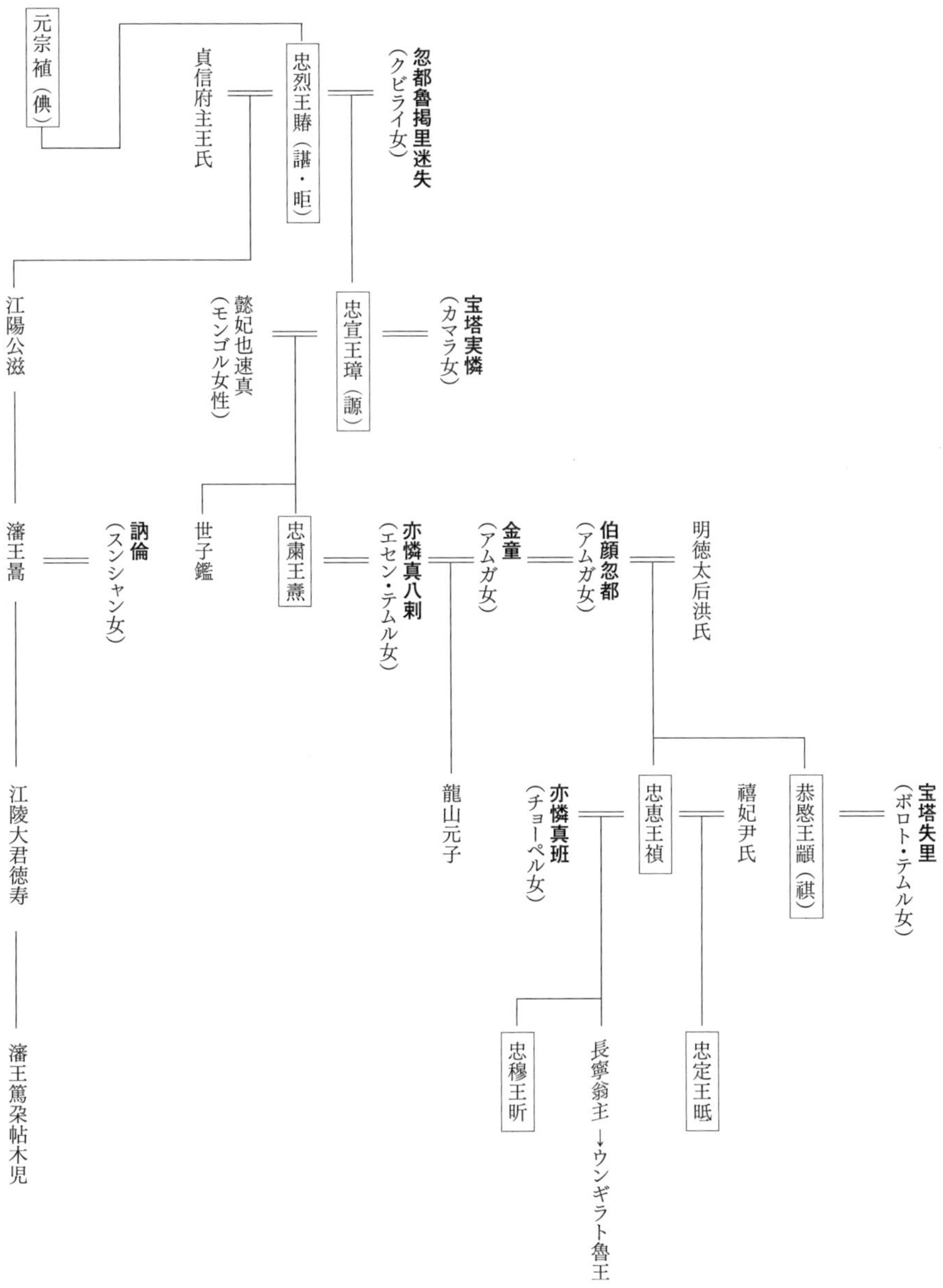

図 3-5　高麗王家とモンゴル皇族の通婚関係

注）囲み線は高麗王。モンゴル公主以外の関係者生母も表示。ゴチック体がモンゴル公主。

表 3-3

①高麗王家に対する公主降嫁

公主名	降嫁対象	公主の出自	系1	系2	系3
忽都魯掲里迷失	忠烈王	クビライ女	トルイ系	クビライ系	
宝塔実憐	忠宣王	カマラ女	〃	〃	チンキム系
亦憐真八剌	忠粛王	エセン・テムル女	〃	〃	フゲチ系
金　童	〃	アムガ女	〃	〃	チンキム系
伯顔忽都	〃	〃	〃	〃	〃
訥　倫	瀋王暠	スンシャン女	〃	〃	〃
亦憐真班	忠恵王	チョーペル女	〃	〃	アウルクチ系
宝塔失里	恭愍王	ボロト・テムル女	〃	〃	チンキム系

②参考：高麗宗室女性の出嫁

女性名	父	出嫁対象	系2	系3	備　考
伯顔忽篤	平陽公昡	アユルバルワダ	クビライ系	チンキム系	貢女か
長寧翁主	忠恵王	ウンギラト魯王			

注）①は降嫁対象，②は王女の父の輩行順に配列してあり，実線間が同一輩行である。

（＝のちの仁宗）に入侍していた（順妃之女、入侍皇太子）」とも言及されているが、太子妃としての輿入れを「入侍」と表記するとは考えにくい。おそらく、もともとは高麗支配層からの貢女[61]としてモンゴル後宮に配された人物だったのではないだろうか。本書ではひとまず王室間の通婚事例からは除外しておく。

以上のように、高麗王家とモンゴル皇族の通婚関係はもっぱら公主降嫁の形で展開した。検討の結果を整理すると図3-5と表3-3のようになる。

四　通婚パターンの特徴

前節までに確認した事実関係にもとづき、本節では高麗王家とモンゴル皇族の通婚パターンとその意味について私見をのべていく。通婚背景の複雑で重層的な様相を示すことで、先行研究の見解、とりわけ李命美が提示した通婚対象王家の詳細分類——元の核心勢力（クビライ、カマラ）、西南部に所在する宗王（エセン・テムル、チョーペル）、前代の通婚対象と連続する家系（スンシャン、アムガ、ボロト・テムル）――の妥当性を問いなおしてみたい。

（1）公主降嫁のみの通婚

高麗王家とモンゴル皇族の通婚は、元側の公主を高麗に降嫁するという一方通行の形態をとる。この点はユーラシア東方における非モンゴル系姻族との通婚パターンとして、ひとまず一般化できる。しかし、かかるパターンが必ずしもユーラシア全域で貫徹されていたわけではないことは、前述したとおりである。そして、このパターンにそって通婚がおこなわれたオングト王家やウイグル王家にせよ、一部に例外をふくむことに注意する必要がある。

そこで、モンゴル皇族に対して高麗の王女がとつぐことは絶対に許されなかったのかという点が問題になる。実は、駙馬王家として元との関係が親密化した一三世紀末以降の高麗王には、モンゴル公主の所生としては夭逝した忠烈王の息女と忠恵王の長寧翁主以外に王女が生まれなかった。そしてモンゴル公主の所生ではない王女にしても、事元期の初期にしかおらず、モンゴル皇族への出嫁対象となり得る者はほとんど存在しなかったのである。

すなわち元宗には慶安宮主と咸寧宮主がいたが、それぞれ王族の斉安公淑と広平公譓にとつぎ、また忠烈王には夭逝した忽都魯掲里迷失公主の所生以外にも靖寧院妃と明順院妃がいたが、それぞれ王族の斉安公淑と漢陽公儇にとついでいる。[62] それらの降嫁年次は、慶安宮主が一二六〇（元宗元／中統元）年であること以外に不明だが、咸寧宮主がとついだ広平公譓は一二八五（忠烈王一一／至元二二）年に死亡している。[63] また靖寧院妃と明順院妃は貞信府主王氏の所生である。[64] 府主は一二六〇（元宗元／中統元）年に忠烈王にとついだが、[65] 一二七四（元宗一五／至元一一）年に忽都魯掲里迷失公主が降嫁されて以降は、王との関係が断絶したという。[66] すなわち両院妃は忠烈王の即位前――おそらく王が一二七一（元宗一二／至元八）年に禿魯花《トルガク》 turɣaɣ（質子）として長期入元したころまでには生まれ、[67] その在位期間の半ばころまでに婚期を迎えて降嫁された可能性が高い。このように元宗・忠烈両王の王女は元との関係が本格的に深まる以前に国内で降嫁されたとみられる。

このような〝生物学的偶然〟がかさなるため、高麗王女の出嫁が意図的に忌避されたとは、単純に断定できない部分がのこる。仮に当初はそうだったとしても、長寧翁主が皇族に準ずる最有力モンゴル姻族のウンギラト魯王家にとついだこと。また傍系の出であり、貢女として後宮入りした疑いがあるが、伯顔忽篤がアユルバルワダの幸をうけ、「皇后」（公称か否かは不明）と称されたことなどに、変化のきざしをみいだすことは不可能だろうか。

たしかに李命美が指摘するように(68)、モンゴル帝室の通常の通婚範囲からはずれる〝例外〟は他の部族についても存在する。しかし李も例としてあげるジャライル族が本来の家格に反してイル・カン家と通婚したのは、彼らがフレグ・ウルスでは政権をささえる最有力部族だったことに関係しよう(69)。また元では「蒙古」と区別されるウイグル族の部将も、フレグ・ウルスでは譜代の臣として政権中枢に位置する者がいた(70)。各モンゴル政権を構成する諸勢力の位置づけは、政権の成立事情やその後の状況に応じて変化し得るものとみられる。

一方で李命美は、高麗王家に対し公主降嫁のみの通婚がおこなわれた背景として、元では高麗女性の後宮入りが「世祖皇帝家法」により忌避されたとする『庚申外史』の記事や(71)、世祖が「高麗と事を共にせず」と誓ったとする元の監察御史李泌の発言(72)に注目する(73)。

しかしこれらはいずれも、元末、順帝トゴン・テムル（在位一三三三～七〇）による高麗女性奇氏の立后を批判し、これを王朝の衰亡要因にむすびつける言説である。この種の言説のつねとして、はたして実際クビライにそうした発言があったのか、うのみにはできない。「高麗と事を共にせず」という文言も漠然としており、元がクビライ以来、さまざまな点で高麗と「事を共に」してきた事実と矛盾する。発言自体はあったとしても、高麗女性の輿入れに関するものだったのか、保証のかぎりではない。少なくとも高麗女性の後宮入りはこれ以前にも前述の伯顔忽篤にくわえ、高麗の重臣金深の息女達麻実里《ダルマシュリ》が仁宗アユルバルワダの妃となり、のち（泰定帝代）に皇后に封じられた例もある(74)。仮に高麗女性一般に関して後宮からの排除原則があったとしても、モンゴル王侯の一員たる地位を獲得していた駙馬高麗王家に適用されるかどうかは別問題である。

したがって、公主の降嫁と王女の納妃が同等におこなわれるとはかぎらないにせよ、高麗王家についても、時代の推移とともにモンゴル皇族と相互に女性をやりとりする婚姻形態へ移行し得た可能性を、全面的に排除すべきではないとおもうのである。

（2）クビライ系への限定

高麗王家の通婚対象となったモンゴル皇族はクビライ系にかぎられる。忠烈王がクビライの息女をめとったのちには、チンキム系五例、フゲチ系一例、アウルクチ系一例であり、皇帝を輩出するチンキム系の比率が高い。かかる皇統との近さは、前述のごとくオングト王家とも共通する。しかしウイグル王家のごとく、オゴデイ系との通婚が中心となるケースもあり、必ずしも元のすべての駙馬家に共通する現象ではない。また元代のオングト王家はクビライ系との通婚に比重がある一方で、他系とも通婚している。クビライ系への完全な限定は、通婚状況の詳細がある程度うかがえる駙馬家のなかで、ひとまず高麗王家についてのみ確認される特徴である[75]。

忠烈王に対するクビライの公主の降嫁に関しては当然だが、モンゴル宗王家との通婚についても、基本的には元朝中央政府の意向が関わり、少なくともその承認が前提になったとみられる。婚儀の過程が記録された事例をみると、忠宣王の場合、元朝政府に対して公主降嫁が要請され、ついで婚儀の日取りと忠烈王の出席を求める帝命が伝達され、元の宮闕において諸王・公主・大臣の列席のもと、婚儀が挙行された[76]。忠粛王と営王家の婚姻も父忠宣王が皇帝に公主降嫁を要請して承認を得ている[77]。忠恵王の場合、元朝中央で婚儀がおこなわれ、宣徽院により権臣エル・テムルの邸宅で宴がもよおされた[78]。恭愍王の場合、王みずから「北庭」（北方の地）におもむいて公主を迎えたというが[79]、元はこれをすぐに承懿公主に封じているので[80]、その了解があったことは疑いない。忠粛王が魏王家から二人の継妃を迎えた際や、瀋王暠の場合も、婚儀の詳細は不明だが、元朝政府の仲介や了解があったとみて大過なかろう。

問題は高麗側の意向が公主の選択をどこまで左右し得たかだが、瀋王・忠粛王（亦憐真八剌公主との婚姻）・恭愍王など一部の事例について、そのような面を高く評価する李命美の見解もある。[81] ただし厳密には、史料的な制約から、高麗側の希望が反映されたか否かを断定できるだけの事例はなく、李の指摘もあくまで一つの可能性にとどまる。[82]

高麗王家の通婚相手がクビライ系に集中した背景について、李命美は、クビライ家との通婚が、南宋・日本に対する経略や、モンゴル高原東部に大勢力を展開するチンギス諸弟の後裔、いわゆる東方三王家を牽制する必要から、高麗を親中央勢力化しようとする意図により開始されたこと。そしてこのことがその後の通婚範囲を規定したであろうこと。また高麗を親中央勢力化しようとする元側の志向がその後も継承されたことを指摘する。[83] 筆者はこの説に一定の説得力をみとめるものだが、クビライ系に婚姻が限定される必要条件であっても、必ずしも十分条件とはいえないとおもう。元において同じく親中央勢力化の対象だったであろう他の駙馬家が、非クビライ系の宗王とも通婚しているからである。

この点に関連して李命美は、駙馬家の通婚相手が決定される際には、元朝中央政府の意向が一方的に作用するだけではなく、地理的要因や、各宗王家が個別にきずいてきた既存の関係も影響したであろうことを指摘している。[84] たしかにオングト王家やウイグル王家、白蘭王家が非クビライ系と通婚したことは、ある程度そのような観点から説明できよう（元代以前に通婚した家系との連続性や、近隣の宗王家との通婚など）。一方、高麗王家にとって地理的に近いか、元代以前より接触のあったモンゴル宗王家は、クビライ家と東方三王家である。そのクビライ家が皇統を継いで通婚がはじまり、東方三王家との接近が中央政府に忌避されたとなれば、高麗王家の通婚相手がクビライ系にかぎられたのは当然にもみえる。

ただしウイグル王家がオゴデイ系と通婚関係をむすんだのは元代にはいってからである。[85] のちには近隣のコデン家との関係がめだつようになるが、火赤哈児的斤に最初に降嫁されたオゴデイ系公主はコデンの兄グユクの息女であり、コデン家の者ではない。その子の紐林的斤に降嫁された公主も「オゴデイの孫娘」というだけでコデン家とのつながりが疑わしい。[86] これらの婚姻はいまのところ李命美がいうような地理的・歴史的な縁故がさだかではない。

またオングト王家は、クビライ家との通婚がはじまったのち、非トルイ系のコルゲン家や、非クビライ系のモンケ家、アリク・ブケ家とも通婚を開始している。すなわち、クビライ家との通婚は、愛不花にクビライの息女である月烈公主が降嫁されたことにはじまるが、両名の三男である阿里八䚟がモンケ家より、四男の朮忽難がコルゲン家とアリク・ブケ家より、それぞれ公主をめとっている。

愛不花への公主降嫁の時期は特定しがたいが、至元八（元宗一二／一二七一）年付けの記事内に「もと壬子年に編籍した愛不花駙馬位下の人戸（壬子年元籍愛不花駙〔または附〕馬位下人戸）」という文言がみえる。[87]「愛不花駙馬」とは壬子（一二五二／高宗三九／憲宗モンケ二）年当時の呼称とはかぎらないが、仮に愛不花がそのときすでに駙馬であったとしても、クビライ自身が一二一五（高宗二／太祖チンギス一〇）年の生まれで、一二五二年には三八歳であるから、[88]その「季女」（末娘）とされる月烈[89]が婚姻と出産の適齢期を迎えたのは一二五二年をいくらもさかのぼらない時期だったであろう。ゆえに一二六〇年にクビライが即位した当時、月烈の息子たちは生まれていたとしてもまだ幼かったはずである。[90]そこで、阿里八䚟と朮忽難がコルゲン、モンケ、アリク・ブケの各家より公主をめとったのは、元代にはいってからと推定されるのである。

コルゲン、モンケ、アリク・ブケの各家の所在地は特定しがたいが、少なくともオングト領近辺に所在した形跡はなく、[91]元初にはモンゴル高原に分封された各家の所領――ジョチ家・チャガタイ家・オゴデイ家の西方ウルスとチンギス諸弟の東方ウルスのあいだの中央ウルス内にいた公算が大きい。[92]彼らがオングト王家とのあいだにクビライ家をこえる歴史的・地理的な縁故を有していたとはいいがたい。それどころか、これらの王家は、クビライ即位時にはこれと対立したアリク・ブケの支持派に属し、一二七六（忠烈王二／至元一三）年の反クビライ蜂起（シリギの乱）に関わった者もいる。[93]オングト王家はかかる王家とも新たに通婚を開始できたのである。

そのほか、モンゴル系の有力駙馬家であるイキレス昌王家について、元代、阿失がモンケの孫娘をめとり、失剌渾台が東方三王家の一つカチウン王家の木南子より公主をめとったケースもある。[94]高麗王家のみならず、元朝治下の他の駙馬家に関しても、東方三王家は通婚対象から疎外されたとの指摘もあるが[95]、完全に排除されたわけでもないのである。

このような点からすると、高麗王家の通婚対象に非クビライ系がまったくみられないのは、それなりに特殊な状況といえよう。高麗側が皇統をついだクビライ家との通婚を望んだことは十分に考えられるが、一般論として、元朝治下の諸駙馬家がクビライ家との通婚に熱心ではなかったとも考えにくい。かかる通婚が元朝政府の意図によるものだったとすれば、クビライ家が何らかの意味において、高麗との関係をことさらに重視した証にもみえる。前述のごとく、高麗王家の通婚相手がおもに最高格の一字王号をもつ王家だった事実——オングト王家やウイグル王家などではとくにみられない傾向である——も、あるいはこのことに関連するのかも知れない。

ただし見方をかえると、通婚相手がクビライ家に限定されるのは、高麗王家がモンゴル帝室内に広範なコネクションをきずくうえでは、逆に制約にもなる。そもそも、モンゴル帝室が総体としては高麗王家との関係をさほど重視しなかったがため、クビライ家による〝囲いこみ〟が可能になり、結果的にそのような状態を生んだということも考えられるだろう。

また各高麗王の当代ないし前代の皇帝との近親度は必ずしも高くない。皇女・皇姉妹クラスをめとったのは忠烈王だけであり、オングト王家（一〇例）はもちろんウイグル王家（二例）にもおとる。皇帝の姪や従姉妹にあたる晋王カマラや魏王アムガの公主にしても、婚姻当時における出身王家の政治的立場は、必ずしも高麗王家にとって好条件ばかりとはいえない。

たしかに晋王カマラは、成宗テムルの長兄としてモンゴル高原の統括・鎮守を担う要人であった。忠宣王がその公主をめとった意義として、その点が注目されるのは当然である[96]。しかし『集史』テムル・カアン紀によると、決定的な対立にこそいたらなかったものの、彼と成宗とのあいだには帝位をめぐる葛藤が潜在していたともいう[97]。即位前の武宗カイシャンの境遇がそうだったように、モンゴル高原への出向には、政敵に大きな軍事力をあたえる危険性をはらむが、中央政界からの厄介払いという意味合いをもち得る。(98) 忠宣王にとって舅カマラの存在が、ときの成宗政権との関係構築上、形式的にはともかく実質的な意味で好材料となり得たのか、簡単には断定できない。また魏王アムガは武宗・仁宗の庶兄だが、仁宗期に罪を得て高麗に流配された。(99) 忠粛王との通婚成立は、政権がカマラ系（泰定帝）にいれかわったことで赦免された直後のことである。(100) 武宗・仁宗との血縁が忠粛王の後ろ盾として格別の意味をもつ状況では必ずしもなかった。皇帝の近親は、場合によって東方三王家のような傍系親族以上に、当該皇帝の有力な対抗馬となり得る。そのような人物との通婚が当該駙馬の政治的立場の強化に有効であるか否かは、その時点におけるモンゴル帝室の内情次第であろう。

一方、営王エセン・テムル、梁王スンシャン、魏王ボロト・テムルが、最高格の王号とは裏腹に、ときの政権に対して格別な影響力をもつ存在でなかったことは、先行研究が指摘するとおりであろう。(101) むしろ王号の格がおとる鎮西武靖王チョーペルのほうが、忠恵王との通婚当時、四川・雲南において反政府勢力との戦闘に従事しており、(102) ときの政権を積極的にささえた核心勢力といえる。チョーペルはそれ以前から担当エリアで地方反乱の鎮圧に従事していたが、天暦の内乱で反文宗派にくみしたモンゴル上級権力者が主導する上記の反政府勢力の動向は、文宗政権の正統性に関わる重大事件だった。ときの中央政府との強いむすびつきを示す通婚事例としては、クビライのほかにチョーペルをあげるべきだろう。元の中国風王号とは、中央政府がモンゴル皇族に対して外からあたえた枠づけにすぎない部分があるため、(103) その有無や格づけが当該王の政治的実力を客観的に反映するとはかぎらないことに留意する必要がある。

このように、高麗王家とモンゴル皇族の通婚には、皇統や元の権力中枢との距離、またモンゴル帝室総体との関係という点においても、ある意味で疎遠な様相を呈してもいる。両国の通婚は、こうした親疎関係の微妙なはざまでおこなわれたのである。

（3）出鎮王家との通婚

しかし元の国家統合、ないしその演出という点において、高麗王家には少なくとも象徴的な重要性がたしかに存在した形跡もある。忠烈王以降の通婚において基調をなす、いわゆる出鎮王家との通婚がそのあらわれである[104]。クビライは帝国辺境の各方面にみずからの皇子を分封し、軍をひきいて駐在させた。すなわちモンゴル高原を統括する北平王（北安王）ノムガンと、元朝西方を鎮守する安西王マンガラを主軸として、その他、雲南王フゲチ、西平王アウルクチ、鎮南王トゴンなどをそれぞれ雲南、チベット、長江付近に配したのである。その後、地域ごとに出鎮王家の配置は複雑な変遷をたどり、担当地域における宗王の権限もときと場所によりさまざまな違いがあったが、軍事的なおさえとしてにらみをきかせるという点は一貫している。

忠宣王の舅晋王カマラは、嗣子のないノムガンを継いでモンゴル高原の鎮守を担った。忠粛王の舅営王エセン・テムルは、父フゲチを継いで雲南の鎮守を担っていた。忠恵王の舅鎮西武靖王チョーペルは、祖父アウルクチの代よりチベット方面ににらみをきかせていた。

瀋王妃の父である梁王スンシャンもまた雲南鎮守の担い手であった。スンシャン自身は高麗との通婚前、一三〇九（忠宣王元／至大二）年には健康を害して諸王老的《ラオディ》（鎮西武靖王チョーペルの兄弟）に任をゆずっていたが[105]、必ずしもそれで雲南鎮守を担う家系としての梁王家の存在感が失われたわけではないとおもわれる。梁王の雲南出鎮はスンシャンの父カマラの代からであり[106]、カマラが晋王に封じられてモンゴル高原に転出したのち、今度はスンシャンが梁王として雲南に出鎮した[108]。スンシャンの退任後、約一〇年の空白があるが、一三二〇（忠粛王七／延祐七）年にスンシャンの子王禅が雲南王に封じられて雲南に出鎮する[109]。一三二四（忠粛王一一／泰定元）年に王禅は梁王に改封されるが、このときあわせてその子帖木児不花も雲南王に封じられている[110]。このように梁王家は代々雲南鎮守の任を継承した。瀋王暠と通婚した当時の動向は不明だが、雲南に何らかの影響力を維持していた可能性も排除できないし、少なくともそのような役割が期待される家系だったのである。

李命美が類型化した西南部に所在する宗王家とは、要するに出鎮王家に該当するが、それならば晋王家と梁王家をふくめて出鎮王家としてグルーピングすべきだろう。

例外は忠粛王妃二名と恭愍王妃を出した魏王家である。魏王家の所在地については、元末燕京の地方志『析津志』大都東西館馬歩站・天下站名（『永楽大典』巻一九四二六）に、北京（現・内蒙古自治区赤峰市寧城県）の北方に位置する「高州」站（現・内蒙古自治区赤峰市元宝山区興隆坡村）(111)の北隣の站が「阿木哥大王府」站と記されることが参考になる。この「阿木哥大王」は魏王アムガをさすと考えられ、現在の赤峰方面、すなわちモンゴル高原の東南辺に魏王府があったことがうかがわれる。この魏王家と高麗王家の通婚に関しては、忠粛王の場合、ともに継妃だったこと(112)、恭愍王の場合、王位継承競争にやぶれた状態での通婚だった点が注意される。忠烈王以降、王位継承者として形式上確たる地位を有する世子や新王がはじめて公主をめとる際には、いずれも出鎮王家より公主が降嫁されたのである。

かたや高麗王家は一二八七年以降、高麗における元の最高統治機関たる征東行省の長官（丞相）を兼任し、東方三王家と日本をひかえた元朝東辺のおさえとして位置づけられ、みずからもそのような自負を表明していた（本書終章、参照）。李命美は、くりかえし通婚がおこなわれる駙馬家の共通点として、帝国周縁部における軍事的重要性をあげるが(113)、高麗王家もこれに該当するのである。

中央政府が仲立ちして帝国辺境の各地域を代表して鎮守にあたる王家同士をむすびつけることには、当事者に帝国内での自己の位置づけと役割を再認識させ、元の国家統合、すなわち帝国防衛網の連繫・結束を促進する効果が想定され、それを元側が意図したことも考えられる(114)。ただしこうした通婚パターンが顕著な特徴として確認できるのは、いまのところ諸駙馬家のなかでも高麗王家のみである。同家の通婚がクビライ系にかぎられ、かつ皇帝近親が少ないのは、かかる配慮がとくに優先されたためかも知れないが、一方でこれが高麗王家を元の皇統や権力中枢から適度に遠ざけることに矛盾しない点も注意される。後でもふれる瀋王位継承者のケースをのぞき、通婚対象となる出鎮王家が各王代でかわることも、特定宗王家との親密化をさまたげているが(115)、そもそも遠隔地の王家と通婚すること自体、同様な効果が予想される。これらもまた元側の意図するところであった可能性があるだろう。

（4）王位継承との関係

特殊な立場である瀋王暠をのぞき、高麗王家の駙馬はみな高麗国の当主となった。この点はウイグル王家とも共通するが、オングト王家の駙馬には当主ではなく、他に王号なども確認されない者もいる。『元史』宗室世系表からわかるように、モンゴルでは一つの王家から新たな王家が分枝していく。これは成長した息子たちが一定の連携をたもちつつも家分けして独立してゆく牧民社会の習慣によるとみられるが、当主以外への公主降嫁もこれに関係しよう。一方、中央集権的な王朝において王座はただ一つであり、牧民政権のような家分けはなりたたない。それゆえ傍系の暠が瀋王に封じられて駙馬となったことは、高麗支配層に混乱をもたらした。独自の政権基盤をもたない暠は、高麗本国の王位獲得をめざして策動をくりかえしたのである。瀋王号は当初忠宣王が高麗王号とともに兼帯した位を暠にゆずったのであり、それ自体には元による高麗分裂策という意図はない。これに起因する高麗の混乱は、異質な社会習慣の適用がもたらした副作用といえる。

ともあれ、事元期歴代の高麗王は、モンゴル公主をめとって駙馬になることでモンゴル王侯としての地位を獲得し、それにみあった待遇を一定の範囲でうけることになった（本書第一章・第二章、参照）。このことは高麗王家にとって、元の傘下における生存戦略として重要な意味をもった。もちろん忠粛王や忠恵王のように公主をめとる前に即位することもあり得るし、忠穆王や忠定王のように幼王であれば当然未婚である。しかし忠粛王や忠恵王の最初の即位は、政情の変化により父王が急遽退位したためであった[116]。公主降嫁との順序が逆転したのはその影響とみられるが、とくに忠恵王の場合は一月ほどの差にすぎず、ほとんど同時進行したに等しい[117]。公主降嫁は即位の前提条件ではないにせよ、早急にととのえるべき要件だったことは間違いないだろう。

かかる重要性のためか、〝正統な王位継承者が公主をめとる〟ことから転じて、のちには〝公主をめとることで襲位の資格を得る、または得ようとする〟という展開が生まれてもいる。すなわち傍系王族の瑞興侯琠は、忠烈王代末に王位継承候補者に浮上して本来の後嗣である忠宣王と対立したが、その際に彼の支持派は、元に対して忠宣王妃宝塔実憐公主を琠に改嫁するように要請した[118]。恭愍王もまた王位継承競争でいったん忠定王にやぶれた直後に公主をめとり、二年後に奪権をはたした。さらに忠粛王は、ときの元朝政府との関係悪化により二度の失権を経験した際、その復権過程において、いずれもモンゴル公主を継妃に迎えている。これら二王の事例も同じような文脈で理解できるのではないだろうか。

関連して注目されるのは、公主の家系が連続するケースである。すなわち瀋王暠は忠宣王妃の姪にあたる公主をめとり、恭愍王は忠粛王妃（金童・伯顔忽都）の姪にあたる公主をめとったが、この二王には異例または非正常な襲位だったという共通点がある。瀋王暠は傍系の王族だが、彼を寵愛する忠宣王の意向によって当初高麗世子位を授けられたのち、高麗王と同格の瀋王位を同王からゆずられた。恭愍王も兄忠恵王の二子があいついで襲位するなか、いったんは王位継承ラインからはずれながら奪権をはたした。そのためか、その即位宣言では忠恵・忠穆・忠定の三代を黙殺し、祖父忠宣王と父忠粛王との継承関係のみをとなえている[119]。以上の一致が単なる偶然ではなく、かつ配偶者選択に高麗側当事者の意向が反映されたとすれば[120]、衣鉢をつぐべき前王の妃と同じ家系の公主を迎えることが、異例・非正常な王位継承に際し、正統性をおぎなう条件となった可能性が出てこよう[121]。

瑞興侯琠が王位をうかがった際、その支持派が琠に対する新たな公主降嫁ではなく、あえて忠宣王妃の改嫁を求めたことも注意される。そこには琠が駙馬の地位を獲得する一方、忠宣王からはその地位を奪うという一石二鳥の効果がみとめられるが、王妃の血筋の連続性が襲位の正統性をおぎなうという見方が可能ならば、本来即位資格のない瑞興侯にとって、前王妃をめとること自体に大きな意味があったことになる。他のモンゴル駙馬家では当主が死亡したのち、その妃であるモンゴル公主を新当主がめとるレヴィレート婚がしばしばおこなわれたが、ここではさきにレヴィレート婚を成立させることで当主の交替をすすめようとするかのごとき観がある。

五　小　結

本章では、高麗王家とモンゴル皇族の通婚関係について、基礎的な事実関係を確認するとともに、そこにうかがえるパターンについて、オングト王家・ウイグル王家など他のモンゴル駙馬家とも比較しつつ考察した。通婚パターンの意味については、史料の絶対的不足のため、基本的に可能性の指摘にとどまる一方で、あえて大胆な深読みを試みた部分もあるが、現状において指摘できる事柄をあらためて整理すると、つぎのとおりである。

①高麗王家とモンゴル皇族の通婚は、元側から高麗側に公主を降嫁するだけの一方通行の形態をとった。しかしこれには高麗側から出嫁し得る王女がほとんどいないという生物学的偶然が影響した可能性もあり、意図的な措置であったかについてはふくみをのこすべきである。

②高麗王家の通婚範囲はクビライ家にかぎられたが、高麗に対する元の親中央勢力化の意図を勘案しても特殊な状況である。これは高麗に対する元朝政府の特別な配慮にもみえ、そのことは降嫁された公主の多くが最高格の宗王家の出身であることからもうかがえる。しかしその一方では、モンゴル帝室総体との関係や、皇帝および元の権力中枢との距離をみた場合、抑制的な面もみられる。ただし出鎮王家との通婚が基調をなしている点は、元の国家統合策の一環としての意味合いが考えられ、高麗王家に関する特質として注目される。

③高麗王家にとってモンゴル公主の降嫁は、第一に元の傘下における生存戦略として重要だったが、さらには個別の王位継承の正統性に関わる問題ともなった可能性がある。とくに前代の王妃と同一家系の公主を迎えるケースが注目され、そこには異例な形での王位継承という共通点がある。公主の選択に高麗側当事者の意志が反映されたとすれば、公主の家系の連続性が襲位の正統性をおぎなう要素となった可能性がある。

以上のように高麗王家とモンゴル皇族の通婚関係にはいくつかのパターンをみいだすことができ、李命美の提示した枠組みには有効性とともに補正の余地がみとめられる。個別事項に関する筆者の見解は本論で示したとおりだが、とくに注意すべきは、スンシャンやチョーペルのように、一つの通婚例が複数のパターンにからむケースである。李の分類では、一つの通婚事例を一つのパターンにおいてのみ把握しており、状況を単純化しすぎている。高麗王家に対する公主降嫁は、複数の変数が複合的に作用しあうなかで展開したとみるべきであろう。

ただし通婚パターンの背景や理由に関する以上の議論は、おもに高麗・元いずれかの当事者の意図によりパターンが生み出されたという仮定を前提とする。このあたりは史料不足のため不確定要素が大きく、とりわけ生物学的な偶然が問題である。各時代で高麗王家が通婚をのぞんだとき、婚期を迎えた公主が帝室内にどれだけ存在し、他の駙馬家との通婚ともからんで、そのうち高麗王家に降嫁し得る公主はどこにどれだけいたのか。通婚パターンが偶然の産物であり、そこに格別な意図が存在したわけではないという事態も、現時点では想定しておくべきである。

以上の諸見解は、今後ユーラシア各地におけるモンゴル皇族や駙馬家の通婚事例を総合して相互に対照することで、蓋然性を検証する必要がある。それによって高麗王家の一般性と特殊性が明らかになり、特殊性については、数多のバリエーションのなかでの一ケースなのか、それとも他とはおよそ別次元の異質性なのか、判別することが可能になるだろう。

註

（1）Hambis［一九五七］、高柄翊［一九七四］四二二〜四二九頁、蕭［一九八三 a］、羅［一九八七］九二〜九八頁、金恵苑［一九八九］、鄭容淑［一九九二］、王崇実［一九九二］、李命美［二〇〇三］、喜蕾［二〇〇三］一〜九頁、Zhao［二〇〇八］Chapter Eleven。

（2）『元史』巻一〇八・諸王表・序文。

（3）史料では「某王位下」、「某投下」という形で示されるが、位下と称するのは諸王・后妃・公主・駙馬など皇帝の血縁にかぎられる。

（4）金恵苑［一九八九］。

（５）李命美［二〇〇三］。
（６）宇野［一九九三］、同［一九九九］、同［二〇〇八］。
（７）ただし宇野［一九九九］（七～八頁）によると、このような通婚は、ある世代のなかで一部実現されれば関係の連続が保証されるので、すべての婚姻を規制するルールだったわけではないという。
（８）モンゴル帝国とオングト族の関係については、桜井［一九三六］、蓋［一九九一］、趙晟佑［一九九九］、江上［二〇〇〇］、周清澍［二〇〇一ａ］、同［二〇〇一ｂ］、同［二〇〇一ｃ］、同［二〇〇一ｄ］参照。
（９）本碑の研究利用については、本書第二章、註17を参照。
（10）趙晟佑［一九九九］四八～五四頁。
（11）Hambis［一九五四］二三～二七頁・TABLEAU3、江上［二〇〇〇］三九一～三九三頁。
（12）蓋［一九九一］四一～五五頁、周清澍［二〇〇一ｃ］。
（13）Zhao［二〇〇八］Chapter Nine。
（14）蓋［一九九一］（五一頁）、周清澍［二〇〇一ｃ］（一四八頁）、Zhao［二〇〇八］（一六一～一六二頁）では、フレグ・ウルスのアバガ・カンの妃だったカイミシュについてもあわせて論じているが、彼女はオングト族出身という以外、世系は不明瞭である（志茂［一九九五］三〇二頁、参照）。ひとまずオングト王家の通婚事例からは除外しておく。
（15）オングト王家の当主の継承関係については、蓋［一九九一］二五～四〇頁、周清澍［二〇〇一ａ］参照。
（16）アジギとアルタン・ブカについては、それぞれ杉山［二〇〇四ｆ］、松田［一九七九］参照。
（17）ウイグル王家の歴史については、佐口［一九四三ａ］、同［一九四三ｂ］、安部［一九五五］参照。
（18）漢文とウイグル文で書かれた原碑は現在下部をのこすのみだが、乾隆「武威県志」に漢文面の録文がおさめられ、『道園学古録』『道園類稿』『元文類』のテキストにはない内容をふくむ。この漢文面のテキストについては黄文弼の研究（黄［一九八九］）を参照。またウイグル文面残存部については、卡哈爾・巴拉提／劉［一九八四］、耿［二〇〇二］を参照。
（19）佐口［一九四三ｂ］七二～八〇頁、Hambis［一九五四］一三〇～一三四頁・TABLEAU11。
（20）卡哈爾・巴拉提／劉［一九八四］一〇三～一〇六頁。
（21）Zhao［二〇〇八］Chapter Ten。
（22）アラジンについてはオゴデイの息女とも推定されている（Boyle［一九五八］四七頁、註18、Zhao［二〇〇八］一七一・一七七頁）。ただし、とくに論拠があるわけではないので、ここでは不明としておく。もっともこの推定が正しければ、このあとのべるようなウイグル王家の通婚対象におけるオゴデイ系の重みをいっそう強める材料となる。
（23）コデン王家については、佐口［一九五一］二五六～二六四頁、杉山［二〇〇四ｈ］参照。

(24) 安西王家については、松田［一九七九］参照。
(25) 佐口［一九四三b］七四・八〇頁、安部［一九五五］九五～九七頁、参照。
(26) 乙坂［一九八九］二五～二八頁、参照。
(27) 宇野［一九九九］五七頁、註6。
(28) 北川［一九七五］一頁、参照。
(29) 北川［一九七五］一頁、参照。
(30) 志茂［一九九五］三〇四頁、参照。
(31) ほかに「忽篤憐迷思」（李斉賢『益斎乱藁』巻九上・忠憲王世家）、「忽都魯怯里迷石」（『元高麗紀事』至元一一年五月一一日）とも表記される。
(32) 『高麗史』巻八九・后妃伝・斉国大長公主、同書巻一二三・廉承益伝。
(33) 金恵苑［一九八九］（一七〇頁）は、『高麗史』巻八九・后妃伝・斉国大長公主に出生記事がある以外、他にまったく記録がのこっていないことから、このように推測している。
(34) 金恵苑［一九八九］一六九～一七〇頁。
(35) 筆者はペルシア語を解さないため、『集史』の読解については、志茂［一九九五］に日本語訳が提示されている部分はこれにもとづき、その他、英語・中国語（露訳からの重訳）・朝鮮語の訳本（Boyle［一九七一］、余／周［一九八三］、同［一九八五］、金浩東［二〇〇二］、同［二〇〇五］）を参照した。
(36) 志茂［一九九五］四一九・四二六～四二七頁。Boyle［一九七一］二四四～二四五頁、余／周［一九八五］二八五頁、金浩東［二〇〇五］三六四～三六五頁、参照。
(37) 金恵苑［一九八九］一六九～一七〇頁。
(38) 志茂［一九九五］四二四頁。Boyle［一九七一］二四三頁、余／周［一九八五］二八四頁、金浩東［二〇〇五］三六三頁、参照。
(39) 志茂［一九九五］四三三頁。Boyle［一九七一］二四四頁、余／周［一九八五］二八四～二八五頁、金浩東［二〇〇五］三六三～三六四頁、参照。
(40) 志茂［一九九五］四二四頁。余／周［一九八三］一八七頁、金浩東［二〇〇二］一七三頁、参照。
(41) ほかに「宝塔実怜」（『高麗史』巻三二・忠烈王世家・二七年五月庚戌、『益斎乱藁』巻九上・忠憲王世家）とも記す。
(42) 金恵苑［一九八九］（一七六頁）はカマラの正妃普顔怯里迷失（ウンギラト族）の所生である可能性を指摘するが、具体的な根拠があるとはいえない。
(43) 『高麗史』巻八九・后妃伝・懿妃也速真。

(44)『高麗史』巻九一・宗室伝・龍山元子。
(45)蕭［一九八三 a］二四〇頁、羅［一九八七］九六頁。
(46)李命美［二〇〇三］（五八頁）は、金童公主のことを魏王の次女と説明するが、おそらく「忠憲王世家」における「魏王二女」という記載を魏王の次女の意に解し、金童をさすものととらえたのであろう。しかし「忠憲王世家」において高麗王家に降嫁された公主の姉妹順について言及するケースはほかになく（他の史料でも同様）、少なくとも忠粛王妃として魏王の公主と列記される亦憐真八剌公主のほうは単に「英王女」と記されるのみである。金童だけあえて姉妹順を強調する必然性はみあたらない。なお対元関係を中心に高麗王の系譜と事跡を記す「忠憲王世家」は、一三二五（忠粛王一二／泰定二）年の忠宣王の死を記して擱筆するが、後述のように伯顔忽都の降嫁時期は一三三〇～三三年とみられるため、「忠憲王世家」に伯顔忽都の降嫁事実が記され得るのか疑問も生じる。これについては、「忠憲王世家」において一三二八年に死亡した泰定帝のことが「泰定帝」と記される点が注意される。同帝が廟号をもたず年号によって称されるのは、同帝の死後、天暦の内乱がおこり皇統がいれかわった結果である。ゆえにかかる帝号を用いる「忠憲王世家」の文章は、一三二九年に泰定帝の後継政権が敗北し、皇統の交替が確定したのちに成立したことがうかがわれる。「忠憲王世家」が忠粛王のプロフィールのなかで一三三〇～三三年の伯顔忽都降嫁にふれることは、とくに不自然ではないのである。
(47)この年、忠粛王と慶華公主が元より高麗にむかったことは、『高麗史』巻三五・忠粛王世家・後二年閏三月丁酉にも「王与公主発京」とみえている。ともに京を出立した。これが慶華公主である（王与公主発京。是為慶華公主）」とみえている。
(48)『高麗史』巻三四・忠粛王世家・三年二月庚寅、一〇月丁酉、同書巻三五・忠粛王世家・八年四月丁卯、一二年五月辛酉。
(49)本書第四章、一七一～一七三頁、参照。
(50)一三一三（忠宣王五／皇慶二）年の忠粛王即位時、その地位は「金紫光禄大夫・征東行中書省左丞相・上柱国・高麗国王」だったが（『高麗史』巻三四・忠粛王世家・忠宣王五年三月甲寅）、一三一六年の公主降嫁後、「開府儀同三司・駙馬高麗国王」にあらためられた（同・四（延祐四／一三一七）年一一月辛卯）。
(51)『高麗史』巻九一・公主伝・長寧公主。
(52)屠寄『蒙兀児史記』巻一五一・諸公主表、Hambis［一九五七］TABLEAU I、蕭［一九八三 a］二三九頁、羅［一九八七］九六～九七頁、喜蕾［二〇〇三］九頁、Zhao［二〇〇八］一八四・二〇四頁。
(53)高柄翊［一九七四］四二六～四二七頁、金恵苑［一九八九］一九九～二〇〇頁、鄭容淑［一九九二］二六四頁、李命美［二〇〇三］五九頁。
(54)『元史』巻二九・泰定帝本紀・泰定元年六月庚申。
(55)金恵苑［一九八九］二〇〇頁。

(56)『元史』巻三二・文宗本紀・天暦元（忠粛王一五／一三二八）年一〇月丙申に中書省臣の言が「上都の諸王・大臣は祖宗の成憲をかえりみず、姦臣倒剌沙の言にまどい、たちまち軍兵をもって京畿を侵犯しました。さいわい陛下の大いなる威福により、王禅はついに潰滅し、諸王孛羅帖木児、および蒙古答失・雅失帖木児など責任ある立場にある諸臣を生け捕りにしました。すでに典刑を明正にしたので、首級を各地に伝え、人々に示すのがよろしいでしょう（上都諸王・大臣、不思祖宗成憲、惑於姦臣倒剌沙之言、輒以兵犯京畿。頼陛下洪福、王禅遂致潰亡、生擒諸王孛羅帖木児及諸用事臣蒙古答失・雅失帖木児等。既巳明正典刑、宜伝首四方、以示衆）」とある。ただし生け捕りされた諸王孛羅帖木児・蒙古答失・雅失帖木児らのうち、どこまでが処刑されたのか、必ずしも明確ではない部分もある。

(57)『高麗史』巻九一・宗室伝・江陽公滋。

(58)『高麗史』巻九一・宗室伝・江陽公滋、『高麗史節要』巻二四・忠粛王三（延祐三／一三一六）年三月。

(59)なお張東翼［一九九四a］（一八一頁）では、『元史』巻一〇六・后妃表に明宗妃としてあがる出身家系不明の不顔忽都皇后に同定するが、人名の類似という以上の根拠はない。その可能性は慎重に評価すべきであろう。

(60)『益斎乱藁』巻七・王順妃許氏墓誌銘。

(61)貢女に関しては、柳洪烈［一九五七］、鄭求先［二〇〇二］、喜蕾［二〇〇三］参照。

(62)『高麗史』巻九一・公主伝・慶安宮主、咸寧宮主、靖寧院妃、明順院妃。

(63)『高麗史』巻二五・元宗世家・元年一二月庚子。

(64)『高麗史』巻三〇・忠烈王世家・一一年一〇月辛丑。

(65)『高麗史』巻二五・元宗世家・元年一一月辛卯。

(66)『高麗史』巻九一・后妃伝・貞信府主。

(67)本書第四章、一六四～一六五頁、参照。

(68)李命美［二〇〇三］六二頁。

(69)志茂［一九九五］三一八～三三三頁、参照。

(70)志茂［一九九五］三四三～三四五頁、参照。

(71)権衡『庚申外史』元統元（忠粛王後二／一三三三）年。

(72)『元史』巻四一・順帝本紀・至正八（忠穆王四／一三四八）年是歳。

(73)李命美［二〇〇三］六〇～六二頁。

(74)『高麗史』巻三五・忠粛王世家・一五年（致和元・天暦元／一三二八）四月戊戌、同書巻一〇四・金周鼎伝附 金深伝。彼女については『元史』巻一〇六・后妃表にも「答里麻失里皇后」と記録されている。

(75) 元代のウンギラト王家に降嫁された公主の多くはクビライ系だが、公主の出自がわからないケースも複数ある（宇野［一九九九］二七～四五頁、参照）。
(76)『高麗史』巻三一・忠烈王世家・二二（元貞二／一二九六）年正月壬申、八月戊午、一一月壬辰。
(77)『高麗史』巻三四・忠粛王世家・三（延祐三／一三一六）年二月庚寅。
(78)『高麗史』巻三六・忠恵王世家・忠粛王一七（至順元／一三三〇）年三月戊寅。
(79)『高麗史』巻八九・后妃伝・徽懿魯国大長公主。
(80)『高麗史』巻八九・后妃伝・徽懿魯国大長公主の記載によると、一三四九（忠定王元／至正九）年に降嫁されたのち、一三五一（忠定王三／至正一一）年に恭愍王が即位する前に封じられたことになる。
(81) 李命美［二〇〇三］五四～五六・五九～六〇頁。
(82) 瀋王と恭愍王の事例については後述。忠粛王と亦憐真八剌公主の婚姻について、李命美は、上王として実権をにぎる忠宣王が、忠粛王の発言力向上をおそれて帝室有力者との婚姻をさけたと推定している。ただし具体的な証拠史料はない。
(83) 李命美［二〇〇三］二一～三一・六三～六五頁。
(84) 李命美［二〇〇三］三七～四四頁。
(85)「高昌王世勲碑」の記載によると、火赤哈児的斤に定宗グユクの息女巴巴哈児が降嫁されたのは、至元一二（忠烈王元／一二七五）年以降のことである。
(86)「高昌王世勲碑」に紐林的斤妃の不魯罕と八不叉が「オゴデイの孫娘」と記されるわけだが、同碑ではコデン家の公主であればそのように明記している。
(87)『通制条格』巻二・戸令・戸例、『元典章』巻一七・戸部・戸計・籍冊・戸口条画。
(88) なおクビライは最初の妻を一三歳でめとり、その後一二三四年までに長男ドルジが生まれている（宇野［一九九三］八一～八二頁、参照）。
(89) 閻復「駙馬高唐王忠献碑」。
(90) 仮に月烈がクビライ一五歳時の所生であり、一五歳で長男闊里吉思を出産したとしても、闊里吉思はクビライ即位時にようやく一五歳前後である。
(91) 元代の河西地方で活動した「八八大王」は、『元史』巻一〇七・宗室世系表でコルゲン系とされるが、杉山［二〇〇四f］（三〇二～三〇四頁）によると、チャガタイ系の誤りである。
(92) モンゴル帝国初期における諸子・諸弟ウルスの分封については、杉山［二〇〇四b］参照。コルゲン、モンケ、アリク・ブケ各家の所領と動向については、ひとまず松田［一九八三］、村岡［一九八五］、松田［一九九四］参照。

(93) 松田［一九八三］、村岡［一九八五］参照。阿里八𧶪の舅オルジェイの父ウルンダシュ、朮忽難の舅ウルクダイはいずれもアリク・ブケ派であり、朮忽難のもう一人の舅ナイラク・ブカはアリク・ブケの子である。このうちウルクダイは当初シリギの反乱にも参加した。
(94) 『元文類』巻二五・駙馬昌王世徳碑。
(95) 李命美［二〇〇三］四三頁。
(96) 金恵苑［一九八九］一七六〜一七八頁、李命美［二〇〇三］五〇〜五四頁。
(97) Boyle［一九七一］三二〇〜三二一頁、余／周［一九八五］三七五〜三七六頁、金浩東［二〇〇五］四六九〜四七〇頁、参照。
(98) 杉山［一九九五a］一〇二〜一〇三頁、参照。
(99) 『高麗史』巻三四・忠粛王世家・四（延祐四／一三一七）年閏正月壬申、『元史』巻二六・仁宗本紀・延祐五（忠粛王五／一三一八）年六月乙巳。
(100) 『高麗史』巻三五・忠粛王世家・一〇（至治三／一三二三）年一〇月戊辰、『元史』巻二九・泰定帝本紀・泰定元年（忠粛王一一／一三二四）正月己酉。
(101) 李命美［二〇〇三］五四〜五六・五九〜六〇頁。
(102) 『元史』巻三三・文宗本紀・天暦二（忠粛王一六／一三二九）年正月癸酉、二月丁酉、同書巻三四・文宗本紀・至順元（忠粛王一七／一三三〇）年六月丙申、一〇月乙亥、同書巻三五・文宗本紀・至順二（忠恵王元／一三三一）年正月乙巳、三月癸巳、四月乙卯、壬戌。なおこの戦乱の概要については、方慧［二〇〇一］八二頁、参照。
(103) 堀江［一九八五］二四九〜二五一頁、杉山［二〇〇四f］三二四頁、参照。
(104) モンゴル宗王の出鎮については、松田［一九七九］、同［一九八〇b］、同［一九八二］、杉山［一九九六b］二五〜二九頁、李治安［二〇〇七］第五章および続編第一〜三章、参照。
(105) 『元史』巻二三・武宗本紀・至大二年三月己丑。
(106) 『元史』巻一六・世祖本紀・至元二七（忠烈王一六／一二九〇）年一〇月壬申。
(107) 『元史』巻一一五・顕宗伝によると至元二九（忠烈王一八／一二九二）年のことである。
(108) 『元史』巻一七・世祖本紀・至元三〇（忠烈王一九／一二九三）年七月己未。
(109) 『元史』巻二七・英宗本紀・延祐七年五月丁未。
(110) 『元史』巻二九・泰定帝本紀・泰定元年一〇月丁丑。史料原文では「帖木児」と記名されるが、「不花」の二字が脱漏したものである（中華書局『元史』標点本、六五一・六六四頁、参照）。
(111) 張／任［一九九二］参照。なお譚［一九八二］（一四頁）に図示される高州站の位置も同地点をさしているとおもわれる。

(112) 李命美［二〇〇三］（五八～五九頁）は、前述のようにアムガを「前代の通婚対象と連続する家系」にふくめる。しかし複数世代にわたる連続的な通婚とは、その子ボロト・テムルの公主が恭愍王に降嫁されたことにより、はじめて成立したことである。アムガの段階からここにふくめるのは適当ではなかろう。
(113) 李命美［二〇〇三］三四～四四頁。
(114) 李命美［二〇〇三］（五八頁）は、営王エセン・テムル、鎮西武靖王チョーペルとの通婚について、元が帝国の領域を明確にするための演出と位置づけている。
(115) 李命美［二〇〇三］（五八頁）は、営王エセン・テムル、鎮西武靖王チョーペルとの通婚について、そのような効果を指摘している。
(116) 忠恵王の即位経緯については前述したが、忠粛王の即位は、復位後も元朝宮廷にとどまりつづけていた忠宣王が元の帰国圧力をきらってにわかに譲位したことで実現した。
(117)『高麗史』巻三六・忠恵王世家によると、即位は忠粛王一七（至順元／一三三〇）年二月丁未、婚姻は同年三月戊寅である。
(118)『高麗史節要』巻二三・忠烈王三二（大徳一〇／一三〇六）年九月。
(119)『高麗史』巻三八・恭愍王世家・元（至正一二／一三五二）年二月丙子。
(120) 前述のごとく李命美はそのようにとらえている。なお金恵苑［一九八九］（二〇〇～二〇一頁）は、恭愍王が元の衰亡を予期して非有力王家の公主をめとったとするが、結果論にひきつけた見方であり、筆者としてはにわかに同意しかねる。
(121) 李命美［二〇〇三］（五四～五六・五八～六〇頁）は恭愍王の配偶者選択に関して筆者と同意見だが、瀋王暠が忠宣王妃と同一家系の公主をめとったことについては、暠に瀋王位をゆずることで本国の忠粛王を牽制しようという上王忠宣王の意図に関連づける。しかし、暠の瀋王位継承が忠粛王への牽制になるという解釈自体、もう少し論理の説明が必要であり、なお検討を要する。

第四章　元朝ケシク制度と高麗王家

――高麗・元関係における禿魯花の意義に関連して

一　問題の所在

本章では、高麗・元関係を規定し秩序づけていた制度の一つとして、高麗王家が元に送り出した王子をはじめとする王族の質子、禿魯花についてとりあげる。この問題は、これまでにも通史・概説書のほか、さまざまな論考において言及され、高麗に対する元の抑圧・統制策のひとこまとして、それなりの注意がはらわれてきた。(1)とくに梁義淑は、この問題をはじめて正面からとりあげ、高麗国内における政治的・社会的影響を中心にその意義を論じ、新羅・唐関係との比較も試みている。(2)また乙坂智子も、元の周辺諸国政策の構造を論じるなか、チベットの状況と比較しつつ高麗王族の「入質」問題をとりあげた。(3)しかし比較的多くの関心にもかかわらず、禿魯花という制度それ自体の意味内容については、いまだ高麗の服属を担保するための人質という表面的な理解にとどまっているようである。たしかに禿魯花は、史料では「質子」「質」といった漢語で表記されることがある。しかし本来この語は、衛士などを意味するトルガク turγaγ というモンゴル語の術語を音写したものであるから、元における固有の意味内容が把握されねばならない。

そこであらためて注目したいのは、高麗王家の禿魯花が元朝宮廷で「宿衛」なるものに従事していたことである。

従来この「宿衛」に対して格別の注意がはらわれたことはなく、禿魯花と混同されることすらあった。しかし一部の論著において、ごく簡単な言及ながら、ケシク kešig（怯薛）という制度に関わるものであることが指摘されているのである。(4)

元＝モンゴル帝国史研究の成果によると、禿魯花とは、元来モンゴルにおいて遊牧君長のもとに来投してきた族長等が託身の代償として差し出す質子のことであり、彼らは君長の身辺を警護する親衛隊として組織された。(5) そしてケシクとは、(6) モンゴル帝国を建設したチンギス・カンが、上記の禿魯花のほか、ネケル nökür という親兵の習慣にもとづき、モンゴルの支配層である千戸長・百戸長・十戸長の子弟や平民子弟の有能者を徴集して創設したカアン qa'an（皇帝）直属の大規模な親衛隊である。そしてその後の帝国の拡大にともない、新たな服属者もケシクにくわえられていった。ケシクは四番にわかれて三日交替でカアンの身辺警護にあたるほか、その日常生活全般にわたる諸職掌（怯薛執事）を分掌する家政機関でもあり、また政府機構に表裏するその人的基盤としての役割もはたした。

このように禿魯花は、元来ケシクの原型をなすものであり、その後も服属集団から禿魯花を徴集し、ケシクにあてることがつづけられていた。(7) 後述のように、高麗王家が禿魯花を派遣するのも、まさしくケシク制度の一環であり、禿魯花とされた王族たちはケシクにあてられていた。したがって、高麗・元関係における禿魯花の制度的な意義を論じるには、まずもって両国関係におけるケシク制度の意義が把握されねばならないのである。

一般にケシク制度には、モンゴル帝国を発足当初より構成してきた諸勢力にくわえ、征服活動の結果として新たに来投してきた外部の政治勢力をカアンの権威のもとに統合し、その権力基盤として転換、再編する装置としての機能があったという。すなわち服属集団の長は忠誠の証としてみずからの子弟をケシクに差し出し、カアンに奉仕させたが、そこには彼らを牽制する人質としての意味合いと同時に、その子弟をカアンとの主従制的関係にとりこみ、彼らをモンゴル帝国支配層の一員として薫陶するという目的があった。ケシクとなった子弟がやがて父の地位を継承すると、今度はかわって彼らの子がケシクにはいり、かかる関係が世代をこえて更新、再生産されていったのである。そしてケシクの忠勤はカアンに対する勲功とみなされ、その地位はカアン直々の恩寵をうけ、千戸長の上にたつ栄誉ある特権として重んじられた。こうしたケシク制度の一般的意義が高麗王家に対しても適用、発揮された可能性は十分に考慮する必要があり、史料にもとづいた論証が求められる。さらには高麗・元関係に特有な意義について検討する必要もあるだろう。

また以上の問題を解明するにあたって、誰が、いつ、どのような経緯でケシクにはいったかという基礎的な事実関係の把握が前提となることはいうまでもない。とくにケシクにはいる経緯については、当該の高麗王族が禿魯花であったとは史料に明示されていない場合も多く、注意を要する。一般にケシクにはいるには、禿魯花となる以外にも能力や家柄による抜擢、官人の推挙、世襲などさまざまな形態があったので(8)、単にケシクにはいったというだけでは当該人物が禿魯花だったとは断定できないのである。ケシクにはいった高麗王族のうち、禿魯花だった者がむしろ少数派だとしたら、ケシク制度の意義を禿魯花の派遣に関連させて論じようという筆者の立場も問題になってくる。こうした個別事例については、先行研究によってもある程度明らかにされているが、ケシクと禿魯花が漠然と混同されたり、事例を抽出する基準が曖昧であったり恣意的であったりするなどの問題点がある。

そこで本章ではつぎのような手順で論を進めていく。まず第二節では、高麗王族がケシクとなった事実が史料上どのようにあらわれているか、史料用語について検討する。第三節ではそれらの史料用語を指標として、いったん、高麗王族がケシクに参与したすべての事例を抽出する。そして第四節において各王族がケシクにはいった経緯を整理し、禿魯花としての派遣がその基本的形態であったことを確認する。最後に第五節において、高麗・元関係におけるケシク制度の意義を考察することにする。

なおケシクとなる王族には本国の臣僚が随従したが、とくに王族が禿魯花として派遣される場合には、政府高官の子弟からも禿魯花が選ばれて随従した。ただし一行を代表するのはあくまで王族であるし、国王・王室を軸に構築された高麗・元関係を検討するという本書の趣旨からも、ここではこれらを直接の検討対象としない。以下に登場する

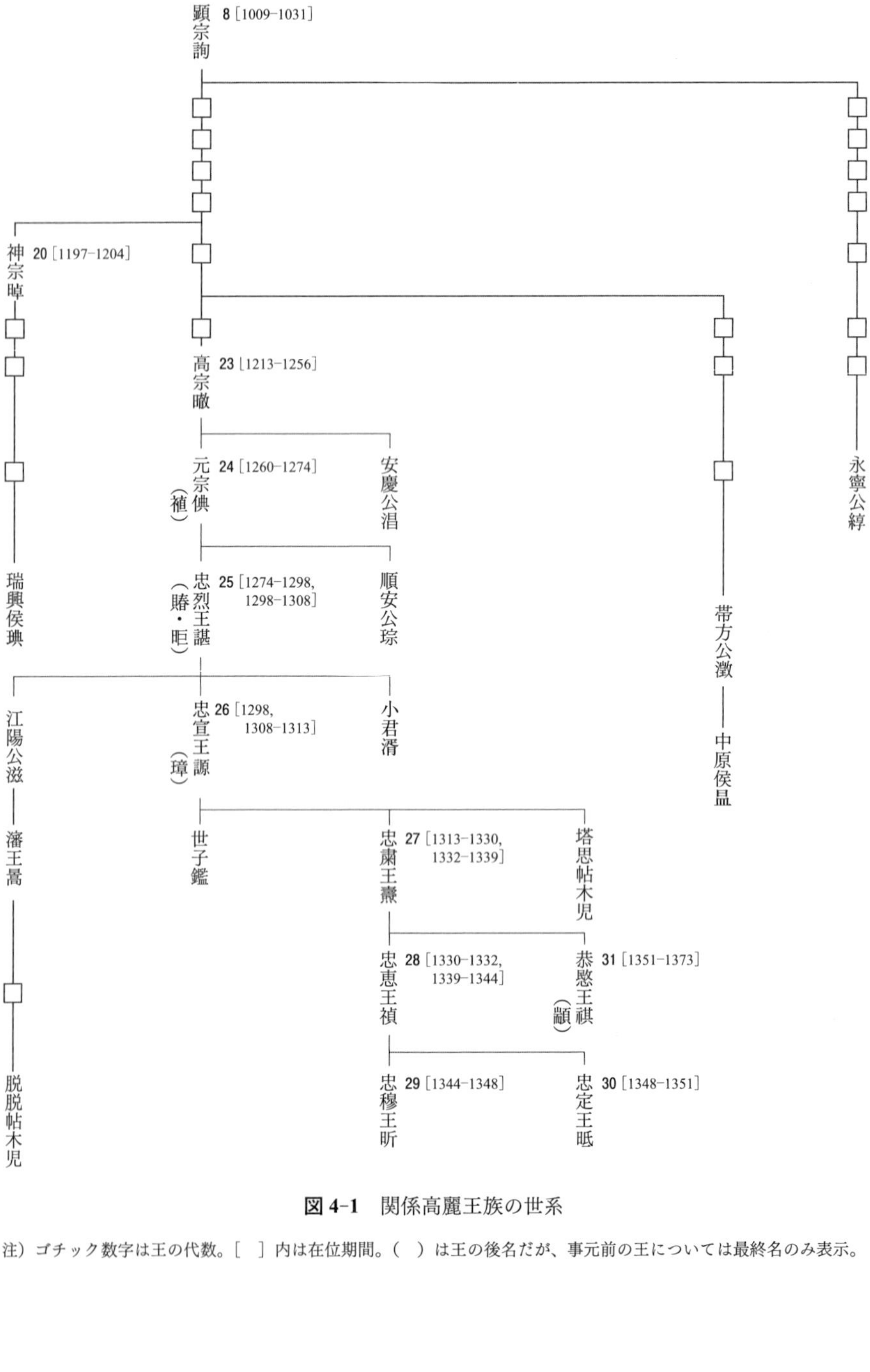

図4-1　関係高麗王族の世系

注）ゴチック数字は王の代数。[　] 内は在位期間。（　）は王の後名だが，事元前の王については最終名のみ表示。

高麗王族の世系については図4-1を適宜参照されたい。

二　高麗王族のケシク参与に関連する史料用語

（1）禿魯花・宿衛・入侍

まず高麗王族の禿魯花が元朝宮廷において「宿衛」に従事したという事実をあらためて確認してみよう。忠烈王について、李斉賢『益斎乱藁』巻九上・有元贈敦信明義保節貞亮済美翊順功臣太師開府儀同三司尚書右丞相上柱国忠憲王世家（以下「忠憲王世家」と略称）にはつぎのような記事がある。

A〔至元〕八年（＝一二七一（元宗一二）年）、また官人子弟二〇人をひきいて入朝し、禿魯花となる。（八年、又率衣冠子弟二十人入朝、為禿魯花）

一二七一年、当時世子であった同王が、官人の子弟をひきいて元におもむき、「禿魯花」になったという。[10]一方、このことを『高麗史』巻三一・忠烈王世家・二三（大徳元／一二九七）年一〇月丙申では、[9]

B〔忠烈王は〕趙仁規・印侯・柳庇を元に遣わして皇子の誕生を祝賀し、あわせて穀物の売却をもうしいれ、〔また〕伝位を要請した。〔その〕表において「……〔至元〕八年辛未、宿衛に参入して歳月をかさね、公主の降嫁をこうむるにいたり、ますます藩職に精励しています……」ともうしのべた。（遣趙仁規・印侯・柳庇如元、賀生皇子、且告糴請伝位。表曰、……八年辛未、入参宿衛、累経歳月、至蒙釐降、益勤藩職……）

と記しており、「宿衛」に参入したとしている。

また『高麗史』巻二八・忠烈王世家・元（至元一二／一二七五）年一二月丁未には、

C　帯方公澂を遣わして、官人子弟一〇人をひきいて元におもむかせ、禿魯花とした。（遣帯方公澂、率衣冠子弟十人如元、為禿魯花）

とある。すなわち一二七五年、傍系王族の帯方公澂が官人子弟をひきいて元に入朝し、「禿魯花」になったという。[11]同公は一二七九（忠烈王五／至元一六）年にも「禿魯花」として元に送られているが（後掲史料M）、こうした入元活動について、崔瀣の撰にかかる「大元高麗国故寿寧翁主金氏墓誌銘」[12]では、

D　父の帯方公は諱を澂という。世祖皇帝のとき、本国の子弟をひきいて宮中に宿衛した。天子はその功労を嘉し、寵賜すること年数百におよんだ。（父帯方公、諱澂。在世祖皇帝時、率本国子弟、宿衛于内。天子嘉其労、寵賚歳至累百）

と記しており、やはり元朝宮廷に「宿衛」したとしている。

以上の事例では、禿魯花になることと「宿衛」に従事することがまったく同一の出来事であるかにみえるかも知れないが、双方の関係については傍系王族の瑞興侯琠の事例から明らかになる。すなわち崔瀣『拙藁千百』巻一・皇元高麗故通憲大夫知密直司事右常侍上護軍崔公墓誌銘では、墓誌の主人公である崔雲の事蹟についてつぎのように記している。

E　大徳癸卯（＝大徳七（忠烈王二九／一三〇三）年）、世家の子弟として王琠に随行して天子の宮廷に宿衛し、都魯花と号した。（大徳癸卯、以世家子、随王琠宿衛闕庭、号都魯花）

これは直接には一三〇三年に瑞興侯にしたがい「世家の子弟」として元朝宮廷で「宿衛」にあたった崔雲が「都魯花」（禿魯花）と号したことをいうものだが（後述のように年次には疑問もある）、「琠は瑞興君に封じられた。忠烈朝、禿魯花として元に滞在した（琠封瑞興君。忠烈朝、以禿魯花在元）」（『高麗史』巻九一・宗室伝・襄陽公恕）、「禿魯花瑞興侯琠」（『高麗史』巻一二五・王惟紹伝）などと記されるように、瑞興侯自身も禿魯花だった。つまり禿魯花となった高麗王族が元朝宮廷で「宿衛」に従事したわけで、この一連の出来事について史料A・Cでは禿魯花になったことのみを記し、史料B・Dでは「宿衛」に参与したことのみを記しているのである。

そこでつぎに「宿衛」の正体だが、前述のごとくこれとケシクとの関係を指摘する見解がある。たしかに元＝モンゴル帝国史の先行研究によると、元の漢文史料においてカアンの身辺警護にあたるケシクの組織やその任務は「宿衛」と記される。それに禿魯花をケシクにあてる通例があったわけだから、高麗王族の禿魯花も同様だった可能性は高い。[13] しかし念のため、高麗史料にあらわれる元の「宿衛」が元側史料のそれと同義であるかどうかをたしかめてみよう。

まず「忠憲王世家」をみると、忠宣王についてつぎのように記されている。

F　〔忠宣王は〕一六歳になると入朝した。世祖皇帝が便殿で引見したところ、机に隠れてひれ伏した。〔皇帝が〕「そなたは本国でいかなる書物を読んだか」と問うたところ、「師儒の鄭可臣・閔漬がこの場にいるので、宿衛の非番時には〔彼らに〕したがって孝経・論語・孟子について質問しています」と答えた。（至年十六入朝。世祖皇帝引見便殿、隠几而臥。問爾在国読何書、対曰、有師儒鄭可臣・閔漬在此、宿衛之暇時、従質問孝経論孟）

ここでは、一六歳で入元した当時世子の同王が、世祖クビライのもとで「宿衛」に従事していたことを伝えている。そして同じことが、元の文人官僚である程鉅夫の『雪楼集』巻一八・大慶寿寺大蔵経碑にも、つぎのように「宿衛」と記されている。

G　王（＝忠宣王）は名を璋という。賢を好んで善を楽しみ、人徳と教養がある。世祖につかえるにおよび、皇甥として世子になり、宿衛にはいって高く評価され、成宗朝において公主を選んでその婿となった。（王名璋。好賢楽善、有徳有文。逮事世祖、以皇甥為世子、入宿衛被賞識、成宗朝、選尚公主）

片山共夫はこの史料Gを根拠に忠宣王をケシクの一人に数えているが、[14] 元朝政府の人士が記す「宿衛」であるから、ケシクをさすことは間違いない。ほかにも元につかえた高麗人韓永について、元の蘇天爵が「公は大徳七年（＝一三〇三（忠烈王二九）年）に宿衛に加入した（公以大徳七年入備宿衛）[15]」と記すところ、高麗人の李穀もその行状記を記して「大徳七年に選ばれて宿衛にあてられた（大徳七年、選充宿衛）[16]」と記した例がある。

以上により、高麗側の史料においてもケシクのことが「宿衛」と記されることがたしかめられた。他の高麗王族が参与した元朝宮廷の「宿衛」もケシクをさすとみてよいだろう。[17] 元末の一四世紀半ばに李斉賢が起草した元への陳情表[18]では、両国の密接な関係をふりかえりつつ、「質子を徴集して宿衛の隊列にくわえました（徴子弟之質、而備於宿衛之行）」と言及している。高麗から派遣された禿魯花はケシクにあてるのが通例だったのであろう。そこで〝禿魯花になる〟ことは、高麗王族のケシク参与例を抽出する指標とできる。

また〝元朝宮廷で「宿衛」に参与する〟ことは、ケシクに参与することにほかならないわけであるから、さらに直接的な指標である。ただし前述のごとく、「宿衛」に参与したというだけでは、彼が禿魯花として派遣されたとはかぎらないことに注意しておきたい。

高麗王族が元朝宮廷で「宿衛」に従事したということに関連して、「入侍」と表現する史料もある。まず忠宣王について「忠憲王世家」には、

H　大徳二年（＝一二九八（忠烈王二四）年）、王位につき、賢者と有能者を登用し、悪を除去して弊害をあらためた。……公主（＝忠宣王妃ブッダシュリ公主）の乳母が本国の欲深い者と陰謀をはかり、公主が〔王の〕愛を失っ

たとして〔元の〕中宮に訴え出た。そのため宿衛に召し入れること一〇年間におよんだ。〔当時〕武宗・仁宗は潜邸にあり、王とともに寝起きして昼夜離れずにいた。（大徳二年、即王位、任賢使能、去邪革弊。……公主之乳媪、与本国患得之人潜謀、以公主失愛、訴于中宮。以故召入宿衛者十年。武宗・仁宗龍潜、与王同臥起、昼夜不相離）

とある。一二九八年に即位した忠宣王は、後宮をめぐる内紛に端を発して元側の信任を失うにいたり、その年のうちに廃位されたが、上掲史料Hによると、このとき同王は「宿衛に召し入れ」られたという。そしてこのことを『拙藁千百』巻一・金文正公墓誌の一節では、つぎのように元朝宮廷に「入侍」したと記している。

I　大徳戊戌（＝大徳二年）春、徳陵（＝忠宣王）は内禅をうけて王位を継ぎ、〔その際〕公を誤って罷免した。秋、徳陵は天子の宮廷に入侍し、忠烈王が復位して〔公を〕版図摠郎に起用した。（大徳戊戌春、徳陵受内譲嗣王位、以公過免。秋、徳陵入侍闕庭、忠烈王復位、起為版図摠郎）

また恭愍王についても、『高麗史』巻三八・恭愍王世家に、

J　忠恵王後二年（＝一三四一〔至正元〕年）五月、元の順帝が遣使して宿衛に召し入れた。当時は大元子と称した。忠穆王が即位すると、江陵府院大君に封じた。忠穆王が薨去すると、本国の人々は王を擁立しようとしたが、元は忠定王に襲位させ、ひきつづき王を宿衛にとどめた。（忠恵王後二年五月、元順帝遣使、召入宿衛。時称大元子。忠穆王即位、封為江陵府院大君。忠穆薨、国人欲立王、元以忠定襲位、仍留王宿衛）

とある。一三四一年、王子のときに順帝トゴン・テムルによって「宿衛」に召し入れられたというが、この入元について『高麗史』巻一一三・安遇慶伝では、

K　〔安遇慶が元の〕婆娑府の脱脱禾孫（＝トトカスン tutqasun。元の駅伝監理官）に文書を送り、「……いまの我が国王（＝恭愍王）は忠粛王の嫡子であり、天子の宮廷に一〇年あまりにわたって入侍し、大いに功績をたてた。〔そこで〕公主をめとって駙馬となり、正統な王位をうけつぎ、下国事大の礼をつかさどり、一心につつしんでいる……」とつげた。（移書婆娑府脱脱禾孫曰、……今我国王、忠粛王之嫡子、入侍天庭十有餘年、頗著功績。尚公主為駙馬、承正統、莅下国事大之礼、恪勤一心……）

とあるように、元朝宮廷に「入侍」したと記す。

また忠烈王が世子のときに禿魯花として「宿衛」にはいった事例に関しても、つぎの『高麗史』巻二七・元宗世家・一二（至元八／一二七一）年六月己亥では「入侍」と記している。

L　世子諶（＝のちの忠烈王）を遣わしてモンゴルに入質させた。尚書右丞宋玢・軍器監薛公倹・戸部郎中金㥠ら二〇人がこれに随行した。また枢密院副使李昌慶に命じてその行旅を護衛させた。表奏して「臣から宰相にいたるまで、〔今後〕子弟を順次つづけて入侍させるように希望します。そこでまず世子と官人の子弟二〇人、〔およ び〕衙内の職員一〇〇人を遣わして参上させます」ともうしのべた。（遣世子諶入質于蒙古。尚書右丞宋玢・軍器監薛公倹・戸部郎中金㥠等二十人従之。又命枢密院副使李昌慶調護其行。表奏云。自臣至于輔相、欲令子弟相遞入侍。而先遣世子与衣冠子弟二十人・衙内職員百人進詣）

以上の「入侍」は、その用字と、元朝宮廷における「宿衛」との関連性とからみて、直接にはケシクにはいってカアンに近侍することを意味すると考えられる。元側の史料に同様な「入侍」の用例が多数みられることは先行研究でも知られている。そこで〝元朝宮廷に「入侍」する〟ことも、ひとまず高麗王族のケシク参与例を判断する指標とできよう。ただし「入侍」という語そのものは、本来、単にそばづかえを意味するだけで、ケシク以外の意味内容で幅広く用いられる可能性もあるので、機械的な判断は禁物である。

(2) 弓箭陪

用例は少ないが、高麗側史料にはときおり弓箭陪という語があらわれ、禿魯花との関連性が注意される。たとえばつぎのような二件の史料がある。

永寧公綧が入質することになると、枢密院副使韓就が弓箭陪を選んだ。そこで裕(＝金裕)が詩を作って参加を求めたところ、就はその詩が気に入り、〔裕を〕選中にふくめた。(永寧公綧之入質也、枢副韓就選弓箭陪。卒裕作詩求行、就愛其詩、置選中)[19]

北界兵馬使より、永寧公綧がモンゴル軍にしたがって帰還したことを通報してきた。綧は楊根にいたが、このとき弓箭陪郎将蔡取和は、「妻子をすてて絶域で公につきしたがったのは、我が国の安泰を望んでのことである。いま何一つ国に利益をもたらさないまま、叛臣と同然になってしまった」といい、とうとう逃げ帰ってきた……(北界兵馬使報、永寧公綧、随蒙兵還。綧在楊根、時弓箭陪郎将蔡取和曰、捐妻子従公絶域者、欲安国家耳。今無一毫事利国、与叛臣無異、遂逃還……)[20]

一二四一(高宗二八／太宗オゴデイ一三)年、高麗はモンゴル軍の撤収とひきかえに傍系王族の永寧公綧を王子といつわり、はじめて禿魯花として太宗オゴデイのもとに送ったが[21]、右の史料はそのことに関するものである。これによると、このとき金裕・蔡取和などが弓箭陪に選ばれ、永寧公に随従したことがわかる。

弓箭陪の史料は記事年代としてはこれらが初出であり、それ以前にはみえない。のみならず、『高麗史』百官志など高麗政府の職制を説明した史料にもいっさい言及がない。それは当然であり、至元二四(忠烈王一三／一二八七)

年付け「卒奉翊大夫同判密直司事左常侍文翰学士承旨世子元賓李公墓誌」（撰者不明）[22]に「後継ぎの瑀（＝李瑀）は近侍郎将であり、現在上国の弓箭陪となっている（胤子瑀、近侍郎将、時為上国弓箭陪）」とあるように、弓箭陪とは「上国」である元ないしモンゴル帝国に由来する肩書だったのである。ここにみえる李瑀は弓箭陪にして高麗政府の近侍郎将でもあった。前掲史料の「弓箭陪郎将蔡取和」なども、モンゴルの弓箭陪にして高麗の郎将だったと理解されよう。

弓箭陪はモンゴルに由来する肩書であり、少なくとも高麗に関しては王族を禿魯花として派遣する際にその随従者として存在することがあった、とひとまずいえる。

実際、弓箭陪の肩書をもつ高麗官人に関しては、その他すべての事例について禿魯花の派遣に関係した事実が確認される。『高麗史』巻二九・忠烈王世家・五（至元一六／一二七九）年三月丁巳には、

M　帯方公澂を遣わして、禿魯花をひきいて元におもむかせた。金方慶の子忻、元傅の子貞、朴恒の子元浤、許珙の子評、洪子藩の子順、韓康の子射奇、薛公倹の子之冲、李尊庇の子瑀、金周鼎の子深ら、官人の子弟計二五人であり、全員に三等を超えて官職を授け、これを送り出した。（遣帯方公澂率禿魯花如元。金方慶子忻、元傅子貞、朴恒子元浤、許珙子評、洪子藩子順、韓康子射奇、薛公倹子之冲、李尊庇子瑀、金周鼎子深等、衣冠子弟凡二十五人、皆超三等授職送之）

とある。一二七九年、傍系王族の帯方公澂が金忻・元貞（のちに瓘と改名）をはじめとする官人子弟の禿魯花をひきいて元におもむいたという。このとき禿魯花となった「李尊庇の子瑀」とは、一二八七年の段階で弓箭陪だった前出の李瑀にほかならない。また『高麗史節要』巻二一・忠烈王一二（至元二三／一二八六）年一一月には、

弓箭陪の将軍許評・郎将金深・薛之忠・王惟紹ら九人を遣わして元におもむかせた。（遣弓箭陪将軍許評・郎将金

深・薛之忠・王惟紹等九人如元）

とあり、一二八六年に元に遣わされた弓箭陪が登場する。一見、将軍許評のみが弓箭陪であるかにおもわれるかも知れないが、金深と王惟紹についても郎将に任じられたうえで弓箭陪として元におもむいた事実を別の史料で確認できる[23]。このとき元に遣わされた九名はみな弓箭陪だったのであろう。そしてこのうち許評と金深は、李瑀と同様に一二七九年に帯方公澂にしたがって禿魯花となった人物に一致する。薛之忠も史料Mの薛之冲と同一人物とみてよかろう。王惟紹もまた禿魯花になった経験を有し、それは許評らと同時期のことだった可能性がある[24]。

ただしここまでみるかぎり、この忠烈王代の事例では、ある個人が禿魯花になった時期と弓箭陪として登場する時期とが異なり、二つの肩書の関係が判然としない。しかし近年紹介された閔漬の撰にかかる前出の元瓘の墓誌銘[25]にはこの問題を解く手がかりがある。釈字に難点もあるため、ひとまず当該の一節を原文のままにかかげるとつぎのとおりである。

国家、以宰相子有才幹者十餘人、入侍【天朝、称為】弓箭陪。于時冢宰之子、大将【軍】金忻為其首、公□以相子為副、□是【時】超拝朝議大夫・秘書尹・世子中允。

【　】内はかつて釈読されたが現在判読できなくなっている部分であり、確実性に問題をのこすが、金忻と元瓘を筆頭とする高官子弟たち（宰相子有才幹者）を元に「弓箭陪」として「入侍」させたことをのべているとみる分に大過はなかろう。墓誌銘の記載のうち判読に支障がない部分にもとづく範囲では、これは元瓘の父傅が「副枢」（枢密院副使）だった時期から死去するまでのあいだの出来事ということになるのだが、元傅の枢密院副使就任は一二六九（元宗一〇／至元六）年[26]、死去は一二八七（忠烈王一三／至元二四）年[27]である。時期、そして金忻と元瓘（貞）を筆頭とする高官子弟集団の入元という内容から、前掲史料Mに記された一二七九年の禿魯花派遣と同じ出来事とみて間違いない（ただし派遣人数の記載は異なる）。つまり禿魯花となるに際して彼らは同時に弓箭陪とも称されたのである。

このように、数少ない弓箭陪の事例のなかで禿魯花となった人物との一致がこれだけみられることは、単なる偶然ではすまないだろう。また弓箭陪が禿魯花となった王族の随従者であるといっても、後述する中原侯昷のように王族にして弓箭陪となった例もある。王族と官人の子弟から構成される禿魯花集団よりも下位の末端随員までが弓箭陪にふくまれたとはおもえない。ここから、禿魯花となった人物こそが弓箭陪の肩書を保持したものと推定されてくるのである。

ただし管見では元側の史料にかかる語彙はみえない。用字からみて弓箭をもつ陪従者という意味であろうが、質子と漢訳される禿魯花とは語義が大きく異なる。そこで筆者は、少なくとも高麗側で、ケシクに関連してかかる呼称が用いられたと推測したい。なぜならば、派遣された禿魯花は結局ケシクにはいるわけで、そのケシクとはカアンの陪従者にほかならないからである。また後述のように、いったんケシクとなった者はその後もひきつづきその身分を保持することになるので（註30参照）、一二七九年の段階で禿魯花となった許評らがその七年後に弓箭陪として登場することにも問題はない。

名称の由来について、一つにはケシクの諸職掌（怯薛執事）のうち、弓箭をたずさえてカアンの警護にあたるコルチqorčiに相当することが考えられる。とくに高麗では、忠烈王が元朝帝室の駙馬としての資格にもとづいて自身のケシクを設けた際、かつて自身に随従した官人子弟の禿魯花をもって、まずコルチ（忽赤）を組織している[28]。高麗から送られた禿魯花たちがケシクのなかでもコルチに入れられたため、とくに注目された可能性も考えられよう。

あるいはコルチにかぎらず、カアンの親衛隊であるケシクは弓箭を携帯する資格を有したようでもある。『通制条格』巻二七・雑令・兵仗応給不応給にみえる大徳七（忠烈王二九／一三〇三）年一一月の中書省の議には、不法にケシクとなって弓箭・環刀をおびていた周蘭十二に対し、ケシクの資格を剝奪してこれらの武具を没収するとある。また『元史』巻二四・仁宗本紀・皇慶二（忠宣王五／一三一三）年一一月壬寅には、漢人・南人・高麗人のケシクで上都（現・内蒙古自治区錫林郭勒盟正藍旗）に勤務する者には弓箭を支給しないとの規定がみえる。逆にいえば、この規定ができる以前、ケシクには広く弓箭が支給されていたことになる。こうしたケシクのありかたにもとづき、高麗人がこれを弓箭陪とよんだのかも知れない。

いまのところ弓箭陪の実体はこれ以上特定しがたいが、筆者はケシク全体をさす可能性が高いと考える。前述のごとく高麗がはじめて禿魯花を送り出す段階から、すでに弓箭陪の名称があらわれるからである。ただ全体をさすのであれ、一部をさすのであれ、ケシクを構成する人員であったことは間違いないだろう[29]。

三　ケシクとなった高麗王族の事例

本節では前節で検討した「禿魯花」「宿衛」「入侍」「弓箭陪」などの史料用語にもとづき、元でケシクとなった高麗王族の事例を抽出していくことにする[30]。

なおそれにさきだち、元朝成立前の状況をみておきたい。高麗とケシクの関わりは前述のごとく一二四一（高宗二八／太宗オゴデイ一三）年に永寧公綧をはじめて禿魯花として派遣した際、一度生じたはずである。モンゴルの高麗侵攻は一二三一（高宗一八／太宗オゴデイ三）年にはじまるが、『元史』巻二〇八・吾也而伝に、

〔太宗〕三年、また撒里答とともに高麗を征討した。……高麗がおそれて和平を請うたところ、吾也而がこれに諭告して「もし子弟を人質としさえすれば、きっと出兵を中止するであろう」とつげた。（三年、又与撒里答征高麗。……高麗懼請和、吾也而諭之曰、若能以子為質、当休兵）

とあるように、モンゴルは当初から休戦条件として禿魯花の提出を要求していた。しかし永寧公の派遣により成立した和議もすぐに破綻してしまう。[31]

一方、梁義淑は、高宗代における禿魯花の派遣例として、永寧公のほかにも一二五三（高宗四〇／憲宗モンケ三）年の安慶公淐の派遣と、一二五九（高宗四六／憲宗モンケ九）年の太子倎の派遣とをあげている。[32] しかしこれは疑問である。『高麗史』高宗世家によると、安慶公は高宗四〇年一二月壬申にモンゴルに遣わされたが、翌年八月己丑には帰国している。禿魯花とみるべき根拠はなく、それとは無関係の一時的な使行だったとおもわれる。

また同じく『高麗史』高宗世家によると、太子倎は、高麗がモンゴルへの帰服を決した際、高宗四六年四月甲午に派遣された。その際の上表文において高宗は、

ああ、小臣の老病がすでに深刻であることは、また皇帝の知りおよぶところです。ゆえに今日みずから入朝できないので、ひとまず太子におもむかせて目通りさせます。（嗟、小臣老病既深、亦皇帝所及知也。肆今日不得親朝、令太子姑且往覲）

とのべている。モンゴルは高麗に対し、服属の証として国王の出頭を求めてきたが、王は老病を理由に倎を名代として遣わしたのである。質子の派遣とは趣旨が異なる。

ところが「忠憲王世家」ではこのことを、

〔高宗〕四六年春三月、王は親朝しようとしたが病のためにはたせず、世子を遣わして入侍させた。（四十六年春三月、王将親朝、以疾不果、遣世子入侍）

と記している。「世子」がモンゴルに「入侍」したというので、倎がケシクにはいったかのようにもみえる。

このとき太子倎はまず憲宗モンケのもとにむかったが、モンケが急死したために皇弟クビライのもとに身を寄せる

ことになった。これにより高麗は元と講和することになるわけだが、このとき倎がおかれた状況について、クビライの幕僚はつぎのように語っている。

江淮宣撫使趙良弼が皇弟（＝クビライ）に対して「……前年太子倎が来朝しましたが、たまたま皇帝（＝モンケ）が西征中であり、〔そのため倎は〕二年にわたって滞留しています。〔その間〕接待は粗末であり、その心を懐柔するところがありませんでした……」とのべた。（江淮宣撫使趙良弼言于皇弟曰、……前歳太子倎来朝、適鑾輿西征、留滞者二年矣。供張疎薄、無以懐輯其心……）[33]

すなわち倎は放置状態におかれ、満足な接待もなされなかったのである。倎がケシクとしてクビライに近侍した様子はうかがえない。なにより、こののち一二六八（元宗九／至元五）年に元が高麗に対してつきつけた要求の一節には、つぎのような文言がある。

N　また質子をおさめることについては、我が太宗皇帝の御代に王綧らが入質したことがあるのみである。老いた者を交替させ、死亡者の分を補充することは、もとより先例がある。（且納質之事、惟我太宗皇帝朝、王綧等已入質。代老補亡、固自有例）[34]

すなわち、永寧公以来、高麗から新しい禿魯花が送られていないので、新たな派遣を求めるというのである。「忠憲王世家」に「入侍」とあるのは、撰者の誤解や誤記、もしくは単にモンゴル宮廷に滞在したことを、このように表現しているとおもわれる。

その後、クビライは幕僚たちの提言をうけいれ、倎の待遇を改善したうえで帰国させ、死亡した高宗を継ぐ新高麗国王として冊立した。これが元宗であるが、ほどなく彼に対しては服属国のはたすべき義務の一つとして、史料Nにもみえるように再び禿魯花の提出が要求されるのである。[35]

（1）王諶（忠烈王。のちに賰・昛と改名）

のちに忠烈王となる王諶は、一二七一（元宗一二／至元八）年六月に世子として禿魯花となり、「宿衛」（ケシク）にはいった（史料A・B・L）。これが元代における高麗王家の初のケシク参与となる。前掲史料Nにみられるように、このころ高麗は永寧公につづく禿魯花の新規派遣を求められており、諶の派遣はこれにこたえる措置であった。ところが『元史』巻一六・世祖本紀・至元二七（忠烈王一六／一二九〇）年正月丁卯には、忠烈王自身のつぎのような言葉がみえている。

> 高麗国王王賰がもうしのべるに、「臣がかつて京師で宿衛していた際、林衍の叛乱にあって国内は大いに乱れ、大同（＝大同江。ここでは平壌を中心とする高麗西北部地域のこと）に住む高麗の民はみなこれを〔元に〕編籍しました。臣は〔これらの民を〕再び高麗の民として返還することを要望します」とのことであった。これを了承した。（高麗国王王賰《ママ》言、臣昔宿衛京師、遭林衍之叛、国内大乱、高麗民居大同者皆籍之。臣願復以還高麗為民。従之）

一二六九（元宗一〇／至元六）年に高麗で権臣林衍の国王廃立事件が勃発した際、諶は「京師」で「宿衛」にあたっていたというのである。たしかに『高麗史』元宗世家によると、この年、諶は事件直前の四月乙未に元朝宮廷へと出立した。しかし早くも七月丁卯には鴨緑江辺まで帰還している。元朝宮廷への到着は六月丙申ころだったから（『元史』巻六・世祖本紀）、往復の旅程を考えると、カアンのもとにいたのはわずかな日数にすぎない。少なくとも本件に関するこれらの年代記の記録では、諶が「入朝」「来朝」したと記すのみでケシクにはいったとはのべていない。また前述のように当時高麗は禿魯花の派遣を督促されていたので、この年に諶がケシクにはいったとすれば、禿魯花として派遣されたものと考えざるを得ない。その禿魯花が入元後ただちに帰国したとすれば、相応の理由が必要だが、当時の状況にそれをうかがわせるものはない。本国の廃立事件にしても、諶がその報に接したのは帰国の途上であり[36]、帰国の理由とは直接の関係がない。以上により諶が一二六九年にケシクにはいったという事実はみとめがたく、このときの入元はあくまで一時的な使行だったとみるべきである。右の忠烈王の発言は後代になってからのものであり、そこでいう「宿衛」は何らかの理由（意図的な場合をふくめて）による誤認や誤記であろう。

禿魯花としてケシクにはいったのち、諶は一二七二（元宗一三／至元九）年はじめに日本遠征準備に協力するとの名目で一時帰国したが[37]、年末には元朝宮廷にもどった[38]。その後は父元宗の死去をうけて王位につく一二七四（元宗一五／至元一一）年まで元朝宮廷にとどまっていた[39]。

（2）王瀓（帯方公。顕宗王詢の第四子平壌公王基の後孫）

王諶が一二七四年に帰国して即位すると、さっそく翌年、新たな禿魯花を元に送ることになった。これについて『高麗史』巻二八・忠烈王世家・元（至元一二／一二七五）年六月甲子にはつぎのように記している。

O　新たに禿魯花をさだめ、三等を超えて官職を授けた。都校署丞韓謝奇は僕射康の子にして枢密李汾禧の婿である。二〇歳になっていなかったが、序列を超えて八品の職を授かった。多くの人々がこれを非難した。（新定禿魯花、超三等授職。都校署丞韓謝奇、僕射康之子、枢密李汾禧之壻。年未二十、超拝八品。人多非之）

その結果、同年末に傍系王族の帯方公瀓が禿魯花として送られた（史料C）。

ところが翌年閏三月、帯方公一行は「衣冠之冑」ではないとして送還されてしまう[40]。そこで瀓は、前掲史料Mにみえるように、一二七九（忠烈王五／至元一六）年に再び禿魯花をひきいて入元することになった。この史料には「帯方公瀓を遣わして、禿魯花をひきいて元におもむかせた（遣帯方公瀓率禿魯花如元）」とある。帯方公は禿魯花をひきいたと記されるだけだが、王室から禿魯花を出さなかったとは考えにくいので、公自身も禿魯花だったとみるべきである。その後、彼は再び帰国していたようで、五年後に三たび禿魯花として元にむかっている。すなわち『高麗史』巻二九・忠烈王世家・一〇（至元二一／一二八四）年四月甲辰に「帯方公瀓らが禿魯花として元におもむいた

（帯方公澂等、以禿魯花如元）」とある。こののち一二九二（忠烈王一八／至元二九）年に死亡するが[41]、それまでの動向は不明である。

このように帯方公は三次にわたって禿魯花として入元したが、史料Dが記すように、彼はこれによって世祖の「宿衛」（ケシク）にはいったのである。

(3) 王滑（小君。忠烈王の庶子）

『高麗史』巻九一・宗室伝・小君滑にはつぎのような記事がある。

P〔小君滑は〕王（＝忠烈王）を継いで宿衛にあたることを希望し、康守衡に賄賂を送って要請した。守衡は丞相安童の言葉をたずさえてきて、「滑に禿魯花をひきいて来させよ」とつげた。（欲襲王宿衛、賂康守衡以請。守衡以丞相安童言来告曰、令滑率禿魯花来）

忠烈王の庶子である王滑は、父王を継いで「宿衛」、すなわちケシクにはいることを希望した。そこで元の官人康守衡にはたらきかけ、丞相安童から禿魯花をひきいて来朝せよとの指示をうけた。その指令を高麗に伝えたのも康守衡だったが、それは忠烈王の即位後に彼が詔使の一員として高麗をおとずれた一二七五（忠烈王元／至元一二）年一〇月のことだったであろう[42]。安童は滑自身を禿魯花にするとは直接いっていないが、ケシクにはいりたいという請願に対する回答であるから、忠烈王や帯方公のように、禿魯花をひきいる滑もまた禿魯花となり、ケシクに参与することを意味するのであろう。

ところが翌一二七六（忠烈王二／至元一三）年三月、忠烈王は滑が「驕恣」であるとして、彼を剃髪させた（『高麗史節要』巻一九）。滑が実際に忠烈王を継いで禿魯花になったとすれば、一二七五年末からこの間の出来事だが、前述のごとく同時期には帯方公澂が忠烈王を継ぐ禿魯花に選ばれている。史料Pによれば滑は他の禿魯花たちをひきいることになるので、帯方公と立場がかさなってしまう。両者が同道したと考えれば矛盾は解決するかにもみえるが、前述のごとく帯方公一行が禿魯花の資格不十分として高麗に送還されたのは、湑が剃髪されて一ヶ月後の閏三月である。みずから元の要人にはたらきかけまでして禿魯花となった湑が、元朝宮廷にいながら忠烈王の一存で剃髪されたとも考えにくい。このとき彼は高麗本国にいたはずである。

以上により、湑は実際には禿魯花とならず、したがってケシクにもはいらなかったとおもわれる。結局は帯方公だけが新たな禿魯花に選ばれたのであろう。湑が驕恣として剃髪されたのも、あるいは上記のような禿魯花選出をめぐる策動が関係しているのかも知れない。

(4) 王昷（中原侯。帯方公王澂の子）

『高麗史』巻三〇・忠烈王世家・一五（至元二六／一二八九）年一二月庚寅に「弓箭陪の中原侯昷が元におもむいた（弓箭陪中原侯昷如元）」とあり、傍系王族の中原侯昷が弓箭陪（ケシク）として入元したことがわかる。カアンのケシクにはいったものとおもわれる。その後、一二九八（忠烈王二四／大徳二）年に高麗から元に遣使されているので[43]、このときまでに本国にもどっていたことがわかる。

(5) 王源（忠宣王。のちに璋と改名）

のちに忠宣王となる王源は、忠烈王の世子として一六歳で元におもむき、「宿衛」（ケシク）にはいった（史料F・G）。彼は一二七五（忠烈王元／至元一二）年生まれなので、『高麗史』巻三〇・忠烈王世家・一六（至元二七／一二九〇）年一一月丁卯に「世子を遣わして元におもむかせた。政堂文学鄭可臣・礼賓尹閔漬らが随行した（遣世子如元。政堂文学鄭可臣・礼賓尹閔漬等従行）」とある記事がこのことに相当しよう。その後、一二九二（忠烈王一八／至元二九）年・一二九五（忠烈王二一／元貞元）年・一二九七（忠烈王二三／大徳元）年に一時帰国したが、いずれも年内に元朝宮廷にもどっている[44]。

　一二九八（忠烈王二四／大徳二）年の正月には忠烈王より内禅をうけたが、同年八月には元朝政府により廃位され、忠烈王が復位した。忠宣王は「宿衛」（ケシク）に召喚され、以後あしかけ一〇年間、成宗テムル朝の元朝宮廷にあった（史料H・I）。この間、忠烈王の周囲では忠宣王にかえて瑞興侯琠を新たな王位後継者におす動きがおこったが、忠宣王は一三〇七（忠烈王三三／大徳一一）年、成宗没後の元で勃発した政変においてアユルバルワダ太子（のちの仁宗）を助けて武宗カイシャンを〝推戴〟し[45]、新政権の支持のもとで本国での奪権に成功する。やがて忠烈王の死をうけて、一三〇八（忠烈王三四／至大元）年、高麗に帰国して高麗王に復位したが、すぐに元朝宮廷にもどっている[46]。

　つづく仁宗朝でも、一三一三（忠宣王五／皇慶二）年に世子燾に譲位するため一時帰国した[47]以外、元朝宮廷にとどまっていた。しかし英宗シディバラの代になると、一三二〇（忠粛王七／延祐七）年、元の政争にまきこまれて「吐蕃」（チベット）に流配されてしまう。三年後には赦免されるが、一三二五（忠粛王一二／泰定二）年に大都（現・北京市）で死去した。

　復位後、忠宣王は歴代カアンのケシクに参与していたとおもわれる。『高麗史』巻三三・忠宣王世家・忠烈王三四（至大元／一三〇八）年一一月辛未にはつぎのようにある。


　王（＝忠宣王）は教を下して「……孤もまた〔元朝宮廷に〕入侍し、〔忠烈王を〕継いで駙馬となり、三朝（＝世祖・成宗・武宗）を歴衛し、いまにいたるまで一九年になる……」とのべた。（王下教曰、……孤亦入侍、継為駙馬、歴衛三朝、于今十有九年……）

　また『拙藁千百』巻一・大元故征東都鎮撫高麗匡靖大夫検校僉議評理元公墓誌銘には、

このとき（＝一三一三（忠宣王五／皇慶二）年。当時元は仁宗朝）、徳陵（＝忠宣王）はながらく聖朝に入侍し、東方の本国に帰る意志がまったくなかった。（是時、徳陵入侍聖朝久、殊無東帰意）

とある。さらに『高麗史』巻一〇七・閔漬伝にも、「天子のおひざもとにとどまって侍し、五朝〔の皇帝〕に代々つかえた（留侍輦轂、歴事五朝）」とあるが、これは一三二三（忠粛王一〇／至治三）年にかかる記事である。「五朝」とは、世祖から英宗までの五代のカアンに相当する。同王がケシクとして世祖・成宗に「侍」し、これを「衛《まも》」ったことはたしかであるから、ひきつづき武宗・仁宗・英宗に「侍」し、これを「衛《まも》」ったのも、「宿衛」で「入侍」したことを意味すると考えられる。

『秘書監志』巻二・禄秩にはその傍証となる記事がつぎのようにある。

皇慶元年一一月、集賢大学士中奉大夫秘書監卿提調回回司天台事苫思丁・秘書少監盛朝列等の官が、今月一七日、提調陰陽官曲出太保・也里牙がその職務の場より伝えて奉じた聖旨の節該。也可怯薛の第一日、嘉禧殿内にいたとき、亦只里不花王・速古児赤月魯帖木児知院・明理統哈・昔宝赤塔海・忽都魯・亢沙児らがいた。提調陰陽官曲出太保・也里牙・忙古歹に上奏させて「……」と奏したところ、奉じた聖旨に「……」との聖旨があった。これをつつしむ。（皇慶元年十一月、集賢大学士中奉大夫秘書監卿提調回回司天臺事苫思丁・秘書少監盛朝列等官、於今月十七日、有提調陰陽官曲出太保・也里牙於当職等処伝奉聖旨節該。也可怯薛第一日、嘉禧殿内有時分、対亦只里不花王・速古児赤月魯帖木児知院・明理統哈・昔宝赤塔海・忽都魯・亢沙児等有来。提調陰陽官曲出太保・也里牙・忙古歹交奏。……奏呵、奉聖旨。……麼道、聖旨了也。欽此）

これは元の奏議記録に用いられる書式で、奏議内容のまえに当直のケシクと番直日時、場所、近侍していたケシク等の名が記される（傍線部）[48]。すなわち四番のケシクのうち也可怯薛《イェケ・ケシク》 yeke kešig[49]の当直第一日（皇慶元（忠宣王四／一三一二）年一一月一七日）、嘉禧殿内において、「亦只里不花王」をはじめとするケシクがときの仁宗皇帝に近侍していたのである。

この記事で注目されるのは、「亦只里不花」という「王」名が忠宣王のモンゴル名イジル・ブカと一致することである。同王のことは「益知礼不花王」（『東文選』巻六二・上征東省書）、「益知礼普化王」（『高麗史』巻一二三・印侯伝、同書巻一二五・王惟紹伝）、「瀋王益知礼布花」（『元典章』巻三三・礼部・白蓮教）のようにモンゴル名で記されることがある。一三一二年当時、忠宣王は元朝宮廷にいたので、「亦只里不花王」＝忠宣王とみてよければ、右の記事は復位後の忠宣王がカアンのケシクに参与していた様子を具体的に示す貴重な例証となる。

問題点としては、ラシード・アッディーン『集史』に世祖の皇子西平王アウルクチの第二子としてIčil buqa～Ejil buqaという同名の王がみえ、『元史』巻一〇七・宗室世系表にかかげる奥魯赤《アウルクチ》の第二子、西平王八的麻的加（同巻一〇八・諸王表では八剌麻力）と同一人物と考えられることであろう。[50]『元史』諸王表によれば、西平王位は奥魯赤→八剌麻力（イジル・ブカ）→管不八と継承されたという。イジル・ブカの在位年は不明だが、奥魯赤は一三一二（忠宣王四／皇慶元）年までに死亡したとみられ、[51]また『元史』本紀では西平王管不八の初出年が至順二（忠恵王元／一三三一）年まで下るので、[52]一三一二年にイジル・ブカが西平王位にあった可能性はある。しかしそうだとしても、西平王はチベット方面の鎮守を担当する王家だったので、彼が元朝宮廷でケシクにはいっていたとは考えにくい。やはり現状では、「亦只里不花王」は高麗の忠宣王である可能性が有力であろう。

（6）王琠（瑞興侯。神宗王晫の第二子襄陽公王恕の後孫）

『高麗史』巻三一・忠烈王世家・二七（大徳五／一三〇一）年二月丙申に「瑞興侯琠を遣わして元に入侍させた（遣瑞興侯琠入侍于元）」とあり、『高麗史節要』巻二二・忠烈王二七年二月には「瑞興侯琠を元に遣わして宿衛させた（遣瑞興侯琠如元宿衛）」とある。このことは、前掲史料Eにみえる、崔雲が琠とともに禿魯花としてケシクにはいったという出来事に対応するものである。ただし史料Eではこれを一三〇三年に繫年する。理屈としては、琠一行が高麗を出立した二年後にケシクにはいったとも、崔雲が琠の二年遅れで後からケシクに合流したとも解釈し得るが、あるいは単純に史料Eの紀年が誤っているのかもしれない。少なくとも一三〇三（忠烈王二九／大徳七）年の二月には丙申の日がなく、一三〇一年の二月にはこれがあるので、『高麗史』世家の記事が繫年を誤っているわけではないとおもわれる。琠が一三〇一年に高麗を出立したことは間違いなく、少なくとも彼に関してはこの年にケシクにはいったとみてよいだろう。

当時は忠烈王と忠宣王がするどく対立し、忠烈王は琠を自身の後継者として考えていた。そのため、一三〇七（忠烈王三三／大徳一一）年に忠宣王が高麗本国の奪権に成功すると、琠は同王によって処刑された[53]。

(7) 王鑑・王燾（忠宣王の王子。後者はのちの忠粛王）

李穡『牧隠集』文藁巻一七・海平君諡忠簡尹公墓誌銘并序につぎのような記事がある。

Q　……〔父の〕諱は碩（＝尹碩）、政丞公である。朝廷の使者がきたとき、政丞は別将であり、盞人として王の前にたっていた。使者は二人の王子が天子の宮廷に入侍するようにとのおおせを伝えた。政丞はこれを聞き、自分は弟のほうに随行すべきであると心ひそかに考え、帰って父君につげたところ、父君は「おまえの算段は間違っている。王子に随行するのは将来の算段のためである。兄がいるのに弟がさきに国をおさめることがあろうか」といった。……長男〔の王子〕は早くに死亡し、若いほうが忠粛王である。公は〔王に〕随行して京師に入朝したが、〔そのときの〕補佐役で公の右に出る者はいなかった。（……諱碩、政丞公也。朝廷使者至、政丞時為別将、以盞人立于王前。使者伝旨両王子入侍天庭。政丞聞之、黙自念吾当従弟、帰告尊公、尊公曰、児計失矣。所以従王子者、為後日計也。兄在而弟先有国乎。……元子早亡、少忠粛王也。公従朝京師、僚佐未有居公右者）

兄弟二人の王子が元朝宮廷に「入侍」したというが、弟がのちの忠粛王であることから、この記事における「王」とは忠宣王、「両王子」とはその子の鑑と燾であることがわかる。[54] カアンに「入侍」（そばづかえ）する役職としては、ケシク以外に宦官などもあるが、高麗の王族について該当しないことはいうまでもない。また王子たちが元から中国式の官職を別途に授与された形跡もない。他の王族の例から考えて、ここでいう「入侍」もケシクにはいりカアンに近侍することを意味するとみるのが自然である。

忠宣王は一二九八（忠烈王二四／大徳二）年（年内に廃位）と一三〇八（忠烈王三四／至大元）年から約五年間の二度にわたって在位したが、両王子が前者のタイミング（当時忠粛王は五歳）でケシクにはいった可能性は低い。彼らは一三〇五（忠烈王三一／大徳九）年、忠烈王にしたがって入元しており、[55] それ以前は高麗にいたようなのである。また史料Qでは、王位継承の確実な兄にしたがうほうが将来の栄達に有利とする父の意見に対し、弟にしたがった尹碩の選択が結果的に的中する経緯をのべている。両王子のいずれかが襲位することは動かぬ前提だったかのようである。しかし忠宣王は、一二九八年の廃位後、約九年間にわたり王位継承があやぶまれる状況がつづく。瑞興侯琠の台頭により忠宣王の王子に王位が継承される可能性もあやうくなったはずである。もちろん史料Qのような墓誌があらゆる事実を客観的に記す絶対の必然性はないが、両王子がケシクにはいったのが一二九八年だとすれば、そのあたりの経緯がある程度記載内容に反映されてもよいとおもう。しかし忠宣王復位後の出来事だとすれば、この書きぶりもしっくりくる（なお尹碩は生年不明のため、彼の年齢から入元時期をしぼることはできない）。

したがって両王子は忠宣王復位後にケシクにはいった蓋然性が高い。兄の鑑は一三一〇（忠宣王二／至大三）年に死亡したから、それも復位直後だったであろう。『高麗史』忠粛王世家の冒頭には即位前に燾が「忠宣王に従い入元」したとあるが、これは彼が鑑とともにケシクにはいった際のことをさしている可能性がある。そうだとすれば、一三〇八（忠烈王三四／至大元）年一一月、本国で復位した忠宣王がその後ただちに元にもどった際、両王子が同道したと考えられよう。『高麗史』巻三四・忠宣王世家・五（皇慶二／一三一三）年三月甲寅に、「〔忠宣王は〕長子江陵大君燾をつれて皇帝に謁見し、伝位を要請した。皇帝はそこで燾を冊立して王とした（以長子江陵大君燾見于帝、請伝位。帝乃策燾為王）」とあるように、燾が即位に際して元朝宮廷にいたことはたしかである。

当初は鑑が世子だった。一三一〇（忠宣王二／至大三）年、忠宣王は正月に世子鑑に伝位しようとして従臣に反対されたが、[56]五月には一転して鑑とその従臣に賜死した。[57]かくて弟の燾が王位継承者となる。その後、燾は一三一三（忠宣王五／皇慶二）年に即位のため帰国の途についている。[58]

（8）王暠（瀋王。忠宣王の異母兄江陽公王滋の子）

忠宣王の甥である暠は、同王によって我が子同然に愛育された。忠宣王が一三一三（忠宣王五／皇慶二）年三月に忠粛王に伝位した際には彼も高麗世子に冊立されたが、[59]その後まもなく禿魯花となっている。すなわち『高麗史節要』巻二三・忠宣王五年五月に「上王（＝忠宣王）は彦陽君金文衍を元に派遣し、世子暠をとどめて禿魯花にした（上王遣彦陽君金文衍如元、留世子暠為禿魯花）」とある。これによって彼はケシクにはいったことであろう。一三一六（忠粛王三／延祐三）年には忠宣王が元から授けられていた瀋王位を継承し、みずからもまた元朝帝室の公主をめとって駙馬となった。ときに元では仁宗朝だったが、彼について李穀『稼亭集』巻一一・為男駙馬祭瀋王文ではつぎのように記している。

R　〔王は〕ひたすらおそれつつしみ、英宗皇帝に寵遇され、日び燕寝に侍した。恩沢はのどかな春のようにあふれ、威厳は厳しい寒さのようにそなわった。（惟敬慎兢兢伈伈、寵遇英皇、日侍燕寝。恩沛春融、威生寒凛）

仁宗につづく英宗にも宮廷で近侍したところをみると、瀋王となってからもケシクに参与していた可能性が考えられる。

その後、暠は一三三三（忠粛王後二／元統元）年まで、また一三三九（忠粛王後八／後至元五）年から四四（忠恵王後五／至正四）年まで元朝宮廷にいたが、[60] 英宗（在位一三二〇～二三）以降のカアンにもケシクとしてつかえたかどうかはさだかでない。

(9) 王禎（忠恵王）

『高麗史』巻三五・忠粛王世家・一五（致和元・天暦元／一三二八）年二月丁巳に「世子禎を元に派遣して宿衛させた（遣世子禎如元宿衛）」とあり、この年、忠粛王の世子禎が元に遣わされて「宿衛」（ケシク）にはいったことがわかる。その後一三三〇（忠粛王一七／至順元）年二月、禎は文宗トク・テムルより冊命をうけ、忠粛王にかわって王位につく。[61] これが忠恵王であり、同王は同年五月に元朝宮廷を辞去し、[62] 八月に高麗において即位した。[63]

しかし一三三二（忠恵王二／至順三）年、同王は王位を剥奪されて元におもむき、忠粛王が復位する。[64] つぎの『高麗史』巻一〇九・李兆年伝の記事によれば、忠恵王はこのとき再びケシクに参与することになったのである。

忠粛王が復位し、忠恵王は元で宿衛にあたることになった。当時燕帖木児《エル・テムル》（＝忠恵王を厚遇した元の権臣）はすでに死去しており、伯顔《バヤン》は忠恵王をますます冷遇するようになった。忠恵王は燕帖木児の子弟や回骨《ウイグル》の若者らと酒を飲んでたわむれ、そこで一人の回骨の女性を愛し、また宿衛に番上しなかった。伯顔はますますこれを嫌い、目して撥皮とよんだ。俗に豪俠の人を撥皮という。従臣はみな失望し、あえて諫めなかった。（忠粛復位、忠恵宿衛于元。時燕帖木児已死、伯顔待忠恵益薄。忠恵、与燕帖木児子弟及回骨少年輩、飲酒為謔、因愛一回骨女、或不上宿衛。伯顔益悪之、目曰撥皮。俗謂豪俠者為撥皮。従臣皆觖望、不敢言）

またこの記事によれば、このとき王は放蕩な生活を送り、「宿衛」の当直にすらつかず、ときの権臣伯顔からうとまれるにいたったという。

かかる素行の結果、『高麗史』巻三六・忠恵王世家・二年二月甲子に、……〔伯顔が〕帝に「王禎は素行が悪く、宿衛に害がおよぶことを恐れます。その父のもとに送りかえし、徳義を教育させるのがよろしいでしょう」と上奏し、裁可された。（……奏帝云、王禎素無行、恐累宿衛。宜送乃父所、使教義方、制可）

とあるように、忠恵王は「宿衛」から放逐されてしまう。[65] ただし本記事の紀年は、前略部分に記された忠恵王の再入元に関するものであって、ケシクからの追放はその後日談である。その実際の時期は、『高麗史』巻三五・忠粛王世家・後五（後至元二／一三三六）年一二月辛卯の「王は鴨緑江をわたった。帝は前王（＝忠恵王）が不謹慎なので本国に送還してきた（王渡鴨緑江。帝以前王不謹、遣還国）」という記事から、一三三六年ころとわかる。

(10) 王昕（忠穆王）

ケシクから放逐された忠恵王は一三三九（忠粛王後八／後至元五）年に父王の死去をうけて復位したが、一三四三（忠恵王後四／至正三）年、悪政の咎により帝使の手で捕縛された。[66] そこで翌年、同王の長子昕が襲位したのだが、『高麗史』巻三七・忠穆王世家の冒頭に、

忠粛王〔後〕六年（＝一三三七（後至元三）年）丁丑四月乙酉に誕生した。性格は聡明であり、元に入朝して宿衛にあたった。忠恵王〔後〕五年（＝一三四四（至正四）年）二月丁未、高龍普（＝元につかえる高麗人宦官）が王を抱いて皇帝にまみえた。……そして王位を継がせた。当時王は八歳であった。（忠粛王六年丁丑四月乙酉生。性聡慧、入元宿衛。忠恵王五年二月丁未、高龍普抱王、以見帝。……遂令襲位。時王年八歳）

とあることから、昕が即位前に「宿衛」（ケシク）にはいり、元朝宮廷にいたことがわかる。

入元時期については、『高麗史』巻一〇八・金之淑伝附 金仁沇伝の、

忠穆王は〔忠恵王の〕長男として元にいた。師傅の朴仁幹が死去したので、みずから書状をしたためて仁沆と府院君金永旽・咸陽君朴忠佐らをまねき、入侍させた。（忠穆為元子在元。以師傅朴仁幹卒、手書招仁沆及府院君金永旽・咸陽君朴忠佐等入侍）

という記事が参考になる。昕の師傅朴仁幹が元で死去したというのだが、『高麗史』巻三六・忠恵王世家によると、それは忠恵王後四（至正三／一三四三）年一一月壬辰、忠恵王捕縛（一一月甲申）のわずか八日後のことである。ゆえに忠恵王失脚以前の段階で、昕はすでに元朝宮廷にいたはずである。一方、一三三七（忠粛王後六／後至元三）年生まれの昕は、忠恵王復位以前ではまだ三歳以下であり、さすがにこの年齢でケシクにはいるとはおもえない。そこで忠恵王復位後の在位期間中に該当しそうな時期をさがすと、一三四一（忠恵王後二／至正元）年五月の出来事が注目される。このとき忠恵王の弟である王祺がケシクにはいったが（後述）、昕の師傅である前述の朴仁幹がその随員に名を連ねているのである。[67] 史料にあらわれないが、当時五歳だった昕もこれに同道して入元し、ケシクにはいった可能性が考えられる。即位後、昕は一三四四（忠恵王後五／至正四）年四月に帰国した。[68]

(11) 王祺（恭愍王。のちに顓と改名）

前掲史料Jによると、忠恵王の同母弟である江陵大君王祺は、一三四一（忠恵王後二／至正元）年五月に元におもむいて「宿衛」（ケシク）にはいり、忠穆王・忠定王の在位中、ここにとどまっていた。一三五一（忠定王三／至正一一）年一〇月、祺は元の承認を得て即位し、[69] 同年一二月に帰国する。[70] これが恭愍王である。おりしも元では紅巾の乱がおこって中国支配に動揺をきたしており、ほどなく高麗もまた、元の直接的な影響下から事実上離脱する方針をとるにいたる。このためケシクに参与したことが確認できる高麗王族は、記録上、同王が最後となる。[71]

以上、本節の分析結果を図4-2として表示しておく。[72]

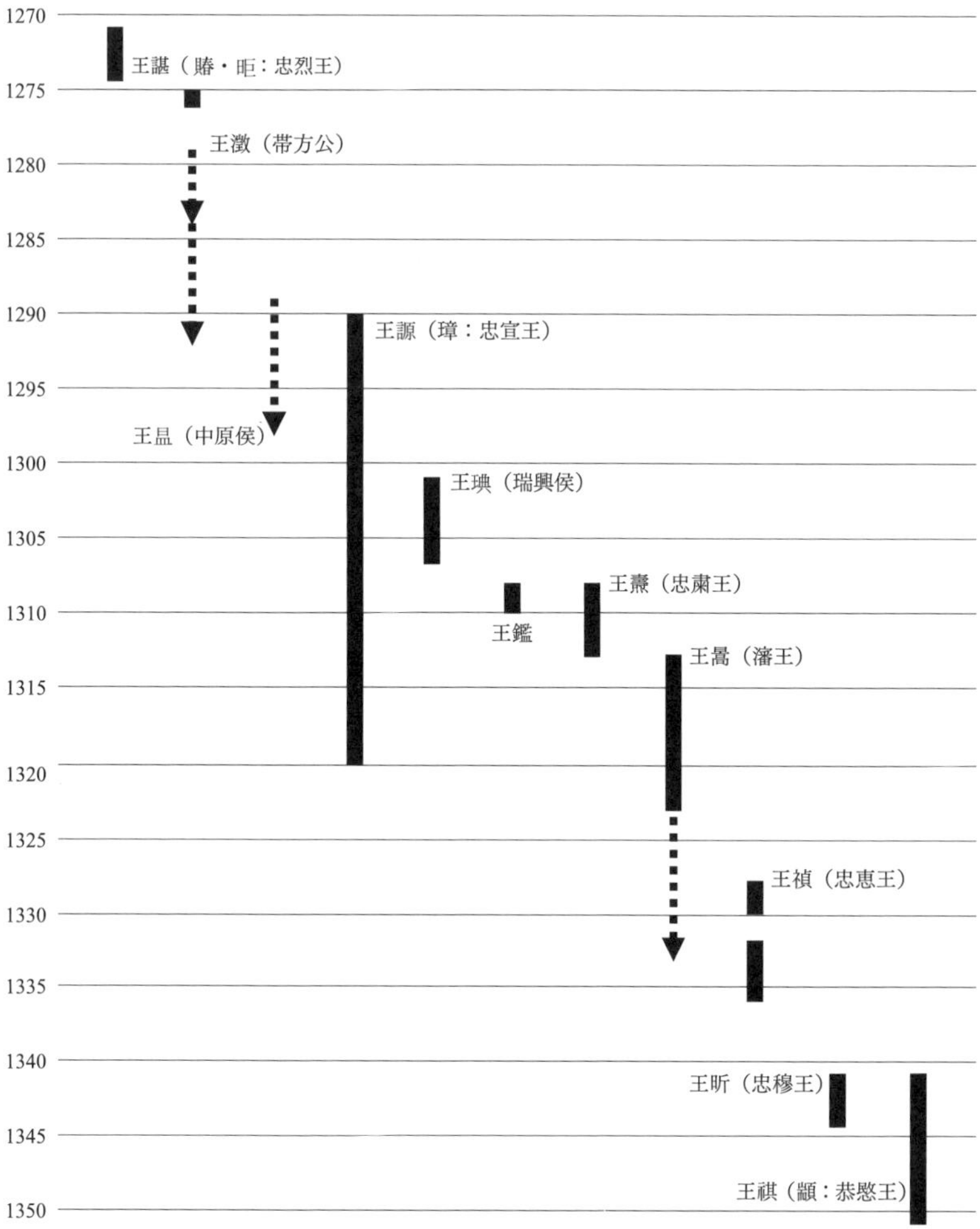

図 4-2　高麗王族がケシクにはいった期間

注 1）本図は年単位の概略を示すものであり，同一年内における一時的な離任・帰任は表示しない。
2）点線の矢印はケシクにはいったのち，在任期間の下限を正確に把握できない期間である。このうち瀋王暠については最初に高麗に帰国する時点を表示した。

四　禿魯花の派遣とケシク参与との関係

前節での検討から、高麗王家は元に臣属した期間を通じて王族をケシクに参与させていたことが判明した。[73]とくに忠穆・忠定・恭愍王をのぞく歴代国王がみずからの王子をケシクに送り出していたことが注目される。前述のごとく、モンゴル帝国において服属集団の長は代々定例的に子弟をケシクに参与させたが、帰服後の高麗王家についても、元中期に成立した『元文類』巻四一・経世大典序録・政典・征伐・高麗に、

S　このの ち王は世子をよこして入侍させるようになったが、頻繁に寵賜をうけ、公主をめとって王となるにいたり、官銜は功臣号を賜り、いまにいたるまで恵沢はいよいよましている。歴代皇帝が恩をわかち愛養するさまはこのうえない。（是後、王来世子入侍、寵錫便蕃、至尚主為王、官賜功臣号、至于今渥澤益以加。列聖之涵濡煦嫗、至矣）

とある。歴代の国王が世子を元によこして「入侍」させたというのも、世子をケシクに入れてカアンに近侍させたことにほかならず、同王家のケシク参与が定例的なものとみなされていたことがうかがわれる。[74]

禿魯花もまた代々定例的に提出するものとされていた。高麗が帰服すると、元は禿魯花の交替・補充は通例であるとして、永寧公綧にかわる禿魯花の提出を求めた（史料N）。これをうけて元宗が世子諶を禿魯花として送り出す際には、以後「子弟を順次つづけて入侍させるように希望（欲令子弟相遞入侍）」するむね表明している（史料L）。これは代々子弟を禿魯花としてケシクに入れることをいったものである。実際、諶が帰国して即位すると、ただちに「新たに禿魯花をさだめ」（史料O）、帯方公澂を送っている。その後も忠烈王代末には次期国王候補と目される瑞興侯琠が禿魯花とされ、忠粛王代にも世子暠が禿魯花とされている。

しかしケシクにはいった王族のうち、禿魯花であったことが史料に明示される人物は以上にかぎられ、特定の王代にかたよってもいる。禿魯花の派遣を定例的にすすめようとしながら、他の王代では送らなかったのであろうか。しかしそうだとすると、忠烈王以降、忠粛王代にのみ単発的に派遣がおこなわれたことはかえって奇妙であるし、前述のごとく一四世紀半ばになって李斉賢が両国の密接な歴史的関係を強調する文脈で「質子（＝禿魯花）を徴集して宿衛（＝ケシク）の隊列にくわえ」たことをとりあげるはずもなかろう。

そこで、みずからの子弟を禿魯花として差し出すことが国王に要求され、実際、確実な判明例において世子やこれに準ずる人物が禿魯花として派遣されていることを考えあわせると、忠烈王・忠宣王・忠粛王・忠恵王など歴代国王が世子をはじめとする王子をケシクに入れた事実が注目される。これらの王子はいずれも禿魯花として派遣されたものとみるべきであろう。幼王におわった忠穆王・忠定王と、即位後ほどなく元からの離脱政策を開始した恭愍王をのぞき、各国王が王子を禿魯花として送っていたのである。すなわち禿魯花派遣の定例化とケシク参与の定例化とは、表裏一体の現象であった。まさしく李斉賢のいうように〝禿魯花を徴集してケシクにあてる〟ことが定例化したのである。

ただその場合、忠烈王代と忠粛王代では禿魯花が複数回にわたって派遣されたことになるので、この点について説明が必要であろう。

まず忠烈王代末に傍系の瑞興侯琠が禿魯花とされたのは、忠烈王・忠宣王父子が対立を深めた結果、忠烈王が忠宣王にかえて同侯を後継者候補としたことによるものだった。かつて村上正二がモンゴル帝国の支配層子弟について指摘したように[75]、ケシク参与の定例化にともない、高麗の王子にとってもケシクになることは父の地位を継承するうえで必須の階梯となったことであろう。傍系の瑞興侯が王位を獲得しようとする過程で禿魯花となりケシクにはいったことも、この点に符合するものである。

しかし同じ傍系王族でも、忠烈王代はじめに派遣された帯方公澂の場合、世子や王子、ないしこれに準ずる王位継承者候補としてあつかわれたわけではない。これについては、『元史』巻九八・兵志・兵制・中統四（元宗四／一二六三）年二月にみえる、

詔を下して「統軍司および管軍万戸・千戸らについては、太祖の制にのっとり、各官に子弟を入朝させて禿魯花にあてさせなくてはならない。……万戸・千戸にあるいは実子がなく、あるいは実子が幼弱で成人していなければ、弟姪を充当し、実子が一五歳になるのをまって交替する」とした。（詔曰、統軍司及管軍万戸・千戸等、可遵太祖之制、令各官以子弟入朝充禿魯花。……万戸・千戸、或無親子、或親子幼弱未及成人者、以弟姪充、候親子年及十五、却行交換）

という規定が参考になる。禿魯花の提出者に子がないか、幼少にすぎる場合、かわりに「弟姪」を充当せよという。直接の指示対象は「統軍司および管軍万戸・千戸ら」だが、事柄の性格からみて、一五歳という適齢は一般的な規定とみてよいとおもう。[76] 忠烈王が即位した直後では禿魯花となるべき世子謜（忠宣王）が生まれたばかりだったため、王の「堂弟」[77]と称される帯方公がかわりに派遣されたのであろう。[78] そして謜が成長するのをまって彼を禿魯花として遣わしたわけである。[79]

つぎに忠粛王の即位後、王暠が同王の世子とされて禿魯花になったのは、そもそも上王である忠宣王の意志によるものだった。しかし国政に対する父王の影響力に不満をいだく忠粛王は、やがてその排除にうごき、一三二一（忠粛王八／至治元）年に暠から世子印を奪い、暠側もまた高麗王位をねらってカアンに忠粛王を譏言するなど、両者は対立を深めていく。[80] その結果、一三二八（忠粛王一五／致和元・天暦元）年に忠粛王は長子禎を高麗世子として新たに禿魯花にしたものと考えられる。ここでも瑞興侯琠のケースと同じような王位継承権と禿魯花派遣との関係がみてとれる。

また王祺（恭愍王）は、ときの国王（忠恵王）の弟でありながら王の実子昕（忠穆王）とともにケシクに送られた

とみられる。しかしこのとき彼は「大元子」と称されていた（史料Ｊ）。王の子としてあつかわれていたのであり、おそらく昕とともに禿魯花としてケシクに入れられたのであろう。[81]『モンゴル秘史』には、ケシクに子弟を入れる際には弟一人をともなわせるとの規定もみえる（第二二四節）。祺と昕の例や、忠宣王の二人の王子が同時に禿魯花となってケシクにはいった例などは、こうした慣例にもとづくのであろう。

なおいくつかの事例に関しては、禿魯花としてではなくケシクに参与したと考えられるものもある。

一二八九（忠烈王一五／至元二六）年に中原侯昷がケシクにはいったのは、父帯方公を継いで忠烈王の世子の代理として禿魯花にされた結果のようにみえるかもしれない。しかしその世子も一年後には禿魯花となっているので、かかる措置が必要だったとはおもえない。そこで禿魯花として帯方公に随従した朴元浤（史料Ｍ参照）の子居実について、「正尹公（＝朴居実）は父にかわって宿衛に従事し、天子のおひざもとに居住した（正尹公、替父充宿衛、住輦下）」（『拙藁千百』巻二・平原郡夫人元氏墓誌）とある記事が注目される。禿魯花として派遣された際に獲得されたケシクの資格が父子間で独自に世襲されたとすると、中原侯についても同様なことがあった可能性が考えられる。

また忠宣王は高麗王に復位したのちもケシクにとどまり、王暠は瀋王に即位したのちもケシクにあったとみられる。忠宣王は当時すでに王子を禿魯花として提出しており、暠の場合は瀋王として禿魯花を提出すべき立場であった。彼ら自身がなおも禿魯花だったとはおもえない。ひとたび獲得されたケシクの資格はその後も継続して保持されるから、[82]忠宣王や瀋王暠もみずからがもつケシクとしての資格にもとづき、ひきつづきこれに参与しただけなのであろう。忠宣王と忠恵王が廃位後にケシクに再び召還されたのも、おそらく同様な形態であって、禿魯花としての徴集ではなかったとおもう。ただこのときは彼らの父王が復位しているので、その子弟として再び禿魯花にあてられた可能性も皆無ではないかもしれないが、いまはひとまず疑問にとどめておきたい。

以上のように高麗王家は代々定例的に禿魯花を派遣してケシクにあてており、これが同王家によるケシク参与の基本的な形態であった。その禿魯花にはふつう世子をはじめとする王子が充当されたが、場合によっては傍系の王族が、世子に準ずる王位後継者候補として、あるいは幼い王子の代理としてあてられることもあった。禿魯花としてではなくケシクに参与したらしいケースも若干あるが、それももとをただせば、本人がかつて禿魯花となってケシクの資格を獲得したり、その父がかつて禿魯花として取得したケシクの資格を継承したりしたことに由来すると考えられる。そこで以上の検討から、高麗・元関係におけるケシク制度の意義を主として禿魯花の派遣の意義に関連させてとりあげようという筆者の立場は、基本的に問題ないことが確認されたといえよう。

ところで梁義淑は、帯方公澂の派遣を最後に元側から禿魯花の派遣を要求することはなくなり、以降は高麗側が自主的に送りつづけたとみている[83]。しかし王子が禿魯花としてケシクにはいった諸事例については、その関係史料に派遣の経緯が、世子諝（忠宣王）の場合、「前王は一六歳で詔旨をうけて入侍した（前王年十六、承詔入侍）」（『高麗史』巻一〇七・関漬伝）とあり、王子鑑と燾（忠粛王）の場合、「使者は二人の王子が天子の宮廷に入侍するようにとのおおせを伝えた」（史料Q）とあり、「大元子」祺（恭愍王）の場合、「元の順帝が遣使して宿衛に召し入れた」（史料J）とあり、帯方公澂以降もカアンの指示をうけて派遣されたことは明らかである。ただし、これは元がそのつど強要したというより、たぶんに形式的な手続きになっていたであろう。そもそも当初から、禿魯花は代々定例的に送られることになっていたのである。

五　高麗・元関係におけるケシク制度の意義

(1)　ケシクの一般的機能と関連して

従来、元が高麗王家より禿魯花を徴集することについては、同王家を牽制するための人質としての意味合いがもっぱら強調されてきた。しかし前述のごとく、それにとどまらず、禿魯花が充当されるケシクには、服属集団の子弟を帝国支配層の一員として薫陶し、これをカアンの権力基盤として組織する装置としての機能があった。そしてケシクにおける忠勤はカアンに対する勲功であり、その地位は栄誉ある特権にして立身の捷径とみなされた。『高麗史節要』巻二二・忠烈王二四（大徳二／一二九八）年五月には、つぎのような忠宣王の教がおさめられている。

教を下すに、「先王が官制を設けて職務をわけたのは、そもそも人材を得て国の庶政を共同でとりおこなおうとしてのことである。孤（＝忠宣王）は幼年にして天子の宮廷に入侍し、親しく先帝（＝世祖）の訓導をうけ、大朝の制を目のあたりにして、すでに通暁している……」とのことであった。（教曰、先王設官分職、蓋欲得人而共国庶政。孤於幼歳入侍天庭、躬承先帝之訓、目覩大朝之制、既詳矣……）[84]

王が「幼年にして天子の宮廷に入侍」したというのは、世子のときに禿魯花としてケシクにはいったことをさすが、このとき同王は世祖の訓導をうけ、元の制度に通暁したという。

また『高麗史』巻三一・忠烈王世家・二四年八月癸酉にはつぎのようにある。

王は孛魯兀の館におもむいて儀衛をととのえ、それから寿寧宮に幸して詔を受けた。その詔には「前の高麗国王王昛に諭告する。さきに卿の表請により王位を世子謜に授けた。そこで謜に詔を下して〔本国に〕おもむいて王爵を継がせ、国事についてはなお卿の訓導をきくように命じた。いま聞くところ、〔謜が〕国政をつかさどって以来、はなはだ専擅であり、処決は不適切で、人心は疑いおそれているという。おそらくは年齢がまだ壮年ではないために経験も少なく、それゆえ朕が親任した意にこたえられないでいるのであろう。いま遣使して卿に詔を下して以前のように国政を統轄させ、かつ謜に詔を下して天子の宮廷に入侍させ、これに物事をよく学ばせることにする……」とあった。（王如孛魯兀館、備儀衛、遂幸寿寧宮、受詔。詔曰、諭前高麗国王王昛。曩以卿表請、授位

于世子謜。是用詔謜往嗣王爵、国事仍命聴卿訓導。今聞、莅政以来、頗渉専擅、処決失宜、衆心疑懼。蓋以年未及壮、少所経練、故未能副朕親任之意。今遣使詔卿、依前統理国政、且詔謜入侍闕庭、使之明習于事……）

前述のごとく、一二九八年に即位してほどなく廃された忠宣王は、その後ケシクに召喚された。右の史料ではその目的に言及して、年若く経験不足の同王が「専擅」で適切な処決をおこなわず、カアンが「親任した意」にこたえられないので、ケシクに「入侍」させて物事を学習させるとしている。忠恵王が廃位後に再びケシクに入れられたのも、明文はないが同様な趣旨の措置であろう。管見では、高麗王家以外にこのような措置がとられた例を確認できないが、支配層子弟の薫陶というケシク制度の一面があらわれたものといえる。

高麗王家にとってケシクへの参与がカアンより恩寵をうける契機にして栄誉であるとの認識も、前掲史料Sに「こののち王は世子をよこして入侍させるようになったが、頻繁に寵賜をうけ」とあるほか、帯方公澂について、史料Dに「世祖皇帝のとき、本国の子弟をひきいて宮中に宿衛した。天子はその功労を嘉し、寵賜すること年数百におよんだ」とある。また忠宣王について、史料Gには「世祖につかえるにおよび、皇甥として世子になり、宿衛にはいって高く評価され」とあるが、一二九七（忠烈王二三／大徳元）年に忠烈王が元に送った上表文に「臣の世子謜は早くから能力・器量を身につけ、天子の宮廷に入衛して恩寵をこうむり、すでに皇族にめあわされています（臣之世子謜、夙成幹局、入衛闕庭荷恩、已配於皇支）」とあり[85]、一三一四（忠粛王元／延祐元）年に高麗の臣僚が忠宣王に献じた賀箋では「天子の宮廷に入侍し、幾年も特別に恩寵をうけられた（入侍於天居、幾歳別承於宸睠）」[86]としている。さらに瀋王暠について、史料Rに「英宗皇帝に寵遇され、日び燕寝に侍した」とある。

『元史』巻八・世祖本紀・至元一一（元宗一五／一二七四）年五月乙未には、モンゴル軍の人員調査でミスをおかした合丹なる人物をケシクから放逐するという決定が記されている。かかる措置が懲罰として機能し得るのは、ケシクが栄誉ある特権的地位だったからにほかならない。忠恵王が素行の悪さを理由にケシクから追放されたように、高麗王家に対してもケシクの地位は同様な意味をもった。

さらに、ケシクに参与してつかえることは、カアンに対する高麗王族の勲功・忠勤を意味した。前掲の関係史料をみると、帯方公澂について、史料Dに「世祖皇帝のとき、本国の子弟をひきいて宮中に宿衛した。天子はその功労を嘉し」とあり、恭愍王について、史料Kに「天子の宮廷に一〇年あまりにわたって入侍し、大いに功績をたてた」などとある。また忠宣王についても、「ながらく天子の宮廷に近侍して忠勤をつくした（久侍闕庭、備殫忠力）」[87]とある。これは同王が復位する際に下された元の詔書の一節であり、彼がその時点までながらくケシクにとどまってカアンに忠勤をつくしてきたことをいっている。

ところで李益柱は、忠烈王代半ば以降、人質としての意味がうすれることで禿魯花の派遣は形骸化するとしている。[88]しかしこれは禿魯花の本質を、高麗を牽制する抑圧的な人質としてのみとらえた見方である。禿魯花がケシクにはいることで上記のようなさまざまな意義が生じ、それが高麗・元関係において機能していた事実はみのがせない。牽制・抑圧としての効果が積極的に発揮されるべき状況がなくなってゆくのは事実だが、それをもって禿魯花の制度的な意味がまったく失われたかのようにみるのは当を得ていないのである。[89]

ただしケシクへの参与が高麗王家の勲功・栄誉であるとの言辞は、多くの場合、元朝政府との交渉において高麗側の発言力を強め、あるいは高麗王家やその特定の王を顕彰する政治的な文脈においてのべられており、わりびいてうけとる必要もある。しかしみずからケシクにはいることを望んだ王淯のような例が当初より存在し、後代には忠宣王のごとく元での生活に執心してケシクにとどまりつづけた者もいる。またケシクとして元朝宮廷にあることで高麗王族は元の政局に関係するようにもなり、その動向は本国の政局とも密接に関係した。最初の執政に失敗して元に召喚されたのち、王位継承権もあやぶまれた忠宣王は、成宗没後の元の内紛とその後の武宗〝推戴〟に関わり、これを背景として高麗本国での奪権に成功した。のちに同王は仁宗につかえて厚遇されるが、つぎの英宗が前代の執権者たちを粛清した際には同王も流配に処された。その英宗につかえた瀋王暠は、カアンの寵遇を背景に高麗王位をうかがって策動した。また忠恵王がケシクにはいったころ、大規模な帝位継承紛争（天暦の内乱）がおこったが、そのなかで同王は文宗政権の権臣エル・テムルの知遇を得て、このことが父忠粛王にかわって王位につく契機となる。以上の事件については別の機会に詳論したいとおもうが、高麗王家、および個々の王族は、元、ひいては高麗本国での政治的上昇の捷径として、むしろケシクという場を積極的に利用していったといえるだろう。

（2）公主降嫁の事由として

本書第三章で詳論したように、事元期の高麗王は代々モンゴル皇族の公主をめとって帝室の駙馬（女壻）となった。忠烈王以降は駙馬高麗国王が正式な王号となり、モンゴル帝国を構成する諸王・駙馬など王侯貴族の分権的な政治単位、投下（位下）の一員として位置づけられるにいたった（本書第一章・第二章、参照）。このような高い政治的地位とむすびつくことから、モンゴル帝国において公主降嫁は最高の恩遇にして大功に対する報奨とされた。筆者は本書第一章第二節において、高麗王家に関しては〝太祖チンギスと世祖クビライへの率先帰服〟および〝忠烈王が禿魯花となって世祖につかえたこと〟が降嫁開始の事由になったことを指摘した。前者の率先帰服とは他の駙馬家とも共通する一般的な降嫁事由である。一方、後者の内容は、本章の分析で得られた知見にもとづいて説明しなおすと、忠烈王が世子のときに禿魯花としてケシクにはいり、カアンにつかえた事実をさしている。以下、ケシクへの参与と公主降嫁との相関関係について、本書第一章で論じた内容をふりかえりながら検討してゆこう。

長年にわたる抵抗のすえ、一二六〇（元宗元／中統元）年に元に帰服した高麗に対し、はじめ世祖は従来の抑圧的な施策や要求の多くを撤回ないし保留するなど、懐柔的な態度を示した。しかし数年がすぎても高麗政府は江華島にたてこもったままで、貢物の要求にも難色を示すなどした。そこで世祖は一二六二（元宗三／中統三）年に服属国の義務として戸口調査・軍事協力・糧食供出・駅站設置の履行を求め、一二六八（元宗九／至元五）年には禿魯花の再派遣と、それまで保留してきたダルガチ daruγači（監視官）の設置もこれにくわえた。こうして元は高麗の二心を疑うようになっていったのである。

それゆえ、一二六九（元宗一〇／至元六）年に高麗の権臣林衍が元に無断で国王の廃立を強行すると、元はこれを高麗の離反とみてその廃絶をも検討するにいたる。おりしも元に使行していた世子諶（のちの忠烈王）は、王朝存続の危機をみてとり、元に対し恭順姿勢を明確にすることで、これを回避しようとしたらしい。すなわち林衍討伐の軍事介入とともに、みずからに対する公主の降嫁を奏請したのである。元側もまた高麗の廃絶・接収にともなうリスクやコスト、対南宋戦や対日政策とのかねあいを考慮し、高麗王家を存続させてこれを懐柔、利用するのが得策と判断したらしく、諶の要請をうけいれて公主降嫁をひとまず了承した。

このように両国間に通婚問題が浮上した背景には、逆説的ながら高麗帰服当初における両国関係の不安定さが存在していた。当時の高麗は帰服が遅れた国家と認識されており、それは最初の公主降嫁が実現した一二七四（元宗一五／至元一一）年ころでも同様だった。高麗が太祖・世祖に率先帰服したと認識されるのは一三世紀末以降とみられる。当然、当初において〝太祖・世祖への率先帰服〟が公主降嫁を開始する事由とはなるべくもなかった。

では忠烈王が禿魯花としてケシクにはいりカアンにつかえたことはどうであろうか。筆者は本書第一章において、このことを率先帰服に比して二義的な勲功とみた。しかしこれを公主降嫁にむすびつけるような言辞は、たとえば『高麗史』巻三一・忠烈王世家・二五（大徳三／一二九九）年一〇月是月におさめる忠烈王の上表文に、

臣（＝忠烈王）はかつて世子として入侍し、帝室と通婚することがかない、とうとう甥舅の関係をむすびました。（臣嘗以世子入侍、得連婚帝室、遂為甥舅）

とある。また『高麗史』巻三三・忠宣王世家・忠烈王二四（大徳二／一二九八）年正月戊申におさめる忠宣王の教書でも、つぎのようにのべられている。

T　我が光文宣徳太上王（＝忠烈王）におよび、潜邸のとき、民草を安んずるために意を決し、みずから叡慮して皇帝の宮廷に入侍し、公主にめあわされることがかなった。（逮我光文宣徳太上王、在潜邸時、為安黎庶、断自睿慮、入侍帝庭、得配王姫）

何よりそのことは、忠烈王にはじめて公主が降嫁されたことを元に謝する「謝釐降公主表」（『東文選』巻三七、金坵『止浦集』巻一）において、

皇女がようやく降嫁され、我が国の人々はよろこびをきわめています。およそ仰ぎみて、だれが欣喜雀躍せずにいましょうか。伏しておもいますに、臣は深い宿縁によりさいわいな盛時に生まれ、四年にわたって天子の宮廷に入侍し、万国が争って賛美する恩遇をうけ、たちまち皇女と婚姻し、千古聞くこともまれな寵遇をうけました。そこで藩職を継ぐことを許し、ただちに本国におもむかせることとし、さっそく温雅な車服を下され、はるかな道のりをおだやかに通過しました。（王姫方降、国俗尽歓。凡在瞻覩、孰非抃躍。伏念、臣深縁宿劫、生幸昌期、四年入侍於宸庭、万邦争美之恩遇、一旦連婚於皇息、千古罕聞之眷憐。仍許襲藩、旋令就国、尋降粛雍之車服、穏経遐遠之道途）

とあらわされている。すなわち公主降嫁は、忠烈王が四年間にわたりケシクとしてカアンにつかえるなかでうけた「恩遇」の延長上に位置するのである。

前述のごとく、ケシクにおける忠勤はカアンに対する勲功となるので、これを公主降嫁の事由とすることはいちおう可能におもえる。しかし問題がないわけではない。一二六九（元宗一〇／至元六）年における最初の降嫁承認は当座の処置だったようで、廃立事件の終結後、翌一二七〇（元宗一一／至元七）年はじめに入元した元宗はあらためてこのことを奏請し、同時に世子も「［みずからが］朝廷にて陪従し、また公主をめとることを乞う（乞随朝及尚主）」[90]

（以下、史料U）と奏請した。しかしこのときは高麗情勢の不安定さと、正式に奏請使をたてるべきことなどを理由に要請は却下された。そこで翌一二七一（元宗一二／至元八）年正月、元宗は遣使してあらためて世子への公主降嫁を奏請し、同年一〇月、元より帰国した李昌慶によってその承認が伝えられる。[91] 一方、世子諶はこの年六月に禿魯花として遣わされ（史料L）、翌月には元朝宮廷に到着している。[92] 上記の李昌慶はそのとき諶を護送した高麗の枢密院副使であった（史料L）。すなわち降嫁の承認は諶が禿魯花となってケシクにはいるのと前後する時期だったとみられるのである。諶がケシクとして忠勤にはげみ、公主を降嫁されるに足るカアンの恩寵をうけるかどうか、客観的には見込みにとどまる段階だったといわねばならない。

もちろん一二六九年における通婚の決定は、前述のごとく国王廃立事件をめぐる現実的な政治上・軍事上の判断を背景にするものとおもわれる。一二七一年における承認は、高麗側の正式な奏請に応じてこれを再確認しただけであり、ケシクへの参与を公主降嫁にむすびつけるのは後づけの論理にすぎないかにもみえる。

しかし高麗側は世子諶がケシクにはいることを、通婚を実現するうえで重要な契機ととらえていたようである。大徳五（忠烈王二七／一三〇一）年付けの金晅撰「匡靖大夫都僉議参理集賢殿大学士同修国史金賆墓誌」[93] につぎのような一節がみえている。

辛未年（＝一二七一（元宗一二／至元八）年）、今上（＝忠烈王）は東宮におり、天子の宮廷に入侍した。公は礼部郎中となり、随従して入朝し、四年にわたって精勤し、〔忠烈王の〕補導に多くの功績をあげた。王室は公主〔の降嫁〕を表請し、公は一行とともにめでたい降嫁の成就をたすけた。これが安平公主である。（辛未歳、今上在東宮、入侍天庭。公為礼部郎中、随従上朝、勤労四載、輔導功多。朝家表請公主、公与一行賛成釐降之休。是為安平公主）

世子諶がケシクにはいりカアンに近侍すると、金賆ら従臣は元朝宮廷において公主降嫁の実現のためにはたらきかけをおこなったという。すでに一二七〇（元宗一一／至元七）年の段階で諶が公主降嫁の要請と同時にみずからが「朝廷にて陪従（随朝）」することを願い出たことは（史料U）、この点と関連して注目される。これは広い意味において元朝宮廷につかえることをいうのではなく、それまで高麗に禿魯花の派遣が要求されてきたことからみて、世子が禿魯花としてケシクにはいることをさすとみるのが妥当であろう。史料Tに、忠烈王が民草を安んずるため、みずから叡慮して皇帝の宮廷に「入侍」し、公主をめとることができたとあるのも、ケシク参与に関する高麗側の意図を伝えているとおもわれる。ケシクにいた諶が一部の従臣の要望をうけて帰国を考えた際、薛仁倹・金愲らは、

世子がここにいるのは、社稷を守ろうとしてのことです。いまこのことを要請して帰国すれば、国がその弊害をうけます。どこにいて社稷を守るというのでしょうか。（世子在此、将以衛社稷也。今請此事以還、則国受其弊。安在其衛社稷耶）

と諫めたという。[94]高麗の社稷を守るためには世子が元朝宮廷にいなくてはならないという。明言こそしないが、既述のような状況をふまえるならば、ここに公主降嫁の実現という目的が含意されていた可能性は十分に考えられよう。

以上のような高麗側の意図は、どのような理由によるものだろうか。世祖が元宗からの最初の降嫁要請を却下した際、「達旦之法」（モンゴルの慣例）では「真実交親」の相手でも通婚は「敢」えて許さないものであること。高麗はしかるべき奏請の手続きをふんでいないこと。またその前提として、国王廃立事件以来の国内の混乱を収拾して服属をたしかなものにすべきこと、などを指摘したことが注目される。[95]実際上の通婚の必要性をみとめたにせよ、なおも元側は降嫁の実施においてその手続きや理由づけを課題にしたと考えられる。

すなわち高麗王家においては、元への服属を確実にすることは当然として、さらには単なる「交親」以上の関係の〝形〟をきずくことが望まれたのではないだろうか。当時同王家は率先帰服という大功には該当し得ず、江華島から

開京（現・黄海北道開城市）への還都やダルガチの受入などは、服属の証となっても勲功というほどの積極性はない。イキレス昌王家には降嫁の事由として軍功があげられた駙馬の例もあるが（『元文類』巻二五・駙馬昌王世徳碑）、高麗が一翼を担う日本攻略はこのころ準備が開始されたばかりである。とすれば、高麗王家がこの時点で元に対してはたし得る貢献、カアンより恩遇をうける契機としては、ケシクにおいて忠勤にはげむ以外にはないことになる。

こうして元側にとって、高麗王家のケシクへの参与は、同王家に対して公主降嫁を開始するうえで、少なくともタテマエ上その事由となし得る、おそらく唯一の〝勲功〟となったであろう。くわえてそこには、高麗王家を帝国に統合するための実質的な効果も期待されたであろう。それゆえ、元側も世子諶が禿魯花としてケシクにはいったことを契機として、降嫁の確約にふみきることができたのではないだろうか。当時、大勢としては高麗の恭順姿勢が評価される趨勢だったのであろう。禿魯花をケシクに入れるのも、以前からの要求にしたがったまでにすぎない。しかし実施時より後代にいたるまで、そのことが降嫁の契機としてのべられることからみて、通婚の実現を後押しし、円滑にしたという相対的な重要性を、ケシクへの参与にみとめてよいとおもう。

すでにのべたようにモンゴル帝室には特定の姻族があり、これと通婚をくりかえしていた。高麗王家もまたその対象となり、通婚は「聖朝諸王駙馬世襲之例」（『高麗史』巻一二六・李仁任伝）にもとづき、また両国の「故事」である（同書巻一二五・柳清臣伝）と認識されるにいたる。一方、禿魯花もまた代々派遣される。かくして、高麗の王子が禿魯花としてカアンのケシクにはいり、やがて駙馬となって王位につくというサイクル、すなわちケシク制度を介して駙馬高麗国王が再生産されるという仕組みが生まれたのである。[96]

六　小結

高麗王家は代々元朝宮廷に禿魯花を送ってケシクに参与させていた。モンゴル帝国が種々の政治集団をカアンの権威のもとに統合してゆくうえで発揮されたケシク制度の機能は、同王家に対しても、少なくともタテマエのうえで遺憾なく発揮され、それなりの実質的効果もともなっていたとみられる。くわえて高麗王家によるケシクへの参与は、両国の安定した統属関係を構築するために公主降嫁という方策がとられるなか、これを動機づける事由として、タテマエと実質の両面において一定の重要性があったと考えられる。モンゴルにおいて駙馬家がケシクに参与すること自体は特殊なことでもなかったようだが、[97]駙馬という地位そのものがケシク制度との密接な関係において成立していたのは高麗王家の特色ではないかとおもわれる。当初の問題にたちかえっていえば、高麗と元の政治関係における禿魯花の派遣の意義とは、基本的に以上のようなケシク制度の意義をもって説明されるであろう。

高麗史研究において、禿魯花の問題は元の周辺諸国政策のひとこまとみなされがちである。しかし、この制度が元国内の一定レベル以上の政治支配層にも広く適用されていたことにあらためて注意したい。高麗王もまた元を構成する一分権勢力としての駙馬であるとともに、禿魯花の制度を通じてカアンのケシクという地位を獲得したわけだが、この二つの属性のあいだには密接な相関関係があったのである。今後さらに高麗と元のあいだでおこなわれた制度・慣例の数々を検証してゆかなくてはならないが、その際、それらを体系的・構造的に把握するためには、このような制度・慣例間の相互関係に注意する必要があるだろう。

なお、元のケシク制度が高麗におよぼした影響については、本章で論じた制度的内容以外にも、派生的な問題がのこされている。政治面にかぎって例示すると、[98]本章でも言及したように、まず元の中央政界における高麗王族の活動があげられる。また王族とその随従臣僚の関係も重要なテーマとなる。こうした臣僚はみずからがつかえる王族を推戴して一種の党派勢力をなす傾向があり、当該人物が王位についた暁には政権をささえる重要な構成員となった。

当時の高麗王権をとりまく政治環境は、以上のことと複雑にむすびついていたようである。たとえば当時頻発した国王の重祚や王位をめぐる政争のうち、いくつかのケースについては、上記のごとく形成された高麗内部の党派勢力間の対立が、ケシクという場を通じ、やはり権力闘争があいついだ元の政局にもむすびついて発生したものとおもわれる。

その一方で、ケシクとなった王族の随従臣僚からは、とくに官人子弟の禿魯花がケシクとしてカアンにつかえたほか、個別に元の官職をうける者があらわれるようになる。さらに広くみわたすならば、ケシクには他にもさまざまな高麗人がさまざまな経路を通じて参入していた。こうして高麗政府の臣僚のなかに国王をとびこえてカアンの直臣の身分をもつ者があらわれたことは、ときとして本国における国王の権威をいちじるしく損なうことにもつながったようである。

こうした問題も、すべて今後の検討課題になることを明記しておく。

註

（1）たとえば柳洪烈［一九五七］、Henthorn［一九六三］、高柄翊［一九七四］、張東翼［一九九四a］、李益柱［一九九六a］、同［一九九六c］、金渭顕［二〇〇四］などがある。
（2）梁義淑［一九九三a］、同［一九九三b］。
（3）乙坂［一九九八］。
（4）梁義淑［一九九三a］一七六〜一七八頁、同［一九九三b］二三〜二四頁。また註記や概説での簡単な言及ながら、堤［一九九五］（五〜六・八頁）と岸本／宮嶋［一九九八］（一四頁）も同様な指摘をしている。
（5）禿魯花については、札奇斯欽［一九八〇］八〇九〜八一一頁、村上［一九九三b］一六一〜一六二頁、同［一九九三c］一八七〜一八八頁、参照。
（6）本章で言及するケシク制度の内容については、箭内［一九三〇］、ウラヂミルツォフ［一九四一］、護［一九五二a］、同［一九五

二b］、坂本［一九七〇］、真杉［一九七〇］、片山［一九七七］、Hsiao［一九七八］、片山［一九八〇a］、同［一九八〇b］、蕭［一九八三b］、葉［一九八三］、片山［一九八七a］、同［一九八七b］、同［一九八八］、村上［一九九三b］、同［一九九三c］を直接の参考とした。

(7) Hsiao［一九七八］四一頁、片山［一九八〇a］二五～二七頁、蕭［一九八三b］七五～七七頁、参照。札奇斯欽［一九八〇］（八〇四～八〇九頁）は、世祖以降の禿魯花はケシクと関係がなくなるとみているが、正しくない。

(8) 片山［一九八〇a］二三～二五頁、参照。

(9) 高麗ではもともと世嗣を太子と称したが、元に対する僭擬をさけ、公式には忠烈王代のはじめまでに世子と改称した。本章では便宜上、史料に直接もとづかないかぎり、事元期については用語を世子に統一する。

(10) 史料Aについては、一見、官人子弟のみが禿魯花となり、忠烈王はこれを引率しただけのように読めるかも知れない。しかし『高麗史』巻一二四・尹秀伝に、「忠烈王が元にあって禿魯花となるや（忠烈之在元、為禿魯花也）」とあり、また『元史』巻七・世祖本紀・至元八年七月乙酉に、「高麗の世子諶が質子となった（高麗世子愖《ママ》入質）」とあり、忠烈王自身も禿魯花だったことが確認される。

(11) 史料Cについては、一見、官人子弟のみが禿魯花となり、帯方公はこれを引率しただけのように読めるかも知れない。しかし前出「忠憲王世家」に、「この年、堂弟の帯方公澂を遣わして入朝させ、禿魯花とした（是年、遣堂弟帯方公徴《ママ》入朝、為禿魯花）」とあり、帯方公も禿魯花だったことが確認される（この記事の前に一二七五（忠烈王元／至元一二）年の官制改革に関する記載があり、「この年」は一二七五年に相当することがわかる）。

(12) 韓国・国立中央博物館蔵。筆者実見。撰述年次は明記されないが、墓主は「元統三」（忠粛王後四／後至元元／一三三五）年没、同年埋葬。なお釈文にあたっては、崔瀣『拙藁千百』巻二・寿寧翁主金氏墓誌、『東文選』巻一二三・寿寧翁主金氏墓誌、劉燕庭（劉承幹補）『海東金石苑』補遺巻六・寿寧翁主金氏墓誌、朝鮮総督府［一九一九］四八一～四八三頁、許興植［一九八四b］一一四三～一一四六頁、金龍善［二〇一二］四八二～四八四頁も参照。

(13) 元において「質子」と称される者のなかには、地方駐屯軍の要員も存在した。たとえば『元史』巻九九・兵志・鎮戍の中統元（元宗元／一二六〇）年五月詔に西京・宣徳駐屯の質子軍、中統三（元宗三／一二六二）年一〇月詔に固安・平灤州駐屯の質子軍がみえる。しかし宮廷で「宿衛」にあたる高麗王族の禿魯花はこうしたものに該当しない。

(14) 片山［一九八〇a］四七～四八頁。

(15) 『慈渓文稿』巻一七・元故亜中大夫河南府路総管韓公神道碑并序。

(16) 『稼亭集』巻一二・有元亜中大夫河南府路摠管兼本路諸軍奥魯摠管内勧農事知河防事贈集賢直学士軽車都尉高陽侯諡正恵韓公行状。

（17）あくまで元における「宿衛」の話である。高麗側史料には高麗王の護衛を「宿衛」と記す場合もあるので、機械的な即断は禁物である。
（18）『益斎乱藁』巻八。この陳情表は一三四五（忠穆王元／至正五）年に頒降されたカアンの詔書に対するものである。
（19）『高麗史』巻一三〇・趙彝伝附 金裕伝。
（20）『高麗史節要』巻一七・高宗四二年三月。
（21）『高麗史節要』巻一六・高宗二八年四月、『元史』巻二・太宗本紀・一三年秋。
（22）韓国・国立中央博物館蔵。筆者は韓国・国立文化財研究所の韓国金石文総合映像情報システム（http://gsm.nricp.go.kr/_third/user/main.jsp）により拓本写真を閲覧（二〇一三年九月一日最終確認）。なお釈文にあたっては李蘭暎［一九六八］二〇八～二〇九頁（表題は李仁成墓誌）、許興植［一九八四b］一〇五七～一〇六〇頁（表題は李仁成墓誌）、金龍善［二〇一二］三九七～三九八頁も参照。
（23）金深について『高麗史』巻一〇四・金周鼎伝附 金深伝に、「のちに郎将となり、また弓箭陪として元におもむいた（後為郎将、又以弓箭陪如元）」とあり、王惟紹について『高麗史』巻一二五・王惟紹伝に、「忠烈王代に郎将に任じられ、弓箭陪として元におもむいた（忠烈朝、補郎将、以弓箭陪如元）」とある。
（24）『高麗史節要』巻二一・忠烈王一八（至元二九／一二九二）年六月に、「内僚別将金呂が中郎将王惟紹の妻を宮中におさめた。惟紹は禿魯花として元に入侍しており、呂はまず〔惟紹の妻を〕自分のものとし、その後これを〔宮中に〕おさめた。これにより〔王に〕寵遇され立身した（内僚別将金呂、以中郎将王惟紹妻納于内。惟紹以禿魯花入侍于元、呂先私、而後納之。由是貴寵）」とある。王惟紹が禿魯花となって高麗を留守にしたすきに内僚の金呂がその妻を奪い、のちに彼女を王宮に入れたという。王惟紹が禿魯花となったのは一二九二年以前であろうが、この間、忠烈王、帯方公澂、忠宣王（後述）などが禿魯花として送られている。
（25）韓国・京畿道博物館蔵。本墓誌銘については現在まで実物・拓本等の閲覧がかなわないため、釈文はひとまず金成煥［二〇〇〇］、金龍善［二〇一二］六三九～六四二頁による。撰述年次は明記されないが、墓主は延祐三（忠粛王三／一三一六）年没、同年埋葬。
（26）『高麗史』巻二六・元宗世家・一〇年一二月甲申。
（27）『高麗史』巻三〇・忠烈王世家・一三年二月庚子。
（28）本書第二章第二節、参照。カアン以外でもモンゴル帝室の諸王・公主・駙馬などはみずからのケシクを保有することが許された。
（29）ただしそのようにみると、前述のごとく忠烈王以降の高麗王はみずからのケシクを保有したので、これもまた弓箭陪とよばれた疑いが生じよう。しかし管見では高麗王のケシクに王族が充当された形跡はみとめられず、少なくとも高麗王族が弓箭陪である場合、高麗王のケシクからは除外してよい。また高麗官人が弓箭陪である史料上のケースについても、高麗王のケシクをさすことが疑われる事例はいまのところない。
(30) 直接にはカアンに近侍した期間を検証する。官僚となったり特別の用命をうけたりしてケシクをはなれた者も、非番時や退任後にはケシクに復帰するなど、その資格は失われなかった（片山［一九八〇b］三～八頁、参照）。高麗の版図判書である崔源もみずからを「皇帝」の「怯薛」（ケシク）と称している（『高麗史』巻一三一・崔濡伝）。ケシクにはいった高麗王族の多くは、のちに王位継承などのため帰国したが、同様であった可能性が考えられる。
(31) その結果、本国からみすてられる形となった永寧公は、モンゴル側に寝返って対高麗戦に参画する道を選ぶ。またのちに遼東地方の高麗降民を統轄する総管に任じられ、元では瀋陽に治する安撫高麗軍民総管となった（北村［一九七二］一一三～一一六頁、参照）。
(32) 梁義淑［一九九三a］一五〇～一五二頁、同［一九九三b］一一頁。
(33)『高麗史』巻二五・元宗世家・元（中統元／一二六〇）年三月丁亥。
(34)『高麗史』巻二六・元宗世家・九年三月壬申。
(35) この問題については本書第九章第二節(2)、参照。
(36)『高麗史節要』巻一八・元宗一〇年七月。
(37)『高麗史』巻二七・元宗世家・一三年二月己亥。なお帰国申請自体は前年のうちにおこなわれている（『元史』巻七・世祖本紀・至元八年九月癸亥）。
(38)『高麗史』巻二七・元宗世家・一三年一二月丁未。
(39)『高麗史』巻二八・忠烈王世家・元宗一五年八月戊辰。
(40)『高麗史』巻二八・忠烈王世家・二（至元一三／一二七六）年閏三月癸丑。『元史』巻九・世祖本紀・至元一三年正月己丑に「高麗国に勅を下して官僚の子弟を質子とさせる（勅高麗国、以有官子弟為質）」とあるが、帯方公一行に資格問題が生じた結果の指令であろう。
(41)『高麗史』巻三〇・忠烈王世家・一八年九月丙寅。
(42)『高麗史』巻二八・忠烈王世家・元年一〇月庚戌。
(43)『高麗史』巻三一・忠烈王世家・二四年九月丙申。
(44)『高麗史』巻三〇・忠烈王世家・一八年五月戊戌、閏六月（正しくは七月）丙戌、同書巻三一・忠烈王世家・二一年八月戊午、一二月癸卯、二三年六月丙午、一〇月癸巳。
(45) 実際にはクーデタによって成宗没後の元朝宮廷をいったん掌握したアユルバルワダ（のちの仁宗）が、強大な軍事力を有する兄カイシャンに対して妥協を余儀なくされた結果である。

(46)『高麗史』巻三三・忠宣王世家・忠烈王三四年八月壬子、一一月壬申。

(47)『高麗史』巻三四・忠粛王世家・忠宣王五年四月丙戌、忠粛王元（延祐元／一三一四）年正月丁未。

(48) 以上の文書形式については、箭内［一九三〇］二三六～二三八頁、片山［一九七七］九四～九五頁、同［一九八〇b］七頁、参照。なお「速古児赤月魯帖木児知院」をひとくくりによむのは、第一に『元史』巻二四・仁宗本紀・至大四（忠宣王三／一三一一）年三月是月に知枢密院事の「月魯帖木児」がみえ、また『通制条格』巻八・儀制・公服私賀に皇慶二（忠宣王五／一三一三）年正月における「月魯帖木児知院」の存在が確認され、ともに本史料の人物と同一と考えられること。第二にこの種の文書には怯薛執事名＋人名＋随朝官名という表記法がしばしばみられることによる（片山［一九八〇b］七頁、参照）。

(49) 第一～第四のケシク各番は、当初太祖チンギスの功臣ボロクル、ボールチュ、ムカリ、チラウンとその子孫がそれぞれ領するとされたが、のちに第一ケシクはカアンみずから領する大《イエケ》ケシクとなり、第四ケシクもチラウンの後裔に適格者が絶え、ボロクルの後裔その他が領した（片山［一九七七］、葉［一九八三］参照）。

(50) Hambis［一九四五］一二〇～一二一・一四三頁、参照。なお西平王イジル・ブカの存在を傍証する史料としては、『元史』巻一八・成宗本紀・至元三一年六月壬辰の「西平王奥魯赤・寧遠王闊闊出・鎮南王脱歓および也先帖木而の大会における賞賜の例をさだめ、金各五〇〇両・銀五〇〇〇両・鈔二〇〇〇錠・幣帛各二〇〇匹とし、諸王帖木而不花・也只里不花らは金各四〇〇両・銀四〇〇〇両・鈔一六〇〇錠・幣帛各一六〇匹とする（定西平王奥魯赤・寧遠王闊闊出・鎮南王脱歓及也先帖木而大会賞賜例、金各五百両・銀五千両・鈔二千錠・幣帛各二百匹、諸王帖木而不花・也只里不花等、金各四百両・銀四千両・鈔一千六百錠・幣帛各一百六十匹）」という記事もある。世祖後裔の諸王に対する成宗の下賜規定であるが、前半は世祖の皇子に対するもので（也先帖木而はすでに死亡した雲南王フゲチの子であろう）、つづく格下の帖木而不花は当時チベット方面で活動中の奥魯赤の第一子とみられる。そのつぎに位置する也只里不花がその弟である可能性は十分に考えられる。

(51) 皇慶元年に元でおこなわれたある奏議のなかで、「世祖の子は寧遠王（＝闊闊出）のみが存命である（世祖子、惟寧遠王在）」という言及がある（『元史』巻一二五・鉄哥伝）。

(52)『元史』巻三五・文宗本紀・至順二年三月癸卯。

(53)『高麗史』巻三二・忠烈王世家・三三年四月甲辰。

(54)『高麗史』巻一二四・尹碩伝でも同じエピソードを伝えており、文章表記から史料Qがその典拠とみられるが、こちらでは忠宣王のときのことであると明記する。

(55)「王は元におもむいた。孫の広平公・江陵侯……等が随行した（王如元。孫広平公・江陵侯……等従行）」（『高麗史』巻三二・忠烈王世家・三一年一一月戊午）とある。忠烈王の孫である広平公・江陵侯については、『高麗史』巻一〇九・朴全之伝に「忠宣王がかつて宮中に召し入れた。広平・江陵二君が侍していた。王は各自に名前を書かせ、それを〔朴全之に〕示して「どちらが国を継承する者であろうか」といった。……数ヶ月とたたずに広平は死去し、はたして江陵が後継となった（忠宣嘗召入内。広平・江陵二君侍。王令各自書名、以示曰、誰享国者。……不数月広平卒、江陵果為嗣）」とあり、忠宣王の後継者候補となる二人の王子だったことがわかる。最終的に王位をついだ江陵君が忠粛王だが、『高麗史』巻三四・忠粛王世家にも同王は五歳で江陵軍承宣使となり、のちに江陵大君に封じられたとある。なお金恵苑［一九八九］（二〇五頁）は、一三〇五年の入元も禿魯花の提出とみるが、根拠にとぼしく、したがえない。

(56)『高麗史』巻三三・忠宣王世家・二年正月是月。

(57)『高麗史』巻三三・忠宣王世家・二年五月乙巳。

(58)『高麗史』巻三四・忠粛王世家・忠宣王五年四月丙戌。

(59)『高麗史』巻九一・宗室伝・江陽公滋、『高麗史節要』巻二三・忠宣王五年三月甲寅。

(60)『高麗史』巻三五・忠粛王世家・後二年四月丁卯、『高麗史節要』巻二五・忠粛王後八年六月、八月、『高麗史』巻三七・忠穆王世家・忠恵王後五年一二月己巳。

(61)『高麗史』巻三六・忠恵王世家・忠粛王一七年二月壬午。

(62)『高麗史』巻三六・忠恵王世家・忠粛王一七年五月丙子。

(63)『高麗史』巻三六・忠恵王世家・忠粛王一七年八月丙辰。

(64)『高麗史』巻三六・忠恵王世家・二年二月甲子。

(65)ケシクの勤務怠慢は肉刑や流刑をもって厳誡されている（『モンゴル秘史』第二二七節）。

(66)『高麗史』巻三六・忠恵王世家・後四年一一月甲申。

(67)『高麗史』巻三六・忠恵王世家・後二年五月癸酉。

(68)『高麗史』巻三七・忠穆王世家・忠恵王後五年四月乙酉。

(69)『高麗史』巻三七・忠定王世家・三年一〇月壬午。

(70)『高麗史』巻三八・恭愍王世家・忠定王三年一二月庚子。

(71)乙坂［一九九八］（二五頁）は、忠宣王の庶子徳興君塔思帖木児も「入質」者とみる。しかし、彼はもと僧籍にあって忠定王三（至正一一／一三五一）年に元に「逃奔」した人物であり（『高麗史』巻九一・宗室伝・徳興君塔思帖木児）、高麗政府が派遣した禿魯花とはいえない。

(72)ケシク制度を媒介とする元朝皇帝と高麗王家の関係を考察する本章では直接の検討対象としないが、元の皇太子のケシクとなった高麗王族もいる。安東権氏の出身だが忠宣王の王子として待遇された王煦は、仁宗のときに同王の推薦で「皇太子東古赤《シクルチ》」（シクルチ šikürči は天蓋・衣服をつかさどる怯薛執事の一職）となった（『東文選』巻一二五・鶏林府院大君贈諡正献王公墓誌銘并序）。

また瀋王暠の孫である脱脱不花は、順帝の皇太子アユルシリダラの「東宮怯薛官」となった（『元史』巻四二・順帝本紀・至正一〇（忠定王二／一三五〇）年一一月丙辰）。このように、カアン以外のケシクの場合、ふつうは史料上に何らかの形で所属先が明示される。これまでとくに言及しなかったが、上記二例以外の高麗王族が参与したケシクについてはそうした形跡がとくにみとめられないので、カアンのケシクとみなして問題なかろう。

（73）なお忠烈王・忠宣王・帯方公などはケシクにありながら一時帰国したこともあるが、許可を得て、あるいはカアンの用命等により一時的にケシクを離れることは可能であった（ポーロ［一九七〇］二一九〜二二〇頁、片山［一九八〇b］三〜五頁、参照）。

（74）『元文類』経世大典序録・政典・征伐・高麗では、史料Sの直前まで両国の交渉開始から元宗代の三別抄鎮圧にいたるモンゴル・高麗関係の主要事件を年代順に記述している。そのため一見、史料Sは元宗代の世子諶のケシク参与についてのべているかにもみえる。しかし世子諶のケシク参与は三別抄鎮圧前のことである。また個別事件の叙述では各高麗王族について基本的に姓諱や諱で個別に表記するのに対し、史料Sでは漠然と「王」「世子」と記している。以上のことから史料Sは、「歴代皇帝（列聖）」と高麗王家との関係を総括した記事とみるべきである。

（75）村上［一九九三b］一六八頁。

（76）一五歳という適齢は、忠烈王と忠穆王をのぞき、禿魯花となった時点の年齢がわかる忠宣王（一六歳）・忠粛王（一五歳）・忠恵王（一四歳）・恭愍王（一二歳。同王が禿魯花だったことは後述する）につき、おおまかに符合する。

（77）「忠憲王世家」による。ただし、帯方公は忠烈王と同輩行であるものの、親等関係は大きくへだたる（図4-1参照）。

（78）忠烈王には貞信府主王氏所生の長子江陽公滋がいたが、モンゴル公主が正妃となり、忠宣王が生まれたため、滋はこれに世子位をゆずる形となり、一二七九（忠烈王五／至元一六）年には東深寺に世子を「避」けている（『高麗史』巻九一・宗室伝・江陽公滋）。こうした事情から彼は禿魯花とされなかったようである。また王弟の順安公琮もいたが、当時は王位をねらって忠烈王を呪詛したとの疑いで失脚していた（『高麗史』巻九一・宗室伝・順安公琮）。その他の王族のなかから、なぜ帯方公なのかという疑問には明答しにくいが、少なくとも同公は元に遣使されたり（『高麗史』巻二七・元宗世家・一四（至元一〇／一二七三）年正月癸亥）、輿入れするモンゴル公主の迎接に参列したりするなど（同書巻二八・忠烈王世家・元宗一五（至元一一／一二七四）年一〇月辛酉）、当時は宗室中でも枢要な位置にあったらしい。

（79）李益柱［一九九六a］（六一〜六二頁）、同［一九九六c］（三〇頁）は、一二七九（忠烈王五／至元一六）年における帯方公澂の派遣について、前年に廃止されたダルガチ daruγači（監視官）等にかわる新たな高麗牽制手段として禿魯花が強化されたものとみる。そうした意図や意味がまったくなかったとは断定できないが、以上のごとく、少なくとも定常的な禿魯花の派遣という形式から逸脱する措置とはいえないのである。

（80）北村［一九七二］一〇一〜一〇八頁、参照。

(81) 乙坂［一九九八］(二二～二六頁)は、王弟である王祺の派遣を異例とし、禿魯花が元側で適当な王位継承者を選ぶ手段に変質したとするが、少なくとも形式を逸脱するものではなかった。問題は祺を忠恵王の子としてあつかう動機が元側・高麗側のどちらにどのようにあったかだが、少なくとも祺は曲折をへて結果的に即位したのであり(閔［一九八一］参照)、決して既定の王位継承者ではなかった。

(82) 註30参照。

(83) 梁義淑［一九九三a］一五八頁、同［一九九三b］一三～一四頁。なお柳洪烈［一九五七］(三二頁)、高柄翊［一九七四］(三九七頁)でもほぼ同様な見解を示す。

(84)『高麗史』巻三三・忠宣王世家・忠烈王二四年五月辛卯にもほぼ同文をおさめるが、「共国庶政」を「共国庶務」、「大朝之制」を「大都之制」につくる。文意に大差は生じないが、用語としては『高麗史節要』のほうが本来の文面に近いと判断される。

(85)『高麗史』巻三一・忠烈王世家・二三年一〇月丙申。

(86)『高麗史』巻三四・忠粛王世家・元年正月甲辰。

(87)『高麗史』巻三三・忠宣王世家・忠烈王三四(至大元／一三〇八)年一〇月辛亥。

(88) 李益柱［一九九六a］六二頁、同［一九九六c］三〇頁。

(89) 柳洪烈［一九五七］(三二～三三頁)、高柄翊［一九七四］(三九七頁)、梁義淑［一九九三b］(一三～一五頁)、張東翼［一九九四a］(一六九頁)、金渭顕［二〇〇四］(三八八頁)もおおむね李益柱と同意見である。梁義淑［一九九三b］とHenthorn［一九六三］(二一三頁)は、通婚関係が成立して禿魯花の必要が失われたとものべる。だが後述のごとく禿魯花の派遣は通婚関係と矛盾するどころか、高麗・元両国の通婚と密接な関係があったと考えられる。

(90)『元史』巻七・世祖本紀・至元七年二月乙未。

(91)『高麗史』巻二七・元宗世家・一二年正月丙子、一〇月辛丑。

(92)『元史』巻七・世祖本紀・至元八年七月乙酉。

(93) 韓国・国立中央博物館蔵。筆者実見。なお釈文にあたっては李蘭暎［一九六八］二七六～二七七頁、許興植［一九八四b］一〇八四～一〇八五頁、金龍善［二〇一二］四一一～四一三頁も参照。

(94)『高麗史節要』巻一九・元宗一三(至元九／一二七二)年二月。『高麗史』巻二七・元宗世家・一三年二月己亥にもほぼ同文を掲げるが、「則」以降の部分を「則如本国何(本国をどうしましょう)」と簡略に記している。

(95)『高麗史』巻二六・元宗世家・一一(至元七／一二七〇)年二月甲戌。また本書第一章第三節、参照。

(96) 金恵苑［一九八九］(二〇二・二〇五頁)は、高麗王族は元朝宮廷に「宿衛」しながら通婚対象となる公主を物色したとものべる。しかし通婚相手が選定されるまでの具体的な過程は今後の検証課題である。

(97) 駙馬がケシクとなった例は、管見の漢文史料では、「知院にして駙馬である塔失帖木児が宿衛した（知院駙馬塔失帖木児宿衛）」（『元史』巻一七八・王約伝）とあるほか、ウイグル高昌王家について確認される（『元史』巻一二二・巴而朮阿而忒的斤伝、虞集「高昌王世勲碑」（『道園学古録』巻二四、『道園類稿』巻三九、『元文類』巻二六、乾隆「武威県志」（『五涼考治六徳集全誌』巻一））。モンゴルの駙馬家も千戸群の構成員であったし、「諸王帖木児が雲南より帰還した。宿衛にはいり、鈔二五〇〇〇貫を賜った（諸王帖木児、還自雲南。入宿衛、賜鈔二万五千貫）」（『元史』巻二八・英宗本紀・至治三（忠粛王一〇／一三二三）年七月甲辰）とあるように、諸王にしてケシクとなった例もある。これらの駙馬家に関してもケシクに参与することが課せられていたとみてよいのではないだろうか。

(98) なお高麗・元間の文化交流における影響については、朱子学が高麗に伝来した背景としての意義を森平［二〇一一］で論じている。

第2編　相互連絡のインターフェースと高麗・元関係

第五章　高麗王とモンゴル官府・官人の往復文書

はじめに

高麗と元のあいだに地理的な距離をこえて密接なむすびつきを生み出した要素の一つに、意思・情報の伝達手段をあげることができる。本章から第八章にかけてとりあげる公文書、交通、使節といった論題は、いずれもその主要な一端をなすものだが、まず本章とつぎの第六章では、両国のあいだで交わされた公文書に着目してみたい。

高麗・元関係を規定する制度や慣例に関しては、従来さまざまな角度から分析がくわえられてきたが、この公文書に関しては、元＝モンゴル帝国史研究において文書制度が支配・統合の関鍵としてさまざまな観点から重視されているのに対し、まったく等閑視されてきた。その際、モンゴル皇帝の聖旨（ジャルリグ ǰarliγ）と高麗王の表文という君主間で交わされる文書に基本的な重要性と政治的象徴性があることは、前代までの高麗の対外関係と特段の違いはない。しかし対元関係における特徴としてむしろ注意されるのは、高麗王が中書省を中心とする元の高級官府とのあいだで活発に文書をやりとりしたことである。

これはあくまで下位レベルの実務的な性格のものにすぎないといえるかも知れない。しかし高麗王が他国の官府と直接文書をやりとりすること自体、モンゴル登場以前にはほとんどみられないか、少なくとも表にはあらわれない新しい現象であり、その制度・運用上の特色は、両国の複雑な関係を体系的に理解するうえで看過できない問題をはらんでいる。結論をさきどりすると、それはとりわけ、高麗において征東行省という元の官府が設立され、高麗王がその長官職（丞相）を世襲的に兼任したことと密接に関連してくる。

本章では、こうした高麗王と元の高級官府とのあいだで交わされた文書の形式とその背景を探ってゆくが、その際あわせて、その史的前提を対元講和前の対モンゴル交渉にさかのぼって確認しておきたい。そこで以下では便宜上、対元講和前（I）とそれ以降（II）の二つのパートにわけて論をすすめてゆくことにする。

I　対元講和前の文書──高麗王啓とモンゴル文直訳体文書

一　問題の所在

高麗が一二三一（高宗一八／太宗オゴデイ三）年より本格化したモンゴル帝国の侵略に対し、三〇年近くにわたりねばり強く抵抗しつづけたことは周知の事実である。[1]しかし交戦の一方で外交による事態の打開を模索していたことは、同じモンゴルに対し大筋において強硬姿勢一辺倒となった日本とくらべた場合、[2]対照的な特徴といえる。そのプロセスを正面からとりあげた研究としては李益柱と姜在光の論考もあるが、[3]その内容と歴史的意義については、今後さらに詳細かつ多角的に分析されなくてはならない。

両国間で交わされた文書もそうした論題の一つであり、ここではそのうち高麗がモンゴル側の官人──軍指揮官と書記官のほか便宜的にモンゴル諸王もふくめる──と交わした文書に着目する。こうした文書はモンゴル皇帝とのあいだで交わされた国書にくらべ、政治的な象徴性や重要性こそおとるが、その前提となる最前線の交渉模様を生々しく伝える史料であり、数量的な比重はむしろ大きい。従来注目されてこなかったその事実関係と歴史的な文脈を検討することで、講和後の対元交渉における使用文書の史的前提を確認し、あわせて対元講和前における対モンゴル交渉の性格の一端を探ることにしたい。

ただし高麗側文書とモンゴル側文書とでは関係史料の残存状況に大きな質的差異があり、文書形式についてある程度体系的な検討が可能になるのは基本的に高麗側の文書にかぎられる。モンゴル側の文書に関しては、高麗側の文献にわずかに移録、引用された断片的な情報にもとづき、その文体と冒頭句、その他若干の用語について、わかる範囲で論及するにとどまるむね、あらかじめ諒解いただきたい。

二　高麗側文書の差出名義と形式

同時代の高麗政府高官だった李奎報（一一六八～一二四一）の文集『東国李相国集』と、朝鮮前期に編まれた歴代名文集である『東文選』、および高麗正史である『高麗史』と『高麗史節要』には、対元講和前に高麗がモンゴル官人に対して送付した文書に関する記録が多数収載されている（表5-1参照。以下、関係文書を整理番号により〝文書01〟のごとくよぶ）。

それらの過半数は李奎報の撰にかかり、また半数近くが一二三二（高宗一九／太宗オゴデイ四）年という特定年内に書かれたものだが、それ以外にも、モンゴル軍がはじめて高麗に姿をあらわして相互の交渉がはじまった一二一〇・二〇年代の文書や、一二三一年以降の交戦の諸段階における文書が、一二五六（高宗四三／憲宗モンケ六）年のものまで記録されている。まずはその差出名義と文書の形式を確認していこう。

表 5-1　対元講和前における高麗の対モンゴル官人文書

番号	録文に示された名義	録文に示された宛先	年次	起草者	首末の書式ないし文書形式に関わる文言	典　拠
01	尚書省	哈真	1218		「牒」	KR 趙冲伝；KS 高宗 5/12
02	〔尚書〕都省	蒙古兵馬元帥	1219	李奎報	某月日右謹致書于某官幕下…惶恐惶恐	蒙古兵馬元帥幕送酒菓書（L28；T61）
03		蒙古皇太弟（オッチギン）	1219-25	〃		蒙古国使齎廻上皇大弟書（L28；T61）
04		大王（オッチギン）	1221	兪升旦	右啓…謹啓	同前書（T61）※回東夏国書に附される
05	国衙行	閣下	1232	李奎報		国衙行荅蒙古書（L28；T61）
06	国衙行	荅児巨元帥（タングト）	〃	〃		同前荅児巨元帥状（L28）
07	淮安公	荅児巨元帥（タングト）	〃	〃		淮安公荅同前元帥状（L28）
08		蒙古国元帥（サルタク）	〃	〃	右啓…	送蒙古国元帥書（L28；T61；KK19/3/ 甲午）
09		撒里打官人（サルタク）	〃	〃	右啓…；「致書」	送撒里打官人書（L28；T61；KK19/4/ 壬戌）
10		河西元帥（タングト）	〃	〃	右啓…	送河西元帥書（L28；T61）
11	淮安公	河西元帥（タングト）	〃	〃	某啓…再拝謹啓	淮安公荅河西元帥書（L28；T61）
12		某官	〃	〃	右啓…不宣謹啓	送某官状（L28）
13		蒙古官人	〃	〃	右啓…	荅蒙古官人書（L28；T61；KK19/9）
14		沙打官人（サルタク）	〃	〃	右啓…	荅沙打官人書（L28；T61；KK19/11）
15		晋卿丞相（耶律楚材）	〃	〃	右啓…	送晋卿丞相書（L28；T61）
16		沙打里（サルタク）	〃	〃	右啓…不宣再拝謹啓	荅沙打里書（L28；T61；KK19/11）
17		蒙古大官人	〃	〃	右啓…不宣再拝謹啓	送蒙古大官人書（L28；T61；KK19/12）
18		蒙古大官人	〃	〃	右啓…	荅蒙古大官人書（L28；T61；KK19/12）
19		唐古官人（タングト）	1238	〃		送唐古官人書（L28；T61）
20		晋卿丞相（耶律楚材）	〃	〃		送晋卿丞相書（L28；T61）
21		中山・称海（粘合重山・チンカイ）	1240	金　敞		与中山称海両官人書（T61）
22		唐古官人（タングト）	〃	朴　暄		荅唐古官人書（T62）
23		呉悦官人	〃	李蔵用		与呉悦官人書（T62）
24	王	也窟（イェグゥ）	1253		「致書」	KK40/8/ 己未
25		也窟大王（イェグゥ）	〃		「致書」	KK40/9/ 戊寅
26		也窟・阿母侃・亏悦・王万戸・洪福源	〃		「致書」	KK40/11/ 戊寅
27	王	也窟（イェグゥ）	〃		「書」	KK40/11/ 戊戌
28	王	胡花官人	〃		「書」	〃
29		車羅大（ジャライルタイ）	1256		「書」	KK43/4/ 乙亥

注 1）L：『東国李相国集』（数字は巻数），T：『東文選』（数字は巻数），KK：『高麗史』高宗世家（数字・干支は年月日），KR：『高麗史』列伝，KS：『高麗史節要』（数字は年月）。

2）「　」は，編纂史料の地の文における当該文書に関する表現。

（1）差出名義

文書01・02は、高麗に闖入した契丹集団を追って一二一八（高宗五／太祖チンギス一三）年にはじめて姿をあらわしたモンゴル軍の指揮官に送られた文書である。録文の表題や註記によれば「尚書省」（尚書都省）を差出名義とする。一一八一（明宗一一）年に死亡した李文鐸の墓誌銘には、「対馬島官人」から送られてきた「牒」に対して尚書省が返信しようとした際、「辺吏」に対して破格の対応であるとの批判をうけて中止されたという事件が記されている[4]。必要次第で尚書省が外国に文書を発行する事態はもともと想定されてはいたようである。しかし文書01・02以外に実例は確認されない。高麗の官府が外国の官府・官人と文書を交わす際には、中央の礼賓省や、按察使・防禦使など地方駐在官を差出名義とする牒（統属関係にない官府間で使用する）を用いるのが一般的だった（Ⅱで詳述）。対馬島の官人に関する上記の事案からもうかがわれるように、中央の上級官府である尚書省が直接文書を発行することは、それだけ案件や交渉相手の重要性を意味する。初顔あわせのモンゴル軍指揮官に対して尚書省名義の文書で応対したことは、未知の交渉相手に対する異例な重視のあらわれであり、裏をかえせば、慎重な警戒姿勢ともいえるだろう。

文書07・11は、王族の淮安公侹を差出名義とすることが録文のタイトルに明記されている。前者は淮安公がモンゴルに派遣された際の道中保護に対する礼状であり、後者は、モンゴルの将帥唐古から「令公」宛てに送られた金線を、当の令公である権臣崔怡が受領せず、淮安公名義により謝状を作成することになったものである[5]。これらの場合、いずれも個人による私的性格の強い書状と考えられる。

これに対し、以下の文書は、差出名義が高麗王（当時は高宗。在位一二一三～五九）であることが比較的明瞭にわかる事例である。

まず文書06は、「国衙行」（国家としての立場による発行）の文書が「予」および「不穀」（王侯の謙称）という一人称をもちいて記されており、具体的には王朝を代表する国王の名義だったとみられる。同じく「国衙行」である文書05でも、高麗に逃入してきた「契丹・漢児」を「予」の「情け（不忍之心）」によって「京師」に「留置」したとあり、同様に国王名義で書かれたと考えられる。

文書17には「［モンゴル側が］論じるところの予と崔令公の出頭のこと（所論予及崔令公出来事）」とある。これは本文書（一二三二年一二月）にさきだって発行された文書14（同年一一月）に、モンゴル側の要求内容が、「国王が出てこないならば崔令公を出頭させよ（国王不出、交崔令公出来）」とひかれていることに対応するものであり、「予」とは国王高宗にほかならない。文書21も「予」という一人称によって記される一方、「親弟の新安公を遣わして我が身に代える（遣親弟新安公代我身）」とのべており、王弟新安公の兄である高宗の名義で書かれていることが判明する。同じく「予」という一人称で書かれ、「我親弟新安公」という文言があらわれる文書22も同様であろう。

文書13では、モンゴルの攻撃に対する高麗の人々の動揺を説明し、「予もまたおそれないわけにはいかない（予亦不能無懼）」とのべ、また高麗各地に送りこまれた「達魯火赤」（ダルガチ daruγači＝モンゴルの監視官）の接遇状況に関する詰問に対し、「予もまたそのことを逐一承知しているわけではない（予亦一一不能知之）」と回答している。また文書18では、「予」という一人称により「大官人を遣わして書を皇帝闕下に奉る（遣以大官人、奉書于皇帝闕下）」と記し、文書20でもまた、「予」という一人称により、「使者を遣わして土地の些少の産物を皇帝闕下に奉進する（以土地軽薄所産、遣使介奉進皇帝闕下）」と記している。

これらの「予」は、王朝の統治に責任を負い、王朝を代表してモンゴルと交渉し、遣使・進献をおこなう主体であり、国王にほかならない。文書12の場合、名義人の自称などはみえないが、それはモンゴルの指示を「有司に命じて西北面兵馬使に指揮を下させて（命有司指揮西北面兵馬）」実施する主体であり、やはり国王に相当する。文書15・16・19も「予」という一人称によって書かれているが、差出名義は国王だったと理解してよいとおもう。

文書24・27・28については、国王の文書であることが、典拠である『高麗史』世家の地の文に明記されている。また文書25については、文中に、モンゴル側が撤兵すれば、「来年にはみずから臣僚をひきいて帝命を出迎えるつもりである（当明年躬率臣僚出迎帝命）」と記しているので、国王の名義で書かれていることが確認される。

このように差出名義が録文の表題や註記に明示されない文書については、実際には国王名義の文書だったことが確認ないし推定されるケースが多く、逆に国王名義ではないことが確認ないし推定されるものはない。文書01・02・07・11のごとく国王名義以外の文書を移録する場合、通常は差出名義が録文のタイトルや註記という形で明示されるのであろう。したがって差出名義が付記されず、かつ文書内の文言にその判断材料がみあたらない文書03・04・08〜10・14・23・26・29も、国王名義である可能性が高いと考えられる。

（2）文書形式

文書01に関しては「尚書省牒」という記載があり、統属関係のない官府間で用いる牒が使用されたようにもみえる。しかしこれは編纂史料である『高麗史』や『高麗史節要』の地の文における表記であり、牒とは公文書をあらわす一般名詞にすぎない可能性もある。一方、文書02では、「右謹致書于某官人幕下」という冒頭の文言により、敵礼関係の書簡形式である致書[6]（冒頭句が「甲謹致書〔于〕乙」となる）が使用されていることがわかる。文書01の「牒」も実体は致書であった可能性があるが、この段階では牒、もしくは別の形式を使用しながら、のちに致書に変更したことも考えられないわけではない。チンギス・カンの弟カサルの子である也窟《イエグゥ》大王に対し、国王名義で出された（ないし出されたとみられる）文書24〜26（26では宛先にモンゴル王族以外の官人をふくむ）は、文書の主要部分のみをぬき出した録文からでは直接に形式が判明しないが、典拠である『高麗史』の地の文ではこれらの送付を「致書」とのべている。しかし高麗王に対する金朝皇帝の「詔諭」[7]や、冒頭に「高麗国王昛謹奉書于日本国王殿下」と記す至元二九（忠烈王一八／一二九二）年付けの忠烈王の対日国書[8]のごとく、致書とは異なる形式の文書の送付について、『高麗史』の地の文では「致書」と表記するケースがある。[9]編纂史料の地の文における表現で文書形式を判断するのは危険をともなう。『高麗史』にみえる他の文書例（27〜29）にいたっては、地の文に単に「書」とあるのみで、書状一般をさす場合と区別がつかず、やはり文書形式をあらわす術語とは断定できない。

一方、全体の半数に近い文書04・08〜18に関しては、「右啓」ないし「某啓」（淮安公名義の文書11）と書き出し、「謹啓」「不宣謹啓」「再拝謹啓」「不宣再拝謹啓」などとむすぶ書式が用いられている。[10]これは中国において啓とよばれる文書形式に相当する。高麗が参酌した唐制において、啓は皇太子（実際には皇太子以外の王もふくむ）や官府の長に対する上申文と規定されているが、[11]一般官人どうしの上行文書として、また私人間において丁寧の意をあらわし吉凶の挨拶や起居を通じる場合その他の書簡文として、広く用いられていた。[12]外交での使用は、隋末、唐の高祖李淵が自立当初に突厥可汗に対して使用した例や、渤海王が日本に対して用いた例が知られている。とくに渤海での使用は、丁寧の意をあらわす個人間の通信文としての啓の性格を応用したものと考えられ、日本に対して臣礼を避けつつも辞を卑くして友好関係をむすぼうという意図が指摘されている。[13]

北宋・司馬光の『温公書儀』巻一・私書では、私文書における啓事（物事を言上する際の書状）の書式として、啓の一例がつぎのように記されている。

具位姓　某

右某啓［述事云々］謹奉啓事陳聞［陳賀陳謝随時］伏惟

　尊慈俯賜　鑑念不宣謹啓

　　月　　日具位姓　　某　　啓上

また元・劉応李の『新編事文類聚翰墨全書』（中国国家図書館蔵明初刻本）甲集巻四・諸式門・文類・啓箚・啓事にも、上官員賀啓（官員に上呈する賀状）の首末式として、「具位姓某／右某啓」（書式に関する／は改行。以下同じ）と書き出し、「謹啓／年月日具位姓某啓」とむすぶ書式をかかげている。

表5-1の文書録文で「右啓」と書き出しているものは、おそらくこれらの冒頭の「具位姓　某」が欠けているの

であろう。次行の「右某啓」の「某」も欠けていることになるが、後述する高麗の至元四（元宗八／一二六七）年付けの啓式対日国書では、冒頭に「高麗国王王　禃」とあり、次行に「右啓」と書き出している。交戦期の対モンゴル文書のうち「右啓」とあるものは、いずれも国王文書と特定ないし推定されるから、至元四年のケースと同様に「高麗国王王　諱／右啓」云々と書き出していたとおもわれる。なお『温公書儀』私書では、「与平交平状」（同輩に対する問候賀謝状）についても、「具位姓　某／右某啓」とはじまる書式をあげている。

一方、冒頭を「某啓」と記すのは淮安公名義の文書11のみだが、唐代の啓では一般的な書法であり、渤海の対日国書でも「武芸啓」などと書き出している。[14] 前述した『温公書儀』私書では、時候啓状（時候の挨拶状）や別簡（添え状）・手簡（書簡）において「某啓」と書き出す書式をあげており、平交（同輩）や稍卑（やや目下）に対する使用法もみえる。前出『新編事文類聚翰墨全書』甲集巻三・諸式門・書記・小簡でも、平交小簡（同輩間の簡易な書簡）として「某啓　述事云云　不宣　某頓首　某人称呼」という書式をあげている。

国王の啓と王族の啓の冒頭が異なるのは、差出名義人の地位の違いや、国王の啓が王朝を代表する国書であるのに対し、[15] 淮安公の啓は私的な礼状であるという立場の違いに関係するのかも知れず、あるいは如上の書儀類における「具位姓　某／右某啓」形式と「某啓」形式の用途区分にも対応するのかも知れないが、正確にはわからない。ただ「具位姓　某／右〔某〕啓」形式の啓の実例は、いまのところ唐代には確認できないようである。

三　高麗側文書の歴史的文脈

啓という文書形式は、『東文選』や『東国李相国集』におさめられた録文を通じて、高麗国内でも個人間で使用されていたことがうかがわれる。[16] 現時点では「具位姓　某／右啓」形式のものは確認できないが、用法に関して中国のそれと特段の違いはみいだされない。しかし高麗前期には、宋・遼・金など大陸王朝の皇帝以外、外国政府の関係者に対して国王が親書を送るという行為自体、ごくまれな現象である。[17]

また実のところ、外交における啓の使用は、東アジア全体をみわたしても一般的とはいえない。隋・唐代より東アジアでは、ある君主が君臣関係のない外国君主等に文書を送る場合、致書を用いるケースが目につく。[18] モンゴル交戦期の高麗王も、遼東に独自政権をきずいていた蒲鮮万奴に対し、「高麗国王某謹廻書于東夏国王殿下」という冒頭句の書状を送っている。[19] これは蒲鮮万奴から送られた書状に対する返書であるため「謹廻書」となっているが、事実上、致書である。

しかも従来の理解では、外交の場で用いられる啓は、それ自体、基本的に相手を上にたてた丁重な文書形式であり、敵礼関係において用いる致書とは性格が少しく異なる。それは渤海や唐高祖以外の事例についても該当するようで、南宋の高宗は、攻勢をかけてくる金軍の元帥に対し、当初は「大宋皇帝」と名乗り致書を使用して交渉にあたったが、劣勢にたたされて「宋康王趙構」を名乗るようになると、やがて啓を用いるにいたった。[20]

前述のごとく『温公書儀』や『新編事文類聚翰墨全書』には、同輩や目下に対する啓の用法もみえており、高麗国内で使用された啓にもそのような事例が確認される。[21] しかし高麗がモンゴルに送った啓では、モンゴル官人に対して尊官・貴人に対する尊称である「閣下」を用い（文書10・15・17）、モンゴル官人側の指示・命令についても尊官・貴人のおおせを意味する「鈞旨」（文書04・13・14・16）を用いる一方、自国のことは「小国」（文書10・13・14・15・16・18）・「小邦」（文書15・16）・「弊邑」（文書13・14・15）と卑称している。したがって、基本的には相手を上にたてた形式で書かれたものとみて大過なかろう。[22]

前述のごとく、一二一八（高宗五／太祖チンギス一三）年にモンゴル軍がはじめて高麗にはいった際、高麗政府はその指揮官に対し尚書都省名義の致書を用いた。ところがその後、同じようなモンゴルの軍指揮官に対して国王名義の啓を使用するようになったわけである。高麗の官府が敵礼の文書を用いた相手に対し、君主が上行形式の文書を用いたことになるが、これは両国関係の変化に起因するものであろう。一二一八年の段階では、高麗は契丹集団を共同討滅する友軍としてモンゴルに接触したのだが、一二三一（高宗一八／太宗オゴデイ三）年以降はモンゴルの大規模侵攻をこうむるなかでの折衝であった。すなわち南宋の高宗が金に対しておこなったように、危急存亡のときをむかえた高麗は、国王みずから辞を卑くして交渉にあたる形をとることで、事態の打開をはかろうとしたのであろう。そのような高麗の危機意識が、異例ともいうべき啓の使用にもあらわれているとみられる。

ところで文書04において高麗王は、チンギス・カンの末弟テムゲ・オッチギンに対しても啓を用いたとみられる。同じオッチギンに対する文書03においてどのような形式が用いられたかは不明だが、モンゴルとの開戦前から啓を用いたことがわかる。チンギス近親の皇族であるから、モンゴル官人に対して啓を使用するよりは不自然でないが、同格の王という立場であれば致書を使用してもおかしくないところである。しかし当時、オッチギンは中央アジア遠征中のチンギスの名代としてモンゴル高原を統括する最高責任者であった。彼を「皇大弟（＝皇太弟）」（文書03）とよぶ高麗側も、その勢威を承知していたはずである。くわえて、モンゴル高原東部に本領を保有し、さらに東方に勢力を広げつつあったオッチギンは、[23]当時は過重な貢物要求をくりかえして高麗政府を困惑させていた。[24]一二二五（高宗一二／太祖チンギス二〇）年に高麗の北境で不慮の死をとげて両国決裂の直接契機をつくった著古与は、オッチギンのもとからくりかえし高麗に派遣されていた人物である。そのような高圧的な「皇大弟」との折衝にあたり、慎重に辞を卑くした国王文書を用いたのは、高麗ならではの柔軟な対応であるとおもう。

そうすると、文書24～27のイェグゥ大王に対する「致書」や「書」についても、もう少し推論が可能になるだろう。これが『高麗史』の用字そのままに「致書」であるとすると、過去にモンゴル官人に対して啓を用いながら、それより格上のモンゴル皇族に対しては逆に敵礼の文書を用いたことになる。しかし苦しい戦況がつづく当時の状況では考えにくいことであろう。やはり、ここでいう「致書」は文書形式を直接にあらわした術語ではなく、実際には何らかの形で相手を上にたてた文書が用いられた公算が大きいとおもう。

オッチギンの例から類推すれば、それは啓だったかも知れない。明らかに啓である文書09の送付について、『高麗史』巻二三・高宗世家・一九（太宗オゴデイ四／一二三二）年四月壬戌の地の文では「致書」とのべてもいる。モンゴル官人に対する国王文書（推定をふくむ）のうち、文書形式のうかがえない05・06・19〜23・26・28・29も、あるいはすべて啓だったのかも知れない。少なくとも、のこされた文面の敬意表現などをみるかぎりでは、そのように考えても矛盾はなさそうである。ただし「書」形式にも、「奉書」や「献書」など、より丁重な書式があるので、それらが使用された可能性も皆無ではなかろう。このあたりは史料不足のため断定的な結論をのべることはひかえておきたい。

なお、高麗における啓式外交文書は、意外に早くから存在した可能性もある。日本の平安貴族藤原実資の日記『小右記』長徳三（成宗一六／九九七）年六月一二、一三日によると、この年「高麗国牒三通」が日本にもたらされ、それぞれ日本国・対馬島司・対馬島に宛てられていたというが、これらの文書は「高麗国啓牒」と総称されてもいる。「啓牒」が文書や書状を示す一般名詞であるとは考えにくく、日本の六国史において渤海の「啓牒」と記されるもの[25]は、渤海王が天皇に宛てた啓と同国の中台省が太政官に宛てた牒のことをさす。したがって、実資がいう高麗の「啓牒」についても「啓」と「牒」がそれぞれ文書形式をあらわす術語だったならば、少なくとも「日本国」宛ての文書などは啓だった可能性が高い。この事件は、日本側が宋の謀略を疑うなど差出人の正体に不審点をのこすが、実際に高麗政府から文書が送られた可能性はある。そうだとすると、外交に啓を用いる先例はすでに高麗初期にあり、それは国王名義のものだったかも知れないのである。

その際に注意されるのは、一〇世紀、高麗には渤海の滅亡前後を中心に世子大光顕をはじめとするその遺民が数多く流入していたことである。唐代に啓式外交文書の使用が確認されるのは、いまのところ渤海のみである。渤海に蓄積されてきた対日外交のノウハウが高麗に伝わっていた可能性も無視できないであろう。九九七年に高麗が日本に対して上行形式の国書を送ったとすれば、その背景として想像されるのは、この直前の九九三（成宗一二）年に高麗が契丹から最初の大規模侵攻をうけたことである。北から脅威をむかえた高麗政府が当時不振であった対日関係の好転をはかろうとしたのであれば、あえて啓を用いたこともさほど不自然ではない[26]。まさしく黒水靺鞨の帰属をめぐって唐と緊張関係にあった渤海の武王大武芸が日本に啓を送り通好を求めてきたときと同様な状況があったことになる。

しかしその後、一三世紀前半まで二〇〇年以上にわたり、高麗の啓式外交文書は使用例を確認できない。仮に一〇世紀の段階でそれが実在したとして、モンゴル官人に対する啓の使用に制度上の連続性があるか否かは、軽々に判断しかねるところである。

高麗の啓式外交文書が最後に確認されるのは、一二七四・八一年に元・高麗軍が日本を侵略した甲戌・辛巳の役（日本史上のいわゆる文永・弘安の役[27]）にさきだち、日本に対して対元通好を勧告する目的で作成された至元四（元宗七／一二六七）年付け日本国王宛ての元宗国書である。原本は失われているが、日本・東大寺の『調伏異朝怨敵抄』に、このときの元・世祖クビライの国書や高麗使潘阜らの書状とともに写しがのこされている[28]。主要部のテキストは『高麗史』『高麗史節要』にも伝えられ、二次的な録文は江戸時代の日本で編まれた歴代外交文例集『異国出契』にもおさめられるが、同時代性が高く、首末をはじめとする書式が原型のままか、より近いと考えられる『調伏異朝怨敵抄』の写しが高い史料的価値をもつ。この文書は冒頭に「高麗国王王　禃／右啓」云々とあり、結辞には「拝覆／日本国王左右／至元四年九月日　啓」と記され、まさしく啓式文書にほかならない。

ただし、高麗王が同じ「王」である日本の君主に対して啓を用いたのは、必ずしも当然ではない。むしろ蒲鮮万奴への文書と同様に致書を用いるのが自然ともおもえる。前述のごとく一〇世紀に前例があり、それにならっただけかも知れないが、二つの出来事に二五〇年以上の時代差があること。一〇世紀以降の両国政府の関係が依然として疎遠であり、その一方で高麗が体制整備の過程で「海東天子[29]」「八関会的秩序[30]」といわれる自尊の姿勢を形成してきたことなどを考慮すれば、ただちには首肯しがたい。これについては、ともに日本に送られた元の国書の形式とのかねあいや、元の対日「招諭」（朝貢勧告）事業に対する高麗側の態度をあわせて考える必要があり、別の機会に考察することにしたい。

四　高麗史料からみたモンゴル官人の文書

モンゴル官人から高麗に送られた文書についてはごくかぎられ、ほぼ全文が伝えられるのは一二三一（高宗一八／太宗オゴデイ三）年に第一次侵攻軍の指揮官撒礼塔のもとから送られた二通の書状のみである。[31]これはモンゴル帝国で編み出された白話風の漢語を用いてモンゴル文を直訳調に訳す特殊文体、いわゆるモンゴル文直訳体白話風漢文[32]によって記されている。この種の発令文は後代、とりわけ元代に書式の定型化がすすむが[33]、上記の文書はそれ以前の最初期の事例であり、他に類例をみいだしがたい独特な文章構成となっている。その文書学的性格については専門家の研究にまちたいが、少なくともそれらの冒頭の「天底気力。天道将来底言語。所得不秋底人、有眼瞎了、有手没了、有脚子瘸了（天の力。天のいってきた言葉。うけとってうけいれない者は、目があればつぶれろ、手があればなくなれ、足があれば跛になれ）」、「蒙古大朝国皇帝聖旨（蒙古大朝国皇帝の聖旨〔により〕）」などは、モンゴル発令文特有の「権限付与」や「威嚇文言」の要素に相当する。[34]

とくに威嚇文言の文面については、ギョーム・ド・ルブルクの記録により伝わる一二五四（高宗四一／憲宗モンケ四）年のフランス国王ルイ九世宛て憲宗モンケ国書のつぎのような文言とよく対応している。

我が命を聴き知りながら、信じようとせず、我らに軍隊を差し向けようとしたならば、以後、目があってもものが見えず、何かをもとうとしても手がなく、歩こうとしても足がなくなる由、汝等は聴き知るであろう。[35]

また一二四七（高宗三四／定宗グユク二）年にローマ教皇の使節が、イランの地でモンゴルの将帥バイジュより、教皇宛ての国書とともに入手した定宗グユクのバイジュ宛て文書（ラテン語訳が伝わる）にも、つぎのように同様な内容がみえている。

汝に確言する、この我が命に耳を傾けない者は、何人であろうと耳が聞こえなくなり、この我が命を認めながら実行に移さない者は、何人であろうと目が見えなくなり、講和を認めて我が見解に従おうとしながら、講和を実行しない者は、何人であろうと跛となろう。[36]

こうした天や皇帝の権威の主張や〝脅し文句〟は、モンゴルでは本来ある種の常套句であり、モンゴル帝国初期の国情を記録した南宋・彭大雅の『黒韃事略』には、

日常の会話でも必ず「とこしえの天の力と皇帝の威福により」といい、……モンゴルの君主から民にいたるまで、そうでないものはない。（其常談必曰、托着長生天底気力・皇帝底福蔭……自韃主至於民、無不然）

とある。また『モンゴル秘史』第一三七節には、チンギス・カンのもとに子弟を出仕させた人物の言上が記されるが、そこには、子弟に職務怠慢があれば、「踝の腱を切れ」「命を断ち棄てよ」「肝を割き棄てよ」「鳩尾を蹴り棄てよ」といった、現代人の感覚からみるといささか激烈な誓言がならんでいる。[37]

しかし、こうした表現が文化の異なる相手に対してむけられた場合、深刻な通告としてうけとめられ、重大な摩擦もひきおこしかねない。上記の文言に対する高麗側のうけとめかたは記録されていないが、大きな衝撃をうけたことも十分に想像される。[38]

その他にモンゴル官人の文書が全文に近い形で著録された例はない。高麗側文書で部分的に引用されることではじめて存在が知られるものも多いため、件数をかぞえるのも容易ではない。しかしそうした引用部分の文体をみると、

たとえばつぎのように、やはりモンゴル文直訳体白話風漢文で書かれた事例が確認される。

文書03「不曾発遣女孩児及会漢児文字言語人、亦不進奉諸般要底物（かつて女児および漢児の文字と言葉ができる者を発遣せず、また諸般の求める物を進奉しなかった）」

文書08「你国選揀人戸、赴開州館及宣城山脚底、住坐種田（そなたの国は人戸を選抜して開州館と宣城山麓におもむかせ、住み着いて耕作させよ）」

文書13「你者巧言語、説得我出去後、却行返変了、入海裏住去。不中的人宋立章・許公才、那両箇来的説謊走得来、你毎信那人言語呵、返了也（そなたは言葉巧みに我を説得して去らせた後、そのうえで態度をひるがえし、海中にはいって移り住んだ。よろしくない人物である宋立章・許公才、彼ら二人がもたらしたでたらめがとどき、そなたらは彼らの言葉を信じたので、態度を変えたのである）」

「達魯花赤交死、則死。留下来、如今你毎拿縛者（達魯花赤を殺させたので、〔その関係者を〕殺す。〔関係者が〕のこっておれば、いまそなたらが捕縛せよ）」

「你本心投拝、出来迎我者。本心不投拝、軍馬出来、与我厮殺者（そなたが心から投拝するならば、出てきて我を迎えよ。心から投拝しないならば、軍馬を出してきて我と戦え）」

もっとも、これは差出主体がモンゴル人だった場合だと考えられる。実例は確認されないが、耶律楚材（文書15・20の「晋卿丞相」に該当）のような漢文化人が発した文書があったとすれば、通常の雅文漢文が使用されたことが考えられる。また右の文書08の文例では他にくらべて白話的・直訳的要素が薄いように、白話調・直訳調の濃淡は文書によって異なったと考えられる。高麗に対して送られたモンゴル皇帝の詔旨(39)がそうであるように、モンゴル人官人の書状が雅文調の漢文で記されるケースも考えられなくはないだろう。[40]

以上は文体に関する問題だが、冒頭形式については、文書22の録文の註記に、

来書云、福蔭《ママ》裏、統領蒙古紇漢大軍征討高麗唐古抜都魯言語。道与高麗王云云。（〔モンゴル側が〕よこした書状には、「福廕のもとに、統領蒙古紇漢大軍征討高麗唐古抜都魯の言葉。高麗王に対していう」云々とあった）

と記された事例がある。「甲の言語。乙に道与する」という表現はモンゴル帝国初期の発令文によくみられる形だが、「福蔭《ママ》裏」という冒頭句は不可解である。「福廕」に言及するならば、何の「福廕」であるかを示さねばならない。

これに関連して注目されるのは、高麗側の文書内にみえるつぎのような文言である。

文書21「孟夏漸熱、伏惟、長生天気力　蒙古大朝国四海皇帝福蔭《ママ》裏　大官人閣下、起居千福……」

文書22「夏序方廻、伏惟、長生天気力　蒙古大朝国皇帝福蔭《ママ》裏　帥府大官人閣下、茂膺千福……」

いずれも文書の冒頭で送付先を問安する挨拶句だが、「伏惟（伏しておもうに）」につづいて送付先を記す個所で、「長生天気力、蒙古大朝国〔四海〕皇帝福廕裏（とこしえの天の力のもとに、蒙古大朝国〔四海〕皇帝の威福のもとに）」という文言が挿入されているのである。これは本来、モンゴル発令文において「権限付与」を意味する冒頭定型句である。[41]

おそらく、一二四〇（高宗二七／太宗オゴデイ一二）年の文書21・22の作成にさきだち高麗に送付されてきたモンゴル側の文書の冒頭には、もともと「長生天気力、蒙古大朝国〔四海〕皇帝福廕裏、某言語」などと記されていたのであろう。そして高麗側がその意味を正確に理解できず、「長生天気力、蒙古大朝国〔四海〕皇帝福廕裏」を、発令者たる某官人のことを修飾する語句とみなしたのではないだろうか[42]（そうだとすると、上記のような後代の定型に近い冒

頭句を具備したモンゴル発令文は、このころはじめて高麗に対して使用された可能性が考えられる)。しかしその後、「来書」のテキストに関する情報は、『東文選』におさめられるまでの過程で、文書原本や録文の欠損、または書写のミスといった理由から、「福蔭《ママ》裏」より前の部分が脱落した状態で伝わることになったのであろう。

なおモンゴル帝国の直接統治下であれば、こうした文書に国号を冠する必要はないわけで、「蒙古大朝国皇帝」という名乗りは外国に対して送られる文書ゆえの表現であることがわかる。さらに近年、モンゴル帝国に関して「大朝」という称謂の存在が注目され、「大朝」「大朝国」「大朝蒙古国」といった中国史料での用例が紹介されているが[43]、「蒙古大朝国」という表現は、高麗史料より判明した新たな知見となる[44]。

また文書21にみえる「蒙古大朝国四海皇帝」という称謂も注意される。一二四六年のローマ教皇インノケンティウス四世宛て定宗グユク国書の印璽銘には、皇帝の称謂が「yeke mongɣol ulus-un dalay-in qan（モンゴルの国の海の皇帝）」と記される[45]。この「dalay-in」の漢訳語が「四海」にほかならない。文書21は太宗オゴデイ期のものなので、「四海皇帝 dalay-in qan（qaɣan）」という称謂が、少なくともオゴデイ期にさかのぼって確認できたことになる[46]。

前述した威嚇文言もそうだが、これもまた、モンゴル帝国に関して、その直接統治下におかれた地域の史料にはみえない事実が、ユーラシアの極東（朝鮮）と極西（ヨーロッパ）にのこされた史料において見事に符合する一例である[47]。

高麗への送付文書については、モンゴル文正本が存在した可能性も指摘されている[48]。高麗がモンゴルに送った国書に、モンゴル側から送られた文書に関して「文字がたがいに異なるので、翻訳によって理解した（以文字之各殊、憑訳解而乃識）[49]」とあることが根拠の一つとなる。ただし前出の『黒韃事略』には、「漢人・契丹・女真諸亡国に送るもの（＝文書）は漢字のみを用いる（行於漢人・契丹・女真諸亡国者、只用漢字）」ともあるので、直訳体漢文で記された外交文書のすべてにモンゴル文正本があったとみなすのも早計であろう。

五　小　結（1）

本章Ⅰでは、対元講和前の高麗がモンゴル官人に対して用いた文書形式を分析し、さらにその歴史的性格を検討した。あわせて、高麗側の記録からうかがえるモンゴル側の文書の書式についても若干の論及をおこなった。史料の絶対的不足のため断片的な情報をもとに推測をつみかさねた部分が多いが、考察の結果を整理すると以下のとおりである。

一二一八（高宗五／太祖チンギス一三）年にモンゴル軍がはじめて高麗にはいった際、高麗は尚書省の名義で文書を送り、そこでは敵礼関係の書簡である致書を用いたケースが確認された。しかしその後、貢納の圧力をくわえてきた「皇大弟」テムゲ・オッチギンや、そして侵攻が本格化した一二三一（高宗一八／太宗オゴデイ三）年以降のモンゴル官人に対しては、相手を上にたてた形式である啓を国王の名義により送る事例が多数みられるようになり、これが使用文書の主要な形式となった可能性がある。このように外国の官人に対し、国王の名義により、しかも上行形式の文書を使用することは、高麗史上きわめて異例な事態であり、王朝の危機を回避しようとする高麗政府の、苦肉ではあるが、しかし厳しい現実に対する柔軟な対応と評価できよう。このことは、こののち一二六七（元宗八／至元四）年の対日国書に、外交文書、とりわけ対日文書として異例な国王名義の啓が用いられたことの、歴史的淵源の一つになると考えられる。

一方、モンゴル側から送られてきた文書については、モンゴル人官人の文書にいわゆるモンゴル文直訳体白話風漢文の文章が確認されること。「長生天底気力、蒙古大朝国皇帝福廕裏、甲言語。道与乙」という冒頭表現を用いるケースがあったとみられること。また「蒙古大朝国」「四海皇帝」といった文書中の用語の史料的価値について言及した。

II　牒と咨のあいだ——高麗王と元朝中書省の往復文書

一　問題の所在

高麗王が一三世紀半ばまでモンゴル官人と文書を交わしてきた経験は、対元講和後にはおもに中書省を中心とする元の高級官府との往復文書という形で新たな展開をとげていく。つづいてその様相と形式、および背景を検討することにしよう。

ところで、元につづく明と、その冊封をうけた朝鮮・琉球や日本の室町政権などとのあいだでは、首長間で交わされる詔勅や表文とは別に、中国側の中書省や礼部をはじめとする高級官府と、冊封をうけた「国王」とのあいだで、咨という文書がやりとりされ、かかる形式が清代にも継受されたことが知られている。咨とは、当時二品以上の同格の高級官府・官人間でやりとりされた公文書の形式であり、明代の外交における使用をめぐって、如上の被冊封者が中国の正二品官相当とみなされたためとの見解も示されている[50]。しかしこのような形式は、宋・遼・金やそれ以前の外交文書にはみられないものであり、その成立過程があらためて問われなければならない。そして私見によれば、その際、ほかならぬ高麗王と元朝中書省の往復文書が、その史的前提となった可能性が考えられるのである。本章では行論の帰結として、咨式外交文書の成立問題についてふれることにもなる。

ただし文書形式の検討といいながら、関係文書の実物はおろか、まがりなりにもテキストの全容を伝える写しなどもなきにひとしい。断片的・間接的な情報をもとに推論をかさねたのみで、とうてい試案の域を出るものではないが、大方の叱正を乞う次第である。

二　牒式文書

(1) 元の牒式文書と高麗に対するその使用

本章Iで確認したように、講和前の高麗とモンゴルのあいだでは、君主間で交わされる詔や表といった文書にくわえ、軍指揮官や宮廷書記をつとめるモンゴル官人と高麗王とのあいだで複線的に文書がやりとりされた。それが一二六〇年に高麗と元のあいだで講和が成立すると、双方の交渉窓口はひとまず中央政府に一元化される。これにともない君主間でやりとりされる詔と表が交渉の主軸となり、元の官府・官人が高麗側と単独で文書をやりとりすることは、私交に相当するものとして基本的に抑制されたらしい。[51] わずかな例外をのぞき、史料例の確認されない時期が一〇年ほどつづく。しかし一二七〇（元宗一一／至元七）年に高麗の対元強硬派である執権武臣勢力が排除され、高麗が対元協調路線に転じると、対日軍事行動などとも関係して高麗に対する元側の指示・介入が強化される。するとこれにともない、高麗と元の中書省とのあいだでにわかに文書のやりとりが発生、増加した。

その最初期、一二七〇年代ころの事例は、『高麗史』世家や『高麗史節要』の当該年次の条文中に数多く確認される。元朝中書省からの文書は「牒」「文」「省旨」などとよばれているが、ほとんどの場合、具体的な宛先を明示していない。このうち「文」と「省旨」については、これが特定の文書形式をあらわす術語なのか、史書にのこされた文書の部分的な録文からは直接判断がつかないが、管見の元代諸文献に照らすかぎり、まずそのようには考えにくい。それぞれ単なる〝文書〟や〝中書省のおおせ〟を意味する一般名詞としての用語とみられる。一方、これに対して「牒」は、広く公文書一般を意味する場合もあるが、元における特定の文書形式をさす術語でもあるので、注意を要する。

すなわち牒式文書は、唐代において統属関係のない官府・官人・機関・個人同士で相互に用いた書式であり、日本の律令国家にも継受されたことは周知のごとくである。南宋期の『慶元条法事類』巻一六でも、牒を統属関係のない官府間で相互に用いる文書と規定し、

内外の官府で相互に統属関係にない者がたがいに文書を送る場合、この形式を用いる。〔……〕官が統属関係にあっても申・状を用いる例がない場合、および県が近隣州に対して送るたぐいは、みな牒上という。所轄に対して送る場合でも符・帖を用いる例がないものは、「某司あるいは某官に牒を送る」といい、みな闕字をほどこさない。（内外官府、非相統摂者相移、則用此式。〔……〕官雖統摂、而無申状例、及県於比州之類、皆曰牒上。於所轄而無符帖例者、則曰牒某司或某官、並不闕字）

とのべているが、統属関係がある官府間でも、申・状・符・帖の使用例がない場合は牒を用いるとする。同様な規定は北宋・司馬光の『温公書儀』巻一・公文・牒式にも、

右は門下・中書・尚書省が該省の用務について、枢密院が同院の用務について相互に文書を送る場合〔みな〔朝廷から〕特別に指示をうけていない場合をいう〕、および内外の官府で相互に統属関係にないものがたがいに文書を送る際、みなこの形式を用いる。諸司の補牒も同様だが、ただ年月日の下に書令史の名を記し、辞末に故牒という。統属関係にある官でも状を用いる例がない場合、および県が近隣州に対して送るたぐいは、みな牒上という〔寺監が御史台・秘書・殿中省に対して送る場合、これに準じる〕。所轄に送る場合でも符・帖を用いる例がないものは、「某司に牒を送る」といい、闕字をほどこさない〔尚書省が御史台・秘書・殿中省に対し、および諸司が台省に対し、台省・寺監が諸路諸州に対して送る場合もこれに準じる。門下・中書省・枢密院が省内の諸司・台省・寺監官司に送る場合、辞末に故牒といい、尚書省が省内の諸司に対して送る場合もこれに準じる〕。（右門下・中書・尚書省以本省、枢密院以本院事相移〔並謂非被受者〕、及内外官司、非相管隷者相移、並用此式。諸司補牒亦同、惟於年月日下、書書令

史名、辞末云故牒。官雖統摂、而無状例、及県於比州之類、皆曰牒上［寺監於御史臺・秘書・殿中省、准此］。於所轄而無符帖例者、則曰牒某司、不闕字［尚書省於御史臺・秘書・殿中省、及諸司於臺省、臺省・寺監於諸路諸州、亦准此、其門下・中書省・枢密院於省内諸司・臺省・寺監官司、辞末云故牒、尚書省於省内諸司、准此］）

とみえる。ここではさらに、門下省・中書省・尚書省・枢密院がそれぞれの用務を相互に通達するにあたって牒を用いることをのべている。[52] 制度の詳細は明らかでないが、金についても寺観に宛てた尚書礼部牒の存在が石刻資料に伝えられている。[53]

元の牒式文書も基本的に唐・宋以来のながれを受け継ぐものと考えられる。『元典章』巻一四・吏部・公規・行移・品従行移等第や『新編事文類聚翰墨全書』甲集巻五・諸式門・公牘諸式・行移往復体例にみえる、至元五（元宗九／一二六八）年の規定では、外路の「相統摂せざる」官府間で用いる文書形式の一つに牒をあげ、送り手と受け手の上下関係に応じて平牒（平行）、今故牒（下行）、牒上（上行）、牒呈上（上行だが牒上より程度が大）といった違いをのべる。

また田中謙二は、『元典章』所載文書の分析を通じて、「中央直轄地域以外いわゆる外路の、多くは三品官庁と交渉をもつ文書にのみ見え、中央官庁と交渉をもつ文書にはまったく用いられていない」とし、三品どうしの場合、管掌事務の性格を異にする官府間で用い、あるいは、三品官府に隷属する官がその官府に提出するという傾向を指摘している。[54]

ただし田中が指摘する傾向とは、地方官府に蓄積された文書を集成した『元典章』という文献の特性に由来するとみるべきであろう。[55] 神田喜一郎の紹介で知られる呉澄（一二四九～一三三三）に授けられたパクパ字漢文叙任状（宮内庁書陵部蔵『呉文正公集』所載）をみると、計一一点の文書録文のうち、大徳四（忠烈王二六／一三〇〇）年閏八月の応奉翰林文字・将仕佐郎・同知制誥・兼国史院編修官の叙任状、大徳七（忠烈王二九／一三〇三）年一一月の将仕郎・江西等処儒学副提挙の叙任状、至大元（忠烈王三四／一三〇八）年一〇月の従仕郎・国子監丞の叙任状は、いずれも中書省の牒（今故牒）である。正確にいうと、勅命を下達する勅牒であって、官府間の事務連絡に用いる牒とはやや性格が異なり、定型表現にも違いがあるが、広義において牒の使用が地方官府にかぎられなかったことがうかがわれる。参考までに一例を漢字表記で示すとつぎのとおりである（原文はパクパ字の表記法により行が左から右にすすむ。なお「印」「押」の表示は省略）。

皇帝聖旨裏。中書省牒
　将仕郎前江西等処儒学
　副提挙呉澄
　牒。奉
勅、可授従仕郎国子
　監丞。牒至准
勅。故牒。
　至大元年十月　日牒
中奉大夫中書参知政事郝
中奉大夫中書参知政事烏八都剌
資善大夫中書左丞郝
栄禄大夫遥授平章政事左丞何
銀青栄禄大夫中書右丞波羅帖木児
栄禄大夫中書右丞波羅達識

栄禄大夫中書平章政事
特進中書平章政事
光禄大夫中書平章政事
開府儀同三司中書右丞相行中書平章政事
開府儀同三司太保中書左丞相
開府儀同三司録軍国重事中書右丞相
中書令

つづいて前述『新編事文類聚翰墨全書』公牘諸式におさめられた「平牒首末式」を原文のままにかかげ、元代における平牒の首末の書式を確認しよう。

皇帝聖旨裏。某処。同上式。云云。為此
合行移牒。請
照験施行。須至牒者。
牒具如前。事須牒
某処某司或某職某官。請
照験。謹牒。
年月日牒
某官員銜姓押

「皇帝聖旨裏」は、呉澄の叙任状にもみえる元代官府文書の冒頭定型句の一つであり、本来、「qaγan-u jarliγ-iyar

（皇帝の聖旨によって）」というモンゴル語の漢語表記である。つづく「某処。同上式」は発信主体の表示であり、「平牒首末式」の前にかかげられた「平関首末式」の記載方式と同じく、「某処某司。或職行称某官某職」と記すという意味である。そして「為此」以下がむすびの文言となる。ただし以上はあくまで基本書式であり、これらの文言がつねにそっくり適用されるとはかぎらない。

ここで本題にもどると、当初、元の中書省が高麗に送った文書については、やはりこの牒式文書の存在がうかがわれるのである。すなわち『高麗史』巻二九・忠烈王世家・六（至元一七／一二八〇）年七月丁卯につぎのような記事がある。

> 中書省の牒に、「双城の民戸については、韓信等三戸を分付しおえたが、徳光等六戸は双城のためにおしとどめられている。以前、宴帖児がはじめに裁定し、また差官魏文愷が裁定し、本国の全戸三〇・独身の男女四二名を放還し、その後に徳光等を分付するとしたことについて、都省はこれを許可する。前項の戸計については、開元等路宣慰使に箚付を送り、双城に文書を送って指示し、調査して省に報告させるとして、まさに牒を送るべきである。調査のうえ、ただちに徳光等六戸を分付して施行するように要請する」とあった。（中書省牒云、双城民戸、除将韓信等三戸分付訖外、徳光等六戸、縁双城勒留。在前宴帖児元断、并差官魏文愷断、与本国全戸三十・隻身男女四十二名放帰、而後分付徳光等事、都省准此。除前項戸計、箚付開元等路宣慰使、行下双城、照勘呈省外、合行移牒。請照験、即将徳光等六戸分付施行）

これは、当時元に直属した高麗東北辺の双城総管府の民戸のうち、高麗側に送還すべき住民に関して一二八〇年に高麗に送られた元朝中書省の「牒」の抄録である。すなわち、さきに双城の民戸のうち韓信ら三戸を高麗に分付した際、徳光ら六戸は双城にとどめられたが、これについて都省（中書省）は、元側の宴帖児と高麗の差官魏文愷が当初くだした方針——高麗の全戸三〇と独身男女四二名を本国に送還したうえで徳光等を分付する——にしたがうことをみとめた。そこで前項の戸計については、開元等路宣慰使に箚付を送り、双城に指示して中書省に調査報告させるとして、「まさに牒を送るべきである。調査のうえ、ただちに徳光等六戸を分付して施行するように要請する」とむすぶ。この最後の文言は、原文では「合行移牒。請照験、即将徳光等六戸分付施行」となる。あいだに具体的な通達内容（即将徳光等六戸分付）を挿入しているが、前述した牒式文書の「合行移牒。請照験施行」に対応する文言であり、「移牒」とはこの文書が牒式であることを示す語である。

ただし右の事例では牒の具体的な宛先が必ずしも明示されていない。しかし少なくとも、このころ元の中書省が高麗王に宛てて牒式文書を用いていたことは、『高麗史』巻二九・忠烈王世家・六（至元一七／一二八〇）年一一月己酉のつぎのような記事からもうかがえる。

右承旨趙仁規・大将軍印侯を元に遣わして中書省に上書し、「……いま行省の文書がとどき、『右のとおり高麗国王に咨を送る』とあり、封には『国王のもとにいたって開封せよ』とある。当方が調べたところ、中書省が送ってよこす文書は字が丁寧で紙は厚く、各牒に『調査を要請する。つつしんで牒を送る』とある。行省の文書がいかなる体例によるものか、いまだつまびらかではない。予が考えるに、行省が国王に対して文書を送ることは、もはや疑忌するところではなく、咨・関・箚付であってもさしつかえない。もし諸駙馬のもとにやむを得ず文書を送ることがあれば、いかなる体例を用いるべきであろうか。かつて禿輦哥国王は、我が父王に対して直接文書を送ったことがなく、必ず達魯花赤に対して送っていた。彼我の往復文書の格式を決定して回示するよう、伏して要望する……」ともうしのべた。（遣右承旨趙仁規・大将軍印侯如元、上中書省書曰、……今有行省文字、云右咨高麗国王、封云到国王開坼。窃審、中書省行来文字、字謹紙厚、毎牒云、請照験。謹牒。未詳、行省文字、是何体例。予忖得、行省於国王、既無疑忌、雖咨・関・箚付可也。若諸駙馬処、有不得已行移文字、当用如何体例。昔禿輦哥国王、於我父王、未嘗直行文字、必行下達魯花赤。伏望、定奪彼此往還文字格式回示……）

すなわち、さきの中書省牒の送付から数ヶ月後に高麗忠烈王より元の中書省に提出された「上書」（書中に王の一人称が「予」とある）の一節である。このとき高麗王に送られた元の行省（征東行省）の文書形式（次節で詳論）について、王が疑義を表明したのだが、従前の通例について、「中書省が送ってよこす文書は字が丁寧で紙は厚く、各牒に『調査を要請する。つつしんで牒を送る』とある」とのべている点が注目される。高麗王に宛てた文書の形式を問題とする文脈上、ここでいう中書省文書は高麗王に対するものと解される。そしてこれが「牒」とよばれているわけだが、はたしてその文面につねに記されていたという文言――原文では「請照驗。謹牒」――は、前述した牒式文書のむすびの部分に一致し、「謹牒」とは文書が牒式であることを示す語である。

以上わずかな文言からの推定だが、少なくとも一二七〇年以降、一二八〇年までのあいだ、元の中書省は高麗王に対して牒式文書を使用するのが通例だったとみられる。[57] とすると、高麗に送られた中書省文書のうち、宛先が明らかでない牒は高麗王宛てだった可能性が想定される。形式・宛先とも明らかでない他の「牒」「省旨」「文」についても、その多く、もしくはすべてが高麗王宛ての牒式文書だったかも知れない。なお伝えられた牒の文言から推すかぎり、具体的には平牒かこれに近い書式が用いられたらしい。ただこうした文面の細部については、時期的な変化や例外があった可能性を想定しておく必要もある。

（2）高麗王に対する牒の使用背景

それでは元の中書省は、なにゆえ高麗王に対して牒式を用いたのであろうか。この問題を吟味するには、当時の元における高麗王の政治的位置をさぐるのが捷径である。

周知のとおり忠烈王は、一二七四（元宗一五／至元一一）年に王世子として世祖クビライの公主をめとり、その直後に即位した。これによって忠烈王はクビライの駙馬（女壻）となり、他のモンゴル諸王・駙馬とともに帝国の最上層部を構成する王侯貴族の一員として、しかるべき特権と栄誉を享受し、元の一般官員に対しても優位にたてるはずだった。ところが実際にはただちにそのようにはならず、元の官員とは対等に近い東西にむかいあう席次で会見し、また宴席で王が行酒しても、元の高麗駐在ダルガチ（監視官）は起立したまま拝礼せずにこれをうけるなど、先代と同じ格下の礼式にあまんじていたのである。[58] かかる待遇の背景をよく物語るのが、つぎの『高麗史節要』巻一九・忠烈王元（至元一二／一二七五）年五月の記事である。

王は詔使が到着したことを聞き、西門外に出迎した。王はすでに公主をめとり、詔使であっても城を出て迎えたことがなかかった。通訳の金台が元におもむいた際、省官がこれに語っていうには、「駙馬王が詔使を出迎えないことについて、例がないとはいわない。しかし王は外国の君主である。詔書が到着すれば出迎えなくてはならない」とのことであった。〔そこで〕ここにいたり、はじめてこれを出迎えた。（王聞詔使来、出迎西門外。王既尚主、雖詔使、未嘗出城而迎。舌人金台如元、省官語之曰、駙馬王不迎詔使、不為無例。然王是外国之主也。詔書至、不可不迎。至是始迎之）

忠烈王は、はじめみずからが駙馬であることをもって詔使を城外に出迎えなかった。しかし元は、それが駙馬による詔使迎接礼として許容範囲であることをみとめながら、忠烈王は「外国の君主」であるがゆえに、必ず詔使を城外まで出迎えるように要求した。すなわち当時の高麗王は、忠烈王が個人として元朝帝室の駙馬となりながら、元の内部構成員とは一定に区別される外国君主としての立場がなお優先される状態だったのである。そこで忠烈王は元側と交渉をかさね、一二八一（忠烈王七／至元一八）年に高麗王と駙馬の地位を一体化した駙馬高麗国王という宣命を授かった結果、ようやく高麗王自体が駙馬として遇されることになる。[59]

一二七〇年代における元と高麗王の関係が以上のごとくであれば、元の中書省が高麗王に対して用いた牒という形式は、同王の外国君主としての立場に対応する礼式だった可能性が想定される。そしてこの解釈が妥当ならば、元の中書省は他の外国君主に対しても——慎重にいえば少なくとも漢文文書を送る場合は——牒を用いたことになるが、まさしくそうであったことを、最近、張東翼によって紹介された至元六（元宗一〇／一二六九）年付け日本国王宛ての元朝中書省牒[60]が証明してくれる。

この文書は、『元史』巻二〇八・日本伝に、

〔至元六年六月〕高麗の金有成に命じて捕らえた者を送還させ、その国に対して中書省に牒を送らせたが、またしても回答がなかった。有成は彼の国の太宰府守護所なるところにながらくとどまった。（命高麗金有成、送還執者、俾中書省牒其国、亦不報。有成留其太宰府守護所者、久之）

とみえる、高麗使が伝達した中書省の「牒」に相当し、江戸時代の日本で歴代外交文書の録文を集成した『異国出契』にテキストがおさめられる。『異国出契』の伝本には内閣文庫蔵本と京都大学文学研究科図書館蔵本があるが、本文書に関して用字に異同はない。ただ張東翼が京大本にもとづいて提示したテキストには、東大寺蔵『調伏異朝怨敵抄』所載の至元三（元宗七／一二六六）年付け日本国王宛てクビライ国書写しを参考にして表記をあらためた箇所があるので、注意を要する。すなわち『異国出契』では、元朝皇帝にかかる「皇帝」「聖天子」「天威」を平出（改行）、また「勅」と、日本側にかかる「貴国」「殿下」を二字闕字（前に空格をおく）としているが、張の録文では平出部分を一字抬頭（改行して行頭をより高い位置におく）、闕字部分を平出に変更している[61]。もちろん『異国出契』の表記が原文書の体裁を変更している公算は大きく、むしろそのようにみるのが自然だが、ここではひとまず典拠の表記にしたがって文書の原文テキストを示しておこう[62]。

大蒙古国皇帝洪福裏、中書省　　牒
日本国王殿下
我国家、以神武定天下、威徳所及、無思不能。逮

皇帝即位、以四海為家、兼愛生霊、同仁一視、南抵六詔五南、北至于海、西極崑崙、数万里之外、有国有土、莫不畏威懐徳、奉幣来朝。惟爾日本、国于海隅、漢唐以来、亦嘗通中国、其与高麗寔為密邇。
皇帝嚮者　勅高麗国王、遣其臣潘阜、持璽書、通好　貴国、稽留数月、殊不見答。
皇帝以為将命者不達、尋遣中憲大夫兵部侍郎国信使紇徳・中順大夫礼部侍郎国信副使殷弘等、重持璽書、直詣　貴国。不意、纔至彼疆対馬島、堅拒不納、至兵刃相加、我信使、勢不獲已、聊用相応、生致塔二郎・弥二郎二人以帰。
皇帝寛仁好生、以天下為度、凡諸国内附者、義雖君臣、歓若父子、初不以遠近小大為間。至于高麗、臣属以来、唯歳致朝聘、官受方物、而其国官府士民、按堵如故。及其来朝、
皇帝所以眷遇樹慰者、恩至渥也。　貴国隣接、想亦周悉。且兵交、使在其間、寔古今之通義。彼疆場之吏、赴敵舟中、俄害我信使、較之曲直、声罪致討、義所当然、又慮、　貴国有所不知、而典封疆者、以慎守固禦、為常事耳。
皇帝猶謂、此将吏之過、二人何罪。今将塔二郎致　貴国、俾奉牒書以往。其当詳体
聖天子兼容并包混同無外之意、忻然効順、特命重臣、期以来春、奉表闕下、尽畏天事大之礼、保如高麗国例。処之必無食言。若猶負固恃険、謂莫我何、杳無来、則
天威赫怒、命将出師、戦舸万艘、径圧王城、則将有噬臍無及之悔矣。利害明甚、敢布之　殿下。唯　殿下、寔重図之。謹牒。

右牒

日本国王殿下

至元六年六月　日　牒

資政大夫中書左丞

資徳大夫中書右丞
栄禄大夫平章政事
栄禄大夫平章政事
光禄大夫中書右丞相

みられるように、日本に対して元への帰服をうながす内容だが、「大蒙古国皇帝洪福裏（大蒙古国皇帝の大いなる幸いのもとに）」という冒頭句につづき、「中書省牒（中書省が牒を送る）」と書き出し、「謹牒。右牒日本国王殿下（つつしんで牒を送る。右のとおり日本国王殿下に牒を送る）」とむすぶ平牒の書式をとる。「皇帝洪福裏」という冒頭句は必ずしも一般的表現ではないが、元の駙馬や官人・官府が用いる命令文の冒頭定型句の一つである「皇帝福廕裏」（モンゴル語では「qaɣan-u suu-dur（皇帝の威福のもとに）」となる）に対応する文言とみてよい。「合行移牒」「請照験施行」「須至牒者」「牒具如前事須牒」等の定型的な文言こそみえないが、この文書が日本国王宛ての牒式文書であることは疑いない。元の中書省はたしかに外国君主に対して牒式文書を用いていたのである。しかもそれが高麗と日本について確認されることから、元への臣属如何にかかわらず牒を用いたことがわかる。

それならば、『元史』巻二〇九・安南伝において、至元七（元宗一一／一二七〇）年一一月に「中書省が光昺に牒を送り（中書省移牒光昺）」、至元一〇（元宗一四／一二七三）年正月に「中書省が再び光昺に牒を送ってつげるに（中書省復牒光昺言）」、大徳五（忠烈王二七／一三〇一）年三月に「中書省が再び牒を送り（中書省復移牒）」などとみえる、「安南国王」（実際には陳朝大越皇帝）に対して送られた元朝中書省の「牒」も、同じく牒式文書であったと考えてよかろう。『元史』安南伝では、元の鎮南王トゴンが至元二二（忠烈王一一／一二八五）年三月に大越の宮城を一時占領した際の様子を、明日、鎮南王がその国にはいったところ、宮廷内はすっかりもぬけのからとなっており、ただくりかえし下した詔勅と中書省の牒文が放置され、ことごとく損壊されていた。そのほかに文書があったが、みなその南北の辺将が報告した官軍（＝元軍）の動静と抗戦の状況に関するものであった。（明日、鎮南王入其国、宮室尽空、惟留屢降詔勅及中書牒文、尽行毀抹。外有文字、皆其南北辺将報官軍消息及拒敵事情）

と伝えている。このとき元朝皇帝の詔勅とともに宮廷内に破棄されていた「中書省の牒文」とは、まさしく元の中書省から「安南国王」に対して送られた牒式文書だったとみられる。

（3）外交における牒使用の歴史的背景

外交で用いられる牒式文書についてただちに想起されるのは、唐とその周辺諸国の状況である。このとき二国の君主間で交わされる国書にくわえ、官府間で牒式文書がやりとりされたことが、先学によって注目されている[63]。とくに中村裕一は、日本の太政官と渤海の中台省、日本の太政官・大宰府と新羅の執事省、雲南の南詔国の中枢機関である督爽と唐の「中書」とのあいだにおける事例を紹介し、かかる形式の起源が唐国内における牒式文書の運用法の延長線上にあることを指摘している。

すでに知られているように、こうした牒式外交文書は、唐滅亡後も東アジア諸国に継受された。日本に医師派遣を要請した己未（文宗三三／一〇七九）年付け大日本国大宰府宛て高麗国礼賓省牒（『朝野群載』巻二〇）は有名だが、高麗における使用例としては、ほかにも『開慶四明続志』巻八・収刺麗国送還人に、モンゴルより高麗に逃入した宋人を宋商范彦華らに託して海路帰国させた際に送った、己未（高宗四六／一二五九）年付け大宋国慶元府宛て高麗国礼賓省牒が録されている。また日本との交渉において具体的に形式が判明するものとして、泰和六（熙宗二／一二〇六）年付け日本国対馬嶋宛て高麗国金州防禦使牒（『平戸記』延応二（高宗二七／一二四〇）年四月一七日）や、丁亥

（高宗一四／一二二七）年付け日本国惣官大宰府宛て高麗国全羅州道按察使牒（『吾妻鏡』安貞元（一二二七）年五月一四日）などもある。また前述した日本国王宛て元朝中書省牒がとどけられた際には、あわせて至元六（元宗一〇／一二六九）年付け日本国太宰《ママ》府守護所（もしくは日本国太宰《ママ》府）宛て高麗国慶尚晋安東道按察使牒が送られている（『異国出契』）。[64]

一方、日本側には宋から送られてきた「牒」に関する記録もあり、このうち承暦四（文宗三四／一〇八〇）年の日本国太宰《ママ》府宛て大宗《ママ》国明州牒（『異国牒状事』[65]）や、承安二（明宗二／一一七二）年の日本国太政大臣宛て大宋国明州沿海制置使司牒（『師守記』貞治六（恭愍王一六／一三六七）年五月九日）などは、著録された「甲牒乙」という冒頭形式から、牒式文書だったことが確実視される。

こうした外国官府との交渉に日本側も牒式文書を用いたことは、一〇七九年の高麗礼賓省牒に対する大宰府の返牒（『本朝続文粋』巻一一）や、一二六九年の元朝中書省牒に対する太政官の返牒案、および同年の高麗慶尚晋安東道按察使牒に対する大宰府守護所の返牒案などから明らかである（『本朝文集』巻六七、『異国出契』[66]）。前述した一一七二年の宋明州沿海制置使司牒に対し、翌年、大宋国明州沿海制置使王宛てに送られた日本国沙門静海（平清盛）の返書も、『師守記』貞治六年五月九日に著録された「甲牒乙」という冒頭形式から、牒式文書だったとみられる。

遼については、古松崇志が、辺境の出先機関において宋側のそれと牒式文書を交わしていたと指摘している。[67]ただこれはもっぱら『続資治通鑑長編』等の編纂史料で「牒」「公牒」「文牒」などと呼ばれている文書をとりあげての議論であり、首末の書式などの直接証拠が提示されているわけではない。もとより史料的制約のためとおもわれるが、しかしたとえば、遼の涿州が宋の雄州に送った「牒」の抄録に、発行にいたる過程をのべて、枢密院から燕京留守司に「箚子」が送られ、同留守司が涿州に「指揮」を下し、これをうけて涿州が「移牒」するという一連の手続きを記したものがある。[68]「箚子」（官府間の下行文書の一種）や「指揮」（指示・命令の謂。少なくとも元代には文書形式名となる）といった関係の術語、およびこれらの語をもちいて指示伝達プロセスを具体的に記すことは、宋の官府文書とも共通しており、そこから推して「移牒」もまた文書形式を明記したものである可能性が高い。宋側の官府がこのような外国官府との交渉で牒式文書を用いたことは前述のとおりであり、その相手となる遼の官府側でも牒式文書を使用したとみてよいとおもう。

金については、『大金弔伐録』に、その元帥府や都部署司が宋の宣撫使司や三省・枢密院に牒式文書を送り[69]、宋側の宣撫使司より「大金国軍前」に牒式文書が送られた事例がみえる[70]。モンゴル軍に包囲された金朝最期の模様を記す王鶚『汝南遺事』巻二の天興二（高宗二〇／一二三三）年八月七日条に「詔尚書省、牒宋中書省借糧」とあるのも、金の尚書省が宋の中書省に牒式文書を送って食糧を借りうけようとしたことを意味するものかも知れない。

また遼・金と高麗とのあいだに関しては、「牒」をやりとりしたとの記録が『高麗史』『遼史』『金史』に散見される[71]。これらの「牒」については、単に公文書ないしその送付を意味するだけの可能性もあるが、上にのべたような各国の文書使用状況からすると、これらも牒式文書であった可能性が高いだろう。

このように、東アジア諸国の官府間における牒式外交文書の使用は、元が登場した時点までみとめられ、元朝中書省の外交における牒式文書の使用は、こうした伝統をうけつぐものと、ひとまずとらえておくことができよう。

しかし、そこに大きな変化が生じていることはみのがせない。元以前において、牒は国家間関係のありかたにかかわらず、基本的に官府・官人間レベルで用いられているのに対し、元の場合、官府たる中書省が相手国の君主に宛てて送っているのである。これに近い出来事として、一〇八一年に宋の明州が「日本国」宛てに牒式文書を送ってきたとの記録があるが（『帥記』永保元（文宗三五／一〇八一）年一〇月二五日）、例外的であり、一義的には元という政権の対外姿勢と、中書省という官府の位置づけに関わる問題と考えられよう。

元の文書制度は、一二六九（元宗一〇／至元六）年のパクパ字制定、一二七〇（元宗一一／至元七）年の「省院臺文移体式」制定を重要な画期として、その前後に確立されていったとみられる[72]。牒式文書については地方での使用規定が一二六八年にかたまったわけだが、一二七〇年以前に高麗に対する中書省の文書送付例がみられないのも、前述したような当時における両国の交渉窓口のありかたにくわえて、あるいは、元の文書制度が整備途上にあったことなども関係するのかも知れない。

なお元・王惲の『中堂事記』中統二（元宗二／一二六一）年五月五日丙寅（『秋澗先生大全文集』巻八一）によると、元が発足してから日も浅いこのとき、王惲は都堂（中書省の宰相）の鈞旨を受けて「移宋三省牒文」を起草した。そこにおさめられた録文は、むすびの部分が大幅に省略されているが、冒頭は「大蒙古国行中書省移宋三省」とある。中書省と同格の地方派出機関である行中書省の文書として起草されたわけだが、ここでいう「移」が文書形式をあらわす術語だとすれば、唐の公式令に、尚書省と諸台省が、また内外諸司の管隷関係にないものが相互に用いる平行文書と規定された移[73]が採用されたことになる。ただし外交に移を使用した例はほかにきかず、その宛先も宋の官府であり、外国君主に対する牒の使用との関連性は不明である。しかも本文書は実際には発行されずにおわった。[74]ひとまず、元の高級官府による最初期の過渡的な外交文書例として紹介しておく。

一方、一二七〇年代ころに高麗側が元の中書省に送った文書については、『高麗史』世家や『高麗史節要』の当該年次の条文中に多数の事例がみられ、「書」「文」などとよばれている。発信主体がしばしば「王」と明記されたり、「臣」その他の王の一人称が書中に記されたりすることから、基本的に国王名義だったと考えられる。しかし文書の首末を具備した記録が皆無であり、具体的な文書形式は判明しない。ただ元の中書省が王に対して牒式文書を用いた以上、高麗王側も牒式文書を用いた可能性は想定される。また後述する後代の状況から推して、何らかの書簡形式を用いた可能性もある。

三　咨式文書

（1）元の咨式文書とその来歴

その後、高麗王と元の中書省とのあいだでは咨式文書が用いられ、これが重要な位置を占めるようになる。前述のごとく咨とは、明・清代における二品以上の同格の高級官府・官人間で用いた文書である。元代でも同様に用いられたが、この時代はとくに中央の中書省・枢密院・御史台等に対し、これらと同格の地方派出機関として、それぞれ行中書省・行枢密院・行御史台が数多く設置されたので、これら中央・地方の官府間の使用例がめだっている。元代の咨については、書式の全容か、それに近い内容がうかがえる史料も種々のこされているが、ここでは首末の書式にかかる文言が比較的多い、宮紀子が紹介した程復心『四書章図』（内閣文庫蔵元刻本）所収の皇慶元（忠宣王四／一三一二）年付け翰林国史院宛て集賢学士趙孟頫の咨にもとづき、一つのパターンを模式化しておこう。(75)

皇帝聖旨裏。某処某司。或某職某官。……
……為此合行移咨。請
照験施行。須至咨者。
右　咨　某処某司。或某職某官。伏請
照験。謹咨。
年　月　日

しかし、このような咨式文書の存在は元代より前には確認されないようで、その来歴もよくわかっていない。そこで、文書史料中に、咨字、ないしこれと相通じる諮字が定型的に用いられる事例を前代に求めてみると、つぎのようなケースが確認される。

公文書の例からみると、西域出土の唐代文書には、案巻としてのこされた官府内での事案処理過程の記録に諮字を用いたものがある。そこでは担当の僚属が判辞を策定した際、末尾に「諮。某白。幾日（諮る。某が白《もう》す。幾日）」と記してもうしおくり、これに他の関係僚属（場合により複数）が「依判。諮。某示。幾日（判に依れ。諮る。某が示す。幾日）」と連署してゆき、最終責任者が「依判。某示。幾日（判に依れ。某が示す。幾日）」と承認して、判辞が確定される。(76) ここでの諮は、判辞を〝はかって〟承認を求めるという意味になろう。

また唐の親王府より発行される教書にも諮字がみえる。教書式の復元案(77)に、

教、云云。

年月日

記室参軍事具官封姓名　宣

主簿具官封名白。奉

教如右。請付外奉行。謹諮。

年月日

依諮　親画

とあるが、ここではまず王府の属僚である記室参軍事が王命を奉じて教書の文案を作成し、主簿に回付する。主簿は案を審査し、問題がなければ「付外奉行」することを王に要請するが、その際「謹諮（つつしんで諮る）」ともうしおくる。そして王より「依諮（諮に依れ）」との許可を得て教書が成立するのだが、その後、教書は録事司に送られてくる。

施行される。

さらに宋代では、学士院（翰林院）が中書など三省に送る文書を咨報（諮報）といい、その起源は唐代にさかのぼるという。すなわち欧陽修の『帰田録』巻二に、

百司が中書に上申する場合にはみな状を用いるが、ただ学士院のみは咨報を用いる。その中身は劄子のようであり、これもまた名を記さず、当直の学士一人が押字するだけである。これを咨報という。これは唐代の学士の旧規である。（若百司申中書、皆用状、惟学士院用咨報。其実如劄子、亦不書名、但当直学士一押字而已。謂之咨報。此唐学士旧規也）

とある。また洪邁の『容斎随筆』巻九・翰苑故事には、

翰苑の故事に、……公文が三省にいたる際には申・状を用いず、ただ尺紙に事項を直書する。右の文言に「尚書省に諮報し、伏して裁定をまつ。月・日・押字」と記す。これを諮報という。（翰苑故事、……公文至三省、不用申状、只尺紙直書其事。右語云、諮報尚書省、伏候裁旨。月日押。謂之諮報）

とあり[78]、そのむすびの形式が具体的に示されている。平田茂樹によると、この咨報は三省および枢密院に対する平行文書と位置づけられるものであり、それは学士院が「内相」と呼ばれる特別な存在だったことに由来するという[79]。

つぎに私文書の例をみると、敦煌出土写本の唐・杜友晋『吉凶書儀』（ペリオ漢文文書三四四二号）[80]では、「婦人吉書儀」の「与夫之妹書」（夫の妹に対する書簡）や「与娣書」（夫の弟の妻に対する書簡）の封の文言に「謹諮」、「四海吉書儀」（一般の吉書儀か）の「与稍尊書」（やや目上に対する書簡）・「与平懐書」（対等な者に対する書簡）・「与稍卑書」（やや目下に対する書簡）の結辞に「某諮」を用いている。また前述の『温公書儀』では、巻一・家書の「与妻書」「与外甥女壻書」など目下の親族に対する書簡、巻一〇・喪儀の「帰胙于所尊書」（目上にひもろぎを送る際の書簡）に

対する「復書」（返書）や目下にひもろぎを送る際の「降等書」において、頭辞や結辞に「某咨」を用いている。これらの書儀における用法は、「つつしんでとぶらう」、「某がとぶらう」といった意味合いになろう。前述『新編事文類聚翰墨全書』所載の書儀でも、甲集巻三・諸式門・書記・小簡の「稍卑小簡首末式」や、同・家書の「与外甥女壻書」「与妻書」の頭辞や結辞に「某咨」とあり、元代でも同様に用いられたであろうことがうかがわれる。

このように元代以前の文書における定型的な咨（諮）字の用例は、官府内の処決手続上の文言、学士院が三省や枢密院に送付する文書、私人の書簡の頭辞・結辞や封の文言であり、元代の咨にそのまま直結するものはみいだせない。もちろん、これらのいずれかが淵源となっている可能性までは排除できないが、しかし少なくとも、元の高級官府間における咨の使用が南宋出身者にとってなじみうすいものだったことは、『資治通鑑』巻二八〇・後晋紀・高祖天福元年閏一一月丙寅の「帝与契丹主将引兵而南、欲留一子守河東、咨於契丹主」という記事に対する胡三省（一二三〇～一三〇二）の註に、

物事を相談することを咨という。いま北人は咨を重んじ、行台・行省から内台・内省に文書を送る場合、みなこれを咨という。（謀事為咨。今北人以咨為重、自行臺・行省移文書於内臺・内省、率謂之咨）

とあることからも察せられる。いまに伝わる胡三省の『資治通鑑』註釈は南宋滅亡後に重撰されたものだが、上の註には「いま」の行台（行御史台）・行省（行中書省）があらわれることから、元代の状況をのべていることがわかる。旧南宋人である胡三省にとって、中書省（内省）と行中書省（行省）とのあいだや、御史台（内台）と行御史台（行台）とのあいだなどで咨がやりとりされることは、あくまで征服者である「北人」の習慣だったのである。唐宋の制に関する政書類に言及がないこと。また前述のごとく唐では移、宋では牒が高級官府間で相互に用いる文書となることから、当時の公文書に元代と同様な形での咨式文書は存在しなかったとみてよいとおもう。

問題は遼や金の制度だが、史料的制約から厳密な判断がむずかしい。現状では咨式文書が存在した形跡はみとめら

れないとおもうが、金では元代行省の先駆形態となる中央高級官府と同格の地方派出機関として行台尚書省がおかれたから、そのように断定してしまうのもためらわれる。ただ少なくとも、金の高級官府が外国君主に宛て咨を用いた形跡は、いまのところうかがえない。むしろ前述のごとく、その官府が宋の高級官府に牒を送った例があり、また金初において皇子都経略処置使・元帥・国相元帥といった金軍の高級司令官と、宋皇帝や金の傀儡政権である楚の皇帝とのあいだでは「甲致書于乙」と記す致書形式の文書が用いられたことが確認される。[81] Ｉでもふれたように、後者は敵礼関係における君主間の国書として隋・唐・五代・遼・宋を通じて使用されたが、当時の金と宋・楚との力関係を反映してか、前者の皇族・官人クラスが後者の皇帝とやりとりした点が注目される。ただいずれにせよ、過去に用いられてきた文書形式が準用ないし応用されているのである。

『元典章』巻四・朝綱・庶務・体例酌古准今の至元五（元宗九／一二六八）年一二月付け文書に中書省—四川行省間における咨の往復を示す記述があり、同書巻三五・兵部・隠蔵・隠蔵軍器罪名の至元五年付け文書にも「中書省咨」がみえることから、元ではその最初期より、すなわち一二七〇年の「省院臺文移体式」の制定以前から、すでに咨を使用していたことがうかがわれる。[82]

また前述した元・王惲『中堂事記』の中統二（元宗二／一二六一）年七月辛酉朔条には、

> 前河東宣撫使張公は、仇家からもうしたてがあったため進退に窮していたが、この日、行省が〔彼の〕起用を諮ってきたのを得て、史丞相（＝史天沢）と闊左丞（＝闊闊）がこもごも申理（＝理不尽な嫌疑をはらす）し、上奏して裁可をうけ、行中書省参議に任じたことで、ようやく離職を免じることができた。まことに容易ではないのである……（前河東宣撫使張公、以怨家有言、去留維谷、是日、得行省諮保、及史相・闊左丞、互為申理奏准、充行中書省参議、方得解去。良不易也……）

とあり、同月廿日庚辰条には、

行省が諮ってきた数件の事案につき、都堂が審議して可否を判断した。史公（＝史天沢）がいうには、「両省をわけたとはいえ、その実体は一つである。〔重大な〕利害に関わることでなければ、むやみに阻駁するのはよろしくなく、王事を成就させるべきである。今後およそ行省が諮ってきたことは三日以内に咨報するようにしよう」とのことであった。これより上下では流水のように〔物事を円滑に〕処理するようになったことの発端であるとしている。予は当時嘆賞したが、得るところは多くなかったとおもう。（行省諮者数事、都堂議有可否。史公曰、雖分両省、其実一也。若非関利害者、不宜妄有阻駁、使王事成就、可也。今後凡行省所諮、須三日内咨報。自是上下云為如流水之源矣。予当時嘆賞、以謂不多得也）

とある（『秋澗先生大全文集』巻八二）。当時王惲は燕京行省や中書省の属僚をつとめているが、前者の記事では、前河東宣撫使張公（張徳輝）の処遇に関して中書省が行省より「諮」を得たといい、後者の記事では、行省が「諮」ってきた事案について中書省幹部が審議した際、史天沢の提案により、行省から「諮」ることについては、大きな問題がなければ三日以内に「咨報」することをもうしあわせたという。『中堂事記』が咨／諮字を用いて官府・官人同士の事務連絡を記述するのは右の中書省—行省間の例にかぎられており、このことに意味があるとすれば、元の高級官府間における咨の使用は、あるいは政権発足当初にまでさかのぼることになるのかも知れない。

（2）高麗に対する咨の使用開始とその背景

高麗に対する咨式文書の送付は一二八〇（忠烈王六／至元一七）年が初例と考えられる。前掲した『高麗史』巻二九・忠烈王世家・六年一一月己酉の記事をいまいちど引用しよう。

右承旨趙仁規・大将軍印侯を元に遣わして中書省に上書し、「……いま行省の文書がとどき、『右のとおり高麗国王に咨を送る』とあり、封には『国王のもとにいたって開封せよ』とある。当方が調べたところ、中書省が送ってよこす文書は字が丁寧で紙は厚く、すべての牒に『調査を要請する。謹んで牒を送る』とある。行省の文書がいかなる体例によるものか、いまだつまびらかではない。予が考えるに、行省が国王に対して文書を送ることは、もはや疑忌するところではなく、咨・関・箚付であってもさしつかえない。もし諸駙馬のもとにやむを得ず文書を送ることがあれば、いかなる体例を用いるべきであろうか。かつて禿輦哥国王は、我が父王に対して直接文書を送ったことがなく、必ず達魯花赤に対して送っていた。彼我の往復文書の格式を決定して回示するよう、伏して要望する……」ともうしのべた。（遣右承旨趙仁規・大将軍印侯如元、上中書省書曰、……今有行省文字、云右咨高麗国王、封云到国王開坼。窃審、中書省行来文字、字謹紙厚、毎牒云、請照験。謹牒。未詳、行省文字、是何体例。予忖得、行省於国王、既無疑忌、雖咨・関・箚付可也。若諸駙馬処、有不得已行移文字、当用如何体例。昔禿輦哥国王、於我父王、未嘗直行文字、必行下達魯花赤。伏望、定奪彼此往還文字格式回示……）

忠烈王が中書省に対して上書したのは、行省、すなわち第二次日本遠征の東路軍（高麗進発部隊）の司令部として同年八月ころに組織された征東行省（征東行中書省）[83]より、「右のとおり高麗国王に咨を送る（右咨高麗国王）」と記した文書がはじめて送られてきたためであった。そこで忠烈王は、高麗王に宛てた中書省の文書にはそれまで牒が用いられてきたことを指摘して、高麗王と行省のあいだで用いる文書形式について確認を求めたわけだが、その際、行省が国王に対して文書を送ること自体に異議はなく、咨や関（三品以下の同級官府同士で用いる）・箚付（上司が下司に送る）等の形式でもかまわないとしつつ、もし駙馬のもとに文書を送るとすればいかなる文書形式を用いるのかとたずねている。

このとき王がわざわざ駙馬に対する行省文書の形式について注意を喚起したのは、おそらく、当時すすめていた高麗王の格式と駙馬としての格式の一体化（前述）を、文書形式についても実現したいと考えてのことであろう。また、かつて禿輦哥国王より父王（元宗）のもとには文書を直接送ることがなく、かならず達魯花赤《ダルガチ》に対して送ったとのべているが、禿輦哥国王とは、一二六九（元宗一〇／至元六）年に高麗で権臣林衍による国王廃立事件がおきた際、行東京等路中書省事として元軍をひきいて一時高麗に進駐したジャライル族長のことである。一方、達魯花赤とは、一二七〇（元宗一一／至元七）〜七八（忠烈王四／至元一五）年に王都開京（現・黄海北道開城市）に駐在した元の高麗政府監視官、高麗国達魯花赤のことである。これらは行省—高麗王間の文書授受関係の先例——すなわち授受関係がない——として言及されているものである。

ここで注目されるのは、忠烈王が行省からの文書について、駙馬に対する形式との整合性を問いただすにあたり、〝高麗王に対する文書送付そのものを問題視するわけではなく、そのかぎりでは咨・関・劄付等の形式であってもさしつかえないが〟という趣旨の前置きをしていることである。このような断り書きにおいて唐突に具体的な文書形式名をあげるのは、このとき送られてきた行省文書が実際そうした系列の官府文書だったからであろう。これらと異なる系統の形式だったのであれば、それに関わる言及があるはずであり、国王に対する送付文書という重大事をめぐって実際の状況と無関係の文書形式をたとえ話としてあげるとはおもえない。そして問題の文書にはまさに「右咨高麗国王」と記されていたわけだが、これは咨のむすびにおける「右咨某」という定型表現に一致し、文書が咨式であることを示す文言である。すなわち行省の文書は咨式文書だったと考えられるのである。

忠烈王の上書に対する元側の回答は記録にないが、このとき征東行省はなにゆえ忠烈王に対し突如として咨を用いたのであろうか。管見では元の官府が外国君主に対して咨を用いた例はほかに確認されず、また前代にもそのような先例はみいだせないのである。

そこで当時の対元関係上、忠烈王の立場にいかなる変化が生じたかをみてみよう。まず同王は一二七四（元宗一五／至元一一）年にクビライの公主をめとってその駙馬となった。しかし前述のごとく一二八一（忠烈王七／至元一八）年に駙馬高麗国王となる以前、同王は基本的に駙馬として遇されず、外国君主としての礼式が適用されていたのであり、このことが咨式の使用に関係するとは考えにくい。もし駙馬としての立場が文書形式にのみ反映されたとしても、駙馬のもとに行省などの官府が咨を送ったという事例自体、寡聞にして知らない。それは駙馬とともに「諸王」と通称されるモンゴル男性皇族についても同様だが、行省など政府の官府が男性皇族自身の通達をうけた際には、「つつしんで令旨を奉じる（敬奉令旨）」と表現している。[84] 令旨を奉じる相手に官府側が直接言上する際は、皇太子に対する場合がそうであるように「啓」と称したはずである。[85] また安西王の場合、隷下の執政機関である王相府が陝西行省に咨を送っているから、[86] 一般官人の上にたつ王自身に対して行省が咨を用いたとは考えにくい。一方、駙馬のおおせは高級官人と同じく「鈞旨」という。駙馬に対して外部の官府が言上する際の文書形式については実例をみいだせないが、中書省官がその宰相（都堂）に言上して鈞旨をうけることを『元典章』所載文書ではしばしば「呈して都堂の鈞旨を奉じる（呈奉都堂鈞旨）」と記しており、[87]「呈」と称したとも考えられる。ただ忠烈王が、「やむを得ず」駙馬に宛てて文書を送る際の規定を問いあわせたことからすれば、駙馬に対して行省などが直接文書を送るケースはあまり想定されていなかったのではないだろうか。いずれにせよ咨を用いたとは考えにくい。

そこで注目されるのは、忠烈王のもう一つの地位変化、一二八〇（忠烈王六／至元一七）年の征東行省丞相（長官）就任である。すなわち征東行省による忠烈王への咨の送付は、行省とその高官のあいだにおける授受文書の形式として適用されたとおもわれるのである。

忠烈王はこの年の八月、第二次日本遠征の遂行において自身の発言力を強化する努力の一環として、みずからを征東行省の任（管征東省事）につけるようクビライに要請していた。[88] そして同年一二月辛卯、趙仁規と印侯が元よりもたらした冊命により、王はみずからが「開府儀同三司・中書左丞相・行中書省事」となったことを知り、その印信を受領した。[89] 王は中書左丞相の資格において日本遠征に関する「中書省の事を行」うことになったのである。さらに翌年三月乙卯には「征東行中書省」の印信が王のもとにとどいている。[90]

征東行省の発足自体は一二八〇年八月なので、[91]忠烈王が咨に関する疑義を提起した同年一一月までにおける同省の高麗にむけた文書送付や遣使の記録をみると、一〇月末の丁酉（二九日）に同省の使者が高麗をおとずれて兵員・兵器・糧食等の整備をおこない、[92]また日付は不明だが、同月中に同省は「征東軍事」に関する「牒」を高麗に送ってきている。[93]このうち後者の「牒」は宛先不明ながら、文面に「これにより列記して牒を送るべきである。調査を要請する（抄此、須合開坐移牒。請照験）」云々とあり、牒式文書だったとみられる。したがって問題の咨は、前者の一〇月二九日に到来した使者がもたらした可能性が高い。このことは、一二日後の翌月己酉（一一日）に忠烈王が咨に対する疑義を表明した際、「いま行省の文書がとどき……」とのべ、咨の受領が直近の過去の出来事だったことを示唆していることにも符合する。

一方、忠烈王の征東行省左丞相就任は、元ではすでに一〇月はじめの癸酉（五日）の段階で正式決定していた。[94]問題の咨がこれをうけてそのころ作成されたのであれば、高麗から進発する東路軍を編成、指揮した征東行省の任務から考えて、発行地は中央の元都（この場合とくに秋冬期に皇帝が滞在する大都が想定される）でなければ、より高麗に近い地方だったであろう。そこで表5-2により高麗王や王妃となったモンゴル公主の一行が開京（江華島発着のケースをふくむ）[95]～大都・上都間の旅に要した片道の日数をみると、単純平均で大都の場合二二～四四日、[96]上都の場合四六～五〇日と計算されるが、[97]短いケースでは前者に関して半月あまり、後者に関して約三週間および一ヶ月以内での踏破例（4・5・17・18）もある。官府が事務連絡のために派遣する使者ならば、これと同等か、より短い日数で急行することもできたであろう。したがって、征東行省が問題の咨を一〇月末までに高麗に送達することは十分可能だったとおもわれる。

行省が所属の高官に咨を出すのは奇異にみえるかも知れないが、湖広行省がその左丞（正二品）に咨を送り、[98]ある行省がその右丞（正二品）から咨をうけたように、[99]行省はみずからの幹部と相互に咨を交わすことがあった。前述のごとく元代の咨の用例に官府が外国君主に宛てるというものはほかに確認されず、前代の事例にも直結するものはな

表 5-2　『高麗史』世家にみる高麗王・王妃の元都往復所要日数

① 開京～大都（現・北京市）**間**

番号	年次	発	着	日数
1	1264	8 月 12 日癸丑〈江華島発〉	9 月 29 日庚子〈大都着〉	48 日
2	〃	10 月 18 日己未〈辞去伝達〉	12 月 22 日壬戌〈江華島着〉	64 日以内
3	1269	12 月 19 日庚寅〈江華島発〉	翌年 2 月 1 日辛未〈大都着〉	42 日
4	1278	12 月 13 日辛卯〈開京発〉	12 月 29 日丁未〈大都着〉	17 日
5	1279	1 月 22 日庚午〈大都発〉	2 月 10 日丁亥〈開京着〉	18 日
6	1287	8 月 9 日丁卯〈入朝命令受領〉	9 月 26 日甲寅〈大都滞在を確認〉	48 日以内
7	1289	11 月 7 日壬子〈開京発〉	年内〈大都着〉	53 日以内
8	1293	10 月 17 日己亥〈開京発〉	12 月 20 日辛丑〈大都着〉	63 日
9	1296	9 月 21 日丁亥〈開京発〉	11 月 17 日壬午〈大都着〉	56 日
10	1297	3 月 9 日辛未〈大都発〉	5 月 5 日丁卯〈開京着〉	57 日
11	1302	12 月 1 日庚申〈開京発〉	翌年 1 月 1 日庚寅〈大都滞在を確認〉	30 日以内
12	1305	11 月 17 日戊午〈開京発〉	年内〈大都着〉	43 日以内
13	1307	4 月中〈帰国命令受領〉	5 月 14 日丁丑〈開京着〉	43 日以内
14	1315	9 月中〈開京発〉	10 月 3 日戊寅〈通州＝大都東郊着〉	33 日以内

② 開京～上都（現・内蒙古自治区錫林郭勒盟正藍旗）**間**

番号	年次	発	着	日数
15	1278	4 月 1 日甲寅〈開京発〉	6 月 9 日辛酉〈上都着〉	68 日
16	〃	7 月 22 日癸卯〈上都発〉	9 月 24 日乙巳〈開京着〉	63 日
17	1280	8 月 2 日辛未〈開京発〉	8 月 22 日辛卯〈上都着〉	20 日
18	〃	8 月 29 日戊戌〈帰国命令受領〉	9 月 28 日丙寅〈開京着〉	29 日以内
19	1294	5 月 30 日己卯〈上都発〉	8 月 8 日乙酉〈開京着〉	67 日
20	1300	4 月 13 日戊午〈開京発〉	6 月 8 日壬子〈上都着〉	56 日
21	〃	7 月 19 日壬辰〈上都発〉	閏 8 月 9 日辛巳〈開京着〉	50 日

注 1）出発時期・到着時期のいずれかが不分明なケース，および長期にわたる中途滞留が明らかなケースは除外。
2）①では，大都が正式に国都名となる 1272 年以前についても，便宜的にこの名称を用いている。

い。とすれば、元における通常の咨の適用範囲に忠烈王がふくまれるようになった可能性を想定するのがまずは適当であろう。しかし一〇～一一月の段階で忠烈王側はみずからの丞相叙任を認知していなかったので、異例な文書形式ともうしたてることになったとおもわれる。

ただしこれで咨式文書の使用が定着したと即断することはできない。一二八一（忠烈王七／至元一八）年正月、征東行省は高麗に対して戦備に関する「牒」を送ってきた。[100] この「牒」は宛先・書式とも明示されず、公文書一般を意味する疑いもあるが、一方で高麗王宛ての牒式文書であった可能性を考慮する必要もある。もしそうだったとすれば、行省は忠烈王の丞相就任後も、旧来の中書省のごとく、外国君主としての高麗王（駙馬高麗国王号の成立は翌二月）[101]に対して牒を用いる場合があったことになる。またこの段階の征東行省は日本遠征のための臨設機関であり、一二八一年の攻撃失敗後、一二八二（忠烈王八／至元一九）年正月にはいったん廃されている。行省丞相の職を失った忠烈王がただちに咨の適用外となったかどうかは不明だが、一二八三（忠烈王九／至元二〇）年正月〜八四（忠烈王一〇／至元二一）年五月に征東行省が復設され、同王がその丞相に再任されていた時期[102]をふくめ、このころは、咨の使用例どころか往復文書に関する記録自体を欠いている。その後、一二八五（忠烈王一一／至元二二）年一二月に、元の中書省は軍糧徴発に関する「牒」を高麗に送っている。[103]この「牒」も宛先と書式が明示されず、公文書一般を意味する疑いもあるが、やはり高麗王宛ての牒式文書だった可能性はのこされる。そうだったとすると、このときすでに駙馬高麗国王号が成立して高麗王の地位が駙馬の格式に一体化しているので、駙馬に対する牒式使用の是非が問題となりえよう。ただいずれにしても、これらの「牒」の正体はいまのところ不明である。

（3）両国間における咨の使用状況

一二八七（忠烈王一三／至元二四）年に征東行省が再設されると、それは元の最高地方統治機関の一つとしてよそおいを新たにしていき、以後、歴代高麗王が事元期を通じて丞相職を世襲的に兼任してゆくことになる。そして一部の時期を例外として、丞相につぐ平章政事以下の幹部職員は配置されず、基本的には高麗王が唯一の高官として僚属（非高麗人もふくむ）を保挙し、政務をとりしきった。[104]この時期以降になると、高麗王と元の中書省とのあいだの文書授受に関する史料件数は減少するが（主要典拠である年代記史料全体の情報量が減少するため、必ずしも実態とはかぎらない）、そうしたなかで、高麗王が元の中書省（一部に枢密院）と咨式文書をやりとりしたことを示す史料が目につくようになる。

まず『高麗史』巻三〇・忠烈王世家・一九（至元三〇／一二九三）年七月甲戌には、征東行省が高麗政府の最高官府である都僉議使司に宛てた箚付がつぎのようにみえている。

行中書省が都僉議使司に箚付を送る。枢密院の咨をうけたところ、「高麗国王の咨をうけたところ、『本国が海上を離れて陸地にもどった際、珍島の民も陸地に移住し、当地は空閑となったが、のちに耽羅が上申し、ふたたび民を選び送って耕作させた。現在、哈丹の賊軍のため、陸地では農業ができなくなった。もし耽羅の人戸を耽羅にもどし、そのうえで羅州付近の民を珍島に移し入れて耕作させれば、生計をささえるのに好便である』とのことであった。奏して皇旨を奉じたところ、『よろしい。〔それが〕本当ならば、耽羅の者はもとの土地にゆけ。その土地は王の民が耕作せよ』とのことであった。つつしんで皇旨にもとづいて施行せよ」とのことであった。

（行中書省箚付都僉議使司。准枢密院咨、准高麗国王咨、本国去水就陸時分、珍島百姓、亦移陸地、而本地空閑、在後耽羅申、復摘入人民種田。目今因哈丹賊軍、不能於陸地種養。若将耽羅人戸、還入耽羅、却将羅州附近百姓、移入珍島種田、資生為便。奏奉皇旨、是。真実呵、耽羅的、元田地去者。那田地、王百姓種者、麼。欽依皇旨施行）

すなわち、征東行省が元の枢密院からうけた咨によると、さきに高麗国王の咨をうけたところ、高麗政府が対モンゴル戦時にたてこもった江華島より開京に還都した際（一二七〇（元宗一一／至元七）年）、珍島の民も本土にうつり（元への帰服をこばんだ三別抄が一二七一（元宗一二／至元八）年に珍島より駆逐された際のことであろう）、その後、空閑となった本島に耽羅（済州島。当時は元が直轄）の民を入植させたが、いま哈丹（反クビライ派のモンゴル王族）の侵攻（一二九〇〜九一（忠烈王一六〜一七／至元二七〜二八）年）の影響で半島本土での農事に支障をきたしているので、耽羅の民を送りかえし、かわりに羅州付近の民を珍島に移住させたいとの要請があったという。そこで枢密院は皇帝（クビライ）に上奏して許可を得たので、これにしたがって施行せよ、とのことであった。ここではまず高麗王の咨が枢密院に送られ、枢密院がクビライの裁可を得て征東行省に咨を送り、これを行省が都僉議使司に箚付をもって転達する、という文書のながれがみてとれる。

また『高麗史』巻三二・忠烈王世家・二七（大徳五／一三〇一）年四月己丑には、成宗テムル皇帝の詔につづき、高麗にもたらされた中書省の咨がつぎのようにおさめられる。

中書省が咨を送っていうには、「王がさきごろ表奏した省官の増置による民の動揺、および祖宗以来の慣習の不変更要請等の事案については、すでに詔書が頒降されたので、官員にゆだねて本国におもむき開読させる。闊里吉思等の官がつぶさに報告した国内の問題点に関する数件の事案については、すべて項目を書き連ねてある。さきに都省が審議したところ、奴隷・良民〔の区分〕に関する事案については、本国の旧俗を言い分にしようとしているが、これについてはなお説明すべき点がある。王国でありながら天子の殿庭の礼を用いるといったたぐいの件にいたっては、臣属当初ただちに論ずべきだったことである。往時は詳しく調べたことがなかったが、今後はただちにこれをあらためるべきである。その他、除去すべき民の病巣とあらためるべき弊害などは、詔旨が王に論告するところの趣旨にそって逐一処置を決定すべきであり、よって使者を通じて周知させる。王はただちに実行しおえ、詳細に咨を送ってよこし、これによって奏上せよ」とのことであった。（中書省移咨曰、王近表奏増置省官百姓不安及乞不改祖風等事、已有頒降詔書、委官持詣本国開読。所有闊里吉思等官具言国中不便数事、録連事目。在前都省議得、駆良之事、且以本国旧俗為辞、此猶可説。至如王国而用天子殿庭之礼、既臣之初、即当論者。昔或不審、自今宜即更之、其餘如民瘼之可除・事弊之応改者、宜体詔旨諭王之意、一一擬定、仍令去使悉知。王就行訖、備細咨来、以憑聞奏）

当時征東行省の幹部職に増置された闊里吉思ら元朝官人が報告した高麗の僭礼と弊政について是正を求める内容だが、傍線部のように王にむけて指示が出されたことから、高麗王に宛てた咨だったことがうかがわれる。また「咨を送ってよこし」と解した部分の原文は「咨来」であり、「咨《はか》り来《きた》れ」と訓じることも不可能ではない。だが実行しおえたうえで相談せよというのも不自然であり、『元典章』所載文書にしばしばみえる「咨来」の用例からみて[105]、高麗王に対して咨による報告を求めたと解して大過なかろう。

以上は元の中書省や枢密院に対する咨の送り手、また中書省の咨の送付先が高麗王名義であらわれた事例である。こうした咨の使用も高麗王が征東行省丞相であることによるものと考えるのが自然であろう。行省高官個人の名義で中書省と文書がやりとりされた事例は、『元典章』巻一四・吏部・案牘・明立案験不得口伝言語におさめる至元三〇（忠烈王一九／一二九三）年一一月の中書省の咨に「近ごろうけた江浙行省平章阿老瓦丁の咨呈（近准江浙行省平章阿老瓦丁咨呈）」とみえる（ここでは行省の次席級幹部である平章政事（従一品）が中書省に対し、より丁寧な咨呈を使用）。

また『高麗史』巻三二・忠烈王世家・二八（大徳六／一三〇二）年の是歳条には、中書省に対するつぎのような忠烈王の「上書」がおさめられる。

この歳、遼陽省が皇帝に上奏し、征東行省と遼陽行省を一省に合併し、治所を東京（＝遼陽）にうつすことを要請した。王は……また中書省に上書して、「調べたところ、小邦は遠い辺境の要地の最たるものであり、まだ帰附していない日本国の近隣にある。至元一八年（＝一二八一（忠烈王七）年）に大軍が渡海して征討したのち、至元二〇年（＝一二八三（忠烈王九）年）につつしんで世祖皇帝の聖旨を奉じるに、当職に征東行省の任を付託して辺境を威圧、鎮守させた。〔そこで〕現在設置されている慶尚道合浦等の地と全羅道の二ヶ所の鎮辺万戸府を管轄し、本国の軍官・軍人を選抜して、〔これを〕現在合浦・加徳・東萊・蔚州・竹林・巨済・角山・内礼梁等を扼する要衝の地と耽羅等の地に分置し、烽燧を設置して水軍をひそかに配備し、日夜監視をおこない、偵察活動に専心している。日本国の賊軍にそなえる任務は、いまにいたるまで手はずに不備はなく、かつて日本の賊人を捕らえると、省・院に咨を送って奏上してきた。いま知るところ、遼陽行省の官員が、〔現行の〕遼陽行省と本国の征東行省を廃止し、そのうえで〔両者を〕遼陽府城において合併して行省を改立することを要望し、都省に咨を送り、裁定がくだされたという。そこで詳細を調べると、本国合浦等の辺境は遼陽府と地理的にきわめて遠く離れている。耽羅はまた合浦等の地にくらべ、きわめて遙遠である。もし辺境より緊急の公事をもうしのべることがあれば、往復に遅滞をきたして失敗を犯すことが強く懸念され、ことは深く利害にかかわる。もしも、いまここでもうしのべなければ、都省がことの当否を知らずにいることが憂慮される。もし遼陽行省の提案を許可して本省を合併すれば、まことに不都合である。さらにあわせて調べたところ、本省はとりもなおさず、当初に奉じた世祖皇帝の聖旨によって設立された。もし咨が許されるならば、ただ当職を従来どおり征東行省の任にあたらせ、東方の極辺でいまだ帰服しない日本国との境界を威圧、鎮守する任務を一任されたい。〔そうすれば〕国境管理の用務に失敗しないことを望めるだろう。このため咨を送ってもうしのべるべきである。都省は詳細を調査して裁定し、聞奏して施行するよう、伏して要望する」とのべた。（是歳、遼陽省奏帝、請併征東・遼陽為一省、移司東京。王……又上中書省書曰、照得、小邦最係辺遠重地、隣近未附日本国。自於至元十八年大軍過海征進之後、至元二十年、欽奉世祖皇帝聖旨、委付当職行征東省事、威鎮辺面。管領見設慶尚道合浦等処并全羅道両処鎮辺万戸府、摘撥本国軍官・軍人、見於合浦・加徳・東萊・蔚州・竹林・巨済・角山・内礼梁等所把隘口去処及耽羅等処分俵、置立烽燧、暗蔵船兵、日夜看望、巡綽専一。隄備日本国賊軍勾当、到今不曾有失節次、曾獲日本賊人、移咨省院聞奏了。当今知得、遼陽行省官員、欲要将遼陽行省并本国征東行省革罷、却要遼陽府在城合併、改立行省、移咨都省、定奪去訖。為此参詳、本国合浦等処辺面、相去遼陽府、地理極遠。耽羅又比合浦等処、至甚窵遠。倘有辺面啓稟緊急公事、往廻遅滞、切恐失悞、深繫利害。今来若不啓稟、慮恐都省未知便否。倘若依准遼陽行省所擬、合併本省、寔為未便。更兼照得、本省即係元奉世祖皇帝聖旨立到。若蒙准咨、止令当職依旧行征東省事、専委威鎮東方極辺未附日本国辺面勾当。似望不致失悞辺関事務。拠此合行咨稟。伏望、都省照詳定奪、聞奏施行）

これは、この年、マンチュリア一帯を管轄する遼陽行省が征東行省の併合を画策したことに対する高麗側の反論であり、征東行省がクビライの聖旨によって設立されたもので、対日防備に実績をあげていること、そして朝鮮半島南部沿海から遠く離れた遼陽を省治にすると、日本に対する辺境警備に支障をきたすことを主張したのである。

この上書については、「王」の行為であることが明記されているが、文書中にも王の一人称が「当職」とみえる。文中に「もし咨が許されるならば（若蒙准咨）」とあり、またむすびにも「咨を送ってもうしのべるべきである（合行咨稟）」とあることからすれば（傍線部）、実際には咨式文書だったとおもわれる。『元典章』所載文書にもしばしば「咨稟」の語がみえるが、いずれも咨を送ってもうしのべるという意味に解してさしつかえない。[106]少なくとも、文書中で「当職」（忠烈王）は、日本人を捕捉した際には、「省・院」（中書省と枢密院）に「咨を送って（移咨）」報告してきたとのべている。

「当職」という王の一人称は、後代の朝鮮国王が明の官府に咨を送る際にも用いられるが、[107]この場合、明に冊封された朝鮮国王位という藩職をさすとみられる。一方、事元期の高麗王の場合、元から冊封された高麗国王位のほか、征東行省丞相という官職をさす可能性も考慮される。このことは、上記の咨のやりとりが高麗国王、征東行省丞相、いずれの名義でなされたかという点に関わるが、「当職」という王の自称は、高麗関係史料ではやはり元朝中書省とのやりとりのなかでほかに一例、『高麗史』巻三一・忠烈王世家・二六（大徳四／一三〇〇）年一一月の是月条にあらわれるのみである。

……〔王が〕また中書省に文書を送り、……さらに「調べたところ、本国の旧例では、もとより奴隷と良人はおのおの類別を異にし、もし良人で奴婢と結婚する者がおれば、所生の子女はみな奴婢とし、もし〔奴婢の〕所有主が身分を解放して良人になることを許しても、その子女は賤にもどす。かつて至元八年（＝一二七一（元宗一二）年）に本国駐在の達魯花赤の官府が本国の習慣にもとづく体例を変更しようとしたことがあったが、呈して奉じた至元九年（＝一二七二（元宗一三）年）正月八日に省吏の周が担当して発行した中書省の箚付の節該に、『都省で検討しあった結果、高麗王にしたがうべきであり、本国の習慣にもとづいて施行せよ』とあった。これにより本国の奴隷と良人に関する公事は、ただ本国旧例の習慣にしたがって処決することとし、いまにいたるまで前例を変更したことがない。いま征東行省官が本国の慣習による体例を変更しようとしており、そのためすでに今年六月、みずから上都におもむいて上表して聞奏したところ、大徳四年七月八日、都省は当職麾下の官員を呼び出し、『奏した事案の一件につき、〈奴婢に関する公務は本国の体例にもとづいておこなえ〉と聖旨があった。これをつつしむ』と諭告した。つづいてうけた都省の咨文の節該に、『〈王と闊里吉思のところのものたちは、意見が一致せず、おのおの異なるようです。別途に裁定するのは当然として、どのようにすればよいでしょうか〉と上奏したところ、奉じた聖旨に〈冬に王は人を遣わして来い。そなたもまたよく相談したらどうか。〔そのようにして〕体例をさだめるそのときに解決しようぞ。この件以外については、王が上奏させた意見は彼の意見に依拠せよ〉とあった。これをつつしむ。〔以上につき〕もうしのべ、調査を要請する』とあった。これをうける。調べたところ、いまうけた咨文は、おもいがけないことに先般の都省の諭告とはいささか異なっている。そのため、いま官員を遣わして再び表文を持参して進呈する。伏して要望するに、都省は適切に聞奏し、本省旧来の慣例にもとづいて施行するように乞う。もし許可が得られず、旧例を改変しなくてはならない場合、過去の年にすでに婚姻して生まれた子女はそれまでどおり生活させるとして、今後すべての奴婢については良人と結婚させず、これを招きいれて自分のものとして夫婦になることがないようにすれば、〔その所生が奴婢であるか良人であるかを〕争わずにすむだろう。そうではあるが、かかる次第により、まさにもうしのべるべきである。都省は詳細に調べて処置を決定し、明文にて回示するように要望する」とのべた。（……又移書中書省曰、……又曰、照得、本国旧例、自来駆良、種類各別、若有良人嫁娶奴婢者、其所生児女、倶作奴婢、若有本主放許為良、児女却還為賤。昨於至元八年、有本国達魯花赤衙門欲改本俗体例、呈奉到至元九年正月初八日省掾周承行中書省箚付該、都省相度、合従高麗王、依本俗施行。以此本国駆良公事、止依本俗旧例理断、到今不曾改例。今有征東省官欲改本俗体例、為此已於今年六月、親赴上都上表聞奏、於大徳四年七月初八日、都省就喚当職元引官員省会、奏過事内一件、奴婢的勾当、依

本国体例行者、聖旨了也、欽此。続准都省咨文該、王与闊里吉思那的毎、言語不帰一、各別的一般。除是別定奪、怎生呵、是、奏呵、奉聖旨、冬間王差将人来者。你也好生商量、怎生。定体的那其間、了也者。除這的外、王教奏的言語、依着他的言語者。欽此。啓請照験事。准此。照得、見准咨文、却与先次都省省会、稍有不同。為此、今差官再行賷表進呈前去。伏望、都省善為聞奏、乞令依旧省俗施行。如蒙不准、必須変改旧例、除已前年分已成婚聘所生児女者止令依旧住坐外、自今以後、諸奴婢不交嫁娶招占良人為夫婦、似不争競。然此、合行啓稟。都省照詳定擬、希明文廻示）

この元朝中書省に対する忠烈王の「書」は形式不明だが（咨の可能性も十分にある）、前述した増置征東行省官闊里吉思による高麗奴婢制度の改変案に反対を表明するものである。すなわち、従前より元が高麗の旧例を保障してきたにもかかわらず、「いまうけた咨文（見准咨文）」はそれまでの裁定と異なっているという。この「咨文」は大徳四年七月八日に高麗の奴婢制度維持が皇帝（成宗テムル）の意志として示された後に「つづいてうけた都省の咨文（続准都省咨文）」のことだが、その通告内容は、奴婢問題について忠烈王側と闊里吉思側とで意見が異なるので、中書省が再検討を奏請したところ、高麗王から人を送ってよこさせ、中書省側でもよく相談し規則をさだめよとの指示を皇帝よりうけたというものであった。忠烈王が話者となる文章であり、咨の受け手が実質的に同王であったことは間違いないが、その所轄について「本国」「省」と両様の表現があらわれるため、「当職」が高麗国王と征東行省丞相のいずれの立場をさすかは、やはり判然としない。

しかし当時の高麗王について、そのような区別はあまり意味がないことかも知れない。たとえば忠宣王が即位にあたって「開府儀同三司・征東行中書省左丞相・駙馬・上柱国・高麗国王」に除授されたように[108]、元から授かる爵・職として、両者は表裏一体をなす高麗の君主の属性であった。在位途中から最初の征東行省丞相となった忠烈王は別として、忠宣王以降の君主は即位時より「国王位と丞相職を一度に拝命（国王・丞相、一時受命）」[109]したのであり、これらを他の散階等とともに並記したものが君主の正式な称号となる[110]。朝鮮時代の族譜に録文が伝わる鄭仁卿功臣教書

（一二九〇年代）や金汝孟功臣教書（一二九二（忠烈王一八／至元二九）年）といった国内向けの文書でも、発行者たる忠烈王自身が「特進上柱国・開府儀同三司・征東行中書省右丞相・駙馬高麗国王」と記される。(111) 忠宣王は中国で印出した普寧寺版の大蔵経によせた識語（皇慶元（忠宣王四／一三一二）年九月）でも、「推忠揆義協謀佐運功臣・開府儀同三司・太尉・上柱国・駙馬都尉・瀋王・征東行中書省右丞相・高麗国王王璋」と自称している。(112) そしてこのような属性が常態化することにより、高麗の君主は、やがて「およそ一国の政令と一省の権限をたばねてこれを独占する（凡一国之命、一省之権、総而専之）」存在として、「国王丞相」と通称されるにいたる。(113) すなわち、事実上「当職」にはつねに征東行省丞相・高麗国王の双方が含意されていたとも考えられるのである。(114)

前述のごとく、咨の宛先や発信者に高麗王の称をかかげた（またはそのようにみられる）事例は確認される。高麗の君主個人を主語や目的語とする形で授受が記述されたその他の咨もそうであった可能性が高いとおもうが、その際、散階等を併記するかどうかは別として、王号と征東行省丞相の職名に関していえば、王号のみを称したケースと、双方を併称したケースが考えられるとおもう。一方、王号をはぶいて行省丞相職のみを称したケースは、咨については もちろん、他の事例でも確認されず、基本的には考えにくいとおもう。一体化したとはいえ、あくまで高麗国王であるがゆえの行省丞相兼任であるから、前者がもっとも基本的な属性だったはずである。

このように、征東行省常設化後の高麗王は、元の中書省や、必要に応じてその他の高級官府とのあいだで、征東行省丞相としての資格にもとづき咨をやりとりするようになったと考えられる。『高麗史』には宛先が明示されない中書省の咨もみえるが、(115) 後述する遣使記事のごとく、『高麗史』や『高麗史節要』では、征東行省が主語や目的語になる場合、そのように明記して高麗国や高麗王と区別するのが一般的であるから（後述のごとく例外もあるが）、これも高麗王個人に宛てる咨であった可能性が高い。征東行省という官府名義でやりとりされた咨もあったが（後述）、そもそも両国間における咨の授受例自体、史料上の件数がそれほど多くはないので、実際の総件数や宛先表記の傾向などは何とも推しはかりがたいところがある。しかし後述する筆者の推測どおり、明が元代の慣例を参照して高麗王に宛てた高級官府の文書に咨を採用したとすれば、元代において高麗王個人を授受の名義として発行された咨は、相当の数と割合を占めたと考えられるのではないだろうか。

なお高麗政府の官府については、その頂点にたつ都僉議使司が一二九三（忠烈王一九／至元三〇）年に元の従二品相当に昇格しているが[116]、その後も行省から箚付をうけているので[117]、元の中書省クラスの官府と咨を交わすことはなかったであろう。

（4）咨式文書の周辺

『高麗史』や『高麗史節要』には、一二八七年以降も元の中書省から高麗に送られた文書が咨と記されない事例がいくつかみえる。このうち『高麗史』巻三二・忠烈王世家・二七（大徳五／一三〇一）年八月丙申と『高麗史節要』巻二二・忠烈王二七年八月には、中書省より「移文」があり、忠烈・忠宣王父子の離間をはかる金天錫らに対する処罰が伝えられたとある。しかしこの事件について、『高麗史』巻一二三・林貞杞伝附　閔萱伝では、中書省より送られた文書が征東行省に対する「咨」であったことを伝えている。筆者は、『高麗史』や『高麗史節要』では征東行省が主語や目的語となる場合、そのように明記するのが一般的と前述したが、このような例外もあるのである。『高麗史』巻三二・忠烈王世家・二九（大徳七／一三〇三）年一二月庚戌にみえる、高麗の軍糧を省官の俸給にあてたいという征東行省の要望に対する中書省の「移文」も、事案の性格からみて、実際には高麗王ないし征東行省に宛てた咨の送付であった公算が大きいとおもう。

一方、高麗王の政治行為がつねに征東行省丞相としての立場に拘束されたわけではなく、高麗政府を代表する国王としての立場を明確に区別するケースもある。たとえば至元二九（忠烈王一八／一二九二）年一〇月付けの日本国王宛て忠烈王国書（冒頭形式は「甲謹奉書乙」）では[118]、元の駙馬・高官の文書における冒頭定型句の一つ「皇帝福廕裏」を用いるが、差出人を「特進上柱国・開府儀同三司・駙馬高麗国王」と記し、行省丞相職には言及していない。また

『高麗史』世家や『高麗史節要』に比較的詳しく記録された忠烈王代終盤（元・成宗代）の元に対する賀正使や賀聖節使の派遣記事をみると、同一目的の遣使において、派遣主体を記さない使者と征東行省名義の使者が別途にたてられたケースが散見され、[119]前者は高麗政府を代表する使者だったとみられる。その後に活躍した李穀の『稼亭集』巻一〇所収の「太后賀正表」と「賀正表」にも、それぞれ「国行（高麗国がおこなう）」、「権省行（行省代行がおこなう）」という註記がある。後者は征東行省丞相不在時に代行者の名義で作成されたものだが、高麗政府の賀表と征東行省の賀表を別々に用意していたことがうかがわれる。

高麗王が元の中書省に対し咨以外の文書形式を用いる場合があったのも、あるいは、国王としての立場を征東行省丞相としての立場と明確に区別するためだったかも知れない。たとえば崔瀣『拙藁千百』巻二の「国王与中書省請刷流民書」（泰定乙丑（泰定二／忠粛王一二／一三二五）年）をみると、王個人（予）が話者となって高麗国（小国・本国・小邦）の利害を主張し、中書省に国外流民の送還を要求しており、書き出し文言は不明だが、むすびは「不宣」としている。これは啓・致書などの書簡文に用いられる定型文言の一つであり、咨や牒などの官府文書にはなじまない。高麗王は元の中書省に対して何らかの書簡文の形式を用いる場合もあったのである。[120]

一方、具体的な文面や宛先は明示されないが、『高麗史』巻三〇・忠烈王世家・一五（至元二六／一二八九）年八月壬戌には、中書省が高麗に「牒」を送って青砂甕等を求めたこと、同書巻三五・忠粛王世家・一二（泰定二／一三二五）年一二月癸未には、中書省が高麗に「移牒」して太祖チンギス以来の有功者について報告を求めたことが記されている。これらの「牒」は単に公文書一般やその送付を意味するだけかも知れないが、牒式文書であった可能性も排除できない。その場合、中書省が征東行省に対して牒を用いるとは考えにくいので、宛先には高麗王や高麗政府の官府・官人などが考えられる。高麗王宛てならば、駙馬に対する牒式使用の是非という問題が生じることにもなるが、ただしこれらの文書の実体は不明である。

四　小　結（2）——咨式外交文書成立試論

本章IIの検討結果はつぎのように整理される。

元の中書省から高麗王に送られる文書は、少なくとも一二七〇年ころから八〇年までは基本的に牒が用いられたと考えられる。一二八〇年に日本遠征のために忠烈王が征東行省丞相となったことにともない、行省によりはじめて高麗王に対して咨が用いられた。その後一二八七年に高麗における元の最高地方統治機関として征東行省が常設化されると、その丞相職を世襲的に兼任する高麗王に対し、元の中書省が咨を用いるようになったとみられる。一方、高麗王から中書省に対して送られる文書は、一二八〇年以前については形式を確認できないが、牒もしくは何らかの書簡形式を用いた可能性が想定される。高麗王に対して咨が用いられるようになると、高麗王の称をかかげた名義で中書省に咨を送るようになるが[121]、場合により書簡形式の文書を用いることもあったようである。また一二八〇年以降に元の中書省が高麗王に対してなおも牒を用いた可能性も完全には排除できないが、実態は不明である。

本章では史料的制約のため、高麗王—元朝中書省間で交わされた文書の形式を必ずしも全面的かつ明瞭に指摘できたわけではない。しかし史料から看取されるかぎりにおいて、中心的な形式が牒から咨に移りかわったという趨勢は容易に理解されるであろう。その背景には高麗王が征東行省丞相の地位を世襲的に兼ね、王爵と丞相職が一体化して国王丞相という呼称が生まれるにいたったという当時の政治状況があったわけだが、筆者はこのことが後世に大きな影響をおよぼしたのではないかと推測する。すなわち明代以降における咨式外交文書の成立と定着である。

高麗王に対する明の咨は、恭愍王が事明を表明したのち、正式な冊封をうける前の洪武三（恭愍王一九／一三七〇）年正月一〇日付けで発せられた中書省咨（『吏文』巻二）が初度のものであり、道士徐師昊を遣わして高麗の山川を祭祀することを通達する内容だった。そしてこれは現存史料上、明における咨式外交文書の初見例となるようである。高麗王に対しては、直後の洪武三年一〇月九日、および洪武四（恭愍王二〇／一三七一）年二月二三日付けでも中書省の咨が発せられている（同前書）。

これにつづくものとしては、安南国王・占城国王に対する中書省の咨がある。すなわち『明太祖実録』巻六七・洪武四年七月辛未によると、このとき遣使朝貢して安南国の侵犯を訴えた占城国王に対し、洪武帝は中書省に命じて咨を送らせ、そのなかで、安南国王に咨を送ってただちに軍事行動をやめさせるむねをつげている。

日本や琉球に対する咨の初見例はこれより遅れるが、咨式外交文書の存在が洪武年間の初期から確認され、当初より広く外国君主に対して用いられたことがわかる。その確立契機としては、明が洪武二（恭愍王一八／一三六九）年までに周辺諸国に対して大々的に招諭をおこなったことや、『大明集礼』が編まれて外交儀礼の骨格が完成したことなども考えられよう。

しかし冊封をうけた諸外国の君主に対して咨を用いるという従来存在しない方式を採用した理由は、『明実録』『明史』などの史書、『大明集礼』『皇明制書』『大明会典』などの政書、あるいは洪武帝自身や宋濂といった彼のブレーンの著述をみても明らかではない。筆者の管見にはいっていない史料があるかも知れないが、この問題についてはさしあたり二つの見方をあげることができよう。一つは明の為政者が従来存在しなかった咨の用法を独自の理屈で編み出したというものであり、いま一つは元代の先例をふまえたというものである。そして前者の可能性についていまのところ史料的な明証が得られていないことから、[122]ひとまず筆者は、高麗王―元朝中書省間における咨の使用が参考にされた可能性を指摘したいとおもう。

一般に明草創期の国制については、元制を大幅に踏襲するものであることが指摘されている。[123]とくに外交文書については、元代の白話風語彙を用いた直訳体漢文の使用習慣までが根強くのこっていたことも指摘されている。[124]そのような明が外交文書形式を策定する際に、周辺諸国のなかでもとりわけ元との関係が緊密であった高麗の事例に注意をはらった可能性は高いとおもう。高麗王―元朝中書省間における咨式文書の使用は、本来高麗王が征東行省丞相を兼任するという特殊な状況下に成立したもので、正確には外交文書とはいえない。また、どれだけの事例数があったかは不明だが、前述のごとく元の中書省は外国君主に対して送る漢文文書としては牒を用いていた。しかし明建国直後に編纂された『元史』において高麗を外国伝の筆頭にかかげた明の為政者が、一三世紀末以降の長期にわたる元朝中書省—高麗王間の咨の使用実績に着目して、これを中国側の高級官府と冊封をうけた外国君主とのあいだで用いる文書形式の典型とみなし（あるいは誤解し）、他の諸国との外交にも一般化していった可能性は看過できないのではないだろうか。筆者はこのようにして咨式外交文書が成立、定着したのではないかと推測する。

かかる咨の用法変化は一四世紀後半の高麗でも異なる形で生じていた疑いがある。中村栄孝が紹介した日本国宛ての征東行省の咨[125]がそれを示唆する。一三六六（恭愍王一五／至正二六）年に渡日した高麗使がもたらし、京都・醍醐寺の報恩院文書に写しが伝わるこの文書は、日本に対して倭寇禁圧をもとめる内容だったが、官府である征東行省が日本という「国」に宛てて咨を用いた点が注目される。これは日本の君主が征東行省の長官たる高麗王と同格であるという認識にもとづく措置と考えられるが、官府・官人どうしの関係にもとづく咨の一般的用法からは逸脱する。[126]

一三七〇年に明の中書省からはじめて咨をうけた際、高麗側が文書形式を問題視した形跡は史料上うかがえない。翌年にはさっそく高麗側からも咨を送り[127]、その後も恭愍王は連年のように明の中書省と咨を交わしている[128]。もちろん明の求める方式をうけいれたまでのことかも知れないが、高麗において咨に対する認識が変化し、君主や国家がこれと同等の格づけを有する外国官府とのあいだで用い得る文書とうけとめられるようになっていた可能性も考慮されよう[129]。

註

（1）戦闘の推移に関する代表的な論考としては、池内［一九六三b］、김재홍［一九六三］、Henthorn［一九六三］、姜晋哲［一九七四］、柳在城［一九八八］、尹龍爀［一九九一］、同［一九九四］などを参照。

(2) ただし最前線の対応責任者の動向は別途検討を要する課題である。一二七一（元宗一二／至元八）年に元使趙良弼が来日した際、これを迎えた大宰府西守護所は、元に二六名の使者を送ったという（『元史』巻二〇八・日本伝）。
(3) 李益柱［一九九六b］、姜在光［二〇一一］。
(4) 韓国・国立中央博物館蔵。李東□撰。撰述年不記載。筆者実見。なお釈文にあたっては、李蘭暎［一九六八］一六九～一七一頁、許興植［一九八四b］八五四～八五七頁、金龍善［二〇一二］二三八～二四一頁も参照。
(5) その経緯については、『高麗史』巻一二九・崔忠献伝附 崔怡伝に、「明年（＝一二三二（高宗一九／太宗オゴデイ四）年）、モンゴルの河西元帥（＝唐古）が遣使して書状をよせ、金線二匹を送ってきた。その書状には令公と称していた。おそらく怡（＝崔怡）をさすのである。怡はうけとらず、「私は令公ではない」といった。そのため淮安公のもとにいったが、侹もまたうけとらなかった。〔書状は〕しばらく行き来したが、怡はとうとう学士李奎報に侹〔名義〕の返書を作製させてかえした（明年、蒙古河西元帥、遣使寄書、送金線二匹。其書称令公。蓋指怡也。怡不受曰、我非令公。以帰淮安公、侹亦不受。往復久之、怡竟使学士李奎報製侹荅書以還）」とある。また、『高麗史節要』巻一六・高宗一九年五月にもほぼ同内容の記事をおさめる。
(6) 致書については、中村裕一［一九九一c］二九九～三三〇頁、同［一九九六］一五三～一六二頁、中西［二〇〇五］参照。なおこれについては、一義的な文書形式名はあくまで「書」であり、これを差出人と受取人の上下関係をあらわす動作句（致・奉など）により使用ケースの違いを示した下位分類というべきかも知れない。ただそうだとしても本章の行論には影響しないので、ここでは便宜的に致書を一つの文書類型としてあつかっておく。
(7) 『高麗史』巻一四・睿宗世家・一四（一一一九）年二月丁酉。
(8) 日本の金沢文庫と東京大学史料編纂所に写しがのこされ、また『高麗史』巻三〇・忠烈王世家・一八年一〇月庚寅に主要部分の録文がある。なおテキストについては、竹内［一九八二］二九八～三〇〇頁、村井［一九九七］一六五～一六七頁も参照。
(9) 金朝皇帝の「詔諭」については註7前掲史料、一二九二年の高麗の対日国書については註8前掲の『高麗史』記事にかかる記載がある。
(10) ただし関係録文の過半数ではむすびの文言が省略されている。
(11) 朝鮮王朝で国王に対する上申文を啓というのは、このながれをひくものである。
(12) 堀［一九九八］二四三～二四六頁、参照。
(13) 堀［一九九八］二四六～二五〇頁。また石井［二〇〇一a］、同［二〇〇一b］五五一～五五六頁、参照。
(14) 『続日本紀』巻一〇・神亀五（七二八）年正月甲寅。
(15) 史料用語としての「国書」は、必ずしも君主間で交わされる文書のことだけではない。『高麗史』巻七・文宗世家・九（一〇五五）年七月丁巳によると、契丹の東京留守に対する高麗王の親書も「国書」とよばれている。

(16) とくに『東文選』では巻四五と巻四六の編目名を啓とし、九世紀の崔致遠から一四世紀の李穀までの文例をおさめる。ただし高麗中期までの事例で、首末の文言が録され、啓式であることが確認できる文書は以下のとおりである。林椿「代李湛之寄権御史敦礼書」「荅朴仁碩書」(『東文選』巻五八)、同「与皇甫若水書」二種「荅霊師書」「与趙亦楽書」「同前書」「与洪校書書」(同書巻五九)、李奎報「与金秀才懐英書」(『東国李相国集』巻二六、『東文選』巻五九)、同「軍中荅安処士置民手書」「又寄安処士手書」「荅全朴両友生自京師致問手書」「軍還後寄兵馬留後朴郎中仁碩手書」「荅朴雑端仁碩手簡」「寄妙厳禅老手書」「荅李允甫手書」「与全履之手書」(『東国李相国集』巻二七、『東文選』巻六〇)。

(17) 北宋・強至『祠部集』巻二八におさめる「代史館王相公答高麗王王徽書」と「又代参政馮諫議答高麗王書」は、宋の高官に対して高麗王の親書が送られたことをうかがわせる数少ない例である(張東翼［二〇〇〇］二一七～二一八頁、参照)。また詳細な書式は不明だが、前述のごとく契丹の東京留守に対して「致書」した例もある(『高麗史』巻七・文宗世家・九(一〇五五)年七月丁巳)。

(18) 外交における致書の用法については、註6所掲の論考を参照。

(19) 『東文選』巻六一・回東夏国書。

(20) 井黒［二〇一〇］三八～三九頁、参照。

(21) 林椿「与皇甫若水書」二種「与趙亦楽書」「同前書」(『東文選』巻五九)、李奎報「与金秀才懐英書」(『東国李相国集』巻二六、『東文選』巻五九)、同「荅全朴両友生自京師致問手書」「荅李允甫手書」「与全履之手書」(『東国李相国集』巻二七、『東文選』巻六〇)。二人の「友生」(友人)に対するもの以外では、相手方に対して「足下」という同輩に対する敬称が用いられている。

(22) 上行形式の啓のなかで高麗王の一人称が「予」と記されることについては、高麗国内における同種の文書や、その他の目上に奉る形式の書簡でも「予」が用いられることがあり(たとえば李奎報「上晋康侯謝直翰林啓」(『東国李相国集』巻二七、『東文選』巻四六)、金坵「上座主金相国謝衣鉢啓」(『東文選』巻四六)、李奎報「上閔常侍湜書」「上崔相国詵書」(『東国李相国集』巻二六、『東文選』巻六〇))、用語として矛盾しないとおもわれる。なお敵礼関係で用いられる致書において、「閣下」「小国」等の用語により、相手方に対して敬意をあらわすこともある(たとえば文書02)。しかし同輩や目下に対する文書として作成された啓でそれらの語を用いたならば、体裁上、上行形式の啓と区別できなくなってしまうであろう。

(23) オッチギン王家の東方進出については、堀江［一九八二］三八一～三八六頁、尹銀淑［二〇〇六］、同［二〇一〇］参照。

(24) 堀江［一九八五］二二九～二三〇頁、参照。なお、この時期の高麗に対するモンゴルの貢物要求は、オッチギン一人の行為にとどまらず、複数のモンゴル諸王・官人も個々におこない高麗側を困惑させていた。異なるモンゴル権力者からつぎつぎに貢物・贈物を要求されることについては、一二五三(高宗四〇／憲宗モンケ三)年にモンゴル宮廷をおとずれたキリスト教修道士ギヨーム・ド・ルブルクも不満を吐露しているが(カルピニ／ルブルク［一九八九］参照)、一面においては、社会習慣の違いがひきおこした文化摩擦といえよう。

(25)『続日本後紀』巻一九・嘉祥二（八四九）年三月戊辰、『日本三代実録』巻二・貞観元（八五九）年五月一〇日乙丑。

(26) 九九七年の高麗からの文書に対して日本側が警戒感を示したことについて、南［二〇〇〇］（七一頁）では、文書内容に高麗の大国意識があらわれていた可能性を指摘している。しかし国書に啓を用いたとすれば、少なくとも文書形式の面ではそうではなかったことになる。

(27) 従来、朝鮮史分野では一二七四・八一年の対日戦役について特段の固有名称を用意せず、日本史上の呼称である文永・弘安の役を借用することすらあった。そこで筆者は、『高麗史』巻三一・忠烈王世家・二〇（至元三一／一二九四）年正月癸酉に「甲戌辛巳両年之役」と記されていることにもとづいて、〝甲戌・辛巳の役〟とよぶことにしている。

(28)『調伏異朝怨敵抄』のテキストについては、平岡［一九五九］所載の影印を参照。

(29) 盧［一九九七］、同［一九九九］参照。

(30) 奥村［一九七九］参照。

(31)『高麗史』巻二三・高宗世家・一八（太宗オゴデイ三／一二三一）年一二月壬子、甲戌。なお本文書の試釈に村上［一九六〇］とLedyard［一九六三］がある。

(32) モンゴル文直訳体の成立過程に関する最新の研究成果として、舩田［二〇〇七］を参照。

(33) 松川［一九九五］参照。

(34) 元代に定型化された書式では、冒頭句に天の権威をかかげることができるのは、つぎのように皇帝と皇族にかぎられ、それ以外は皇帝聖旨をよりどころとすることになる。

・皇帝の聖旨「長生天気力、大福廕護助裏 möngke tengri-yin küčün-dür yeke suu ǰali-yin ibegen-dür」
・皇族の令旨・懿旨「長生天気力、皇帝福廕裏 möngke tengri-yin küčün-dür qaγan-u suu-dur」
・その他の発令文「皇帝聖旨裏 qaγan-u ǰarliγ-iyar」

また威嚇文言は、指令内容を記した後、文書末尾に年月日や発令地を記載する直前に記すのが普通だが、禁止・不正事項について、たとえば「做呵、他毎不怕那甚麼 üiledü'esü ülü'ü ayuqun müd（おこなえば、彼らはおそれないのか）」などと抽象的に表現する場合が多い。

(35) 海老沢［一九八七］（九一～九五頁）の翻訳による。なお海老沢［一九七九］七三二～七三三・七三六～七三七頁、カルピニ／ルブルク［一九八九］二八七～二八九頁、参照。

(36) 海老沢［一九八七］（九一～九二頁）の翻訳による。

(37) 小澤［二〇〇七］一四七～一四八頁、参照。

（38）同様な事案として、前述したクビライの対日国書に記された「兵を用いるにいたることは、いったいだれが好むであろうか（至用兵、夫孰所好）」という文言が知られている。ただしこれに対する日本側のうけとめかたは史料的に必ずしも明瞭ではない。たしかに、国書をうけて鎌倉幕府が西国の御家人に警戒態勢を指示したことや、京都の朝廷が国書を「無礼」と判断したことなどは、この〝脅し文句〟に対する反応だった可能性はある。しかし、より詳細な経緯がわからない現状では、文書全体や情勢全般を総合的に判断したうえでの対応だった可能性も排除できない（この問題については近年秦野［二〇一二］（三七六～三八〇頁）の所論がある）。一二六九（元宗一〇／至元六）年の元朝中書省の牒に対する文永七（元宗一一／至元七／一二七〇）年正月付け太政官返牒案（『本朝文集』巻六七）では、日本に対して軍事行動をほのめかす元側の姿勢を非難しているが、佐伯［二〇〇三］（七一～七二頁）は、これをクビライ国書の〝脅し文句〟に対する反論と推定する。ただしこれは中書省牒の文面が未確認だった段階での見解である。その後発見された中書省牒の録文（『異国出契』。なおこれについてはIIで詳述）をみると、そこにはクビライ国書と同じ趣旨の〝脅し文句〟が記されている。返書の文面も、一義的にはこれに即した言及とみておくのが穏当であろう。クビライ国書の記載をあわせてふまえている可能性も排除はできないが、確実ではない。

（39）『高麗史』巻二三・高宗世家・二〇（太宗オゴデイ五／一二三三）年四月、同書巻二四・高宗世家・四〇（憲宗モンケ三／一二五三）年八月戊午。

（40）『高麗史』巻二四・高宗世家・四一（憲宗モンケ四／一二五四）年七月戊午にみえるモンゴルの使者多可らがもたらした雅文調の漢文「文牒」は、差出名義が不明だが官人文書の可能性もある。

（41）モンゴル語の〝möngke tengri-yin küčün-dür yeke mongγol ulus-un qaγan-u suu-dur〟の直訳である。

（42）前述のごとく、のちには天の権威を発令のよりどころとできるのは皇帝・皇族にかぎられることになる。

（43）于［二〇〇六］。

（44）「蒙古大朝国」という表現は『高麗史』巻二三・高宗世家・一八（太宗オゴデイ三／一二三一）年一二月甲戌におさめられた文書にもみえる。また前述した一二六七年の元宗の対日国書には「蒙古大朝」と記されている。

（45）Pelliot［一九二三］二二頁、図版II、参照。ペルシア語で記された本文書は、冒頭句のみがチュルク語で記されるが、そこにも「とこしえの天の力により、大いなる国全体の、海内のカン、私たちの聖旨」（海老沢［二〇〇四］（六二頁）の翻訳による）とある。

（46）モンゴル皇帝のなかではチンギスとグユクのみが qaγan ではなく qan とよばれる。

（47）このほか、李承休の『賓王録』に描写された元の宮廷饗宴の模様が、マルコ・ポーロの『東方見聞録』の記載に符合する例もある（本書第八章、三八三～三八五頁、参照）。

（48）宮［二〇〇六b］二〇四～二〇五頁。

(49) 李奎報「蒙古国使賫廻上皇帝表」(『東国李相国集』巻二八、『東文選』巻三九)。
(50) 高橋［一九八二］八二～八四頁、岩井［二〇〇五］一四二～一四三頁。
(51) 本書第八章、三六四頁、参照。
(52) なお牒をふくむ宋代の文書行政体系の詳細については、小林隆道［二〇〇九］、平田［二〇一二a］、同［二〇一二b］参照。
(53) 坂上［二〇〇四］五七～五八頁、参照。
(54) 田中［二〇〇〇］三七九～三八二頁。
(55) 宮崎［一九九二a］二二八～二三九頁、参照。
(56) 神田［一九八四］。
(57) ただし明徴を欠くとはいえ、一二七〇年以前に元の中書省が高麗王に文書を送った例が皆無であるかどうかは、慎重に判断されなくてはならない。
(58) 本書第一章第四節、参照。
(59) 本書第一章、五〇～五四頁、および第二章、参照。
(60) 張東翼［二〇〇四］二〇二～二〇五頁、同［二〇〇五］。
(61) 原典には闕字をほどこさないかにみえる「貴国」も一ヶ所あるが、直前の文字が行末にきたため、本来はいるべき闕字をはぶいて次行の冒頭に記したものとみられる。張東翼の録文でも、おそらく同様な理解により、この個所を平出にあらためている。
(62) 内閣文庫蔵『両国書簡』にも本文書の写しがおさめられているが(榎本渉の教示による)、文書の体裁はさらに大きく変更されており、また文字の明らかな誤写も多い。
(63) 中村裕一［一九九一b］、石井［二〇〇一b］五五七～五五九頁、酒寄［二〇〇一］。
(64) 本文書については、張東翼［二〇〇四］(二〇六～二〇七頁)および同［二〇〇五］(六五～六六頁)の紹介も参照のこと。
(65) 本牒は宋商孫忠に関係して越前にもたらされた文書(『扶桑略記』第三〇・承暦四年閏八月三〇日、『帥記』承暦四年閏八月二六日など)に相当するが、『善隣国宝記』がその宛先を「日本国」としているのは、単純な誤記でなければ、翌一〇八一年に孫忠に関して新たにもたらされた明州の牒(後述)との混同であろう。一〇八一年の牒については「本国」(日本国)に直接宛てた文書であることが日本側で問題視されたのに対し(『水左記』承暦五(文宗三五／一〇八一)年一〇月二九日)、前年の来牒をめぐってはかかる動きがおこっていないことも、これを傍証する。
(66) なお『異国出契』所載の文書録文は、張東翼［二〇〇四］(二七八～二八一頁)および同［二〇〇五］(六九～七一頁)の新紹介である。
(67) 古松［二〇一〇］。

(68)『続資治通鑑長編』巻三二二・元豊五（文宗三六／一〇八二）年正月癸卯。
(69)『大金弔伐録校補』（中華書局、二〇〇一年）「牒南宋宣撫司問罪」（九六〜九七頁）、「元帥府与宋三省枢密院」（二一八〜二一九頁）、「元帥府再与宋三省枢密院牒」（二二三〜二二五頁）、「都部署司回牒」（二七〇頁）。
(70)前掲『大金弔伐録校補』「宋宣撫司牒」（二六四〜二六五頁）。
(71)たとえばつぎのような記事がある。『高麗史』巻六・靖宗世家・元（一〇三五）年五月甲辰「契丹来遠城使の検校右散騎常侍安署が興化鎮に牒を送る（契丹来遠城使検校右散騎常侍安署牒興化鎮）」、同六月是月「寧徳鎮が契丹の来遠城に牒をかえす（寧徳鎮廻牒契丹来遠城）」、同書巻一一・粛宗世家・二（一〇九七）年三月庚申「遼の東京兵馬都部署に牒を送る（移牒遼東京兵馬都部署）」、同書巻一三・睿宗世家・九（一一一四）年一〇月是月「遼の東京兵馬都部署司が牒を送る（遼東京兵馬都部署司牒）」、同書巻一九・毅宗世家・二四（一一七〇）年閏五月丙申「王孫が誕生し、王は喜んで金に遣使して通告しようとし、ただちに同文院に命じて牒を送らせた（王孫生、王喜欲遣使告于金、即命同文院移牒）」、同・明宗世家・二（一一七二）年一二月壬寅「金が牒を送り、王の誕生日を問い合わせた（金移牒、問王生日）」、『遼史』巻二八・天祚帝本紀・天慶八（睿宗一三／一一一八）年六月丁卯「奴哥等を遣わし、宋・夏・高麗の書・詔・表・牒を持参して金におもむかせた（遣奴哥等、齎宋・夏・高麗書・詔・表・牒至金）」、『金史』巻一〇・章宗本紀・承安二（明宗二七／一一九七）年一〇月庚辰「尚書省が上奏するに、「高麗国が牒を送って通報し……（尚書省奏、高麗国牒報……）」、同書巻一三五・高麗伝「宣宗が即位し、辺吏が上奏するに、「高麗が牒を送っていうに……（宣宗即位、辺吏奏、高麗牒称……）」。こうした事例には「牒」の授受が官府・官人レベルでおこなわれたことを明示するものも多い。
(72)中村・松川［一九九三］一五〜二二頁、参照。また関連して松川［一九九五］も参照。
(73)中村裕一［一九九六］二〇八〜二〇九頁、仁井田［一九九七］一二五五〜一二五八頁、参照。
(74)『中堂事記』によると、同年五月八日の段階で、交渉窓口のランクをさげ、元側の経略司から宋の淮東制司に牒を送ることに方針が変更されたという。『秋澗先生大全文集』巻六七におさめる「中書省牒宋三省文」は、表題が不正確であり、実際には方針変更後の経略司牒の録文とみられる。
(75)宮［二〇〇六c］三三一・三五〇〜三五二頁。
(76)内藤乾吉［一九六三］第一〜三節、池田［一九七九］三六五・三六七〜三六八・四七八頁、中村裕一［一九九六］六〇七〜六一二頁、吉川［一九九八］一九八〜二〇一頁など参照。
(77)仁井田［一九九七］七三七〜七三九頁。なお仁井田［一九三七］八三〇〜八三八頁、中村裕一［一九九一a］参照。
(78)咨報に関する説明は、陸游『老学庵筆記』巻七や、趙昇『朝野類要』巻四・諸報などにもみえる。
(79)平田［二〇一二b］三三三〜三三七頁。
(80)本書とその録文については、趙和平［一九九三］一六七〜二四一頁、参照。

(81)『大金弔伐録校補』(前掲)所載例の一部として、「宋主与左副元帥書」(一六五～一六六頁)、「左副元帥回書」(二三八～二三九頁)、「楚主与行府書」(四四一頁)、「行府与楚書」(四五五頁)などがある。なお本書によると、最初期の段階では、致書形式とは異なり、金の将帥が「某謹上書于大宋皇帝闕下」、宋皇帝が「大宋皇帝致問某」といった冒頭句の書式を用いることもあった(たとえば「宋少主与左副元帥府報和書」(一五〇～一五一頁)、「回謝書」(一五三頁)など)。

(82)『元典章』巻二二・戸部・洞冶・民戸淘辦金課の至元二(元宗六/一二六五)年二月付け文書にも御史台宛ての行台の咨と行省宛ての中書省の咨に関する記述がある。しかしそこでの議論は一二七五(忠烈王元/至元一二)年に南宋から奪取した建康路(『元史』巻八・世祖本紀・至元一二年二月庚午)の統治に関わる内容であるから、文書の年次表示には誤りがあるらしい。

(83)第二次日本遠征の司令部は、東路軍を指揮する征東行省と、江南軍(江南進発部隊)を指揮する征日本行省にわかれており(張東翼[一九九四a]一四～二三頁、参照)、この時期に高麗で活動が確認される行省は基本的に征東行省とみてよい。なお李康漢[二〇〇七](八五～九一頁)は、これらはそれぞれ独立した組織というより、征東行省は征日本行省の支部のような存在だったと解釈する。

(84)『経世大典』站赤の至元一五(忠烈王四/一二七八)年六月一五日付けの記事に「承旨火魯火孫らが上奏するに、「甘州宣慰司の呈に『つつしんで奉じた只必帖木児王の令旨に……(承旨火魯火孫等奏、甘州宣慰司呈、敬奉只必帖木児王令旨……)」(『永楽大典』巻一九四一七)、大徳五(忠烈王二七/一三〇一)年九月付けの記事に「通政院がつつしんで奉じた晋王の令旨(通政院敬奉晋王令旨)」(『永楽大典』巻一九四一九)、至元二〇(忠烈王九/一二八三)年一〇月付けの記事に「江浙行省がつつしんで奉じた也不干大王の令旨の節該(江浙省敬奉也不干大王令旨節該)」(『永楽大典』巻一九四二五)などとある。

(85)田中[二〇〇〇]三七二頁、参照。

(86)『経世大典』站赤の大徳二(忠烈王二四/一二九八)年二月付けの記事に、「中書省がうけた陝西行省の咨に「王相府の咨に『啓してうけた安西王の令旨に……(中書省準陝西省咨、王相府咨、啓準安西王令旨……)」(『永楽大典』巻一九四一九)とある。

(87)たとえば『元典章』巻九・吏部・場務官・塩管勾減資など。

(88)『高麗史』巻二九・忠烈王世家・六年八月乙未。

(89)『高麗史』巻二九・忠烈王世家・六年一二月辛卯。

(90)『高麗史』巻二九・忠烈王世家・七年三月乙卯。

(91)『元史』巻一一・世祖本紀・至元一七年八月戊戌。なおこのときの征東行省の沿革については、張東翼[一九九四a]一四～二三頁、参照。

(92)『高麗史』巻二九・忠烈王世家・六年一〇月丁酉。

(93)『高麗史』巻二九・忠烈王世家・六年一〇月是月。

(94)『元史』巻一一・世祖本紀・至元一七年一〇月癸酉、同書巻二〇八・高麗伝・至元一七年一〇月。
(95)江華島は開京の南方二〇kmあまりの位置にあり、時間距離にして一日程度の増加がみこまれるにすぎない。
(96)この数値は、金／玄／佐藤［二〇〇二］（三五五〜三五六頁）において、開京〜大都間の旅程は片道一ヶ月程度が標準的だったとしていることにも符合する。
(97)これらの平均日数は、不正確な上限日数しか判明しないケースについて、上限をその最大日数、下限を〇日として計算した理論値である。むろん現実には数日以内で踏破できたはずはなく、また基本的には上限日数より短期間で移動したと考えられるので、実際の平均日数の幅はさらに狭めてみつもることができる。
(98)『元典章』巻五一・刑部・獲盗・民義依例給賞に、「湖広行尚書省の左丞の箚付に「うけとった本省の咨の節該に……（湖広行尚書省左丞箚付、准本省咨該……）」とある。
(99)『廟学典礼』巻二・文廟禁約搔擾に、「行省が前にうけた本省の教化右丞の咨に……（行省先准本省教化右丞咨……）」とある。
(100)『高麗史』巻二九・忠烈王世家・七年正月己丑。
(101)『元史』巻一一・世祖本紀・至元一八年二月辛未。
(102)張東翼［一九九四a］二三〜二七頁、参照。なお一二八五（忠烈王一一／至元二二）年一〇月〜八六（忠烈王一二／至元二三）年正月ころにも征東行省が復設されたが、このときは中国江南方面のみで組織され、高麗は直接関与していない（同二七〜三二頁、参照）。
(103)『高麗史』巻三〇・忠烈王世家・一一年一二月丁卯。
(104)常設化されたのちの征東行省の沿革については、北村［一九六四］、高柄翊［一九七〇b］、張東翼［一九九四a］第二章、参照。
(105)一例をあげると、『元典章』巻四・朝綱・政紀・外省不許泛濫咨稟にひく大徳九（忠烈王三一／一三〇五）年七月に湖広行省がうけた中書省の咨では、行省が些細な事柄でも咨を送付してくる繁雑さを指摘して、今後「咨を送ってもうしのべるべきことは、審議、決定したうえで咨を送ってよこすように（合咨稟者、議擬咨来）」とのべている。
(106)一例については前註を参照。「咨稟」とは一般的な言上の意味にもとり得るが、この忠烈王文書では、そのようにのべる際に「啓稟」を用いている。なお『元典章』巻一七・戸部・承継・妻姪承継以籍為定、および同書巻二五・戸部・減差・納綿戸雑泛にも「啓稟」の用例がみえるが、この場合の「啓」は皇太后や皇太子に対する言上を意味する術語である。
(107)たとえば『朝鮮太祖実録』巻一〇・五（一三九六）年一一月丁丑、『朝鮮太宗実録』巻一八・九（一四〇九）年一一月戊寅など。
(108)『高麗史』巻三一・忠烈王世家・二四（大徳二／一二九八）年正月甲辰。
(109)『高麗史』巻一一〇・李斉賢伝。
(110)例外的状況として、『高麗史』巻三三・忠宣王世家・忠烈王三四年（至大元年／一三〇八）五月戊寅によると、一二九八（忠烈王二四／大徳二）年以来位を退いていた忠宣王は、復位前、新帝武宗カイシャン推戴の功績により瀋陽王に冊封された際（実際には一三〇七（忠烈王三三／大徳一一）年六月の出来事。北村［一九七二］九五～九七頁、参照）、すでに征東行省左丞相の地位にあった。ただしこれは、一三〇七年三月以降、元の新政権の支持を背景に力を強めた同王が父忠烈王から実権を奪いとるなかで生じた一時的現象とみられる。当時なお形のうえで王位にあった忠烈王が同年八月までに征東行省左丞相となっており（『高麗史』巻三二・忠烈王世家・三三年八月辛亥）、忠宣王も翌年高麗王位に復する際、あらためて行省丞相に任じられている（『高麗史』巻三三・忠宣王世家・忠烈王三四年一〇月辛亥）。

(111) 盧ほか［二〇〇〇b］図版六・七頁、参照。

(112) 辻森［一九二九］一二頁、同［一九三〇］一一頁、参照。

(113)『稼亭集』巻九・送掲理問序。同・送白雲賓還都序にも「国王丞相」の称謂があらわれる。

(114) 高麗王のおかれた状況が、高麗国と征東行省のどちらの立場に対応するものか、ときにまぎらわしくなるのもそのためではなかろうか。『高麗史』巻三二・忠烈王世家・二七（大徳五／一三〇一）年五月庚辰によると、このとき忠烈王は高麗国の利害を代表して元の耽羅直轄化に反対する上表文を提出した。ところが元はこれを征東行省の意向として処理し、中書省の咨をもって回答した。また前掲した奴婢制度改変問題に関する忠烈王の上書でも、当初「本国旧例」と呼んだ高麗伝統の慣習を、別の箇所では「旧省俗」とよんでいる。

(115)『高麗史』巻三七・忠穆王世家・四（至正八／一三四八）年正月乙未。

(116)『高麗史』巻三〇・忠烈王世家・一九（至元三〇／一二九三）年三月乙酉。

(117) 前掲『高麗史』巻三〇・忠烈王世家・一九（至元三〇／一二九三）年七月甲戌。

(118) 本文書については註8参照。

(119)『高麗史』巻三一・忠烈王世家・二一（元貞元／一二九五）年七月己亥、八月甲辰、一二月壬寅、二二（元貞二／一二九六）年七月乙未、八月己亥、二三（大徳元／一二九七）年七月丙戌、八月辛卯、一二月戊午、閏一二月、二四（大徳二／一二九八）年一二月丙辰、戊午、二六（大徳四／一三〇〇）年一一月丙寅、一二月甲戌、同書巻三二・忠烈王世家・二七（大徳五／一三〇一）年一一月戊午、二九（大徳七／一三〇三）年七月辛巳、八月己丑、三二（大徳一〇／一三〇六）年七月己卯、八月己亥、『高麗史節要』巻二一・忠烈王二一年七月、八月、一二月、同書巻二二・忠烈王二四年八月、一二月、同二六年一一月、一二月、同二九年七月、八月、同書巻二三・忠烈王三二年七月、八月。

(120) 同じく崔瀣『拙藁千百』巻二におさめる「又謝不立行省書」と「与翰林院為太尉王請謚書」も、高麗王がそれぞれ元の中書省と翰林院に宛てた文書であった公算が大きいとおもうが、やはり結辞に「不宣」を用いている（冒頭不明）。

(121) なお、中書省以外に枢密院とも咨をやりとりしたことは、本文中で言及した。

(122) 最近、壇上［二〇〇九］（一一～一八頁）は、明において外国の蕃王が官品上二品相当とみなされることの原理について詳しく論じたが、著者も指摘するように、王・公・侯・伯等の爵位に対応官品を設定すること自体は元以前から中国歴代王朝の伝統があり、明にいたって中国の官府と冊封国君主との互通文書として広く咨が使用されるようになったことの理由は、やはり明らかにならない。
(123) 山根［一九六五］、宮崎［一九九二b］、檀上［一九九七］。
(124) 宮［二〇〇六b］二一一～二二八頁。
(125) 中村栄孝［一九六五b］。
(126) 高麗は一三七五（禑王元）年に羅興儒を日本に派遣した際にも（『高麗史』巻一三三・辛禑伝・元年二月）、「咨」を送っている（同・三年六月）。その発信名義と宛先は不明だが、本来咨の使用対象とならないはずの日本に対してこれを用いた点は同じである。
(127) 『高麗史』巻四三・恭愍王世家・二〇（一三七一）年一一月乙亥。
(128) 『吏文』巻二所載、洪武五（恭愍王二一／一三七二）年四月および洪武七（恭愍王二三／一三七四）年五月八日付け中書省咨、洪武七年二月二八日および同年九月二日付け高麗国王咨、『高麗史』巻四三・恭愍王世家・二一（一三七二）年三月甲寅、五月癸亥、同書巻四四・恭愍王世家・二二（一三七三）年七月壬子、一一月是月、二三（一三七四）年四月戊申、六月壬子。
(129) 後代、琉球中山王が朝鮮国宛てに咨を送った際、朝鮮側では官府に対する文書のようであるとしてこれを忌避し、返書には「甲奉書乙」と記す書契を用いることとした（『朝鮮世宗実録』巻五四・一三（一四三一）年一一月丙子）。国王が明の官府と咨をやりとりする当時の朝鮮政府が、君主・王朝どうしでは咨の使用を忌避した点が注目される。

第六章　大元ウルスと高麗仏教

——韓国・松広寺所蔵の元代チベット文法旨をめぐって

一　問題の所在

大韓民国の全羅南道順天市松光面新坪里に所在する曹渓山松広寺は、新羅末に慧璘禅師が創建した松広山吉祥寺にはじまると伝えられる古刹である。高麗王朝治下の一三世紀はじめ、朝鮮禅の創始者である普照知訥が入山してより、曹渓山修禅社とあらためられ、のちに旧の山名にちなんで松広寺と称されるようになった。また知訥以来、一五代にわたる主法の僧が高麗仏教界の最高位である国師の称号を授かったことでも名高く、現在にいたるまで朝鮮禅の根本道場として重きをなしている。

この松広寺に一通のチベット文文書が伝承され、現在は同寺の聖宝博物館に保管されている。本文書については、まず『大乗禅宗曹渓山松広寺誌』が写真とともに「ウイグル文字」として紹介し、紙質「壮紙」（厚手の朝鮮紙）、形状「軸」（巻物）、寸法「一尺六寸八分、二尺五寸」、年代「約六百餘年前」などのデータとともに、「圓鑑国師が元国にはいったとき、世祖より拝受したものか？」との摘要を付した。[1] 圓鑑国師とは、松広寺の第六世冲止（一二二六〜九三）のことであり、当時高麗を政治的影響下においた大元ウルスの世祖クビライに招聘された経歴をもつ人物である。その後、本文書は一九七二年に全羅南道有形文化財第三〇号に指定されたが、その際には「八思巴《パスパ》文字」として登録された。ついで全羅南道の『文化財目録——道指定文化財篇』では、その写真を掲載するとともに、寸法を横六一×縦四八㎝、材料を緋緞、時代を高麗中期と記し、文書の性格については、元代チベット密教と関係したものか、あるいは「圓鑑国師がモンゴルから帰国した際、その身分を保証した旅行証」であろうと解説している。[2] また『韓国民族文化大百科事典』第一二巻の「松広寺」の項でも、「パスパ文字」として写真を掲載している。[3]

このように本文書については、ながらく文字の正体も正確に知られてこなかったが、一九九〇年代末に状況が変わる。一九九八年九月、許一範（真覚大学校教授）が文書を調査し、[4] その後これを「草書体チベット文字」として一部の試訳を示し、松広寺の所伝をふまえて冲止が入元した際に支給された通行証であろうとした。[5] また一九九九年一月には大原寺（全羅南道宝城郡）に滞在していたチベット僧チョーペルが部分的に解読を試み、[6] これをうけて松広寺側では、「チベット古文字」で書かれた文書で、冲止入元時の通行証として紹介している。[7] さらに金浩東（ソウル大学校教授）は、一九九九年の著書において、同氏がチベット・ラサのノルブリンカ離宮で実見した元代チベット文文書の書体が本文書に酷似することを指摘し、本文書は当時大元ウルス仏教界の頂点にあったチベット仏教サキャ派教団が松広寺にあたえた「特恵文書」ではないかと推測した。[8] 以上の三氏はこの文書がチベット文で書かれていることを正しくとらえており、またその性格に対する金の指摘は示唆的である。しかし「通行証」説や「特恵文書」説はもちろん、そもそも大元ウルスの公文書であるとすることや、なかば通説化している冲止との関係についても、文書の全面的な解読のうえにたって導き出された結論ではなかった。さらに、文書のモノとしての基本データについても論著ごとに相違がみられる。

筆者は、二〇〇〇年三月四日に松広寺をおとずれて本文書を実見したが、その際に許可を得て撮影した文書の写真をもとに、大元ウルスのチベット文発令文の専門家である中村淳（駒澤大学准教授）と共同研究をおこない、中村が文面の解読、筆者が文書の発給経緯に関する調査を担当した。その後、同年九月二〇日、早稲田大学において開催された元典章講読会特別例会において中間報告をおこない、二〇〇一年二月二五日〜三月一日には両名が松広寺をおとずれて文書実物と関連資料を直接調査する機会を得た。以上の作業の結果、筆者らは、本文書が、大元ウルスにおける国家的発令文の一種、法旨であると結論するにいたった。

法旨とは、大元ウルス仏教界の最高位として、初代パクパ（パスパ）以来、チベット仏教サキャ派の高僧が任じられた帝師ないし国師の発令文である。律令のごとき法体系をもたない大元ウルスでは、さまざまなレベルの権力担当者からおりおりに発せられる発令文がよるべき法源として決定的に重要な役割をはたした。なかでも、モンゴル語でジャルリグ ǰarliγ、漢語では聖旨と称される皇帝の発令文が絶対的な権威を有したが、皇帝以外の男性皇族、后妃・公主、駙馬や高級官人、そして帝師・国師の発令文は、漢語でそれぞれ令旨、懿旨、鈞旨、法旨と称され、モンゴル語ではすべてウゲ üge と称された。

この松広寺元代チベット文法旨文書（以下、松広寺法旨と略称）は、モンゴル時代史の一次史料として世界的にも貴重な文化財だが、韓国において発現した点がそれ独自の価値を高めており、当時の高麗と大元ウルスの関係を考究するうえでも注目すべき史料である。

筆者らの研究については、二〇〇一年八月二五日に韓国の東国大学校で開催された「松広寺元代チベット文書究明国際学術会議」での口頭発表を経て、二〇〇二年に『内陸アジア史研究』第一七号と韓国の『普照思想』第一七集に論文を公表した。[9] この成果をうけて、韓国の文化財庁では、本文書の文化財登録を更改し、二〇〇三年、宝物（日本の重要文化財に相当）第一三七六号に指定するにいたっている。

本章は、この松広寺法旨に関して筆者と中村淳がすすめてきた研究の成果のうち、筆者が分析を担当した内容を一編に整理しなおしたものである。具体的には、中村による文書解読を土台として、法旨の発令年次と発給経緯について考察し、さらにその時代的背景として、皇帝を頂点とする大元ウルスの宗教的権威の高麗に対する波及という問題について論じる。[10]

二　松広寺法旨の内容について

まず本題にはいるにさきだち本節では、松広寺法旨の物的現況とテキスト、および文書としての性格について、中村淳の研究成果[11]にもとづいて簡潔に紹介しよう。より詳細な物的データと、本文書が法旨であることの論証については、註11所掲の論考を参照されたい。

本文書（図6-1）は、横が上下辺ともに五一・〇cm、縦が右辺七六・五cm、左辺七七・〇cmであり、厚さ〇・二mmの紙を四枚はりあわせたもので裏打ちされた状態になっている。原文書の本紙自体は大小六辺の紙片にわかれており、厚さは〇・一二mmである。各紙片ともに上下左右が不完全かつ不定形で、裏打ち紙との境目がはっきりしない部分もあるなど、状態はきわめて悪い。このうち文字列が確認されるのは五つの紙片（A～E）だが、最下部の紙片Eには朱印の最下端部が残存している。文書の下部に正方形の朱色の枠線

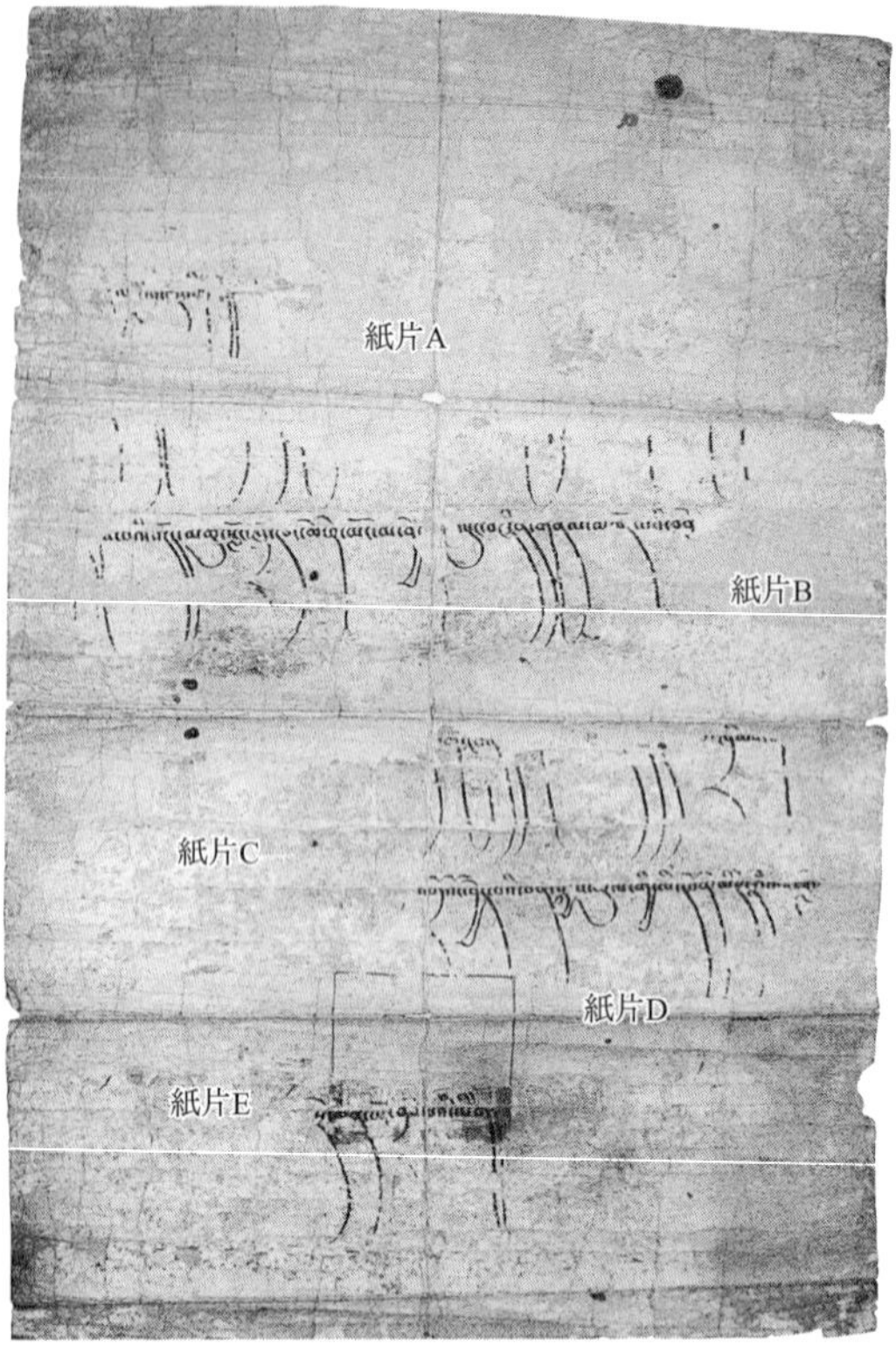

図6-1　松広寺元代チベット文法旨

典拠）中村・森平［2002］掲載写真に加筆。

がみえるが、これは原文書を表装したのちに本来の印面の残存部に書き足したものである。

本文書はチベット文で記されているが、みられるように、その書体は、下方向にひげのように長くのばした筆画が特徴的である。[12] これを長脚行書（tshugs ring）というが、現存するチベット語史料では、一二六七年の元の国師としてのパクパの法旨においてはじめて登場し、パクパによって公文書用の書体として考案されたとの見方もある。

本文書のテキストは図6-2のとおりである。ただし本文書は、断裂した紙片を現状のように裏打ちした段階で、すでに多くの欠損部分があったとみられ、そのままでは法旨としての書式の全容をうかがうことはできない。そこでまず、比較のため、全文がのこる元代チベット文法旨のうち、ヒツジ（忠粛王六／延祐六／一三一九）年一一月八日付けのロポン・リンチェンゴン

A01　[@@//　r]*gy*al po'*i* l*u*ng　gi*s*//
皇帝　の　おおせ によって，

B01　|←――― 文字下端の長脚部が 12 本確認 ―――→|

02　[snyad] [b]*tags* pa'i 'dod mchu slong　khro dbang che she mong ma byed:
口実を　つけた　訴えを　起こして 危害を　力を　なさず，
lung　bzhin　gnam　mchod pa'i　ban*de*
おおせの通り　天を　祈る　僧

03　（e の母音記号が第 2 行 khro の下にみえるのみ）

C01　*dmag* dp[o]n[:]　*d*[ma]*g* [mi:　mkhar] *d*[po]*n*
軍官，　軍人，　城官，
d[a ra kha]*ch*[e]:　khrims *g*[cod:　sdud dang]
ダルガチ，　断事官，　徴収 そして

02　'gro 'ong byed pa'i ban skya:　sa yul gyi mi dpon:
往来　する　僧俗，　地方　の　官員，
mi sde　rnams la zlo *ba*[//]
俗衆　たち に 告知する（もの）。

D01　.m..

E01　|←― 文字下端の長脚部が 3 本確認 ―→|

02　sde chen por bris pa'i yige//
大寺で　書いた 文書。

図 6-2　松広寺元代チベット文法旨テキスト

注）A～E は紙片。アラビア数字は行数。斜体字は残画から判読された文字。[　] は他の法旨を参照して補充した文字。... は判読不能。@は雲形記号 nyi zha。// は二垂線 gnyis shad。: は縦二点。

宛て第八代帝師クンガロトーギェンツェンパルサンポの法旨（図6-3）のテキストを、中村淳より提供をうけた釈文・翻訳により例示しよう（図6-4）。

まず第一行には「冒頭定式」として「皇帝のおおせによって」という文言がはいる。これは大元ウルスの発令文において権威の所在を示す「権限付与」の文言である。

つづく第二行は「発令者名と型宣言」である。ここでは「クンガロトーギェンツェンパルサンポ帝師の言葉」と記し、発令した帝師の名と以下の内容がその命令（法旨）であることを明示するが、文字列は行の右側によせて記されている。

第三〜六行の「軍官、軍人……俗衆たちに告知する」は、法旨をうけとる発令対象者に関わる管轄機関ないし管轄者である「通知先」を列記したものである。発令対象者は法旨によってみとめられた諸特権を、この「通知先」に対して主張、行使できる。第三〜五行では行頭を文書の中央部まで下げて記すが、この三行におさまらない場合、第六行以降は行頭を第一行と同じ位置にもどして書きついでゆく。なおこの「通知先」は本来、発令対象者が所在する地域の実情を反映し、発令内容に直接関係する存在であるとみられるが、単に定型化した

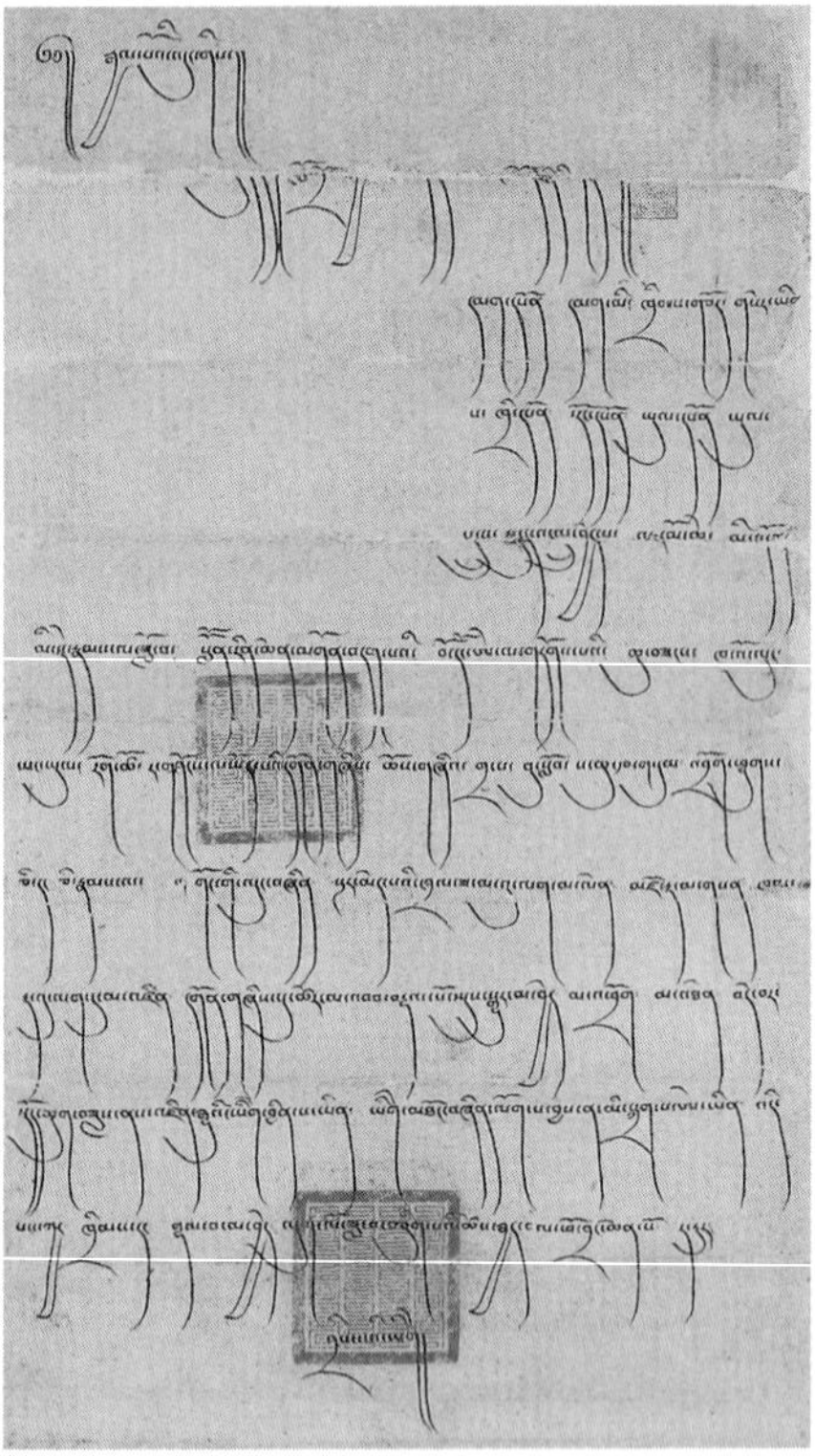

図 6-3　ヒツジ年11月8日付けロポン・リンチェンゴン宛て第8代帝師クンガロトーギェンツェンパルサンポのチベット文法旨

典拠）西蔵自治区檔案館［1995］図版10より。

01 @@// rgyal po'i lung gis//
皇帝のおおせによって，
02 kun dga' blo gros rgyal mtshan dpal bzang po ti shhi'i gtam//
クンガロトーギェンツェンパルサンポ帝師の言葉。
03 dmag dpon dmag mi: khrims gcod/ gser yig
軍官，軍人，断事官，金字
04 pa/ khri dpon stong dpon yul dpon yul
使臣，万戸長，千戸長，地方官，地方
05 srungs/ sdud 'grul byed pa/ 'ja mo che/ mi dpon
守備人，徴収・往来する人，ジャムチ，官員，
06 mi sde rnams la zlo ba// slob dpon rin chen mgon bdag pa'i/ bo don ye la gtogs pa'i/ chu bzangs/ kha 'o lung
俗衆たちに告知する。ロポン・リンチェンゴン・ダクパの（管轄する），ポトンイェに属するチュサン，カオルン，
07 yang yul: rog tsho/ ra gshongs la yod pa'i dgon gzhis: chos gzhi'/ gra pa/ bu slob/ sa chu gtsa gsum: 'brog phyugs
ヤンユル，ロクツォ，ラションにある寺領，荘園，僧，弟子，土水草の三つ，家畜
08 ci dang ci rnams la/ *gong gi lung bzhin sngar med pa'i khral za ma 'u lag ma len: mdzo rta ma gsan: khal
などなんであれ（それら）については，皇帝のおおせの通り，以前なかった税，糧食，ウラクをとらず，牛馬を（勝手に）飼育せず，荷
09 rta 'u lag du ma 'dzin: dgon gzhis su tshar ma 'bab brdal po spus sgyur ma byed: ma 'phrog: ma 'then: bde bar
馬をウラクにせず，寺領に泊まらず，商売をせず，略奪せず，引っ張らず，平穏に
10 sdod chug bzlas nas 'dzin rgyu'i yige byin pa yin: yige mthong bzhin log pa byas na mi skrag pa e yin: 'di
住まわせよ，と告知して，保持すべき文書を下賜したのである。文書に見られることに反すれば，恐れないのであるか。当
11 pas kyang: khrims dang: ghal ba ma byed: lug lo zla ba bcu cig pa'i tshes rgyad? la pho brang chen po: ta tur:
人も，法に反することをするな。ヒツジ年11月の8日に大宮城大都で
12 bris pa'i yige//
書いた文書。

図6-4　ヒツジ年11月8日付けロポン・リンチェンゴン宛て第8代帝師クンガロトーギェンツェンパルサンポのチベット文法旨テキスト（中村淳提供）

表現にすぎない可能性も排除できず、注意を要する。

「通知先」につづけて「発令内容」が記されるが、そこでは正統性の表示、背景説明、発令対象者に対する指令、発令対象者名、威嚇文言といった内容が記される。ここでは第六行の「ロポン・リンチェンゴン・ダクパの」から第一一行の「当人も、法に反することをするな」までがこれに相当する。

最後に「むすびの定型」として発令年月日と発令地が記される。ここでは第一一行から最終第一二行にかけて「ヒツジ年一一月の八日に大宮城大都で書いた文書」と記すが、最終行では文字列を中央によせている。またこの最終行にあわせて朱印がおされる。

以上のような法旨の書式をふまえて松広寺法旨をみてみると、まずA01の「皇帝のおおせによって」が「冒頭定式」に相当する。一方、本来これにつづくべき「通知先」の記載は、行頭が中央部におかれたC01~02の「軍官、

軍人……告知する（もの）」に対応する。そのうち「断事官」「徴収そして往来する僧俗」「地方の官員」などは、大元ウルスの発令文のなかでも法旨の「通知先」にみられる特徴的な文言である。またB02の「口実をつけた訴えを起こして……天を祈る僧」は、「発令内容」の一部とみられる。すなわち「通知先」と「発令内容」の記載順が転倒しているのだが、これは原文書を現状のように裏打ちした際、すでに断裂していた紙片の配列順を誤ったためとみられる。一方、E02の中央部に記された「大寺で書いた文書」は、「むすびの定型」のうち発令地の表示に相当する。そしてその位置に確認される朱印には、毎行四字×四行のパクパ字漢文で「大元帝師／統領諸国／僧尼中興／釈教之印 tay-ʼṷ̈än di-šï/tʻuṅ-liṅ ǰü-gue̯/šïṅ-ñi ǰuṅ-hêṅ/ši-gäw ǰi yin」（／は改行）と記された帝師印の、第一・三・四行末尾の師・興・印が判読可能な状態でのこっている。ここから本法旨については、帝師の発した文書であることが確認され、その発令年次は、パクパが初代帝師に任命された一二七〇年（元宗一一／至元七）を上限とすることがわかる。

ただし松広寺法旨では、「発令者名と型宣言」「発令年月日」が欠落し、「発令内容」も一部がのこされるのみである。しかしそこには、口実をつけた訴えをおこすこと、危害をくわえること、力をおよぼすことを禁じた文言が確認される。こうした文言は、中国やチベットにおいてこれまでに知られた法旨の実例のうち、寺院・寺産の保護をうたった文書にのみあらわれ、また同様な趣旨の法旨は、全二三件の実例中一六件に達する。そこで本文書は、従来いわれてきたような駅伝利用証などではなく、帝師が寺院保護のために発令した特許状であったと考えられる。

三　松広寺法旨の発令年次と発給経緯について

以上のように中村淳の研究によって、松広寺法旨は、大元ウルスの帝師により寺院保護のために発せられたことがほぼ明らかになった。しかし法旨の書式のうち、発令者名・発令対象者名・発令年月日の記載個所が文書の損壊によってことごとく失われているため、どの帝師が、いつ、どこのだれにむけて発した法旨であるかを明らかにすることは容易ではない。

このうち発令対象者については、寺院保護を目的とした他の大元ウルス発令文の例から推して、一つないし複数の寺院やその関係者があげられていたものとおもわれる。[13]朝鮮半島の松広寺に本文書が伝えられてきたという状況証拠にもとづくかぎりでは、少なくとも、大元ウルスの影響下におかれていた当時の高麗の寺院、おそらくは松広寺ないしその関係者が発令対象者にふくみこまれていた可能性が相対的に高い。

一方、前述のごとく一二七〇（元宗一一／至元七）年を上限とする発令年次に関しては、いまだ結論を導き出すにはほど遠いが、本文書の記載事項やその他の史料を参考としてあげることも可能である。年代さえ具体的にわかれば、歴代帝師の在位期間[14]に照らして、発令した帝師を特定することは容易である。また本文書の関連史料を明らかにできれば、発給経緯を具体的に考証することも可能となる。そこで本節では、今後の検討材料として、それら年代比定と発給経緯の考察に関わる史料情報を提示するとともに、解釈の可能性や問題点を整理しておきたい。

（1）文書の記載事項から

本文書にのこされた記載事項のうち、年代比定の手がかりとなる可能性を有するのは法旨の「通知先」だとおもわれる。そこでは「軍官、軍人、城官、ダルガチ、断事官、徴収そして往来する僧俗、地方の官員、俗衆」という内容が判読ないし推定された。このなかに高麗に関わった時期が限定されるものがあれば、そこから法旨が発せられた時期を特定できるかも知れない。しかし「軍官」「軍人」「城官」「地方の官員」などは、一見しただけでは大元ウルスのものにかぎられるのか、高麗のものもふくむのか判断できず、いまのところ時期的・地域的に特殊な意味内容をうかがうことはできない。また法旨に特有な「通知先」である「徴収そして往来する僧俗」「俗衆」については、いまだ実体が明らかでなく、モンゴルの職名である「断事官」も具体的にいかなる範疇の断事官かわかっていない。[15]したがって現段階では、これらを年代比定の材料として利用するのはむずかしい。

一方、のこる「ダルガチ」に関しては、直前に記された「城官」の「城（mkhar）」（まち）が「ダルガチ」にもかかると考えられるため、具体的には〝城子のダルガチ〟を意味し、保護対象となる寺院の所在地を管轄するダルガチdaruγači をさすと推定される。[16] 本法旨が発せられた一二七〇年以降の時期、高麗にあってその統治に関与したダルガチとしては、[17] まず高麗政府に対する監視官として一二七〇～七八（忠烈王四／至元一五）年に王都開京（現・黄海北道開城市）に駐在した高麗国達魯花赤《ダルガチ》[18]をあげることができる。また、高麗国外が任地だったという難点はあるが、ほかならぬ松広寺が所在する全羅道地方にも実質的な影響をおよぼした存在として、大元ウルス直轄下の済州島におかれたダルガチ（一二七五（あるいは一二七三？）～九四）も無視できない。大元ウルスに最後まで抵抗をつづけた三別抄が一二七三（元宗一四／至元一〇）年に同島で鎮圧されると、大元ウルスはこの地に耽羅国招討司をおき、一二七五（忠烈王元／至元一二）年（または七六（忠烈王二／至元一三）年ころ？）に耽羅国軍民都達魯花赤総管府とあらため、さらに一二八四（忠烈王一〇／至元二一）年には耽羅国安撫司と改編し、一二九四（忠烈王二〇／至元三一）年まで直接統治をつづけた。[19] ダルガチはこうした官府の長官として済州島の行政を管掌したが、全羅道で「田猟」をおこなう者をとりしまり、[20] 同じく全羅道の海南（現・全羅南道海南郡）・羅州（現・全羅南道羅州市）地域で站赤《ジャムチ》jamči（駅伝）の敷設をもくろむなど、[21] その活動は松広寺周辺におよんでいた。

そこで、本法旨が一二七〇年以降に発せられたことをふまえつつ、「通知先」の「ダルガチ」に関するかぎりで発令年代についてとり得る見方を整理すると、まず、

①「ダルガチ」が高麗国達魯花赤のみをさす場合　→一二七〇～七八年

という見方をあげることができる。つぎに蓋然性はやや低くなるが、

②「ダルガチ」が高麗国達魯花赤のみならず、済州島のダルガチをもふくむ場合　→一二七〇～九四年

という見方をあげることもできる。しかしここで問題となるのは、前述のごとく法旨一般における「通知先」の記載

が、必ずしも実際的な必要性を反映せず、定型的な〝決まり文句〟にすぎない可能性である。その当否はいまだ不明だが、場合によっては「通知先」にもとづいて本法旨の年代を議論する意味自体が失われてしまうわけである。そこで現時点では、非常におおづかみながら、

③「通知先」の記載が実質的な意味をもたない場合　→一二七〇年以降の大元ウルス全時期

という見方も、①や②と同程度に重視しておかなくてはならない。

（2）既知の文献にみえる参考史料

本文書は朝鮮半島方面に法旨が発せられたことを示唆する現在唯一の孤立した史料である。その年代比定に直接むすびつく手がかりを他の文献にみいだすことは容易ではない。

ところで、大元ウルスでは、中国の五台山大寿寧禅寺や河南大覚禅寺のごとく、同一の寺院に対して帝師のほか皇帝・男性皇族・后妃などがあいついで発令文を下し、保護特権を付与した例がある。[22] とくに大寿寧禅寺の場合、一二九八（忠烈王二四／大徳二）年に成宗テムルが聖旨を発して寺産等を保護したが、三年後の一三〇一（忠烈王二七／大徳五）年には、さきの聖旨のきまり（上位与的聖旨体例）を追認するという形でタクパオーセル帝師の法旨があたえられており、[23] 聖旨と法旨とのあいだに明らかな関連性がみとめられる。一方、高麗においても、帝師以外のモンゴル権力が寺院や僧侶に対し保護をあたえた事例が確認される。そこで今後の研究次第では、それらと本法旨とのあいだに何らかの関連性が発見され、そのことが本法旨の発令年代を特定する手がかりになるかも知れない。ここでは参考までにそれらの事例を紹介する。

［イ］一二七二〜七五年：冲止による松広寺所属田の免税要請

延祐元（忠粛王元／一三一四）年立碑の金曛撰「曹渓山修禅社第六世圓鑑国師碑銘并序」[24] によると、冲止は俗姓魏氏、定安道艸県（現・全羅南道長興郡）の人であり、宓庵と号した。一九歳のときに科挙に首席及第したが、のちに

圓悟国師天英のもとで受戒した。四一歳ではじめて金海県（現・慶尚南道金海市）の甘露社に住持し、己巳（元宗一〇／至元六／一二六九）年、三重大師となった。さらに平陽（現・全羅南道順天市）の定慧社にうつり、「請田之表」を皇帝（クビライ）に上奏した。その後、皇帝の招請をうけて入元し、その翌年の丙子（忠烈王二／至元一三／一二七六）年に大禅師となり、丙戌（忠烈王一二／至元二三／一二八六）年、王命により修禅社（松広寺）の第六世となった。癸巳（忠烈王一九／至元三〇／一二九三）年に死去すると圓鑑国師と贈謚された。

前述のごとく松広寺では本文書を冲止の関連遺物と伝えており、なかば通説化した観がある。これ自体は冲止とクビライとの因縁にひきつけた憶測・付会のたぐいである疑いもぬぐえないが、碑文に記された「請田之表」の上奏という事蹟こそは、本文書の性格が寺院の財産等を保護する〝特許状〟だったと推定される点に関係してくるため、十分な注意が必要である。碑文では奏請をおこなう前に冲止が定慧社に移転し、奏請後にクビライの招請に応じて入元したと記しているが、冲止の文集『圓鑑録』の記載から、定慧社移転の年次は一二七二（元宗一三／至元九）年[25]、また碑文の記載から入元の年次は一二七五（忠烈王元／至元一二）年であることがわかる。すなわち奏請は一二七二年から七五年のあいだにおこなわれたことになる[26]。

この「請田之表」については、『東文選』巻四〇に「上大元皇帝表」として収録され、奏請が許されたことに対する謝表が同書巻三七に「上大元皇帝謝賜復土田表」として収録されている。二つの表文は上記の『圓鑑録』にも収録され、そこでは「上大元皇帝表」の表題に「曹溪山修禅社復田表」と註記している。また「上大元皇帝謝賜復土田表」は松広寺伝来の古記録を集成した『曹渓山松広寺史庫』にもおさめられている[27]。

まず「上大元皇帝表」の主要部分の内容は以下のとおりである。

この修禅精舎（＝松広寺）は普照聖師（＝知訥）によって創建されました。小邦（＝高麗）の選仏場であり、禅の法統を継ぐ者は数千を下りません。〔また〕大国の主君のために祈る場所であり、つねづね修道がおろそかであることがありません。しかし奥まった僻地にあって城市から遠く離れ、春に種をまき秋に収穫するところはおよそ不足し、昼食・朝粥をまかなうにも難儀してきました。〔そこで〕〈A〉かつて〔高麗の〕国王は近隣の邑の田土を賜り、とこしえに寺の運営経費にあてることとしました。〈B〉いま朝廷の使臣は〔田土がかつて所属していた〕別宮の版籍を調べて軍糧を調達しようとしています。情勢は水を失った鮒の叫びにひとしく、天に聞こえる鶴の声のように切迫しています。〈C〉もしも皇帝陛下が包容の心を開き、万物をはぐくむ恵みをあまねくし、我が国の達魯花赤と兵粮をつかさどる使臣に詔し、勅命を下して特別に我が叢林を守り、とこしえに我らの田土を賜り、玄妙の境地に達するための禅刹を鎮護、振興し、ひきつづき奉福のための道場となしたまえば、臣があらためて功をはげまさずとも忠懇の心を倍にし、五雲の光のなか、すえながく朝廷の心をとどめ、一燻りの香中にたえず華封の三祝をつくすことでしょう。（惟此修禅精舎、創従普照聖師。是小邦選仏之場、禅流不滅於数千指。抑大国祝君之地、梵席無虚於二六時。然以僻在林泉、遠離城市、春種秋収之蓋闕、午餐晨粥之難支。昔邦君錫近邑之土田、永充斎費。今天使尋別宮之版籍、将備兵粮。勢同失水之鮒呼、情迫聞天之鶴唳。儻蒙皇帝陛下廓包容之度、廻覆育之私、詔下我国達魯花赤及管勾兵粮使佐、勅令別護我叢林、永錫我田壌、鎮作参玄之禅藪、絡為奉福之道場、則臣敢不益励熏功、倍輸忠懇、五雲影裏、長懸魏闕之心、一炷香中常罄華封之祝）

つぎに「上大元皇帝謝賜復土田表」の主要部分の内容は以下のとおりである。

この寺（＝松広寺）は、五世の叢林にして六和の淵藪であり、代々禅の真髄を広め、つねづね衆僧に対して修道を怠らないようにさせていますが、もともと農産にとぼしく、食糧の確保に困難をきたすことに常日頃悩んできました。〔そうしたところ〕〈D〉さきに先王の憐れみをこうむり、そこで公田を割いてこれを賜りました。これより命をささえて暮らし、おかげで心身安らかに仏道を広めることができました。〔ところが〕〈E〉使臣がはじめやってくると、軍需を点検、供出するにあたり、官籍の古い記録を調べ、例規によって田税を徴収しました。衆僧は多く食は少なく、事態は切迫しました。しかし外国（＝高麗）は天子の御所から遠く離れているため、下々の事情がお耳にとどきにくいのではないかと心配しましたが、〈F〉皇帝陛下が度量を広くし、遠きを照らす光をめぐらし、臣が祝聖に積みかさねた労苦をみとめ、臣が仏法を広めた微功を考慮し、情け深くも新たに詔を下して旧田を免税させてくださいますとは、どうして考えられたでしょうか。そのご恩はもはやひとかたならず、どうしてたちまち忘れることがあろうかと感じ入る次第です。臣は真心を致して戴き仰ぐことに違わず、ますます衆僧を励まして修行させ、蒲柳の余生をもって、つつしんで〔皇帝陛下の〕椿欞のごとき長寿をおしのばすことを誓います。（茲寺也、五世叢林、六和淵藪、代弘禅髄、恒令衆席以無虚、素乏土毛、常患食輪之不転。頃蒙先后之憫、此載割公田而錫焉。自茲支命、以聊生、謂可安身而弘道。及値使華之初届、点出軍須、迺尋官籍之旧伝、例収田税。衆多食寡、事迫勢窮。然外国邈隔於辰居、恐下情難聞於天聴、豈意皇帝陛下、廓包荒之量、廻燭遠之明、知臣祝聖之積労、念臣弘法之微効、優垂新綍、俾復旧田。恩既出於尋常、感何忘於頃刻。臣敢不倍輸誠而戴仰、益励衆以熏修、誓将蒲柳之残年、恭推椿欞之遐筭）

二つの表文から明らかになる経緯はつぎのとおりである。知訥がひらいた松広寺は、かつて高麗国王により近くの邑の「公田」（もと「別宮」所属地）から田土を分賜され、その収入を経費にあてていた（傍線部〈A〉〈D〉）。ところが大元ウルスの使臣がやってきて、そこから田税を徴収して軍需に充当しようとした（傍線部〈B〉〈E〉）。そこで寺側は冲止の起草した上表文を皇帝にたてまつり、高麗に駐在する達魯花赤と軍糧をつかさどる使臣に詔して、再び田土を賜るよう――すなわち田税を徴収しないようにすることを要請し、その勅許を得ることに成功したのである（傍線部〈C〉〈F〉）。大元ウルスの使臣による高麗での軍需調達とは、時期的にみて日本遠征のためにおこなわれたそれをさすとおもわれる。

本件に関しては、何よりその当事者が本法旨を伝承してきた松広寺であるという点が注目される。また冲止が奏請をおこなった一二七二〜七五年は、本法旨の発令年代に関する前記①②③の見方、いずれにも適合する。皇帝の命令の通知先として「我が国の達魯花赤」（高麗国達魯花赤）があがることは、本法旨の通知先に「ダルガチ」があがることにも通じる。

［ロ］一二七三年：寺院に対する軍士の狼藉を禁ずる詔

『高麗史』巻二七・元宗世家・一四（至元一〇／一二七三）年二月乙酉に、つぎのような記事がある。

黄鳳州経略使が人を遣わして元の詔をもたらしてきたので、僧徒に出迎させた。その詔には「軍士が僧舎を騒がし経典や仏像を損壊することを禁じ、これ（＝寺の僧侶）に安心して仏道を修行させるようにせよ」とあった。

（黄鳳州経略使差人齎元詔来、令僧徒出迎。其詔云、禁軍士搔擾僧舎損毀経像、使之安心作法）

本件では、当時朝鮮半島に駐留していた大元ウルスの屯田軍指揮官（黄鳳州経略使）により寺院保護に関する聖旨が高麗に伝達されている。上掲史料にみるかぎり、聖旨の具体的な発令対象者は不明であり、不特定多数の寺院に関して保護を指示する内容であった可能性もある。年代に関しては前記①②③の見方、すべてに適合する。ただし本法旨が種々の通知先を列挙するのとは異なり、引用された聖旨の文面では、軍士の狼藉行為に対する禁令がごく簡略にのべられるにすぎない。もっとも、この種の聖旨の内容が典籍に記録される際には、文面が大幅に省略されることもよくある。あるいは上記の聖旨が、本来より広範な記載内容を有していた可能性も排除できないだろう。

［ハ］一二九四年：沙門を保護する詔

『高麗史』巻三一・忠烈王世家・二〇（至元三一／一二九四）年七月乙亥に、つぎのような記事がある。

元が吃折思八八哈思を遣わし、沙門を保護するための詔をもたらしてきた。百官は袍笏をととのえ、僧徒をひきいて門外に出迎した……（元遣吃折思八八哈思、齎護沙門詔来。百官具袍笏、率僧徒出迎于門外……）

本件では仏僧保護をうたう聖旨が高麗にもたらされている。聖旨の具体的な文面に関する記述はない。保護対象となる仏僧の範囲は不明であり、仏僧一般に関する指示であった可能性もある。[28]通知先や保護内容の詳細もわからない。また本件の年代は前記①の見方にはあわない。本件の直前、同年五月には済州島の高麗返還が決定し、[29]同島のダルガチも廃止されることになったはずなので、[30]②の見方がなりたつかどうかも微妙である。

ところで、上掲史料の省略部分では、この聖旨を高麗に伝達した吃折思八八哈思が帝師の門下でチベット仏教の僧侶となった高麗人であることを記している。そのことが本件における帝師の関与をただちに示唆するわけではないが、興味深い事実である。

［三］その他

その他にも個別の高麗寺院がモンゴル権力の保護をうけた事例がいくつか確認される。関係史料は次節にかかげるが、まず高霊（現・慶尚北道高霊郡）の盤龍寺は、一二八一（忠烈王七／至元一八）年の第二次日本遠征（辛巳の役）の際、その司令部である征東行省から榜文をうけ、行省麾下の軍隊による狼藉行為から保護されている。[31]また開京付近にあったとみられる興天寺は、一三一一（忠宣王三／至大四）年に晋王イェスン・テムル（のちの泰定帝）の願刹として保護されている。[32]江華島の禅源寺の場合、元朝皇帝により田土が保護されたと伝えられる。[33]ただしこれらは本文書の発現地である松広寺からだいぶ離れた別個の寺院における出来事である。また皇帝以外の皇族や政治機関による寺院保護については、それに関連して法旨が発せられたという事例を、筆者は寡聞にして知らない。

以上の諸事例は、いずれも帝師との関連性が明確ではないため、現時点において本法旨の発令契機として推断することはできない。そのことを承知したうえで、あえて相対的な可能性についてのべると、松広寺と直接に関係し、内容上の整合性も比較的高い［イ］が、なかでは有力といえよう。しかし、本文書の受取手が松広寺であったという絶対の保証はなく、慎重に評価すべきである。［ロ］と［ハ］も史料の粗略により詳しい内容がわからない分、逆に可能性をのこしている。［二］に関しては、今後本文書の受取手が松広寺ではなかった疑いが強まった場合、重要性をおびてくるだろう。もっとも、これらの事例における年代は、あくまで皇帝や皇族・政治機関などが、寺院・仏僧保護の意志を表明した時点である。前述した大寿寧禅寺の例がそうであるように、これに関連して法旨が発せられたとしても、年代が同一であるとはかぎらない。また、本法旨が既知の史料ではまったく知ることのできない契機において発給された可能性も依然のこされている。現段階で本法旨の発令年次と発給経緯を特定することは、非常に困難であるといわねばならない。

四　松広寺法旨の発給をめぐる時代背景

前節で検討したように、松広寺法旨の発令年次や発給経緯を具体的に特定することは、現状ではむずかしい。したがって本文書に対する理解を深め、これを歴史資料として活用してゆくためには、さらなる関連情報の収集と多角的な検討が必要である。そこで本節では、その一環として、本文書が発給された時代背景ともいうべき大元ウルスと高麗仏教の関係についてとりあげ、本文書の出現によって提起される論点を整理しておきたいとおもう。

さいわい大元ウルスと高麗仏教の関係に関しては、比較的多くの先行研究があり、基本的事実の数々が明らかにされている。とりわけチベット仏教の高麗伝来に関する論考[34]がめだつが、全体像を論じたものとしては、先駆的な研究に安啓賢の仕事があり[35]、最近では姜好鮮がまとまった叙述を展開している[36]。当時の一高麗僧の事蹟を論じた朴栄済の論考も、高麗仏教と大元ウルスの関係について数多く言及しており有益である[37]。またイタリアのトニノ・プジオニが、大元ウルスまで活動の場をひろげた高麗僧の足跡をたどっていることも注目される[38]。ただしこれらの研究は個別的事実の羅列にながれるきらいもあり、大元ウルスと高麗仏教の関係が構造的に説明されているとはいえない部分がある。とりわけ、大元ウルスの国家的な宗教秩序のもとでの高麗仏教の位置づけという基本的枠組みについて、さらに掘り下げるべき余地がある。そこで本節では、とくにこの問題に焦点をすえて、これまでに得られた知見を筆者なりにあらためてまとめてみたい。

(1) 対元関係にともなう高麗仏教の変容

まず事元前の高麗仏教について概観しておこう。高麗では建国以来、国家が仏教により保護され利益を得ているという国家裨補の観念のもと、仏教が深く信奉され、手厚く保護された。その功徳思想は風水地理説にもむすびつき、全国の寺塔はその地徳によって国家を裨補するものと考えられた[39]。かかる高麗仏教は、王権と密接にむすびついた国家仏教としての性格が強く、国家主導のもと、鎮護国家や祈福攘災のため、燃燈会・八関会の二大国儀をはじめとするさまざまな法会がひらかれた[40]。とくに八関会では、女真人・耽羅人や宋の商客、また日本からの通交者による国王朝賀がおこなわれており、これを奥村周司は、高麗王を中心とする独自の国際秩序観のあらわれと評価している[41]。また、『仁王般若経』が「護国安民」の「最勝法文」として尊ばれ[42]、王の外出時にはこの経典をかかげて先導したとの記録もある[43]。

仏教界は王権によって管理、統制されていた。受戒をとりおこなう戒壇が官設され[44]、国家による僧の登庸試験として僧科が実施された。僧科の及第者には僧階が授けられ、僧の序列は国家的位階として整備された[45]。寺院の住持も国家により任命されたほか[46]、高僧のなかから国師と王師が選ばれ、仏教界の最高権威にして国家・国王による仏教尊崇の象徴的存在とされた[47]。また中央政府には僧録司がおかれ、仏教関係の行政事務を担当した[48]。

一二三一（高宗一八／太宗オゴデイ三）年からモンゴル軍の大規模侵攻がはじまると（～一二五九年）、高麗仏教は護国仏教としての性格を大いに発揮し、反モンゴル抗争の精神的支柱としての役割をはたすことになる。伽倻山海印寺に現存する大蔵経版がモンゴル軍の退散を祈念して彫造されたことは有名だが、仁王会をはじめとする攘兵祈願の法会もさかんに営まれている[49]。

以上のような高麗仏教の国家仏教的性格は、高麗が大元ウルスに帰服したのちも基本的に変わらず、高麗王権による仏教界の管理・統制という枠組みも旧来どおり維持された。大元ウルスによる高麗仏教への〝干渉〟としては、国師を国尊とあらためるなど、[50] 皇帝に対し僭擬にわたる内容を改変したことや、[51] 談禅法会という法会が反モンゴル的行事として問題になったことなどがよくとりあげられる。[52] ただし後者は高麗官人の内部告発に端を発する事件で、しかも最終的に大元ウルス側はこの法会をあえて禁じていない。[53] むしろ史料的には強圧的な直接〝干渉〟がおもいのほかめだたないという印象をうける。このことについて姜好鮮は、世祖クビライが高麗に対し、「不改土風」として政治・社会上の旧制の維持を保障したことが背景にあると推定しており、[54] 筆者も基本的に賛成である。ただし若干補足すると、この世祖の勅許はあくまで原則論であり、前述のごとくあらゆる旧制が容認されたわけではない。また存続をみとめられる旧制の範囲が明確に固定されていたのではなく、たとえば奴婢制度の場合、一四世紀はじめまで幾度か大元ウルス側から改革論議が提起され、そのつど高麗の旧制を維持することが再確認されている。[55] もっとも高麗仏教に関しては、少なくとも結果的に、旧制が大幅に容認されていたとみて間違いないようだ。

しかし、高麗が大元ウルスの政治的影響下にはいるにともない、高麗仏教のありかたには一つの変化があらわれる。高麗仏教が大元ウルス国家の秩序・体制とは無関係におかれ、単に旧来のありかたのままに放置されていただけならば、高麗仏教は高麗王権をささえる存在であるにとどまったであろう。しかしモンゴル帝国において、諸宗教の教団は皇帝のために天に祈って祝福するものとして存在を公認され、そうした奉仕の代価として税役免除等の国家的保護をうけ、尊崇されたのである。モンゴルの皇帝をはじめとするさまざまな権力担当者たちが聖旨・令旨・懿旨・鈞旨・法旨等の発令文の形で宗教教団にあたえた〝保護特許状〟では、宗教者保護に関する皇帝（歴代皇帝が具体的に列挙されることも多い）の聖旨がしばしば引用される。たとえば「ネズミ（忠粛王一一／泰定元／一三二四）年三月一三日付けリオチェパ寺の仏僧たち宛て泰定帝イェスン・テムルのパクパ字モンゴル文聖旨」[56] をみると、そこにひかれた太祖チンギスから英宗シディバラにいたる歴代皇帝の聖旨はつぎのような内容である。

仏僧たち、ネストリウス教士たち、道士たち、ムスリム識者たちは、すべての貢納・畜税をみず、天を祈って〔我等に〕祝福をあたえていさせよ。(doyid ėrke'üd senšinüd dašmad aliba alba qubčiri ülü üǰen dėnri-yi ǰalbariǰu hirü'er ögün atuqayi)(57)

高麗仏教に関しても、その宗教行為を通じて皇帝に奉仕することが求められ、その代価としてモンゴル権力から保護や尊崇をうける形になっていたようである。たとえば『新増東国輿地勝覧』巻二九・慶尚道・高霊県・仏宇・盤龍寺につぎのような記事がある。

元の世祖のときの榜文があり、「皇帝の聖旨によって、行中書省が調べたところ、軍馬はみな合浦に到着し、すでに船に乗って出征したが、のこって駐留する正軍・闊端赤《コテチ》(=馬引き・従者)等の人があり、義安一帯・丹城村寨において家畜を放牧している。まことにおそらくは各処の寺院にたむろしてふみこみ、騒ぎをおこし、聖寿を祈るめでたい行為をさまたげることがあるだろう。〔そこで〕榜文を出して告知し、禁約すべきものとする。もし公法をおそれぬ者が寺院内にふみこみ、騒ぎをおこし、平穏を乱すことがあれば、所在の官府におおせつけて捕まえて来させ、法令により断罪して施行する。まさに榜文にて掲示すべきものとする。右の榜文は盤龍寺にあたえる。はりかけて諸人に告知し、おのおの周知させよ」とある。(有元世祖時榜文云、皇帝聖旨裏、行中書省照得、軍馬倶到合浦、已上舩征進外、有落後屯住正軍・闊端赤人等、於義安上下・丹城村寨放牧頭匹。誠恐屯守各処寺院、踏践騒擾、有礙祝延聖寿善事。擬合出榜省諭禁約。若有不畏公法之人、於寺院内踏践騒擾、以致不安、仰所在官司捉拿前来、依条断罪施行。合行榜示者。右榜付盤龍寺。張掛省諭諸人、各令通知)

ここにみえる行中書省とは、朝鮮半島南岸の合浦(現・慶尚南道昌原市)を出撃基地とする遠征軍(すなわち日本への)に関する記載がみえることから、第二次日本遠征(一二八一年)の軍司令部である征東行省をさすと判断される。すなわち本記事は、征東行省が高霊の盤龍寺にあたえた榜文の内容であり、合浦から出撃せずに残留し、義安（合浦の隣県。現・昌原市）など周辺地域で活動する麾下部隊が、各所の寺院に対して狼藉をはたらくことを禁じたものである。征東行省がかかる措置をとったのは、まさしくそれらの高麗寺院が皇帝の「聖寿を祈るめでたい行為」を営む施設とみなされたからである。

また前述のごとく松広寺第六世の冲止は、一二七二～七五年のあるとき松広寺所属田の保護（免税措置）を世祖クビライに訴える表文（前掲）を草したが、そのなかで彼は、同寺が皇帝のために祈る地（大国祝君之地）にして、福をたてまつる道場（奉福之道場）であるとのべている。そして奏請が許されたことに対する謝表（前掲）では、祝聖の功労を積み重ねたこと（祝聖之積労）をのべ、皇帝の長寿をおしのばすべく奉仕すること（恭推椿櫺之遐筭）を誓いつつ、皇帝の願刹となること（賜為願刹）をもうし出ている。

さらに開京の妙蓮寺について、李斉賢『益斎乱藁』巻六・妙蓮寺重興碑には、

我が忠烈王と斉国大長公主がもっぱら仏教を信仰していうには、「仏の道にはいるには法華経がもっとも奥深く、経典の義に通じるには天台疏がことごとく備わっている。勝地を選んで精舎を建て、経典をひもといてその道を求め、疏を講じてその義をきわめ、これを通じて天子のために祈福し、祖宗に福を招こうとするものである」とのことであった。堂は至元二〇年（＝一二八三（忠烈王九）年）秋に着工し、明年夏にいたって落成した。（我忠烈王与斉国大長公主、専信仏氏謂、入仏之道、法華経最邃、暢経之義、天台疏悉備。卜勝地立精舎、繙経以求其道、講疏以研其義、将以祝釐於天子、邀福於宗祏者也。堂構于至元二十年之秋、明年之夏而落成）

という記事がある。同寺は、忠烈王と、クビライの息女にして同王妃である斉国大長公主により、大元ウルス皇帝のために祈福することを名目の一つとして創建されたという。

金剛山の長安寺の場合、李穀『稼亭集』巻六・金剛山長安寺重興碑の一節に、

聖天子（＝順帝トゴン・テムル）が登極して七年、皇后奇氏は元妃として皇子を生み、すでに宮中の儀をととのえて興聖宮におられる。かえりみて内侍に語るに、「予は因縁により恩をこうむってここにいたった。いま皇帝と太子のため天に長寿を祈りたいが、仏教に託すのでなければ何をもってしようか。およそ福利というもので挙げないものはないが、金剛山長安寺がもっとも殊勝であると聞きおよんだ。祝釐して御上に報いるのに、この地でなければどうしようか」とのことであった。至正三年（＝一三四三（忠恵王後四）年）にいたり、内帑の楮幣一〇〇〇錠を支出して重興を支援させ、すえながく常住の費用とすることにした。明年またこのようにした。また明年このようにし、その僧徒五〇〇名を集めて衣鉢を施して法会をもよおし、落成した。（聖天子龍飛之七年、皇后奇氏以元妃生皇子、既而備壼儀、居于興聖之宮。顧謂内侍曰、予以宿因蒙恩至此。今欲為皇帝・太子祈天永命、非託仏乗、其何以哉。凡其所謂福利者、靡所不挙、及聞金剛山長安寺最為殊勝。祝釐報上、莫茲地若也。越至正三年、出内帑楮幣一千定、俾資重興、永為常住用。明年又如之。又明年如之、集其徒五百、施衣鉢作法会、以落其成）

とあり、順帝の高麗人皇后奇氏のきもいりで皇帝・皇子の長寿を祈るという目的のもとで重興されたことがわかる。

また、釈息影庵「復禅源寺疏」（『東文選』巻一一二）では、高麗が大元ウルスの影響下におかれていた当時の江華島の禅源寺についてつぎのように伝えている。

先帝はそこでこの寺院をまもり、田土をとどめあたえて東方釈士の游場とした。かくして禅源を称号として後代に伝わり、元皇の願刹となったのは、世祖（＝クビライ）のおおせにはじまる。（先帝乃完茲奈苑、留与土田、為東方釈士之游場。斯以禅源称号歴下代、元皇之願刹、始於世祖制音）

「先帝」は大元ウルスの皇帝とみてよく、禅源寺がその保護をうけ、田土を保障されたことがわかる。問題はクビライの「おおせ」によって同寺を願刹とした「元皇」の解釈である。民族文化推進会編の現代韓国語訳『東文選』では、とくに根拠を示さず高麗元宗王のこととしているが[58]、当時の高麗の君主が皇帝と称されたとはおもえず、少なくとも同じ「復禅源寺疏」では、元宗王の父である高宗王のことが「高王」と記されているので、大いに疑問である。また、大元ウルスの皇帝がわざわざ高麗王のために願刹を指定したという話もにわかに首肯しがたい。時代的な状況からみて、「元皇」とはやはり大元ウルス皇帝をさすとみるべきだろう。筆者の理解に誤りがなければ、本記事もまた高麗の寺院が大元ウルス皇帝から保護をうけるかわりに宗教的奉仕を求められたことの例証となる。

高麗にはときおり大元ウルスから帝命を奉じた使者がおとずれ、仏寺において皇帝のために祈福してもいる。たとえば『高麗史』巻三五・忠粛王世家・後四（後至元元／一三三五）年八月己未に、

〔王が〕海州（＝現・黄海南道海州市）に行幸した。はじめ王は海州に游猟しようと望んでいたが、朝議をはばかっていまだはたせなかった。〔元の〕御香使金信は本国出身者であり、〔王に〕迎合して聖旨を口頭で伝えて、「海州の神光寺にて祝寿する」といった。そこでかこつけていったのである。（幸海州。初王欲游猟海州、憚朝議未果。御香使金信、本国人、希旨口宣聖旨云、祝寿于海州神光寺。乃托以行）

とある。また『益斎乱藁』巻六・妙蓮寺石池竈記にはつぎのようにある。

三蔵順菴法師が天子の詔を奉じて楓岳（＝金剛山）の仏祠において祝釐した。（三蔵順菴法師、奉天子之詔、祝釐于楓岳之仏祠）

順菴とは後述する義旋のことで、元の大都（現・北京市）の勅建寺院である大天源延聖寺に住した人物である。皇帝以外の皇族に関しても、『高麗史』巻三四・忠宣王世家・三（至大四／一三一一）年九月壬午に、

元が宦官の院使李信を遣わしてきた。興天寺を保護するためである。晋王がこの寺を願刹とし、それゆえ〔皇帝

に〕奏して彼を遣わしたのである。（元遣宦者院使李信来。以護興天寺也。晋王以是寺為願刹、故奏遣之）

とあり、当時の晋王イェスン・テムル（のちの泰定帝）の意向で院使李信が高麗に遣わされ、興天寺を願刹として保護したことがわかる。

『元史』巻二二・武宗本紀・大徳一一（忠烈王三三／一三〇七）年六月甲寅には、

内郡・江南・高麗・四川・雲南の諸寺の僧侶に勅を下して蔵経をとなえさせ、三宮（＝武宗皇帝カイシャン・皇太子アユルバルワダ（のちの仁宗）・皇太后ダギ）のために祈福させた。（勅内郡・江南・高麗・四川・雲南諸寺僧誦蔵経、為三宮祈福）

という記事もみえている。大元ウルス側からすれば、高麗の仏教は他の支配地域におけるそれと同様、皇帝をはじめとする大元ウルス帝室に奉仕するものであることに何ら違いはなかったのである。その代償として、モンゴル権力は上記のごとく高麗の仏教を保護、尊崇したわけであり、前節でも関係史料を紹介したように、ときには皇帝みずから聖旨を発してこれを励行してもいるのである[59]。

このようななか、高麗の僧侶からは皇帝によって招聘されたり、帝命をうけて大都の寺院に住したりする者もあらわれた。まず、前出した冲止の場合、世祖に招聘されて大元ウルスにおもむき、その厚遇をうけたが、その模様はさきに言及した彼の塔碑「曹渓山修禅社第六世圓鑑国師碑銘并序」に、つぎのように記されている。

上国（＝大元ウルス）は師の人となりを聞き、師の徳を嘉し、宮使を遣わして師を迎えさせ、ともに計って食を供し、〔高麗〕政府も熱心に要請した。〔そこで〕やむを得ず旅路につき、駅馬に乗って中国にいたった。皇帝（＝世祖）はみずから出迎え、賓主の礼をもって待遇し、師傅の恩をもって礼讃した。国を挙げて徳を仰ぎ、万民が仁に帰した。金襴の袈裟・碧繡の長衫・白払一双を賜った。みな法具である。官記康用が道中を護衛して山

にもどった。（上国聞師之風、嘉師之徳、遣宮使迓師、与計続食、官家敦逼。不得已上道行、乗馹至中夏。皇帝親自迎、迓対以賓主之礼、礼褒以師傅之恩。挙国仰徳、万民帰仁。授金襴袈裟・碧繡長衫・白払一双。皆道具也。官記康用護行還山）

また、忠烈王代の高官として名高い趙仁規の子である義旋については、『益斎乱藁』巻六・妙蓮寺重興碑に、

順菴旋公（＝義旋）は圓慧の嫡嗣にして無畏の猶子である。天子は三蔵の号を賜り、命じて燕都の大延聖寺に住せしめた。（順菴旋公、圓慧之嫡嗣、無畏之猶子。天子錫号三蔵、命住燕都之大延聖寺）

とあり、皇帝から三蔵法師の号を授かり、帝命によって大都の「大延聖寺」、すなわち大天源延聖寺に住したことがわかる。

さらに、『稼亭集』巻六・大崇恩福元寺高麗第一代師圓公碑には、

公の諱は海圓という。俗姓は趙氏。咸悦郡の人である。……甲午年（＝一二九四（忠烈王二〇／至元三一）年）春、僧科に及第し仏住寺に住した。大徳乙巳年（＝大徳九（忠烈王三一／一三〇五）年）、安西王は高麗僧の戒行がはなはだ高いことを聞き、成宗に要請して使者を遣し、これを招いた。公はその命に応じて入朝し、そこで朔方において安西王にしたがった。……丁未年（＝一三〇七（忠烈王三三／大徳一一）年）冬、武宗のおおせを奉じ、徒弟をひきいて国庫より支給をうけ、〔帝は〕春秋に〔大都～上都間を〕定期巡幸する際、〔公を〕扈従させた。仁宗が帝位を継ぐと、命じてこの寺（＝大崇恩福元寺）にとどまらせた。恩遇はますます豊かにして、仏道の誉れはますます顕著であった。天暦年間（＝一三二八～三〇年）のはじめにいたり、楮幣二五〇〇〇を賜った。けだし公を格別に寵遇してのことである。（公諱海圓。俗姓趙氏。咸悦郡人。……甲午春、登選仏科、住仏住寺。大徳乙巳、安西王聞高麗僧戒行甚高、請于成宗、遣使招致之。公応其命入覲、仍従安西王于朔方。……丁未冬、奉武宗之旨、

率徒弟食公廩、春秋時巡、則令扈駕。仁廟継極、命居是寺。恩遇益豊、道誉益著。迨天暦初、賜楮幣二万五千。蓋所以寵異之也）

とある。高麗僧の海圓は、成宗テムルのとき、当時の安西王アーナンダの招聘に応じて入元したが、のちに武宗に扈従し、さらに仁宗の命により大都の大崇恩福元寺にはいったという。以上の事例にみえる大天源延聖寺と大崇恩福元寺については、モンゴル皇族の肖像をおさめる神御殿がたてられ、皇帝の権威に直結した〝勅建寺院〟だったことが注目される。[60]

高麗末期に活躍した懶翁についても、その塔碑[61]に、

乙未年（＝一三五五（恭愍王四／至正一五）年）秋、聖旨を奉じて大都の広済寺に住した。丙申年（＝一三五六（恭愍王五／至正一六）年）一〇月望日、開堂法会をもよおした。皇帝（＝順帝）が院使也先岾木児を遣わし、金襴の袈裟と幣帛を賜り、皇太子が金襴の袈裟と象牙の払子を送り賜った。（乙未秋、奉聖旨住大都広済寺。丙申十月望日、設開堂法会。帝遣院使也先岾木児、賜金襴袈裟・幣帛、皇太子以金襴袈裟・象牙払子来錫）

とあり、皇帝の聖旨を奉じて大都の広済寺に住し、順帝トゴン・テムルやその皇太子アユルシリダラと関係をむすんだことが知られる。

（2）大元ウルス皇帝の王権と高麗政府の仏教儀礼

前述のごとく大元ウルスでは宗教が皇帝の権威にむすびつけられていた。とりわけ、帝師を中心とするチベット仏教にもとづく思想や儀礼が、王権の正統性をささえる役割をはたし、世祖クビライは仏典にあらわれる理想的帝王である転輪聖王の最高格、金輪聖王として位置づけられたことが明らかにされている。[62] またクビライをはじめとする大

元ウルス皇帝が、ときに仏の応身と観念されたことも指摘されている。[63] このような皇帝に対する仏教を通じての奉仕とは、寺院・僧侶だけにかぎられた責務ではなかった。いまからのべるように、大元ウルスの官吏は、正旦・聖節・本命日に仏寺・道観におもむき、皇帝のために祈福することを義務づけられていた。そして高麗王とその官人も、こうした慣例にしたがうところがあったようである。まずつぎの史料をみてみよう。

・『高麗史』巻二八・忠烈王世家・二（至元一三／一二七六）年正月乙亥
法席を普済寺に設けて、皇帝のために祝釐した。甲日にあたるたびにこれをおこなった。当時これを乙亥法席といった。（設法席于普済寺、為帝祝釐。毎値甲日行之。時謂之乙亥法席）

・『高麗史』巻三二・忠烈王世家・二七（大徳五／一三〇一）年正月乙丑
王は〔征東〕行省官および群臣をひきいて妙蓮寺に行幸した。皇帝の聖甲日の祝寿のためである。（王率行省官及群臣、幸妙蓮寺。為帝聖甲日祝寿也）

この二史料から、高麗王が甲日ごとに仏寺におもむいて皇帝のために祈福したことがわかる。甲日とは旬日の第一日を意味する語でもあるが、ここでは「皇帝の聖甲日」とあるように皇帝に関係する日である。そして、その法席が開催日の干支により「乙亥法席」と称されたことから、特定の干支の日をさすことがわかる。上掲二史料の紀年における皇帝はそれぞれ世祖と成宗だが、注目されることに、両帝の生年の干支（本命）はそれぞれ乙亥と乙丑であり、[64] 法席の日にちに符合する。聖節その他との関連性はとくにうかがえないので、甲日とは皇帝の生年と同じ甲子（干支）の日、すなわち本命日のことをさすと考えてよかろう。

皇帝の本命日に仏寺・道観に参拝して祈福することが大元ウルスの官吏に課せられたことは、つぎの『通制条格』巻八・儀制・祝寿の記事に明らかである。

至元三一年（＝一二九四（忠烈王二〇）年）七月、中書省。御史台の呈に、「旧例では、つつしんで聖主の本命日に際し、所在の官吏が僧侶・道士の綱首人らを引率して仏寺・道観におもむき、聖寿を祝延する。〔そこで〕あまねく指示を送り例規によって施行すべきものとする」とあった。都省は呈を許可する。（至元三十一年七月、中書省。御史臺呈、旧例、欽遇聖主本命日、所在官吏、率領僧道綱首人等就寺観、祝延聖寿。擬合遍行、依例施行。都省准呈）

高麗王が上国の皇帝に対してかかる行為をおこなった例は、大元ウルス以前の時代では確認されず、王は大元ウルスの慣例にしたがってこれをとりおこなったとおもわれる。『高麗史』巻三七・忠定王世家・二（至正一〇／一三五〇）年七月庚申に「王は聖甲をもって旻天寺に幸して行香した（王以聖甲幸旻天寺行香）」とあるのも、おそらく同様な行為だったであろう。当時の皇帝である順帝の生年は一三二〇（忠粛王七／延祐七）年であり[65]、その年の干支は庚申にほかならない。

また『高麗史』巻三二・忠烈王世家・二七（大徳五／一三〇一）年正月丙辰には、

王は百官をひきいて妙蓮寺に行幸し、皇帝のために祝釐した。諸路行省以下の官がみな正月朔望に行香し祝釐するのは、けだし元朝の礼である。（王率百官、幸妙蓮寺、為皇帝祝釐。諸路行省以下官、皆以正月朔望行香祝釐、蓋元朝之礼也）

とある。大元ウルスの諸路行省以下の官は正月朔日（一日）と望日（一五日）に行香して皇帝のために祝釐することになっており、高麗王も百官をひきいて妙蓮寺に参詣し、これをとりおこなったという。このうち正月望日における行香については、いまのところそうした慣例の存在をうらづける史料がほかにみあたらないが[66]、大元ウルスの地方官員が正旦に際して仏寺・道観に参詣して皇帝のために祝寿するという慣例については、『元典章』にうらづける記事がある。[67] ただし、こうした儀礼が高麗においてどこまで定例的におこなわれたかは、さだかでない。
なお、大元ウルスの官員は皇帝の聖節にも仏寺・道観に参詣して祝寿することになっていたが、[68] 管見では高麗においてこれが実施されたことを示す史料はみあたらない。ただし、具体的な経緯は不明ながら、高麗王が仏寺に参詣して皇帝のために祈福するという事例はほかにも四例ほど確認される。[69] また、忠宣王は退位後の一三一四（忠粛王元／延祐元）年、自身の徳をみずから記し、これを臣下に上箋させたなかで、前年に開京の宮廷で開催した万僧会についてふれ、これが「皇齡之永久」を祈念するものだったとのべている。[70]
一二七五（忠烈王元／至元一二）年には浮屠観世音菩薩像を一二体えがき、宮中で法席をひらいて皇帝のために祝釐したというが、[71] この法席もおそらく国王がとりおこなったのであろう。その開催日は乙亥だったので、これも、ときの皇帝である世祖の本命日との関わりが推測される。
以上のように高麗王は寺院に参詣し、あるいは宮廷で仏事をひらき、大元ウルス皇帝のために祈福した。[72] 高麗王が他国の皇帝のために仏教儀礼を通じて祈福するという行為は、これ以前では一一・一二世紀に、文宗王が宋帝の節日に祝寿斎を東林寺と大雲寺に設けた例[73]や、睿宗王が宋に遣使して中国の諸寺で祝寿斎を設けることを上奏した例[74]がみえるくらいである。時代的な史料残存量の差はあるが、大元ウルス皇帝に対するそれはめだった特徴と評してよいだろう。

『高麗史』巻三二・忠烈王世家・二八（大徳六／一三〇二）年六月乙亥には、
僉議参理閔漬・知密直司事金台鉉に命じて〔科挙の〕及第者二〇人をあつめ、賀聖節表・上丞相国書・祝聖寿仏疏をもって試験させた。白仁寿・卜棋・権暉・金芝らがつづけてこれに合格した。みな文翰署令を授けた。（命僉議参理閔漬・知密直司事金台鉉、聚及第者二十、試以賀聖節表・上丞相国書・祝聖寿仏疏。白仁寿・卜棋・権暉・金芝等、連中之。皆授文翰署令）

という記事もある。ここにみえる「祝聖寿仏疏」とは、皇帝の長寿を祈念する仏事における疏（祈禱文）をさすものとおもわれる。その作成能力が、文翰官を選考する際、「賀聖節表」「上丞相国書」など大元ウルスの皇帝・丞相に対する公文の作成能力とともに問われたのである。仏教儀礼を通じて大元ウルス皇帝に奉仕することが、当時の高麗国家にとっていかに重要な事柄であったかがうかがわれる。しかも、このような奉仕は高麗が大元ウルスに帰服した直後から要求されていたようで、大元ウルスの官僚である王惲の『中堂事記』中統二（元宗二／一二六一）年三月一五日丙子（『秋澗先生大全文集』巻八〇）の記録には、

上（＝世祖）が平章王文統に命じて高麗に答える手詔を起草させた。その辞に「経をとなえ仏を供養して国のために祈福すれば、まことに嘉すべきである」という文言があった。（上命平章王文統、草答高麗手詔。其辞有誦経供仏為国祈福良可嘉之語）

とある。ここでいう「国」は大元ウルスをさすとみてよかろう。

以上のように、高麗仏教界とこれを統治する国王以下の高麗政府は、大元ウルス側の理念においては、ともに皇帝の宗教的権威の下に組みこまれた存在であった。そして、さまざまな仏教儀礼等を通じて、少なくとも形式上は、皇帝を頂点とする大元ウルスの国家的宗教秩序のもとにとりこまれていたと考えられるのである。もちろん、これはあくまで大元ウルス側の観点にそった状況把握である。高麗側の表むきの言辞や行動に大元ウルス側の設定する理念や制度・慣例と合致する部分があるからといって、それが高麗側の内面的実態をただちにあらわすとはかぎらない。(75) この問題については今後さらに追究するとして、ここではひとまず、両国のあいだに上記のような〝形式〟が存在した事実に注目しておきたい。

（3）松広寺法旨の出現が提起するもの

以上のような大元ウルスと高麗仏教の関係をふまえ、つぎに問題となるのは、大元ウルスでは帝国仏教界の最高位として帝師ないし国師（以下、帝師と総称）が任命され[76]、仏教界は帝師が統べる――ただし長官ではない――宣政院（一二六四年の創設時には総制院といい一二八八年に改編）によって統轄されていたことである[77]。そのもとで、地方には釈教総統所・僧録司・僧正所・都綱司などの官府と僧官がおかれ[78]、とくに江南には宣政院の出張機関たる行宣政院が設置された[79]。

理念・儀礼など形式的なレベルから一歩すすんで、上記のような大元ウルスの仏教界統轄体制が高麗にまで直接およぼされていたか、という問題については、既知の史料にそのような形跡がうかがえないため、従来の研究では最初から議論の対象ともしないか、あるいはこれを否定するかであった[80]。しかし、このたび松広寺法旨の出現により、少なくとも帝師が高麗の寺院と直接的な関係をもったことが、ほぼ疑いないところとなった。そこで今後の問題は、帝師が高麗仏教界、および高麗国内におけるその統治者である高麗王と具体的にどのように関係したかである。

その際、松広寺法旨に示された寺院保護措置が、帝師と高麗仏教界全体の関係を直接あらわすものと早合点しないように注意したい。というのも、本来文書に記されていたはずの発令対象者（文書の受取人）に関する記載が失われているため、いまのところ、保護対象となる寺院等の範囲についてはさまざまな可能性を想定しておかなくてはならないからである。まず当然ながら、現物としての本文書をうけとった特定の一寺院（松広寺が有力か）に対してのみ宛てられていた可能性が考えられよう。あるいは、本文書をうけとった寺院をふくむ複数の寺院に対して宛てる内容だったかも知れない。その場合、それらが地域的・宗派的に特定の寺院群であった可能性を考慮してもよいだろう。もちろん、広く高麗の全寺院が対象にふくまれていた可能性もある。

ここで中国本土の寺院に関する〝保護特許状〟の例として、延祐元（忠粛王元／一三一四）年立碑の「少林寺蒙漢合璧聖旨碑」をとりあげよう。中村淳によると[81]、そこでは第二截「トリ（元宗二／中統二／一二六一）年六月一日付け少林長老等宛て世祖クビライ聖旨」において、発令対象者である少林長老福裕等五名の僧が漢地（華北）の仏僧たちの上にすえられ、その上位に当時国師であったパクパがたつという構図が示される。さらに第三截「タッ（元宗九／至元五／一二六八）年一月二五日付け粛長老（浄粛）宛て世祖クビライ聖旨」では、やはり発令対象者である華北曹洞宗の中心人物、浄粛が河南府路の仏僧たちを管轄し、その上にパクパがたつという構図が示される。松広寺法旨についても、発令対象者が具体的にわかれば、大元ウルスが高麗仏教界を地域的・宗派的にどのように把握しようとしたか、あるいはうかがうことができたかも知れない。

ただ、発令対象者がたとえ高麗仏教界の一部だったとしても、高麗の寺院に対して法旨が発給され保護があたえられたこと自体は、必要に応じて高麗にまで帝師の威令がおよび得るとされていたことのあらわれとみてよいだろう。忠宣王がチベット僧から受戒した例[82]が象徴するように、チベット仏教は当時比較的早い段階からさまざまな形で高麗に波及していた[83]。同時にその最高指導者である帝師の権威が伝わっていたこともある程度は想像されるが、その具体的な表徴を指摘することもできる。すなわち『高麗史節要』巻一九・忠烈王二（至元一三／一二七六）年三月につぎのような一節がある。

吐蕃（＝チベット）僧が元よりおとずれて、「帝師が我を遣わし、公主と国王のために祈福させる次第である」とみずからのべた。宰臣・枢密は旗幟と天蓋をととのえて城外に出迎えた。（吐蕃僧自元来自言、帝師遣我、為公主・国王祈福。宰枢備旗蓋、出迎于城外）

この「吐蕃僧」はのちに帝師の使者を詐称していたことが露見するのだが、ともかく高麗側では、帝師の用命を帯びると称するチベット僧に対し、宰臣・枢密が旗幟・天蓋をととのえて城外まで出迎えたのである。これは勅使に対して国王がみずから城外まで出迎えることよりは劣るものの、相当な礼遇である[84]。当時忠烈王は、不完全な形ではあったものの、いちおう世祖の駙馬として大元ウルスにおける高い政治的地位を手に入れていたが[85]、このような立場になかった前代の元宗王のときには来訪したチベット僧四名を王みずから城外に出迎え、[86]勅使と同等に遇してもいる。このチベット僧四名と帝師との関係は不明だが、彼らに対する厚遇の背景に大元ウルスにおける帝師を頂点とするチベット仏教の国家的権威があったことは容易に察せられる。

また『元史』巻二九・泰定帝本紀・泰定元（忠粛王一一／一三二四）年八月辛未には、

帝師八思巴の像を一一体えがいて各行省に頒布し、その塑像をつくってこれを祀らせた。（絵帝師八思巴像十一、頒各行省、俾塑祀之）

という記事がある。初代帝師パクパの肖像画一一体を各地の行省（大元ウルスの地方最高統治機関）に送り、これにもとづいて塑像をつくって祀らせたという。当時の行省数は高麗に置かれた征東行省（前出した軍司令部のそれとは異なる。高麗王が長官職（丞相）を世襲的に継承した）をあわせて、ちょうど一一である。すなわち征東行省に対しても、パクパの塑像をつくり、これを祀ることが指示されたと考えられる。

このように松広寺法旨は、高麗にまで帝師の権威がおよぶなかで発給されたと考えられる。指示が遵守されなければ法旨を発する意味はないのであるから、当然、発令する側の立場としては、帝師の威令が高麗において貫徹されるという前提があってのことだったであろう。

ただし、これはあくまでも広い意味で、帝師が高麗において尊崇され、その命令が遵守されるべきものとされていたということである。このことからただちに帝師と高麗仏教界の関係が説明されるわけではない。少なくともいまのところ、寺院保護をうたう法旨が存在するというだけでは、帝師が高麗仏教界（ないしその一部）の上にたつ統轄者として位置づけられていた、などということはできない。なぜなら、仏寺に対して発令文をあたえ、保護特権を付与するという行為は、皇帝やそれ以外の男性皇族・后妃なども広くおこなっていた政治行為であり、帝師にのみ固有の権限とはいえないのである。なかには前述のように、同一の寺院に対し、帝師のほかにも身分・立場の異なる複数の者が、同じような〝保護特許状〟をあいついであたえたケースもある[87]。ゆえに、かかる行為それ自体は当該寺院に対する統轄権限の有無とは直接関わりのない事柄であった可能性も、現段階では否定できないのである。

また、仮に高麗仏教界（ないしその一部）が何らかの形で帝師の統轄下におかれていたとしても、高麗国内において従来どおり仏教界を統治していた高麗王側の権限までもがそうであったとは必ずしもかぎらない。大元ウルスでは、僧の人事権のごとき枢要な統治権限ですら、帝師とその関係官府がつねに一元的に掌握していたわけではない可能性がのこされているからである。たとえば江南行御史台（江南における最高監察機関）や男性皇族が寺院の住持を任命した例が存在する[88]。これらの個人や官府が帝師の承認下で住持任命をおこなったのか、あるいは帝師とは無関係にこれをおこなったのか、現時点では判然としないのである。

松広寺法旨の出現が、帝師の威令が高麗におよんだ事実をうらづけ、帝師と高麗仏教界の関係という新たな論点を提起することは間違いない。ただし、その具体的内容を論じるうえでさまざまな問題があることは上記のごとくであり、これについては今後の検討にまちたい。

五　小　結

松広寺法旨は、大元ウルスの帝師が寺院保護のために発した特許状であると推定される。発令年次や発令対象者の記載部分は欠落しているが、帝師が存在した一二七〇年以降の元代に発せられ、発現地からみて高麗の寺院（状況的には松広寺が有力であろう）ないしその関係者が発令対象者にふくまれていた公算が大きい。本文書がモンゴル帝国史研究における貴重な一次史料であることはもちろんだが、これが韓国において発現した事実は、モンゴル時代史に対する研究が狭義のモンゴル史、中国史、朝鮮史、チベット史といった垣根をのりこえて進められるべきことを象徴しており、本資料に独自の価値を付与するものである。

高麗史研究の立場からいうと、大元ウルスの帝師と高麗仏教界との関係という従来認知されなかった局面が新たに浮上した意義は大きい。ただし本文書の内容には不明点が多く、これにもとづいて議論する際にはごく慎重な姿勢が求められる。さしあたり既知の周辺史料を再検討するとともに、大元ウルス発令文の性格に対する理解をいっそう深めることが先決だが、さらなる新資料があらわれないことには克服しがたい限界があるのも事実である。

しかし少なくとも、大元ウルスと高麗の国家間関係、ならびに当該期における高麗仏教の歴史的性格を考察するうえで、大元ウルスの国家的宗教秩序の波及という問題と、そのなかで高麗仏教が占めた位置を把握することに一定の重要性があり、その際、帝師との関係が無視できないことは指摘できたかとおもう。まさにそれこそが、現段階における松広寺法旨出現の基本的意義といえるであろう。

註

(1) 綺山［一九六五］一九四頁。
(2) 文化芸術課［一九九八］五二頁。
(3) 韓国民族文化大百科事典編纂部［一九九一］八九四頁。
(4) 松広寺聖宝博物館の古鏡館長（後掲註10参照）の示教による。
(5) 許一範［二〇〇〇a］一四四頁、同［二〇〇〇b］五四頁。
(6) 註4に同じ。
(7) 韓盛旭［二〇〇〇］二四頁。
(8) 金浩東［一九九九］三八〜四二頁。
(9) 中村・森平［二〇〇二］、森平［二〇〇二］、나카무라［二〇〇二］、모리히라［二〇〇二］。
(10) 本文書に関する調査研究は、松広寺聖宝博物館の古鏡館長、韓盛旭学術研究室長（いずれも肩書は二〇〇一年当時）をはじめとする松広寺関係諸氏の全面的な協力によって実現できた。深甚なる謝意をあらわしたい。
(11) 中村・森平［二〇〇二］Ⅰ・Ⅱ、나카무라［二〇〇二］Ⅱ・Ⅲ。

(12) 具体的には有足字（'dogs can）のyaとraの足、重層字（mthug po）のhaの下方向へのはらい、母音記号のu（zhabs kyu）、基字のうちka、ga、nyi、ta、da、na、zha、sha、haの下方向へのはらいをこのように記す。

(13) たとえば法旨における記載例について、中村淳［二〇〇五］を参照せよ。

(14) 稲葉［一九六四］参照。

(15) ただし当時の高麗において断事官は必ずしも特殊な存在ではなく、司法や軍事をはじめとする政治上のさまざまな重要案件を決裁するため、大元ウルス中央から随時に派遣されていた。そのような事例は『高麗史』世家を瞥見するだけでも一四件にのぼる。また高麗国内でも、一二八〇（忠烈王六／至元一七）年に一時的に王京断事官がおかれ（『高麗史』巻二九・忠烈王世家・六年一二月辛卯）、少なくとも一二九〇（忠烈王一六／至元二七）年以降は大元ウルス帝室の駙馬である高麗王のもとに高麗王府断事官がおかれることになった（本書第二章第二節、参照）。

(16) 中村・森平［二〇〇二］七〜八頁、나카무라［二〇〇二］三五頁、参照。

(17) 一二七〇年以前では、撒礼塔による第一次高麗侵攻の際、一二三一（高宗一八／太宗オゴデイ三）〜三二（高宗一九／太宗オゴデイ四）年に王都開京（現・黄海北道開城市）と北界諸城にダルガチがおかれたほか（池内［一九六三b］一一〜一五頁、周采赫［二〇〇九］제一・二장、参照）、高麗がクビライに帰服した際、一二六〇（元宗元／中統元）年に一時的にダルガチがおかれている（『高麗史』巻二五・元宗世家・元年二月乙丑、八月壬子）。なお、『高麗史』巻一〇三・金就礪伝附 金文衍伝には「鎮辺万戸府達魯花赤」、権近『陽村集』巻三九・故高麗門下侍中柳公神道碑并序には「全羅道鎮辺万戸達魯花赤」などとみえているが、これらは第二次日本攻撃（一二八一）後、朝鮮半島南辺に設置された鎮辺万戸府のダルガチであって、ここでいう〝城子のダルガチ〟とは性格が異なる。

(18) 池内［一九六三d］参照。

(19) 済州島における元の官府・任職の沿革については、池内［一九六三c］、高昌錫［一九八四］、金九鎮［一九八九］Ⅳ、高昌錫［一九九八］、大葉［一九九九］、金日宇［二〇〇〇］第Ⅳ章、参照。関係の年次は通説を第一として表示したが、ダルガチの派遣開始について『高麗史』巻二七・元宗世家・一四（至元一〇／一二七三）年閏六月丙辰に、また軍民都達魯花赤総管府の設置について『新増東国輿地勝覧』巻三八・全羅道・済州牧・古跡・達魯花赤府 軍民安撫使府に、通説が採用しなかった異説もある（後者については元の塔羅赤による牧畜開始後の設置とされており、この牧畜開始は『高麗史』巻二八・忠烈王世家・二（至元一三／一二七六）年八月丁亥に確認される）。現状ではこれらの可能性も完全には否定しきれないと判断し、カッコで付記した。

(20) 『元史』巻一一・世祖本紀・至元一八（忠烈王七／一二八一）年四月壬戌。

(21) 『高麗史』巻二八・忠烈王世家・四（至元一五／一二七八）年七月甲申。

(22) たとえば大寿寧禅寺には成宗テムル聖旨（一二九八）・皇太后ココジン（バイラム・エゲチ）懿旨（一二九八）・皇后ブルカン懿

旨（一三〇一）・帝師タクパオーセル法旨（一三〇一）があたえられている（『常山貞石志』巻二四、蔡［一九五五］四三・四四・四七・四九頁、参照）。また大覚禅寺には、成宗テムル聖旨（一二九五）・帝師タクパオーセル法旨（一三〇一）・晋王イェスン・テムル令旨（一三〇九、一三一四）・皇太后ダギ懿旨（一三〇九）・皇太子アユルバルワダ令旨（一三〇九）・仁宗アユルバルワダ聖旨（一三一二）があたえられた（『金石萃編補正』巻四、蔡［一九五五］三六・四八・五五・五七・五八・六二・七〇頁、参照）。

(23)『常山貞石志』巻二四、蔡［一九五五］四三・四九頁、参照。聖旨の年代については、十二支紀年とは別に「大徳壹年」（一二九七）とも記されており、一年のずれが生じる。ここでは蔡美彪の判断にしたがい、十二支紀年をとる。

(24)寺域内に現存する碑文は崇禎紀元後七四（朝鮮粛宗二七／一七〇一）年に重修されたもので、文面は大幅に節略されているが、さいわい松広寺伝来の古記録を集成した『曹渓山松広寺史庫』に旧碑の録文がおさめられている（韓国学文献研究所［一九七七］六六九～六七七頁。なお釈文と解釈にあたっては、李智冠［一九九七］三〇三～三二二頁を参考）。

(25)冲止の文集『圓鑑録』に、「至元九年壬申三月、初入定恵（＝定慧）、作偈示同梵」と題する偈がおさめられている。

(26)朴栄済［一九九四］五一九頁、註25、参照。

(27)韓国学文献研究所［一九七七］四六一～四六二頁。

(28)同じ至元三一年の五月一六日付けで、大元ウルスの中書省は仏僧・ネストリウス教士・道士に対する保護を指示する聖旨を欽奉しており（『元典章』巻三三・礼部・釈道・僧道休差発例）、本件との関連性が疑われる。

(29)『高麗史』巻三一・忠烈王世家・二〇年五月甲寅。

(30)ただし済州島のダルガチが実際に撤収するのは、少なくとも同年一一月までずれこむようである（『高麗史』巻三一・忠烈王世家・二〇年一一月乙卯）。

(31)『新増東国輿地勝覧』巻二九・慶尚道・高霊県・仏宇・盤龍寺。

(32)『高麗史』巻三四・忠宣王世家・三年九月壬午。

(33)『東文選』巻一一一・復禅源寺疏。

(34)全［一九八七］、李龍範［一九八九］、秦［一九九七］、許一範［二〇〇〇a］、同［二〇〇〇b］。

(35)安啓賢［一九六〇］。

(36)姜好鮮［二〇〇〇］。

(37)朴栄済［一九九四］。

(38)푸지오니［一九九九］。

(39)崔柄憲［一九七五］、徐［一九七五］、同［一九七六］、韓基汶［一九九八a］一一〇～一一七頁、参照。

(40)高麗前期の国家的仏教儀礼に関する研究は数多いが、近年の業績では洪［一九九四］が概容の把握に便利である。

(41) 奥村［一九七九］。
(42)『高麗史』巻二六・元宗世家・五（至元元／一二六四）年七月己亥。
(43)『宋史』巻四八七・高麗伝。
(44) 許興植［一九八六ａ］三二〇～三二三頁、韓基汶［一九九八ｂ］三五三～三七二頁、参照。
(45) 高麗の僧科と僧階については、李載昌［一九七五］四三〇～四三八頁、鄭茂煥［一九八〇］五二～六四頁、吉［一九八三］、許興植［一九八六ａ］三二三～三三一頁、同［一九八六ｂ］、李逢春［一九九四］九三～一〇三頁、参照。
(46) 許興植［一九八六ａ］三三六～三四二頁、韓基汶［一九九八ａ］一三六～一六一頁、参照。
(47) 許興植［一九八六ｃ］、朴胤珍［二〇〇六］参照。
(48) 高麗の仏教行政体系については、李載昌［一九七五］四三八～四四三頁、鄭茂煥［一九八〇］六四～七三頁、張東翼［一九八二］、安啓賢［一九八三］、許興植［一九八六ａ］三四二～三五四頁、李逢春［一九九四］八五～九三頁、安田［二〇〇二］参照。
(49) 尹龍爀［一九九〇］参照。
(50) 元貞元（忠烈王二一／一二九五）年立碑、閔漬撰「高麗国華山曹渓宗麟角寺迦智山下普覚国尊碑并序」（テキストについては、朝鮮総督府［一九一九］四六七～四七三頁、許興植［一九八四ｂ］一〇六七～一〇七七頁、李智冠［一九九七］一八九～二八二頁、参照）。
(51) 八関会に関しても、一二七五（忠烈王元／至元一二）年、大元ウルスに対して僭擬にわたる諸形式があらためられた（『高麗史』巻六九・礼志・嘉礼雑儀・仲冬八関会儀・忠烈王元年一一月庚辰）。また一四世紀前半に活躍した李穀があらわした「八関斎疏」には、「ますます上国の懐撫をうけ（益承上国懐綏）」云々と、大元ウルスをたたえる文句が記されている（李穀『稼亭集』巻一〇）。
(52)『高麗史』巻二八・忠烈王世家・四（至元一五／一二七八）年三月戊戌。
(53)『高麗史』巻二九・忠烈王世家・六（至元一七／一二八〇）年三月戊辰。ただし姜好鮮［二〇〇〇］（一三頁）では、その後実際には談禅法会が開かれることはなかったと推測している。
(54) 姜好鮮［二〇〇〇］一一～一二頁。
(55) 北村［一九六四］一五～一九頁、太田［一九九三］、金炯秀［一九九六］参照。
(56) 西蔵自治区檔案館［一九九五］（No.２）所掲の写真による。
(57) ここでのパクパ字モンゴル文のアルファベット転写は Louis Ligeti の方式に準拠する。
(58) 民族文化推進会［一九九六］四六九頁。
(59)『高麗史』巻二七・元宗世家・一四（至元一〇／一二七三）年二月乙酉、および同書巻三一・忠烈王世家・二〇（至元三一／一二九四）年七月乙亥。

(60) 元代大都の勅建寺院については、大藪［一九八三］、陳高華［一九九二］、中村淳［一九九九b］参照。
(61) 宣光七（禑王三／一三七七）年付け李穡撰「高麗国王師大曹渓宗師禅教都総摂勤脩本智重興祖風福国裕世普済尊者諡禅覚塔銘并序」（テキストについては、朝鮮総督府［一九一九］四九八〜五〇二頁、許興植［一九八四b］一一九五〜一二〇〇頁、李智冠［一九九七］三四七〜三七〇頁、参照）。なお本碑銘は撰者の文集『牧隠集』文藁巻一四・普済尊者諡禅覚塔銘并序にも収載される。
(62) 中村淳［一九九七］一三五〜一三七頁、石濱［二〇〇一］。
(63) 石濱［二〇〇一］三三〜三四頁、西尾［二〇〇六a］二五一頁。
(64) 世祖については『元史』巻四・世祖本紀に「以乙亥歳八月乙卯生」とある。成宗については同書巻一八・成宗本紀に「至元二年九月庚子生」とあり、至元二年は乙丑年である。
(65) 『元史』巻三八・順帝本紀に、「明宗が北方に巡狩した際、その地を通過して罕禄魯氏をめとり、延祐七年四月丙寅に帝を北方にて生んだ（及明宗北狩、過其地、納罕禄魯氏。延祐七年四月丙寅、生帝于北方）」とある。
(66) 安啓賢［一九六〇］（一五三〜一五五頁）は、大元ウルスで二月八〜一五日に挙行される白傘蓋の仏事の準備開始日（正月一五日）にあわせておこなわれたものと推定する。しかし白傘蓋の仏事は大都で帝師を中心におこなわれる仏事であり（中村淳［一九九三］七〇〜七二頁、石濱［二〇〇一］二八〜三三頁、参照）、これに関連して「諸路行省以下官」が正月望日に「行香」したという事実は確認されない。なお大元ウルスの官員は毎月朔望に行香することを義務づけられていたが、これは仏寺ではなく文廟においてとりおこなわれる儀式である（たとえば『通制条格』巻五・学令・廟学・至元六年四月をみよ）。
(67) 『元典章』巻二八・礼部・礼制・朝賀・礼儀社直に、「……外路・府・州・〔録事〕司・県は聖節・正旦の際に拝賀して礼をおこなう。……拝賀して礼をおこなうにいたれば、必ず仏寺・道観におもむいて僧侶・道士をひきいて祝寿し……（……外路府州司県、遇聖節正旦、拝賀行礼。……逮及拝賀行礼、必就寺観中、将僧道祝寿……）」とある。
(68) 前註所掲史料参照。また『元典章』巻二八・礼部・礼制・朝賀・慶賀には、「聖節で拈香するには、期日の一月前に内外の文武百官はみずから仏寺・道観に参詣して祝延聖寿万安道場を開設し、期日が満了したらおえる（聖節拈香、前期一月、内外文武百官躬詣寺観、啓建祝延聖寿万安道場、至期満散）」ともある。
(69) 『高麗史』巻二八・忠烈王世家・元（至元一二／一二七五）年四月己酉、同書巻三二・忠烈王世家・三〇（大徳八／一三〇四）年正月丁丑、三一（大徳九／一三〇五）年八月己丑、同書巻三三・忠宣王世家・忠烈王三四（至大元／一三〇八）年九月庚午。
(70) 『高麗史』巻三四・忠粛王世家・元年正月甲辰。この史料については、かつて安啓賢［一九六〇］（一五二頁）が談禅法会についてのべたものと解したが、安智源［二〇〇五］（一一二頁）が指摘するように、一三一三年に開催された万僧会をさすとみるべきである。
(71) 『高麗史』巻二八・忠烈王世家・元年一一月乙亥。

(72) すでにあげた大元ウルス側の関係規定では道観についても言及されているが、高麗の道教が両国関係においていかなる位置にあったのか、いまのところよくわからない。
(73)『高麗史』巻九・文宗世家・三二（一〇七八）年四月甲子。
(74)『高麗史』巻一四・睿宗世家・一一（一一一六）年六月乙丑。
(75) 仏教に直接関わるものではないが、大元ウルスに対する高麗側の姿勢についてタテマエと実態のずれをうかがわせる史料例として、族譜におさめられた録文が近年紹介された至元二九（忠烈王一八／一二九二）付けの「金汝孟功臣教書」をあげることができる（盧ほか［二〇〇〇b］（図版七頁）所掲の写真による）。教書の発令者である忠烈王は、冒頭では「皇帝福蔭裏《ママ》」と記し、大元ウルスの駙馬にして官僚（征東行省丞相）であるみずからの地位にみあった大元ウルスの公文書用語を用いながら、一方で自分のことを「朕」、そのことばを「詔」と記しており、明らかな僭擬をおかしてもいる。これらの僭称は一二七四年に同王が即位して以降、大元ウルス側の指摘をうけて段階的に廃止したはずのものである。
(76) 大元ウルスの帝師については、ひとまず稲葉［一九六四］、中村淳［一九九三］、同［一九九七］一三五〜一三七頁、印鏡［二〇〇〇］三〇〜四〇頁、西尾［二〇〇六b］、中村淳［二〇一〇］など参照。
(77) 野上［一九五〇］、藤島［一九六七］、同［一九七五］参照。
(78) 高雄［一九四四］三〇五〜三一二頁、参照。
(79) 野上［一九五〇］七八九〜七九二頁、西尾［二〇〇六a］参照。
(80) たとえば姜好鮮［二〇〇〇］一一〜一二頁。ただし、高麗の仏教関係官府の人事に大元ウルスが何らかの形で介入した事例はある。すなわち『高麗史』巻一二五・辛裔伝に、「裔はかつて元の命を受け、楡岾都監をつかさどった（裔嘗受元命、主楡岾都監）」とある。この楡岾都監は金剛山楡岾寺の寺産を管理する官司だったらしい（安啓賢［一九六〇］一五六頁、参照）。ちなみに一三〇九（忠宣王元／至大二）年、大元ウルスが白頭山で伐採した造寺用材の輸送船を高麗に供出させた際、宣政院は使者を遣わして造船を監督させている（『高麗史』巻三三・忠宣王世家・元年三月甲辰、四月甲子）。また一三一三（忠宣王五／皇慶二）年、帰国する忠粛王とその父忠宣王の一行を護送するため皇帝・皇太后・中書省・徽政院・中政院がそれぞれ随行員を出した際、宣政院もチベット仏僧など一六人を遣わしている（『高麗史』巻三四・忠粛王世家・忠宣王五年四月丙戌）。しかし、これらの出来事は、宣政院が高麗仏教界の統治に関与したことを示すものではない。
(81) 中村淳［一九九九a］八六〜八九頁。
(82)『高麗史』巻三三・忠宣王世家・忠烈王二四（大徳二／一二九八）年五月乙卯、六月丙辰。
(83) 安啓賢［一九六〇］一五七〜一五九頁、全［一九八七］、李龍範［一九八九］、秦［一九九七］、姜好鮮［二〇〇〇］一七〜二〇頁、許一範［二〇〇〇a］、同［二〇〇〇b］参照。

（84）『高麗史節要』巻一九・忠烈王元（至元一二／一二七五）年五月。
（85）大元ウルスにおける高麗王の駙馬としての地位については、本書第一章・第二章、参照。とくに忠烈王代の初期（一二七四～八一）において駙馬としての処遇が不完全な形であったことについては、本書第一章第四節、参照。
（86）『高麗史』巻二七・元宗世家・一二年（至元八／一二七一）八月丁巳。
（87）註22参照。
（88）江南行御史台による僧人事への関与については、西尾［二〇〇六 a］二四五～二四六頁、参照。男性皇族によって任命された住持は、延祐元（忠粛王元／一三一四）年立碑の程鉅夫撰「大元贈大司空開府儀同三司追封晋国公少林開山光宗正法大禅師裕公之碑」碑陰の「大元少林開山光宗正法禅師宗派図」（テキストについては鷲尾［一九三二］五四～五九頁、拓本三七～四〇、参照）に「令旨延慶寺住持宗主雄辯普済大師慧悟」とみえている。

第七章　高麗における元の站赤
――ルートの比定を中心に

一　問題の所在

本章では、高麗と元のあいだでおこなわれ両国家の関係を規定していた制度ないし慣例の一つとして、元のきもいりで高麗に設定された站赤《ジャムチ》 jamči（駅伝）についてとりあげる。

站赤とは、モンゴル帝国がその広大な領域にはりめぐらせた駅伝網であり、迅速な情報伝達と移動の手段として、その支配・統合の根幹に関わるシステムの一つだった。(1) モンゴルはかかる站赤の敷設を周辺の服属国に対しても要求するのが通例だったが、(2) それは、元朝初代皇帝クビライ（世祖）の登極に前後してこれに〝帰服〟した高麗に関しても例外ではなかった。かかる事実そのものは、これまでにも站赤の制度全般や高麗の駅制、あるいは高麗・元関係を論じた研究のなかで、しばしば言及されてきた。(3) しかしいずれも専論ではないこともあって、その具体的な内容に関しては、ルートや運営方式などの基礎的な事実関係すら、満足に吟味されていないのが実情である。

以下の行論では、この問題に関する本格的研究の第一歩として、高麗で站赤の敷設が本格化する以前の経緯を概観するとともに、站赤のルートを史料的に可能な範囲で考察し、そのうえで、そこにあらわれる諸特徴が高麗・元関係のいかなる性格に起因するものか、私見をのべてみたい。なおこれらの站赤の運営方式に関する検討は別の機会にゆずる。

二　站赤敷設問題の発生

管見のかぎり、高麗に対するモンゴルの站赤敷設要求が最初にあらわれる史料は、朴暄の起草にかかる「荅唐古官人書」（『東文選』巻六二）である。モンゴルは高麗に対し一二三一（高宗一八／太宗オゴデイ三）年より本格的な侵略を開始するが、唐古官人とは、そのうち一二三五（高宗二二／太宗オゴデイ七）～三九（高宗二六／太宗オゴデイ一一）年における侵攻を指揮した唐古抜都魯《タングト・バートル》のことである。この書状の正確な日付は不明だが、文中にもっとも下って己亥（一二三九）年一二月の出来事までが言及されるので、それ以降に作成されたことがわかる。一二三九年四月、高麗とモンゴルのあいだに休戦が成立して唐古はいったん高麗国外に兵をひいたが、翌四〇（高宗二七／太宗オゴデイ一二）年六月、高麗政府は彼のもとに遣使しているので[4]、おそらくその際に高麗側で作成された文書であるとおもわれる。

この〝唐古官人への返書〟では、これにさきだち唐古側から高麗に示された要求内容が、

鴨緑江にいたるまで民戸を住み着かせて耕作させ、使者が往来する際には酒饌と伝騎の馬匹を供応させよ。（至鴨江、令民戸住着耕種、当使佐往来之際、供対酒饌・伝騎馬疋）

とひかれている。站赤という言葉こそ示されないが、内容上明らかに、このとき高麗には鴨緑江まで站赤を敷設することが求められていたのである。直接には言及されないが、高麗に派遣されたモンゴルの使臣が利用する站赤であるから、王都（当時は江華島に遷都中）を基点にしていたとみてよかろう。これに対して高麗側は上記の返書のなかで、

国内疲弊のため指示をただちに実行するのはむずかしく、当面は可能であればわずかなりとも人員を配置するか、官人を派遣するなどして使臣の送迎に対処すると回答している。その後、站赤の敷設がどこまで実行されたかは不明だが、七年後にはモンゴル軍の侵攻が再開されており、おそらく大して進展、定着しないままに棚上げされたものともわれる。

つぎに站赤敷設要求が明確な形で示されるのは、一二五九（高宗四六／憲宗モンケ九）年に高麗がモンゴルに最終的に帰服を表明した際である。(5) 当時高麗方面の経略にあたっていた也速達《イェスデル》は、高麗政府に対してつぎのように通告している。

太孫（＝のちの忠烈王）が尸羅問《シレムン》（＝也速達の使者）を見送った。尸羅問が也速達の牒をとりだしていうには、「皇帝のもとより往来する宣使と本処の使者については沿路の站赤が不足している。西京以南はそなたの国が站赤を列置し、人戸や鋪馬など一切の求める諸物は以前にもとづいて設置し、少しの不足もあってはならない。西京以北にて利用すべき站駅もまたととのえて安置するのがよい」とのことであった。（太孫餞尸羅問。尸羅問出也速達牒曰、帝所往来宣使及本処使佐、沿路站赤闕少。西京以南、汝国列置站赤、人戸・鋪馬、一切所須諸物、照依已前設置、無得少闕。西京以北合用站駅、亦宜准備安置）(6)

站赤のルートは西京（現・平壌市）を基点に説明され、まず「西京以南」に敷設して人員や馬匹などをととのえよという。「以前にもとづいて」とは、〝以前モンゴルが高麗に站赤敷設を求めた際の指示にもとづいて〟という意味であろう。一つには前述した唐古の要求がそうした先例に相当する可能性が考えられるが、史料にははっきりとあらわれていない事件がほかにあった可能性も完全には排除できない（註5参照）。この站赤はモンゴル皇帝や也速達が高麗に遣使する際に使用するものであるから、「西京以南」とは高麗王都にいたるまでの範囲とみられる。また「西京以北」にも敷設せよというが、この数年後、モンゴルの站赤敷設要求に対して高麗側が〝すでに北境まで敷設した〟

と反論したことや（後述）、さきの唐古の要求内容などからみて、高麗北境（鴨緑江）にいたるまでがその範囲だったとおもわれる。

上の通達があったころ、モンゴルでは皇帝モンケが急死し、翌一二六〇（元宗元／中統元）年に弟のクビライが即位する。するとクビライは、一二六二（元宗三／中統三）年に「新附之国」の義務として「郵」の設置を再び高麗に要求してきた。(7) しかし翌年、これに対して高麗側が「置郵事」については「かつて北境まで敷設した（曾設至北境）」と反論し、(8) 元側も「置駅」を免じるという形で要求をとりさげている。(9) これをみるかぎり、站赤の敷設はある程度実行されていたようだ。しかしこの段階の站赤は決して十分なものではなく、一二六八（元宗九／至元五）年にもたらされたクビライの詔でも「粗あら立」ったと評価されるにとどまっている。(10) これは帰服当初の高麗政府内に対元強硬論が根強くのこり、両国の関係が必ずしも安定しなかったことにも関係するだろう。しかし一二七〇（元宗一一／至元七）年に強硬派がおさえられ、王都が江華島より開京（現・黄海北道開城市）にもどされると、高麗政府が対元協調路線をすすめるなか、站赤の敷設も本格化するのである。(11)

三　慈悲嶺以北の高麗西北部におけるルート

慈悲嶺（岊嶺ともいう）は現在の黄海北道中西部を東西によこぎる山嶺であり、慈悲嶺以北の高麗西北部とは、当時の広域区画では西海道の一部と西北面一帯（現在の黄海道北辺と平安道一帯）に相当する。この地域は一二六九（元宗一〇／至元六）年に西北面兵馬使営の記官崔坦らが西北面諸邑の官吏を殺害して元に内属するという事件をおこすと、翌年元の直属下に編入され、西京を治所として東寧府がおかれるにいたる。その後、一二七六（忠烈王二／至元一三）年には東寧路に昇格し、一二八七（忠烈王一三／至元二四）年に遼陽行省ができるとその所轄となり、一二九

○（忠烈王一六／至元二七）年に高麗に返還されるまで、約二〇年間にわたり元の一地方単位として存在した。『永楽大典』巻一九四二二にひく元の政書『経世大典』站赤の記事に、元朝各省の站赤敷設状況を示した個所があるが、そこに東寧路所轄の站がつぎのように記される。

A　東寧路所轄馬站一十処、馬四百六十二匹。洞仙站、馬四十四匹。生陽站、馬五十三匹。林原站、馬七十三匹。
　安定站、馬三十九匹。雲興站、馬四十九匹。宣州站、馬三十九匹。霊州站、馬四十一匹。

東寧路の站数は計一〇ヶ所だが、個別の站名は七ヶ所しかあがっていない。馬匹数も路全体で四六二匹であるのに対し、各站の馬匹の合計は三三八匹にとどまる。したがって、これらの站名が東寧路の站の一部にすぎないことは明白である。しかし各站とも、『高麗史』地理志所載の州府郡県名、および『高麗史』巻八二・兵志・站駅所載の二二駅道の駅名一覧記事（以下、駅名記事と称する）と照合して、つぎのように位置比定することができる（駅名に［　］で付した地名は当該の駅が属す州府郡県）。[12]

洞仙站　洞仙駅［黄州（現・黄海北道黄州郡）］。本駅は朝鮮初に鳳山郡（現・黄海北道鳳山郡）の北一五里（本章ではとくにことわらないかぎり距離単位の里は朝鮮里（一里＝約〇・四km）をさす）の地にうつされるが、[13]高麗時代の所在地については、高麗末の李穡が慈悲嶺にある羅漢堂の立地を「嶺の北側の位置し、洞仙站をみおろす（拠嶺北、俯洞仙站）」と記したことが参考になる（『牧隠集』文藁巻三・慈悲嶺羅漢堂記）。この「洞仙站」とは站赤の站そのものにもみえるが、この文章は高麗が元の直接的な政治的影響下から脱してゆく一三五六（恭愍王五／至正一六）年以降に書かれたとみられ、[14]元のきもいりで敷設された站赤がそのころまで残置されていたか疑問がのこる。高麗末の史料では在来の駅が站とも表記されるので（後述）、むしろここでは洞仙駅のことをさすようにおもわれる。しかしいずれにせよ、洞仙駅、およびその地におかれたであろう洞仙站は、慈悲嶺の北麓近辺にあったことになる。

生陽站　生陽駅［西京］。駅の位置は『新増東国輿地勝覧』（以下『勝覧』と略称）巻五二・平安道・中和郡（現・平壌

市中和郡）・駅院・生陽駅に「郡の西二里に所在する（在郡西二里）」とある。

林原站　林原駅［西京］。駅の位置は『勝覧』巻五一・平安道・平壌府・古跡・林原駅に「府の北二〇里に所在する（在府北二十里）」とある。

安定站　安定駅［西京］。駅の位置は『勝覧』巻五二・平安道・順安県・駅院・安定駅に「県内に所在する（在県内）」とある。順安県（現・平壌市順安区域）は高麗時代には順和県といい、西京の西郊にあったが、一三九六（朝鮮太祖五）年に安定駅の地にうつされた。[15]

雲興站　雲興駅［郭州（現・平安北道郭山郡）］。駅の位置は『勝覧』巻五三・平安道・郭山郡・駅院・雲興駅に「郡の北一七里に所在する（在郡北十七里）」とある。

宣州站　宣州。本州は朝鮮時代に宣川郡とあらためられるが、『勝覧』巻五三・平安道・宣川郡・古跡・東林城に「郡の北六二里に所在する。すなわち古の宣州城である（在郡北六十二里。即古宣州城）」とあり、すでに一三六〇（恭愍王九／至正二〇）年の記録に「古宣州」があらわれる。[16]すなわち宣州は、はじめ東林城（現・平安北道東林郡）にあったが、この年までに現在地（平安北道宣川郡）にうつったのである。津田左右吉は、その移転時期を、モンゴルの侵攻を海島に避けていた宣州が一二六一（元宗二／中統二）年に半島本土にもどった際と推測するが、[17]断定はしがたい。宣州站の位置については新旧二ヶ所の宣州を候補としてあげるにとどめておくのが無難であろう。

霊州站　霊州。本州は朝鮮初には廃され、『勝覧』巻五三・平安道・義州牧・古跡・古霊州に「州（＝義州）の南五五里に所在する（在州南五十五里）」とある。現在の平安北道枇峴郡の地に比定されている。[18]

史料Aの七站は以上のように比定できる。その記載順は地理的には南→北の順であり、そのルートは東寧路の管轄地域を南北に縦断する範囲におよぶことがわかる。

同じ站赤ルートに関する記録は、『永楽大典』巻一九四二六にひく元代大都（現・北京市）の地方志『析津志』大都東西館馬歩站・天下站名にもみえる。元朝各地の站赤ルートを示すその記事では、瀋州（現・遼寧省瀋陽市）・東京

(現・遼寧省遼陽市)をへて鴨緑江下流付近の駅昌站(現・遼寧省丹東市)にいたるルートを示したうえで、そのさきにつづくルートをつぎのように記している。

B　誼州　六十　霊州　九十五　宣州　九十　雲興　百二十　安信　九十　都獲　九十　粛州　八十五　安定　六十五　東寧　六十　生陽　洞仙。其東海、其北接合懶府。

史料中に記された数値は站間の里程である。計一一站のうち、霊州・宣州・雲興・安定・生陽・洞仙の六站は史料Aと一致し[19]、その記載順から、史料Bでは史料Aとは逆に北→南の順に站名が配列されていることがうかがわれる。その他の五站の位置については、つぎのように比定される。

東寧站　東寧路の治所であった西京(現・平壌市)におかれた站であろう。

粛州站　粛州(現・平安南道粛川郡)。

安信站　安信駅[嘉州(現・平安北道雲田郡)]。『勝覧』巻五二・平安道・嘉山郡(高麗の嘉州)・古跡・安信駅に「古基が郡の北二〇里に所在する(古基、在郡北二十里)」とある。

都獲站　安北大都護府(現・平安南道安州市)。都獲站は安信站と粛州站のあいだに位置するが、管見では当該地域に「都獲」という地名はみいだせない。しかし高麗時代、安信駅と粛州の中間には安北大都護府があった。ここは西京と鴨緑江下流方面をむすぶ幹線路上にあって清川江を扼する要衝であり、少なくとも站をおく位置として不自然ではない。しかも『元史』巻五九・地理志・遼陽等処行中書省・東寧路にみえる「都護府」は、安北大都護府に該当することが指摘されている[20]。ここから、元では安北大都護府が単に都護府とよばれたことがうかがわれる。とすれば、字形の類似から都護が都獲と誤記されることも十分に考えられよう。都獲站は安北大都護府におかれ、本来は都護站と表記された可能性が高いとおもう。

誼州站　義州(現・平安北道義州郡)。誼州站は霊州站と鴨緑江北側の駅昌站とのあいだに位置し、鴨緑江下流付近に

あったことは疑いない。この地名は『元史』巻一四・世祖本紀・至元二四（忠烈王一三／一二八七）年九月辛卯にも、

東京・誼・静・麟・威遠・婆娑等の地が大いに長雨となり、江の水があふれ、民の田土を没した。（東京・誼・静・麟・威遠・婆娑等処、大霖雨、江水溢、没民田）

とあらわれる。「静・麟・威遠」とは鴨緑江下流沿岸部にあった高麗西北面の州鎮、静州・麟州・威遠鎮のことで、慈悲嶺以北の地が元に直轄されていた当時、上の記事にみえる婆娑府（現・遼寧省丹東市振安区九連城鎮）の所轄だった。[21] これら諸邑や東京（現・遼寧省遼陽市）とともに水害にみまわれた「誼」とは、史料Bの「誼州」と同一であり、「静」や「麟」と同様に州字が省略されているのであろう。

そこで注目されるのは、中華書局『元史』標点本（三〇〇・三〇五頁）が、この「誼」（誼州）を義州に比定したことである。高麗・朝鮮時代を通じ、義州は鴨緑江下流において朝鮮半島と遼東地方をむすぶ交通の要衝であった。元～高麗間を往来する者もここを通過したことが記録にみえている。[22] 鴨緑江の対岸では駅昌站にいたり、南方では霊州にいたるので、史料Bにおける誼州の位置関係にも符合する。しかも当時、駅昌站～霊州間の地において、州がつく地名は、前記の静州と麟州をのぞけば義州以外にはみいだせない。当時の華北の漢語でも、おそらくは朝鮮語でも誼と義は同音と考えられ、[23] また意味の上でも通用される場合があるから、誼州は義州の異表記である可能性が高いのである。

前出の李穡は、一三五三（恭愍王二／至正一三）年に入元した際の一連の紀行詩のなか、その途上で「義州站東上房」に宿泊したことを記すが（『牧隠集』詩藁巻二）、高麗西北辺方面の旅程にあたることから、この「義州站」は、まさしく義州の地に関わるものとみられる。

そもそも站はモンゴル語ジャムjamを音写したものであり、朝鮮時代までに朝鮮語にもとりこまれたが、本来はモンゴルから高麗にもたらされた語である。元代中国の文献ではすでに駅と站が混用されており、高麗側の文献でも

元朝帰服後より実体を判別しがたい「站」の用例があらわれ、少なくとも一四世紀中葉以降には明らかに在来の駅を「站」と記した例が確認されるようになる。[24]

しかし一方で、高麗では個別の駅・站名を表記する際、在来の〝駅〟と站赤の〝站〟を使いわける傾向をみせる場合もある。すなわち李穡が若きの日の入元（註14参照）に際して記した紀行詩では、元の站を「彰義站」・「開州站」・「東八站」と表記するのに対し、高麗の駅を「良冊駅」（良策駅）・「長林駅」・「神安駅」・「新安駅」と表記している（『牧隠集』詩藁巻二・三）。また李承休も、一二七三（元宗一四／至元一〇）年に入元した際の詩文録のなかで、元の站を「渥頭站」（崖頭站の誤り）と表記するのに対し、高麗の駅を「興義駅」と表記している（李承休『動安居士文集』「動安居士行録」巻四・賓王録）。

ただし李穡の詩には元の崖頭站を「崖頭駅」と記した個所もあり（『牧隠集』詩藁巻三）、站と駅の使い分けがつねに徹底されているとはかぎらない。ゆえに「站」という表記だけを単純に根拠として「義州站」を站赤の站であると判断するのは、必ずしも適当ではない。しかしここでの場合、「站」名として義州という州名が用いられる点が重要である。註12でのべたように、高麗の既存の駅は州府郡県内の単なる交通施設ではなく、州府郡県とは区別される別個の地方単位であった。そのためか、近隣の州府郡県と同じ名称をそのまま用いる駅名はまれであるが、[25]少なくとも〝義州駅〟なる駅名はいまのところ史料上ほかに確認されない（義州の属駅は会元駅）。[26]そこで筆者は、「義州站」は文字どおり義州におかれた站赤の站であり、諠州站にほかならないと考える。

以上、史料Bの站のうち、史料Aにみえない五站について比定を試みた。それらの地理的位置関係は、史料Bにおける站の配列順に符合するものである。

しかし問題がのこる。史料Aでは東寧路の総站数を一〇とするが、史料A・Bにあらわれる個別の站名は計一二ヶ所に達するのである。もっとも、このうち史料Bだけにみえる諠州站は東寧路域内の站数から除外される。同站が所在したとみられる義州は、東寧府発足直後の一二七〇（元宗一一／至元七）年末に婆娑府に転属しており、[27]同站が東寧路の存続期間中に設置されたとしても、婆娑府か、同府を管轄する遼陽路の所轄となったはずだからである。[28] しかしそれでもなお一站分のずれがのこる。つぎにこの問題を検討しよう（表7-1参照）。

まず史料AとBの記載内容の年代差を指摘したい。『経世大典』は一三三一年に成立するが、ここにおさめられる史料Aは一二七六～九〇年におかれた東寧路に関する内容である。一方、『析津志』は元末（一四世紀後半）に成立した。[29] そこにおさめられた史料Bをふくむ「天下站名」の記事には紀年がなく、一見するかぎり他文献からの単純な移録にもみえないので、『析津志』の編者が編纂当時の状況を記録した可能性がある。そこで注目されるのは、そのなかに史料Aをおさめる『経世大典』站赤の各省站名記事には記載がないアムガなるモンゴル王名を付した「阿木哥大王府」站がみえることである。このアムガ大王とは武宗皇帝カイシャン・仁宗皇帝アユルバルワダの庶兄、魏王アムガをさすと考えられるので、[30] 彼の活動状況を検討することで「天下站名」の記事年代がおおよそ推定されよう。

アムガの父ダルマバラは「至元初」（元宗五／一二六四）年に生まれたといい（『元史』巻一一五・順宗伝）、一二八一（忠烈王七／至元一八）年、一八歳にして次子カイシャンを生んだので（『元史』巻二二・武宗本紀）、年齢から常識的に考えて、長子のアムガはカイシャンにさきだつこと数年以内に生まれたはずである。ゆえに東寧路が廃された一二九〇年当時、アムガはせいぜい一〇代前半の少年にすぎなかったことになる。そしてこのころは父ダルマバラが存命中なので、[31] 幼いアムガがすでに「大王」としてみずからの政務機関「王府」をかまえていたとは考えにくい。少なくとも『元史』では、彼は一三〇二（忠烈王二八／大徳六）年に「親王」としてはじめて登場する。[32] ア

表7-1　史料A・Bの站名比較

史料A	史料B	高麗での行政単位名
	誼州	義州
霊州	霊州	霊州
宣州	宣州	宣州
雲興	雲興	雲興駅
	安信	安信駅
	都獲	安北大都護府
	粛州	粛州
安定	安定	安定駅
林原		林原駅
	東寧	西京
生陽	生陽	生陽駅
洞仙	洞仙	洞仙駅

図7-1　慈悲嶺以北の高麗西北部における站赤ルート

注）宣州站はひとまず現在の宣川郡の位置に表示。

ムガは一四世紀はじめに二人の異母弟が皇帝となるにおよび、「魏王」として元朝政界で一定の存在感を示すようになるが、彼が「大王」として「王府」をかまえるようになったのは、あるいはそのころではなかろうか。その当否はともかく、『析津志』天下站名に「阿木哥大王府」站が記されるということは、遅くとも一二九〇年までの状況をあらわす史料Aに対し、史料Bがそれ以降の状況をあらわすことを意味すると考えられる。

そこで注意されるのは、史料Bの站名から誼州站をのぞくと、その総数は史料Aが記す総站数一〇に一致すること。しかしながら史料Bには史料Aに記載された林原站がみえないことである。史料Bから林原站がもれているのであれば、史料Aの段階で計一〇站あった東寧路域内の站が史料Bの段階までに一一站に増えたか、史料Aが示す総站数が一一の誤りということになる。しかしそのようには考えにくい。まず、林原站がおかれた林原駅から東寧站がおかれたとみられる西京までは、わずか二〇里（約八km）にすぎない（前述）。これに対し、高麗西北部における他の站間隔を地図上で検証すると、明らかに三〇kmをこえる場合もあるが、多くは二〇～三〇kmの範囲におさまるようである。元の站は六〇中国里（約三三km）ごとに設置するのが標準的なところだったようであるから[33]、そもそも高麗西北部では短めの間隔で站をおく傾向があったわけである。しかしそれとくらべても林原站～東寧站間の短さはきわだっており、ここまで近接して站が設置されたとは考えにくい。また林原站は安定站と東寧站のあいだに位置するが、史料Bでは安定站と東寧站のあいだに里程を記しており[34]、両站を隣りあうものとしてあつかっているように、少なくとも表記上はみえる。ゆえに史料Bの段階では林原站が実際に存在しなかった可能性が高いと考えられる。

そうすると史料Aでは林原站をふくめて計一〇站とされるゆえ、諠州站をのぞく史料Bの一〇站のうち、一站は史料Aの段階では存在しなかったことになる。それは史料Aに記載されていない安信站・都獲站・粛州站・東寧站のいずれかだが、当然、林原站との併存が考えにくい東寧站が該当しよう。すなわち史料Aの段階では安定站と生陽站のあいだに林原站がおかれていたが、史料Bの段階までに東寧站に移転したと考えられるのである[35]。

一二九〇年に東寧路が高麗に返還された際、婆娑府管下の義州もあわせて返還されたと推定される[36]。これにより、これら地域の諸站が高麗西北領内にのこされ、結果的に、史料Bが示すような諠州―霊州―宣州―雲興―安信―都獲《ママ》―粛州―安定―東寧―生陽―洞仙という站赤ルートが存在することになったとみられる（図7-1）。なおこのルートは、開京と義州をむすぶ軍事・外交上重要な在来の幹線駅路ともかさなるものである。

四　慈悲嶺以南の高麗中・南部におけるルート

高麗に敷設された站赤についてのべた史料として従来から知られているものに、『元史』巻一一・世祖本紀にかかげられたつぎの二つの条文がある。

C　〈至元一七年七月戊申〉高麗国がはじめておいた駅站の民が食糧難におちいっているので、一年間食糧を供給するように命じ、よって使臣が往来する際に飲食を要求しないように禁じる。（以高麗国初置駅站民乏食、命給粮一

歳、仍禁使臣往来勿求索飲食）

D〈至元一八年六月壬辰〉高麗国王王賰（＝忠烈王）が、「本国は四〇の駅をおきましたが、人と家畜が疲弊しています」というので、勅を下して二〇站に合併し、よって馬価八〇〇錠を支給する。（高麗国王王賰《ママ》言、本国置駅四十、民畜凋弊、勅併為二十站、仍給馬価八百錠）

両記事は紀年がそれぞれ至元一七（忠烈王六／一二八〇）年、至元一八（忠烈王七／一二八一）年と一年しか違わず、史料Cの「高麗国がはじめておいた駅站」＝史料Dの「四〇の駅」とみられるが、高麗では遅くとも一二世紀はじめまでに五〇〇をこえる駅が二二の駅道に体系化されたので、在来の駅についてのべた記事にしては「駅」の数が少なすぎる。そもそも在来の駅ならば一三世紀末のこの段階で設置したかのようにはいわないだろう。かといって、西北部一帯（東寧路）ばかりか東北辺（双城総管府）と済州島（耽羅国軍民都達魯花赤総管府）までが元に直轄され高麗の版図が大幅に縮小していたこの時期（本書第九章第三節(2)、参照）、四〇もの駅が突如増設されたとも考えにくい。一方で、これらの「駅站」の維持・運営には元の意思が強くはたらき、救済物資の支給、利用禁則から「站」の統廃合にいたるまで、その控制がおよんでいた。そうであれば、両記事は、元の意向によって高麗に新設された站赤の站についてのべたものと従来どおり解釈するのが妥当であろう。一二七九（忠烈王五／至元一六）年、元が高麗に遣使して「站駅」を「点視」させたのも、[37]この站赤に対する査察だったとおもわれる。すなわち西北部が元に直轄されていた一二八〇年前後、すでに高麗国内にも站赤が存在していたのである。このことは同時期に站赤利用の監理官たる脱脱禾孫《トトカスン》 tutqasun がクビライの命によって開京・忠清道・全羅道・慶尚道に配備されたことからもうらづけられる。[38]

この時期、高麗は元の第二次日本遠征（一二八一）を助けてその準備と実施にあたっていたが、『高麗史』巻八二・兵志・站駅におさめる忠宣王の教に言及される、日本遠征に際して敷設された「站」とは、まさしく上記の新設された站をさすものであろう。

E　〔忠烈王〕三四年（＝一三〇八〈至大元〉年）八月、忠宣王が即位し、一一月に教を下していうには、「西海道の岊嶺にいたる七站、および会源・耽羅にむかう沿道の站の戸については、さきごろ東方（＝日本）遠征の際に各道の人戸ならびに流移の人物を、年限を設けて入居させたが、いまにいたるまでそのままにしており、いまだ交替していない。あるいは死亡者があれば、その邑に欠員分を充当させており、馬匹もまた同様である。怨嗟の声は非常に深刻になっている。有司にしかるべき者を選んで站役にあてさせ、各邑の人戸はみな本にかえることを許す」とのことであった。（三十四年八月、忠宣王即位、十一月下教曰、西海道岊嶺至七站、及会源・耽羅指沿路站戸、頃在東征時、以各道人戸并流移人物、限年入居、至今因循未遞。或有物故、令本邑充其数、馬匹亦如之。怨咨尤甚。令有司択選当差者、以充站役、其各邑人戸、並許還本）

ここにみえる「站」については、各道の人戸や流移の人物を年限つきで充当して組織し、その後も各邑に人戸を補充させたものであるといい、また新たに適任者を選んで役務にあてることが命じられている。身分固定的な駅吏・駅戸からなる在来の駅とはおよそ異なる。もしもこれが在来の駅に関することならば、たとえば高麗末の趙浚が、当時の駅運営状況を「近来駅戸が凋廃し、およそ鋪馬・伝逓・知路・指路の役は州郡がかわってその労苦をうけ、そのため〔民が〕流亡するにいたっている（近来駅戸凋廃、凡鋪馬・伝逓・知路・指路之役、州郡代受其苦、以至流亡）」[39]とのべたように、本来の駅吏・駅戸とは別に人員を動員する理由が何らかの形で示されるところであろう。しかし上記の「站」については、駅吏・駅戸の関与の有無はともかく、それとは別次元において人員運用問題が論じられている。やはり在来の駅とは一定に区別される組織とおもわれるのだが、これを站赤の站とみてよければ、後述のごとくその推定ルートは、前述した脱脱禾孫の配備地域が開京・忠清道・全羅道・慶尚道であることにも符合する。一二七〇（元宗一一／至元七）年に高麗政府が江華島から開京に還都すると、元の指示で日本遠征の準備が本格的に開始され

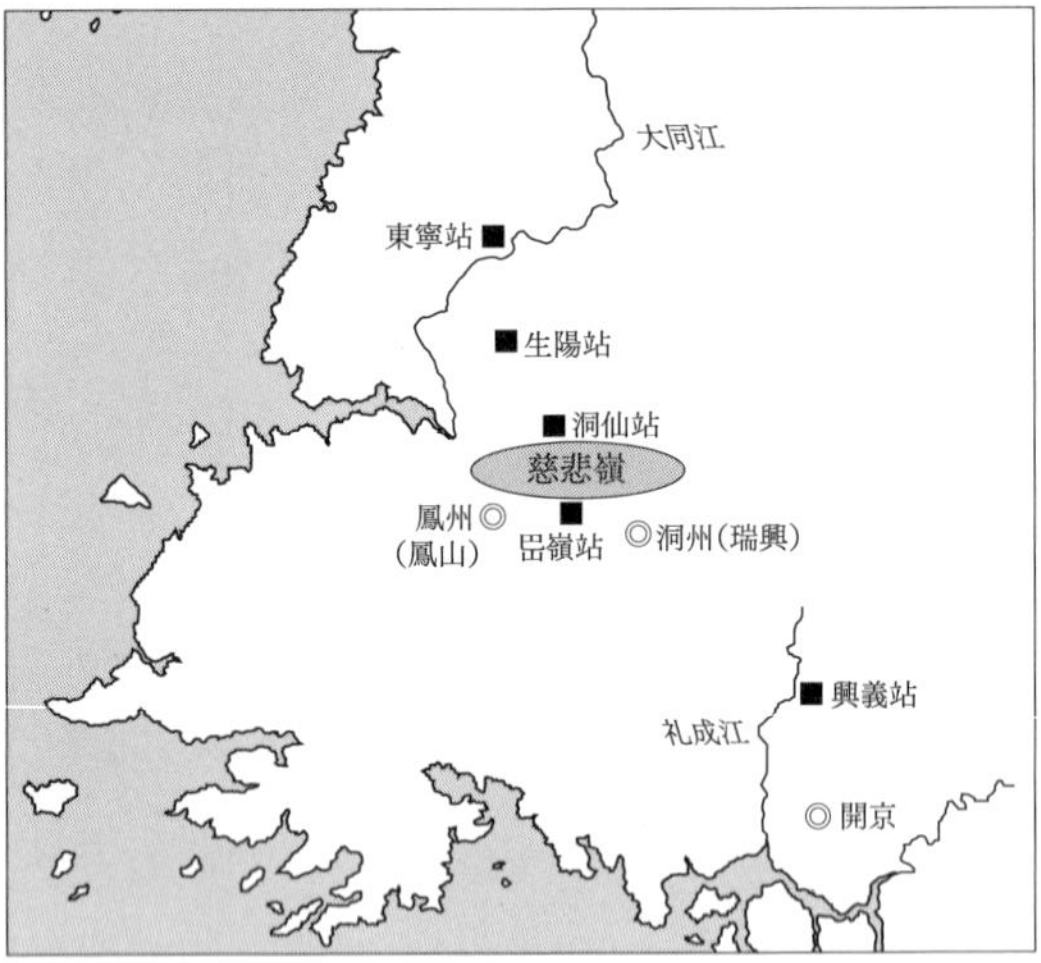

図 7-2　開京〜慈悲嶺間の站赤関連地域

る。このころまで、高麗における站赤は「粗あら立」つにとどまっていたわけだが、日本遠征を機に、これに関係する人員・物資の移動、通信・連絡のため、站赤が本格的に整備されたのであろう。

そこで史料Eに「西海道の岊嶺にいたる七站」および「会源・耽羅にむかう沿道の站」と示される、そのルートについて検討してみよう。これは忠宣王の視点から王都開京を基点として表現したものと考えられるので、開京から慈悲嶺にいたる站赤と、開京から会源および耽羅にいたる站赤という意味になろう。

まず「西海道の岊嶺にいたる七站」について検討する（図7-2）。これが慈悲嶺（岊嶺）をこえて高麗西北部の站赤ルート南端の洞仙站に接続するコースであることは容易に推察される。具体的な站名は不明だが、候補として李穡の入元紀行詩中にみえる「興義站」（『牧隠集』詩藁巻三・興義站猪灘）、および『高麗史』巻二九・忠烈王世家・六（至元一七／一二八〇）年三月壬寅にみえる「岊嶺站」がある。『高麗史』巻八二・兵志・站駅所載の駅名記事に照らすと、前者は興義駅［牛峯県（現・黄海北道金川郡）］に対応し、同駅の位置は『勝覧』巻四二・黄海道・牛峯県・駅院・興義駅に「県の西南三〇里に所在する（在県西南三十里）」とある。また後者は岊嶺駅［鳳州（現・黄海北道鳳山郡）］に対応し、同駅の位置は『勝覧』巻四一・黄海道・瑞興都護府（高麗の洞州。現・黄海北道瑞興郡）・古跡・岊嶺駅に「旧址が府の西四〇里に所在する（旧址、在府西四十里）」とある。ただし上記二「站」の実体は必ずしも明らかではなく、高麗在来の駅をさしている可能性も排除はできない。しかし前述のごとく高麗在来の〝駅〟と站赤の〝站〟が弁別されるケースもあることからすれば、それらが站赤の站であるとの見方にも一定の蓋然性はある。少なくとも、岊嶺駅と興義駅は開京から慈悲嶺にいたる在来の幹線駅路（金郊道～岊嶺道）上にある。慈悲嶺以北の站赤が在来駅路を利用した点を考えても、これに接続する站赤を開京から慈悲嶺まで敷設する際、上記の駅路を利用するのはごく自然である。

つづいて「会源・耽羅にむかう沿道の站」を検討する。個別の站名は不明だが、耽羅とは済州島のことで、一二七三（元宗一四／至元一〇）～九四（忠烈王二〇／至元三一）年には元の直轄下にあった。また会源という地名は、この用字では確認できないが、日本遠征との関連性から、遠征軍の出撃地であった朝鮮半島南東岸の合浦県（現・慶尚南道昌原市）が一二八二（忠烈王八／至元一九）年に改称された会原県をさすと考えられる。(40) 站赤の到達地は朝鮮半島南東端と南西の外れに大きくへだたるのであり、開京から南下する站赤ルートは少なくとも二手にわかれたとみられる。

このうち開京より済州島にむかう站赤については、大まかなルート比定もままならないが、常識的には朝鮮半島南西部にのびていたと考えられ、全羅道に脱脱禾孫がおかれたことはそのうらづけとなる。ただし済州島は離島であるから海をこえなくてはならず、半島内で站赤がどこまで達していたか、連絡港の所在が問題となる。そこで『高麗史』巻五七・地理志・耽羅県をみると、済州島への出航地として、羅州牧（現・羅州市）・海南県（現・海南郡）・耽津県（現・康津郡）があげられている。いずれも現在の全羅南道沿海に所在した邑だが、筆者はこのうち最北に位置する羅州ないしその近辺までは站赤が到達していた可能性が高いと考える（図7-3）。

そのことは、第一次日本遠征から四年後の一二七八（忠烈王四／至元一五）年、高麗が、元朝直轄下の済州島に長官として赴任している達魯花赤《ダルガチ》 daruɣači について、海南・羅州の地で「擅《ほしいまま》」に「站赤」を敷設したと非難したことからうかがわれる。(41) 元来この地域には在来の駅が存在するので、元の達魯花赤がおいた「站赤」とは、これとは別個の、文字通り元制に由来する站赤だったとみられる。そこでまず、達魯花赤の行為から、羅州以南、海南までの地には高麗政府が認知する正規の站赤が存在しなかった疑いが浮上する。そして達魯花赤が朝鮮半島西南端のわずかな

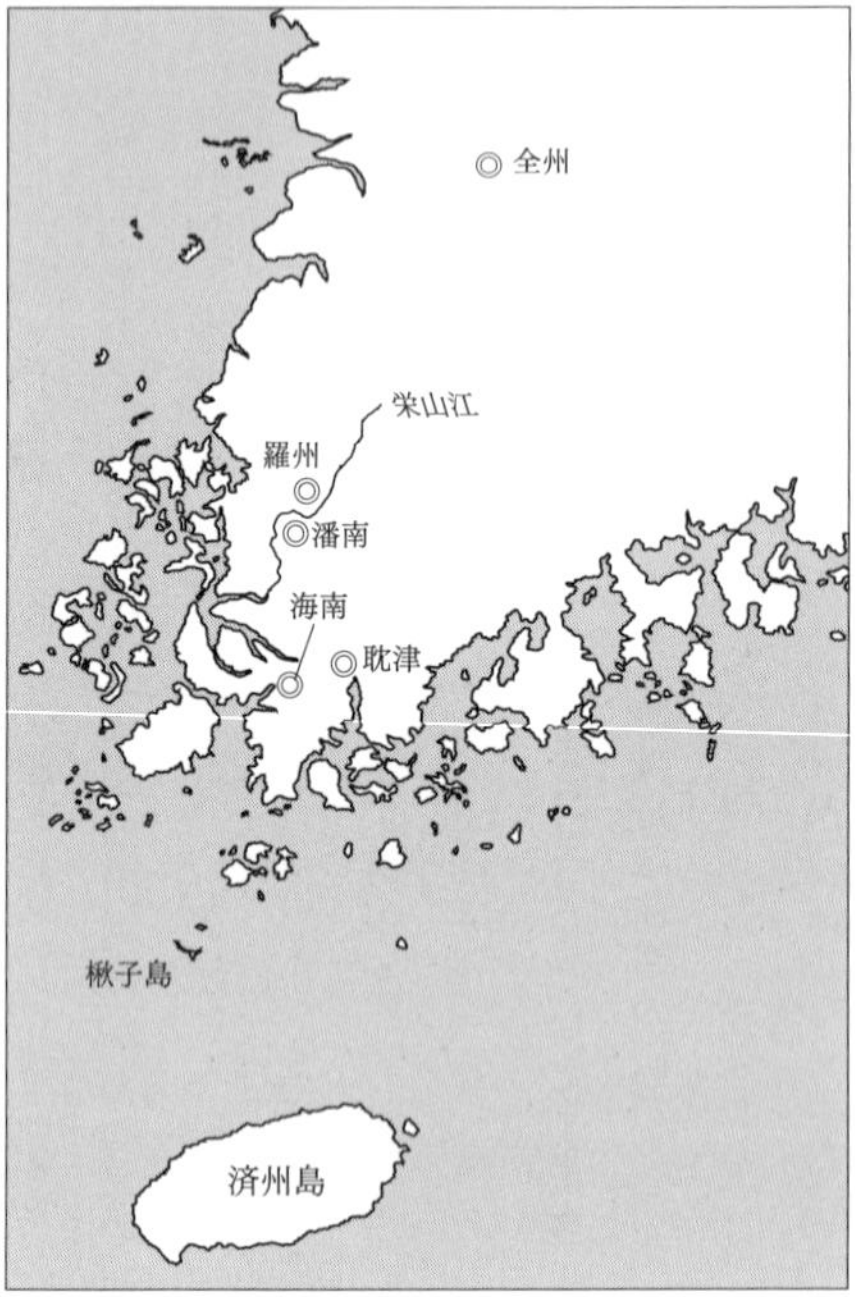

図 7-3　高麗南西部における站赤関連地域

地にかぎって孤立した站赤をわざわざ敷設するとは考えにくいので、これに接続する站赤が少なくとも羅州以北の地には存在したと推測されるのである。おそらく達魯花赤は、羅州以南の地をも済州島との往来に利用すべく、独断で站赤を敷設したのであろう。

そもそも一二六九（元宗一〇／至元六）年ころよりクビライは日本・南宋経略のうえで海上の要衝として済州島に着目していた。[42] くわえて翌年、高麗が江華島から開京に還都すると、対元強硬派の三別抄が元・高麗政府に対する抵抗を開始し、一二七二（元宗一三／至元九）年には済州島に拠点をうつす。[43] これは元の半島南方海域進出の障害となり、同島の平定・確保は日本遠征の前提・前哨戦という意味合いをおびるにいたった。日本遠征の遂行にあたり站赤が済州島に達する形で設定された背景には、こうした軍事的事情が存するのだが、興味深いことに、第一次日本遠征前年の一二七三（元宗一四／至元一〇）年にようやく三別抄が平定された際、羅州地域は済州島にむかう元・高麗軍の拠点となっている。すなわち三別抄攻略軍は羅州南郊の潘南県（現・全羅南道羅州市）より済州島に出撃し、作戦終了後は羅州に帰投した（『高麗史』巻一〇四・金方慶伝）。また翌一二七四（元宗一五／至元一一）年正月の段階でも元軍とおぼしき「屯住軍」が羅州に駐屯している。[44] それらは「粤魯」（アウルク a'uruγ ＝後方部隊）・「闊端赤」（コテチ köteči ＝馬引き・従者）といった陣容で、それ以前からそこにとどまっていたらしい。そこで前年に三別抄平定戦が羅州地域を基点に実施されたことを想起するならば、これらはもともとその後方陣営だったに相違なく、それが少なくともこの時点までのこっていたのである。站赤の正確な敷設年次は不明だが（前述した済州島の達魯花赤の站赤敷設問題から推せば一二七八年以前）、こうした済州島をめぐる元・高麗軍の活動における羅州の位置・役割も、站赤のルート設定と無縁ではあるまい。[45]

つぎに開京より合浦にむかう站赤である。合浦は日本遠征軍の出撃地であり、日本遠征に際して敷設された站赤がこの方面にむかうのは当然である。そこでそのルートは遠征に関わるヒトやモノの動きから推定することが可能であろう。筆者は、少なくとも尚州（現・慶尚北道尚州市）方面から洛東江沿いに合浦まで南下するルートがとられたと考える（図7-4）。その理由としては、第一に、一二八一（忠烈王七／至元一八）年に第二次日本遠征軍を合浦に見送った同王が開京に帰還する際、尚州の勝長寺にたちよったとの記録がある。[46] 高麗時代、半島中部地域と慶尚道をむすぶ主要駅路の一つに鶏立嶺ごえのルートがあるが、尚州はその要衝であり、ことに慶尚道地方と中央政府との通信・連絡のうえで重要な位置を占めていた。[47] 第二に、第二次日本遠征にさきだつ一二七七（忠烈王三／至元一四）年、各道でつくられた遠征軍用とみられる矢が京山府（現・慶尚北道星州郡）に集積されている。[48] 第三に、第二次日本遠征軍が出撃した際、その司令部である征東行省が高霊（現・慶尚北道高霊郡）の盤龍寺に対し、合浦近辺に残留した麾下部隊の狼藉行為から保護するむね、榜文を発給している。[49] これらの事実は、日本遠征に際してヒトやモノの主要な移動ルートが尚州から合浦にいたる洛東江沿岸地域において展開していたことをうかがわせる。

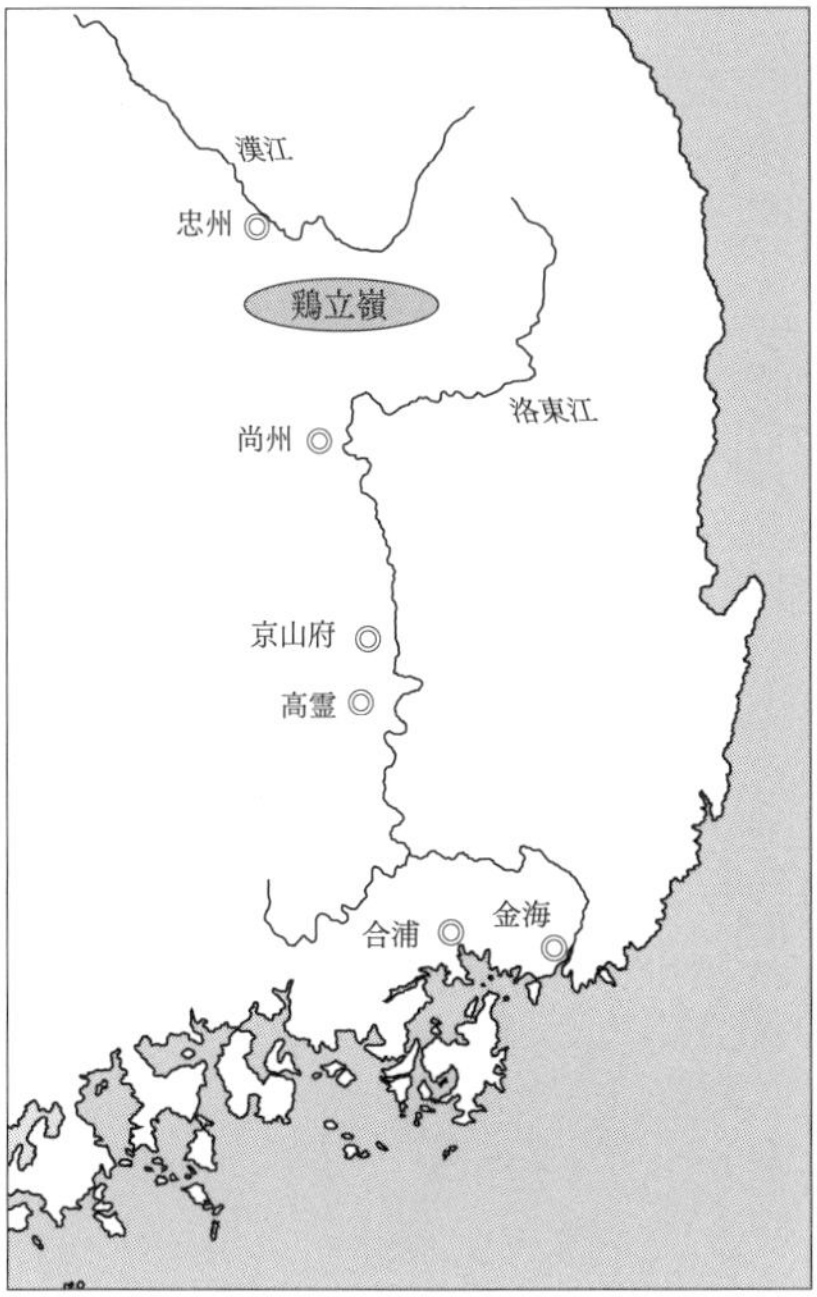

図 7-4　高麗南東部における站赤関連地域

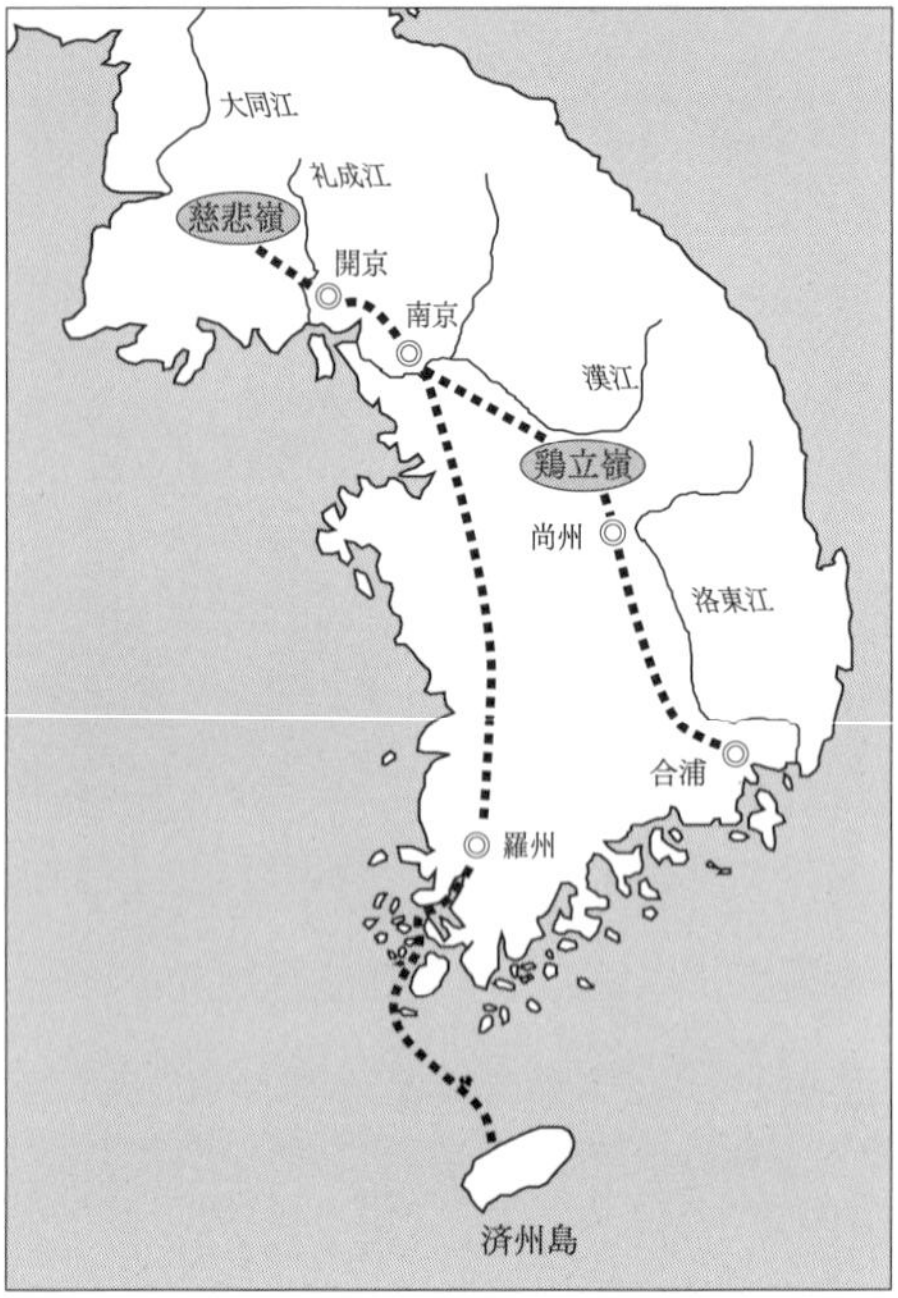

図 7-5　慈悲嶺以南の高麗中・南部における站赤ルート

この推定ルートについては、尚州をへて洛東江沿いに南下し、金海（または金州。現・慶尚南道金海市）にいたる既存の主要駅路[50]との関連性も疑われる。尚州以北のルートを史料にもとづいて示すのは困難だが、同様に既存の駅路との関係を想定するならば、開京から南京（現・ソウル市）―広州（現・京畿道広州市）―利川（現・京畿道利川市）―忠州（現・忠清北道忠州市）の各方面をへて、鶏立嶺をこえて尚州方面にはいるコース[51]が可能性として考えられる。

以上のように高麗中・南部では、開京を基点としてみた場合、慈悲嶺にいたる站赤、羅州方面をへて済州島にむかう站赤、尚州方面をへて合浦にむかう站赤が存在したと推測される。前述のように既存の駅路との対応関係を推定するならば、南部の二方面へむかう站赤ルートは南京付近で分岐した可能性が高いだろう。その概念図を示すと図7-5のようになる。史料の制約からあくまで大まかな見積もりにとどまるが、これは前述した脱脱禾孫の設置地域にも合致する。また史料Dにみえる当初四〇、のちに二〇という站数をここに想定しても、站の配置間隔などに決定的な不自然は生じないとおもわれ（本章末の補論参照）、いまのところ他に支線を想定する必要などは、とくにないと判断される。

五　西京〜双城間のルート

一二八七（忠烈王一三／至元二四）年、モンゴル高原東部に本拠をおくオッチギン王家のナヤンは世祖クビライに対して反旗をひるがえし、チンギス諸弟の後裔として同じくモンゴル高原東部に本拠をおくカサル、カチウン両王家もこれに呼応した。クビライ側の迅速な対応によりナヤン自身は早期に鎮圧されたが、その後もカチウン王家のカダンとその子ラオディが遼東地方から朝鮮半島にかけて数年間にわたり軍事活動をつづけた。この事変への対応として、元の遼陽行省開元路の双城（もと高麗の和州。現・咸鏡南道金野郡）[52]と高麗の西京（現・平壌市）をむすび、朝鮮半島北部を東西に横断する站赤ルートを設けることに関する文書が、『永楽大典』巻一九四二三にひく元の政書『六条政類』に「双城等処立站」と題しておさめられている。

至元二七年（＝一二九〇（忠烈王一六）年）一一月三日。遼陽行省の咨に「開元路達魯花赤八児禿満の申に『調べたところ、本路所轄の当初設置した女直の站赤は賊軍がことごとく殺掠してしまい、すべての驚散した所管の人戸は合懶・双城等の地にやってきて住み着いてしまった。もし緊急の軍情や、もうして奉じるべき大小の公事があれば、高麗国の站赤を経由しておもむき相談、報告しているが、往復の道のりははるかに遠く、公事に遅れを生じてしまう。高麗国王ならびに合懶・双城等の民戸のなかから斟酌して人戸を徴発し、双城・西京両所のあいだの三〇〇里の区域内に三ヶ所の站を設置し、使客を走遞させたらいかがであろうか。緊急の公事をおこなうにあたり、速やかに処理でき、官民ともに好都合だとおもわれるが、まだみだりに独断ではおこなっていない。調査されるよう要望する』とある。本省が参詳するところ、哈丹《カダン》の賊軍が入境し、いま瓦江（＝宋瓦江（松花江）か）の地にあらわれて荒らしている。かの八児禿満は要衝の地を防衛し、その東は高麗に隣接している。もし申を許可するならば、双城と西京のあいだに三ヶ所の站を設立し、ただちに高麗国に人戸と馬匹を徴発し〔使客を〕走遞させて、軍情の急務に接することにしたい。咨をもって回答を示すように要請する」とある。都省（＝中書省）は提案を許可し、遼陽行省に咨を送り、ただちに征東行省に文書を送り、〔站赤を〕設置して施行するようにもうしつたえる。また通政院に箚付を送り、調査して施行するようにもうしつたえる。（至元二十七年十一月初三日。遼陽行省咨、開元路達魯花赤八児禿満申、照得、本路所轄元設女直站赤、有賊軍尽行討虜了当、所有驚散本管人戸、前来合懶・双城等処住坐。若有緊急軍情・合稟奉大小公事、沿高麗国站赤、前去計稟、往復途路遠窵、遅悞公事。合無於高麗国王并合懶・双城等民戸内、斟酌撥戸、於双城・西京両其中三百里地内、設立三站、走遞使客。似為緊急公事、早得幹辦、官民両便、未敢自擅。乞照驗事。本省参詳、哈丹賊軍入境、見於瓦江地面作耗。其八児禿満守把隘口、東隣高麗。若准所申、於双城・西京中間、安立三站、就令高麗国摘撥人戸・馬疋走遞、以接軍情急務。請希咨廻示。都省准擬、移咨遼陽行省、就便行移征東行省、安置施行。及箚付通政院、照驗施行）

開元路の管轄範囲は松花江水系流域を中心に、東は日本海におよび、南は双城にいたって高麗と境を接したが、カダン軍の侵攻により同路の站赤が崩壊したため、当時その西南方の遼陽路に治所をおいたとみられる上司の遼陽行省との連絡に支障が生じた。そこで一二九〇年末ころ、同路の達魯花赤八児禿満の要請をうけ、東回りで高麗を経由する迂回ルートをととのえるべく、双城〜西京間三〇〇中国里（約一六五km）の区域内に三ヶ所の站をおくことが、中書省によって決定されたのである（東寧路は同年初に高麗に返還）。西京からは既設の站赤を利用して鴨緑江下流域に北上し、戦乱の影響が少ない遼東地方南部を経て遼陽行省に到達する構想だったと考えられる。

八児禿満が遼陽行省に上申した段階では、高麗のほか開元路管下の双城・合懶地方からも民戸を徴発するとしたが、これを中書省に転達した遼陽行省の言葉では高麗の負担についてのみ言及している。対する中書省の回答では、中央の站赤担当官府である通政院の関与も求めているが、その敷設を直接担当する機関としては征東行省が指定されたようである。この征東行省は、前出した日本遠征軍司令部としてのそれとは異なり、元の最高地方統治機関である行省の一つが一二八七年以降に高麗の地におかれたものである。しかし歴代高麗王が長官となり、その運営は事実上高麗側にゆだねられていた。すなわち上記の站赤は、征東行省の名のもとで高麗が実質的な担い手となって敷設されることになったと考えられる。

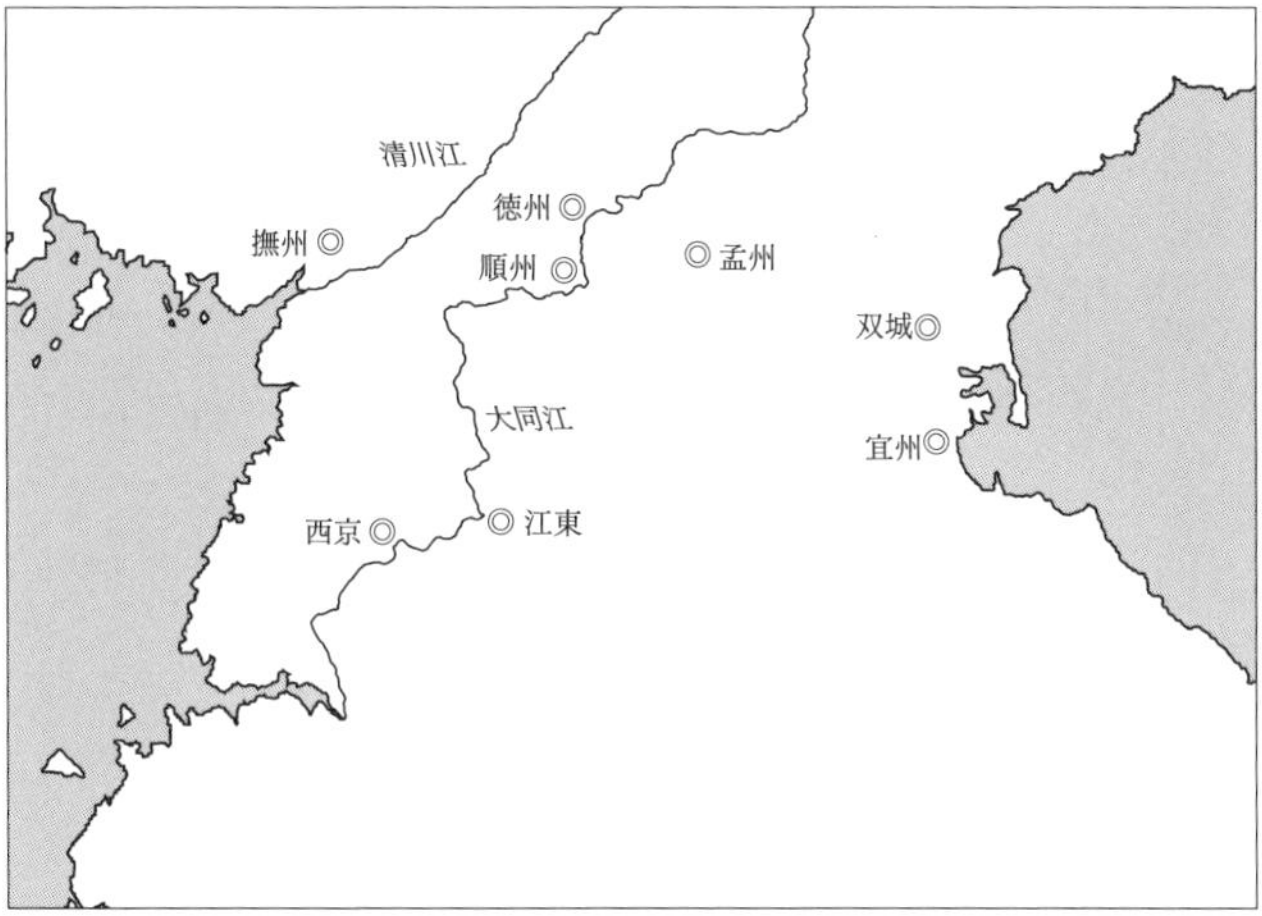

図 7-6　西京〜双城間の站赤関連地域

三站の具体的な設置個所は不明だが、高麗史上、双城（和州）方面から西京方面へと軍隊が移動した事例が二件あり、[53]いずれの場合も孟州方面（現・平安南道孟山郡）を経由して大同江流域に出た模様である（図7-6）。これらのルートについては高麗在来駅路との関係も推定されており、[54]距離的にも三〇〇中国里という站赤の里程におおむね符合するので、站赤ルートが同様なコースをとった可能性も考えられる。

もっともこの站赤は戦争という緊急事態に対応するためのものであり、戦乱が終息すれば当初の存在意義は失われる。実際、その後の史料には痕跡がうかがえない。廃されたとの記録こそないが、一二九二年にカダン軍が鎮圧されたのち、少なくとも交通路としての重要性は低下したものとおもわれる。

なお上記の站赤敷設以前に開元路の使者が利用した旧ルートについては、「高麗国の站赤」を利用したと記されるのみでよくわからない。少なくとも高麗には同路に隣接する江陵道（旧・東北面。現・江原道東部地域）方面から往来したであろうが、いまのところ高麗国内でこの方面まで站赤がのびていた形跡はうかがえない。おそらく「高麗国の站赤」とは、行程の一部で高麗国内の站赤を利用したことについてのべたものか、あるいはこれに高麗在来の駅もふくめて、利用した交通システム全体を総称しただけなのであろう。

六　済州島～鴨緑江口間の水站ルート

『元史』巻一七・世祖本紀・至元三〇（忠烈王一九／一二九三）年二月辛亥に、

F　詔を下して沿海に水駅をおく。耽羅（＝済州島）より鴨緑江口にいたるまでに計一一ヶ所であり、洪君祥にこれをとりしきらせる。（詔沿海置水駅。自耽羅至鴨淥江口、凡十一所、令洪君祥董之）

という記事がある。この「水駅」は、ときの皇帝クビライの命により、元の高官である洪君祥の監督下で敷設されたというから、水上交通の站赤として済州島から鴨緑江口にいたる朝鮮半島西岸全域にわたって一一の水站がおかれたものとみられる。これに関する記事は、『元史』巻六三・地理志・征東等処行中書省にも、

G　〔至元〕三〇年、沿海に水駅をおく。耽羅より鴨緑江ならびに楊村海口にいたるまでに計一三ヶ所である。（三十年、沿海立水駅。自耽羅至鴨淥江并楊村海口、凡十三所）

とある。こちらは「楊村海口」という到達地がくわわり、站数も二ヶ所多い。[55] 一三という站数は後掲する別の史料にもあらわれるが、さきの一一という站数にも誤りがないとすれば、済州島から鴨緑江口までの一一站にくわえ、「楊村海口」にいたるまでにも別に二ヶ所の站をおいたということなのであろう。

水站設立の契機については、つぎの『高麗史節要』巻二一・忠烈王一七（至元二八／一二九一）年九月の記事が参考になる（『高麗史』巻一〇五・鄭可臣伝にもほぼ同文をおさめる）。

皇帝（＝クビライ）はかつて遼東水程図をみて水駅をおくことを望み、可臣（＝鄭可臣）に語って、「そなたの国には物産がなく、ただ米と布だけである。もしこれを陸上輸送すれば、道のりは遠く、貨物は重いため、輸送量は経費の埋め合わせにもならない。〔そこで〕いまそなたに江南行省左丞の職を授け、海運をつかさどらせようとおもうが、年に幾千斛かの米と幾千匹かの布をもたらすことができれば、どうして〔元の〕国用の万に一つをおぎなうだけにとどまろうか。高麗人の元都滞在の資財を充足することができよう」といった。可臣は答えて、「高麗は山河や林藪が一〇分の七を占めます。田畑を耕し、機を織って得られる成果はかろうじて衣食をささえるだけです。ましてその人々は海道に習熟していません。臣のみるところ、おそらくは不適当かと存じます」とのべた。帝はこれをもっともであるとした。（帝嘗観遼東水程図、欲置水駅、語可臣曰、汝国無所産、唯米与布耳。若陸輸之、則道遠物重、所輸不償所費。今欲授汝江南行省左丞、使之主海運、歳可致若干千斛匹、豈唯補国用之万一。可以足東人寓都之資。可臣対曰、高麗、山川林藪、居十之七、耕織之労、僅支口体之奉。況其人不習海道。以臣管見、恐或不便。帝然之）

本条の紀年は以上の出来事に直接関係するものではなく、同じ条文中で本記事の前に記された事件――当時入元していた世子謜（のちの忠宣王）にクビライが世子位を正式に授与した――に関するものである。謜の入元は前年の一二九〇年で、一時帰国をはさみつつ一二九八年に即位するまでつづく。[56] 上の出来事はこのとき謜の従臣だった鄭可臣がクビライの諮問をうけたというものだが、クビライは一二九四（忠烈王二〇／至元三一）年に体調不良で元日の朝賀を中止し、正月中に死去するので、[57] 事実上一二九〇～九三年間、すなわち水站敷設命令の少し前か、ほぼ同時期の出来事ということになる（記事中の「かつて」という表現が本条の紀年を基準とする場合、下限は一二九一年となる）。

クビライがみた「遼東水程図」には遼東方面の航路が記されていたとおもわれるが、ここに「水駅」（水站）をおく目的は、米・布を輸送して元の国用をおぎない、あわせて元の国都に滞在する高麗人に経費を供給するためであるという。物資の最終到達地は元都になるわけだが、この場合、海道にリンクする場所であるから、内陸の上都（現・内蒙古自治区錫林郭勒盟正藍旗）ではなく大都のほうにあたる。またクビライが水站の敷設理由として高麗に産する米・布が陸上輸送に不便な点をのべたこと、そして鄭可臣がクビライの構想に反対し、高麗の物資は国内需要をみたすので精一杯であるうえ、高麗人は海道に習熟していないとのべたことから、海道を通じて高麗の物資を搬出する計画だったことがわかる。以上の内容を総合すると、水站ルートは海道を通じ朝鮮半島沿岸と大都方面をむすぶ形で構想されていたと推測される。

やや釈然としないのは、これに関連して鄭可臣を「江南行省」の左丞に任命し、「海運」を任せる理由である。「海運」とは、南宋征服後、元が中国南方の税糧を大都に海上輸送するために設けたシステムだが[58]、あるいはクビライは、高麗と大都をむすぶ水站を利用した海上輸送を「海運」と一体的に運用する構想をいだいていたのだろうか[59]。このころ高麗には賑恤等の目的で江南の米穀が連年もたらされており[60]、その輸送には「海運」を担当する海道運糧万戸府の関係者が関わったようである[61]。このことが水站構想に影響した可能性も考えられるが、いずれにせよ、時期と内容からみて、以上のクビライの発案は一二九三年の水站敷設命令に直接関係するとみてよいだろう。クビライは鄭可臣の反対にうなずいたというが、後述のように水站は実際に敷設されているので、最終判断ではなかったのである。

個別の水站についてはは具体的なことがよくわからない。済州島〜鴨緑江口間におかれた一一站に関しては、全羅道〜済州島間を往来する際に中継地となる楸子島に関して、『勝覧』巻三八・全羅道・済州牧・山川・楸子島に「水站の古址がある（有水站古址）」と記されるもの[62]、および黄海道西方沿海の要衝である白翎島について、朝鮮後期（一七世紀はじめ）の鎮（水軍基地）復設論のなかでふれられる「古駅基」（『増補文献備考』巻三四・輿地考・関防・海防）[63]などがその一つかとも疑われるが、さだかではない。またくわえて問題になるのは、それら一一站とは別の二站の所在である。「楊村海口」と記される水站ルートの到達地の比定がポイントになるが、これに関して筆者はいまのところつぎのように考えている（図7-7）。

まず済州島を起点とする水站が朝鮮半島の南岸・東岸側に、わずか二站分だけのびていた可能性は、必要性からいって考えにくい。ゆえに西岸一一站以外の站を朝鮮半島内でさらに想定するのは難しい。とすれば、問題の二站は高麗国外にあったことになるが、朝鮮半島西岸の水站ルートがさらに高麗国外にのびていたであろうことは、クビライの構想からも予想され、それは最終的に大都方面に達していたはずである。その場合の航路を具体的に示す史料はないが、黄海をこえて朝鮮半島より山東半島方面にいたる航路が高麗時代を通じて存在したことはよく知られている。[64] 元代に関しては江南から北上し山東半島をまわりこんで渤海湾にはいる際に遼東半島・朝鮮半島方面へと転じる分路の存在も指摘されている。[65] 一方、大都は白河を通じて渤海湾とむすばれ、その河口には外港の直沽（現・河北省天津市）があった。海運により江南から送られた物資も直沽を経由して河を遡行し、大都近郊の通州（現・北京市通州区）にもたらされる。朝鮮半島〜大都間に水站を敷設するとすれば、こうした航路が利用されたであろう。すなわち、おおまかには朝鮮半島西岸から黄海・渤海湾をへて直沽方面に達するルートがイメージされる。高麗末に成立した元代〝漢語〟学習書『老乞大』の一節には、高麗商人が直沽から「王京」（開京）まで船旅をするエピソードが登場し、

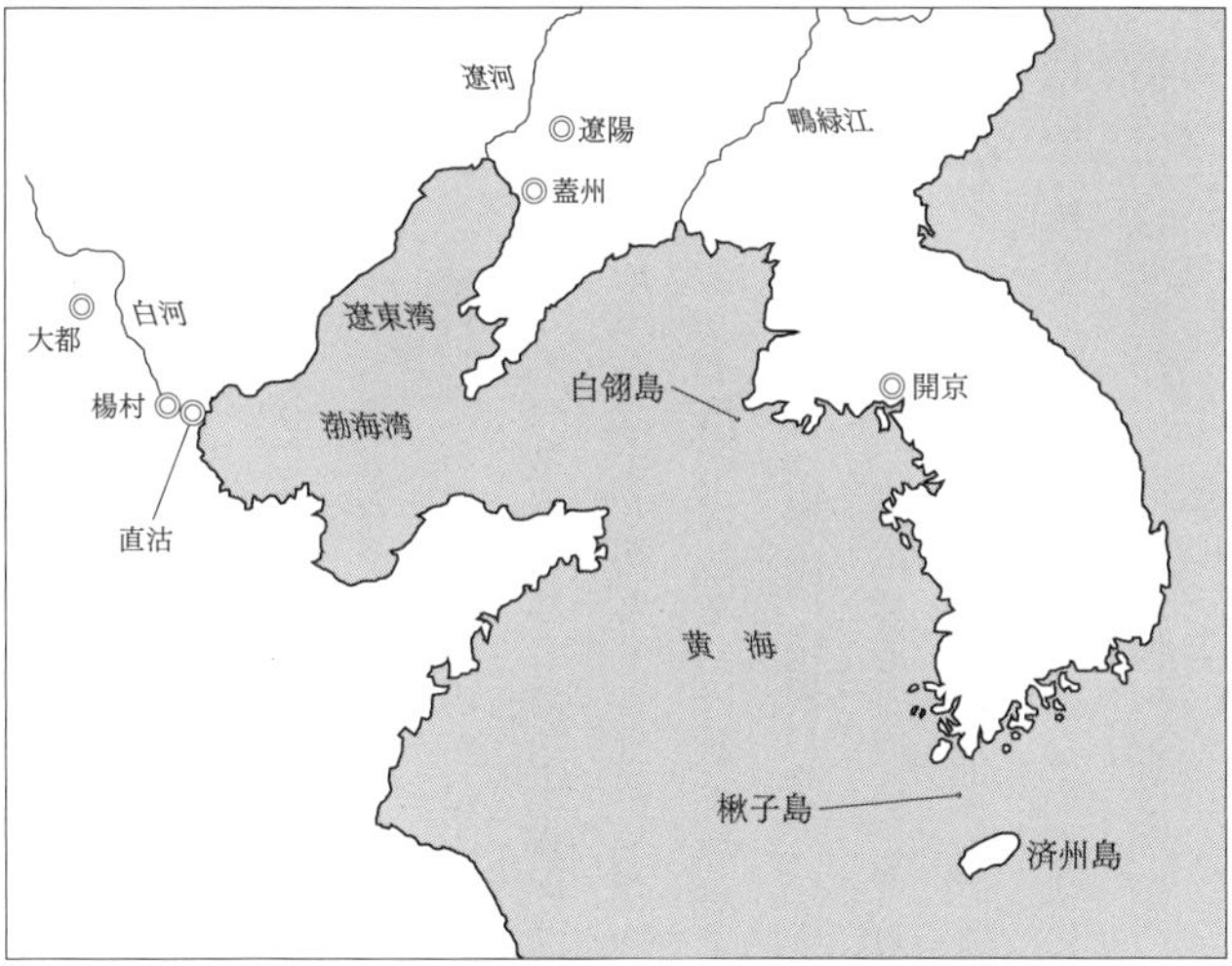

図 7-7　済州島〜鴨緑江口・楊村海口間の水站関連地域

そのような航路が実在した可能性は高い[66]。

クビライの構想が以上のような形で実現したとすると、注目されるのは、直沽から白河を三〇kmほど遡行した武靖（現・河北省天津市武靖区）の地に、現在にいたるまで楊村という地名が存在することである[67]。元代、ここは大都周辺における内水面舟運の要衝であり[68]、江南からの海運もいたった[69]。そこで筆者は、まず「楊村海口」の「楊村」をここに比定しようとおもう。

つぎに「楊村」につづく「海口」についてだが、各種の漢語辞典・地名事典によると、海口とは一般に港湾や河口を意味し、また固有地名としてのそれが中国各地に存在する。ただしこれまでに確認できた固有地名の海口のなかに問題の「海口」に比定し得るものはみいだせず、ここではある河口や港湾をさすものとみておきたい。元代の漢語文献にもそのような用例は数多い。そこでまず、楊村につなげて一語によみ、〝楊村の港〟をあらわす可能性が考えられる。史料には「楊村馬頭」（楊村の埠頭）といった語もみえており[70]、楊村に船着場が存在したことは確実である。ただそうだとしても、海港である直沽よりもさらに上流にある楊村の船着場までが「海口」と称され得たのか、疑問ものこる。固有地名としての海口のなかには内陸部に所在するものもあるが、その由来、および元代における楊村の地理的環境がいまひとつ明確ではない現状においては、性急な結論をさけるべきであろう。

あるいは問題の「海口」が楊村とは別個の地点をさすとすると、この表記が『元史』編者の改作でないかぎり、楊村と併記して通じるか、朝鮮半島〜大都間の航路を説明するうえで自明か、元の為政者にとって自明な海口だったと考えられる。こうした条件にみあう海口としては、いまのところ直沽やその付近の水域をあげることができよう。大都の海の窓口である直沽は元の為政者が海口とよびならわすにはふさわしく、実際、「直沽沿海口」に駐屯した軍隊が「鎮守海口屯儲親軍都指揮使司」の名称をもつ例もある[71]。

しかし「海口」についていずれの解釈をとるにせよ、朝鮮半島西岸から白河沿岸の楊村にいたるというルートの想定にかわりはない[72]。その間の海上航路については、前時代の事例から、鴨緑江口方面から遼東半島南方沿海を航行するルートや、朝鮮半島中部沿岸から黄海を直接横断するルートなどが考えられるが[73]、水站における実際の航路は史料の制約からまったくわからない。問題の二站は朝鮮半島外、楊村にいたるまでの航路上にあったとおもわれるが、詳細はなお不明である[74]。

以上のような一三の水站は、その後早くに必要性を喪失したようである。『元史』巻一七八・王約伝に、王約が忠烈王代末の高麗に派遣され、その政治混乱を収拾した際のことを、つぎのように記している。

〔高麗の〕旧臣洪子藩に命じて宰相とし、弊政をあらためさせた。交通路として不要な一三の水駅を廃し、耽羅が土地の産でないものを貢納することを免じた。高麗の民は大いに喜んだ。（命故臣洪子藩為相、俾更弊政。罷非道水駅十三、免耽羅貢非土産物。東民大喜）

王約が高麗に派遣されたのは一三〇三（忠烈王二九／大徳七）年であるから[75]、一三の水站は一〇年あまりで廃止されたことになる。

七　小　結――高麗における站赤ルートの特色

本章では高麗における站赤ルートの復元を試みた。多くを推測にたより、概容を把握するにとどまったが、全体の概念図を示すと図7-8のようになる。各ルートはいずれも一二九〇年代までに整備されたが、水站は一〇年あまりで廃されており、全ルートが並存したのはせいぜい一二九一～一三〇三年間である。ただし西京～双城間の站赤については、カダンの乱に際して一時的に利用されただけで、一二九〇年代の早い段階で廃された疑いものこる。一部具体的に確認され、あるいは推測されたように、陸路に関しては在来の駅路を利用する形で敷設された可能性が高い。

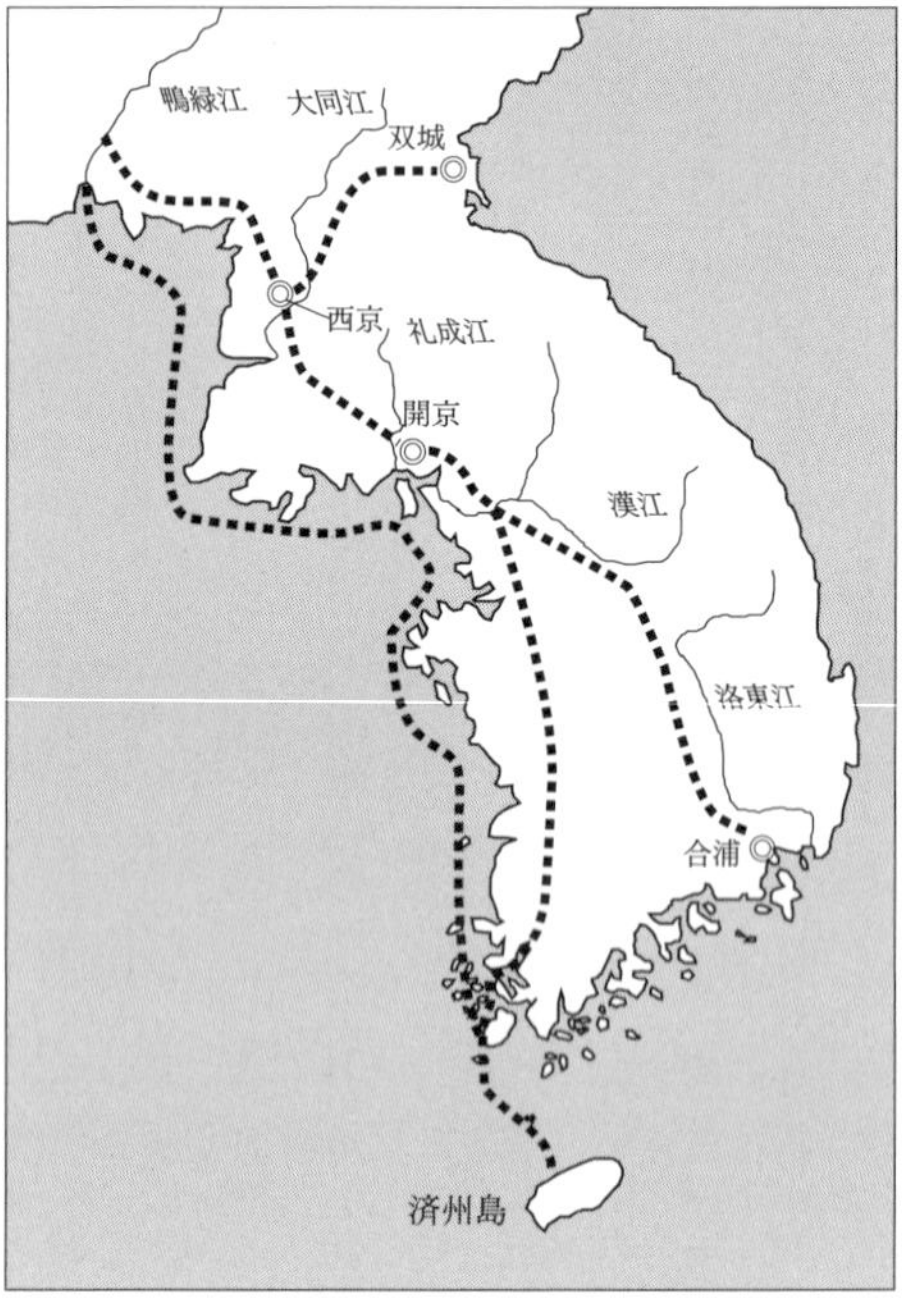

図 7-8　高麗における站赤ルート

旧来の交通路の利用は元朝本土でも同様だが、ただし、このことは高麗での站赤が既存の駅制の単純な転用にとどまることを意味するものではない。高麗西北部において確認されたように、站は高麗在来の駅のみならず、駅とは別個の地方単位である州・府等にもおかれていたのである。もちろん既存の駅機構とその地に設定された站との関係は考究を要する課題だが、站赤の運営方式に関わる事柄なので後考にまちたい。

　最後に、以上のルート配置の特色が高麗・元関係のいかなる側面を反映するものであるか、私見をのべてむすびにかえたい。

　第一に、諠州站～開京のルートが元朝政府と高麗政府をむすぶ幹線としてもっとも枢要な役割をはたしていたと推測される。当時元は王位継承問題をはじめ高麗の国内政治にさかんに干渉、介入し、一方で高麗側も通婚関係や元朝宮廷でのケシク kešig（宿衛）への参入、征東行省の運営等を通じて元の体制内部で地歩をかためるなど、双方の関係はきわめて緊密であった。しかし結果的に元は高麗の地を直接統治することなく、独自的な王朝国家として高麗の存続をみとめ、これに指令を下してみずからの政治目的を達成する間接支配の方針をとった。それゆえ両国の密接な関係とは、具体的には、きわめて頻繁な使臣の往来や、国王の入朝や禿魯花《トルガク》 turγaγ（質子）の送遣といった、さかんな人間往来を通じて実現された部分が大きい。そしてその際には、上記の站赤ルートが利用されたとみられるのである。

第二に、日本遠征に際して敷設された半島南岸にいたる站赤が注目される。周知のとおり、クビライは二度の失敗後も日本再征に執念をみせていたが、進攻策はクビライの死をもって放棄される。しかし「未附」の国である日本は依然として敵性勢力でありつづけたため、第二次遠征後には合浦や全羅道、さらには済州島に万戸府をおいて警戒がつづけられ、その「管領」をまかされた高麗は、対日防衛の最前線の担い手としてみずからの存在価値を元にアピールするようになる。[76] かかる状況下で、戦略的要地である合浦と済州島にいたる站赤は、一四世紀はじめにそのたておしがはかられたことからもうかがわれるように（史料E）、なお一定の重要性を保持しつづけたものと推測される。

対照的にその他のルートについては、経済的必要性に応じて敷設された水站が一〇年ほどで廃止され、双城～西京間の站赤もカダンの乱に際して応急処置的に敷設されたものであるなど、その存在意義は一時的なものにとどまったと考えざるを得ない。

以上を総合すると、高麗に敷設された站赤ルートの特色は、元の傘下にありながらその直接統治をうけない一個の王国であると同時に、一方では元帝国の東辺鎮守を担うという当時の高麗のありかたを、主として反映するものであったといえよう。

補　論

筆者が二〇〇四年に発表した本章の初出論文[77]に対しては、二〇〇七年に発表された鄭枖根の論考において批判がくわえられた。[78] 高麗交通史の専門家である氏が拙論を本格的に検討されたことに深謝する次第だが、よせられた批判に対する筆者の見解を示しておく必要があると考え、ここで追補しておきたい。

拙論に対する鄭論文の批判点のうち、重要なポイントを整理するとつぎのとおりである。

①筆者は元のきもいりによる站赤が高麗在来の駅伝とはまったく別個の組織として設置されたとしているが、筆者が想定した站赤ルートは高麗在来の駅路とかさなっており、このような設置方式は不合理である。
②筆者が論じた慈悲嶺以南の站赤ルートには、当初四〇、のちに二〇の站がおかれたというが、距離に対して站数が不自然に少ない。この四〇ないし二〇の站は、開京から西北辺の鴨緑江下流域へむかうルート、ならびに東北辺の双城総管府をへて遼東地方へむかうルート上に設置されたとみるべきであり、筆者が合浦・済州島方面に到達する站赤ルートを想定したのは不合理である。
③筆者が朝鮮半島西岸の水站ルートがさらに大都方面までのびていたと想定するのは無理がある。「楊村海口」は高麗国内か鴨緑江河口付近の遼東地方に比定すべきである。

まず①については、筆者の文章の拙さにも起因するとみられるが、誤解である。筆者は站赤が高麗在来の駅伝と全面的に別個の人的組織として設置されたとはいっていない。そもそも站赤の運営機構がどのように組織されたかについては、具体的な判断を保留している。ただ、既存の駅とはまったく異なる場所におかれた站があることから、すべての站が既存の駅を単純に転用するだけではなかったであろうとのべたのである。

逆にいうと、筆者は、設置地点が既存の駅と重なる站の場合、既存の駅の人員・設備を何らかの形で利用した可能性を排除していない。これは、高麗既存の駅の一部が、少なくとも名目上、あるいは何らかのテコいれをくわえたうえで（たとえば史料Eにみえるように要員・馬匹を新規補充するなど）、同時に站赤の站としても位置づけられた可能性を想定するものである。同一個所の駅伝機構が高麗の駅と元の站という二つの顔を同時にあわせもつことは、機能上、とくに不自然ではないだろう。

つぎに②について。慈悲嶺～開京～合浦・済州島の区間に四〇ないし二〇の站を設置した場合でも站の間隔に決定的な不自然は生じないことについて、初出論文では紙幅の都合により論証を提示できなかった。そこで、站間隔の考えかたについて具体的に論じておきたい。ただし站の具体的な配置個所がわからないので、半島本土から済州島にむかう海上ルートの部分はひとまず除外し、単純に陸路の里程を站数で除した概数によって検討する。

私見では、慈悲嶺以南の站赤ルートは、慈悲嶺から開京をへて、南京（現・ソウル市）付近で二手に分岐し、それぞれ合浦、羅州に到達すると推定している（図7-5参照）。『勝覧』にはこれらの関係邑について「京」、すなわち朝鮮時代の国都漢城府（現・ソウル市）を基点とする里程が記され、また朝鮮前期の時点で独立した邑ではなくなっていた合浦や自然地形である慈悲嶺などの到達地についても、交通路上その直前に位置する邑治からの里程がそれぞれ記されている。これらのデータにもとづき站赤ルートの里程を算出しよう。この場合、開京（朝鮮時代には開城府）から慈悲嶺までのルートは漢城から慈悲嶺までのルート内にふくまれ、また漢城付近で羅州方面、合浦方面へのルートが分岐するとみられるのであるから、全体の行程はおおまかにつぎのように三分できよう。

漢城～慈悲嶺＝漢城～瑞興〈三九五里〉＋瑞興～慈悲嶺〈六〇里〉＝四五五里[79]
漢城～羅州＝七四二里[80]
漢城～合浦＝漢城～昌原〈八四四里〉＋昌原～合浦〈四五里〉＝八八九里[81]

したがって慈悲嶺以南における站赤の総延長は、以上の里程の総和、すなわち四五五＋七四二＋八八九＝二〇八六里と算出される。そして、ここに当初四〇の站がおかれたならば、站の平均間隔は五二里あまり（約二一㎞）、中国里で約三八里となる。

これが一二八一年に二〇站に削減されると、平均站間隔は約七五中国里（約四二㎞）となる。ただ一三〇八年の史料Eには、開京～慈悲嶺間の站数が七とある。これが二〇站削減時の状態のままだと仮定すると、漢城～開城府間の里程は一六六里なので[82]、開京～慈悲嶺間の里程は四五五－一六六＝二八九里であり、そこでの平均站間隔は四一里あまり（約一七㎞）となる。一方、開京以南の総里程一六六＋七四二＋八八九＝一七九七里には一三站がおかれたことになり、站の平均間隔は約一三八里あまり、すなわち当時の中国里で約一〇〇里（約五五㎞）となる。

四〇站設置時の平均站間隔は、陸上で六〇中国里（約三三km）ごとにおくという元の規定よりもせまいが、站の設置地点がある程度特定できる慈悲嶺以北での設置間隔にはこの程度のものがみられる。二〇站削減後の平均間隔は逆に規定より広くなるが、開京～慈悲嶺間に七站がおかれたとすると、開京～慈悲嶺間では逆に規定よりもかなりせまくなり、その分、開京以南での站間隔は大幅に広くなる。

ただし六〇中国里という站の設置間隔は、あくまで制度上の目安にすぎない。『析津志』天下站名により高麗以外の地域における站の設置間隔をみると、中国でも一〇〇中国里をこえるケースはよくあり、逆に三〇中国里（約一七km）程度にとどまるケースも少数ながらあるので、上記の站間隔が決定的に不自然とまではいえない。

もっとも開京～慈悲嶺間に七站、以南に一三站とすると、開京の南北で站間隔に大きな粗密差が生じるので、この点にはたしかに不自然さがないとはいえない。ただこの場合、開京以北の区間は、高麗・元両政府間をきわめて頻繁に使者が往来する最重要幹線であるという、利用の繁閑差から説明することも不可能ではなかろう。またそもそも、一三〇八年当時の站の配置数が、一二八一年の二〇站削減時のままだったという保証もない[83]。

一方で鄭論文では、この四〇ないし二〇の站を開京から鴨緑江下流にいたるルートと、開京から東北辺の双城総管府をへて遼東地方にむかうルートに設置されたとする。しかし一二八一年当時、これらの地域の多くの部分が、西北方では東寧路、東北方では開元路の一部として元の直轄下にあった。この場合、相当数の站が高麗政府の管区外におかれたことになる。物資補給や人員充当の面からみて、これはいかにも不自然である[84]。とくに東寧路と双城総管府は高麗から元に寝返った勢力が支配しており、高麗政府とは領域や領民をめぐって摩擦をおこしてもいた。このような地域に高麗の駅戸集団が、ごく限定された地点にならばともかく、多数設定され、これに対する高麗政府の遠隔管理が容易に期待できる状況だったとはおもえない。何よりこの場合、路または州府県がみずからの管区内におかれた站赤の維持管理を担当するという元の制度（註28参照）にも大きく反する。

一二七四（元宗一五／至元一一）年、忠烈王は王妃であるクビライの皇女を東寧府に出迎えるにあたり、東寧府治下の西京では銀・紵を抛出して従臣たちの糧草をあがなわねばならなかった。[85] また一二七八（忠烈王四／至元一五）年に入元する際にも、事前に東寧路に人を遣わし、銀・布を代価として米を調達した。[86] 当時、高麗側が東寧路地域を通行する際に現地で十分な支援をうけられる態勢にはなっていなかったようである。現地の站赤を高麗側で直接管理しておれば、このような状況になるであろうか。

もっともこれらの事例は、高麗が管理する站の必要物資を現地調達しようとしたものと解釈することも、不可能ではないかも知れない。しかし一二七九（忠烈王五／至元一六）年、同王は元に対して入朝時に利用する独自の掃里（宿駅）を元領内にも設置する許可をもとめ、そのうち二ヶ所が鴨緑江以南に設置された。そしてその運営のため、さまざまな経費・物資が高麗からもちだされた（本書第二章第四節、参照）。慈悲嶺以北の地の通行にあたって国王専用の掃里が必要とされたことからすれば、当時この地域の站赤が高麗政府によって直接管理されていたとは、やはり考えにくい。事情は東北方の開元路でも同様であろう。第二次日本攻撃に際して高麗に支弁が求められた元軍の移動経費も、慈悲嶺から合浦までの区間分にかぎられており、[87] 当時高麗政府は慈悲嶺以南の交通について責任をおったことがうかがわれる。

以上のように、史料C・Dにみえる四〇ないし二〇の站の位置比定に関する鄭論文の見解にはしたがえない。これらの站は慈悲嶺以南の高麗領内に設定されたはずであり、元による脱脱禾孫等の站赤監理官の設置・派遣もそのことを示唆するとみるべきである。そしてその目的としては、時期的に、また史料Eの記載から、日本経略、およびそれとからんだ朝鮮半島南方海域への進出策との関わりを想定しないわけにはいかないのである。

最後に③について検討する。鄭論文では史料Gに「自耽羅至鴨淥江并楊村海口、凡十三所」と記された水站ルートの「楊村海口」について、直沽付近の楊村ではなく、高麗国内や鴨緑江河口付近の遼陽行省管内（遼東地方）に比定すべきだという。

しかし史料Fが記すように、済州島を基点とする一一站分の水站ルートが鴨緑江まで朝鮮半島西岸全域をカバーしている以上、これとは別途の二站分のルートの到達地である「楊村海口」を、同じ朝鮮半島西岸の高麗国内に比定することはできない。このルートをあえて朝鮮半島内に比定するとすれば、これを西海岸ルートとはかさならない南岸・東岸方面に求めねばならないが、その地域に水站の設置地点としてふさわしい楊村の地名を検出することはできず、またそもそも、そのような水站を敷設する必要性を満足に説明することができない。西海岸以外の二站は、やはり高麗国外に想定するほかなかろう。

また鄭論文では水站設置の理由として当時実施された高麗から遼東地方への賑恤穀の輸送を重視する。このうち海上輸送の到達地が具体的にわかる事例では、遼東半島北岸の遼東湾奥に位置する蓋州（現・遼寧省営口市蓋州市）をめざして航海がおこなわれている。[88] 第一次日本遠征直前のことだが、逆に遼陽から高麗に賑恤米が供給された際にも「阻遠」な海路を輸送したというので、[89] 上記と似たようなコースを逆にたどった公算が大きい。こうした実情を念頭において高麗国外に二ヶ所の水站を敷設したのであれば、高麗からかなり離れた渤海湾岸に到達するルート上のものだったという点で、直沽にむかう場合と大差はない。遼東半島一帯に別途に水站が設置され、これが鴨緑江付近で高麗敷設の水站に連接したとすれば、鄭の見解もなりたつが、いまのところこれを支持、示唆する史料はない。

それならば、遼東に「楊村」の地名が検出され、それが物資の揚陸地や水運の中継地にふさわしいならばともかく、そのようなことが指摘されていない現段階では、直沽付近の楊村を航路の終点として想定するのも、さほど無理ではない（ただし註74でのべたように、水站ルートの到達点が水站の設置地点であるとはかぎらないだろう）。

本論でふれたように、関係史料で語られるクビライの当初の水站設置動機が、高麗の物資を大都方面に輸送することにあったことは、やはり重視すべきである。江南の物資を大都へ輸送する元の「海運」では、積荷が水路網などを通じて長江河口付近の積出港に集積され、出航後は直沽まで沖合を航行する。同様に朝鮮半島沿岸での物資集積や船舶の移動には沿岸の水站を利用し、最北端の鴨緑江下流から遼東半島沿岸を経て渤海湾をめざすか、または鴨緑江より南のある地点から——たとえば高麗時代の伝統的な華北渡航路の基点としては甕津半島などがあげられる——黄海を横断したと考えればよい。こうした航路が遼東地方への物資輸送にも利用できることはいうまでもない。

なお水站が元朝領内にあったとすれば、これを高麗が運営するのは不自然との指摘があるかも知れないが、その懸念は無用である。水站の設置責任者が高麗政府だったのであれば、その運営にたずさわった可能性も疑われるが、これらの水站は元の高官である洪君祥の監督下で設置されたものである。高麗領内の水站は高麗政府が管理したであろうが、国外のものまでがそうだったとみるべき必然性はないのである。ただあるいは、わずか二ヶ所であれば、掃里のような形で例外的に高麗から人員を派遣して運営した可能性も排除はできないかも知れない。

筆者の論証もいまだ十全とはいえないが、史料不足からそれは当然であり、もとより蓋然性の比較というレベルで議論してきたつもりである。以上により現状では、筆者の当初の考えを抜本的にみなおす必要はないものと判断している。

註

（1）本来、站赤とは站 ǰam（宿駅）の人員のことをさすが、本章では便宜上、史料用語をそのまま用いる場合をのぞき、駅伝のシステムを站赤、個々の宿駅を站と記す。

（2）Henthorn［一九六三］一九四頁、高柄翊［一九七四］三九四〜三九五・四〇〇頁、Allsen［一九八三］二六一〜二六二・二六四〜二六五頁、張東翼［一九九四b］二六五頁、乙坂［一九九七］、同［一九九八］二〜五頁、松田［二〇〇〇］一四二頁、党［二〇〇六］三三三〜三三四頁、参照。

（3）白［一九三七］一八二頁、潘［一九五九］五九頁、内藤雋輔［一九六一a］、Henthorn［一九六三］二一〇頁、高柄翊［一九七四］四〇〇頁、Allsen［一九八三］二六一頁、姜英哲［一九八四］九二〜一〇〇頁、張東翼［一九九四a］一二六・一四二〜一四三頁、同［一九九四b］二六五頁、李益柱［一九九六a］四六・五〇・六二頁、同［一九九六c］一二〜一三・一五・一九・三〇〜三一頁、乙坂［一九九七］三一〜三三・四〇頁、同［一九九八］二〜三頁、松田［二〇〇〇］一三八頁、党［二〇〇六］三三四〜三三五頁。

（4）『高麗史』巻二三・高宗世家・二六年四月、二七年六月。

（5）一二五三（高宗四〇／憲宗モンケ三）年にモンゴルは高麗に詔を下し、「六事」をもって「責」めたという（『高麗史』巻二四・

高宗世家・四〇年八月戊午)。従来筆者(森平［一九九八a］)をふくむ日本や韓国の多くの研究では、站赤敷設などモンゴルが服属国に課した通例要求を、史料用語にもとづき「六事」と総称してきたが、上掲史料の「六事」についてもそのようにとらえる見解がある(高柄翊［一九七四］三九六頁、乙坂［一九九八］四五頁、註4)。そうだとすれば、そこに站赤敷設要求がふくまれることにもなろう。ただしモンゴルの通例要求とは、君長の親朝、質子の提出、版籍の提出、站赤の敷設、ダルガチ daruγači(監視官)の設置、軍事協力、物資の供出・奉献など、少なくとも七項目におよび、そのどれを要求するかは、ときと場合により異なっていた。モンゴルの通例要求に関して史料に「六事」とあるのは、その時点での要求事項の数をいうだけで、その語自体がモンゴルの通例要求を総称する術語というわけではない(本書第九章第二節(2)、参照)。上記『高麗史』高宗世家の「六事」については内容不明である以上、站赤敷設要求をふくむ可能性も皆無ではないが、確実とはいえない。

(6)『高麗史』巻二五・元宗世家・高宗四六年八月乙酉。

(7)『高麗史』巻二五・元宗世家・三年一二月乙卯、『元高麗紀事』中統三年一〇月二九日。

(8)『高麗史』巻二五・元宗世家・四(中統四／一二六三)年四月甲寅。

(9)『元史』巻二〇八・高麗伝・中統四年一一月。

(10)『高麗史』巻二六・元宗世家・九年三月壬申。

(11)高麗政府は一二七二(元宗一三／至元九)年に「程駅蘇復別監」を各道に派遣するが(『高麗史』巻八二・兵志・站駅・元宗一三年正月)、このことを李益柱は元の站赤敷設要求への対応とみる(李益柱［一九九六a］五〇頁、同［一九九六c］一九頁)。ただし程駅蘇復別監の任務は、その名称から、疲弊した高麗在来の駅制の復旧とも考えられる。その場合、後述のように站赤は高麗既存の駅伝を単純に転用しただけではすまない部分があったと考えられるので、同別監と站赤の関係は必ずしも自明とはいえなくなる。もっとも後述のごとく、站赤のルート自体は在来の駅路と密接な関係があったと考えられ、また程駅蘇復別監の派遣と同時期に本格化した日本遠征の準備に関連して站赤の敷設が進捗したとみられる。ゆえに同別監が站赤の敷設に関与した可能性までは否定できない。

(12)高麗の駅は州府郡県内におかれた単なる交通施設ではなく、州府郡県に属す形をとりながら州府郡県とは区別される別個の地方単位だった(江原［一九六九］五二〜五八・六五〜七七頁、呂［一九八二］二一〜三〇頁、姜英哲［一九八四］八四〜八五頁、同［一九八七］二〇七〜二一五頁、劉［一九九〇］二九二〜二九六頁、参照)。

(13)『新増東国輿地勝覧』巻四一・黄海道・鳳山郡・駅院・洞仙駅、および同書巻四一・黄海道・瑞興都護府・山川・慈悲嶺。

(14)「慈悲嶺羅漢堂記」では、李穡が入元にあたり慈悲嶺の羅漢堂下を通過したことが、若き日の出来事として回想されている。当時彼は、一三四八(忠穆王四／至正八)〜五〇(忠定王二／至正一〇)年に元の国子監生となり、一時帰国を経て一三五〇〜五一(忠定王三／至正一一)年にこれに復学、一三五三(恭愍王二／至正一三)〜五四(恭愍王三／至正一四)年には科挙応試のために入元

し、一三五五（恭愍王四／至正一五）～五六（恭愍王五／至正一六）年にも高麗使の一員として入元し、現地で任官している（모리히라［二〇一二］III、参照）。

(15)『勝覧』巻五二・平安道・順安県の建置沿革、および古跡・古順和県。

(16)『高麗史』巻三九・恭愍王世家・九年二月癸酉。

(17)津田［一九六四d］三四七～三四八頁。

(18)池内［一九一九］五五～六二頁、津田［一九六四a］二六四～二六五頁、池内［一九七九］一七〇～一七一頁、최희림［一九八二］三三～三五頁。

(19)洞仙站について、「その東は海、その北は合懶府（＝現・咸鏡南道咸興市）に接する」と付言されるが、一見するかぎり明らかな誤りである。

(20)箭内［一九一三a］三四四～三四五頁、津田［一九六四b］三五七～三五八頁。

(21)『元史』巻五九・地理志・遼陽等処行中書省・東寧路に、「〔至元〕十三年（＝一二七六（忠烈王二）年）、東寧路総管府に昇格させて録事司を設置する。静州・義州・麟州・威遠鎮を分離して婆娑府に所属させる（十三年、升東寧路総管府、設録事司。割静州・義州・麟州・威遠鎮、隷婆娑府）」とある。ただし義州が婆娑府に移管されたのは一二七〇（元宗一一／至元七）年であるから（後述）、前半の東寧路昇格記事の紀年は、後半にはかからないことがわかる。おそらくは静州・麟州・威遠鎮も義州とともに婆娑府に移管されたのであろう。

(22)一二七八（忠烈王四／至元一五）年の忠烈王の入元ルートは、西京—義州—崖頭站—懿州—北京—北京鍋窰館—開平府（『高麗史』巻二八・忠烈王世家・四年四月庚午、己卯、五月甲午、丁酉、己酉、六月辛酉）であり、また一三五三（恭愍王二／至正一三）年の李穡の入元ルートは、西京—安北大都護府—義州—遼陽路—彰義站—北京（大寧路）—通州であった（李穡『牧隠集』詩藁巻二）。

(23)義と誼の発音が元代華北漢語音で共通することは、当時の華北漢語音を記したとされる『中原音韻』参照。一方、同時代の正確な朝鮮語音は不明だが、一六世紀の文献ながら『訓蒙字会』では義を:의とし、両字があらわれる『小学諺解』ではともに:의とする。

(24)もっとも早く、かつ確実な事例として、忠粛王（在位一三一三～三〇・一三三二～三九）の嬖臣申青に対する耆老府院君権溥等の弾劾文がある（『高麗史』巻一二四・申青伝）。そこでは「伐里駅吏」である申青が「逃役」して「大職」を「冒受」し、また「遠近」の「親属」をして「站役」を免れさせたことを非難する。駅吏とその一族はきびしい身分規制のもとで世襲的に駅役に緊縛されていたから（江原［一九六九］三八～四七・六五～七二頁、呂［一九八二］二五～三〇頁、姜英哲［一九八七］二二一～二二六頁、劉［一九九〇］二九八～三〇四頁、参照）、駅吏であった申青の親族が広く「遠近」にわたり負っていた「站役」とは、高麗在来の駅役である可能性が高い。

(25)『高麗史』巻八二・兵志・站駅所載の駅名記事に記された五二五駅中、州府郡県と同名の駅は、臨江、洞陰、朔寧、幸州、南京、横川、燕山、安康、梁州、機長《ママ》にとどまる。

(26)『高麗史』巻一三一・曹頔伝にみえる「義興郡駅吏」は〝義興郡に属す駅の吏〟を意味する可能性があるので（義興郡の属駅としては牛谷駅のみが確認される）、「義州站」についても在来の駅が「站」と表記されているとみたうえで、〝義州の属駅〟を意味するという意見があるかも知れない。しかし李穡入元時の詩では他の「站」や「駅」の名称についてはみな固有名を表示しているので、「義州站」もやはり固有名とみるのが自然であろう。

(27)『元史』巻七・世祖本紀・至元七年閏一一月己巳。

(28)時期により異なるが、元の站は地方では路または州府県により管理された（羽田［一九五七］五九〜六八頁、党［二〇〇六］八八〜九一頁、参照）。ただし史料Aをおさめる『経世大典』站赤の各省站名記事に誼州站の記載はない。

(29)『析津志輯佚』（北京古籍出版社、一九八三年）二〜四頁、参照。

(30)Hambis［一九四五］一三三頁、同［一九五四］一七頁、参照。

(31)ダルマバラの没年は一二九二（至元二九／忠烈王一八）年である（『元史』巻一一五・順宗伝）。

(32)『元史』巻二〇・成宗本紀・大徳六（忠烈王二八／一三〇二）年一一月戊午。

(33)『永楽大典』巻一九四一六にひく『丹墀独対』站赤におさめる仏家奴の策では、站赤の大要をのべつつ、「一五里ごとに一つ郵亭（＝急逓鋪。文書送達の中継拠点）を設け、六〇里ごとに一つ候館（＝站）を設ける（毎十五里、為一郵亭、毎六十里、為一候館）」としている。

(34)ただし史料Bが示す高麗における站の里程数は、そのままには信用しがたい。たとえば粛州站〜安定站は八五中国里（約四七km）とあるが、『勝覧』には粛川都護府（高麗の粛州）が京都（漢城府（現・ソウル市）のこと）から六九六里、順安県（高麗の安定駅）が京都から六四〇里と記され、両邑の距離は六九六－六四〇＝五六里（約二二km）となる（地図上で推計される距離にも合致）。多少の道路変更があったとしても二倍もの差は大きすぎる。同様な状況は、程度の差はあれ、他についても確認される。

(35)東寧站については、その站名から東寧路存続期間中の成立が想像されるが、同路の高麗返還後に旧名にちなむ站をおいた可能性も排除できないとおもう。

(36)津田［一九六四b］三六四頁、参照。

(37)『高麗史』巻二九・忠烈王世家・五年一〇月己卯。

(38)『高麗史』巻二九・忠烈王世家・六（至元一七／一二八〇）年一二月辛卯に、「帝は……趙仁規を宣武将軍・王京断事官兼脱脱禾孫となし、金牌と印信を賜った（帝……趙仁規、為宣武将軍・王京断事官兼脱脱禾孫、賜金牌・印信）」とあり、また同七（至元一八／一二八一）年八月庚午に、「帝は勅を下して塔納を慶尚道において、塔剌赤を全羅道において、也先不花を忠清道において、みな脱脱禾孫とした（帝勅、塔納於慶尚道、塔剌《ママ》赤於全羅、也先不花於忠清、皆為脱脱禾孫）」とある。

（39）『高麗史』巻一一八・趙浚伝。
（40）『高麗史』巻五七・地理志・慶尚道・合浦県。
（41）『高麗史』巻二八・忠烈王世家・四年七月壬辰。
（42）『元史』巻二〇八・耽羅伝・至元六年七月、『元高麗紀事』至元六年七月。
（43）『元史』巻二〇八・耽羅伝・至元九年、『元高麗紀事』耽羅・至元九年一一月一五日。
（44）『高麗史』巻二七・元宗世家・一五年二月甲子。
（45）羅州の「屯住軍」が確認されるものと同じ史料に、全州（現・全羅北道全州市）と金州（現・慶尚南道金海市）における「屯住軍」もあらわれる。このうち前者は位置的にみて日本遠征に直接関わる部隊ではないとおもわれ、羅州の場合と同様に三別抄攻略戦との関係が推測される。そこで羅州の「屯住軍」と站赤ルートとの関係に関する筆者の見方が妥当ならば、全州についても站赤ルートが通過していた可能性がある。高麗では開京より南京（現・ソウル市）—天安（現・忠清南道天安市）—公州（現・忠清南道公州市）—全州をへて羅州にいたる幹線駅路が存在したというから（鄭枖根［二〇〇一］四〇～四一・四三・六九頁・부도3、参照）、交通路としても不自然ではない。
（46）『勝覧』巻二八・慶尚道・尚州牧・仏宇・勝長寺にひく金尚直「重創記」に、忠烈王は日本遠征に際し、金海府（現・慶尚南道金海市）に行幸してこれを送り出し、還駕するにおよび尚州の勝長寺に駐蹕したとある。一方、『高麗史』巻二九・忠烈王世家・七年四月丙寅、庚辰、癸未の各記事から、第二次日本遠征の際、忠烈王が金海府近傍の合浦までおもむいて閲兵したことがわかるので、「重創記」はこのときのことについてのべていることがわかる。ただし、このとき王は尚州にいたる前は慶州（現・慶尚北道慶州市）経由の迂回路をたどったようである（『高麗史』巻二九・忠烈王世家・七年六月癸未）。
（47）韓基汶［一九九九］六八八～六九一頁、鄭枖根［二〇〇一］四二～四三・六九頁・부도3、参照。安軸『謹斎集』巻二・尚州客館重営記に、「州（＝尚州）は八達の分岐点に所在し、駅伝にのって奉使する者は絶える日がない（州在八達之衢、乗伝奉使者、無虚日也）」とあり、また李斉賢『益斎乱藁』巻五・送謹斎安大夫赴尚州牧序に「東南の州郡では慶州が大であり、尚州がこれにつぐ。その道を慶尚と号するのはそのためである。しかしながら使命を奉じた者は必ずまず道を尚州にとり、のちに慶州にいたる。ゆえに風化の流布は尚州より南にむかい、慶州より北にむかうことはないのである（東南州郡、慶為大、而尚次之。其道之号慶尚者、以此也。然而奉使命者、必先取道于尚、而後至慶。故風化之流行、由尚而南、靡嘗由慶而北也）」とある。
（48）『高麗史』巻八一・兵志・五軍・忠烈王三年二月。この記事では矢の集積地として碩州（旧・塩州。現・黄海南道延安郡）もあがっているが、この地には一二七一（元宗一二／至元八）年以来、元の屯田経略司の軍隊が駐屯していた（池内［一九三一b］一一三～一一四頁、参照）。
（49）『勝覧』巻二九・慶尚道・高霊県・仏宇・盤龍寺。なお本史料に関連して本書第六章第四節、参照。

（50）鄭杕根［二〇〇二］四二～四四・六九頁・부도3、参照。

（51）韓基汶［一九九九］六八八～六九一頁、鄭杕根［二〇〇二］四一～四四・六九頁・부도3、参照。

（52）和州を中心とする高麗東北辺の諸邑は、一二五八（高宗四五／憲宗モンケ八）年にモンゴル帝国の直属下に編入され、一三五六（恭愍王五／至正一六）年に高麗が収復するまで双城総管府がおかれた。

（53）執権武臣鄭仲夫らに対し西京留守趙位寵が挙兵した際（一一七四～七六）、政府軍の杜景升は宜州（現・江原道元山市）より孟州にすすみ、兵をわけて撫州（現・平安北道寧辺郡）をおとし、大同江で趙軍と会戦した（『高麗史』巻一〇〇・杜景升伝）。またモンゴルの哈真・扎剌が高麗に闖入した契丹軍を攻略した際（一二一八～一九）、和州、孟州、順州（現・平安南道北倉郡）、徳州（現・平安南道徳川郡）をおとし、江東城（現・平壌市江東郡）に「直指」した（『高麗史』巻一〇三・趙冲伝）。

（54）鄭杕根［二〇〇二］四四・六九頁・부도3。

（55）張東翼［一九九四a］（一四二～一四三頁）は、王圻『続文献通考』巻二三四・四裔考・東夷・高麗の「至元三十年、沿海立水駅、自耽羅至鴨緑江并揚州海口三十所」という記事をひき、「水駅」は中国長江北岸の揚州に達していたとする。しかし『続文献通考』は明末の編纂物であり、上の記事が明初に成立した『元史』地理志の記事に依拠していることは文章構成と前後の内容から明らかである。上の記事に「揚州」とある部分は本来「楊村」と、また「三十」とある站数も「十三」とすべきところである。なお『元史』地理志の記事をひいて站数を「三十」とする論考もあるが、いかなる版本にもとづくか、単なる誤記であるかは不明である。本書ではひとまず百衲本の記載によっている。

（56）本書第四章、一六七～一六八頁、参照。

（57）『元史』巻一七・世祖本紀・至元三一年。

（58）元の海運制度については、ひとまず有高［一九一七］、藤野［一九五四］、星［一九五九］、松田［二〇〇〇］参照。ちなみに「江南行省」とはその管轄区域に海運の積出港をもつ江浙行省のことであろう。

（59）この直前の一二八九（至元二六／忠烈王一五）年、元において、南海貿易の窓口である泉州（現・福建省泉州市）から海運の積出港に近い杭州（現・浙江省杭州市）までの海道に、外国進献品の輸送を名目として水站を設置することが指示されたことは（『経世大典』站赤・至元二六年二月一六日の尚書省奏（『永楽大典』巻一九四一八）、『元史』巻一五・世祖本紀・至元二六年二月丙寅）、あるいは朝鮮半島沿岸における水站設置とも関連性があるかも知れない。こうした措置により、南シナ海沿岸から朝鮮半島までの長大な海岸線を元の公的水運網がカバーすることになるわけである。

（60）『高麗史』巻三〇・忠烈王世家・一七（至元二八／一二九一）年六月甲申、一八（至元二九／一二九二）年閏六月辛卯、一九（至元三〇／一二九三）年六月己丑、『高麗史節要』巻二一・忠烈王一七年六月、同一八年閏六月、同一九年六月。

（61）陳高華［二〇〇五］三六三～三六四頁、参照。

(62) 内藤雋輔［一九六一a］一四五～一四六頁、同［一九六一d］四一五頁、参照。楸子島は全羅南道地域から済州島に渡航する際の中継地だったので、同島の「水站」が鴨緑江口～済州島ルート上の站だったとすれば、同時に、さきに検討した開京～済州島ルート上の站でもあったかも知れない。なお内藤は、二〇世紀はじめの『増補文献備考』巻三五・輿地考・関防・海路の「西海亭館」と「漕路」に、済州島西北岸の明月浦が元への入貢に利用された港と記されることをふまえ、済州島における水站の起点をここに比定する。しかし上の『増補文献備考』「西海亭館」では、元への入貢に利用された港として、同時に済州島南部の西帰浦もあげているので、これだけでは明月浦を水站にむすびつける論拠として弱い。また「漕路」では、「済州志」を参照して「元に入朝する際、明月浦から発船して七昼夜で西岸に上陸する（朝元時、自明月浦発船、七昼夜登西岸）」と記す。ここにみえる「西岸」を内藤がどのように解釈したかは必ずしも明確ではないが、いずれにせよ、以上を半島西岸における水站の航程を説明した記事と解釈したのである。しかし「漕路」で参照された「済州志」の記載とは、一七世紀半ばの李元鎮『耽羅志』済州・山川・明月浦や、一八九九（光武三）年の『済州郡邑誌』済州・山川・明月浦の、「元に入朝する際にここで風待ちをする。計七昼夜で大洋をこえる（朝元時、候風於此。凡七昼夜、乃渉大洋）」という記事に対応すると考えられる。すなわち本来元への大洋横断航路を説明したものであり、朝鮮半島沿岸をたどる水站に関する情報ではないとみるべきだろう。『高麗図経』にみえる一一二三（仁宗元）年の宋使船は、大きなトラブルもなく相当順調に船を進めたが、黒山諸島から礼成江まで、朝鮮半島西岸の総航程の半分を移動するのに一一日間をついやしている。より遠隔の済州島から朝鮮半島西岸の縦断に要する標準日数が七日間ですむとは考えにくい。一方、『高麗図経』の航海記録や『宋史』巻四八七・高麗伝の記載によると、朝鮮半島南西部と大陸対岸とのあいだでは、大洋の横断に五日前後を要するのみで、日数が符合する。『増補文献備考』の「西岸」とは、誤伝でなければ、何らかの形で、明月浦より大洋を直行して到達する大陸側の沿岸をさすのであろう（たとえば西方の対岸の謂か）。そして明月浦は済州島北部の主要港の一つに違いないが、半島本土への連絡港としてはほかに朝天浦や涯月浦などもあるため、水站ルートの起点の候補として、現時点で必ずしも確定的ではない。

(63) 本史料の存在については藤田明良の教示による。なお関連して藤田［二〇一〇］参照。

(64) 内藤雋輔［一九六一d］四一〇～四一八頁、王文楚［一九八一］三五二～三五三頁、参照。

(65) 陳高華［二〇〇五］三六五頁。

(66) 『老乞大』については、高麗時代の原型をとどめる版本が一九九八年に大邱で発見され（『元代漢語本《老乞大》』慶北大学校出版部、二〇〇〇年）、そこに記された〝漢語〟の性格やストーリーの史料的価値がみなおされている。ちなみに直沽～開京間の航海についてのべる内容に関して諸本に違いはない。

(67) 近代以前の楊村に関しては、乾隆『武靖県志』県境全図および同書巻三・河渠・白河、『読史方輿紀要』巻一一・直隷・順天府・通州・武靖県などを参照。

(68)『元史』巻六四・河渠志・白河・大徳二（忠烈王二四／一二九八）年五月付け中書省箚付。
(69)『元史』巻九三・食貨志・海運、同書巻一六六・羅璧伝、『大元海運記』巻下・排年海運水脚価鈔。
(70)『元史』巻九三・食貨志・海運、『大元海運記』巻下・排年海運水脚価鈔、『経世大典』站赤・至元三〇（忠烈王一九／一二九三）年一二月付け記事（『永楽大典』巻一九四一九）。
(71)『元史』巻二三・武宗本紀・至大二（忠宣王元／一三〇九）年四月癸亥。
(72)かかる水站の敷設に関連して、これを監督した洪君祥が高麗人であり、かつ大都周辺の運河開設に関わった経歴をもつことも注目される（『元史』巻一五四・洪福源伝附　洪君祥伝）。
(73)内藤雋輔［一九六一d］三六九～四一八頁、参照。
(74)説明の順序が逆になったが、筆者は本章第三節以降とりあげた諸史料で站赤ルートの到達地として記される岊嶺、眈羅、会源、双城、西京、鴨緑江口、楊村海口といった地名について、必ずしも站の設置個所を具体的にのべたものとはかぎらないとみている。もちろんそこに站がおかれた可能性はあるが、不確定要素が多いうえ（とりわけ岊嶺・眈羅・鴨緑江口などは地理的範囲が広く、具体性を欠く）、ルートの大要を把握するという本書の目的には支障がないので、ここまであえて言及しなかった。
(75)『高麗史』巻三一・忠烈王世家・二九年一一月辛酉。
(76)たとえば『高麗史』巻三二・忠烈王世家・二八（大徳六／一三〇二）年是歳、参照。なおこの問題については本書終章において詳論する。
(77)森平［二〇〇四］。
(78)鄭枖根［二〇〇七］。
(79)『勝覧』巻四一・黄海道・瑞興都護府の冒頭註および古跡・岊嶺駅。
(80)『勝覧』巻三五・全羅道・羅州牧の冒頭註。
(81)『勝覧』巻三二・慶尚道・昌原都護府の冒頭註および山川・合浦。
(82)『勝覧』巻四・開城府上の冒頭註。
(83)元は一二九六（忠烈王二二／元貞二）年にも高麗に遣使して「館駅」の「整理」「点視」をおこなっている（『高麗史』巻三一・忠烈王世家・二二年三月己卯、五月癸巳）。具体的な内容は不明だが、站赤に関する措置であった可能性が高いとおもわれる。
(84)鄭論文では、一二九〇年に双城総管府と西京をむすぶ站赤の敷設が高麗に命じられた例をあげるが（鄭枖根［二〇〇七］一七五頁）、本章第五節でのべたように、当時はすでに東寧路が高麗に返還されていた。站赤の敷設地と想定される大同江中・上流域はおおむねその管区内に該当するので、高麗が自領内に設置した站赤の例とみるべきである。
(85)『高麗史』巻二八・忠烈王世家・元宗一五年一〇月丙寅。

(86)『高麗史』巻二八・忠烈王世家・四年四月乙丑。
(87)『高麗史』巻二九・忠烈王世家・七（至元一八／一二八一）年正月乙丑。
(88)『高麗史』巻三〇・忠烈王世家・一五（至元二六／一二八九）年三月辛卯。
(89)『高麗史』巻二七・元宗世家・一五（至元一一／一二七四）年四月己酉。

第八章　『賓王録』にみる至元一〇年の遣元高麗使

一　問題の所在

事元期の高麗は、元干渉期とも称されるように、王位継承をはじめとする国内の政治問題に元がしばしば介入し、また日本遠征の助勢や貢物など種々の負担を元側から要求される状態にあって、両国の関係はきわめて緊密な様相を呈していた。しかしそうしたなかで、高麗は一貫して独自の王朝政府を維持していた。一二八七（忠烈王一三／至元二四）年以降には高麗の地に元の最高地方統治機関の一つとして征東行省が設置されるが、これについても、歴代の高麗王がその長官職（丞相）を兼任して、僚属をみずから保挙する権限を有していた。これにより、一時の例外をのぞけば、監視役や統治協力などの名目で高度な権限を有する元朝官人が高麗に常駐することは、ほとんどなかったのである。

このような状況のもと、両国をたえず緊密にむすびつける定常的な交渉接点としては、『高麗史』等の関係史料を一瞥すれば明らかなように、きわめて頻繁な使節の相互往来が大きな役割をはたしていた。上記の征東行省のほか、本書でもすでにとりあげた通婚関係や禿魯花《トルガク》 turɣaɣ（質子）・ケシク kešig 制度などは、個別の相互交渉の前提となる両国関係の基本的枠組みを形づくる制度・慣例として、重要な意味をもつ。が、これらが規定する両国の関係をときどきの現実状況や個々の事案に応じて実際に動かしてゆく回路として、使節交渉の実態を解明することもまた、対元関係の根幹にせまる重要課題の一つにほかならない。

しかし従来、こうした交渉活動の成果が論じられることはあっても、そのプロセス、すなわち往復の旅程、滞在地での迎接と暮らし、相手国要人との対面といった双方の使節の具体的な足取りが正面から追究されることは、ほとんどなかったといってよい。もとよりその究明には大きな史料的制約がともなうが、逆にだからこそ、一般論の導出をあせらず、個々の事例に密着した実態研究を可能なかぎり積みかさねてゆく必要がある。事例研究の素材は決して皆無ではない。一二七三（元宗一四／至元一〇）年に高麗使の書状官として元都燕京（現・北京市）におもむいた李承休（一二二四～一三〇〇）が、その際に詠じた詩や起草した表・啓を見聞記とともにまとめた『賓王録』もその一つであり、彼の文集『動安居士文集』におさめられている。この文献は戦前（朝鮮史上では解放前）から知られており、対元関係史研究上の意義もつとに指摘されていたが、意外にもこれを用いた研究はまだないようである。

以下本章では、『賓王録』の紹介を兼ねつつ、これを素材として一二七三年の遣元高麗使の足どりを少しく詳細にたどってみる。ささやかな事例ではあるが、高麗・元間の使節交渉の具体的現場をかいまみつつ、注目点を指摘するとともに、そこにたちあらわれる両国関係上の諸問題を予備的に考察してみたい。このうち主要な論点をさきどりすると、高麗・元関係について従来指摘されてきた、中国伝統の華夷秩序を踏襲する側面との関わりについて論及するとともに、そのとらえかたについて若干の見直しを提起することになるだろう。

こうした作業によって『賓王録』の史料的価値が再認識されればさいわいである。

二　李承休と『動安居士文集』ならびに『賓王録』

『高麗史』巻一〇六・李承休伝の記載にもとづき、これに補足をくわえつつのべると、李承休は京山府嘉利県（現・慶尚北道高霊郡）の人で字は休休、号は動安居士。早くに父を失い、「壬子」（高宗三九／憲宗モンケ二／一二五二）年に科挙に及第するも、(1)頭陀山亀洞（現・江原道三陟市）で母をやしなうこと一〇年あまり、安集使李深のすすめで上京し、李蔵用・柳璥の推挙で慶興都護府（現・江原道江陵市）の書記となり、さらに都兵馬録事となる。当時はいわゆる武臣執権期だが、約三〇年間の対モンゴル戦争のすえ一二六〇（元宗元／中統元）年に高麗がクビライと講和修交すると、武臣政権は一二七〇（元宗一一／至元七）年に元の圧力下で終焉をむかえるにいたる。このときその軍事基盤である三別抄が元・高麗政府に対して蜂起するが、李承休は元宗（在位一二六〇～七四）のもとに馳せ参じて王をよろこばせた。その後、無実の罪で失職するも、一二七三年の遺元使で書状官に抜擢、帰国後は雑職署令兼都兵馬録事となる（『賓王録』三葉表）。翌年元宗が死去すると告哀使の書状官となり、質子として元朝宮廷にあった世子諶（忠烈王。在位一二七四～九八・一二九八～一三〇八）を奉じて帰国した。その後、閤門祗候、監察御史、右正言、右司諫を歴任し、地方官への左遷を経て殿中侍御史にいたるが、一二八〇（忠烈王六／至元一七）年に時事の上言が王の怒りをかって罷免されると、(2)頭陀山亀洞にしりぞき、中国と朝鮮の君主の系譜を詠じた『帝王韻紀』や、『内典録』などをあらわした。一二九八（忠烈王二四／大徳二）年に忠宣王（在位一二九八・一三〇八～一三）が即位すると、李承休は詞林院侍読・左諫議大夫に再登用され、史館修撰官・知制誥にあてられた。さらに判秘書寺事、同僉資政院事へとすすむが、十数日で辞して密直副使・監察大夫・詞林学士承旨をもって致仕し、一三〇〇（忠烈王二六／大徳四）年に七七歳で没した。

李承休の文集『動安居士文集』は、「動安居士雑著」一部と「動安居士行録」四巻からなる。冒頭に付された牧隠李穡の至正一九（恭愍王八／一三五九）年冬至後三日付け「動安居士李公文集序」によると、本書は李承休の子孫である「前密直司使兼監察大夫李公」が編纂し、その「姪壻兵部侍郎安君」が李穡に序を求めて上梓されたという。この序が書かれた翌年、慶州で『帝王韻紀』が再版されているが、その重刊跋によると、李承休の「季男前密直使李公」の意志をうけ、「姪婿」の「按廉使中散大夫兵部侍郎臣安克仁」が刊行したということであり、『動安居士文集』と同じ関係者があらわれる。そこで、『動安居士文集』の編者は李承休の末子にして恭愍王（在位一三五一～七四）代のはじめに密直使兼監察大夫にいたった李衍宗であり[3]、序を李穡に依頼した人物は安克仁であるとわかる。以上の経緯から、本書は一三六〇（恭愍王九／至正二〇）年の『帝王韻紀』再版にあわせて、同じころに慶州で開板されたと推定される[4]。

近代以降の伝本は、朝鮮中期の文臣、臨淵斎裵三益（一五三四～八八）の旧蔵本とされるものが日本植民地期に慶尚道安東で確認されたのが唯一である。これは上記の高麗刊本とみられ、一九三九年に朝鮮古典刊行会より『帝王韻紀』とともに影印された[5]。影印の刊記によると、原本は二冊で木版、半框が縦一九・五㎝、横一五・〇㎝。また四周単辺、無界、上下下向魚尾、毎半葉一〇行、毎行一八字である。

『賓王録』は「動安居士行録」巻四の全体、計二〇葉に相当する[6]。各詩文に対し行頭を二字さげて詳註を付す。唯一の伝本では第三葉以降の版心下部一帯が破損しており、このため判読不能となった字句も少なくない。

李承休はその成立経緯について、言事により罷職され、無聊の日々を送っていた至元一七（忠烈王六／一二八〇）年六月、篋中に一二七三年の入元時の「詩表の遺草」と「途中の日記」をみつけ、往時への感慨やみがたく、一編の書となし、『賓王録』と名づけたと記す（三葉裏。以下、葉数のみの出典表示は『賓王録』のもの）。時事の上言がもとで彼が罷職されたのは、同じ一二八〇（忠烈王六／至元一七）年の三月のことで（註2所掲史料、参照）、その後まもなく『賓王録』のもととなる原稿が〝発見〟されたわけだが、その編修作業は至元二七（忠烈王一六／一二九〇）年一〇月にいたって終了したという（一九葉裏～二〇葉表）。なお李承休自身は、この著作を世間の目にさらすつもりはなく、もっぱら子孫に示すために編んだとする（四葉表）。

三　遣使の経緯と使節団の編成

高麗との講和後、クビライはその国内からただちに撤兵するとともに、中央政府以外からは高麗に遣使しないことを約束した。[7]一三世紀はじめにモンゴルが高麗とはじめて接触した際には、諸王・諸将がそれぞれに遣使、あるいは貢物を要求するなどして高麗側を困惑させたが、同様な事態を避けるための措置であろう。また一二六一（元宗二／中統二）年に元はその「省府」が「高麗国相」より送られた書状に対して返信することをさしとめてもいる。[8]それ以前から高麗は耶律楚材などモンゴル側の宮廷官人に宛てて書状を送ることがあったが、[9]このとき「境外之交」は「人臣」にふさわしくないとされたのである。こうして講和後最初の一〇年ほどは、国王がみずから入元したケースをのぞき、もっぱらクビライ側の詔と高麗王側の表を使節によってやりとりする形を軸に交渉がすすめられたらしい。[10]

しかし一二七〇（元宗一一／至元七）年の武臣政権崩壊後、〝王政復古〟した高麗政府は対元協調路線をすすめ、両国は政治的一体性を高めてゆく。するとこれにともなって、高麗政府が元の官府（おもに中書省）・官人とさまざまな政策の立案・実施をめぐって直接に折衝をおこなうことが多くなる。皇帝とのあいだでも、同様な理由のほか、さまざまな物品等の授受に関係して不時の遣使がいよいよ頻繁になる。従来、この種の実務的な交渉の内容が対元関係史研究に多くの論点を提供してきたのだが、その一方で、賀正使や賀聖節使、その他の賀進使といった儀礼的性格の強い聘使も定例的に派遣されていたことは、中国王朝との伝統的な事大関係を踏襲する形式として簡単に言及されるくらいであり、あまり注目されたことがない。しかしこうした遣使もまた、むしろその儀礼性ゆえにこそ、平時における両国関係が象徴的にあらわれる場として注意する必要がある。あらかじめのべておくと、本章でとりあげる事例は、まさにこの種の聘使に属する。なお遣元使の様相が二傾向にわかれることについては、後述のごとく当時の高麗人も認識していた。

一二七三（元宗一四／至元一〇）年の朝鮮半島では、済州島にたてこもる三別抄の制圧戦が五月までに完了し、その事後処理がおこなわれたが、『賓王録』は冒頭で、この年、高麗が李承休をふくむ使節団を元に遣わした経緯についてのべつつ、つぎのように起筆している。

A　至元一〇年癸酉春三月、上国（＝元）は皇后・皇太子を冊立して、あまねく天下に布告した。上（＝元宗）は愛子の順安侯某に命じて賀進使とした。随行する官属は、知枢密院事・御史大夫・上将軍宋公松礼、尚書左丞李汾成、精勇将軍鄭仁卿、内侍・戸部員外廉承益、内侍・保勝別将金義光、訳語行首・郎将金富允、指諭別将趙瑊、精勇散員池瑄、伴行使は上朝千戸・中郎将金甫成で、みな朝廷による選出である。内廂・給事にいたるまで精選して任をゆだねないものはなかった。（至元十年癸酉春三月、上国冊立皇后・皇大子《ママ》、而普告天下。上命愛子順安侯某、為賀進使。其従行官属、則知枢密院事・御史大夫・上将軍宋公松礼、尚書左丞李汾成、精勇将軍鄭仁卿、内侍・戸部員外廉承益、内侍・保勝別将金義光、訳語行首・郎将金富允、指諭別将趙瑊、精勇散員池瑄、伴行使、上朝千戸・中郎将金甫成、皆朝廷之選也。至於内廂・給事、莫不精掄而委之）

一二七三年三月、クビライは正妻チャブイとその所生チンキムを、それぞれ皇后と皇太子に冊立した。[11]もともとモンゴルにはなかった中国的な立后・立太子の制をはじめて導入したものであり、中国を重要な政権基盤の一つとするクビライが即位以来すすめてきた元号や国号の制定、中国的官僚機構の整備をはじめとする、いわゆる〝漢化〟政策の一環であった（ただし漢化とはあくまで元の国制の一側面であり、みかけにすぎない場合もある）。『賓王録』が記す立后・立太子の年月は、元で冊立がおこなわれた時点をいうものであり、高麗側が元使を通じてその報に接したのは、実際にはその二ヶ月後、五月のことである。[12]これをうけて高麗政府は元に賀進使を遣わすことになったわけである。

史料Aでは使節団のおもな顔ぶれが列挙される。正使の順安侯（諱は琮または悰）は元宗の子で、忠烈王の異母弟にあたる（『高麗史』巻九一・宗室伝・順安公琮）。歴名中唯一の宰相である宋松礼は、武臣政権の打倒に功績のあった人物であり（『高麗史』巻一〇六・洪奎伝）、彼が副使とみられる。[13]

使副以外では、まず李汾成（のちに槢と改名）と廉承益がそれぞれ元宗と忠烈王の嬖臣として知られる。[14]金富允はこのときの訳語とみられるが、鄭仁卿と池瑄も対元交渉に活躍した訳語の出身である。[15]金義光は官奴の出身で、もとは執権武臣崔怡の竪官であった。[16]趙瑊の人物像は判然としないが、忠烈王代にも何度か使臣として元に派遣されている。[17]尚書左丞（従三品）の李汾成をのぞき、彼らの肩書は戸部員外郎（正六品）や武官職にとどまるが、将軍となったことまでしか判明しない趙瑊を別とすれば、のちに彼らもまた宰相職や西京留守（三品以上）等の地位にいたっている。[18]こうした訳語・賤隷身分出身者や王の嬖臣の政治進出は事元期の特徴として知られるが、実は賀進使には尚書（六部の正三品官）の李某、侍郎（ここでは六部の正四品官）の鄭某、少卿（諸寺の従四品官）の廉某などの高等文官も随行していた（五葉表）。とくに前二者は元の宮中饗宴において使節団中宰相につぐ席次をあたえられた地位である（一二葉裏）。それにもかかわらず、李承休が史料Aでこれらに言及せず、職位がより低い者をふくむ李汾成以下の方を「精選」として注目することからは、少なくとも『賓王録』編纂当時における、彼らの存在感の大きさが強く示唆される。

李承休自身は書状官として賀進使に参加した。その選出経緯について『賓王録』は、その書状官は両府が点望したが、上（＝元宗）はそのたびに勅してあらためて推薦させること、三度におよんだ。諸相が都堂執事の閔萱に奏上させていうには、「参外の文儒で才望ある者はみなすでに挙げつくしました。ただ前式目録事李承休だけは職事をもたぬ身なので、あえて推薦しませんでした」。上がおっしゃるには、「ただ才能をもって推挙せよ。どうして職事の有無が関係しようか」。ここにおいて諸相は欣然として命をうけ、ただちに奏して裁可をうけ、国衙の表牋状等〔の文書〕・路用・器物を予にゆだねた。（其書状官、則両府点望、而上輒勅改望者至三。諸相令都堂執事閔萱奏曰、参外文儒之有才望者、皆已挙尽。唯前式目録事李承休、以身無官守、不敢望爾。上曰、但以才挙。何関職散。於是諸相欣然承命、即便奏下、以国衙表牋状等・盤纏・什物委予）

と記す（一葉裏）。書状官は両府（中書門下と枢密院）の「点望」により候補者が選ばれ、国王によって決定されたという。「望」とは薦望の謂だが、「点望」の用例は『高麗史』に数件あるだけで、具体的内容までは知り得ない。しかしおそらくは、選考担当者たちが候補者リストに圏点をふり、その得点の多寡によって採否を決するという、朝鮮時代にしばしばみられる人事方式に準じて理解しておいて、大過ないものとおもう。すなわち、両府（正確には両府の宰相（宰臣・枢密）会議であろう）において書状官の候補者リストに点をふり、その多寡をもって王に推薦をおこない、裁定をうけたのであろう。こうした方式がどのレベルの人選まで、どこまで一般的におこなわれたかは不明だが、使節団の編成作業に関する史料がごくかぎられているなか[19]、貴重な記録である。

『賓王録』にも記されているように、書状官は使節が差し出す書状の管理・作成を担当する枢要な事務スタッフであり（後掲史料Bも参照）、事元期末（一四世紀半ば）の漢詩には使節団内での序列が「使副につぐ（次使輔）」と詠われてもいる[20]。高麗の伝統的な対中国交渉では、漢詩文に代表される中華の文物礼楽に対する関係者の素養が当事国双方から注目、重視されたが、一二七三年の対元交渉においても高麗政府が書状官に「才望」ある「文儒」を求めた点は注意される。

なお史料Aの「内廂」とは使節の護衛[21]、「給事」とは身辺世話係であろう。使節団の最下層には「打軍」なるものがいたらしいが（三葉表、一六葉裏）、朝鮮前期の『吏文輯覧』ではこの語を「軍伍之人」と説明する。ここでは内廂ないしその他の部署をふくむ随行の軍卒であろう。このほか、『賓王録』に明記される賀進使の職掌構成としては、前出の訳語があるのみだが、事元前の遣中国使に関しては「判官」、「録事[22]」、「孔目官[23]」、「孔目吏[24]」、「都押衙[25]」などの名称も確認される。

賀進使の総勢については、燕京滞在中の李承休らが昊天寺に遊んだ際の人数が「二百許人」と記されており、参考になる（一五葉表）。この一団は「我二行」とあらわされており、当日その前におこなわれた皇太子チンキムへの謁見（後述）に同行した世子諶（前々年から元に入質中）の一行――総勢一二一名ないし一二九名[26]――をふくみこむ疑いがある。[27]ただ双方の代表者である世子と順安侯自身は寺院見物にくわわらなかったようであり、[28]それゆえ両王子に陪従してのこった随員も相当数みこまれる。すなわち寺院見物に参加した賀進使側の随員は最低でも七〇～八〇名以上になるわけで、使節団の総勢は少なくとも一〇〇名程度はこえるとみてよいだろう。もちろん寺院見物の参加者をほとんど賀進使側で占めており、使節団の総勢が最低でも二〇〇名をこえるという可能性も十分にある。

ところで、一四世紀前半に活躍した高麗文人である拙翁崔瀣は、『拙藁千百』巻二・送鄭仲孚書状官序において、往時の中国遣使の模様と、事元後の変化について、つぎのようにのべている。

> B　いつも使節を派遣するときには、必ずみずから慎重に官属を選び、その帯行者は、あるいは三〇〇～五〇〇人に達し、少なくとも一〇〇人を下らなかった。使節がはじめ中国にいたると朝官を遣わしてこれを境上にむかえる。通過する州府では、そのつど天子の命をもって礼をととのえて食事を供し、郊亭にいたるとまた迎労する。宿舎に到着すると撫問し、大晦日には手厚い支給がある。参内してから辞去する段になると、内殿で宴を賜り、礼賓院で食事を設ける。天子が親書を下して特別に茶香・酒果・衣服・玩具・鞍馬・［その他の］礼物を賜ることは頻繁で絶えることなく、事柄に応じてみな表もしくは状をもって陪臣と称して謝意をあらわす。私的な面会では宰執が多く書簡をやりとりする。ゆえに書記の任は事理に明達していなければはたしがたいとされた。中古の国相である朴寅亮・金富軾のたぐいは、みなかつてこの任を経験して中国の称賛するところとなった者である。皇元に臣服してからは、舅甥のよしみをもって一家同様に待遇し、つとめて実質を重んじ、礼は省略し文章

を簡素にし、上奏があれば一人の使臣が駅伝を利用してただちに皇帝のもとに到達するようになり、年に遣使がおこなわれない月がない。そのためもはや使節に人を選ばなくなった。その恩はきわめて厚いのである。ただ年節には例として表をもって慶賀をおこない、また貢物を献じるので、国卿をその使副にあてて粗々旧慣のごとくする。書記の名もとりあえずのこっている。しかしその文才については要求するところがないのである。そこで近年は欲深く恥を知らぬ者が往々にして利をむさぼり争ってこれとなる。ゆえに使者となった将校については、これを清廉で名望ある者とはあつかわぬまでにいたっている。ああ、書記の任はときの要務ではないとはいえ、その名はなおある。どうしてこのような者が妾宅のごとくあつかい、軽視するところであろうか。（毎遣人使、必自慎簡官属、其帯行或至三五百人、少亦不下於一百。使始至中国、遣朝官接之境上。所経州府、輒以天子之命致礼餼、至郊亭又迎労。到館撫問、除日支豊腆。自参至辞、錫讌内殿、設食礼賓、御札特賜茶香・酒杲《ママ》・衣襲・器玩・鞍馬・礼物、便蕃不絶、而随事皆以表若状称陪臣伸謝。而其私覿、宰執又多啓箚往復。故書記之任、非通才号難能。中古国相、若朴寅亮・金富軾輩、皆嘗経此任、而為中国所称道者。自臣附皇元以来、以舅甥之好、視同一家、事敦情実、礼省節文、苟有奏稟、一个乗伝直達帝所、歳無虚月。故使不復択人。恩至渥也。独於年節、例以表賀、而有貢献、故国卿充其使副、而粗如旧貫焉。書記之名亦苟存、其而翰墨無所責也。是以邇年僥倖無恥者、往往冒利、而争為之。故行人将校、至不以清望待之。噫、書記之任、雖無時用、而其名猶在。豈若人所妾処、而若輩所軽視哉）

すなわち対元交渉では実質が重んじられ、従来高麗使が中国王朝側とおこなってきた繁文縟礼がはぶかれ、単独の使臣でも駅伝を通じてただちに皇帝のもとに到達できるようになり、遣使が毎月のようにおこなわれるため、使節の人選に神経をつかわなくなったという。ただ儀礼的な賀正使については、旧例どおり高官を使副にあて、書状官の職ものこっているが、後者については文才が要求されなくなってステイタスが凋落したというのである。

これに対し、李承休が参加した賀進使では、使副に王族と宰相をあて、書状官にも「才望」ある「文儒」を選び、総勢一〇〇〜二〇〇名以上の一団を編成した。崔瀣の見方によれば、このような使節は高麗が旧来中国に派遣してきたタイプの聘使に属するものといえよう。ただし高麗前期においては、王族が使節として国外におもむくのはきわめて異例である。使節の格はむしろあがっているわけだが、かかる遣使がたびたびおこなわれるのは、モンゴルとの交渉における特色である。

賀進使には元の千戸で高麗の中郎将でもある金甫成が元側の伴行使として同道したようだが、高麗使と彼がともに「朝廷による選出」とされる点が注意される。当時の高麗人が記す「朝廷」はしばしば「上国」の元をさすが、賀進使の正使と書状官は高麗側で選んでおり、その他の諸員を内廂や給事にいたるまで元側が選定したとは考えにくい。ここでいう「朝廷」は高麗政府をさすとみなくてはならず、とすれば、元側の伴行使も高麗側が選んだことになる。高麗をおとずれた元使の帰国にあたり賀進使を同行させたのであれば、高麗使側を「伴行」とあらわすはずだから、そのようなものではない。このことは金甫成の特殊事情に関係するようであり、元の高麗人将帥洪茶丘と反目する忠烈王が茶丘と親しい李汾禧・槢兄弟を殺害した一二七八（忠烈王四／至元一五）年の事件に関連してつぎのような記事がある。

速魯哥（＝同事件を調査した元の断事官）が金方慶と許珙をつれかえろうとした。公主（＝忠烈王妃クトゥルク・ケルミシュ）は人を通じて「王がすでに入朝して朝堂は空であるから、方慶と珙は帝命があればいっしょに行ってよいが、そうでなければ不可である」といわせた。速魯哥は彼らをもどそうとしたが、金甫成は許さなかった。甫成はもと北界（＝高麗西北部の広域行政区画）の人である。その父が〔高麗に〕そむいて遼陽にはいって以来、茶丘の腹心となった。汾禧・槢と非常に親しく、その死を聞いて速魯哥にしたがい、やってきた。我がほうに対するあらゆる問責は、すべて彼のたくらみに起因するのである。（速魯哥、以金方慶・許珙還、公主使人言曰、王既入朝、国家空虚、方慶・珙、有帝命則可与去、否則不可。速魯哥欲還之、金甫成不聴。甫成、本北界人也。自其父叛入遼

陽、為茶丘腹心。与汾禧・梠甚厚、聞其死、従速魯哥以来。凡所以詰我者、皆其謀也）[29]

洪茶丘は、モンゴルの高麗侵略の過程で捕虜や流民として遼陽・瀋陽地方に入居した高麗人集団の統轄者でもあったが、金甫成は父親が遼陽に逃入して以来、茶丘の腹心となった高麗人だったのである。高麗政府はしばしば元の高麗人官人に自国の官職を提供したから、甫成が中郎将であるのもそのためであろう（高麗政府の官人が元の武官職を受任するのは第二次日本遠征時から）。一二七三年当時、洪茶丘は所轄の高麗人部隊をひきいて高麗本国に駐留しており、日本遠征にそなえつつ三別抄の鎮圧にあたるなどしていた。[30]おそらく金甫成もこれに従行して高麗国内におり、そこで高麗政府の指名をうけて、元側を代表して伴行使の任にあたったものとみられる。

四　往復の道程

賀進使一行は、一二七三（元宗一四／至元一〇）年の閏六月九日に王都開京（現・黄海北道開城市）を出立した（二葉裏）。[31]往路の旅程はつぎのとおりである（四葉表～七葉裏。関係地の位置については図8-1を参照のこと）。

閏六月一一日　涓江を通過　現・黄海北道平山郡―金川郡境を流れる礼成江の一部[32]

一二日　金岩を通過　平州（現・黄海北道平山郡）の属駅[33]

？　分水嶺を通過　現在の通遠堡鎮（遼寧省丹東市鳳城市。元代の龍鳳站）と連山関鎮（遼寧省本渓市本渓県。元代の連山站）のあいだに位置して遼河水系と鴨緑江水系をわかつ山嶺のことか[34]

二九日　東京にいたる　現・遼寧省遼陽市

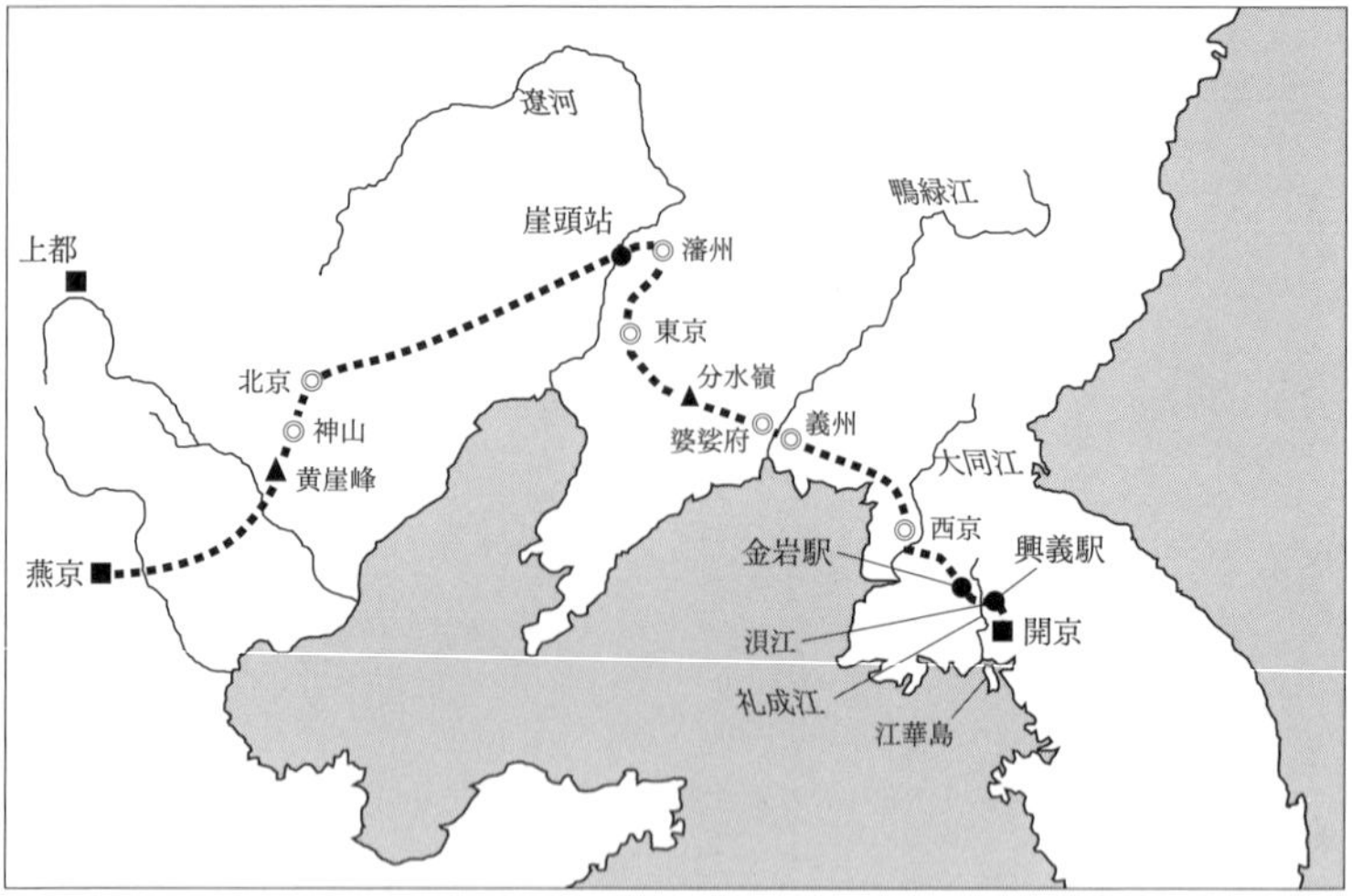

図 8-1　1273年高麗賀進使の行程関係図

注）点線は站赤ルート。

七月　九日	瀋州にいたる	現・遼寧省瀋陽市
一六日	渥頭站にいたる	崖頭站の誤りであろう。遼河付近にあり、正東一二〇中国里（約六六km）で彰義站（現・瀋陽市于洪区彰駅站鎮）にいたるというが、(35)正確な位置は不明(36)
二九日	神山県にいたる	遼金代の旧県名で、金元代の恵州。(37)現・河北省承徳市平泉県
三〇日	屏風山（未詳）を経て黄崖峰（後述）を登る	
八月　四日	燕京に到着(38)	

開京〜燕京間の移動に要する標準的な日数は片道一ヶ月程度とされ、(39)『高麗史』世家にみえる高麗王や王妃となったモンゴル公主の入朝例もおおむねこれを支持するが、なかには半月ほどで移動した例もある。(40)これに対し、李承休らはほぼ二ヶ月をかけた。これは長雨の影響によるもので、一行は大水のため東京に八日、瀋州に数日間足止めされてもいる（二葉裏・四葉裏）。

事元期、開京は元の站赤《ジャムチ》 jamči（駅伝）によって燕京とむすばれた。站《ジャム》 jam（宿駅）の配置には時期的な変化も一部あったようだが、ひとまず元代燕京の地方志『析津志』の記載(41)と、本書第七章第三節・第四節での考察にもとづいてこの区間の站赤敷設状況を示すと、つぎのようになる（図8-1には点線でルートを略示）。

開京〜慈悲嶺間の站―洞仙―生陽―東寧―安定―粛州―都獲―安信―雲興―宣州―霊州―誼州―駅昌站―湯站―開州―斜烈―龍鳳―連山―甜水―頭館―**東京**―**瀋州**―彰義―**崖頭**―駅昌―懿州熊山―駅安―柳樹部落―鹿窖―橋子站―西部落―叉道―北京―富峪―**神山**―寛河―富民―灤陽―遵化―薊州―夏店―通州―大都

李承休の旅程にあらわれる東京・瀋州・崖頭站・神山県は、それぞれゴチック体で示した站の設置地点に対応する。涓江と金岩駅は、上記の站赤ルートにかさなるとみられる開京〜慈悲嶺間の幹線駅路上に所在する。分水嶺もまた、比定が正しければ鴨緑江をこえて東京にいたる站赤ルート上にある。さらに黄崖峰は、神山より一両日で到達する位置であることから、現在の河北省承徳市寛城県内にあり、上記の站赤ルートともかさなる黄崖峰（万塔黄崖）のことをさすと考えられる(42)。遼金代にさかのぼるというその地の寺刹については、『元一統志』巻二・遼陽等処行中書省・大寧路・古蹟にも「黄崖寺は恵州の西南一三〇里に所在する（黄崖寺、在恵州西南一百三十里）」とある。李承休は黄崖峰で「釈迦涅槃臥像」のある「懸空閣」を遠望したものの、山の険しさをおそれてあえて登らなかったとのべている（七葉表）。急峻な山腹に石窟がうがたれ、懸崖に塔がたちならぶ現在の黄崖寺の姿(43)にも、おそらく通じる光景だったのであろう。

ごくおおまかなみつもりだが、経由地からみて、李承休らは上記の站赤ルートとおおむね同様な道のりをたどったものと推測される(44)。鴨緑江以南、高麗王都まで站赤が本格的に整備されるのは、高麗政府が対元協調路線に転じた一二七〇（元宗一一／至元七）年以降とみられるが、すでにこの年までに粗々敷設されてはいた（本書第七章第二節、参照）。一二七三年当時における鴨緑江以北、遼陽・瀋陽地方を経て燕京にいたる站赤の敷設状況は、『賓王録』の記載によって崖頭站の存在がうかがわれる以外、判然としない。しかし朝鮮半島だけに孤立して站を設置したとは考えにくいので、それに接続する站赤ルートがすでに成立していたとみるのが自然だろう。ただ一二七三年の賀進使がそのシステムをどのように利用したかはよくわからず、また沿道各所の官吏による接待の有無なども判明しない。

帰路に関してはルートの詳細が往路ほどにもわからないが、同年九月八日に燕京をたち、同二五日に鴨緑江、一〇月二日に興義駅（現・黄海北道金川郡）に達し、その翌日開京に到着している（一七葉表〜一九葉表）。一ヶ月弱で踏破したわけで、まずは標準的な日数である。

五　燕京での迎接

八月四日に燕京に到着したのち、九月八日に帰国の途につくまで、約一ヶ月間における李承休ら賀進使一行の活動日程は、つぎのとおりである（以下に言及する燕京の関係地については図8-2を参照のこと）。

到着より六日をおき、大都城の万寿山の便殿において皇后と対面。
中秋後一日　鄭侍郎の忌斎により薦福寺に遊ぶ。
八月二一日　順安侯にしたがって瀘江石橋（盧溝橋）に遊ぶ。
八月二五日　万寿山の広寒宮の玉殿で皇帝クビライと対面。
八月二七日　大都城の長朝殿（大明殿）の落成式に参加。
八月二八日　長朝殿において聖節の賀礼に参加。
八月二九日　大都城の西郊、高梁河付近の氈幕で皇太子チンキムと対面。その後、昊天寺に遊ぶ。

九月　二日　中書省の接待をうける。
九月　七日　帰国命令がくだる。

みられるように、公的行事は八月末に集中する。元朝皇帝は季節移動をおこない、夏季を内陸の上都開平府（現・内蒙古自治区錫林郭勒盟正藍旗）、冬季を燕京ですごしたが、一二七三年にはクビライが八月二四日に上都から燕京にもどったためである（一〇葉表）[45]。賀進使は当初上都をめざしたようだが、大雨の影響による行程の遅延をおもんぱかり、「もはや開平府におよぶことなく、そのままただちに大都城にむかった（業已未及於開平府、居然直進於大都城）」という（一〇葉裏～一一葉表）。

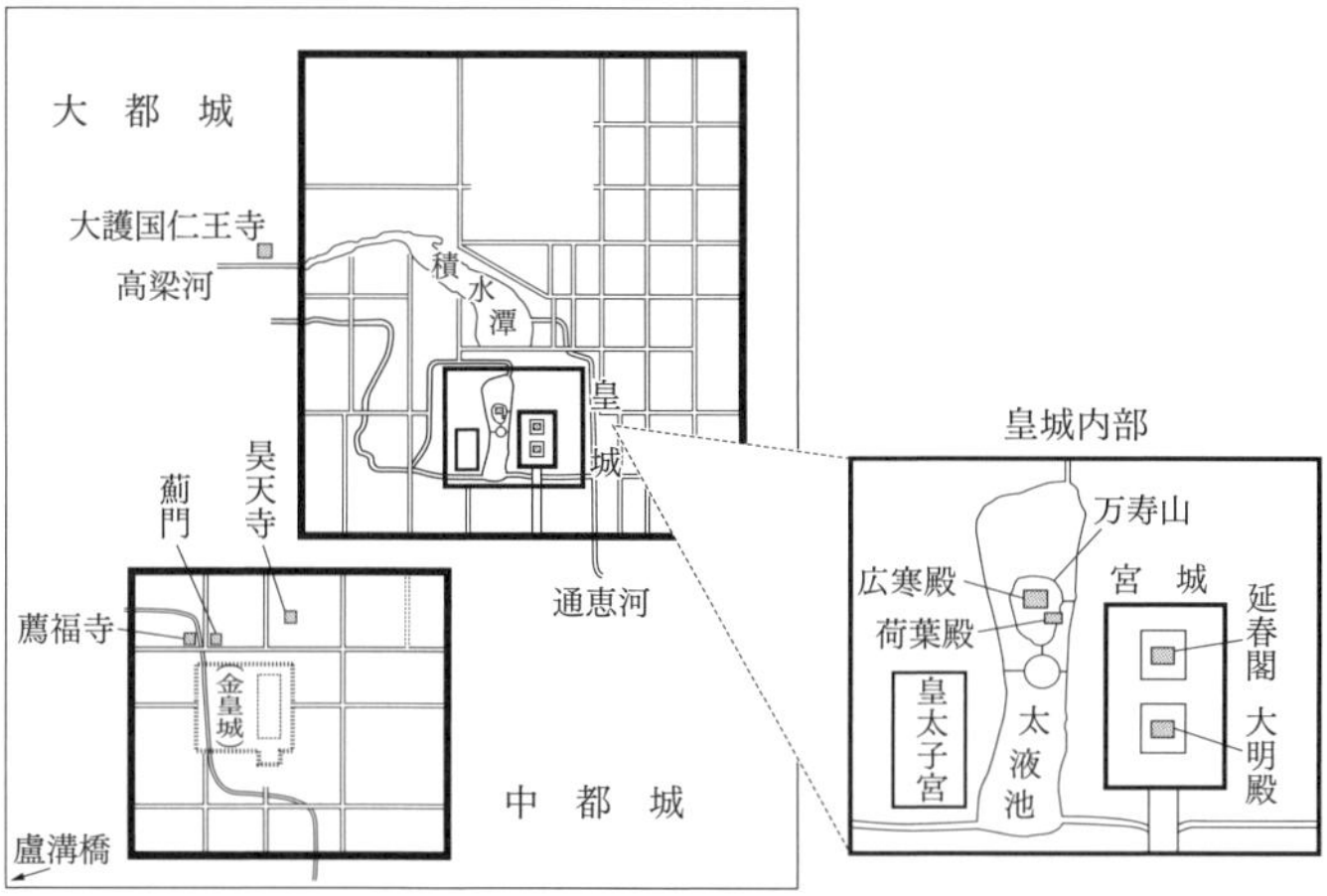

図 8-2　燕京における『賓王録』関係地位置図

典拠）于／于［1989］，杉山［2004d］，福田［2004］などを参考に作成。なお中都城地区は金代の状況にもとづき表示。

燕京滞在中の李承休一行の足跡については、寺院や盧溝橋（九葉表）の観光なども興味深いが、ここでは国家間の関係という当面の関心にそって、本節以降、迎接の態勢、宮廷その他における儀礼、高麗使が差し出す書状という三項目についてみていくことにする。

八月四日、「いよいよ燕京中都城にはいろう（将入燕京中都城）」としていた李承休らは、城外五里の地で元の中書省が遣わした「宣使」と「総管」の郊迎をうけ、中都城内の「婁総管」の私邸に案内された。そしてそこを宿所に指定され、翰林学士侯友賢（字は顕忠）が「館伴」（接待役）に着任したという（七葉裏）。

元朝草創期の燕京では、金代以来の中都城が都市機能を維持しており、官人の邸宅や官庁がおかれるなど、〝首都〟としての役割を担っていた。[46] すでに一二六六（元宗七／至元三）年からその北郊で大都城の建設がはじまっており、一二七三年には主要宮殿部の工事が一段落し（後述）、やがて機能移転もすすむのだが、賀進使がはいったのは中都城であり、宿所の婁総管宅も中都城内であった。前述のごとく李承休が別の個所で「大都城にむかった」と記したのは象徴的な意味でだろう。一行が接待をうけた中書省も、一二六七（元宗八／至元四）年に大都城に新庁舎がたてられたにもかかわらず、[47]「中都之鳳省」（一六葉表）だったらしい。李承休がおとずれた薦福寺（九葉表）と昊天寺（一五葉表）も中都城内の寺院であり、盧溝橋は中都城の西南郊にある。燕京での李承休の活動は、モンゴル皇帝・皇族と対面する際をのぞき、もっぱら中都城地区で展開されたようである。

中書省から郊迎に遣わされた「宣使」と「総管」の名は記されない。宣使とは使臣一般の意味で用いる場合もあるが、『賓王録』ではもっぱら差遣・伝達を主務とする吏員としての宣使をさすようで、ここでは中書省の宣使であろう。[48] 燕京滞在中の賀進使の案内役として「任宣使」と「姜宣使」が頻出するので、そのどちらか両方である可能性が高い。一方、総管とは元の諸官府に広くみられる職名であり、敬称的に用いられることもあるが、少なくとも中書省の直接の僚属ではなく、ここでの意味や所属は不明である。ただ賀進使の迎接に関わる「総管」という点から、私邸を宿所に提供した婁総管であった可能性が高い。

のちに賀進使がクビライに奉表した際、元の令史がその文章を評価したことを「本朝（＝高麗）から〔元に〕はいって宣使となった姜守衡なる者（自本朝入為宣使姜守衡者）」が連絡してきたという（二葉裏）。おそらくこの姜守衡は上記の姜宣使であり、『高麗史』に頻出する康守衡にほかなるまい（高麗時代の姜と康の正確な朝鮮語音は不明だが、少なくとも中期語以降では同音）。康守衡（初名は和尚）は晋州出身の高麗人で、幼いころにモンゴル軍の俘虜となって元につかえ、元初の対高麗交渉に活躍した人物である。[49]『高麗史』巻一〇五・趙仁規伝には、両国の交渉現場における康守衡の特別な役割がつぎのように記されている。

はじめ国人（＝高麗人）はモンゴル語を学んでも上手に奏対する者がおらず、我が使節が〔元の〕京師におもむくと、必ず大寧摠管康守衡に介添えしてもらって入奏していた。仁規がかつて金画の磁器を献じた際、世祖が「金で描くのは〔磁器を〕堅固にしようとしてのことか」と質問した。〔趙仁規は〕答えて「ただ色彩をほどこしただけです」とのべた。〔世祖がさらに質問して〕「その金はまた使用できるか」といった。答えて「磁器はこわれやすく、金もそれにともなって破損します。どうして再び使用できましょう」とのべた。世祖はその答えを善しとし、今後磁器は金画をほどこさずに進献するなと命じた。また「高麗人がかように国語（＝モンゴル語）を解するならば、どうして守衡にこれを通訳させる必要があろうか」といった。（初国人雖学蒙古語、未有善敷対者、我使如京、必令大寧摠管康守衡引入奏。仁規嘗献画金磁器、世祖問曰、画金欲其固耶。対曰、但施彩耳。曰、其金可復用耶。対曰、磁器易破、金亦随毀。寧可復用。世祖善其対、命自今磁器毋画金勿進献。又曰、高麗人解国語如此、何必使守衡訳之）

趙仁規は忠烈王代前半の対元交渉に訳語として活躍した官僚だが、彼が登場するまで、高麗使は元朝皇帝に上奏する際のモンゴル語通訳に康守衡の助けを必要としたというのである。右の記事において、康守衡は大寧路（治所大寧（北京）は現・内蒙古自治区赤峰市寧城県）の「摠管」（総管＝長官）と表示されているが、『高麗史』巻二八・忠烈王世家・四（至元一五／一二七八）年五月丁亥には「北京」（大寧路）の同知（次官）としてあらわれる。そこで右記事は一二七八年以降の記録とわかるが、内容自体はそれ以前の出来事である可能性もある。一二七三年の賀進使における訳語のモンゴル語能力について李承休は何も語らず、趙仁規の関与の有無も不明だが[50]、あるいはこのときも康守衡が通訳に一役買ったのかも知れない。

館伴の侯友賢は、その自称によると、五歳にして六経に通じ、翰林院に所属して「天下の神童」と号し、推薦をうけて「翰林学士」を授かった人物であり、当時は二八歳だったらしい（八葉表~同裏）。李承休とは漢詩を応酬しており、それなりの文才をそなえていたようである。元は高麗使の館伴にそのような儒教知識人をあてたわけである。この人物は管見の他の諸文献にはみえないが、筆者は、『元史』巻六七・礼楽志・制朝儀始末にあらわれる侯祐賢と同一人物ではないかと疑っている。

その記事によると、至元六（元宗一〇／一二六九）年、元では帝命により前代の儀礼を知る者をたずねて朝儀を学習することになった。当初、趙秉温と史杠がその任についたが、太保劉秉忠の提案で儒生の周鐸・劉允中・尚文・岳忱・関思義・侯祐賢・蕭琬・徐汝嘉らが追加任命され、金の故老や國子祭酒許衡・太常卿徐世隆のもとで古典を考察し、時宜・実情を参酌して制度をさだめた。そして同八（元宗一二／一二七一）年二月に朝儀をつかさどる侍儀司が設立された際、その右侍儀副使として侯祐賢が任じられた。

すなわち侯祐賢は、侯友賢と同じく儒生であり、元初、中国の伝統に則った朝儀の制定にたずさわり、その運用をつかさどる侍儀司のポストについた人物であった。一方、侯友賢は皇后への謁見と長朝殿落成式の朝賀礼において高麗使の引導を担当しており、その儀制について一定の知識を有していたとみられるが、侍儀司の管掌事項には「外国進献」の儀礼もふくまれている。[51]両者が同一人物である可能性は、決して低くないのではなかろうか。

元朝草創期の燕京行省や中書省で下僚をつとめた王惲によると、一二六一（元宗二／中統二）年の高麗世子入朝時には必闍赤《ビチゲチ》 bičigeči（書記）の張大本が館伴に選ばれたが、選任理由の一つは彼の「文采」（文才）にあったらしい。[52]漢文化人の王惲が、漢人とみられる張大本について記す文才とは、漢文のそれであろう。元では漢文化の素養を基準に高麗使の館伴を選定することがあったようなのであり、侯友賢の場合もおそらく同様であろう。

これは高麗使との意思疎通のため、同じ漢字文化圏の人材をあてただけのことかも知れない。しかし元初に集中的に実施されたいわゆる〝漢化〟政策が対高麗関係におよび、王の冊封や頒暦といった伝統的な華夷秩序の形式が講和後ただちに採用されたことは軽視できない。高麗など周辺諸国の存在自体が元の〝漢化〟を後おしした面もあるようで、少なくとも元の漢人官僚は、これらの諸国が元という国家をみる目を理由に、中国式の儀制の導入を求めている。[53] 中華の文物を重んじる一方、モンゴルを夷狄視してきた多くの高麗支配層は、こうした動向をひとまず歓迎したらしい。[54] 如上の館伴の人選も、あるいは高麗に対する元の〝漢化〟アピールに関わるのかも知れない。

以上は侯友賢の個人的特性に関わることだが、くわえて外国使に関する翰林院の役割もみのがせない。元の翰林院については、すでに纂修国史、典制誥、備顧問、歴代御容・岳瀆后土・文廟等の祭祀、釈奠礼、祝文・楽章の撰定、意見具申、治道の講明、薦士、さらには著作物の審査といった機能が指摘されている。[55] しかしこれが外国使の応接を担当した時期があることは、あまり注目されていない。『元史』巻一三・世祖本紀・至元二二（忠烈王一一／一二八五）年正月丙申に、

礼部に命じて会同館を管轄させる。当初は外国使がいたると、いつも翰林院にこれを主管させていたが、ここにいたって改正した。（命礼部領会同館。初外国使至、常令翰林院主之、至是改正）

とあるように、一二八五年までは翰林院が外国使の応接を主管したのである。ではこれをあらためて会同館を礼部に管轄させるとはどういうことか。会同館は「諸番・蕃夷・峒官」など周辺地域からの朝貢者の「接伴引見」をつかさどる公館である。[56] 一二七二（元宗一三／至元九）年にはじめて設立されたというが、[57] その前年に翰林応挙闍復が会同館副使兼接伴使に選充されてもいる（『元史』巻一六〇・闍復伝）。この闍復の例からもうかがわれるように、会同館は当初翰林院との密接な関係下で運営されたらしく、一二七三（元宗一四／至元一〇）年の九月には翰林学士承旨和礼霍孫に会同館の事を兼ねさせ、朝廷の諮問と降臣の奏請をつかさどらせている。[58] 一二八一（忠烈王七／至元一八）年にも翰林学士承旨撒里蛮にひきつづき会同館を兼領させている。[59] 会同館設立当時やそれ以前の状況は必ずしも判然としないが、少なくとも翰林学士承旨が会同館を兼務するようになって以降は、事実上翰林院が外国使の応接をつかさどる状態になったとみられ、一二八〇（忠烈王六／至元一七）年に翰林学士承旨和礼霍孫等が俱藍・馬八・闍婆・

交趾等の諸国の遣使奉表に対する答詔を奏請したのも、[60]これに関係しよう。そこで一二八五年には会同館を礼部に移管することで、翰林院を外国使応接の任からはずしたのである。李承休一行の入元は、翰林学士承旨和礼霍孫の会同館兼務が決まる直前のことで、郊迎を手配し、その宣使を案内役にあたらせたとみられる中書省が応接を担当したようでもある。しかし、館伴として翰林学士侯友賢が選ばれたことが如上の翰林院の職責に関わる可能性は考慮にいれてよかろう。

本節の最後に燕京での宿所についてのべる。一二七〇（元宗一一／至元七）年ころ、前出した元の王惲は、京師には遠方からおとずれた朝貢使のための館舎がなく、民間の豪貴の家に倉皇として安置するため、元の全盛の勢を示せていないとして、「四方館」の設立を提言した。[61]一二七二（元宗一三／至元九）年の会同館設置はこれにこたえた形になるもので、降服した南宋の使節が一二七六（忠烈王二／至元一三）年に燕京入りした際には中都城内の会同館に宿泊している。[62]しかし一二七三年に李承休らはなおも個人の私邸に宿泊した。当時はまだ会同館の受入態勢がととのわなかっただけかも知れないが、後述のごとく、この賀進使が他の外国使とは別格にあつかわれたことからすると、むしろ優待のゆえである可能性もある。とりわけ、このとき高麗王族が宮中饗宴でモンゴル皇族に準ずる待遇をうけたことが注目されるのだが、実際においても、翌七四（元宗一五／至元一一）年に忠烈王がはじめてクビライの駙馬（女壻）となり、八一（忠烈王七／至元一八）年には駙馬高麗国王という称号が成立し、高麗王はモンゴル王侯の一員としての地位をかためてゆく（本書第一章、参照）。これ以降の高麗使が一般の外国使のごとく会同館にむかえられたか、それとも別の宿所にむかえられたかは、一二七三年における宿所設定の意味、ひいては元における高麗の位置づけにも関わる問題だが、いまのところ史料的に不明である。

六　宮廷その他における儀礼

（1）皇后との対面（七葉裏〜八葉表）

燕京到着から五日をおき、皇后が馬瑠奉御を遣わし、皇帝が燕京に還御する前にみずからがさきに接見するとの意向を伝えてきた。皇后は皇帝と別行動をとっていたことがわかるが、彼女が皇帝の留守中に外国使に対面を求めるあたりは、他の中国王朝では通常考えにくいことであろう。しかしプラノ・カルピニのジョヴァンニ修道士が定宗グユクのもとにおもむく際、妃の住む幕営《オルド》を通過したところ、皇帝よりさきに彼らと接触することが敬遠されたともいうから、(63)皇后の行為がモンゴル的であるとも一概にはいえないようである。あるいは立后の慶賀を皇后本人が直接うけるために特に設定されたのかも知れない。

翌日、賀進使一行は大都皇城内の太液池にある万寿山（万歳山、瓊華島）におもむいた。金代の離宮を改修した万寿山には山頂部の広寒殿をはじめとする建築群が展開していたが、一行はその東の便殿（荷葉殿か）で皇后に進賀したという。すなわち馬奉御と任宣使が一行をひきいて門外にいたると、館伴侯学士が中庭にみちびく。書状官、すなわち李承休が牋を奉じて前にたち、正使の順安侯と官属がうしろにならびたつ。そして員外郎廉承益の号令で「舞踏」したというが、あるいは廉承益が拝礼の号令をおこなう後述の諸事例と同様に、高麗式の拝礼をおこなったものであろうか。礼がおわると昇殿を許されて宴を賜り、正午に終了して帰館した。

（2）皇帝への進賀（一〇葉表）

八月二四日にクビライが燕京にもどると、翌日「万寿山広寒宮の玉殿」(64)で高麗使の進賀をうけた。一行は姜・任両宣使にみちびかれて表文（立后・立太子の賀表）を上呈したが、その礼式は皇后との対面時と同様だったという。ここには質子として入元中の「令殿」（高麗世子諶）も同席した。礼がおわると昇殿を許されて宴を賜ったが、そこでの席次はつぎにのべる長朝殿落成式での宴とおおむね同じだったという。紙面の破損でよみにくいが、宴は寅刻にはじまり申刻におわったらしい。

（3）長朝殿の落成式（一一葉表～一三葉表）

前述のごとく当時は大都城が建設中であり、一二七四（元宗一五／至元一一）年正月に「宮闕」が落成されるが、(65)一二七三年の八月二七日には長朝殿が落成され、李承休ら賀進使一行も式典に参席した。長朝殿は宮城の正殿である大明殿の別称とみられる。(66)『元史』巻八・世祖本紀では、一ヶ月半後の至元一〇年一〇月庚申に、はじめて「正殿・寝殿・香閣・周廡・両翼室」を建設したとしているが、大明殿本体にくわえ、付属関連施設をふくめた関係工事全体の一段落をいうものであろうか。李承休は落成式の朝賀礼の模様について、つぎのように伝えている。

> 幢幡旌傘と一切の儀仗が空にひるがえって日をおおい、人々の目をくらまし奪う。諸大王・諸大官人より百寮にいたるまで黎明に会同したが、朝服のいでたちでないものはなく、中庭に雲集する。閤門使がおり、各々その序次にしたがって拝位にみちびきすすむ。……ほどなく〔我が一行を〕ひきたて、館伴侯学士と姜宣使に我が令殿（＝世子諶）と侯邸（＝順安侯）および官属をみちびかせ、班列なかほどの下方にならびたたせた。他の諸国から来朝した使節はその服するところにしたがって最後列の末尾にたたせる。まもなく皇帝が便殿より出て殿上につき、皇后とともに宝座にのぼって賀をうけた。その礼数は我が朝と大同小異である。異なるというのは、「閤門喝、鞠躬、拝興、拝興、班首稍前三歩、復位、拝興、拝興、平身、搢笏、鞠躬、三舞踏、跪左膝、三扣頭、山呼、山呼、再山〔呼〕…（判読不能）…」である。礼がすべておわると、みなたったまま動かず、閤〔門〕…（判読不能）…侯邸に伝えていうには「卿の本国の礼をおこなえ…（判読不能）…〔員外〕郎廉承益が号令してこれを

おこなった。（其幢幡旌傘、一切儀仗、翻空蔽日、眩奪人目。自諸大王・諸大官人以至百寮、黎明而会、莫不朝衣穿執、而雲委于中庭。有閤《ママ》門使、各以其序引進拝位。……既引立、已令館伴侯学士・姜宣使、引我令殿并侯邸及官属、列立於班心之下。其餘諸国来朝之使、従其所服、而俾立於最後行尾。俄而皇帝出自便殿、就于殿上、与皇后升宝座、而受賀。其礼数、与我本朝大同小異。所謂異者、閤《ママ》門喝、鞠躬、拝興、拝興、班首稍前三歩、復位、拝興、拝興、平身、搢笏、鞠躬、三舞踏、跪左膝、三扣頭、山呼、山呼、再山…（判読不能）…也。既礼畢、皆立不動、其閤《ママ》…（判読不能）…伝於侯邸曰、行卿本国礼…（判読不能）…郎廉承益通喝而行焉）

李承休は、以上の式次第が翌日おこなわれた聖節の朝賀礼と同じであるとする（一四葉表）。そこで『元史』巻六七・礼楽志により、一二七一（元宗一二／至元八）年に基本的な完成をみた元の朝儀についてみると、賀聖節礼（天寿聖節受朝儀）は元正受朝儀のごとしとして、後者の儀注をのせている。長朝殿落成式の朝賀礼はその次第に準じて考えることができよう。実際、元正受朝儀の内容をみると、外国使の拝礼手順こそ説明を欠くものの、冒頭におこなわれる殿前班（宮禁警護隊）の拝礼手順には、李承休が長朝殿落成式の朝賀礼について高麗とは異なると記した内容と一致する部分があり[67]、百官の拝礼手順にも、「班首稍前三歩、復位、拝興、拝興」のくだりを欠くが、これと類似する部分がある[68]。間接的ながら、かかる符合も双方の儀礼内容が相通じるものであることを傍証しよう。元正受朝儀では、殿前班の起居につづき、后妃・諸王・駙馬の朝賀が終了したのち、百官・僧道・耆老・外国蕃客が入庭し、順次献賀することになっている。李承休は殿庭の班列において他の外国使を目睹しており、このとき世子をふくむ高麗使一行は百官以下の集団とともに参列したことがわかる。換言すると、帝室親族の班列ではなかったのである。百官・僧道・耆老との位置関係は不明だが、少なくとも班列の最後尾についた他の外国使にくらべれば格上の待遇だったと考えられる。

朝賀礼につづいて饗宴が開催されたが、李承休はその模様をつぎのように記録している。

諸侍臣は戎服にあらためて昇殿したが、我が一行にはあらためるなとの勅があった。その賜座の位序については、西偏の第一列は皇太子、一位をへだてて大王六名、二位をへだてて我が令殿。後列は大王七名、二位をへだてて我が侯邸。その後列は安董《アントン》丞相を筆頭に十名ほどの人員、二位をへだてて我が一行の宰臣、つぎに諸官人ら。その後列のなかほどには我が一行の尚書・侍郎。その後列のなかほどには我が一行の参上・参外官。その後の各列についてはいまだ詳細を得ない。最後列の末席は諸国の使佐。東偏は諸宮の公主二〇名ほどが各々侍女二、三名をひきい、まばらに列をなして座る。さらに座のない者、すなわち宣使・奉御・秀才・令史の輩が前にならびたつ。それなのに殿内の広々としたことよ。〔なおも〕余地がある。侯学士は「この殿は一万人を収容できるが、いまここに宴に侍るのはわずか七千人だけだ」という。皇太子がたちあがり献寿すると、堂上・堂下で笙と大鐘がいりまじって奏されること、縉山繡岳のごとくであり、伎楽が争って呈され、舞う者と歌う者がながながと〔?〕つづき、立派でさかんである。前列の六大王があいついで献寿する。申初になっておわった。（諸侍臣改以戎服上殿、而勅我一行不改者。其賜座位序、則西偏第一行、皇大子《ママ》、隔一位、大王六、隔二位、我令殿。後行、大王七、隔二位、我侯邸。後行、安董丞相為首十許員、隔二位、我行宰臣、次諸官人等。後行之腰、我行尚書・侍郎。後行之腰、我行参上・参外官。後後行行、未得詳。最後行末座、諸国使佐。東偏、則諸宮公主二十名許、各率侍女二三、疎行而坐。更無坐者、其宣使・奉御・秀才・令史輩、列立於前。而殿内恢恢乎。有餘地。侯学士曰、此殿可容一万人、今此侍宴、僅七千人耳。皇大子《ママ》起献寿、而堂上・堂下、笙鏞間奏、縉山繡岳、伎楽争呈、舞者歌者、純如繹如、而師師焉、済済焉。前行六大王、相次献寿。申初而罷）

元正受朝儀に準じて考えると、朝賀礼が終了した後の饗宴は、参加者が地位に応じて統一された色とデザインの宴服を着用するモンゴル特有の質孫《ジスン》 jisün 宴だったはずである。とすれば、宴の列席者が着がえた「戎服」とはこの質孫宴服をさすのであろう。一般に戎服とは軍衣のことであるが、李承休の目に質孫宴服がそのように映じたのであろうか。あるいは戎《えびす》の服、すなわちモンゴル服の謂かも知れない。いずれにせよ、高麗使は質孫宴服の着用を免じられたわけである。

皇太子・大王による献寿、奏楽と伎芸、参席者の規模なども興味深いが、李承休がとくに留意したのは座席配置である。西側（皇帝の右手）に皇太子以下の男性、東側（皇帝の左手）に女性がつき、地位により列が段階的にわかれるという『賓王録』の記述は、マルコ・ポーロの『東方見聞録』が元の宮中饗宴について描写するところとも照応する。[69] また『賓王録』の記載からは、同じ列内でも一人ないし二人分の間隔をとって着席する場合があったこともわかる。

ここでは高麗王族の席次に注目したい。二名の高麗王子は皇太子以下のモンゴル大王とともにそれぞれ第一列、第二列についた。同じ列で彼らの後に坐した者は記されないので（高麗の宰臣の場合は元の官人が後につづくと明記）、各列の末席だったのであろう。着席順位は世子が第八位、順安侯が第一六位となる。前述のごとく朝賀礼において高麗の王子たちは他の外国使以上、帝室親族未満の待遇をうけた。しかし質孫宴では、他の外国使が依然として最末席につくのに対し、座席間隔の設定にある種の区別意識がうかがえるとはいえ、彼らはモンゴル皇族と同列に配されたのである。

本書第一章で論じたように、一二七四（元宗一五／至元一一）年に高麗王家に対するモンゴル公主の降嫁がはじまったのち、一二八一（忠烈王七／至元一八）年に高麗王と駙馬という二つの地位を一体化させた駙馬高麗国王という称号が成立するにおよび、当初元にとって「外国の君主」にすぎなかった高麗王は、モンゴル王侯の一員としての地位（高麗王位下）を獲得するにいたる。そして、かかる変化の証として、その後の元朝宮廷での宴席において、忠烈王がモンゴル諸王・駙馬と同列に着座した事例をあげることができる。しかし、すでに婚約こそ成立していたものの、実際の通婚がはじまっていない一二七三年の段階で、高麗の王子が宴席でモンゴル王侯に準じてあつかわれるケースがあったわけである。[70] 李承休によれば、万寿山での皇帝進賀の際もそうであったし、一切の制が長朝殿落成式と同じであるという賀聖節礼においてもそうだった可能性が高い。以上は宮中饗宴にかぎってのことだが、一二七四〜八一年における高麗王の地位変化は、必ずしも、まったくの新たな事態だったわけではないのかも知れない。

しかし画期としてのかかる曖昧さは、一二八一年以降、今度は逆の方向にあらわれてもいる。たとえば『高麗史』巻三六・忠恵王世家・忠粛王一七（至順元／一三三〇）年四月甲午には、モンゴル公主をめとったばかりの世子禎（忠恵王。在位一三三〇〜三二・一三三九〜四四）が元朝宮廷の宴席におもむいた際、諸王・駙馬の「序座」につくように命じられたことが記されている。これを婚姻にともなう禎の待遇変化をいうものとみてよければ、逆に、みずからが公主をめとる以前は、駙馬高麗国王の世継ぎといえども、モンゴル王侯の一員として遇されるとはかぎらなかったことになる。また一二九五（忠烈王二一／元貞元）年、高麗の賀聖節使金之淑は、元朝宮廷でさきに庭実（献上品の披露）をおこなった交趾国（陳朝大越）の使節と進賀の順を争い、成宗テムルは之淑の主張をみとめて彼に「諸侯王」と同列の「坐」を賜ったという[71]。これは高麗使が結果的にモンゴル王侯の格式にかかるものとして遇されたことを示す事例だが、同時に、当初はそれがかなわなかった——陳朝大越使以下にあつかわれた——事実も示している。さらに同じころ、江南をおとずれた高麗王の交易船に対し、元の有司が「海外不臣之国」なみに一〇分の三の抽分（関税）を課徴しようとしたという[72]（ただし元の市舶則法において抽分は細貨（高級商品）の場合一〇分の一、麤貨（一般商品）の場合一五分の一と規定されており[73]、ここではより高い税率となっている）。このとき江浙行省右丞史燿は三〇分の一の船税銭（商税）のみを徴収することを主張し、帝室の「副車」（駙馬）である高麗王の立場を擁護したが、現場の判断次第では「不臣」の〝外国〟と同列にあつかわれる状況だったのである。

一二七四〜八一年に高麗王がモンゴル王侯に準ずる地位をかためていったことは大枠として間違いない。しかし上記のような〝ゆらぎ〟の存在をふまえて、その画期性を評価する必要があるだろう。

（4）聖節の進賀（一三葉裏～一四葉表）

八月二八日、長朝殿で聖節の賀礼がおこなわれた。前述のごとくその礼式は長朝殿の落成式と同じだったという。高麗本国からは奉表使として上将軍金哲、書状官として兼直史館李仁挺が来朝したというが、このときの正使の名は『高麗史』巻二七・元宗世家・一四年七月庚子には「金侁」、『元史』巻八・世祖本紀・至元一〇年八月丁丑には「金詵」と記されている。後二者が同音異字表記とみられるのに対し、『賓王録』の用字は大きく異なっている。

（5）皇太子との対面（一四葉裏～一五葉表）

八月二九日、賀進使一行は皇太子チンキムに謁見した。李承休によると、

皇太子は連日宴に侍っていたため外に出られず、この月の二九日にいたってようやく、大都城の西、鎮国寺の北の高梁河の野において氈幕に坐し、賀をうけた。（皇大子《ママ》、以連日侍宴、不得出外、至是月二十九日、乃於大都城西鎮国寺北高梁之墟、坐氈幕受賀）

という。この書きぶりからは高麗使と皇太子の対面が既定の行事だったかにもみえる。少なくとも王族が正使である場合などはそうだったのであろうか。あるいは皇后との対面と同様に、立太子の慶賀を皇太子本人が直接うけるために特に設定されたのかも知れない。

鎮国寺（または西鎮国寺）とは、元朝仏教界の最高権威としてチベット仏僧が任じられた帝師が、初代パクパ以来、燕京の居所とした大護国仁王寺のことで、一二七〇～七四年に大都西郊の高梁河畔に建立された[74]。一二七三年の八月末、建設中の同寺の北にチンキムの幕営が置かれていたのである。

当時は大都皇城内の皇太子宮（のちの隆福宮）が未完成だった。しかし杉山正明は、大都城建設以前、クビライは中都城内や万寿山の宮殿に居住せず、麾下のモンゴル牧民をひきいて太液池周辺を冬営地にしたと推定し、太液池を

囲いこみ大都城をきずいてからも、元朝皇帝は幕営生活をつづけ、城内にはあまりはいらなかったと指摘している。[75]とすれば、チンキムが大都城西郊に幕営をおいたのは、皇太子宮完成までの仮の居所としてではなく、それが本来の生活形態だったからではなかろうか。チンキムは宴会がつづいたため外に出られなかったという李承休の表現も、当時の宮殿が儀礼空間であって、つねの居所ではなかったという杉山の指摘を傍証する。

チンキムとの対面は以下のようにおこなわれた。姜・任両宣使に引率されて幕営におもむくと、ほどなくして世子譜も到着した。姜宣使が幕内にはいり、皇太子の指示を伝えて世子をさきにはいらせる。しばらくして姜宣使が再びあらわれ、本国の礼により拝礼せよと伝える。そこで一行は公服姿で幕外にならびたち、員外郎廉承益の号令で拝礼する。おわると任宣使が順安侯を幕内にみちびきいれる。世子・順安侯・宋松礼が幕内に坐し、他の官属は幕外に坐して宴を賜った。

（6）中書省での宴（一五葉表～同裏）

九月一日、中書省から姜宣使を通じて指示が下され（紙面破損のため内容不明）、翌日一行は中書省におもむいた。公服を着用したらしい。迎えたのは断事官賽□・省郎□羅・大学士侯・宣使高らで（□は判読不能字）、東偏にたって順安侯に挨拶し、侯を西偏にすわらせ、また僚属をその後列にすわらせ、自分たちは東偏にすわった。座がさだまると、賽断事官が、丞相たちは機務のため欠席するので、自分たちが一献奉る次第であるとのべた。百般の伎楽がくりひろげられ、三爵ののち、食事の盛りつけをあらためること三度、日暮になって終了した。

一二六一（元宗二／中統二）年に高麗世子が開平府（この二年後に上都となる）に入朝した際には、クビライの命により到着の翌日に中書省が宴を設けている。[76]中書省の宴も、少なくとも王族を正使とするような場合は定例的におこなわれたのであろうか。ちなみに一二六一年のケースでは、右丞相史天沢・左丞相忽魯不花・平章王文統以下の高官がいならび、高麗使側に筆談形式で、兵権の所在、南宋との関係といった政治問題から、『古文尚書』の存否といったことまで、高麗の国情について多様な質問を投げかけている。

七　高麗使が差し出す礼状

正使の順安侯は元朝要人との会見ごとに書状をもって謝辞や慶賀をのべた。クビライに最初に謁見した翌日には謝表を奉った（一〇葉表～一一葉表）。長朝殿落成式の際は翌日が聖節のため奉表できなかったらしく、翌々日におこなっている（一三葉表～同裏）。また聖節の当日には私表を奉って慶賀し（一四葉表～同裏）、帰国前にも衣服の下賜に対して謝表を奉った（一七葉表～同裏）。皇后には接見時に牋を奉り（本章第六節(1)で前述）、中書省には宴の翌日に啓をもって謝辞をのべた（一五葉裏～一六葉表）。皇后への牋は内容不明だが、少なくともほかは李承休の起草にかかる。使節によるこの種の礼状のまめな献奉は、史料Bに記される往時の遣中国使の慣例を踏襲するものといえる。

このうち最初の謝表は宣徽院使甫羅達によりクビライに「伝訳」された。これに対して皇帝は、「ことの次第はよくわかったが、漢文の格式はどうか（事甚具悉、漢文格式如何）」と下問し、令史が「文章形式はととのっています（文格称爾）」と答えたという。このことは姜守衡により「盛事」として賀進使側に報じられ、その後、李承休のもとには表文の草稿閲覧を求める「華人」がおとずれたという（以上、二葉裏）。その後の表文についても、中書省の「郎吏」が称賛したことを侯友賢から慶賀されている。これについて宰相宋松礼は、「文章が中華の国を感じさせるとは貴殿のことである（文章感中華国者、子之謂矣）」と承休をたたえ、帰国後には国王が草稿の親覧におよんでいる（以上、二葉裏～三葉表）。

高麗官人が漢詩文の才を発揮して中国側に対して面目をほどこしたとのエピソードは、宋を中心に遼や金との交渉のなかでも散見される。中華の文化的価値観のもとでその文物の体得ぶりが注目される対中国交渉において、使節には王朝の威信・体面にも関わる〝文化使節〟としての側面があるため、[77]前述のごとく従来高麗から派遣される書状官には漢文の才が問われたのである。このことに高麗人が強い関心をよせる点は、一二七三年の対元交渉でも同じであり、国王や宰相にいたるまで、なかなかの熱の入れようである。これに対し、元側で高麗使の文才評価に直接関係したのは令史や中書省の郎官であった。彼らは侯友賢や表の草稿閲覧者のように漢人であるか、少なくとも漢文化人だったであろうが、属僚・吏員クラスにとどまる。またクビライの発問は、内容がモンゴル語で伝達された表文について漢文原文の体裁を簡単に確認しただけであり、その文芸的巧拙をみずから具体的に論評したわけでも、これにつっこんだ関心を示したわけでもなさそうである。少なくとも、宋の皇帝が高麗の表文の「雅麗」さをたたえ（『高麗史』巻九七・金富佾伝）、またその使節と詩を唱和したようなケース（同巻九五・李子淵伝附 李資諒伝）とは、おもむきを異にする部分である。

もっとも、高麗使の文才が相手国要人クラスの称賛対象となるのは、元以前でも特別なケースである。偶然の状況かも知れない上記の一事をもって当時の元朝首脳が中国の古典文芸にまったく無関心だったなどとは断じ得ない。むしろ近年の研究では、漢文化に対する元の保護奨励ぶりが注目されている。[78]ただモンゴル語を中心に多言語が用いられ、かつ実務が重んじられた元の政界において、美文漢文をあやつる能力が重視される場面や、その度合いが、より限定的、相対的なものになった部分は否定できないだろう。史料Bがのべるように、少なくとも高麗の対元交渉では、実務の比重が増すにつれて繁文縟礼がはぶかれ、ついには聘使の書状官までもが、必ずしも文才を問われなくなったというのである。

元の〝漢化〟を称賛する高麗知識人にとって、元は中華の継承者、少なくともそうあるべき王朝だったであろう。李承休は『帝王韻紀』で元朝皇帝を中国帝王の正系に位置づけている。彼らの欲求は高麗王への冊封、頒暦、朝儀、科挙といった中国伝統の諸制の導入によって、形式上はそれなりにかなえられた。高麗が定例的に遣わす種々の聘使も、彼らの目に伝統的な事大関係にもとづく遣中国使の継承と映じて不思議ではない。しかし中華の文化的価値観のもとで本来これを精神的にうらづけていた〝文化使節〟としての色彩は、やがて後退した可能性があるのである。

九月七日、賀進使一行には聖旨を奉じた中書省より賜衣がなされたようだが、あわせて帰国命令が下された。命令を伝えた二人の郎舎を開筵慰労し、その後、侯学士・姜宣使・任宣使・婁総管と小宴を設けた。翌日、順安侯は賜衣に対する謝表を侯学士に託して宿所をたつ。下命後ただちに出立したことからすれば、日どりは前もって決められていたのであろう。薊門（原文は蘇門だが、かかる門名・地名は確認されない）の東郊に世子諶が郊送の席を用意しており、侯学士・姜宣使・任宣使・婁総管らをまじえて送別の宴がもよおされ、ついに一行は帰国の途についた（以上、一六葉表～一八葉表）。[79]

八　小　結

本章では李承休の『賓王録』に依拠して一二七三年の遣元高麗使の足取りをたどってきた。雑駁な行論にながれたが、『賓王録』の旅程記録を整理して使節交渉の具体的状況を明らかにし、問題の所在を指摘するという所期の目的は、ひとまずはたされたと考える。とりわけ宮廷儀礼における高麗王族の配置をめぐる問題は、両国関係の性格を考えるうえで重要な指標となるだろう。また副次的に元初の燕京・モンゴル宮廷の状況についても興味深い情報を得ることができた。

李承休が関係した賀進使は、高麗側にとって従来中国に派遣してきたタイプの聘使だったと考えられる。記録者が「文儒」であることにともなう観察のかたよりや、それでもなおうかびあがるモンゴル国家特有の状況を考慮する必要もあるが、そもそも中国風の立后・立太子を慶賀する使節であり、館伴に儒教知識人をあて、できたての中国式宮殿を披露し、中国式の儀制をもって応対するなど、元側にとっても当時さかんにすすめられていた〝漢化〟政策と照応する部分が——少なくとも〝漢化〟を推進する層からみれば——大きかったかも知れない。かかる遣使はその後も事元期を通じておこなわれるが、しかし一二七〇年代以降、両国の関係が深まり、繁文縟礼をはぶいた実務的な遣使がふえるなか、このような聘使においても、やがて中華の文化的価値観に立脚した〝文化使節〟的性格が後退していった疑いがある。高麗・元関係について指摘される中国伝統の華夷秩序の踏襲という側面が、ある種形骸化した部分をふくむ可能性に注意したい。一二七三年の賀進使は、対元使節交渉のかかる転換期にあって、なお旧来のありかたに近かったわけだが、あくまで一例である。細部にわたる内容の一般性と特殊性をいかに判断するかが問題となるだろう。

一方、実務的な交渉のプロセスはどのようなものだったであろうか。とりわけ、その重要な担い手に、中国古典の教養を有する知識人官僚とは異なる、モンゴル語や漢語会話に長けた訳語関係者や、王妃となるモンゴル公主にしたがって高麗入りした非漢人の怯怜口《ゲルン・コウ》 ger-ün kö'ü（従者）出身者をふくむ点が注意される。また、高麗使が上都や皇帝の行在に入朝する際の段取り、さらには高麗側における元使の迎接についても検討を要するが、これらもすべて今後の課題とすることにしたい。

註

（1）『動安居士文集』「動安居士行録」巻一・病課詩并序。
（2）『高麗史』巻二九・忠烈王世家・六年三月乙卯、『高麗史節要』（以下『節要』と略称）巻二〇・忠烈王六年三月。
（3）『高麗史』巻一〇六・李承休伝附　李衍宗伝。
（4）「帝王韻記・動安居士集の解説」（『帝王韻記・動安居士文集（朝鮮古典刊行会叢刊第一）』朝鮮古典刊行会、一九三九年）、参照。
（5）韓国で刊行された『高麗名賢集』一（成均館大学校大東文化研究院、一九七三年）、『帝王韻記・動安居士文集』（亜細亜文化社、一九七七年）、『標点影印韓国文集叢刊』二（民族文化推進会、一九九〇年）、『韓国歴代文集叢書』三一（景仁文化社、一九九三年）にも影印がおさめられる。
（6）林基中編『燕行録全集』全一〇〇冊（東国大学校出版部、二〇〇一年）は、『賓王録』をその第一冊の巻頭におさめる。

(7)『高麗史』巻二五・元宗世家・元（中統元／一二六〇）年四月辛酉、八月壬子、『元高麗紀事』中統元年四月二日、六月。

(8)王惲『中堂事記』中統二年三月一五日丙子（『秋澗先生大全文集』巻八〇）。

(9)李奎報「送晋卿丞相書」二件（『東国李相国文集』巻二八、『東文選』巻六一）、金敞「与中山・称海両官人書」（『東文選』巻六一）、金坵「与張学士書」（『東文選』巻六二、『止浦集』巻三）。晋卿は耶律楚材の字。太宗オゴデイ期の筆頭書記称海《チンカイ》と列記される中山とは、楚材とともに書記の一人だった粘合重山のことであろう。張学士について、一二六〇（元宗元／中統元）年ころに書かれた上の書状では、その業績を叔孫通が漢の朝儀をととのえ儒教をおこしたことになぞらえているが、詳細は不明。

(10)ただし明らかな例外として、一二六八（元宗九／至元五）年に元の丞相安童は高麗に書を送って薬を求めており（『高麗史』巻二六・元宗世家・九年一一月丁卯）、同じころ高麗も元の翰林学士承旨王鶚に書をしたためて備兵造船命令の不可を訴えている（金坵「又与王学士書」（『東文選』巻六二、『止浦集』巻三））。

(11)『元史』巻八・世祖本紀・至元一〇年三月丙寅、辛未。

(12)『高麗史』巻二七・元宗世家・一四年五月壬申。『節要』は誤って同じ記事を四月にかける（巻一九）。

(13)本賀進使の遣使・来朝に関する正史の記事（註31・38所掲史料、および『節要』巻一九・元宗一四年閏六月）には順安侯と彼の名だけがあがり、後述のように元でも正使につぐ待遇をうけている。

(14)『高麗史』巻一二三・李汾禧伝附 李槢伝、および廉承益伝。

(15)鄭仁卿については『高麗史』巻一〇七・鄭仁卿伝、および「鄭仁卿墓誌銘」（韓国国立中央博物館蔵。筆者実見。釈文に関する参考文献については本書第一章、五六頁、註23、参照）による。池瑄については『賓王録』一九葉表に「訳語・別将池瑄」と記される。

(16)『高麗史』巻一二三・李之氏伝に金義光の履歴記事がある。

(17)『高麗史』巻二八・忠烈王世家・四（至元一五／一二七八）年九月辛丑、同書巻二九・忠烈王世家・九（至元二〇／一二八三）年三月己未、同書巻三〇・忠烈王世家・一六（至元二七／一二九〇）年八月癸酉。

(18)廉承益・鄭仁卿・趙瑊・金義光については註14〜17所掲の関係史料、金富允については『高麗史』巻一〇七・金富允伝を参照。池瑄については『高麗史』巻三〇・忠烈王世家・一八（至元二九／一二九二）年三月癸卯に西京留守任命記事がある。

(19)崔瀣『拙藁千百』巻二・送鄭仲孚書状官序にみえる元統二（忠粛王後三／一三三四）年の元への賀聖節使では、王がみずから正使などのスタッフを選び、書状官については正使に推薦させたという。また李穡は、元の会試（科挙二次試験）受験にあわせて謝恩使の書状官に任じられている（註20所掲史料、参照）。

(20)李穡『牧隠集』詩藁巻二「歳戊子（＝一三四八（忠穆王四／至正八）年）、陪李政丞凌幹・李密直公秀、進賀天寿聖節、今以会試之故、得為書状、奉謝恩表、馳駟赴都、東八站上、因懐二公、吟成短章」。

(21) 内廂については、『高麗史』巻六八・礼志・兵馬使及軍官拝坐儀、同書巻一〇二・金之岱伝、同書巻一〇三・金就礪伝の記載から、軍隊組織であり、金就礪・趙冲などの元帥や兵馬使の麾下にあったことがわかる。日本遠征の指揮官として著名な金方慶について、麾下の将士が内廂と号して日々その門を警護したということからすれば（『高麗史』巻一〇四・金方慶伝）、最上級軍司令官の警護隊だったのであろう。判官・録事などの幕僚機構をさすとの見解もあるが（呉［一九九一］二二〇頁）、前述『高麗史』礼志・兵馬使及軍官拝坐儀には、判官・録事とは区別して、「都領・指諭」や「十将」に率いられた「左右」二隊の内廂がみえている。なお高麗末の禑王代になると地方における内廂の存在が確認されるが、これは当時地方防衛を指揮した都巡問使の軍営である（呉［一九八六］三〇頁、参照）。

(22) 『高麗史』巻二・光宗世家・二三（九七二）年是歳。

(23) 『高麗史』巻一一・粛宗世家・六（一一〇一）年二月壬辰など。

(24) 『高麗史』巻三・成宗世家・一一（九九二）年六月甲子、『節要』巻二・成宗一一年六月。

(25) 「李軾墓誌銘」。韓国・国立中央博物館蔵。筆者実見。撰者不明。撰述年も不記載だが、墓主は一一五五（毅宗九）年死亡、翌年埋葬。なお釈文にあたっては李蘭暎［一九六八］一四〇～一四一頁、許興植［一九八四ａ］七三四～七三六頁、金龍善［二〇一二］一四九～一五〇頁も参照。

(26) 世子諶の随員について、『高麗史』巻二七・元宗世家・一二（至元八／一二七一）年六月己亥では、「衣冠胤冑」二〇名、および「衙内職員」一〇〇名と記す。一方、『元高麗紀事』至元八年六月と『元史』巻二〇八・高麗伝・至元八年六月では、「衣冠胤冑」の人数を二八名とする。

(27) 昊天寺見物の同道者として「尚書宋份」「郎将尹福均」の名もあがるが、世子の従臣である可能性もあるので、賀進使の顔ぶれを説明した際にはふれなかった。とくに「尚書宋份」は世子に随従する尚書右丞宋玢かとも疑われるが（註26所掲史料、参照）、尚書右丞が「尚書」と略称されたとの確証が得られないので、結論はしばらくおく。なお、もしこの考えかたがなりたつ場合、前にふれた賀進使一行の「尚書」の李某も「尚書左丞」李汾成のことである公算が大きくなる。

(28) 燕京での遊覧に王子が同行したならば、たとえば「侯邸（＝順安侯）に随行して濾江石橋に遊んだ（陪侯邸遊濾江石橋）」（九葉表）とあるように、李承休ら一般官員がこれに陪従したという形であらわされるはずである。しかしここでは単に「昊天寺に遊ぶ」と記すにすぎない。このとき李承休ら「二百許人」が寺の九層木塔に登ろうと殺到したため三層目でつかえてしまったというぐらいであるから、気軽な物見遊山だったのであろう。

(29) 『節要』巻二〇・忠烈王四年一二月。なお『高麗史』巻一二三・李汾禧伝には如上の文面をやや縮約した形で載せる。

(30) 池内［一九三一ｂ］第六章、参照。

(31) 『高麗史』巻二七・元宗世家でも、同日である元宗一四年閏六月己未に、「順安侯悰・同知枢密院事宋松礼を元に遣わして［皇后・皇太子の」冊封を慶賀した（遣順安侯悰・同知枢密院事宋松礼、如元賀冊封）」とかかげている。

(32)『高麗史』巻五八・地理志・西海道・平州、『新増東国輿地勝覧』巻四一・黄海道・平山都護府・山川・猪灘。大同江や鴨緑江をさす浿江とはもとより別である。

(33)『高麗史』巻八二・兵志・站駅・金郊道。

(34)開京～遼陽間の交通路上における固有地名化した「分水嶺」として、いわゆる「燕行録」（北京使行録）を中心とする朝鮮時代の文献では、この山嶺に関する言及が頻出する（たとえば崔溥『漂海録』、許震童『東湘集』巻七・朝天録・赴北京道里館站など）。ごく一部の事例では、連山関から遼陽にむかう途上、高嶺（大高嶺・会寧嶺・天磨嶺・摩天嶺ともいう）をこえて甜水站（現・遼寧省遼陽市遼陽県甜水郷）にいたるあたりの山嶺を「分水嶺」とよんでいるようだが（李詹『双梅堂先生篋蔵集』巻二・観光録、崔演『艮斎集』巻九・西征録、任相元『恬軒集』巻一五など）、例外的である。ただし李承休が普通名詞としてそのほかの山嶺についてのべている可能性も、完全には排除できない。なお高麗時代の記録では、ほかに金坵が一二四〇（高宗二七／太宗オゴデイ四）年にモンゴルにおもむいたときの作品とされる詩にも「分水嶺途中」（『東文選』巻二〇、『止浦集』巻一）があるが、位置比定につながる情報は得られない。

(35)『析津志輯佚』（中華書局、一九八三年）大都東西館馬歩站・天下站名、一二三頁。

(36)崖頭站の位置問題については、모리히라［二〇一二］一六七～一六九頁、参照。

(37)『金史』巻二四・地理志・北京路・大定府、『元史』巻五九・地理志・遼陽等処行中書省・大寧路、『元一統志』（趙万里校輯、中華書局、一九六六年）巻二・遼陽等処行中書省・大寧路。

(38)『元史』巻八・世祖本紀では至元一〇年七月戊申（二九日）にこの賀進使の来朝記事をかかげる。誤りでないとすれば、この日に高麗使の来訪が元朝宮廷にさきぶれされたのであろうか。

(39)金／玄／佐藤［二〇〇二］三五五～三五六頁、参照。

(40)本書第五章所掲の表5-2、参照。

(41)『析津志輯佚』（前掲）大都東西館馬歩站・天下站名、一二二～一二四頁。『経世大典』站赤の各省站名記事（『永楽大典』巻一九四二二）とは若干異同もあるが、ルート自体に大きな違いはないとみられる。

(42)具体的な位置については、民国一七（一九二八）年全国陸軍測絵総局作製五万分一地形図「寛城」（『中国大陸五万分の一地図集成III』科学出版社、一九八八年）参照。

(43)寛城県志編纂委員会［一九九〇］三七三頁、参照。筆者は二〇一二年五月二一日に現地を実見した。

(44)ただし東京から潘州へは「斜路」を通ったという（四葉裏）。曲がりくねった間道のことだろうか。

(45)『元史』巻八・世祖本紀では至元一〇年九月丙午（二七日）に「車駕至自上都」としており、八月末における高麗使とクビライの接触に関する『賓王録』の記載はすべて否定されるかにもみえる。しかし『賓王録』の記述全体の具体性と整合性からみて、旅行記全体を虚妄の説におとしめるような、大きな捏造や誤謬の跡はみとめがたい。『元史』の記載が意味するところはともかくとして、八月末の燕京にクビライがいたことは間違いない。

(46) 渡辺［一九九九］参照。なお元初の大都城・中都城をめぐる諸問題については、渡辺健哉より多くの教示を得た。

(47) 『析津志輯佚』（前掲）朝堂公宇、八頁。

(48) 中書省の宣使については、張帆［一九九七］一六〇～一六二頁、参照。

(49) 『高麗史』巻二五・元宗世家・元（中統元／一二六〇）年二月乙丑。

(50) 趙仁規は元宗代はじめまでにモンゴル語を習得したようだが、記録上、彼が最初に対元交渉の現場に関わるのは、己巳（元宗一〇／至元六／一二六九）年に潜邸期の忠烈王にしたがって入元した際である（『稼亭集』巻三・趙貞肅公祀堂記、「趙仁規墓誌銘」〔『平壌趙氏世譜』平壌趙氏大同譜所、一九二九年〕）。一二七三年当時、彼がすでに訳語としてのキャリアを積みはじめていたことは間違いなかろう。

(51) 『元史』巻七・世祖本紀・至元八（元宗一二／一二七一）年三月甲戌。

(52) 『中堂事記』中統二年六月一〇日庚子（『秋澗先生大全文集』巻八二）。

(53) たとえば徐世隆は、「いま四海は一家となり万国が会同するので、朝廷の礼が厳粛でないわけにはいきません。よろしく百官朝会の儀をさだめるべきです（今四海一家、万国会同、朝廷之礼、不可不粛。宜定百官朝会儀）」と上奏し（『元史』巻一六〇・徐世隆伝、蘇天爵『国朝名臣事略』巻一二・太常徐公）、王磐は、朝賀の秩序なきさまが「外国に笑いをのこすであろうことを憂慮し、朝儀を整備するように奏請した（慮将貽笑外国、奏請立朝儀）」（陶宗儀『輟耕録』巻一・朝儀）。魏初も宮中饗宴のさまを批判し、「外には高麗・安南があり、使者が入貢して中国の威儀を目にする（外有高麗・安南、使者入貢、以観中国之儀）」ので、君臣の「尊卑之礼」をただすように上疏し（『元史』巻一六四・魏初伝。なお魏初『青崖集』巻四・奏議、参照）、王惲は、朝儀が「万国に威儀を示し、百官を粛正する（表儀万国、粛正百官）」ものであるとした（王惲『烏台筆補』為百官賀正未見私先相賀状〔『秋澗先生大全文集』巻八五〕）。

(54) かかる心情・姿勢がうかがわれる一例として、註9所掲の金坵「与張学士書」には、いまや元は「軍事をやめて文教をおこすとき（偃武修文之際）」であり、張学士の功績は漢の朝儀をさだめ儒教をおこした叔孫通を超えるという賛辞がみえる。

(55) 山本［一九五五］八三～八五頁、張帆［一九八八］七五～七七頁、宮［二〇〇六c］三四〇～三四四頁、参照。

(56) 『元史』巻八五・百官志・礼部・会同館。

(57) 『元史』巻七・世祖本紀・至元九年一〇月癸卯。『元史』巻八五・百官志・礼部・会同館に至元一三年設置とするのは、中華書局標点本の校勘（二一五四頁）どおり誤謬であろう。

(58)『元史』巻八・世祖本紀・至元一〇年九月壬寅。
(59)『元史』巻一一・世祖本紀・至元一八年一〇月壬子。
(60)『元史』巻一一・世祖本紀・至元一七年一一月己亥。
(61)『烏台筆補』請立四方館事状（『秋澗先生大全文集』巻八九）。この状文中に交趾国（陳朝大越）使の黎仲陀と丁拱垣が「近日」来朝したと記されるが、彼らの入元は黎崱『安南史略』巻一四・歴代遣使・陳氏遣使の至元庚午（至元七／元宗一一／一二七〇）年条に確認される。
(62)厳光大『祈請使行程記』徳祐丙子（一二七六）閏三月一〇日（劉一清『銭塘遺事』巻九）。
(63)カルピニ／ルブルク［一九八九］七五頁。
(64)玉殿については、『元史』巻六・世祖本紀・至元四（元宗八／一二六七）年九月壬辰に「広寒殿内に玉殿を建造した（作玉殿于広寒殿中）」とある。
(65)『元史』巻八・世祖本紀・至元一一年正月朔。
(66)陳高華［一九八四］八六頁、陳学霖［二〇〇二］八一頁、福田［二〇〇四］五三頁、参照。長朝殿が大明殿であることについて、陳高華と陳学霖は根拠を示さず、福田は長朝殿での皇帝の宴に高麗王族が列席したという『高麗史』の記事や、字義から推定するにとどまる。しかし『賓王録』の記録はさらなる傍証となる。すなわち①長朝殿の位置は「万寿山の東」（一一葉裏）であり、宮城内と判断される。②『元史』巻六七・礼楽志所載の儀注に大明殿で挙行と規定される賀聖節礼が長朝殿でおこなわれている（一四葉表）。③いまからのべるように、その落成式には諸王・百官から外国使までが参集しており、大明殿が大規模な重要儀礼の会場であることに符合する。④一万人を収容できる大殿であるという点も（一三葉表）、『東方見聞録』に六〇〇〇人を収容可能と形容される大明殿の規模（ポーロ［一九七〇］二〇一頁）にかさなる。
(67)該当部分を摘記する。「……通賛曰鞠躬、曰拝、曰興、曰拝、曰興、曰都点検稍前、宣賛報曰聖躬万福、通賛曰復位、曰拝、曰興、曰拝、曰興、曰平身、曰搢笏、曰鞠躬、曰三舞踏、曰跪左膝三叩頭、曰山呼、曰山呼、曰再山呼……」。
(68)該当部分を摘記する。「……通賛曰鞠躬、曰拝、曰興、曰拝、曰興、曰平身、曰搢笏、曰鞠躬、曰三舞踏、曰跪左膝三叩頭、曰山呼、曰山呼、曰再山呼……」。
(69)ポーロ［一九七〇］（二二〇～二二一頁）につぎのように記されている。「カーンが朝会に臨んで群臣に宴を賜う際の儀式は次のような次第である。カーンの食卓は一般者のそれに比べてぐっと高く設けられる。彼は北側に正位して南面する。カーンのかたわらには左側に第一皇后の席がある。右側は一段低くなって、着席者の頭がちょうどカーンの足元にあたる平面に皇子・皇孫・皇族諸王が列座する。皇太子の席はこれよりやや高めにしつらえられている。以下重臣たちは更に一段下がったテーブルにつく。皇子・皇孫・皇族諸王の妻女たちの席も同様に、これと対応して左側の一段低めに設けられるし、以下諸々の重臣・武将たちの妻女やって来るのである」。

に手にりっぱな献上品を持参してやって来ているからなのである。かかる人々は、カーンが朝会に臨み饗宴を賜う日をめがけて

たとえば外国から珍奇な物品をもたらし来たった人々だとか、あるいは在来の官職の外に更に別の官職を得たいと願う人々が、手

食者の数はおびただしいもので、広間の外にもなお四万人以上の人々があって食事をともにしている。それというのも大勢の人々、

定の食卓はあてがわれない。食卓がこのように配置されているから、カーンはいながらにして全陪食者を見渡すことができる。陪

列する人々すべてがこんなふうに食卓につけるわけではない。大部分の武臣や高官は広間の絨毯上に坐して食事するのであり、特

席は更に下段に位する。これらの席次はカーンによって指定されたところだから、各々が自らの席を心得ている。ただし饗宴に参

(70) これ以前でも、両国講和の際には入元中の世子が「藩王の礼」をもって遇され（『高麗史』巻二五・元宗世家・元（中統元／一二六〇）年三月丁亥）、また元が武臣林氏政権に圧力をくわえてこれを崩壊にみちびいた際には、正式な婚約前にもかかわらず元宗が「駙馬大王の父」として元使に上座をすすめられた（なお元宗はこれを謝絶）例がある（『高麗史』巻二六・元宗世家・一〇（至元六／一二六九）年一一月癸亥）。ただし高麗王家に対する優待の背景として、これらの場合、両国のあいだにするどい政治的緊張が存した点が、一二七三年とは大きく状況が異なる点である。

(71)『高麗史』巻一〇八・金之淑伝、『節要』巻二一・忠烈王二一年七月。

(72) 姚燧『牧庵集』巻一六・栄禄大夫福建等処行中書省平章政事大司農史公神道碑。

(73)『元典章』巻二二・戸部・市舶・市舶則法二十三条。

(74) 大護国仁王寺については、中村淳［一九九三］参照。

(75) 杉山［二〇〇四d］一四二〜一四六頁。

(76)『中堂事記』中統二年六月一一日辛丑（『秋澗先生大全文集』巻八二）。

(77) この問題については、古畑［一九九五］参照。

(78) そのまとまった成果として、宮［二〇〇六a］をあげておく。

(79) 薊門は燕京の著名な古跡だが、中都城内にあるため郊送の場としてはいささか不自然である。中都城ないし大都城の城門を象徴的にこうよんでいるのであろうか。燕京の東方に位置する薊州、とくにその治所がおかれた漁陽県（現・河北省天津市薊県）のことを薊門とよぶこともあった（모리히라［二〇一二］一八九〜一九〇頁、参照）。しかし李承休がいう薊門もそうだとすると、世子や元の接待担当者たちは、高麗使一行を見送るために燕京から九〇km近くはなれた地まで出むいたことになり、これも不自然であろう。

第3編　帝国における王国の存立

第九章　事元期高麗における在来王朝体制の保全問題

一　問題の所在

高麗と元の国家間関係をめぐっては、元のモンゴル牧民国家的な、あるいは、少なくともそれ以前の中国王朝との関係にはみられない、特徴的な制度・慣例の運用が注目される。たとえば、歴代の高麗王がモンゴル皇族の公主をめとって元朝帝室の駙馬（グレゲン güregen）となり、帝国の最高支配層である王侯貴族集団の一員となったこと。(1)歴代高麗王がその子弟を質子（禿魯花《トルガク》 turɣaɣ）としてモンゴル皇帝の宿衛（ケシク kešig）に入侍させたこと。(2)高麗の地に元の最高地方統治機関の一つとして征東行省が設置され、歴代の高麗王がその長官を兼任したこと。(3)元の要求のもとで高麗に駅伝（站赤《ジャムチ》 ǰamči）が設定されたこと。(4)元朝皇帝を頂点とする元の宗教的権威が高麗の支配層や仏教界にもおよぼされたこと。(5)元の支配層の求めに応じて高麗から童女や宦官が送遣されたこと、(6)などがあげられよう。これらは、主として高麗と元が政治的に一体化した側面、換言すると、高麗が元の国家体制に統合された側面をあらわす要素である。

一方で、これに対し、上記とは異なる側面として、両国の関係が「従来の中国の伝統的な華夷観の範疇から大きく逸脱するものではなかった」(7)という点を強調する立場がある。両国関係の基軸として高麗が独自の王朝体制を維持したことを重視し、これを高麗が中国王朝に対して伝統的におこなってきた事大外交――形式的な君臣関係はむすぶが実際上の独立は失わない――の延長線上にとらえる視点である。

たしかに一四世紀前半の段階で、「現在天下において、〔独自の〕君主とその臣下があり、領民と社稷があるのは、三韓（＝高麗）だけである（方今天下、有君臣、有民社、惟三韓而已）」という認識が、高麗・元両国のあいだで共有されていたこと。(8) またイランの地のフレグ・ウルスにおいて、征東行省のことが「独立した一王国《マリキー》である高麗《コウリ》 Koulī と高句麗《コウクリ》 Koukūlī 州《ヴェラーヤト》の省《シン》」(9) と記述されたことからも、高麗が元とは一定に区別される独自の王国として存続したことが、同時代的にも注意されていたことは間違いない。

しかし、この在来王朝体制の保全という問題を伝統的な華夷秩序・事大関係の枠組みのなかに単純におしこめて理解し、これを中心にすえて両国関係の全体的枠組みを説明するのは、いささか無理があるとおもわれる。前記のごとく両国のあいだでは、それまでの対中国関係にはみられないモンゴル政権に特徴的な制度・慣例が適用されていたし、元は高麗の統治に関して直接的な干渉をくりかえしおこなった。こうした事実は、如上の発想のもとでは例外・異質性・二重性などとかたづけられるばかりで、両国関係をそれ自体のありかたに即して総合的かつ整合的に説明できなくなる。例外の比重が大きいとすれば、そもそもこれを華夷秩序の論理で説明することの有効性自体を問いなおすべきだろう。高麗独自の王朝体制がいかなる枠組みのもとで保全されたのか、内実をみきわめる必要がある。

本章ではまず、この問題に関する唯一の本格的研究にして、韓国の学界では高麗・元関係史の通説的地位を占めている李益柱の「世祖旧制」論(10)をとりあげ、その内容を吟味する。そのうえで、高麗在来の王朝体制を保障する意思決定の形式を再検討するとともに、そのもとでの王朝存立の様相を王位と所領をめぐる状況からみなおしてゆく。そして最後に、官制・礼制・刑獄など個別の項目ごとに旧習保全の様相を概観する。

る。

二　「世祖旧制」論の検討

（1）「世祖旧制」論の内容

李益柱によって提示された「世祖旧制」論にもとづく高麗・元関係の構図とは、おおむねつぎのようなものである。

①一二三一（高宗一八／太宗オゴデイ三）年より本格的に開始された侵略戦争に際して、モンゴルは高麗に対し、貢物と「六事」の要求を基本とする外交関係を求めてきた。「六事」とは、征服地に対して要求される一般的事項であり、「納質」（人質の提出）、「助軍」（軍事協力）、「輸糧」（糧食の供出）、「設駅」（駅伝の設置）、「供戸数籍」（戸籍の提出）、「置達魯花赤」（ダルガチ daruγači（監視官）の設置）といった内容からなる。しかし高麗政府が海島（江華島）にたてこもり抵抗をつづける過程で、講和条件となる要求内容は、貢納と国王の親朝、納質、出陸還都などに変化する。さらに国王親朝の要求は、王太子の親朝へと変わった。

②一二五九（高宗四六／憲宗モンケ九）～六〇（元宗元／中統元）年に高麗と世祖クビライ政権（元）とのあいだで和議がすすめられ、これが成立すると、元は両国の関係を安定させるべく穏健な姿勢を示し、漢法にもとづく伝統的な事大外交の形式が再現された。すなわち元は当初派遣したダルガチと高麗に展開していた軍を撤収させ、みずからモンゴルに投じた高麗人の返還を約束するとともに、高麗に対し「不改土風」（在来の慣習の不変更）の原則を提示した。また開京（現・黄海北道開城市）還都に関しても猶予をあたえた。貢物をめぐる摩擦がのこり、「六事」の要求もひとまず留保されただけだったが、国王元宗の親朝は一二六四（元宗五／至元元）年に実現した。

③しかし一二六八（元宗九／至元五）年になると、元の政権が安定して対外的な積極姿勢が強まるとともに、高麗

に対する態度は硬化した。すなわち、出陸還都と「六事」の要求が再燃し、一二六九（元宗一〇／至元六）年の権臣林衍による国王廃立事件の結果、元の軍隊とダルガチが高麗に進駐するにいたった。講和当初の合意は否定され、王朝体制は維持しつつも、「六事」の義務にしたがい、ダルガチの内政干渉をうけ、さまざまな物的・人的な負担をおうことになった。

④一二七四（元宗一五／至元一一）年に忠烈王が即位すると、王がクビライの公主をめとって帝室の駙馬となったこと、また日本や南宋の経略において高麗の協力が必要であることから、高麗の地位は相対的に向上した。元に対する要求がうけいれられるようになり、貢納は元の一方的な収奪から、高麗が定期的に納付する形式に変化し、さしたる負担ではなくなった。

⑤一二七七（忠烈王三／至元一四）～七八（忠烈王四／至元一五）年の金方慶誣告事件に際し、忠烈王は元との直接交渉により、自国の重臣にかけられた謀反の嫌疑をはらし、逆に「附元輩」を牽制し、高麗から元軍とダルガチを撤収させることに成功した。その後、「六事」は高麗支配策としての意味を喪失した。すなわち「供戸数籍」は免除され、「助軍」と「輸糧」は強化されたものの、一方的な要求から高麗の自発性を名分とするものに変わり、「納質」と「設駅」は負担感が減退していった。かくして、元の官吏・軍隊が常駐せず、不改土風の原則により高麗独自の王朝体制を維持し、元に対して事大の形式をおこなうことが両国関係の基本となる。これがのちに〝世祖皇帝の時代に成立した体制〟として、「世祖旧制」とよばれることになった。

⑥一方、元は高麗統制策として冊封権を実質化し、その国制を諸侯国のそれに降等させた。しかし高麗のごとく事大関係をとりむすぶ外国はほかに例がなかった。そこで一般的な対外関係と高麗の地位を整合化するため、一二八七（忠烈王一三／至元二四）年、高麗に元の最高地方機関の一つとして征東行省を設置し、高麗王に長官を兼ねさせた。以後、両国間の行政的関係は行省の例によることとなった。

以上を要するに、元宗代の後半から再強化され貫徹されたという「六事」の要求を、当初における元の基本的な高麗統制策と位置づけ、これが一二七八年前後の画期をへて、のちに「世祖旧制」と称される体制に転換していったとの理解である。そして「世祖旧制」とは、王位が元にコントロールされるものの、不改土風の原則にもとづいて高麗独自の王朝体制を保全しつつ、元と事大関係の形式をおこなう体制であるという。

このような李益柱の議論は、高麗・元関係の変遷を始点より丹念に追跡し、両国関係の基本構造を解明したものとして、多くの関連研究に引用され、ほぼ通説としての地位を獲得している。たしかに、従来の研究が個別の制度分析にとどまっていたことにくらべ、各方面にめくばりをした体系的な理解である。かかる問題意識と分析姿勢は、今後とも継承されなくてはならない。ただし李の見解に関しても問題がないというわけにはいかない。

（2）「六事」について

まず李益柱が「世祖旧制」成立前における高麗・元関係の基本的枠組みと位置づける「六事」について検討しよう。この概念は韓国では高柄翊により提示された見方である。[11] 一方、日本においては、これとは別に乙坂智子がモンゴルの対外政策の枠組みとして「六事」に注目し、[12] 松田孝一も服属勢力に対するモンゴルの要求を六項目ととらえている。[13] 高柄翊や李益柱の議論をふまえ、筆者もまた「六事」をモンゴルの服属国統制策をさす術語として記述したことがある。[14]

「六事」という言葉自体は、一二六七（元宗八／至元四）年に元から安南（陳朝大越）に対しておこなわれた要求について、つぎのごとくみえるものである。

ほどなく再び詔を下して六事を諭告した。第一は君主が親朝すること、第二は子弟が入質すること、第三は人口を編籍すること、第四は軍役を供出すること、第五は税賦を納入すること、第六は継続してダルガチをおき、これを統治すること、である。（未幾、復下詔諭以六事。一君長親朝、二子弟入質、三編民数、四出軍役、五輸納税賦、

六仍置達魯花赤統治之)[15]

またこれとほぼ同じ六項目の要求が、翌年高麗に対して下されたクビライの詔にも、

モンゴルが北京路摠管兼大定府尹于也孫脱・礼部郎中孟甲らを遣わしてきて、詔を下していうことには、「……我が太祖チンギス皇帝のさだめとして、およそ内属した国が人質をおさめ、軍事協力をし、食糧を納入し、駅伝を設置し、戸籍を供出し、ダルガチを置くことは、以前すでにこれを明確に諭告したところである……」とのことであった。(蒙古遣北京路摠管兼大定府尹于也孫脱・礼部郎中孟甲等来、詔曰、……惟我太祖成吉思皇帝制度、凡内属之国、納質、助軍、輸糧、設駅、供戸数籍、置達魯花赤、已嘗明諭之矣……)[16]

とみえている。これらの史料から、モンゴル帝国は服属国に対して六項目の要求を示すのが通例であり、その総体をさす術語が「六事」であると理解されてきたのである。

しかし両記事をみれば明らかなように、高麗に対する要求内容と、安南に対する要求内容とのあいだには歴然とした違いがある。すなわち、人質の提出(納質/子弟入質)、戸口情報の提出(供戸数籍/編民数)、物資の供出(輸糧/輸納税賦)、軍事協力(助軍/出軍役)、ダルガチの設置(置達魯花赤)は共通しているが、安南については君主の出頭(君長親朝)、高麗については駅伝の設置(設駅)が別にふくまれ、他方にはみえないのである。

ただし君主の「親朝」が高麗に対しても要求されたことは、交戦期(高麗高宗代)における両国の交渉内容をみれば明らかである[17]。一二六八年の要求にこれがふくまれないのは、すでにその四年前の一二六四(元宗五/至元元)年に国王元宗が入朝をはたしたからである[18]。駅伝敷設の要求がのちには安南に対してなされたことも、『元史』巻八・世祖本紀・至元一二(忠烈王元/一二七五)年正月壬辰に、つぎのようにみえている。

安南国の使者が帰還した。勅を下し、旧制により戸籍を登録し、ダルガチを設置し、軍隊を徴発し、駅伝を設立し、租税と歳貢を納入するなどのことを、これに諭告した。(安南国使者還。勅以旧制籍戸・設達魯花赤・簽軍・立站・輸租及歳貢等事諭之)

すなわち駅伝の設置（立站）は、ダルガチの設置、軍事協力、物資供出、戸口の編籍と同様に、旧来の定制（旧制）としての要求事項にふくまれるのである。

つまりトーマス・オールセンや松井太も史料に即して列挙するように、[19] モンゴルが征服先の政権に対して定例として要求する事項は、少なくとも君長の出頭、質子の提出、ダルガチの設置、戸籍の提出、軍事協力、物資の供出、駅伝の敷設、という七項目にわたるのである。

このうち物資供出の義務については、たとえば上記のごとく単に糧食とするケースがある一方、前掲した一二七五年の安南に対する要求では、「租」（租税）と「歳貢」（年例の貢物）に区分する。また元朝成立前のモンゴル帝国に関する記録、ジュヴァイニーの『世界征服者の歴史 *Tārīkh-i Jahān-gushā*』では、「正税」「糧秣」にくわえて「臨時経費」をあげている。[20] 西アジアに関しては貨幣や織物を貢納させた事例も伝えられている。[21] 対象地域により種目・品目やそれに応じた定期・不定期の別など徴収形態にいくつかの違いがあったようで、場合によってはそれらが別種の要求事項として分別して認識、提示された可能性もあるが、ここではひとまず〝モンゴルが求める物資供出に応じる関係〟という大枠で理解しておきたい。

先行研究でも、高麗と安南とのあいだで元の要求内容が異なることは認識されていたが、にもかかわらず、「六事」が要求全体を総称する術語として用いられてきた。しかしこれは、ある時点において安南と高麗に対する要求項目数がたまたま一致したことに幻惑された誤解であり、六という数に制度としての意味はない。[22] また少なくとも七件におよぶ要求項目も、あくまで基本原則であり、実際にそのどれをどのタイミングで要求するかは、モンゴル側がケース・バイ・ケースに判断し、ある程度柔軟に運用していたのである。[23]ところが先行研究では、実際の要求項目数とのずれを整合化しようとして、たとえば乙坂智子は君主の親朝と質子の提出を一括してとらえ、筆者は旧稿において糧食と軍隊の提供をあわせて軍事協力とみなした。しかしこれらが別個の要求項目であることは上掲の関係史料に照らして明白であり、筆者としてはここに旧稿の誤りを訂正しておきたい。

なお前掲した『高麗史』世家所収のクビライ詔では、こうした要求を「太祖チンギス皇帝のさだめ（太祖成吉思皇帝制度）」とのべているが、駅伝や戸籍の整備は第二代皇帝オゴデイの代に実施されたことから、上記のような要求体系がチンギスの時代から完備されていたとはいいがたい。[24]しかしクビライがこうした要求について、「およそ遠近のもろもろの新附の国については、我が祖宗においてすでにさだまったきまりがある（凡遠邇諸新附之国、我祖宗有已定之規）」とのべたように、[25]少なくとも元初には、モンゴル帝国初期にさかのぼる定例としての認識が定着していたのであろう。

さて李益柱は、以上のようなモンゴルの服属国に対する定例要求について、一二七八年以降、高麗統制策としての重みを喪失してゆくとみているが、適切な見方であろうか。

李自身は高麗をめぐる「六事」にふくめていないが、まず君長の出頭から検討してみよう。これは帰服に際して恭順の意を確認する一時的な通過儀礼にもみえるが、一度はたされればその後は関知せずというのでは、恒常的な支配―被支配関係の構築手段としては形式的にすぎる気もする。他の要求がいずれも継続的な支配に関わる内容であることからすると、モンゴル側の必要に応じて随時出頭に応じるような関係を求めていたのかも知れない。少なくとも高麗に関しては、前述のごとく元宗が一二六四年に初の親朝をはたしたが、その後も同王・忠烈王・忠粛王などが元の求めに応じてしばしば入朝している。[26]

質子（トルガク）の提出については、本書第四章で詳論したように、元宗から忠恵王にいたる歴代国王がこれを継続していた。李益柱は、忠烈王代初期以降、人質としての意味合いがうすまり、元に宿衛するだけの形式になったとして、制度が形骸化したとみているが、[27]これはトルガク制度に対する誤解である。

モンゴルのトルガクとは、服属の担保として抑留されるだけの、単なる人質とは異なる。徴集されたトルガクは皇帝の親衛であるケシク（宿衛）に編入され皇帝に奉仕するが、ケシクは服属国の子弟のみならず、むしろモンゴル支配層の子弟を中核として構成される。彼らは皇帝の身辺警護にくわえ、その生活や政務に関わる種々の用務（怯薛執事）に従事する。こうした活動を通じ、ケシクはモンゴル帝国支配層の一員として皇帝直々の薫陶をうけ、やがては国家機構の一翼を担ってゆくことが期待されるのである。それゆえ元代、ケシクは立身の捷径とみなされ、またその地位は皇帝の恩寵あつい栄誉ある特権と位置づけられた。一方、皇帝側からみれば、それは外部勢力を体制内にすみやかに吸収、統合していくための便法であり、そこにモンゴル帝国の爆発的な勢力拡張の一因があるともいえる。

要するに、トルガクがケシクにはいることは、制度の本質的な部分にあたる。高麗は忠烈王代以降、上記のようなトルガク・ケシクの特性を、モンゴル傘下における自国の地位向上のために大いに活用していたとみられる。したがって、高麗からのトルガク派遣とそのケシク参入が定例化されたことは、所期の目的にそった制度の運用であり、また一面ではモンゴルの体制に対する高麗側の適応でもあり、制度の形骸化を意味するものではない。

つぎにダルガチについては、帰服直後の一二六〇（元宗元／中統元）年に一時的におかれたのち、一二六九（元宗一〇／至元六）年の国王廃立事件を契機として、一二七〇（元宗一一／至元七）年に再設され、一二七八年まで駐在したことがわかっている。[28]この点は李益柱がのべるとおり、[29]一二七八年に明瞭な画期がある。以後、高麗国内にダルガチの名目で元の国政監視官がおかれることはなかった。

戸籍の提出については、一二六九年に実施された「計点民戸」（戸口調査）が関連するとの見解があり、[30]李益柱も同意見である。[31]しかし関係史料では、この施策について元の要求への対応とはいわず、対モンゴル戦争による社会疲弊に応じた財政再建策（更定貢賦）と位置づけるのみである。[32]そもそも戸籍提出の要求で肝心な点は、単に戸口調査をおこなうだけではなく、そのデータを元に報告することにある。いうまでもなくその目的は、征服地に対する徴税・徴用のための基礎データとして利用する点にある。しかるに一二六九年の「計点民戸」の結果が元に報告された形跡はないのであるから（この点は先行研究もみとめている）、これをあえて戸籍提出要求にむすびつける必要性は、いまのところ必ずしもないのではなかろうか。

一二七八（忠烈王四／至元一五）年には忠烈王が世祖に「上国（＝元）の法によって戸口調査をおこなうことを要請（請依上国法点戸）」し、これに対して世祖は「戸口調査をおこなうならば、自身でこれを実施せよ（若点戸則可自為之）」と回答した[33]。忠烈王の奏請理由は、この直前、元から「安集百姓」策の検討を求められ、権勢家の処干（佃戸）撤廃を議論した際、元の高麗人官僚康守衡から、「必ず戸口調査のことを上奏（必以点戸奏）」するようにとの意見が示されたことが[34]、おそらく関係しよう。元側の懸念は、これにさきだち、高麗に駐留する東征元帥忻都が、「高麗の宰相は多数の民戸をひそかに占有し、賦役から逃れさせている（高麗宰相、多占匿民戸、免避賦役）」と訴えたことに起因するようである[35]。

「上国の法によって」という文言については、〝元の編戸方式を採用して〟の謂とも考えられそうだが、単に戸籍の形式変更をいうだけでは「安集百姓」策の回答として意味をなさない。おそらく高麗としては、〝元の定例にしたがい〟戸口情報を開示することで、懸念をうけた国内の「安集百姓」状況について、元の監督ないし確認をうける意向だったのであろう。しかしその具体的内容については、〝元朝政府の手で高麗の戸口調査をおこなう〟と、〝高麗側から戸籍情報を提出する〟という二通りの解釈が可能である。

これに対し世祖は〝王がみずから実施せよ〟と回答したわけだが、その意味を的確に理解するには、このときあわせて忠烈王が高麗に適任のダルガチを配置することと、倭に対する防衛のために元軍の駐留を奏請し、世祖がそれぞれ「そなたが自分で適切にこれを治めよ（汝自好為之）」、「そなた自身が自国の人間をもちいて鎮戍（汝可自用汝国人鎮戍）」せよと回答したことが注意される[36]。いずれも高麗の内政は元の関与を求めずに高麗王が自身の責任で処理せよとの趣旨である。戸口調査（点戸）に対する回答も同様に考えてよければ、戸口調査の要請に対する回答だった場合、〝高麗王自身が調査せよ〟との意味になり、そのデータは元に報告された可能性が出てくる。一方、戸籍提出の申し出に対する回答だった場合、〝高麗の戸口情報を元側で把握する必要はなく、高麗王が管理しておればよい〟との意味になり、李益柱の理解どおり戸籍提出が免除されたことになる。[37]

そこで注目されるのは、一三〇〇（忠烈王二六／大徳四）年における元の闊里吉思の言動である。一二九九（忠烈王二五／大徳三）年に征東行省平章政事として高麗に派遣された闊里吉思は、高麗の国制改革を試みたが、その際彼は高麗の戸籍を入手しようとして失敗したという。すなわちこのとき彼は、元朝政府に対し、「僉議司（＝高麗の最高官府）の官が民戸の版籍と州県の境界について報告することを承知しない（僉議司官、不肯供報民戸版籍・州県疆界）」と不満を訴えている。[38] しかし高麗では一二六九年の「計点民戸」が一四世紀はじめまで徴税の基礎情報とされていたので、[39] 一二六九年やその後の戸口情報が元に知られておれば、闊里吉思はこれを高麗の統治に利用できたはずである。しかしこのとき彼が高麗政府のもつ戸籍情報を必要とし、これが拒否されて業務に支障が生じるということは、元への戸籍提出がそれまでいっさいおこなわれていなかったことを意味しよう。ここから、一二六九年の戸口調査の結果は元に報告されず、また一二七八年には高麗の戸籍提出の申し出に対し、世祖はこれを免除したものと推定されるのである。

このように元が戸籍にもとづいて高麗の民戸を把握することはなかったとみられ、またすでに知られているように、組織的な徴税がおこなわれることもなかった。このことは高麗・元関係の重要な特徴である。一二七八年という年は世祖が戸籍提出の免除を明言したという点で意義深いが、免除されてきたという状況はもとより一貫していた。なお李益柱は、戸籍の提出によって高麗の徴税権が奪われるかのようにのべているが、[40] それでは王朝の統治権の喪失を意味しよう。しかし、モンゴルに従属した他の王朝についてもそうであるように、モンゴルによる徴税の実施とともに既存の政権の統治権がただちに否定されるわけではない。[41] 元が高麗で徴税をおこなった場合でも、住民側からみれば、高麗政府による徴税とあわせて二重の搾取がおこなわれる状況になったはずである。

軍事協力については、李益柱の指摘どおり[42]、日本侵略への協力にくわえ、その後もナヤン・カダンの乱、紅巾の乱といった元の内乱にも出兵ないしその準備にあたることがあった。また日本が元の敵性勢力として存在するなか、高麗が征東行省の運営を通じて帝国東方辺境の防衛を担う体制が成立したことも[43]、軍事貢献のひとこまといえる。ただし李は、軍事協力が当初元側からの一方的な要求であったのに対し、忠烈王が駙馬となってからは帝室姻戚としての自発性を前提とする形式に変化したとする。しかしモンゴルの立場では、皇帝配下の諸勢力には当然みずからすすんで軍事貢献をはたす義務があり、当初の高麗のごとくこれに消極的であることは譴責の対象となる。したがって、高麗がみかけの自発性のもとで軍事協力にあたることが制度そのものの変質といえるかは疑問である。

すべからく協力的であるべきことは、各種物資の進献・供出も同様である。このうち高麗が軍糧や賑恤米の供出に応じたことは、李益柱の指摘どおりである[44]。一方、貢納に関して李は、忠烈王代の初期に免除されたケースや高麗側から自主的におさめるようになったケースをあげ、その軽減を指摘しているが[45]、これはあくまで一部の事例である。元側から必要物資を随時に要求し、あるいは使臣を派遣して直接捜索にあたる行為は、李自身も整理しているように[46]事元期を通じて確認される。そして各ケースにおける負担の軽重も、時期が下るにつれ、関係史料が貢納の事実のみを記して高麗側のうけとめかたについてあまりふれなくなる部分があるため、慎重な評価を要する。たとえば忠烈王代後半以降の貢女要求について、『高麗史』世家に頻出する関係記事は、その負担感について多くを語らない。しかしそれが当事者やその家庭に深刻な苦痛をあたえていたことは、一三三五（忠粛王後四／後至元元）年に起草された貢女廃止の建議書の内容からも十分にうかがわれる[47]。

ところで、一三〇九（忠宣王元／至大二）年に元から頒降された「高麗国王封曾祖父母父母制」には、高麗王が元朝帝室と姻戚関係をむすんだことにより、「土地の物産を定期貢納するのをやめ（罷時貢其方物）」たことが記されている[48]。この「定期貢納」（時貢）とは、『元史』世祖本紀・至元八（元宗一二／一二七一）〜一八（忠烈王七／一二八一）年の各年正月の記事に、高麗の賀正使が「歳幣」または「歳貢」をもたらしたとあるものに相当すると考えられる。

これは新年の慶賀そのものとは別途に、「兼」ねて献じられる年例の貢物だったようだが、一二八二（忠烈王八／至元一九）年以降は記録がなくなる。一方、一二九五（忠烈王二一／元貞元）年に賀聖節使金之淑が元朝宮廷で庭実（献上品の陳列）をおこなったことや、[49]一三二六（忠粛王一三／泰定三）・一三二八（忠粛王一五／致和元・天暦元）・一三三二（忠恵王二／至順三）年の高麗の賀正使の入朝記録にそれぞれ「奉方物」「献方物」「貢方物」とあることからもうかがわれるように、[50]各種の慶賀等の場における進献はひきつづきおこなわれていた。歳幣という形式での貢納は、おそらく一二八一年を最後に免除されたが、その他のさまざまな名目の進献・供出は定期的または随時におこなわれたのである。[51]

最後に駅伝、すなわちジャムチの敷設についてだが、李益柱がのべる高麗の負担感の軽減という問題[52]は、そもそも制度の趣旨とは関係がない。元宗代に開設され、忠烈王代までに整備された高麗国内のジャムチ（本書第七章、参照）が維持されているかぎり、元側の要求はみたされているのである。

以上のように、服属国への元の定例要求に関する李益柱の所説には、多くの疑問を提起することができる。この問題に関して李が強調する一二七八年前後の変化は、ダルガチの廃止について確認されるが、戸籍提出とそれにもとづく徴税は終始実施されず、その他の要求は物資供出について一部内容的な変化があったものの、基本的に貫徹されていたといえる。各種の要求をひとくくりのパッケージとみれば、その一角がくずれただけでも体制の変質といえるかも知れないが、これらは状況に応じて個別に運用されてゆく性格のものであった。戸籍提出の免除が世祖によって明言されたことは、これが将来にわたって保障されるために重要な意義をもつが（後述）、ダルガチの置廃をのぞき、各種要求の施行状況そのものに根本的な変化が生じたとはいいがたいのである。

（3）「世祖旧制」について

服属国に対するモンゴルの定例要求に関する李益柱の理解に問題がある以上、当然これを前提とした「世祖旧制」

の議論にも影響がおよぶが、そもそも「世祖旧制」という史料にもとづく用語をきわめて限定的な内容にとらえる李の所説には疑問がある。

『経世大典』『元典章』その他の元の法制史料をみれば明らかなように、「旧制」という用語は決して特殊な術語ではなく、個々の政治事案に関する過去の規定や判例をさす一般的な用語である。そこには「世祖旧制」やこれに相当する文言もしばしばあらわれるが、たとえば『憲台通紀続集』後至元六（忠恵王後元／一三四〇）年八月一日（『永楽大典』巻二六〇九）には、つぎのような聖旨の一節がみえる。

一、つつしんでおもうに、世祖皇帝は即位以来、治道の追究に精励し、国にとって不都合なことや民に害をおよぼすことがあれば、人々が上書することを許した。意見を採用すべき者については斟酌して表彰をくわえ、意見が採用に値しない者も、みな罪責することはなく、これを記録にとどめた。意見提出を奨励することについては極みといえる。今後、監察御史と廉訪司の官員は、みな世祖皇帝の旧制にもとづき、所見をのべつくし、その職務をおろそかにしてはならない。（一、欽惟、世祖皇帝、臨御以来、励精求治、事有不便於国害及於民者、許諸人上書。言事可採者、量加旌賞、言不可採者、並無罪責、載諸簡冊。其於激引言路、可謂極矣。今後監察御史・廉訪司官、並依世祖皇帝旧制、極言所見、毋曠厥職）

すなわち〝世祖の治世には、国家や民のための建言であれば、それが採用に値しない内容であっても、論者を罪責しなかった。そこで今後はかかる「世祖皇帝の旧制」に則り、監察担当官はきちんと所見を開陳せよ〟という内容である。

また『経世大典』站赤（『永楽大典』巻一九四二一）の一節にはつぎのようにある。

〔延祐七（忠粛王七／一三二〇）年四月〕二九日、参議速速が「昨日おおせを奉じるに、通政院と兵部が管轄するジャムチの縁由・沿革について書き記し進上させよとのことでしたので、いまつつしんで進呈します」と上奏した。上が御覧になっていうには、「世祖皇帝のとき、達達と漢人の站は通政院が管轄するところとなっている。いま旧制にもとづき、これをすべて通政院に帰属させるべきである」とのことであった。（二十九日、参議速速奏、昨奉旨、令写進通政院・兵部所管站赤縁由沿革来上、今謹進呈。上覧畢曰、世祖皇帝時、達達・漢人站、係通政院管領。今可依旧制、悉帰之通政院）

すなわち、通政院と兵部が管轄するジャムチの沿革を上奏したところ、皇帝（当時は英宗シディバラ）は、世祖の時代には達達と漢人の站《ジャム》 jam（駅）は通政院が管理していたので、かかる世祖の「旧制」にもとづき、これらの站をすべて通政院の管下におくように指示したというのである。

李益柱が論考中で「世祖旧制」の事例としてあげた史料にも[53]、高麗の在来体制を維持しつつ伝統的な事大関係の形式を基調とする高麗・元関係の枠組みという氏の論旨とはずれるものがある。まず『高麗史』巻三二・忠烈王世家・二八年是歳（李は同年一二月条として言及）の場合には、つぎのようにある。

この歳、遼陽省が皇帝に上奏し、征東行省と遼陽行省を一省に合併し、治所を東京（＝遼陽）にうつすことを要請した。王は……また中書省に上書して、「調べたところ、小邦は遠い辺境の要地の最たるものであり、まだ帰附していない日本国の近隣にある。至元一八年（＝一二八一〔忠烈王七〕年）に大軍が渡海して征討したのち、至元二〇年（＝一二八三〔忠烈王九〕年）につつしんで世祖皇帝の聖旨を奉じるに、当職に征東行省の任を付託して辺境を威圧、鎮守させた。〔そこで〕現在設置されている慶尚道合浦等の地と全羅道の二ヶ所の鎮辺万戸府を管轄し、本国の軍官・軍人を選抜して、〔これを〕現在合浦・加徳・東莱・蔚州・竹林・巨済・角山・内礼梁等を扼する要衝の地と耽羅等の地に分置し、烽燧を設置して水軍をひそかに配備し、日夜監視をおこない、偵察活動に専心している。日本国の賊軍にそなえる任務は、いまにいたるまで手はずに不備はなく、かつて日本の賊人を捕らえると、省・院に咨を送って奏上してきた。いま知るところ、遼陽行省の官員が、〔現行の〕遼陽行省と本国の征東行省を廃止し、そのうえで〔両者を〕遼陽府城において合併して行省を改立することを要望し、都省に咨を送り、裁定がくだされたという。そこで詳細を調べると、本国合浦等の辺境は遼陽府と地理的にきわめて遠く離れている。耽羅はまた合浦等の地にくらべ、きわめて遙遠である。もし辺境より緊急の公事をもうしのべることがあれば、往復に遅滞をきたして失敗を犯すことが強く懸念され、ことは深く利害にかかわる。もしも、いまここでもうしのべなければ、都省がことの当否を知らずにいることが憂慮される。もし遼陽行省の提案を許可して本省を合併すれば、まことに不都合である。さらにあわせて調べたところ、本省はとりもなおさず、当初に奉じた世祖皇帝の聖旨によって設立された。もし咨が許されるならば、ただ当職を従来どおり征東行省の任にあたらせ、東方の極辺でいまだ帰服しない日本国との境界を威圧、鎮守する任務を一任されたい。〔そうすれば〕国境管理の用務に失敗しないことを望めるだろう。このため咨を送ってもうしのべるべきである。都省は詳細を調査して裁定し、聞奏して施行するよう、伏して要望する」とのべた。（是歳、遼陽省奏帝、請併征東・遼陽為一省、移司東京。王……又上中書省書曰、照得、小邦最係辺遠重地、隣近未附日本国。自於至元十八年大軍過海征進之後、至元二十年、欽奉世祖皇帝聖旨、委付当職行征東省事、威鎮辺面。管領見設慶尚道合浦等処并全羅道両処鎮辺万戸府、摘撥本国軍官・軍人、見於合浦・加徳・東萊・蔚州・竹林・巨済・角山・内礼梁等所把隘口去処及耽羅等処分俵、置立烽燧、暗蔵船兵、日夜看望、巡綽専一。隄備日本国賊軍勾当、到今不曾有失節次、曾獲日本賊人、移咨省院聞奏了。当今知得、遼陽行省官員、欲要将遼陽行省并本国征東行省革罷、却要遼陽府在城合併、改立行省、移咨都省、定奪去訖。為此参詳、本国合浦等処辺面、相去遼陽府、地理極遠。耽羅又比合浦等処、至甚窵遠。倘有辺面啓稟緊急公事、往廻遅滞、切恐失悞、深繫利害。今来若不啓稟、慮恐都省未知便否。倘若依准遼陽行省所擬、合併本省、寔為未便。更兼照得、本省即係元奉世祖皇帝聖旨立到。若蒙准咨、止令当職依旧行征東省事、専委威鎮東方極辺未附日本国辺面勾当。似望不致失悞辺関事務。拠此合行咨稟。伏望、都省照詳定奪、聞奏施行）

元の遼陽行省が征東行省の併合を画策した際、その不当性を主張した忠烈王の上書だが、李益柱はここにみえる二ヶ所（傍線部）の「世祖皇帝の聖旨」、もしくは、とくに後者を自身のいう「世祖旧制」にあたるとみているらしい。しかし前者は明らかに至元二〇（忠烈王九／一二八三）年に忠烈王を征東行省の職務（行征東省事）に任じた個別具体的な皇帝のおおせをさす。また後者について、前後のくだりを素直によめば、征東行省の設立を命じた世祖の聖旨とみるのが自然であろう。これが李のいうような「世祖旧制」をさすとすれば、征東行省の設立根拠としては間接的で論理が飛躍するし、少なくとも、単に聖旨というだけでは元側に具体的な含意が伝わるまい。

つぎに『高麗史』巻三九・恭愍王世家・五（至正一六／一三五六）年一〇月戊午の場合、元に対する恭愍王の上書がおさめられ、そこにつぎのような一節がある。

世祖皇帝が東のかた日本を征討した際、設立した万戸は中軍・右軍・左軍のみであった。その後、巡軍・合浦・全羅・耽羅・西京等の万戸府を増設したが、みな指揮する軍隊が存在せず、むなしく金符をおびて勅任であることをほこり、平民をまねきよせ、〔それを〕かってに〔万戸府所属の〕戸計と称し、州県に税役を徴収させないように強いており、非常に不都合である。もしつつしんで世祖皇帝の旧制にもとづくことが許されるならば、三万戸が日本に対する鎮守を担当するとして、そのほかの増設した五万戸府と都鎮撫司は、すべて廃止するように願う。（世皇東征日本時、所置万戸、中軍・右軍・左軍耳。其後増置巡軍・合浦・全羅・耽羅・西京等万戸府、並無所領軍、徒佩金符、以夸宣命、召誘平民、妄称戸計、勒令州県不敢差発、深為未便。如蒙欽依世祖皇帝旧制、除三万戸鎮守日本外、其餘増置五万戸府及都鎮撫司、乞皆革罷）

すなわち、元制にもとづいて設立された万戸府のうち、中軍・右軍・左軍の三万戸のみをのこし、巡軍・合浦・全羅・耽羅・西京等の五万戸府、および征東行省の軍政局である都鎮撫司を廃止する許可をもとめたものである。ここで論拠とされる「世祖皇帝の旧制」も、李の所説のごとく解したところで文脈とはかみあわない。ここでは記事中にも明記される高麗での万戸府配備に関する先例、すなわち当初は世祖が日本遠征の際に中軍・右軍・左軍の三万戸のみをおいたという措置をさすのである。

律令のごとき体系的な成文法をもたなかった元では、政策判断の基準として先例を重視する判例主義がとられた。そこでは、ときどきの皇帝が聖旨（ジャルリグǰarliγ）として下した裁定が決定的な法源となり、皇帝にかぎらずとも、歴朝のさまざまなレベルにおける規定・判例を参照しながら政策が審議、立案されていく。(54)「世祖旧制」とは、そうした個々の政策判断の過程で参照された世祖代の規定・判例を広くさす用語なのである。

上掲史料にもみられるように、高麗と元のあいだの懸案事項も判例の積みかさねにもとづいて交渉・検討がなされているが、もう少し事例をあげておこう。

『高麗史』巻三三・忠宣王世家・忠烈王三四（至大元／一三〇八）年一一月辛未におさめる忠宣王の教書の一節には、つぎのような内容が記される。

一、以前、至元一二年につつしんでうけた、世祖皇帝が阿禿因を遣わして伝えてきた聖旨、また至元二八年に予が鄭可臣・柳清臣らとともに紫檀殿に参内してみずから奉じた世祖皇帝の聖旨に、「同姓どうしが通婚できないのは天下の通理である。ましてそなたの国は文章を理解し、儒教をおこなっているのであるから、同姓を〔通婚相手に〕望むべきではない」とあった。その際李守丘がいて〔以上の内容を〕柳清臣に伝達し、また〔柳清臣が〕鄭可臣に対して通訳して伝えた。〔しかし〕本国はさきのばしして、なおも改革を急がずにきた。今後もし王族が同姓をめとれば、聖旨の説くところに違背するので、歴代宰相の息女をめとって妻とし、宰相の息子は宗族の息女をめとることを許すのがよい。〔ただし〕もし家系がいやしければ、そのかぎりではない。（一、先於至元十二年欽蒙世祖皇帝遣阿禿因来伝聖旨、又於至元二十八年予与鄭可臣・柳清臣等詣紫檀殿裏親奉世祖皇帝聖旨云、同姓不得通婚、天下之通理。況爾国識会文字、行夫子之道、不応要同姓。時有李守丘、伝説柳清臣、又伝訳鄭可臣。本国因循、未

還邇革耳。自今若宗親娶同姓者、以違背聖旨論、宜娶累世宰相之女為室、宰相之男、可聽娶宗世之女。若家世卑微、不在此限）

すなわち、高麗王室内で伝統的におこなわれてきた族内婚の習慣をいましめ、通婚相手を歴代宰相の家門から選ぶように、つまり族外婚を指示したものである。ここでは至元一二（忠烈王元／一二七五）年の世祖の聖旨、ならびに至元二八（忠烈王一七／一二九一）年の世祖の聖旨において、高麗の族内婚を問題視していることを、かかる決定の根拠としている。

また李斉賢の『益斎乱藁』巻六におさめる「在大都上中書都堂書」の一節にはつぎのようにある。

かつて戊寅年（＝一二一八〔高宗五／太祖チンギス一三〕年）に契丹のいやしい妾腹で金山王子と称する者が中原の民を掠奪し、東進して島嶼にはいり、おもうがままに暴れまわった。太祖聖武皇帝（＝チンギス）は哈真・扎剌両元帥を遣わしてこれを追討させたが、大雪の天候にあたって食糧が供給できなくなった。忠憲王（＝高宗）は趙冲・金就礪に命じて食糧を供給して武器を支援し、狂賊を捕獲、殺害すること破竹の勢いであった。ここにおいて両元帥と趙冲らは兄弟のちぎりをむすび、万世忘れないことを誓いあった。また己未年（＝一二五九〔高宗四六／憲宗モンケ九〕年）に世祖皇帝が江南より軍をかえした際、忠敬王（＝元宗）は天命が帰し人心がおさまり服するところを知り、六〇〇〇里あまりの道のりを跋渉し、汴梁の地で迎拝した。〔……〕忠烈王もまたみずから朝覲し、いまだかつて少しの怠慢もない。それゆえ公主を降嫁されることを得て代々駙馬となり、旧来の慣習を変更せず、これによってその宗廟・社稷を維持してきたのは、ひとえに世祖皇帝の詔旨が頼みである。天下各地に行省を設立するにあたり、小邦にだけは設置しなかった。のちに東のかた日本を征討したことで〔征東行省の〕名号は生まれたが、通常の人事に束縛されなかった。大徳年間に闊里吉思を〔我が国に対する〕監察役としたが、その陳言により都省が相談して、「かつて本国は世祖皇帝の聖旨をうけ、旧来の慣習を変更しないこととし、ただ官名だけを変えました。いますべてを変更するのは適当ではないようです」と上奏した。成宗皇帝はその上奏を裁可して、ただちに闊里吉思を帰還させた。仁宗皇帝はネズミ年（＝一三一二〈忠宣王四／皇慶元年〉）四月に聖旨を下し、「高麗の地に〔元朝政府が直営する〕行省を設立することは、誰であろうと題奏するな」とした。これをつつしむ。列聖の深い存恤の心を知ることができよう。いま聞くところ、朝廷は小邦に行省を設立して諸路と同様にしようとしているとのことである。もし本当にそうだとしたら、世祖皇帝の詔旨はどうなろうか。列聖の存恤の心はどうなろうか。（往者歳在戊寅、有遼氏咢擘号金山王子者、駆掠中原之民、東入島嶼、陸梁自肆。太祖聖武皇帝、遣哈真・扎剌両元帥討之、会天大雪、餽餉不通。忠憲王命趙沖・金就礪、供資糧助器仗、擒戮狂賊、疾如破竹。於是両元帥与趙沖等、誓為兄弟万世無忘。又於己未年、世祖皇帝班師江南、忠敬王知天命之有帰人心之攸服、跋渉六千餘里、迎拝于汴梁之地。〔……〕忠烈王亦躬修朝覲、未嘗少懈。故得釐降公主、世為附馬、而不更旧俗、以保其宗社、繄世祖皇帝詔旨是頼。当其立天下各処行省、独於小邦不置。後因東征日本、雖有名額、不拘常選。大徳中、教闊里吉思為耳目官、因其陳言、都省商量上奏、本国曾蒙世祖皇帝聖旨、休改旧本俗、但換官名。今全都改換、不宜也者。成宗皇帝可其奏、即令闊里吉思回来。仁宗皇帝、於鼠児年四月、降聖旨、高麗田地立省的、不揀是誰、休題奏者。欽此。可見列聖存恤之深意。今聞、朝廷欲於小邦立行省比諸路。若其果然、其如世祖皇帝詔旨何。其如列聖存恤之意何）

すなわち、従来の征東行省を改編して高麗に新たな行省をたて、これを元の直轄下におこうという動きに対する高麗側の反論だが、「世祖皇帝の詔旨」によって旧来の慣習をあらためずに宗廟・社稷をたもつことが保障され、それゆえ征東行省の人事も元の通常人事によらないとされたこと。大徳年間に闊里吉思が高麗国制の改変をもくろんだときも、世祖の聖旨にもとづいてその中止を求める中書省（都省）の提案が成宗により承認されたこと。そして一三一二年には高麗に他地域と同様な行省を設立することを提案してはならないという仁宗の聖旨が下されたことなど、歴代皇帝の聖旨が根拠として列記されている。

このように高麗でも、ある政策の妥当性を主張ないし検討する際に参照される元朝某皇帝の聖旨とは、ある時点で当該事案に関連して下された個別具体的な〝おおせ〟をさし、その意思決定やこれにもとづく措置がのちに当該皇帝の「旧制」とよばれたのである。これに対して李益柱は、史料中の「世祖旧制」や「世祖皇帝詔旨」等の用語を、忠烈王代初期に決定された高麗・元関係の枠組みをひとしくさす術語として、限定的にとらえてしまった。もちろん李がとりあげた問題に関わる「世祖旧制」もある。しかし、上記のごとくさまざまな事案に関しても一般的に用いられる用語であるから、いかなる事案に関する、世祖のいつの規定・判例であるかを個別に確認しなくてはならないのである。(55)

なお李益柱が自説の一環として指摘した元による高麗王位の冊封権の強化という見方も、一二七八年に状況の転機をおく所説には疑問があり、これについては後述する。また高麗のように事大形式をおこなう王朝がほかにないため、征東行省をおいて元の地方行政体系の一角に位置づけたという説明も疑問である。まず事実として高麗は征東行省がおかれてからも一個の王朝として元と通交している。(56)行省の設置によりそのことがどうカモフラージュされるのであろうか。そもそも高麗が伝統的な事大外交をおこなう例外的存在だからといって、そのことが問題視される必然性はない。冊封にもとづく宗属関係はあくまで中国王朝の対外通交形式の一つであり、all or nothing の選択がせまられるものではないからである。(57)高麗が元に事大する別個の王国であるという位置づけをなくせば、高麗と同様な体制保障を好餌として日本や安南に帰服をよびかけていた元の立場にも矛盾してしまう。

結局、李益柱が「世祖旧制」という用語で提起したのは、高麗在来の王朝体制を保全する枠組みの問題であった。しかし先例主義をとる元では、不変の制度が最初から固定されているわけではなく、状況が推移するなかで、いかなる先例をどのような形で参照、評価するかによって、判断が変わり得る流動性をともなっていた。そのようなときどきの判例が蓄積されてゆくプロセスこそが、高麗の在来王朝体制が保全される枠組みを、政策決定の形式的側面から理解するうえで、まず把握されねばならないのである。

三　在来体制保全の形式的枠組み

（1）高麗王位とその統治権限

『高麗史』巻二五・元宗世家・元（中統元／一二六〇）年三月丁亥には、その前年にモンゴル宮廷に派遣された高麗の太子倎（のちの元宗）が、憲宗モンケの急死をうけ、対南宋戦から帝位奪取のために北上するクビライと汴梁の郊で対面した際、クビライがこれを大いに歓迎したとの逸話が伝えられている。しかし最近金浩東が指摘したように、高麗太子とクビライの出会いは単なる偶然か、少なくともその時点では〝倎が高麗の臣属相手にクビライを選んだ〟というほどの重みはなかったのが真相とみられる。[58] またクビライ側の〝歓迎〟も真実味がうたがわれ、同じ条文中にクビライが倎に対して十分な迎接をおこなわなかったことが記されるところから、〝高麗世子の来帰は天意である〟（今其世子自来帰我、此天意也）といった特別な意味が当初から付与されていたわけではないことがうかがわれる。こうした記事は、後代、おそらく高麗と元の関係が深化した一三世紀末以降の言説にもとづく可能性が高いとおもう。[59]

このような形ではじまった高麗・元関係だが、趙良弼・廉希憲などの世祖のブレーンが太子を積極的に懐柔して高麗の帰服を確保すべきことを進言した結果、太子を優待するとともに、彼を、おりしも死去した高宗にかわる新国王に指名して帰国させることとなったのである。[60]

ここでまず注意したいのは、モンゴル政権が征服先の王朝を存続させることは、決して特殊な現象ではないということである。たとえばグルジア王国、[61] ルーム・セルジューク朝、[62] キリキア・アルメニア王国、[63] ルーシ諸国[64]などがあげられ、みずからすすんでの帰服だったが、ウイグル王国[65]も独自の王朝体制を維持した政権である。高麗もそうした王朝の一つといえるが、高麗に関しては、関係構築に際して中国伝統の形式・作法が採用されたことが重要であろう。すなわち冊封、[66] 王印の授与、[67] 元号の制定と頒暦といった行為である。

このうち、冊書による王の任命は、それ自体が高麗王位保障の判例となる。ただし王位が保障されても所領が安堵されなければ、王国としての実体は損なわれる。[68] むろん王位の保障が統治権限の保障をも含意し得るであろうが、ときには元側がそのことを明言する場合もある。すなわち一二六〇年に元宗が即位のため帰国する際には、「旧来の境域を回復し、その土地を安んじ家々を保全する（完復旧疆、安爾田疇、保爾家室）」ことをみとめ、[69] 翌年同王に下された世祖の手詔には、「従来どおり東方の諸国を統治せよ（統治東方諸国如故）」とある。[70] さらに忠烈王の即位に際して下された詔には、「いま世子に命じて国王の役目を受け継がせ、すべての所属について、みな指揮管理をまかせる（今命世子承襲国王勾当、凡在所属、並聴節制）」とある。[71] 忠宣王以降に関しては、即位時に元から下された詔類の内容が不明なケースも多いが、忠穆王の場合、国政を「整治」して「その民衆にそれぞれ生業を保持させよ（俾爾有衆各保生業）」との詔が下されたように、[72] 同様な趣旨の言質をくりかえし得ていた可能性はある。

高麗に対するかような方針は、元が日本を招諭する際にも明示されている。すなわち『異国出契』におさめられた至元六（元宗一〇／一二六九）年付け日本国王宛て元朝中書省の牒の一節には、

高麗にいたっては臣属以来、ただ毎年朝聘をおこない、〔元朝〕政府が土地の物産をうけとるだけであり、その国の官府と土地・民は従来のままに安堵している。……聖天子のすべてを包容して内外の別なく一つにまとめようという心を十分にうけとめ、よろこんで帰順すべきである。とくに重臣に命じて、来春を期して闕下に奉表し、畏天事大の礼をつくせば、高麗国の例のように〔国を〕保全しよう。（至于高麗、臣属以来、唯歳致朝聘、官受方物、而其国官府土民、按堵如故。……其当詳体聖天子兼容并包混同無外之意、忻然効順。特命重臣、期以来春、奉表闕下、尽畏天事大之礼、保如高麗国例）

とある。すなわち日本が元に帰順してくれれば、高麗と同様に政府機構と領地・領民を保全すると約束しているのである。

元以前であれば、中国王朝が高麗王を冊封するといっても形式上のことであった。高麗がみずから選んだ王を中国側が追認するだけのことであり、中国王朝の意向が王位継承を左右する事態にはいたらない。しかし元の場合、李益柱が指摘するとおり王位承認権が実質的な効力をもち、元側の意向に関わってくりかえし国王の廃立がおこなわれたことが重要である。忠烈・忠宣・忠粛・忠恵の各王が重祚を経験し、また瑞興侯琠や瀋王暠のごとく傍系王族が元側勢力の支持を背景に高麗王位をうかがったことは周知のとおりである。しかしこうした状況の萌芽は、李がいう一二七八年の「世祖旧制」成立にともなうことではなく、すでにそれ以前の段階で胚胎していたとみるべきであろう。

すなわち元の王位承認権の実質性は、一つには高麗の王位継承候補者の身柄を元側が確保することによって担保されている。具体的には、おもにケシクやトルガクという形式のもと、王位継承権をもつ王子や前王（退位後の国王）が元朝宮廷に入侍することで（本書第四章、参照）、元の承認なくしては次期国王の襲位が実現しないという状況が生み出されている。かかる状況は一二七一（元宗一二／至元八）年に当時王世子だった忠烈王がトルガクとしてケシクにはいった時点から生じており、またなりゆき上ではあったが、元宗が即位する際もモンゴルに入朝中であった。

もちろん、元による王位継承への介入をうけいれるか否かは、最終的には高麗側の為政者の選択にかかってくる。それゆえ新国王に指名されて帰国途上にあった元宗が西京（現・平壌市）にしばし滞留した際、世祖はみずからの指名した新王が高麗側にうけいれられなかったものと疑った。[73] しかし元の指名した国王を否定することは、その政治的・軍事的な脅威にさらされるリスクをおう。実際、一二六九（元宗一〇／至元六）年の権臣林衍による元宗廃位は、元の権威に対する挑戦とみなされ、その軍事・外交圧力のもとに挫折し、高麗は一時存亡の危機にもたたされたのである（本書第一章第三節、参照）。

このように元の意向が高麗の王位継承に直接関与し得る環境とその先例は、すでに元宗代までに生み出されていたと考えられる。ただし不正常な国王交替があいついだことは、単に高麗の為政者が元の干渉に抵抗できなかったことを意味するのではない。むしろ多くの場合、みずから政権交替をめざし、あるいは当該国王の交替を容認する高麗国内勢力のある種主体的な意志と動きが、並行ないし先行していたことに注意する必要がある。

襲位時等における王位と統治権限の安堵にくわえ、高麗の在来王朝体制の保全に重要な意味をもったのが、李益柱も注目する世祖の不改土風の詔である。この旧習保全の勅許は、高麗に対する世祖の特別な配慮として記憶され、さまざまな場面で言及されている。たとえば元に対する貢女の廃止を訴えるなかでの「詔書を賜り「衣冠と典礼は祖宗以来の慣習を失ってはいけない」と奨諭した（賜詔書奨諭曰、衣冠典礼、無墜祖風）」という言及[74]、恭愍王が国内の元朝外戚の粛清を正当化するなかでの「世祖は旧来の慣習を変更しないことを許可した（世祖許其不改旧俗）」という言及[75]、また高麗を直接統治しようという立省策動（後述）に対する元朝政府内の反対論における「本国の礼楽刑政については、その慣習にもとづくにまかせ、二度と朝廷の典章により制約することはなかった（其在本国礼楽刑政、聴従本俗、不復以朝廷典章拘制）[76]」という言及などがそれである。

そしてこの勅許は、単に個別の制度慣習のみではなく、「世祖は大いに褒賞をくわえ、早速聖旨を下し、〔高麗の〕国俗を変更せず、従来どおり管轄させることとした（世祖大加褒賞、即降聖訓、不改国俗、依旧管領）[77]」、「旧来の慣習を変更せず、その宗廟・社稷を維持してきたのは、ひとえに世祖皇帝の詔旨が頼みである（不更旧俗、以保其宗社、繋世祖皇帝詔旨是頼）[78]」などとあるように、広く高麗在来の王朝体制を保障するものとみなされていた。それゆえ上記の立省策動に対しては〝国俗を変更する行為〟という批判がむけられたのである[79]。

かかる世祖の勅許については、従来、一二六〇（元宗元／中統元）年に高麗が帰服した直後に下された詔にみえる「衣冠は本国の慣習にしたがい、上下ともにみな変更しない（衣冠従本国之俗、上下皆不更易）[80]」という文言が該当すると考えられてきた。しかし『益斎乱藁』巻六・同崔松坡贈元郎中書には、世祖が高麗に対して「くりかえし詔旨を頒降し、旧来の慣習を変更しないようにした（屢頒詔旨、毋改旧俗）」とあるので、世祖から複数回にわたり同様な趣旨の勅許が下されたことがうかがわれる。そこで事実関係を確認すると、まず一二七〇（元宗一一／至元七）年、高麗駐在のダルガチが奴婢法を改変しようとした際、世祖は「本国の旧俗に従」うように詔したという[81]。また一二七四

（元宗一五／至元一一）年の忠烈王の即位にあたり、世祖は、

卿はすでに爵位を継いで王となった。本国におもむけば、およそなたの祖宗の定制は、つねに失うことなく、従来どおりこれをとりおこなえ。（卿既襲爵為王。往就国、凡爾祖宗定制、或毋墜失、依旧行之[82]）

と勅を下した。さらに一二七八（忠烈王四／至元一五）年、忠烈王が元の服制を高麗本国で導入したことを報告したのに対し、世祖は「そなたの国の礼を、どうしてにわかに廃止するのか（汝国之礼、何遽廃哉）」と回答したという[83]。

これらの聖旨には衣冠や奴婢の制にかぎってのべられたものがふくまれ、その場合、必ずしも在来体制全般の維持をうたったものとはいえない。しかし後代の論者が解釈によってこれを一般化することは可能である。とくに衣冠の制は王朝秩序に直結する事柄であり、高麗帰服直後における衣冠の旧俗保障などは、はじめから在来体制全般の保障を含意していた可能性もある。すなわち、その直後に安南（陳朝大越）に対して下された世祖の詔諭には、つぎのように記されている。

……本国の官僚・士人・庶民に諭告する。およそ衣冠・典礼など風俗全般はひとえに本国の旧例にもとづき、改変すべきではない。たまたま高麗国は最近遣使して［そのことを］要請してきたため、すでに詔を下し、すべてこの例にもとづいている。（……諭本国官僚士庶。凡衣冠典礼風俗百事、一依本国旧例、不須更改。況高麗国、比遣使来請、已経下詔、悉依此例[84]）

すなわち、衣冠・典礼などの風俗全般はみな本国の旧例によることを保証しているが、その際、高麗に対しても同様な詔を下したとのべている。しかしこの時点までに高麗に対する旧俗の全面保障を明言した史料は確認できないので、衣冠に関して言及された上記の旧俗保障をさして、このようにのべているとおもわれるのである。

以上のように、高麗に対する世祖の在来体制保全の勅許は、一二六〇年以外に少なくとも三件の判例を積みかさね

ていた。参照した判例を具体的に特定する言及がないかぎり、個々の議論において判例全体を意識しているのか、一部のみを念頭においているのかは判別しがたい。一件の判例のみを想定するならば、文言としては一二六〇年よりむしろ一二七四年のものが包括的な内容である。また上記以外に判例があった可能性も、まったく無視するわけにはいかない。さらに、世祖代よりのちの記録に発令者が世祖であることを示さずに不改土風の詔が言及される場合、世祖以外の皇帝による決定を念頭におくか、あるいはそれをふくめている可能性もある。前掲した『益斎乱藁』巻六・在大都上中書都堂書の記事などは複数の皇帝による不改土風の意思決定が具体的に列挙された好例である。元の法制の特質を考えた場合、不改土風の詔の性格は、ひとまずこうした判例の集積として理解しておく必要があろう。

しかし、かくして保全された高麗の在来王朝体制も、必ずしも安泰ではなかった。前述のごとく一二六九年の国王廃立事件に際しては高麗の廃絶も考慮された。またその後も立省策動が数次にわたり展開されている。これは高麗王によって運営される征東行省を元が直轄し、高麗を元朝政府の手で直接統治しようとするもので、忠宣王初年（一三〇八（忠烈王三四／至大元）年か一三〇九（忠宣王元／至大二）年ころ）、一三二三（忠粛王一〇／至治三）年、一三三〇（忠粛王一七／至順元）年、一三四三（忠恵王後四／至正三）年におこった[85]。一三三六（忠粛王後五／後至元二）年にも漢人の盧康忠らが高麗の廃絶要求を上奏している[86]。こうした企図に対しては、不改土風の詔や、従来型の征東行省運営が世祖の意思によるものであること、あるいは風土と文化の異なる高麗を直接統治することの経済的・技術的な負担が指摘され、結果的にすべて頓挫した。しかし先例重視とはいえ、否、むしろそうであるからこそ、別の先例や基準が参照されることで方針が変わる可能性を潜在させていたのである。

また高麗における政務執行機関として在来の政府機構がつねに単独で存在したわけではなく、元側の官人が常駐するケースがあったこともみのがせない。まず高麗国達魯花赤と日本遠征に関わる軍官である[87]。一二六〇（元宗元／中統元）年に高麗が元に帰服した際、あわせてダルガチが派遣されたが、クビライの指示ですぐに帰還した。しかし一二七〇（元宗一一／至元七）年に再派遣され、高麗政府に対する監視官として王都に駐在することになった。またダルガチの再派遣とときを同じくして元の屯田軍（種田軍）が進駐したが、その経略使である忻都は洪茶丘らとともに東征元帥府を構成し、一二七四（元宗一五／至元一一）年の第一次日本攻撃を指揮した。攻撃失敗後、洪茶丘は元の内乱（シリギの乱）鎮圧に転戦したが、忻都は高麗にとどまって開京近郊に司令部をおいた。彼らの進駐は直接には日本攻略を目的とし、高麗への国政介入を名目とするものではなかったが、忻都は一二七七（忠烈王三／至元一四）～七八（忠烈王四／至元一五）年の金方慶謀反誣告事件の取調べに介入し、また前述のごとく高麗の佃戸問題について元本国に通報した。洪茶丘も金方慶誣告事件に際してはみずから願い出て高麗にもどり、容疑者に対する過酷な取調べをおこなった。しかしこの事件が高麗政府に有利な形で決着するとともに、それまで高麗に駐留していた元軍とダルガチは、一二七八（忠烈王四／至元一五）年をもって撤収することになった。このように、高麗国達魯花赤と元の軍官による国政干渉は比較的短期間におわった。

しかし、その後も忠烈王代の終盤には征東行省の幹部に元の官員が増置されることがあり、その期間は少なくとも一二九八（忠烈王二四／大徳二）～九九（忠烈王二五／大徳三）年、一二九九～一三〇一（忠烈王二六／大徳五）年、一三〇四（忠烈王三〇／大徳八）～〇五（忠烈王三一／大徳九）年、一三〇七（忠烈王三三／大徳一一）～〇八（忠烈王三四／至大元）年におよぶとみられる。[88] この措置は高麗国政の監督・支援という名目だったが、一二九九（忠烈王二五／大徳三）～一三〇〇（忠烈王二六／大徳四）年に平章政事として赴任した闊里吉思の場合、官制・奴婢制などの大規模な国制改変を企図し、高麗側との間に摩擦をひきおこした。

当初日本遠征軍の司令部だった征東行省は、一二八七（忠烈王一三／至元二四）年の再設置以降、高麗統治機関となっていったのだが、高麗政府の最高機関である都僉議使司に対し、劄付（上司から下司に対する文書）を用いて元朝中央の指示を伝達したことがあり、[89] 両国間の懸案について必要とあれば高麗政府に対して上位の立場から指揮、監督できたと考えられる。もっとも上記のような例外時期をのぞけば高麗王が唯一の高官として統括していたため、高麗政府の統治の障碍となる要素は少ないかにおもわれる。ただし元の機構が高麗政府と並存する状況は、少なくとも制度形式面では、国内統治における在来政府の非絶対化を意味する。また実際、行省僚属の政治姿勢・行動が高麗在来の体制と摩擦をひきおこす場面もあったのである（後述）。

このように在来の王朝体制は維持されたが、一時的とはいえ元の官員が常駐し、また征東行省の存在が高麗政府の統治に制約をくわえ得る状況が生じていた。在来の統治機構はもはや唯一絶対の存在ではなく、少なくとも潜在的に、相対化されていたのである。

（2）版図と領民

王朝の存立要件としては、君主の地位とその統治権限にくわえ、統治の対象である版図と領民をあげなくてはならない。前述のごとく、これらは大枠において保障されていたものの、しかし旧状がそのままたもたれたわけではなかった。

まず高麗の版図の一部が元の直属下に編入されている。[90] 一二六九（元宗一〇／至元六）年、権臣林衍による国王廃立事件の際、西北面兵馬使営吏の崔坦は慈悲嶺以北の高麗西北地方をもって元に内属した。廃立事件に対する対抗措置として当時高麗の所領分割も検討していた元[91]はこれを受け入れ、翌年東寧府を設立した。同地域はその後一二九〇（忠烈王一六／至元二七）年に返還されるまで元の直属下にあった。また済州島での三別抄の反元抗争が一二七三（元宗一四／至元一〇）年に鎮圧されたのち、朝鮮半島南方海上の戦略要地である同島も元によって直轄された。その統治のために元がおいた官府は、招討司（一二七三年～）、軍民都達魯花赤総管府（一二七五年（または七六年ころ）～）、安撫司（一二八四年～）と変遷し、一二九四（忠烈王二四／至元三一）年にいたって高麗に返還された。一方、高麗が元に帰服する直前の一二五八（高宗四五／憲宗モンケ八）年、和州（現・咸鏡南道金野郡）をはじめとする高麗東北辺の諸邑がモンゴルに内属し、双城総管府が設置された。本府は一三五六（恭愍王五／至正一六）年に恭愍王が収復するまで事元期を通じて存続している。

領民をめぐっては被虜人・流亡民の刷還（捜索・送還）が問題となった[92]。対モンゴル戦争の過程では多くの高麗人が捕虜として連行され、また混乱を避けて国外に流出した。これについて元は一二六〇（元宗元／中統元）年に、己未（高宗四六／憲宗モンケ九／一二五九）年以降の被虜人と流亡民は刷還することを約束し[93]、忠烈王代を中心に刷還事業がくりかえされたが、その様相は表9-1のごとくである。

みられるように、対象地域は北方近隣の遼陽・瀋陽・双城・東寧を中心に、開元（現・吉林省方面）や北京（現・内蒙古自治区赤峰市寧城県を中心とする地域）など、さらに北方・西方におよんでいる。しかし『拙藁千百』巻二・国王与中書省請刷流民書の一節に、

朝廷が特別に使臣を遣わすのをくりかえしこうむり、遼陽行省・征東行省の担当官と会同してこれ（＝流民）を捜索して送還したが、いつも土官がかかえこんでしぶるため、捜索は徹底しなかった。また予（＝忠粛王）が至治元年（＝一三二一（忠粛王八）年）に入朝して以来五年間、国人が〔国の〕守りをおろそかにしたため、〔民が〕遼瀋・開元の地に数知れず逃入した。（累蒙朝廷特遣使臣、与遼陽省及征東委官、会刷帰之、而毎縁土官占吝、刷之不悉。又予至治元年入朝以後、五載之間、国人失於防閑、逃入遼瀋・開元地面、不知其数）

とあり、『高麗史』巻三六・忠恵王世家・元（後至元六／一三三一）年四月庚寅におさめる流民刷還の奏請の一節に、

本国はこれによりくりかえし官員を派遣し、遼陽・瀋陽等の地におもむかせ、〔流民を〕選別しようとしましたが、所在の官府は無分別に軍戸あるいは農民と称し、妨害して捜索できない状態がながらくつづいています。そしてまた近年、本国の州県で役務にあたるべき人民、ならびに官有・私有の奴婢が遼陽・瀋陽・双城・女真等の地に逃亡し、役務の負担を隠れ避け、散らばって住み着いています。人を遣わして〔現地に〕ゆかせ、捜索しようとしても、所轄の官府と有力者がみずからほしいままにかかえこみ、妨害してひきわたさず、非常に不都合で

表9-1　被虜人・流亡民の推刷事業

1260（元宗1）年3月	王万戸，男女60人あまりを帰す
4月	也速達，金宝鼎・金大材等100人を放還
	世祖より前年春以降に被虜，逃来した人民は放還との詔あり
5月	元，逃虜の人440戸あまりを帰す
1270（〃 11）年11月	西京や元軍に逃托した民の推刷を奏請
1271（〃 12）年6月	大将軍郭汝弼らを西京に遣わし逃民を推究
11月	中書省に上書して逋逃の人口の返還を要請
1274（〃 15）年8月	少卿趙愉を東寧府に派遣して逋逃の人物を推刷
1276（忠烈2）年11月	中郎将康之邵を元に遣わして人物を推刷するも得ずして還る
1278（〃 4）年2月	大府少尹趙瑜らを東寧府に遣わして人物を推刷
7月	北京・東京・東寧における庚午（1270）年以来の逃虜の人の推刷を元に要請
9月	郎将趙瑊らを東寧府に遣わして人物を招刷
10月	少尹趙愉らを東寧府に遣わし谷州・遂安・殷栗の人物を推刷
1279（〃 5）年2月	少尹趙愉らを東寧府に遣わし己未（1259）年以来西海の民の亡命者を推刷
1280（〃 6）年正月	親従将軍朴延らを東寧府に遣わし夫匠を推刷
7月	双城からの民戸返還に関する中書省の牒あり
1282（〃 8）年9月	親従将軍鄭仁卿を遼瀋，中郎将鄭福均を東寧府に派遣し人物を推刷
1283（〃 9）年3月	大将軍鄭仁卿らを遼陽・北京に遣わして流民を推刷
9月	正郎魏文愷らを開元路に遣わして人物を招刷
1284（〃 10）年正月	咸平宣慰使，双城に逃入した本国の人口を推刷
1285（〃 11）年3月	元断事官・遼東宣慰使，東真北面に遣使して本国の逋逃の人口を刷出
5月	己未（1259）年以来逃入した本国人口を送還するとの帝命あり
1286（〃 12）年8月	副知密直司事金忻を東真に遣わし流民を推刷
1291（〃 17）年8月	将軍金位良を東京・瀋州等処に遣わし人物を推刷
1292（〃 18）年正月	元卿を遼陽路に遣わし己未（1259）年以来の被虜の人物を推刷
1294（〃 20）年5月	遼陽行省と己未（1259）年以来の被虜・流徙の人を分揀し帰せとの帝命あり
1297（〃 23）年2月	帝，遼瀋における己未（1259）年以来の被虜・流民を推刷することを許可
4月	元，遼陽路に遣使して被虜・流民を推刷し350戸を帰す
1304（〃 30）年8月	知密直司事高世を瀋陽に遣わして人物を推刷
1311（忠宣3）年10月	僉議評理趙璉を瀋陽に遣わして人物を推刷
1325（忠粛12）年	元の中書省に己未（1259）年2月以降の逃虜の人口の推刷・返還を要請
忠粛王代	女真・洪肯・三撒・禿魯兀・海陽等の地に逃入する吏民多し。趙暾は海陽で60戸あまり，のちにまた100戸あまりを推刷して返還
1331（忠恵元）年4月	双城・女真・遼陽・瀋陽に逃入した民の刷還を奏請
1339（忠粛後8）年9月	義州・静州の人が鴨緑江を渡って流出，遣使して安撫

典拠）『高麗史』世家，同書巻111・趙暾伝，『高麗史節要』，『拙藁千百』巻2・国王与中書省請刷流民書。

す。（本国以此累次差官、前去遼陽・瀋陽等処、欲行分揀、所在官司、濫称軍戸、或称農氓、沮遏不刷者久矣。而又比年間、本国州県当役人民、并官寺私奴婢人口、逃往遼陽・瀋陽・双城・女真等処、影避差役、散漫住坐。雖或差人前去、将欲推刷、所轄官司、并頭目人、擅自挟帯、当欄不与、甚為未便）

とあるように、現地官憲・有力者の隠匿・妨害、また避役した良民や公私奴婢の新たな流亡というイタチごっこがくりかえされ、なかなかおもうように進展しなかった模様である。

また元朝政府の禁令にもかかわらず、元側の勢力による高麗住民の駆掠もしばらくつづいた。一二六〇（元宗元／中統元）年には畢千戸・金千戸が放還された高麗人一九〇名あまりをつれさった。[94] 一二七一（元宗一二／至元八）年に珍島の三別抄が鎮定された際にも多くの島民が元軍に駆掠されている。[95] 一二七八（忠烈王四／至元一五）年には遼陽の人が高麗国内に潜入して民を駆掠していることが発覚した。[96] 同年に高麗駐留の元軍が撤収する際にも良民の駆掠が懸念されたが、[97] あわせて高麗人女性と婚姻した兵士の家族の帰属も議論されている。まず元側では妻家の族党と詐称して高麗人を帯同することを禁じたが、[98] 高麗側ではくわえて父母が許した妻以外の帯同を禁じた。[99] これに対して元は翌年、兵士の妻子がみな抑留されているとの懸念を示し、高麗側は、婚書の有無を確認したうえでの措置であると反論したが、[100] 元は、すでに子のある妻は夫にしたがわせるように指示している。[101]

以上は高麗からの人口流出だが、逆に元側の人口が高麗に流入する現象もみられる。一二七二（元宗一三／至元九）年、元の諸王忽刺出は高麗界内にある自己の逃民を捜索しようとしたが、元朝政府は高麗の民を動揺させるとしてこれを制止した。[102] 一二七五（忠烈王元／至元一二）年には高麗に済州逃漏人物推刷色が設置されたが、[103] 元直轄下の済州島から高麗国内に流亡した人戸を刷還するためであったとみられ、元による済州島民の刷還も一二七六（忠烈王二／至元一三）年と一二九三（忠烈王一九／至元三〇）年に実施されている。[104] また一二七六（忠烈王二／至元一三）年には東寧府の千戸韓慎が訪れて人物を捜索し、[105] 一二八六（忠烈王一二／至元二三）年には双城の流民を捜索せよとの帝命が下された。[106] 一二九六（忠烈王二二／元貞二）年にも帖木児が遣わされてきて双城の人物を捜索し、[107] 一三〇二（忠烈王二八／大徳六）年には伯都孛羅が遣わされてきて遼瀋の人物を選別した。[108] 一三四七（忠穆王三／至正七）年にも高麗政府が交州道都巡問使に双城の人口を検括させているが、[109] おそらく交州道地域（おおむね現在の江原道西部に相当）に双城の民が多数流入していたのであろう。一二八七（忠烈王一三／至元二四）年にモンゴルのオッチギン王家の当主ナヤンがクビライに反旗をひるがえした際、高麗は同王の部下である庾超という人物を捕斬しているが、彼はナヤンの命によりその逃亡兵を捜索するため高麗をおとずれていたのだった。[110] また『元典章』巻五七・刑部・諸禁・禁誘略・過房人口におさめる延祐三（忠粛王三／一三一六）年の記事には、養子縁組の名目でつれ出された中原・江南の子女が高麗でも不法に売買されていることが記されている。

これらはいわば、元朝政府の立場からみて本来高麗に居住すべきではないとされる人々に関する問題だが、元朝政府ないしその一部勢力が意図的にその人戸を高麗国内に移置する場合もあった。その第一は流配地としての利用であり、表9-2のような事例が確認される。

みられるように、当初は一般的な罪囚を朝鮮半島内の元の直属地に流配することから開始された模様だが、のちにはモンゴルの諸王や高官が高麗所管の島嶼部に流配されている。そのなかには元の政争・内訌に関わるケースがみられ、高麗の管理責任もそれだけ重かったと想像される。

高麗国内にはほかにも元の権益が分布していた。一二七九（忠烈王五／至元一六）年、元は馬一五〇匹を高麗に送り、諸島に放牧している。[111] また一二九三（忠烈王一九／至元三〇）年まで珍島には元直轄下の済州島民が入植していた。[112] その済州島には一二七六（忠烈王二／至元一三）年ころより帝室直属の牧場が開設され、元よりうつり住んだ牧子（哈赤）の集団が牧畜に従事していたが、彼らは一二九四（忠烈王二〇／至元三一）年に同島の行政権が高麗に返還されたのちも、事元期を通じて当地で活動している。[113] 元の「太史府」（天文をつかさどる太史院のことか。もしくは太師府の誤りか）も高麗に「田・民」を保有したようで、一三四九（忠定王元／至正九）年にその調査がおこなわれてい

表 9-2　元から高麗への流配例

年　次	流配者	流配地	備　考	典　拠
1275（忠烈 1）	盗賊 100 人あまり	耽羅	当時耽羅は元直轄	高麗史 28・忠烈世家・元年 4 月壬子
1277（〃 3）	盗賊 40 人	徳州	当時徳州は元直轄	〃 28・〃・3 年 3 月丁巳
〃（〃 3）	罪人 33 人	耽羅	当時耽羅は元直轄	〃 28・〃・3 年 5 月戊戌
〃（〃 3）	罪人 40 人	〃	〃	〃 28・〃・3 年 8 月庚辰
1278（〃 4）	罪徒 13 名	霊岩郡披緜島		〃 28・〃・4 年 8 月辛巳
〃（〃 4）	罪徒 24 名	宝城郡乃老島		〃 28・〃・〃
1280（〃 6）	皇子愛牙赤	大青島		〃 29・〃・6 年 8 月丙子
1283（〃 9）	室剌只	〃		〃 29・〃・9 年 9 月庚申
1288（〃 14）	大王闊闊歹	〃		〃 30・〃・14 年 6 月丁巳
1289（〃 15）	大王石列紇	人物島		〃 30・〃・15 年 9 月庚辰
〃（〃 15）	大王野里不花	高鸞島		〃 30・〃・〃
〃（〃 15）	大王撒里只	与音島		〃 30・〃・〃
1292（〃 18）	阿里禿大王	艿益島	カダンの党	〃 30・〃・18 年 3 月戊午
〃（〃 18）	賊党塔也速	白翎島	カダンの党か	〃 30・〃・18 年 4 月癸亥
〃（〃 18）	賊党闍吉出	大青島	〃	〃 30・〃・〃
〃（〃 18）	賊党帖亦速	烏也島	〃	〃 30・〃・〃
〃（〃 18）	哈丹下大王	霊興島・祖月島	カダンの党	〃 30・〃・18 年 4 月庚午
1310（忠宣 2）	寧王	不明	謀叛の罪	〃 33・忠宣世家・2 年 9 月己卯
1311（〃 3）	平章迷里不花	烏安島	丞相三宝奴の党	〃 34・〃・3 年 2 月辛未
1317（忠粛 4）	魏王阿木哥	耽羅→大青島		〃 34・忠粛世家・4 年閏正月壬申
1322（〃 9）	徽政院使羅源	耽羅		元史 28・英宗本紀・至治 2 年正月癸未
1324（〃 11）	孛剌太子	大青島		高麗史 35・忠粛世家・11 年正月丙辰
1330（〃 17）	太子妥懽帖睦爾	〃	のちの順帝	〃 36・忠恵世家・忠粛 17 年 7 月丁巳
1340（忠恵後 1）	孛蘭奚大王	耽羅		〃 36・〃・後元年 2 月丙戌

る。[114]

　またとりわけ注目されるのは、「皇慶初」（忠宣王四／一三一二）年に元に帰服した「朔方蕃王八驢迷思」（元と対立してきた中央アジアのモンゴル王侯の一人であろう）とその部民を高麗に移住させる計画が元で議論されたことである。[115] このもくろみは元の高麗人宦官方臣祐の反対で実現しなかったが、臣祐があげた反対理由は、〝狭隘な高麗の地に生活習慣の異なる牧民を同居させると、高麗の民とトラブルをおこす〟（高麗地狭多山、無所田牧。北俗居之、必不楽、徒令東民驚動、或不能按堵耳）というものだった。高麗の地にモンゴル王侯とその部民が居住すること自体が高麗の版図に対する侵害として問題視されたわけではないのである。

　モンゴル王侯をはじめとする分権的な政治勢力の集合体である元においては、各勢力の多様な権益が、それぞれ一円的・排他的な空間のなかにまとまるのではなく、各地に大小さまざまな単位で分散し、それらがモザイク状に混在する様相を呈した。高麗王家の掃里《サウリ》 sa'uri（宿駅）や土地をはじめとする権益も元国内に点在している(116)。逆に高麗本国も、程度の差はあれ、そうした元本国と同様な政治的・社会的環境のなかに組みこまれていった部分があるのではないだろうか。

以上のように高麗の在来王朝体制は、世祖以来の勅許を遵守するという形式のもとで維持されてきた。もとより個別の政策審議ではさまざまな観点からそのメリットとデメリットが検討された（であろう）が、そのうえで在来王朝体制の維持という先例を踏襲することが選択されたのである。ただしそれは元の政治秩序や社会環境が徐々に浸潤してくるなかでのことだった。そのため、高麗がそれまで経験してきた中国王朝との宗属関係とは異なり、その自己完結的で排他的な支配空間に動揺が生じた側面を有するのである。

四　「不改土風」の内実

保障されたはずの高麗在来の王朝体制も、実際には元との関係のなかでその影響をうけ、多くの変化をこうむっていた。ただ一言で影響といっても、元側の意思が作用しているケースと、高麗が元の制度・習慣等を自主的に参酌したケースがあり、どちらのケースに属するのか史料上明確ではない場合も多い。また一見、元の影響に起因することが明瞭ではない変化のなかに、実はそのようなものがふくまれている可能性もある。この問題は今後いっそう緻密な分析を必要とするが、ここでは高麗在来王朝体制の保全問題に対する元側の姿勢という当面の関心にしたがい、ひとまず元側の意思の直接的ないし間接的な作用が現時点で看取される事項を中心に、状況を概観することにしたい。

(1) 官　制

元の意向によりもっとも大きく変化したのが官制をはじめとする高麗の国制である。高麗在来の国制は、君主を天子・皇帝になぞらえた内容を多くふくみ、中国王朝からみれば僭擬となる。ただ宋・遼・金などはこれを表だって問題視することもなかったが、元の場合は異なり、一二七五（忠烈王元／至元一二）年に〃すでに太子を世子と称し、聖旨を宣旨とあらためたが、官号が朝廷と同じものも同様に処理すべきであり、また宰相の数を削減せよ〃と通告してきたのである[117]。この時点ですでに太子や聖旨などの語は改称されていたが、さらに全面的な調整が求められたわけであり、ただちに官制が改定された[118]。その大要は『高麗史』百官志を一瞥すれば明らかだが、たとえば中書・門下・尚書の三省[119]は統合されて僉議府となり、枢密院は密直司に、御史台は監察司などと一新された。また翌一二七六（忠烈王二／至元一三）年にはダルガチの指摘により宣旨、朕、赦、奏などの用語をあらためた[120]。これらは、天子・皇帝の格式をそなえ唐宋風の三省六部体制を祖型とする高麗の伝統的国制が、こののち、中国冊封下の諸侯国としての格式のもと、最高議決機関たる議政府の下に六曹が配置される朝鮮王朝の国制へとシフトしてゆく最初の転機であった。

ただしこれで官制や僭擬の問題が解消されたわけではなく、一二九八（忠烈王二四／大徳二）年に即位した忠宣王は、〃さきに官制を改定したが、元制と同じくしてあらためないもの、異なるのにあらためたもの、改定した称号が古容にそぐわないものがあるので、改定・統廃合する〃ことを指示した[121]。しかしこのときの官制改編は、司空・侍中など中国風の官号が復活したことにくわえ[122]、その企図自体が元側の反発をまねき、忠宣王が年内に失脚する一因となったようである。翌年元は〃先朝がさだめた官府と受宣の人員（帝命で元の官職をうけた者）は変更せず、ほしいままに変えたものは改正せよ〃と[123]、旧状の回復をはかっている。忠宣王の改革はあくまで元制との整合化を目的としていたが[124]、自国の官制ですら、元の承認をうけぬまま独自に変更することは、独断専行の批判をうける危険性をともなっていたのである。

一三〇一（忠烈王二七／大徳五）年、征東行省平章政事の闊里吉思が、高麗の「王京裏外諸司衙門州県摠三百五十八処設官大小四千三百五十五員」の存在が民の負担になっていると指摘したことで、再び官制の改定が示唆された[125]。このとき元は、〝高麗の祖宗旧法を変更することについては先朝でも官号改定をおこなっているので問題ない〟と判断しており、注目される。不改土風の詔よりも先朝（世祖代）において官号改定をおこなった事実のほうが、したがうべき先例とされたのである。先例主義による高麗在来体制保全の危うさがうかがわれよう。翌月高麗は内外の官を統廃合し、元と同じ官名をあらためた[126]。ただし必ずしも徹底されなかったらしく、たとえば慶尚道の梁州（現・慶尚南道梁山市）は、このとき密城（現・慶尚南道密陽市）と統合されたようだが、一三〇四（忠烈王三〇／大徳八）年に復旧している[127]。

一三〇八（忠烈王三四／至大元）年に復位した忠宣王は、再び官制改革を実施する[128]。しかしここでも元の洪重喜が「勝手に官号をあらためた（擅改官号）」と非難したため、一三〇九（忠宣王元／至大二）年、ゆえなく失職、降格した人員は旧来どおり勤務させ、あるいは官府を新設して勤務させ、一度あらためた近侍・茶房・三官・五軍も復旧するという措置がとられた[129]。当時王は武宗皇帝カイシャン擁立の功労者の一人として威望を高め、皇太弟アユルバルワダ（のちの仁宗）とその母后ダギからも寵遇されていたが、それでも独断専行という批判は避けねばならなかったのである。その後も一三一〇（忠宣王二／至大三）年に諸司と州郡号の再改定がおこなわれているが[130]、これについて元との関わりは不明である。

任官については、世祖が高麗への人事介入を要請された際、「官人に法規があり、国に君主がいるというのに、朕がどうしてこれに関与しようか（官人有法制、国有君、朕何預焉）」とのべ、これを拒否したという逸話がある[131]。しかし一方では、その世祖が、功績のあった高麗使に大職をくわえるよう高麗側に指示した例もある[132]。

また最高官府の僉議府は、一二七九（忠烈王五／至元一六）年、高麗側の要請により元から正四品の銅印をあたえられ[133]、元の品階体系のなかに位置づけられることになった。つづいて一二八一（忠烈王七／至元一八）年には従三品に格上げされ、[134] 一二九三（忠烈王一九／至元三〇）年には勅命により都僉議使司と改称して従二品の格づけと両台銀印があたえられた。[135] かかる措置は高麗の機構が元朝政府の認証をうけたことを意味するが、同時に両国政府の一体化をみちびく可能性をはらんでいた。事実、一三〇四（忠烈王三〇／大徳八）年には柳清臣・朴景亮らが元の二品官府に相当する都僉議使司の官を帝命により叙任すべきことを提案したが、〝高麗の政令が元朝宮廷より発せられる事態をまねく〟との反対により却下されている。[136]

そのほか一二七九（忠烈王五／至元一六）年には元の中書省より官府間の「来文行移」（文書授受）の体例が伝達されている。[137] しかし現在確認できる当時の高麗国内の官府間文書（城隍神に対するものをふくめて）は、いずれも吏読文の朝鮮語で記された高麗独特の貼という形式であり、[138] 元制が大幅に導入されていたとも考えにくい。[139] ただ高麗王が征東行省丞相を兼任したことにともない、王と元の中書省や枢密院とのあいだでは、咨文（二品以上の官府・官人間の互通文書）が交わされるようになっている。[140]

（2）王　室

前述のごとく事元期には、元側の意向がからんだ国王の交替が頻繁におこなわれ、重祚が連続した。とりわけ一三四三（忠恵王後四／至正三）年の忠恵王の廃位に際しては、王に対して元使が暴力を行使したほどである。[141] また傍系王族による簒位運動がしばしば展開された。かかる不正常な事態は不改土風の名のもとに反論することも可能だったはずである。実際、事元期をすぎたのちには、忠宣王の庶子である徳興君の簒位を元側から要求された際、ときの恭愍王の廷臣安遇慶は、不改土風の詔にそむくとしてこれに反論している。[142] ところが事元期においては、そうした言説がとくにみられない。

前述のように、一二七五（忠烈王元／至元一二）年には世祖から聖旨が下され、高麗王室が伝統的におこなってきた族内婚の風習が批判された。[143] 一二九一（忠烈王一七／至元二八）年にも同様な聖旨があったが、これらの指摘に対してときの忠烈王政権はとくに対応せず、一三〇八（忠烈王三四／至大元）年にいたり、忠宣王が如上の聖旨にもとづいて宗親の族内婚を禁じた。[144] またつづいて外従兄弟の通婚に対する禁令も出されたが、[145] 何らかの関連性を有する措置だったのかも知れない。

（3）民政

前述のごとく元は、高麗において戸口編籍や、これにもとづく体系的な徴税・徴用をおこなわなかった。[146] こうしたなか、『高麗史』巻三〇・忠烈王世家・一二（至元二三／一二八六）年四月甲辰と『高麗史節要』巻二一・忠烈王一二年四月からは、この年、元が遣使して「商人税銭」（商税であろう）を徴収した例が一件のみ確認される。ただしその後、継続的な実施にはいたらなかった模様である。[147]

住民統治に関する元の干渉は、民生の改善を高麗政府に指示する間接的なものが中心となるが、理念的には高麗の民も等しく元朝皇帝の「赤子」であり、[148] ときには直接的なはたらきかけがなされることもある。たとえば一二七四（元宗一五／至元一一）年には軍糧確保を目的とした「勧課農桑」の詔が下され、元の将官洪茶丘に農事の「提点」（点検調査）が命じられた。[149] このときは高麗政府がみずからの専掌事項であるとして反対し、[150] 実施されなかった模様だが、一二八三（忠烈王九／至元二〇）年には元の中書省が高麗各道に勧農使を遣わしたようである。[151] また一二七二（元宗一三／至元九）年、一二九一（忠烈王一七／至元二八）年、一二九二（忠烈王一八／至元二九）年には、高麗の食糧難に際して元から賑恤米が供給されている。[152]

ただし元の介入が旧習の改変にいたることはなく、幾度か試みられた奴婢制度の改変も、高麗側の反発によりことごとく頓挫した。[153]

（4）軍　備

前述のごとく、第一次日本遠征の前後に高麗に進駐した元軍は、一二七八（忠烈王四／至元一五）年に撤収した。ただしこれは高麗での駐軍の全面禁止を意味するわけではないようである。一二八一（忠烈王七／至元一八）年——一説に一二八二（忠烈王八／至元一九）年——に元は対日防衛のため金州（現・慶尚南道金海市）に五〇〇名の兵員を配し[154]、同年さらに合浦（現・慶尚南道昌原市）に兵三〇〇騎を屯戍させたが[155]、翌年にも対日防衛を理由に合浦と王京にそれぞれ三四〇名と六〇名の兵員を遣わしている[156]。このうち合浦の軍は一二八七（忠烈王一三／至元二四）年に帰還を命じられたことが確認され[157]、金州や王京の駐軍もある時期に解消されたとおもわれるが、一二七八年以降も必要に応じて元軍が高麗国内に配備されているのである。

高麗と元の関係が深まる以前、元はしばしば高麗人の武器保持を制限した。一二七一（元宗一二／至元八）年、元の中書省は高麗人が元の兵器や馬を貿易することを禁じ[158]、また高麗駐在の副ダルガチ焦天翼は私家での兵器保持を禁じ、珍島の三別抄攻略に使用した兵器は元の屯田軍のもとにおさめるように指示した[159]。一二七五（忠烈王元／至元一二）年にはダルガチ黒的が弓箭の所持を禁じ[160]、翌年にも軍士以外の弓箭・兵器の所持を禁じた[161]。一二七六（忠烈王二／至元一三）年には〝貞和宮主が元から輿入れしたクトゥルク・ケルミシュ公主を呪詛し、王族の斉安公淑や金方慶ら四三名が不軌を謀っている〟と誣告する匿名の投書があったが[162]、元朝政府はこれを信じたようで、翌年ダルガチに指示して高麗人の弓箭所持を禁じている[163]。これにより内外人戸の弓箭を打捕戸（狩猟戸）にいたるまで没収したため、第二次日本遠征に際しては逆にその不足が問題になった[164]。高麗と元の関係が本格的な安定期にはいった一二八一（忠烈王七／至元一八）年でさえ、高麗が対日防備のため沿海部に城を整備することを、元は許可しなかった[165]。こうした軍備制限に対して高麗側が積極的に抵抗した形跡は確認されない。ただし同じような指示がくりかえされたことから、むしろこれらが一過性の措置だったこともうかがわれる。

その後ながらく高麗の軍備に元が制限をくわえることはなかったが、一三三七（忠粛王後六／後至元三）年にいたり、元は漢人・南人・高麗人の武器と（おそらくは元の）官員以外の馬匹の所持を禁じた。[166] 直接の契機は不明だが、高麗を狙い撃ちしたものではなく、おそらく当時における元の民衆支配の全般的動揺を背景とするものであろう。[167] これに対して高麗では百官の勤務に支障が生じたため、征東行省を通じて「世祖皇帝不改土風之詔」にもとづき兵器の保有と百官の騎馬の許可を奏請し、[168] 元側もこれを了承した。[169]

(5) 礼　制

忠烈王の即位後、元の指示により官制が改編されると同時に、儀制においても僭擬の改定がおこなわれた。『高麗史』巻六九・礼志・嘉礼雑儀・仲冬八関会儀によると、一二七五（忠烈王元／至元一二）年、八関会における金鼇山額の「聖寿万年」を「慶暦千秋」に変え、「一人有慶」「八表来庭」「天下太平」等の字句もあらためた。また「万歳」は「千歳」に変え、輦路に黄土をしくことも禁じた。八関会は、護国仏教の観念を背景としつつ高麗王が王室祖先や天霊・山川神等を祀る国家的祭儀であり、外国人の朝賀儀礼がおこなわれるなど、高麗王権の威徳を宣揚する場であった。[170] それゆえ天子・皇帝の格式を具備した高麗の君主にふさわしい礼式等が用いられたわけだが、これが一変し、一四世紀前半の八関斎疏では「上国」（元）の徳をたたえる文句が記されるようになっている。[171]

一二七八（忠烈王四／至元一五）年には高麗の官人である韋得儒・盧進義が元将洪茶丘に対し、高麗の国家的仏会である談禅法会が上国を呪う行事であるとの誣告をおこなった。[172] 得儒らの行動は高麗の重臣金方慶への私怨に端を発するものだったが、[173] 国王はただちに上書して弁明をおこない、[174] 一二八〇（忠烈王六／至元一七）年にいたって元は再開を許可した。[175] ただし姜好鮮は、実際にはそれ以降、談禅法会は開催されなかったであろうとの見方を示している。[176]

その後も一二九九（忠烈王二五／大徳三）年には忠烈王がほしいままに皇朝帝系を写したこと、「赦九死」の奨諭（功労者に対し死罪を九回赦す特権をみとめるもので、モンゴルでは皇帝の勅許にかかる）をおこなったこと、みずから暦日を作製したこと等の問題が元側より提起された。[177] 一三〇一（忠烈王二七／大徳五）年には国王の大会における「三挙浄鞭」「山呼万歳」が天子の儀制のようだと元側から指摘され[178]、王の服色を芝黄から赭袍に、また黄傘を紅傘にかえ、さらに舞踏警蹕の礼をのぞく措置がとられた[179]。しかし一三〇四（忠烈王三〇／大徳八）年、燃燈会における国王の奉恩寺参詣にあたり、元使塔察児・王約から、王の服と傘について「朝廷からはまだ明確な禁令が出ていない（朝廷未有明禁）」との言質を得、再び黄袍・黄傘を使用するにいたった[180]。また一三〇七（忠烈王三三／大徳一一）年には寿元天聖節の称が僭擬にあたるとして誕日にあらためている[181]。

服制ではまず胡服・弁髪の導入が問題となった。一二七二（元宗一三／至元九）年、日本遠征準備の名目により元での宿衛から一時帰国した世子（のちの忠烈王）は、胡服・弁髪のすがたをあらわして国人を慨嘆させたという[182]。当時は国王元宗もモンゴル風の髪型を忌避していたが[183]、忠烈王が襲位する際にも、李承休が「本国衣冠典礼始末」を上言し、また世祖も、「およそそなたの祖宗の定制は、つねに失うことなく、旧来どおりこれをとりおこなえ（凡爾祖宗定制、或毋墜失、依旧行之）」と命じていた[184]。しかし王は即位するや、臣僚にもモンゴル風の髪型（開剃・怯仇児）を要求し[185]、多くの臣僚がこれにしたがった[186]。衣服についても、忠烈王の即位当初は元宗魂寝の僚属と国子監員等について旧服の着用がとくに指示されもしたが[187]、一二七八（忠烈王四／至元一五）年にいたり、「上国衣冠」の着用が境内に発令された[188]。ところがこの年、王がそのむねをクビライに報告するや、世祖は逆に高麗旧来の「礼」を遵守するように諭告したのである[189]。

このように、元は胡服を強要しなかったが、一三一五（忠粛王二／延祐二）年に貴賤の服色について詔を下したように[190]、身分秩序に関わる色遣いには元制の遵守を求めたらしく、この点は前述のように王服に関してもうかがわれる。ただ高麗人が個人として胡服を着用することまでが禁じられたわけではなく、一三五一（忠定王三／至正一一）年に即位した恭愍王も、当初は胡服・弁髪のすがたであった[191]。

（6）刑獄

司法における元の干渉は、まず政府上層部に関わる重大事件の処決にあたり元側の承認を得るように求めた点が注目される。一二六九（元宗一〇／至元六）年の権臣林衍による国王廃立事件に際して、元は、国王の資質に問題があれば元に報告して指示をあおぐべきことを指摘した。[192] また一二七八（忠烈王四／至元一五）年には、忠烈王と対立する元の洪茶丘と親しい李汾禧・李槢らが同王により粛清されたが、[193] これに対して世祖は、高官を罪責する場合には元に申奏したうえで処断するように求めている。[194] 一二九八（忠烈王二四／大徳二）年に忠宣王が廃位された理由の一つとして、官員に対する厳しい用刑という問題があったが、元は、官員の罪は仔細を聞奏し、ただちに殺戮してはならないと指示している。[195]

またダルガチや、元から増派された征東行省官が駐在した時期は、彼らが高麗の司法に関わることがあり、[196] それ以外の時期でも、高麗支配層の内紛や元の権勢家の縁故者が関わる事件については、元が使臣を派遣して取り調べをおこなうこともあった。[197]

一方、法運用をめぐっては、次第に元朝法と高麗法の併用にともなう混乱が生じるようになった。一四世紀前半に活躍した李穀はつぎのような状況を指摘している。[198]

ちかごろ政令が方々から出るため、人々は法を遵守せず、あるいは用刑の際にこれを元の法にもとづいて量刑すれば、有司は手をこまぬいて何も言わず、あるいは「世祖皇帝のおおせがあるので国俗を変更してはならない」といい、あるいは「天下に王土ではないところはない」という。いま上は〔元の〕法規[199]に違わず、下は〔高麗の〕旧来の制度を失墜させず、刑法を調和させ、人々に一時逃れをさせないようにしたい。（比来政出多門、人不奉法、或於用刑之際、縄之以元朝之法、則有司拱手、而不敢言、或曰世皇有訓、毋変国俗、或曰普天之下、莫非王土。今欲上不違条格、下不失旧章、使刑法帰一、而人不苟免）

用刑に際して執政者が元朝法を適用すれば、担当機関も反論できず、場当たり的な法運用がおこなわれているというのである。また李穀はつぎのようにも記す[200]。

〔征東〕行省の官吏で通制の適用を主張する者は、「天下に王土でないところはない」といい、我が国の臣僚で旧法を護持しようとする者は、「世祖皇帝のおおせがあるので、在来の慣習を変えてはならない」という。（省吏之執通制者、則曰、普天之下、莫非王土、国臣之持旧法者曰、世皇有訓、不改土風）

征東行省の官吏には高麗も元の王土であるとの立場から元の「通制」（一般法[201]）を重視する者がいるのに対し、高麗政府の臣僚には不改土風の詔をたてに高麗の「旧法」遵守を主張する者がいるという。元朝法の重視は、元朝中央政府や征東行省の長官である高麗王の指示とはかぎらない。行省の官吏には元の人士が任用されることもあるが、彼らにとって元の地方機関である行省の職務を元朝法によりおこなうことは自然だったであろうし[202]、高麗政府の官員やそこから征東行省に任用された者が元の影響下でそうした志向をもつようになることもあり得る[203]。

ただし李穀が元朝法と高麗法の相剋を論じた主眼は、そのどちらを優先するかではなく、両者をいかに「帰一」（調和）させてゆくかという点にあった。元朝法の影響は、事元期以降にも朝鮮初期までのこってゆくが、一四世紀前半より官人生活をおくり一三八〇（禑王六）年に死亡した尹侅が、「通制・条格」（元の法規）と「本国判旨」（高麗の法規・判例）の双方に深く「留意」したとたたえられることからも[204]、李穀の模索した課題が依然として懸案だったことがうかがわれる。

五　小結

本章では、対元関係のなかで高麗の在来王朝体制が保全された政策決定の形式的枠組みを、高麗が元に帰服した当初に王国とその旧習の保全に関する勅許を世祖より獲得し、その後さまざまな事案が発生するなかで、結果的に、先例を踏襲する判例を積みかさねていったプロセスとして理解した。もとより個別の局面ではさまざまな問題が考慮されたはずで、世祖の意思であること自体が全面的な規定性を有したとはかぎらないと考えられるが、いずれにせよ、先例を踏襲することから生まれるメリットをより重んじる方向性が選択されたといえる。

しかし両国間の宗属関係はそれ以前に高麗が経験した冊封関係とは大きく異なり、元の支配の実質性と直接性がめだつ。高麗の内政に対して直接的な干渉がくりかえされ、多様な物資の提供と軍事協力に応じなくてはならなかった。そして保障されたはずの旧習も、実際には元の意向が関わるなかで僭擬問題をはじめとしてさまざまな変更がくわえられた。ただし元側が問題点を発見し、変更を求めるタイミングは、事案によりさまざまであり、これに対する高麗側の諾否の反応とそのタイミングもさまざまであった。高麗側の自主規制が元側によって必要なしと判断されることもあった。不改土風の原則の適用・不適用の範囲ははじめから明確な輪郭をともなっていたのではなく、両国のときどきの認識と判断が交錯するなかでとりあつかわれていったのである。そして元の政治秩序と社会環境が高麗にも徐々に浸潤してくることにより、所領支配のありかたにも一部変容が生じた。

ただ高麗に関しては、服属国に対する定例要求のうち、ダルガチが短期間しか常駐せず、戸口調査とこれにもとづく直接的な課税が免除されるなど、より間接的な支配形態だったことが、伝統的な冊封体制に近い状況を生み出していると考えられるかも知れない。しかしユーラシア全体をみわたせば、これは必ずしも特殊な事例とはかぎらない。ルーム・セルジュークやキリキア・アルメニアでは、戸口調査やこれにもとづく直接的な徴税を免除されたことがある（またはその可能性がある）[205]。またキリキア・アルメニアやグルジアにダルガチが常駐したとの事実は、各王朝に対するモンゴルの支配を論じた研究[206]のなかでも、とくに報告されていない。ルーム・セルジュークやヘラートのクルト朝も、のちにはフレグ・ウルスから行政官が送られたこともあるが、そうなるまでに三〇年前後の歳月を要している[207]。そもそも高麗についても、征東行省官という形で元の行政官が送りこまれるケースをはじめ、ダルガチ撤収後も元朝官人の直接的干渉から完全に自由になったわけではない。徴税、戸口調査、ダルガチの設置なども、適用・不適用とそのタイミングは、ケースに応じて個別に判断される性格のものだったと考えられる[208]。

結局、元における高麗在来王朝体制の保全とは、中国伝統の華夷秩序や冊封体制そのものに淵源するその再現というより、相手国に対し一定の実質的影響力をたもちつつ、比較的高度な自律性と独自性をみとめるという、モンゴルの一般的な征服地支配方式のなかの一法が、冊封・賜印・頒暦など一部の形式において中国風の外皮をまとってあらわれたものとみるのが、実態に近いのではないだろうか。

ただし付言すると、これは基本的に本質論として、あるいは少なくともモンゴル最高支配層からみた状況像であり、元の漢文化人や高麗支配層の目にどのように映ったかは別問題である。本書第八章でも指摘したように、高麗の支配層には元を中華の正統として位置づけるむきがあったし、元側でも漢文化人を中心に伝統的な中国の文物でもって政権を装飾しようとしていたことはたしかである。そのような要素は、自明かつ絶対的なものではなくなったにせよ、高麗・元関係においてなお一定の重要性をたもったと考えられる。

とはいえ、本質上の問題と認識上の問題は、いったん厳密に区別すべきであろう[209]。

註

（1）本書第一章・第二章・第三章、参照。
（2）本書第四章、参照。

(3) 北村［一九六四］、高柄翊［一九七〇b］、張東翼［一九九四a］第二章、参照。
(4) 本書第七章、参照。
(5) 本書第六章、参照。
(6) 張東翼［一九九四a］一七八〜一八四頁、鄭求先［二〇〇二］、喜蕾［二〇〇三］、金渭顕［二〇〇四］三七五〜三八五頁、参照。
(7) 朴宗基［一九九四］一九頁。
(8) 本文にあげた史料の文言は李穀『稼亭集』巻八・代言官請罷取童女書による。このほか元の武宗カイシャンが下した制書にも、「いま天下において領民・社稷を有し王として君臨しているのは三韓（＝高麗）だけだ（天下有民社而王者、惟是三韓）」（『元文類』巻一一・高麗国王封曾祖父母父母制、『高麗史』巻三三・忠宣王世家・二（至大三／一三一〇）年七月乙未）とある。
(9) ラシード・アッディーン『集史』クビライ・カアン紀第二部「キタイ地方のアミールたち、ワズィールたち、ビチクチたち、および彼らの官職、彼らに定められている規定と規則、その集団の呼称の詳細の記述」（ペルシア語の翻訳は四日市康博の教示による）。
(10) 李益柱［一九九六a］、同［一九九六c］。なお後者は李の博士論文である前者の一章を学術誌に掲載したものである。以下、本章では「世祖旧制」論を後者によって紹介、検討することにする。
(11) 高柄翊［一九七〇a］一七八〜一八三頁、同［一九七四］三九〇〜四〇一頁。
(12) 乙坂［一九九七］。
(13) 松田［一九九六］一五四頁。
(14) 森平［一九九八a］八・一二頁。
(15)『元史』巻二〇九・安南伝・至元四年九月。
(16)『高麗史』巻二六・元宗世家・九（至元五／一二六八）年三月壬申。
(17)『高麗史』巻二三・高宗世家・二六（太宗オゴデイ一一／一二三九）年四月、八月、二七（太宗オゴデイ一二／一二四〇）年九月、同書巻二四・高宗世家・三八（憲宗モンケ元／一二五一）年一〇月乙巳、『元高麗紀事』太宗一一（高宗二六／一二三九）年五月一日、己酉（高宗三六／一二四九）年八月一五日など。
(18)『高麗史』巻二六・元宗世家・五年九月庚子、『元史』巻五・世祖本紀・至元元年一〇月壬寅、『元高麗紀事』中統五年八月一一日。
(19) Allsen［一九八三］二六一頁、同［一九八七］一一四頁、松井［二〇〇二］八七〜八八頁。
(20) 訳出は松井［二〇〇二］（八八頁）による。なお Boyle［一九五八］三三二〜三四頁、参照。
(21) 海老沢［一九七七］四六〜四七頁、参照。

(22) 一二四〇（高宗二七／太宗オゴデイ一二）年の太宗オゴデイの詔では、「遷出海島」（海島から本土にもどること）、「点数民戸」（戸数を報告すること）、「出禿魯花」（質子を提出すること）、「捉拿有過之人」（モンゴルに対し罪がある者を逮捕すること）の要求が「四事」と称されているが（『元高麗紀事』太宗一二年五月）、四項目の要求というだけの意味である。ここには定例の要求以外に、高麗の個別事情に即した事項もふくまれている。また一二五三（高宗四〇／憲宗モンケ三）年にモンゴルが高麗を問責した「六事」（『高麗史』巻二四・高宗世家・四〇年八月戊午）などは、内容に関する言及が史料中にないため、その具体的内容を特定できない。

(23) このことについては、金浩東［二〇〇七］（九三～九五頁）も指摘している。

(24) Allsen［一九八三］二六一頁、同［一九八七］一一五頁、参照。

(25) 『高麗史』巻二五・元宗世家・三（中統三／一二六二）年一二月乙卯。

(26) 高麗王が元の指示により親朝した例を『高麗史』世家からぬきだすと、元宗が一二六四（元宗五／至元元）年、一二七〇（元宗一一／至元七）年、忠烈王が一二七八（忠烈王四／至元一五）年、一二八〇（忠烈王六／至元一七）年、一二八七（忠烈王一三／至元二四）年、一三〇二（忠烈王二六／大徳六）年、一三〇五（忠烈王二九／大徳九）年、忠粛王が一三二一（忠粛王八／至治元）年、一三三六（忠粛王後五／後至元二）年となる。その他、高麗側の意志で王が親朝したケースや、王が退位と同時に召喚されたケースがある。なお元の指示による親朝経験が判明しない王の場合、忠宣王はそもそも在位期間のほとんどを元朝宮廷ですごす状態だったこと、忠恵・忠穆・忠定王は在位期間が短いこと、恭愍王は在位五年目から離元政策に転じたことに注意する必要がある。

(27) 李益柱［一九九六c］三〇頁。

(28) 池内［一九六三d］参照。

(29) 李益柱［一九九六c］二六～二八頁。

(30) 朴鍾進［二〇〇〇］二〇四～二〇七頁。

(31) 李益柱［一九九六c］二八頁。なお李は朴鍾進の所論を、二〇〇〇年刊行の著書のもととなる博士論文（一九九三年）により参照している。

(32) 『高麗史』巻七九・食貨志・戸口・忠烈王一八（至元二九／一二九二）年一〇月。

(33) 『高麗史』巻二八・忠烈王世家・四年七月戊戌。

(34) 『高麗史』巻二八・忠烈王世家・四年七月乙酉。

(35) 『高麗史』巻二八・忠烈王世家・四年六月丁丑。

(36) 『高麗史』巻二八・忠烈王世家・四年七月戊戌。

(37) 李益柱［一九九六c］二八頁。

(38)『元高麗紀事』大徳四（忠烈王二六／一三〇〇）年三月。

(39) 朴鍾進［二〇〇〇］二〇四～二一四頁、参照。

(40) 李益柱［一九九六c］二八頁。

(41) 後註61～65にあげた諸論考が示すケースを参照のこと。

(42) 李益柱［一九九六c］二九～三〇頁。

(43) たとえば一三〇二年に提起された征東行省廃止案に対する忠烈王の反論では、「ただ当職に従来どおり征東行省の任にあたらせ、東方の極辺でいまだ帰服しない日本国との境界を威圧、鎮守する任務を一任されたい（止令当職依旧行征東省事、専委威鎮東方極辺未附日本国辺面勾当）」とのべる（『高麗史』巻三二・忠烈王世家・二八（大徳六／一三〇二）年是歳）。なおこの問題について、詳しくは本書終章を参照。

(44) 李益柱［一九九六c］二九頁。

(45) 李益柱［一九九六c］二五頁。

(46) 李益柱［一九九六a］二七〇～二七四頁。

(47)『稼亭集』巻八・代言官請罷取童女書、『高麗史節要』巻二五・忠粛王後四年閏一二月。

(48)『元文類』巻一一、『高麗史』巻三三・忠宣王世家・二年七月乙未。

(49)『高麗史』巻一〇八・金之淑伝。また使行の年は『高麗史節要』巻二一・忠烈王二一年七月より判明する。

(50)『元史』巻三〇・泰定帝本紀・泰定三年正月丙午、致和元年正月乙丑、同書巻三六・文宗本紀・至順三年正月辛未。

(51) 最近、李益柱は、いわゆる「六事」の「輸糧」として表現される「モンゴルの伝統にもとづく収奪」と、「冊封」関係の形式における「朝貢」とを区別すべきだと主張している（李益柱［二〇一一］六六頁、註54）。しかし双方とも〝モンゴルが求める物資供出に応じる関係〟という範疇におさまる現象であり、筆者は本質的な違いはないとみている。

(52) 李益柱［一九九六c］三〇～三一頁。

(53) 李益柱［一九九六c］三頁。

(54) 仁井田［一九八〇］五二九～五三九頁、宮崎［一九九二a］一三七～一五九頁、植松［一九九三］四一〇頁、杉山［一九九六b］一九四～一九六頁、同［二〇〇四g］三七二頁、参照。

(55)『高麗史節要』巻二五・忠粛王後四（後至元元／一三三五）年八月にひく元の詔において、高麗王に対し「ひとえに世祖皇帝の聖旨を遵守し、つつしんで旧章をまもり、国家をととのえ治めよ（一遵世祖皇帝聖訓、祗率旧章、整治邦家）」とのべられるように、世祖の〝おおせ〟が世祖代の体制全般にむすびつけてのべられることもある。しかし李益柱がのべる限定的な内容をこえた、より包括的な範疇となる。

(56) 征東行省とは別個に、高麗王国として元に賀使を派遣していたことなどは（北村［一九六四］一一頁、本書第五章、二六〇～二六一頁、参照）、その端的なあらわれである。
(57) 堀［一九九三］参照。
(58) 金浩東［二〇〇七］八三～八七頁。
(59) 一三世紀末以降、史実とは異なり、高麗がモンゴルに率先帰服したとの見方が一般化する（本書第一章第二節、参照）。
(60)『高麗史』巻二五・元宗世家・元（中統元／一二六〇）年三月丁亥。
(61) 北川［一九七五］、同［一九七六］、同［一九七七］、同［一九七八］、同［一九七九］、同［一九九七］参照。
(62) 井谷［一九八〇］、同［一九八五］、同［二〇〇二］参照。
(63) 海老沢［一九七七］参照。
(64) 加藤［一九八一］、同［一九八五］、同［一九八八］、同［一九八九］、同［一九九三］、栗生沢［二〇〇七］参照。
(65) 佐口［一九四三 a］、同［一九四三 b］、安部［一九五五］、梅村［一九七七］、Allsen［一九八三］、松井［二〇〇二］参照。
(66) 沈［二〇〇二］제五장、参照。
(67) 王印に関して沈［二〇〇二］（二三八～二三九頁）は、冊封時の賜印は元制の特徴とする。しかし高麗王が契丹や金から冊封された際にも印綬・金印を下賜されたことは、『高麗史』の記事に明らかである（巻六・靖宗世家・九（一〇四三）年一一月丁亥、巻一七・仁宗世家・二〇（一一四二）年五月戊午など）。またモンゴルにもタムガ tamγa という在来の印制があるが、元宗にはじめて王印が下賜された際には封冊とセットであたえられていることや（『元史』巻四・世祖本紀・中統元（元宗元／一二六〇）年六月是月）、その直後にモンゴル諸王に対しても中国の古制に則った王印の授与が開始されていることから（王惲『秋澗先生大全文集』巻八〇「中堂事記」中統二（元宗二／一二六一）年五月九日庚午）、当初から中国の古式を継受する印章であった可能性が高いとおもう。詳細な形状は不明だが、忠烈王代に両国王室間の通婚にともない駙馬高麗国王の称号が生まれてからは、金印獣鈕がもちいられている（『元史』巻一〇八・諸王表。なお本書第一章、参照）。
(68) 実際、モンゴル王侯間の抗争にまきこまれて本領を失ったのちのウイグル国王や、陳朝大越の亡命王族を封じた安南国王のように、元の支配下には王国としての実体をもたない国王も存在した。
(69)『高麗史』巻二五・元宗世家・元（中統元／一二六〇）年四月丙午。
(70)『秋澗先生大全文集』巻八二「中堂事記」中統二（元宗二／一二六一）年八月一〇日庚子。
(71)『高麗史』巻二八・忠烈王世家・元宗一五（至元一一／一二七四）年八月己巳。
(72)『高麗史』巻三七・忠穆王世家・忠恵王後五（至正四／一三四四）年四月丙戌。
(73)『高麗史』巻二五・元宗世家・元（中統元／一二六〇）年四月丙午。

(74)『稼亭集』巻八・代言官請罷取童女書。
(75)『高麗史』巻一三一・奇轍伝。
(76)『高麗史』巻一二五・柳清臣伝。
(77)『高麗史』巻三六・忠恵王世家・忠粛王一七（至順元／一三三〇）年閏七月戊子。
(78)『益斎乱藁』巻六・在大都上中書都堂書。
(79)『高麗史』巻三六・忠恵王世家・忠粛王一七（至順元／一三三〇）年閏七月戊子、『益斎乱藁』巻六・在大都上中書都堂書。
(80)『元高麗紀事』中統元年六月、『高麗史』巻二五・元宗世家・元年八月壬子。
(81)『高麗史』巻一〇八・金之淑伝。その年次については、『高麗史節要』巻二二・忠烈王二六（大徳四／一三〇〇）年一〇月より判明する。
(82)『高麗史』巻一〇六・李承休伝。
(83)『高麗史』巻二八・忠烈王世家・四年七月甲申。
(84)『安南志略』巻二・大元詔制・中統元年十二月初三日世祖聖徳神功文武皇帝旨諭安南国陳日煚詔。
(85)北村［一九六五］、高柄翊［一九七〇b］第九節、金恵苑［一九九四］参照。
(86)『高麗史』巻三五・忠粛王世家・後五年一〇月壬辰。
(87)この問題に関する以下の叙述は、池内［一九三一b］八九〜一七八頁、同［一九六三d］にもとづく。
(88)張東翼［一九九四a］第二章II、参照。ただし本章では、任命された行省官が高麗に赴任しなかったケースや、高麗での勤務を確認できない時期は除外している。
(89)『高麗史』巻三〇・忠烈王世家・一九（至元三〇／一二九三）年七月甲戌。
(90)この問題に関する以下の叙述にあたっては、つぎの論考を参照。池内［一九六三c］、高昌錫［一九八四］、金九鎮［一九八九］、方東仁［一九九〇］、同［一九九七a］、同［一九九七b］、高昌錫［一九九八］、大葉［一九九九］、金日宇［二〇〇〇］第IV章、李貞信［二〇〇四］、金順子［二〇〇六］第一節。また済州島に関しては、とくに本書第六章、二八四頁、および三一〇頁、註19も参照のこと。
(91)『元高麗紀事』至元六年一一月二日。
(92)梁元錫［一九五六］、金順子［一九九四］、同［二〇〇六］第二節、参照。
(93)『元高麗紀事』中統元年四月二日、『高麗史』巻二五・元宗世家・元年四月辛酉。
(94)『高麗史』巻二五・元宗世家・元年九月甲午。
(95)『高麗史』巻二七・元宗世家・一二年六月戊申、八月是月、一三（至元九／一二七二）年正月庚申。

(96)『高麗史』巻二八・忠烈王世家・四年七月壬辰。
(97)『高麗史』巻二八・忠烈王世家・四年七月戊戌、辛丑。
(98)『高麗史』巻二八・忠烈王世家・四年七月辛丑、九月辛卯。
(99)『高麗史』巻二八・忠烈王世家・四年七月丁未。
(100)『高麗史』巻二九・忠烈王世家・五（至元一六／一二七九）年正月丙寅。
(101)『高麗史』巻二九・忠烈王世家・五年正月戊辰。
(102)『元史』巻七・世祖本紀・至元九年一二月辛丑。
(103)『高麗史』巻七七・百官志・諸司都監各色・済州逃漏人物推刷色。
(104)『高麗史』巻二八・忠烈王世家・二年七月丁酉、同書巻三〇・忠烈王世家・一九年六月乙卯。
(105)『高麗史』巻二八・忠烈王世家・二年八月己丑。
(106)『高麗史』巻三〇・忠烈王世家・一二年七月甲戌。
(107)『高麗史』巻三一・忠烈王世家・二二年七月丙申。
(108)『高麗史』巻三二・忠烈王世家・二八年八月乙酉。
(109)『高麗史』巻三七・忠穆王世家・三年正月壬申。
(110)『高麗史』巻三〇・忠烈王世家・一三年五月壬寅。
(111)『高麗史』巻二九・忠烈王世家・五年一〇月己亥、『高麗史節要』巻二〇・忠烈王五年一〇月。
(112)『高麗史』巻三〇・忠烈王世家・一九年七月甲戌。
(113)高昌錫［一九八五］参照。
(114)『高麗史』巻三七・忠定王世家・元年九月甲戌。
(115)『益斎乱藁』巻七・光禄大夫平章政事上洛府院君方公祠堂碑。
(116)本書第二章第四・五・六節、参照。
(117)『高麗史』巻二八・忠烈王世家・元年一〇月庚戌。
(118)『高麗史』巻二八・忠烈王世家・元年一〇月壬戌、一一月癸酉。
(119)ただし中書省と門下省については、中書門下省という一つの機関であったという説もある。
(120)『高麗史』巻二八・忠烈王世家・二年三月甲申。
(121)『高麗史』巻三三・忠宣王世家・忠烈王二四年五月辛卯。
(122)『元高麗紀事』大徳三（忠烈王二五／一二九九）年正月一〇日。

(123)『高麗史』巻三一・忠烈王世家・二五年四月辛亥。
(124)李益柱［一九九四］参照。
(125)『高麗史』巻三二・忠烈王世家・二七年四月己丑。
(126)『高麗史』巻三二・忠烈王世家・二七年五月丙午。
(127)『高麗史』巻五七・地理志・慶尚道・梁州。
(128)『高麗史』巻三三・忠宣王世家・忠烈王三四年一一月辛未。
(129)『高麗史』巻三三・忠宣王世家・元年三月丁未。
(130)『高麗史』巻三三・忠宣王世家・二年八月丙辰、『高麗史節要』巻二三・忠宣王二年八月。
(131)李斉賢『櫟翁稗説』前集一におさめる中官李大順の逸話。なお『高麗史』巻一二〇・尹紹宗伝、同書巻一二二・李大順伝にもほぼ同文を掲げる。
(132)『高麗史』巻二七・元宗世家・一三（至元九／一二七二）年四月庚寅。
(133)『高麗史』巻二九・忠烈王世家・五年五月是月。
(134)『高麗史』巻二九・忠烈王世家・七年九月癸未。
(135)『高麗史』巻三〇・忠烈王世家・一九年三月乙酉。なおこれに関連して注目されるのは、一三〇八（忠烈王三四／至大元）年の文散階改定である。矢木［二〇〇八b］によれば、このとき官僚身分における卿・大夫・士の階層区分が一品ずつくりあがり、卿が二品以上、大夫が四品以上、上士が六品以上となり、かかる構造が朝鮮朝に継承されたという。この改定理由について、矢木は元制との調整という点をあげているが、その際、高麗の最高官府である都僉議使司が元の従二品に位置づけられていたこととの関係も考慮する必要があろう。
(136)『高麗史』巻一〇八・金怡伝。
(137)『高麗史』巻八四・刑法志・公牒相通式・外官。
(138)至元一八（忠烈王七／一二八一）年付け淳昌城隍大王封爵貼、淳昌城隍大王神尊号貼（一二九七（忠烈王二三／大徳元）年ころ）、至正一七（恭愍王六／一三五七）年付け全羅道按廉使宛て僧録司貼。なお元より忠恵王に降嫁された徳寧公主の発令文が吏読で記されていることも、高麗在来の慣習の根強さをうかがわせる。以上の文書史料の写真・録文・内容については、盧ほか［二〇〇〇a］四〇四～四一〇頁、同［二〇〇〇b］図版九〇頁、参照。
(139)ただし、事元期かそれ以降か、正確な導入時期は不明だが、高麗末期には元制の影響をうけた劄付による任命文書が使用されていたようである（카와니시［二〇〇九］参照）。
(140)本書第五章Ⅱ、参照。

(141)『高麗史』巻三六・忠恵王世家・後四年一一月甲申。
(142)『高麗史』巻一一三・安遇慶伝。
(143)『高麗史』巻二八・忠烈王世家・元年一〇月庚戌。
(144)『高麗史』巻三三・忠宣王世家・忠烈王三四年一一月辛未。
(145)『高麗史節要』巻二三・忠烈王三四年閏一一月。
(146)『高麗史』巻三二・忠烈王世家・二七（大徳五／一三〇一）年四月己丑にも「本国は〔元に臣属して〕数十年を経たが、いまだかつて〔元の〕賦役を課したことがない（本国歴数十年、未嘗加於賦役）」とある。
(147)『高麗史』や『高麗史節要』の編纂方針として、祭礼行事のように初例と国王親行の場合のみを記し、そのほかは省略するケースもある。しかし「上国」使節の来訪については、『高麗史節要』凡例に「件数が多くても必ず記す（雖頻必書）」とあるように、その対象外である。むろん情報の漏落もあり得るだろうが、一二八六年以外にも商税徴収例を多数確認しながら、これを意図的に省略した可能性は低いだろう。
(148)『高麗史』巻二九・忠烈王世家・六（至元一七／一二八〇）年三月壬寅、同書巻三七・忠穆王世家・忠恵王後五（至正四／一三四四）年四月丙戌。
(149)『高麗史』巻二七・元宗世家・一五年五月庚子、『元史』巻一五四・洪福源伝附　洪俊奇伝。
(150)『高麗史』巻二八・忠烈王世家・元宗一五年一二月乙巳。
(151)『高麗史』巻二九・忠烈王世家・九年一〇月癸未。
(152)『元史』巻七・世祖本紀・至元九年六月甲午、『高麗史』巻三〇・忠烈王世家・一七年六月甲申、一八年閏六月辛卯。
(153)北村［一九六四］一六～一九頁、太田［一九九三］、金炯秀［一九九六］参照。
(154)『元史』巻一一・世祖本紀では至元一八年正月壬子、『元高麗紀事』では至元一九年正月一五日にかける。なお『元史』巻二〇八・高麗伝では後者の説により繫年する。
(155)『高麗史』巻二九・忠烈王世家・七年六月丙戌。
(156)『高麗史』巻二九・忠烈王世家・八年四月戊戌。
(157)『高麗史』巻三〇・忠烈王世家・一三年三月庚申。
(158)『高麗史』巻二七・元宗世家・一二年三月丁丑。
(159)『高麗史』巻二七・元宗世家・一二年一〇月甲辰。
(160)『高麗史』巻二八・忠烈王世家・元年五月壬辰。
(161)『高麗史』巻二八・忠烈王世家・二年一一月丙辰。なおこれらダルガチによる武器所持禁止について、池内［一九六三d］（一一五頁）は、漢人に対してとられた措置を高麗にも適用したものにすぎないとする。
(162)『高麗史』巻二八・忠烈王世家・二年一二月丙子。
(163)『高麗史』巻二八・忠烈王世家・三年正月甲寅。
(164)『高麗史』巻二九・忠烈王世家・六（至元一七／一二八〇）年一一月己酉。
(165)『元史』巻一一・世祖本紀・至元一八年一一月己巳。
(166)『元史』巻三九・順帝本紀・後至元三年四月癸酉、『高麗史節要』巻二五・忠粛王後六年五月、『高麗史』巻三五・忠粛王世家・後六年五月庚戌。
(167)『元史』巻三九・順帝本紀によれば、この年は前半期だけでも、正月に広州で朱光卿が反して大金国を称し、二月には汝寧で棒胡が、広西では徭族が叛乱をおこした。四月には合州で韓法師が南朝趙王を自称し、恵州では上記の朱光卿に呼応する叛乱がおこり、五月には西番（チベット）で叛乱がおこるという有様であった。またこうした社会不安の背景として各地の自然災害と飢饉も深刻であったという。
(168)『高麗史』巻三五・忠粛王世家・後六年五月庚戌、戊午、『高麗史節要』巻二五・忠粛王後六年五月、『稼亭集』巻一〇・謝復弓兵馬匹表。
(169)『元史』巻三九・順帝本紀・後至元三年八月癸未、『高麗史』巻三五・忠粛王世家・後六年一二月癸酉。なお元では一三三九（忠粛王後八／後至元五）年にも漢人・南人・高麗人を対象に武器所持禁止令が出されたが（『元史』巻四〇・順帝本紀・後至元五年四月己酉）、高麗政府の対応は確認できない。あるいは高麗本国は対象外だったのであろうか。
(170)奥村［一九七九］参照。
(171)『稼亭集』巻一〇・八関斎疏。
(172)『高麗史』巻二八・忠烈王世家・四年三月戊戌。
(173)『高麗史』巻一〇四・金方慶伝。
(174)『高麗史』巻二八・忠烈王世家・四年六月戊寅。
(175)『高麗史』巻二九・忠烈王世家・六年三月戊辰。
(176)姜好鮮［二〇〇〇］一三頁。
(177)『元高麗紀事』大徳三年正月一〇日。
(178)『高麗史』巻三一・忠烈王世家・二七年四月己丑。
(179)『高麗史』巻七二・輿服志・儀衛・法駕衛仗・忠烈王二七年五月、同・冠服・視朝之服・忠烈王二七年五月。
(180)『高麗史』巻三一・忠烈王世家・三〇年二月丙申。

(181)『高麗史』巻六七・礼志・嘉礼・王太子節日受宮官賀并会儀・忠烈王三三年六月丙午。
(182)『高麗史』巻二七・元宗世家・一三年二月己亥。
(183)『高麗史』巻二八・忠烈王世家・元宗一五（至元一一／一二七四）年一二月丁巳。
(184)『高麗史』巻一〇六・李承休伝。
(185)『高麗史』巻二八・忠烈王世家・元宗一五（至元一一／一二七四）年一〇月辛酉。
(186)『高麗史』巻二八・忠烈王世家・元宗一五（至元一一／一二七四）年一二月丁巳。
(187)『高麗史』巻二八・忠烈王世家・元宗一五（至元一一／一二七四）年一二月庚申。
(188)『高麗史』巻二八・忠烈王世家・四年二月丙子。
(189)『高麗史』巻二八・忠烈王世家・四年七月甲申。
(190)『高麗史』巻三四・忠粛王世家・二年正月戊午。
(191)『高麗史』巻一〇六・李承休伝附 李衍宗伝。
(192)『高麗史』巻二六・元宗世家・一〇年八月戊戌。
(193)『高麗史』巻二八・忠烈王世家・四年一〇月甲寅、己未。
(194)『高麗史』巻二九・忠烈王世家・五（至元一六／一二七九）年正月戊辰。
(195)『高麗史』巻三一・忠烈王世家・二五（大徳三／一二九九）年四月辛亥。
(196)池内［一九六三d］一四〜一六頁、北村［一九六四］一五〜一六頁、参照。
(197)たとえば一三〇三（忠烈王二九／大徳七）年の石冑陰謀事件（『高麗史』巻三二・忠烈王世家・二九年七月乙丑、同書巻一二五・呉潜伝附 石冑伝）、一三四七（忠穆王三／至正七）年の奇三万獄死事件（『高麗史』巻三七・忠穆王世家・三年一〇月甲午）、一三五二（恭愍王元／至正一二）年の趙日新誅殺事件（『高麗史』巻三八・恭愍王世家・元年一二月癸卯）などがあげられる。
(198)『稼亭集』巻一・策問。
(199)本史料の引用部分の前では元の代表的な官撰法典書である『大元通制』と『至正条格』について言及しているため、この個所の原文「条格」は後者をさす可能性も考えられる。ただし断定はできない。元の法制において「条格」とは狭義には行政法に相当し、刑法である「断例」と区別されるが（安部［一九七二b］二八〇〜二九〇頁、参照）、両者の区分には曖昧さもある（金文京［二〇〇七］一一一頁、参照）。少なくとも李穀がいう「条格」は文脈上刑法に関わる内容をふくむことが明白であり、近年残巻が発見された『至正条格』（韓国学中央研究院［二〇〇七］）の編目中に「断例」がふくまれることも、こうした概念に通じるものであろう。ここではひとまず刑法をふくむ元の行政法規の汎称として広義に解釈しておく。かりに具体的な法典名だったとしても、本章の論旨には影響しない。

(200)『稼亭集』巻九・送掲理問序。
(201) 本史料の引用部分の前では、元の法典書として『至元新格』と『至治通制（大元通制）』についてふれているため、ここでの「通制」は後者をさす可能性も考えられる。ただし断定はできないので、ひとまず広義の一般名詞として解釈しておく。かりに具体的な法典名だったとしても、本章の論旨には影響しない。
(202)『稼亭集』巻九・送掲理問序には、かかる元人省官の発言が、「どうして中朝の法を高麗では施行しないのか（何中朝之法、不行于東国乎）」と記録されている。
(203) 高麗官人における元朝法と高麗法の相剋については、金炯秀［二〇〇一］が論じている。
(204) 李穡『牧隠集』文藁巻一八・坡平尹公墓誌銘并序。なお、ここでいう「通制・条格」は、今日その残巻が『通制条格』とよばれる『大元通制』の「条格」篇をさすものではなかろう。『高麗史』巻八四・刑法志・職制にひく一三八八（昌王即位）年九月の典法司の上疏では、「前元は天下をおさめるにあたり条格・通制を制定し、律を内外に布告した（前元有天下、制以条格・通制、布律中外）」と逆の語順で言及している。これらは、元の代表的な官撰法典書にして朝鮮半島では少なくとも一五世紀まで利用された『大元通制』と『至正条格』をさすものか、あるいは、それらが象徴する元の法規の総称と考えられる。前掲した李穀の文章のように、「通制」については一般法を意味する一般名詞、「条格」については元の行政法規の汎称としての用法も考えられるが、このように位相の異なる用語を並記して元の法体系を総称することは考えにくいとおもう。また同じ理由により、どちらか一方だけが具体的な法典名であることも考えにくい。
(205) 海老沢［一九七七］五〇～五一・五三～五四頁、井谷［一九八〇］一二二頁、参照。なお一二四六・四七年ころアルメニアに対してみとめられたとされる免税について、海老沢は関係史料の信憑性に疑問も呈し、その理由として、西アジアの他のモンゴル支配地で戸口調査にもとづく課税が実施されたのが一二五〇年代である点と、モンゴル側が税収を簡単に手放すとはおもえないという点をあげている。しかし高麗がそうであるように、直接的な徴税でなくとも、間接的な貢納を通じて収奪することは可能であるし、現に課税がおこなわれていない時点で将来にわたる免税を約束することも、一種の特恵授与として必ずしも不自然ではなかろう。
(206) 北川［一九七五］、同［一九七六］、海老沢［一九七七］、北川［一九七七］、同［一九七八］、同［一九七九］、同［一九九七］。
(207) 井谷［一九八〇］、同［一九八五］、本田［一九九一］、井谷［二〇〇二］参照。
(208) 高麗に対し課税がおこなわれなかった理由としては、さしあたりつぎのような可能性が考えられる。①定期・不定期の貢納が十分な経済的負担とみなされた。②高麗王がモンゴル帝室の駙馬となったことで、その領民がモンゴル王侯の直属私隷民（海老沢［一九六六］参照）に準ずるものとして課税対象外になった。③軍事協力（対日防衛）をもって経済的負担に代替した。なお③に関連しては、一四世紀前半にルーシ諸国に対するジョチ・ウルスの徴税方式が間接化――徴税官を廃してルーシ諸侯に委任――する背景に、新興のリトアニアに対するおさえとしてルーシ（とくにモスクワ）を利用するねらいがあったという栗生沢［二〇〇七］（七九～八〇頁）の見解も参考になる。

(209) 最近李益柱は、高麗・元関係において冊封・朝貢関係の要素を重視すべきことを再強調している（李益柱［二〇〇九］、同［二〇一一］）。朝鮮史上の国際関係を通時的にみわたすとき、それが多くの外交形式の共通項であり、高麗・元関係もそこにふくめ得ることについては、筆者も同意する。しかし李がいうように、冊封・朝貢という大枠の共通形式のもとで実際に展開された諸関係の内実が時代によって多種多様であるならば、特定時期における個別の二国間関係の構造を具体的かつ包括的に説明する枠組みとして、冊封・朝貢関係には大きな限界があるといえるだろう。

終　章　元における高麗の機能的位置
——〝帝国東方辺境の守り手〟として

一　問題の所在

高麗・元関係に関する本格的分析として、かつては元の最高地方機関の一つとして高麗に設置された征東行省に重点をおいて議論がすすめられてきた。[1] これに対して近年では、在来の王朝体制が保全された事実を重視する「世祖旧制」論[2]が韓国の学界で有力視されている。また一方では、モンゴル帝室との通婚関係にもとづき、「駙馬国体制」といった表現を用いる論者もある。[3]

これらの論点が高麗・元関係を理解するうえで、いずれも重要な事項であることに異論はない。ただし両国関係を規定する数多の要素のうち、一部分のみをクローズアップさせた見方であるといわねばならない。むろん、各要素について重要度の差を論じることはある程度可能であろう。しかしそれがいかに重要だとしても、脳や心臓をとりあげるだけで人体の全体構造を説明したことにはならないように、一部に全体を代表させて他を捨象してよいものではない。少なくとも、個々の要素に関する事実関係を逐一詳細に解明しないままに、核心部と非核心部を恣意的によりわけたところで、生産的な議論は期待できないだろう。

筆者はそのような問題意識から、本書において、高麗・元関係を体系的に把握するための基礎作業として、まずはキーパーソンとなる君主に焦点をあて、高麗・元関係における高麗王ないし高麗王家の位置づけに関わる制度・慣例上の諸問題を個別に剔抉する作業をすすめてきた。もとより両国間の諸関係は政治面にかぎってもこれだけにとどまらないが、前近代における王朝間の政治関係において、君主をめぐる諸関係がその基幹となることは、ひとまず大方の賛同を得られるところであろう。高麗史上の対元関係の意義にせまりたい筆者の立場からすれば、本来、より高麗側の視点にたったアプローチが望ましいわけだが、いうまでもなく両国の関係は、元に対する高麗の政治的従属という〝形式〟を前提として展開した。そこでまずは、もっとも基本的な構造として、元側の設定する政治システムのなかで高麗王や高麗王家がどのように位置づけられたのかを把握しておきたかったのである。

こうした観点から、これまで本書では、すでに高水準の研究蓄積がある征東行省の組織・機能をのぞき、大きく区切るとつぎのような論点を追究してきた。

①両国王室間の通婚関係（第一章・第三章）
②モンゴル王侯としての高麗王の地位（第一章・第二章）
③禿魯花《トルガク》 turɣaɣ（質子）・ケシク kešig（宿衛）制度の運用とその意義（第四章）
④両国間で使用された公文書の形式（第五章・第六章）
⑤国王文書と征東行省の関係（第五章）
⑥皇帝を頂点とする元の宗教的権威の波及（第六章）
⑦站赤《ジャムチ》 jamči（駅伝）の敷設や使節の移動など交通の様相（第七章・第八章）
⑧使節交渉の様相（第八章）
⑨元が設定する華夷秩序に対する評価（第八章・第九章）
⑩在来王朝体制の保全問題（第九章）

各テーマについて、さらにほりさげるべき点があるのはもちろんであり、またほかにも論ずべきテーマがのこされているかも知れないが、基礎的事項の把握としては、一定の論をつくしたものと考える。

これらは要するに、元の立場からみて、高麗を元朝皇帝の権威・権力のもとに統合するための回路・装置の数々であり、その集積・総和が高麗・元関係の基本骨格にほかならない。ただし上記の制度や慣例は、個別にみていくと、多くの場合、モンゴルの他のさまざまな従属勢力・支配領域に対しても広く適用された事柄である。独自の王国に設定された唯一の行省であるという点において特殊な存在にみえる征東行省ですら、後述のように見方次第では、絶対的な意味で特殊とはいえないかも知れない。項目をならべるだけでは、必ずしも高麗・元関係の固有な性格を解明したことにはならないのである。

もちろん元の傘下における高麗の存在が他のモンゴル従属勢力とくらべて特段個性的ではないという結論それ自体は、それが史実であるかぎり、何ら忌避すべきことではない。むしろ近年のモンゴル帝国史研究では、東アジア・中央アジア・西アジア・ロシア平原など各地域・各時期におけるモンゴル政権をつらぬく共通性や普遍性に注目があつまっており、それがモンゴル帝国の世界史的画期性の主張にもつながっている。一面において筆者の研究も、こうした側面を高麗・元関係について確認する作業が多くを占めているといえなくもない。

しかし、それはあくまでも表層的な次元での話である。個々の制度・慣例を機能論的にとらえた場合、そこには複数の事項をつらぬく共通論理とでもいうべきものが存在し、高麗・元関係の個性の一端をあらわしているとおもわれる。それこそが、本章の副題に示した、元帝国における〝東方辺境の守り手〟としての高麗の役割であり、それはとりわけ、顕在的ないし潜在的な敵性勢力としての日本の存在を念頭におきつつ表現されることが多い。このことは、もともと高麗が元によって受動的に背負わされた責務であったが、一方では高麗が元の政治的影響下で地位の保全・安定と向上をはかるために能動的に勝ちとった立場でもあり、両国関係上、すこぶる重要な意味をもったと考えられる。以下にその様相を具体的にみていくことで、本書の総括にかえたいとおもう。

二　甲戌・辛巳の役と高麗

事元期において、高麗・元と日本とのあいだに政治的・軍事的な緊張関係が発生した原因は、いうまでもなく、一二七四（元宗一五／至元一一）・八一（忠烈王七／至元一八）年の二度にわたって実施された高麗・元両国の対日侵略である。日本史上、文永・弘安の役とよばれるこの戦役の朝鮮史上の呼称として、筆者は史料にもとづき「甲戌・辛巳の役」という語を用いているが(4)、まずは元の日本経略に対する高麗政府の対応をみていこう。

一二六〇（元宗元／中統元）年に高麗と元の和議が成立すると、ほどなく元は高麗に対して国王の親朝、物資の供出、軍事協力、戸籍の提出、質子の提出、駅伝の設置、達魯花赤《ダルガチ》 daruɣači（監視官）の設置、江華島から開京（現・黄海北道開城市）への還都といった要求をつきつけてきた。このうち還都は海島にたてこもっていた高麗政府に固有の問題だが、他の七項目は征服地に対するモンゴルの定例的な要求である(5)。その一つに軍事協力があがっているが、モンゴルの征服活動において、征服地の人的・物的資源をつぎの征服戦争にふりむけるのは常套手段である。しかし当時の高麗政府は、対モンゴル戦を主導してきた武臣執権勢力がなお存続していたこともあり、元の要求に対して従順ではなかった。こうしたなかで開始された元の対日「招諭」（朝貢勧告）事業に対しても、高麗政府は当初きわめて非協力的であった。

一二六六（元宗七／至元三）年、日本「招諭」の意志を明らかにした世祖クビライの命によって元使黒的が高麗にはいり、高麗政府は日本渡航の先導を命じられた。これに対して高麗は、使者を朝鮮半島南東岸の巨済島に誘導した。たしかに巨済島は対馬島まで最短距離の位置にあるが、当時まで高麗の一般的な対日通交窓口港は金海（金州。現・慶尚南道金海市）であった。さらにここで、高麗の宰相李蔵用は、黒的に対して航海の危険と日本との交渉の無益を説き、ついに渡航を断念させた(6)。そしてクビライには、風濤の険阻と、日本において使者の安全が保障できないこと、そして日本とはかつて通好したことがないことをつげて、[7] 遣使の中止を正当化しようとしたのである。

しかし、そもそもクビライは、高麗側の抵抗を予測して、上記のような事柄を命令不履行の口実にしてはならないと、あらかじめ警告していた。[8] それにもかかわらず、高麗政府はオウム返しに同じ内容でもって回答したのである。また高麗政府は、対日関係の証拠を隠滅するため、金海に設けられていた倭人接待用の館舎をひそかに破壊した。[9] 高麗政府が黒的を巨済島に誘導したのも、おそらく日本との関係の詳細を元側に察知されないようにするためであろう。高麗政府はこのような工作のうえで、日本との通好関係はないと主張したのである。

当然というべきか、クビライはこれに対して激怒を表明した。そして高麗政府の手で国書を日本にもたらすことを要求した結果、一二六七（元宗八／至元四）年末に高麗の起居舎人潘阜が日本にわたることになった。しかしここでの高麗側関係者の対応にも興味深いものがある。原文書の書式を相当程度正確に反映すると考えられる東大寺の『調伏異朝怨敵抄』[10] 所載の写しにより、このとき高麗側が日本に対して発した文書を、同じく本書におさめるクビライの国書とも対比しつつみてみよう。

まずクビライの国書とともに日本にもたらされた元宗の国書には、丁重の意をあらわす書簡形式である啓が使用された。そしてそのなかで、「大王」「貴国」「日本」といった日本に関わる用語と、「蒙古大朝」「皇帝」「詔」といった元に関わる用語には、敬意表現としてともに平出（改行）をほどこし、日元双方を同格にあつかっている。クビライの国書では、「大蒙古国皇帝」「祖宗」といった語に最上敬意表現である抬頭（改行して行頭をより高い位置におく）をほどこしているので、本来ならば高麗はこれに準拠すべきところである。また「招諭」への協力を求める元の要求に対して高麗は「やむを得ず（不獲已）」したがっているとして、日本側に対し、「一介之使」を派遣してまずは様子をみてはどうかと勧告している。これがただちに元に対する非礼とまでいえるかどうかはわからないが、「招諭」に対する高麗側の消極性をほのめかし、元側の意向を軽視するかのような言辞でもって日本側が事態を深刻にうけとめないように配慮した様子が感じられる。

しかしそれ以上に過激なのは、高麗使潘阜らが大宰府長官（当時の実質的な大宰府の責任者は御家人である少弐武藤氏）に宛てた書状である。ここで潘阜らは、金海の倭人接待用館舎の隠蔽、対日遣使のひきのばしなど、高麗が元の企図を意図的に妨害してきた事実を暴露した。のみならず、文書内の表記形式において、日本に関わる用語には平出をほどこしているのに対し、元に関する用語については闕字（前に空格をおく）にとどめるという具合に、元を日本よりも格下に表現したのである。

このように高麗は、元側に露見すればみずからを危険にさらしかねないほどの〝好意〟を日本側に示して善処を求めたのだが、かかる配慮は高麗側のかたおもいではおわらなかった可能性もある。元の「招諭」に対して京都の朝廷や鎌倉幕府が強く反発したことは周知のとおりだが、その後一二六九（元宗一〇／至元六）年、前年元使によって連行された対馬島民が高麗を通じて送還されてきた際、あわせて元朝中書省と高麗慶尚道按察使の牒が送られた。このとき日本の朝廷では元の中書省に対して強硬な内容の返書を起草したのに対し、高麗に対しては「前好」と「盟約」にふれた友好的な返答を用意している[11]（ただし結局発行せずにおわった）。また使者往来の窓口となる大宰府では、一二七一（元宗一二／至元八）年に元使趙良弼が来日した際、独自に返使をしたてて交渉をすすめようとした形跡もある[12]。

大宰府の実質的責任者である少弐武藤氏は、一二世紀末〜一三世紀初めに着任した直後より、高麗とは倭寇禁圧と通商に関して交渉をおこなってきた経緯がある[13]。元の「招諭」直前の一二六三（元宗四／中統四）年にも倭寇禁圧交渉をおこない[14]、また武藤氏に関係するとみられる貿易船（大宰府少卿殿白商船）が高麗に漂着して保護されている[15]。対馬海峡をはさんだ前代からのネットワークが開戦前夜まで維持され、これを通じて衝突の回避が模索された可能性があるのである。一二七二（元宗一三／至元九）年にも倭船が金海に入港しているが[16]、これは一三世紀半ばまでつづいてきた日麗貿易の一環として理解できる。しかしこのことを隠蔽しようとした慶尚道按撫使曹子一は、元将洪茶丘によって処刑され[17]、もはや情勢は緊迫の度を高めていた。

一二六九（元宗一〇／至元六）年に執権武臣林衍が元の公認した高麗国王である元宗の廃位を強行したことは、高麗の各種要求不履行に不信感をつのらせていた元にかっこうの政治介入の口実をあたえた。一二七〇（元宗一一／至元七）年、元の外交的・軍事的圧迫のなか、宮廷クーデタによって武臣執権勢力は打倒され、一世紀ぶりに〝王政復古〟が実現する。しかし廃立事件に際して元側では高麗の廃絶という強硬な選択肢すら考慮していたので、高麗政府としては、自国の安全保障のため、対元関係を早急かつ大幅に改善する必要にせまられた。そこで、モンゴル公主の降嫁要請や、禿魯花の派遣、なおも抵抗をつづける三別抄の鎮圧戦などがつぎつぎにすすめられたが、その一環として、日本経略にもいちおう協力姿勢に転じることになる。ただしこの段階では、高麗に進駐した元軍に対する物資支援の負担軽減をしきりにはかるなど、いささか消極性をのこしている。

そうしたなかで、当時王世子として元に入質していた忠烈王が、

かの日本はいまだ聖化をこうむらず、それゆえ詔使を発し、ついで軍容を輝かすこととなり、戦艦と兵糧はいままさに必要とするところです。もしこのことを臣にゆだねてくだされば、心身をつくして王師をいささかなりともお助けしようと願います。（彼日本、未蒙聖化、故発詔使、継耀軍容、戦艦兵糧、方在所須。儻以此事委臣、庶幾勉尽心力、小助王師[18]）

とのべたことは、対元協調に熱心であった同王の対日経略への積極性を示すかにもみえる。しかし『高麗史』や『高麗史節要』によると、これはともに入元した従臣たちのホームシックの声におされて一時帰国するための口実としてもうし出たことだったという[19]。

日本経略に対する高麗政府の協力姿勢は、甲戌の役後、辛巳の役までのあいだ、より積極的な方向に転換する。それは一二七八（忠烈王四／至元一五）年における忠烈王のつぎのような発言をかわきりとする。

日本は一島夷にすぎませんが、険阻をたのんで帰服せず、あえて王師にあらがっています。臣がおもいますに、〔日本が元の〕恩徳に報いることはないでしょう。願わくは、あらためて戦艦をつくって兵糧を積みこみ、〔日本の〕罪をとなえて討伐すれば、成功しないことはありません。（日本一島夷耳、恃険不庭、敢抗王師。臣自念、無以報徳。願更造舩積穀、声罪致討、蔑不済矣）[20]

甲戌の役後、元はただちに高麗に対して再攻撃準備を命じたが、一二七五（忠烈王元／至元一二）年末には撤回されている。[21] 上記の忠烈王の発言は、一見すると高麗側がみずからすすんで開戦を求めたかのようにもみえる。これについて池内宏は、当時高麗が元の高麗人武将である洪茶丘から内政干渉をうけ、両者のあいだに深刻な摩擦が生じていた事実に注目した。[22] すなわち、クビライの歓心をかって干渉にあらがい、洪茶丘勢力を排除するための親元姿勢の表明だろうというのである。

しかし元側にこのような言質をあたえて実際に戦争が再開されれば、高麗が大きな負担を負うことは明らかである。一官人との対立、ただそれだけのために、疲弊した国家全体をさらなる苦境に直面させかねない〝迎合〟がおこなわれたとは、いささか考えにくい。

一方で中村栄孝は、この直後に朝鮮半島南岸を侵犯した倭寇の動向に注目する。[23] 当時日本では元・高麗に対する反攻計画（「異国征伐」計画）が浮上していたが、中村は上記の倭寇もこれに関連した動きであり、それ以前から兆候をみせていたと推定され、これに脅威を感じた高麗が日本への直接攻撃を企図したというのである。

上記の倭寇が「異国征伐」計画に関連した動きであるか否かは中村がいうほど明瞭ではないとおもうが、一方で「異国征伐」計画を高麗側が察知した可能性は必ずしも排除できない。しかしそれらの事実関係はどうあれ、日本そのものに対する切迫した危機認識にもとづき、防衛強化というレベルをこえて敵地攻撃までを進言するほどならば、忠烈王は元に対して日本の軍事的脅威を大いに強調してしかるべきではなかろうか。単に元への帰服拒否を征討の名目とし、日本は一島夷にすぎず、確実に攻略できるという王の発言とはうまくかみあわない。

おそらく真相は池内・中村の両説を折衷したところにあるのではないだろうか。

前述のごとく、一二七五（忠烈王元／至元一二）年末には高麗に対する日本再攻撃の準備命令が撤回されているが、これは当時すすめられていた対南宋戦が優先されたことによるとみられる。[24] しかしクビライは、一二七六（忠烈王二／至元一三）年、南宋の降将に対し日本攻撃の可否を下問して再戦の意志を明らかにし、翌年には洪茶丘に命じてその準備に動きつつあったとみられる。[25] 七六年の段階では耶律希亮の意見をうけ、対南宋戦後しばらく兵を休ませることにしていたが、外交交渉が妥結しないかぎり、日本との再戦は不可避な状況だったのである。しかし一二七五年はじめに日本にわたった元使杜世忠らの消息はとだえてひさしく（すでに鎌倉幕府の手で処刑されていた）、再戦となる見込みは高麗側にも明らかだったであろう。

甲戌の役では作戦遂行の主導権が元側ににぎられ、高麗はその応接と要求・介入に受身に対応する形となり、大きな負担を強いられた。そのときの元将で再戦にも参加することになる洪茶丘は、当時の高麗政府とは犬猿の仲である。そこで高麗としては、不可避が予想される日本再攻にそなえ、むしろ積極的な協力姿勢を示し、作戦遂行の主導権をできるかぎりにぎることで、元側の関係諸勢力、とりわけ洪茶丘のごとき非友好的勢力を遠ざけ、その介入・干渉をふせぎ、自国の利益を守ろうという意図があったのではないだろうか。

実際、事態はそのような方向に展開した。クビライの命により、洪茶丘のみならず、高麗に駐在していた元の屯田軍と達魯花赤も元に召還され、高麗は元の直接監視から解放された。忠烈王はさらに征東行省（東路軍司令部）の責任者となることを願い出て、その丞相に就任し、戦闘に参加する高麗の軍官に対しても元帥以下の元の軍職が授与された。また後でもふれるが、このとき忠烈王はあわせて駙馬高麗国王の称号を獲得し、モンゴル王侯の一人としての地位をかためていった。かくして高麗は、元の軍官との力関係を優位なものとして対日戦役に従事することになったのである。

甲戌・辛巳の役の終了後、一二九二（忠烈王一八／至元二九）年にクビライが日本再攻を企画した際にも、忠烈王はみずからすすんで「不庭之俗」（日本をさす）の討伐にあたろうという〝主戦派〟の立場を表明した。[26] しかしその直後、漂着者の送還をかねて日本に元への帰服をすすめる国書を送った際には、元に帰服しても旧体制が安堵される利点を説き、「予がこうして意をくだくのは、ひとえに〔高麗・日本〕両国の民草のためである（予之所以区区者、只為彼此無辜耳）」とのべている。[27] ここに、積極的に対日経略の矢面にたつことで状況をコントロールし、事態の軟着陸をはかろうという高麗側の意図をよみとることができよう。[28]

三　高麗の〝対日前線〟化

前節でもふれたとおり、辛巳の役にあたり朝鮮半島では高麗王を幹部とする東路軍司令部として征東行省が編成された。この戦役に関わる行省としては、史料に「征日本行省」と「征東行省」の二種類が登場する。かつては同一機構の別称と理解されていたが、張東翼はそれぞれ別組織であり、前者が江南軍、後者が東路軍を指揮したと解釈した。[29] これに対して近年、李康漢は、辛巳の役で東路軍を指揮した征東行省は征日本行省の支部ともいうべき組織の通称であり、一二八三（忠烈王九／至元二〇）年に第三次攻撃が計画された際にはじめて、高麗という地域における独立した行省として征東行省が成立したとする。[30] いずれにせよ、当初の征東行省は臨設の軍司令部だったわけだが、一二八七（忠烈王一三／至元二四）年に再設されて以降、大きく性格を変え、元の常設の地方最高統治機関の一つとして高麗の地を管轄し、歴代高麗王が長官職（丞相）を兼任するなかで管理、運営されるようになる。[31]

地方統治機関化したのちの征東行省の沿革については張東翼の研究に詳しいが、[32] ここで問題にしたいのは、征東行省の軍事的役割が一二八七年をさかいに失われたか否かである。従来の議論は、行省制度に関する前田直典の古典的研究[33]にもとづいていることに注意したい。そこでは元初における軍事機構としての「軍前行省」と、中央政府からの宰執の派遣という形式をとる「外地統治機関」としての行省とが、至元二〇年代はじめに独立した最高地方統治機関としての行省に整備されていく過程が論じられたが、結果的に、各時期の行省の性格をやや単純化して、固定的にイメージさせる部分があった。最高地方統治機関としての行省が整備されたのちにも軍事機構としての行省は存在しているし[34]、行省の行政機構としての組織と軍事的機能そのものはその後も矛盾せずに共存している[35]。

地方統治機関としての征東行省は、管轄地名を冠して呼称される他の行省と異なり、「征東」という機能・目的に即した名称をおびつづけた。北村秀人によると、征東行省常設化の契機は、同時期にモンゴル高原東部でおこったチンギス・カン諸弟の後裔である東方三王家の叛乱（ナヤンの乱）への対応だという[36]。そのための「征東」という名義であるならば、発足時点では明らかに軍事的役割が期待されており、またこれが地方統治機関として定着していくころにも、ナヤンの乱の余波としてカダンの乱が高麗をまきこんで発生しているので、高麗に期待される軍事的役割は継続していたことになる。また一二九四（忠烈王二〇／至元三一）年に死去するまでクビライの日本再征の意志は維持され、前述のごとく一二九二年には高麗をまきこんで計画発起にいたっている。征東行省がこれと無関係だったとは考えにくい。

辛巳の役の直後、日本側の反攻にそなえるため、東路軍の前進基地がおかれた合浦（現・慶尚南道昌原市）には元のきもいりで鎮辺万戸府が設置された[37]。一二九〇（忠烈王一六／至元二七）年には全羅道方面にも設置されている[38]。三別抄の抵抗が平定されたのち、その根拠地であった済州島は元に直轄され、一二九四（忠烈王二〇／至元三一）年にいたって高麗に返還されたが、一三〇一（忠烈王二七／大徳五）年には「鎮辺」の任にあたる耽羅軍民万戸府が設置された[39]。これにくわえて、加徳島、東萊、蔚州、竹林、巨済島、角山、内礼梁などにも兵員を配置して半島南岸一帯をカバーする警備体制が構築されたが、征東行省はこれらの警戒網を通じて日本の動静に対応し、状況を元に通報する役割をはたしたという[40]。クビライの死後は日本に対して積極的な攻勢に出るのではなく、防御的な対応に変化したわけだが、日本に関する軍事問題の現場担当機関であるという点に変わりはなかったとみられる。

またナヤン、カダンの乱終息後に東方三王家を牽制する中央政府側の勢力としての高麗の立場がなくなったわけでもなかろう。[41] これが表に出ないのは、チンギス・カンのさだめた枠組みとして存在自体は否定できない宗王家に対し、露骨な警戒姿勢を示すことがはばかられた面があるかも知れない。いずれにせよ、一三一八（忠粛王五／延祐五）年にも済州島でおこった寇賊事件に関して元から征東行省に鎮圧命令が下されたように、[42] 元の東方辺境において軍事的なにらみをきかせる存在だったことは、征東行省の基本的属性として、あらためて確認しておく必要がある。

独立した地方統治機関としての行省が成立したのち、元がさらなる征服戦争にのり出す際には、「征緬」「占城」など征服名目を冠した新たな軍前行省を別途組織したケースが知られている。[43] その点において、地方統治機関としての立場と軍事的役割の名目がそのままかさなっている征東行省は、例外的な存在ともいえよう。在来の王朝政府が存在するため、高麗国内の広範な統治業務を直接うけおうわけではないその存在意義において、仮に名目的であるとしても、軍事面のウェイトが大きかったといえるのではなかろうか。

なお『元史』地理志や百官志に「征東等処行中書省」の項目名がみえ、元・袁桷の『清容居士集』巻二八・周隠君墓誌銘にも「征東等処儒学提挙」と記されることから、「征東」の名称がのちに地名のごとく用いられる場合もあった可能性は否定できない。ただ管見では、こうした名称は上記の事例にかぎられるようである。もっとも正式な呼称を記すべき公文書、とりわけ王の地位・身分を表示する人事文書を全体ないし一部移録した史料には、もっぱら「征東行中書省」「征東行省」などと記される点が、むしろ重要ではなかろうか。[44]

征東行省と上記の鎮辺万戸府の関係については不明な点が多い。直接の統属関係はなかったという見解もあるが、[45] これも積極的な根拠があるわけではない。ただ少なくとも、両者はともに高麗王の統括下で運営された。万戸府の軍事的力量については、一四世紀半ばの李穡の建言書[46]や恭愍王の元への上書[47]において、その形骸化が論じられている。しかしこれには鎮辺万戸府不要論の立場から誇張された面もあるとみられ、他の記録からは軍事組織として一定の実質をそなえていた様子もうかがわれる。[48] その幹部である万戸は高麗の官人が元朝皇帝より任命される形をとったが、実際には高麗政府の官僚が元から授職されないまま、巡撫使といった高麗の関連職をおびて現地におもむき、「鎮辺」の任にあたることも多かったらしい。[49]

甲戌・辛巳の役における貢献は、当然ながら元に対する高麗の功労の一つとして、のちに高麗の利害を元に対して主張する場面でとりあげられることもあったが、[50] 上記のような戦後の経緯から、やがて高麗は元帝国の東辺防衛の担い手を自任し、そのような立場を元側に示すようになった。これは元朝中書省に対する一三〇二（忠烈王二八／大徳六）年の忠烈王の上書にみえる「東方の極辺においていまだ帰服しない日本国との境界を威圧、鎮守する任務（威鎮東方極辺未附日本国辺面勾当）」[51] という言葉に端的に表現されている。

こうした立場は、対日警戒体制の責任者として個々の高麗王の地位を擁護することにもつながった。一三二四（忠粛王一一／泰定元）年、元都にながらく抑留されていた忠粛王の早期帰国を要請するにあたり、高麗の臣僚は、

小邦は日本に隣接する極辺の要地であり、中原から四〇〇〇里もはなれている。国主がながらく不在では、もしも不測の事変がおこった際に報告できず、その得失は軽微ではない。これについて某等は日夜危惧し、安心できずにいる。（小邦、鄰接日本極辺重地、相離中原四千里。久曠無主、儻有不測之変、無所啓稟、利害非軽。以此某等日夜為懼、未得寧心）[52]

とのべている。また忠粛王が没した一三三九（忠粛王後八／後至元五）年に高麗の耆老等が忠恵王のすみやかな襲位を征東行省に要請した際にも、

〔高麗は〕いまだ服属しない海中の倭に隣接しているため、事変の発生を危惧しないわけにはいかない。（海倭未服之隣、不可不虞其変）[53]

とのべている。さらに一三四八（忠穆王四／至正八）年の忠穆王の死後、王煦らが恭愍王の襲位を推した元への上表文でも、

本国は日本というまつろわぬ国に隣接しており、一日として国主なしではいられません。（本国隣於日本不庭之邦、不可一日而無主）[54]

とのべている。日本の脅威にさらされた高麗には、しかるべき国王が常在して警戒にあたらねばならないという論理が、そのときどきの国王の就位をめぐって主張されたのである。かかる論法は元側にも共有されたようで、一三三〇（忠粛王一七／至順元）年に一時退位した忠粛王が二年後に元都で復位すると、その翌年、元の権臣燕帖木児《エル・テムル》は、

高麗は倭境に隣接しています。いまその国王はながらく都下に滞在しているので、〔すみやかに〕帰国させるように願います。（高麗隣于倭境。今其王久在都下、請令還国）[55]

とのべている。

高麗と日本のあいだでは、記録上一一世紀後半を最盛期として一三世紀半ばまで、対馬・大宰府方面の人々をおもな担い手として通商がおこなわれていた。しかし甲戌・辛巳の役にともない、このような通商も途絶状態においこまれたらしい。その後も朝鮮半島には倭人の来泊・接近の事例があり、漂着者に対する高麗の処遇はつねに敵対的だったわけではないが、基本的には元に通報したうえで処置がなされたようである。[56]

前述のごとく日本側では、甲戌の役後、高麗・元に対する「異国征伐」計画が存在した。結局実行されずに立ち消えになったが、その情報を高麗側がキャッチしていた可能性は必ずしも否定できない。少なくとも小規模な侵犯事件はときおり発生しており、前述のごとく辛巳の役直前のそれを「異国征伐」計画に連動した動きとみる見解もある。そして一三五〇（忠定王二／至正一〇）年からはいわゆる前期倭寇が本格化する。日本からの軍事的脅威は、高麗に

とって必ずしも絵空事ではなかったといえよう。

それにしても、甲戌・辛巳の役後、高麗と日本とのあいだの貿易活動がまったく消滅したかにみえることは、日元両国が貿易船の相互往来をみとめていたこととは対照的である。日本に対する警戒姿勢は元の港市でもきびしいものがあったが、それでも日元貿易は活況を呈した。[57] 史料において高麗への漂民・海賊としてあらわれる倭人のなかに、実際には貿易従事者がいた可能性も疑ってみる必要がある。高麗が元の東方辺境において唯一の敵性勢力である日本に対する防衛の要を自任し、これを自己主張のよりどころとしたことからすれば、『高麗史』等におさめられた官製記録で言及される当時の日本が基本的に警戒対象として登場することは当然ともいえ、高麗側のポーズにすぎなかった可能性も考えられる。むろん、そうした史料の政治性というフィルターをこえてなお透かしみえるほどの質や規模ではなかったともいえようが、通交が皆無だったと即断するわけにはいかないのではなかろうか。

ところで、征東行省は元の一一行省のなかでも、独自の王国である高麗に設定され、歴代高麗王が長官職を世襲し、事実上、高麗によって運営される機構だった点で特殊だとされる。筆者がのべたような東辺防衛の機能・位置づけが強調されるとなれば、その特殊性はさらに増すことになる。しかし最近の研究により、元の最高地方統治機関である行省の運営方式には、地域ごとに多様な特色があることがわかってきた。

業務内容の重心に地域性があることは李治安の個別行省の研究からも示唆されるが、[58] 管轄地域に所在する王侯貴族との関係についても、たとえば陝西地方の行省は、この地域に出鎮（モンゴル宗王が軍隊をひきいて辺境に駐屯すること）した安西王の政庁（王相府）が行政権限をにぎっていた時期にはおかれず、しかしひとたび行省が設立されると、王側の権限は大幅に縮小された。[59] 一方、雲南行省の場合、出鎮したモンゴル王の権限が行省設置後に縮小されたのは同様だが、王の従臣が行省の断事官となってこれを監督し、また王側の統治権限が行省と分立、競合する部分もあった。[60] 一般の行省の官僚機構は制度上、定期的な人事異動（遷転）の原則のもとで運営されることになっているが、江浙行省に関しては、南宋攻略戦の首脳であったジャライル族ムカリ家の相威と、ウリャンカン族スベエテイ家のアジュの両家系から長官がくりかえし輩出され、江南支配への継続的な関与が看取されるという。[61] さらに、政府中枢であると同時に腹裏（河北・山西・山東）地域の統治機関であるという点では行省と同じ立場である中央の中書省も、皇太子が最高職（中書令）に就任するという特色をもつ。[62]

このようにみてくると、征東行省の特殊性が他省とおよそ別次元の異質性なのか、地域の事情に応じて行省ごとに多様な偏差があるなかでその最たるものにすぎないのか、あらためてみなおす必要があるだろう。

また元では辺境の在地勢力に対して官職を授けて宣慰司・軍民総管府・万戸府等の機構に位置づけ、統治権限の一端をゆだねることがあった（土司制度）。高麗王に対する行省丞相職の授与も、広義にはその一例とみることが可能かも知れない。高麗の場合、元の職制と在来の王朝政府が併存した点が重要だが、雲南やチベットなどの在地支配層が元の官職を帯びつつ実際におこなった統治内容には未解明の部分が多い。今後これを精査することで、高麗のケースとも類似した状況が発見されるかも知れない。

四　モンゴル皇族との通婚背景

事元期の高麗は、忠烈王以来、幼王であった忠穆・忠定の二王をのぞく歴代国王が元朝帝室より公主（皇女・王女）をめとった。その発端については本書第一章で論じたが、要点を整理するとつぎのとおりである。

前述のごとく一二六〇年の講和後も高麗と元の関係は安定せず、要求にしたがわない高麗政府に対して元は不信感をつのらせていた。それゆえ一二六九（元宗一〇／至元六）年に権臣林衍が国王廃立事件をおこすと、元はこれを高麗の叛逆とみなし、王朝の廃絶や所領の分割までをも考慮しつつ介入した。おりしも使節として元との交渉にあたっていた世子諶（のちの忠烈王）は、この危機を回避すべく、元に対して恭順姿勢を表明する一環として林衍の討伐とみずからに対する公主の降嫁を要請した。元側でも高麗への実力行使にともなうリスクやコストにくわえ、対宋・対日経略をひかえている状況と、高麗が南宋と連携する危険性なども考慮して、高麗王室を後援して反対勢力をおさえこむことで高麗の臣属を確実にし、これを対宋・対日経略に利用する方針を選んだと考えられる。

また近年、李命美は、両国間に通婚関係が成立した背景として、上記にくわえ、前出の東方三王家に対して高麗を親クビライ家勢力として確保するとともに、これらの宗王家を牽制する効果がある点を指摘した。[63] 高麗とクビライ家との通婚が結果的にそうした効果をうむことは首肯される。そして通婚のための交渉がすすめられた際、元側の念頭にそのことがおかれていた可能性をみとめてもよいだろう。ただこれは、まさに一二七〇年前後という時期に通婚交渉を開始させた直接ないし主要な引き金とはいいがたく、結果論または付帯的な要素とみるべきだろう。『元高麗紀事』におさめられた元の枢密院の議論にもみられるように、元にとっては対宋・対日経略をみすえた高麗情勢の安定こそが、主要かつ喫緊の課題だったと考えられる。

このように元帝国東辺の軍事問題は、両国王室間の通婚開始の背景ともなったのである。通婚をはじめて許可する段階では対宋経略とのかねあいが最重視されたようだが、その後これを実施にうつすタイミングとしては、高麗が直接関与する対日経略とのかねあいが重要になったようである。甲戌の役の開戦準備がととのい出撃を間近にひかえた一二七四（元宗一五／至元一一）年にいたって忠烈王に対する降嫁がようやく実現されたことは、その戦役参加に対する反対給付という側面を示唆するものであろう。

この結果、忠烈王は元朝帝室の駙馬としてモンゴル帝国の最高支配者集団を構成する王侯貴族の一員となるはずだった。しかしそのような待遇がただちに実現したわけではない。当初、高麗王と駙馬という二つの立場は別個のものとしてあつかわれており、高麗王そのものが駙馬として遇されたわけではなかった。そこで忠烈王は元との交渉のすえ、一二八一（忠烈王七／至元一八）年に「駙馬高麗国王」の称号を獲得し、ここに二つの立場が一体化することになる。これもちょうど辛巳の役直前のことで、同王の征東行省丞相就任とも同時期であった。このタイミングで高麗王の地位が駙馬として格上げされたのも、対日経略への協力との表裏関係を示唆する。

一方、通婚のパターンとしては、いわゆる出鎮宗王との婚姻が注目される。[64] 前述のごとく出鎮とは、モンゴル宗王、とくにクビライ家の親王が辺境地帯に軍隊をひきいて駐屯し、軍事的なおさえとしてにらみをきかせる体制である。最初に公主降嫁をうけた忠烈王はクビライの皇女をめとったが、つづく忠宣王はモンゴル高原に出鎮する晋王カマラの王女、忠粛王は雲南に出鎮する営王エセン・テムルの王女、忠恵王はチベットに出鎮する鎮西武靖王チョーペルの王女をめとった。また傍系の王族だが、忠宣王の甥にあたる暠は、元の瀋王に就位するとともに梁王スンシャンの王女をめとった。婚姻当時における梁王家の動向には判然としない部分もあるが、その前後の時期では雲南に出鎮している。例外は忠粛王の二人の継妃と恭愍王妃を出した魏王家だけである。

もとより個々の通婚の成立背景としては、生物学的偶然をふくめたさまざまな要因が考えられ、析出できる婚姻のパターンも上記の内容にとどまらない（本書第三章第四節、参照）。だがそのなかでも、ときどきにおける皇帝と出嫁王家、そして降嫁対象となる高麗王族、三者それぞれの親疎関係や、家格、個人の地位などがポイントになるとみられる。たとえば鎮西武靖王チョーペルは、文宗トク・テムルが天暦の内乱を勝ちぬいて政権を確立する過程で、西南部エリアの支持勢力として軍事貢献をはたしたが、その女壻となった忠恵王も、文宗政権支持者の一人であった。逆に忠宣王の舅である晋王カマラは、ときの成宗テムルの長兄として家格は高いが、成宗とのあいだに帝位継承をめぐる確執を潜在させていた部分があり、彼との通婚を高麗王家に対する単純な意味での優遇とは、一概にいえないところがある。

また出鎮王家との婚姻は、通婚対象として遠隔地の王家が選択されたことを意味する。しかも瀋王暠の舅である梁王スンシャンが忠宣王の舅である晋王カマラの子であることをのぞけば、一つの出鎮王家が世代をかさねて通婚対象とされることもなかった。高麗王室とモンゴル王室の縁組みは、基本的に元朝中央政府の意志や承認のもとで決定されたとみられるので、こうしたことは、高麗王家が近隣ないし特定のモンゴル王家との関係を特別に深めることを警戒して、元朝政府が意図的にとった措置である可能性もある。

しかしそうした消極的な動機のみならず、積極的な動機も想定できるとおもう。すなわち、高麗王家をふくむこれらの王家の共通点は、元帝国外縁部の防衛を担当する王家だったということである。こうした血縁勢力を中央政府のコーディネートのもとで相互にむすびつけることで、皇帝を中心とした帝国の結束・凝集性を高める効果が、象徴的な形であれ、期待されたとおもうのである。このような見方がなりたつならば、元帝国の東辺鎮守の要としての高麗の位置づけは、モンゴル王室との通婚パターンにも反映されていることになる。

五　交通・経済政策と王朝体制の保全

元帝国の東方辺境の鎮守という高麗の機能的位置づけは、交通や経済をめぐる両国関係にも反映されていると考えられる。

元は従属勢力に対する定例要求の一つとして、高麗に站赤（駅伝）の設置を求めた[65]。私見によると、その結果、高麗では、鴨緑江辺の義州から国都開京にいたるルートと、開京以南で二手に分岐して一つは南東岸の合浦にむかい、一つは南西部の羅州（現・金羅南道羅州市）方面をへて済州島にむかうと観念されるルートが設定されたとみられる。合浦は日本攻撃の前進基地であり、前述のごとく戦後には鎮辺万戸府がおかれた。羅州は済州島で抵抗をつづける三別抄を高麗政府と元が攻略する際、前進基地をおいた場所である。済州島は日本と南宋をにらむ朝鮮半島南方海上の要衝であり、一時は元に直轄され、高麗への返還後も元朝帝室直属の牧場が経営されていた。前述のとおり甲戌・辛巳の役後には、全羅道方面と済州島にもそれぞれ警備のため万戸府がおかれた。このように高麗に敷設された站赤は、元と高麗政府のあいだの連絡のみならず、対日戦役時には前線との連絡、戦後には辺境防衛に関する連絡のために維持されたとみられる。まさしく高麗の対日前線機能に対応したインフラだった。

また高麗には水上の站赤（水站）も設定された。私見では、一二九三（忠烈王一九／至元三〇）年ころ、済州島～朝鮮半島西岸～鴨緑江河口および直沽（現・河北省天津市）方面をむすぶ航路上に一三の水站が設置され、このうち二站は高麗国外に設置されたとみられる。この水站は高麗の物資を国外に輸送することを目的として設置されたが、一〇年あまりのちには不要として廃止されてしまう。(66) しかし航路そのものが経済的意味を失ったわけではないらしい。

江南の税糧を大都（現・北京市）に輸送する元の公的水運である「海運」のルートに関連して、山東半島をまわりこみ、渤海湾にはいったところで高麗にむかう分路が存在したという。(67) 実際、積出港があった太倉（現・江蘇省蘇州市太倉市）を地盤とする海道運糧万戸の殷九宰などは、「海運」の機会を利用し、元朝政府から支給される輸送料（船脚銭）を元手に高麗交易をおこなったという。(68) また大都の商人が高麗へ来航したことを示す史料もあるが、(69) 元代の史実を一定に反映するとみられるフィクション『老乞大』には、大都へ交易におもむいた高麗商人が直沽から船便を利用して開京まで帰国するというエピソードを載せている。また耽羅（済州島）からは一四世紀前半にも牛八三頭が元朝宮廷に献上されているが、(70) 多数の牛を元都まで、陸路をはるばる歩かせたわけではないだろう。すなわち水站の廃止は、こうした経済目的の海上交通を公的に運営する必要はないと判断されたことを意味するのである。

高麗・元間の公的な海上物流機構が恒常的な重要性をもたなかったことは、高麗が元の恒常的な収税対象から終始除外され、収税の前提となり得る戸口把握もついにおこなわれなかったことと無関係ではない。(71) 高麗政府がおこなった服属国としての「歳貢」も通婚の開始とともに早い段階で廃止されたらしい。(72) もちろん高麗から定期・不定期の物品献上は頻繁におこなわれ、元側からも必要物資を随時要求している。それは高麗・元関係の顕著な特徴の一つである。しかし体系的で恒常的、かつ重量や容積の面で規模の大きさをともなう収奪とは様相が異なり、海路はそのための重要性をもち得なかったのであろう。

このことは、高麗が独自の王朝体制を維持してゆくうえで決定的に重要な要件であった。高麗を経済的な収奪対象として期待しないという認識は、元での高麗直轄化運動に対する反対論でも提示される。もっとも詳細な元の通事舎人王観の議論ではつぎのように説いている。[73]すなわち、高麗を直轄すれば、元の制度にもとづいて徴税することになるが、高麗の経済力はこれにたえられない。また元から地方官を派遣しなくてはならないが、高麗国内ではその運営経費をまかなえない。さらに元から守備隊を派遣しなくてはならないが、新たに高麗にまわす軍事力の余裕はなく、その経費も民を苦しめることになる。それゆえ高麗王朝を存続させるべきであり、これによって元は高麗の軍事協力を得て、みずから労せずして東方辺境の鎮静をはかることができる。そしてこれを王観は、クビライの深慮遠謀による踏襲すべき前例として位置づけるのである。このように、高麗に大規模な経済収益を期待しないという元の方針は、高麗在来の王朝体制を維持する方針につながり、それはさらに元の東辺防衛策とつながっていた。

また高麗の直轄化に対する反対論では、高麗の直轄化は元に対する日本の警戒心を増幅させ、その帰服をますます困難にすると批判している。[74]たしかに元は、日本に朝貢を勧告するに際して、高麗と同じようにその国家を安堵すると約束した経緯があり、[75]高麗の廃絶は元がみずからの前言を否定することを意味する。高麗在来の王朝体制の保全は、元にとって効率的な東辺防衛策であったのみならず、日本が将来的に帰服させるべき敵性勢力であるかぎり、その東方政策の方向性を束縛する要件でもあった。

少なくとも高麗側はそれを期待し、みずからが元より不利益をこうむることを回避するための論法として活用した。一三四三（忠恵王後四／至正三）年に忠恵王が元によって捕縛された際、その赦免を乞う高麗臣僚の上書ではつぎのようにのべている。

小邦は日本と海をへだてて隣りあっている。我が国が〔元から〕福をこうむれば、彼の国では〔それをみて〕帰化の遅れを恥じるだろうが、我が国が〔元から〕処罰されれば、彼の国は〔それをみて〕あさはかな頑迷（＝帰

服の拒否）に甘んじることだろう。（小邦与日本隔海為隣。我之蒙福、彼則愧其帰化之遅、我之獲戻、彼則甘其執迷之陋）[76]

六　まとめ——ならびに高麗史における甲戌・辛巳の役の意義

筆者がこれまでに検討してきた高麗・元関係の制度や慣例の数々は、一般的な観点からいえば、高麗を元朝皇帝の権威・権力のもとに統合するためのしくみである。そのかぎりでは、モンゴルの他の服属勢力・支配地域と比較して必ずしも顕著な特徴とはいえない部分もある。しかし、ここに機能論的な観点を導入すると、高麗が元帝国の東辺鎮守を、とりわけ日本を念頭において担当するという名目と関連しつつ——個々の制度・慣例についてそれが成立要件のすべてでないことはいうまでもないが——主要な諸関係が編成されている様相をみてとることができるだろう。

もちろん、以上は多分に形式上の理屈という面をふくんでいるかも知れない。しかしそのようなタテマエがいったん成立すると、それは元の高麗政策の根幹をなす先例として、容易にはくつがえしがたい拘束力を発揮するようになる。こうしたしくみは、高麗が日本侵略への加担を強要されたことをきっかけとして生じた。しかし高麗は、かかる制約のなかで、みずからの地位を安定、かつ向上させるため、最終的には、このような立場をむしろ積極的に勝ちとり、利用する道を選んでいった。

モンゴル王侯の一員（駙馬）であると同時に、元朝政府の高級官僚（征東行省丞相）であり、しかも独自の王国の君主であるという事元期の高麗王の存在形態は、その根幹において、こうした共通の論理——結果論としての面もふくめて——につらぬかれた部分があった。このことは、高麗国内に敷設された站赤ルートのありかたにも反映されているとみられる。そして、上記三種の属性をおびた高麗王を元朝皇帝との主従制的関係のもとに維持、再生産するしくみとして禿魯花・ケシク制度が運用され、両国を緊密にとりむすぶための通信連絡媒体として、使節派遣・公文書・交通のシステムがととのえられた。さらには理念的な秩序の表現として、仏教を中心とする元朝皇帝の宗教的権威、また形骸性をともないつつではあるが、中国の伝統を継承する華夷秩序の形式がからめられたのである。

もとより高麗の選択は元との政治的一体化を強める結果をまねくわけで、諸刃の剣である。対元関係においては、元の政局から影響をうけやすくなり、王位が不安定になるという問題があった。国内的には臣僚が個々に元側の権力とむすびつくことで君臣関係が相対化され、逆に国王側も側近政治による少数専制の傾向を強めることで、王権の求心力が総合的に低下するという悪循環が生じていた。この時代の高麗政治史を特徴づける王位継承をめぐる混乱は、こうした内外の動向が複合的にからみあうなかで発生した構造的な問題である。一三五六（恭愍王五／至正一六）年に恭愍王が離元政策を開始して以降の高麗国家の前には、かかる歴史的経緯のなかでゆらいだ王権を再定立するという課題がよこたわっており、やがて事態は一三九二年の王朝交替へと展開していく。

今後、本書で論じた高麗・元関係の構造理解をさらに精緻化しつつ、対元関係の諸局面をいっそう多角的に解明すること、また事元期における高麗国内社会の動向を政治・経済・文化など諸方面にわたって再構成することが、筆者にとって課題となる。これによって高麗史、ひいては朝鮮史上における対元関係の意義を、いっそう立体的に明らかにしていきたい。

ところで、甲戌・辛巳の役の歴史的意義については、従来、日本史研究の立場から幅広く論じられ、その衝撃が日本国内の政治・社会・文化の諸方面にあたえた影響が明らかにされてきた。しかし一方の当事者である高麗に関して、この問題が正面から論じられてきたとはいいがたい。あくまで一つの局面ではあるが、この戦役をきっかけに構築されていった対元関係上の高麗王の存在形態は、この問題に関する現時点の筆者の回答でもある。

註

(1) 北村［一九六四］、同［一九六五］、高柄翊［一九七〇b］、同［一九七四］、張東翼［一九九四a］、同［一九九四b］。
(2) 李益柱［一九九六a］、同［一九九六c］。
(3) 閔［一九七四］、同［二〇〇四］。
(4) 本書第五章、二六七頁、註27、参照。
(5) こうした要求事項を従来の研究では「六事」とよんできたが、かかる呼称の問題性については本書第九章第二節(2)、参照。
(6) 『高麗史』巻一〇二・李蔵用伝。
(7) 『高麗史』巻二六・元宗世家・八（至元四／一二六七）年正月。
(8) 『高麗史』巻二六・元宗世家・七（至元三／一二六六）年一一月癸丑。
(9) 『調伏異朝怨敵抄』所収の潘阜・李仁挺書状。なお『調伏異朝怨敵抄』のテキストについては、平岡［一九五九］所載の影印を参照。
(10) 本書のテキストについては前註参照。
(11) 『本朝文集』巻六七・贈蒙古国中書省牒および贈高麗国牒。
(12) 『元史』巻二〇八・日本伝・至元九年二月。
(13) 川添［一九七五］、同［一九九六］、李領［一九九九］第二章、近藤［二〇〇八］参照。
(14) 『高麗史』巻二五・元宗世家・四年四月甲寅。
(15) 『高麗史』巻二五・元宗世家・四年六月是月。
(16) 『高麗史』巻二七・元宗世家・一三年七月甲子、『高麗史節要』（以下『節要』と略記）巻一九・元宗一三年七月。
(17) 『高麗史』巻二七・元宗世家・一三年一〇月己亥、『節要』巻一九・元宗一三年七月。
(18) 『高麗史』巻二七・元宗世家・一三（至元九／一二七二）年二月己亥。
(19) 『高麗史』巻二七・元宗世家・一三年二月己亥、『節要』巻一九・元宗一三年二月。
(20) 『高麗史』巻二八・忠烈王世家・四年七月甲申。
(21) 池内［一九三一b］一八四～一八八頁、中村栄孝［一九六五a］六二～六三頁、参照。
(22) 池内［一九三一b］第八章。
(23) 中村栄孝［一九六五a］七六～九八頁。
(24) 池内［一九三一b］一八四～一八八頁、中村栄孝［一九六五a］六二～六五頁、参照。
(25) 中村栄孝［一九六五a］六五～七六頁、参照。

(26)『高麗史』巻三〇・忠烈王世家・一八年九月壬午、『節要』巻二一・忠烈王一八年九月。
(27)『高麗史』巻三〇・忠烈王世家・一八年一〇月庚寅。なおこの国書については、金沢文庫と東京大学史料編纂所に写しが伝わっている。テキストについては、竹内［一九八二］二九八〜三九九頁、村井［一九九七］一六五〜一七一頁も参照。
(28)村井［一九九七］（一七一頁）も、「王の真意は、この機会をとらえて日本へ使者を送り、なんとか説得して元に入朝させ、三度目の戦争をぜひとも回避することにあった、とみられる」と指摘する。
(29)張東翼［一九九四ａ］一四〜二三頁。
(30)李康漢［二〇〇七］八五〜九一頁。
(31)北村［一九六四］六〜一二頁、参照。
(32)張東翼［一九九四ａ］第二章Ⅱ。
(33)前田［一九七三］。
(34)大島［二〇〇二］参照。
(35)李治安［二〇〇〇］上編第四章、参照。
(36)北村［一九六四］八〜九頁。
(37)『高麗史』巻二九・忠烈王世家・七（至元一八／一二八一）年一〇月己亥。
(38)『元史』巻一六・世祖本紀・至元二七年二月乙亥。
(39)『高麗史』巻三一・忠烈王世家・二七年三月癸卯、五月庚戌。
(40)『高麗史』巻三二・忠烈王世家・二八（大徳六／一三〇二）年一二月是歳。
(41)このことに関しては、高麗王家とモンゴル皇族の通婚に関する李命美［二〇〇三］の議論が参考になる。
(42)『元史』巻二六・仁宗本紀・延祐五年四月己亥。
(43)前田［一九七三］一八六頁、参照。なおこうした行省を、前田は「征討分省的行省」と仮称している。
(44)とくに『元史』は明初の編纂物である。典拠文献を加工せずに転載した部分も多く、史料的価値は高いが、撰者の作為も皆無ではない。征東行省に関する地理志や百官志の記載のベースになったとみられる『大元一統志』や『経世大典』の関係記事が伝存しないので確言はできないが、テーマ別に情報をまとめた諸志において撰者がつけた項目タイトルは、本紀や列伝の本文よりも字句操作の可能性を想定しやすいだろう。ちなみに『大元一統志』をふまえているとみられる元中期の劉応李『大元混一方輿勝覧』では、他の行省が「〇〇等処行中書省」とされるところ、征東行省のみが「鎮東行中書省」と記される。
(45)北村［一九六四］七〇頁、註77。
(46)『高麗史』巻一一五・李穡伝。

(47)『高麗史』巻三九・恭愍王世家・五（至正一六／一三五六）年一〇月戊午。
(48)『高麗史』巻八二・兵志・鎮戍・忠粛王一二（泰定二／一三二五）年一〇月、同書巻一一一・柳濯伝、『節要』巻二六・忠定王二（至正一〇／一三五〇）年二月、李穀『稼亭集』巻九・送洪密直出鎮合浦序など。
(49)『稼亭集』巻九・送洪密直出鎮合浦序。
(50) たとえば『東文選』巻六二・上征東省書（『高麗史』巻一一〇・李斉賢伝にもほぼ同文をおさめる）など。
(51)『高麗史』巻三二・忠烈王世家・二八年是歳。
(52)『高麗史』巻三五・忠粛王世家・一一年五月壬辰。
(53)『高麗史』巻三六・忠恵王世家・忠粛王後八年六月壬辰。
(54)『高麗史』巻三七・忠定王世家・忠穆王四年一二月己卯。
(55)『高麗史』巻三五・忠粛王世家・後二（元統元／一三三三）年三月。
(56)『高麗史』巻三〇・忠烈王世家・一二（至元二三／一二八六）年八月辛亥、九月乙亥、一五（至元二六／一二八九）年一二月戊戌、一六（至元二七／一二九〇）年正月丁未、一八（至元二九／一二九二）年一〇月庚寅、一九（至元三〇／一二九三）年七月丁丑、同書巻三五・忠粛王世家・一一（泰定元／一三二四）年七月癸丑など。
(57) この問題については、榎本［二〇〇七］参照。
(58) 李治安［二〇〇〇］中編。
(59) 松田［一九七九］第一章、参照。
(60) 方慧［二〇〇一］六四～七〇頁、李治安［二〇〇七］三五八～三六六頁、参照。
(61) 堤［二〇〇〇］参照。
(62) この点については舩田善之の示唆による。
(63) 李命美［二〇〇三］二一～三一・四五～五〇頁。
(64) この問題に関する詳細は、本書第三章第四節、参照。
(65) この問題については、本書第七章、参照。
(66)『元史』巻一七八・王約伝。
(67) 陳高華［二〇〇五］三六五頁、参照。
(68) 植松［二〇〇四］一五七～一五八頁、参照。
(69)『高麗史』巻三六・忠恵王世家・後二（至正元／一三四一）年七月丙子。
(70)『大元馬政記』泰定元（忠粛王一一／一三二四）年一〇月一三日の太僕卿渾丹・寺丞塔海の奏。

(71) 本書第九章、四〇八〜四一〇頁、参照。
(72) 本書第九章、四一一〜四一二頁、参照。
(73)『高麗史』巻一二五・柳清臣伝。
(74)『益斎乱藁』巻六・在大都上中書都堂書。
(75)『異国出契』所載、至元六（元宗一〇／一二六九）年付け日本国王宛て元朝中書省牒。
(76)『東文選』巻六二・上征東省書、『高麗史』巻一一〇・李斉賢伝。

引用・参照文献

〔凡例〕

・日本語文献（編著者五十音順）、朝鮮語文献（編著者가나다라順）、中国語文献（編著者ピンイン順）、欧米語文献（編著者アルファベット順）の順に配列する。
・ただし日本語文献のうち編著者が朝鮮人名・中国人名のものは日本語漢音読み、欧米人名のものは仮名書きにより、朝鮮語文献のうち編著者が日本人名・欧米人名のものはそのハングル表記による。
・同一編著者による同一刊年の文献はアルファベット記号を付して区別する。

【日本語文献】

安部健夫［一九五五］『西ウイグル国史の研究』彙文堂書店
――――［一九七二a］「元代「投下」の語原考」同著『元代史の研究』創文社
――――［一九七二b］「大元通制解説――新刊本『通制条格』の紹介に代えて」同著『元代史の研究』創文社
有高巌［一九一七］「元代の海運と大元海運記」『東洋学報』第七巻第三号
井黒忍［二〇一〇］「金初の外交史料に見るユーラシア東方の国際関係――『大金弔伐録』の検討を中心に」荒川慎太郎／高井康典行／渡辺健哉編『遼金西夏研究の現在(3)』東京外国語大学アジア・アフリカ言語文化研究所
池内宏［一九一七］「高麗恭愍王の元に対する反抗の運動」『東洋学報』第七巻一号
――――［一九一九］『朝鮮平安北道義州郡の西部に於ける高麗時代の古城址（東京帝国大学文学部紀要第三）』東京帝国大学
――――［一九二五］「高麗元宗朝の廃立事件と蒙古の高麗西北面占領」同編『白鳥博士還暦記念東洋史論叢』岩波書店
――――［一九二六a］「高麗の三別抄について」『史学雑誌』第三七編第九号
――――［一九二六b］「元の世祖と耽羅島」『東洋学報』第一六巻第一号（→池内［一九六三c］）
――――［一九二九］「高麗に駐在した元の達魯花赤について」『東洋学報』第一八巻第二号（→池内［一九六三d］）
――――［一九三一a］「始建の征東行省と其の廃罷とについて」桑原博士還暦記念祝賀会編『桑原博士還暦記念東洋史論叢』弘文堂書房
――――［一九三一b］『元寇の新研究』東洋文庫

――［一九三三］「高麗に於ける元の行省」『東洋学報』第二〇巻第三号
――［一九六三ａ］『満鮮史研究』中世第三冊、吉川弘文館
――［一九六三ｂ］「蒙古の高麗征伐」同著『満鮮史研究』中世第三冊、吉川弘文館
――［一九六三ｃ］「元の世祖と耽羅島」同著『満鮮史研究』中世第三冊、吉川弘文館
――［一九六三ｄ］「高麗に駐在した元の達魯花赤について」同著『満鮮史研究』中世第三冊、吉川弘文館
――［一九七九］「高麗成宗朝に於ける女真及び契丹との関係」『満鮮史研究』中世第二冊、吉川弘文館（復刻版）
池田温［一九七九］『中国古代籍帳研究――概観・録文』東京大学東洋文化研究所
石井正敏［二〇〇一ａ］「神亀四年、渤海の日本通交開始とその事情――第一回渤海国書の検討」同著『日本渤海関係史の研究』吉川弘文館
――［二〇〇一ｂ］「古代東アジアの外交と文書――日本と新羅・渤海の例を中心に」同著『日本渤海関係史の研究』吉川弘文館
石濱裕美子［二〇〇一］「パクパの仏教思想に基づいたフビライの王権像」同著『チベット仏教世界の歴史的研究』東方書店
磯野富士子［一九八五］「アンダ考」『東洋学報』第六七巻第一・二号
井谷鋼造［一九八〇］「モンゴル侵入後のルーム――兄弟間のスルタン位争いをめぐって」『東洋史研究』第三九巻第二号
――［一九八五］「イルハン国とルーム」『イスラム世界』第二三・二四号
――［二〇〇二］「トルコ民族の活動と西アジアのモンゴル支配時代」永田雄三編『新版世界各国史9　西アジア史II――イラン・トルコ』山川出版社
稲葉正就［一九六四］「元の帝師に関する研究――系統と年次を中心として」『大谷大学研究年報』第一七輯
岩井茂樹［二〇〇五］「明代中国の礼制覇権主義と東アジアの秩序」『東洋文化』第八五号
岩村忍［一九六八］「封建的領地制」同著『モンゴル社会経済史の研究』京都大学人文科学研究所
植松正［一九九三］「元典章・通制条格――附 遼・金・西夏法」滋賀秀三編『中国法制史――基本資料の研究』東京大学出版会
――［一九九七ａ］「元代江南投下領の分賜について」同著『元代江南政治社会史研究』汲古書院
――［一九九七ｂ］「元代江南投下考――『元典章』文書にみる投下と有司の相克」同著『元代江南政治社会史研究』汲古書院
――［一九九七ｃ］「元代の賜田についての一考察――その返還の動向を手がかりとして」同著『元代江南政治社会史研究』汲古書院
――［二〇〇四］「元代の海運万戸府と海運世家」『京都女子大学大学院文学研究科研究紀要（史学編）』第三号
宇野伸浩［一九九三］「チンギス・カン家の通婚関係の変遷」『東洋史研究』第五二巻第三号
――［一九九九］「チンギス・カン家の通婚関係にみられる対称的婚姻縁組」『国立民族学博物館研究報告』別冊二〇号
――［二〇〇八］「フレグ家の通婚関係にみられる交換婚」『北東アジア研究』別冊第一号

梅村坦［一九七七］「一三世紀ウィグリスタンの公権力」『東洋学報』第五九巻第一・二号

ウラヂミルツォフ、ボリス・ヤコウレウィチ［一九四一］『蒙古社会制度史』生活社、外務省調査部訳

江上波夫［二〇〇〇］「元代オングト部族の王府址「オロン・スム」の調査」『江上波夫文化史論集5　遊牧文化と東西交渉史』山川出版社

榎本渉［二〇〇七］「元朝の倭船対策と日元関係」同著『東アジア海域と日中交流——九〜一四世紀』吉川弘文館

江原正昭［一九六九］「高麗時代の駅について」『鎮西学院短期大学紀要』創刊号

海老沢（海老澤）哲雄［一九六二］「元代食邑制度の成立」『歴史教育』第九巻七号

——［一九六二］「元朝の王族について」『歴史教育』第一〇巻第七号

——［一九六六］「元朝の封邑制度に関する一考察」『史潮』新九五号

——［一九七三］「モンゴル帝国の東方三王家に関する諸問題」『埼玉大学紀要（教育学部：人文・社会科学）』第二一巻

——［一九七七］「キリキア＝アルメニア王国とモンゴル帝国」『埼玉大学紀要（教育学部：人文・社会科学）』第二五巻

——［一九七九］「モンゴル帝国の対外文書をめぐって」加賀博士退官記念論集刊行会編『加賀博士退官記念中国文史哲学論集』講談社

——［一九八七］「モンゴル帝国対外文書管見」『東方学』第七四輯

——［二〇〇四］「グユクの教皇あてラテン語訳返書について」『帝京史学』第一九号

大島立子［二〇〇二］「元朝福建地方の行省」『愛大史学』第一一号

太田彌一郎［一九九三］「元朝の駆良婚所生子令とその反響」『奥羽大学文学部紀要』第五号

大葉昇一［一九九九］「元・明初の耽羅（済州島）」『昭和女子大学文化史研究』第三号

大藪正哉［一九八三］「元の大禧宗禋院について」同著『元代の法制と宗教』秀英出版

岡田英弘［一九五八］「元の順帝と済州島」『国際基督教大学アジア文化研究論叢』第一輯（「元の恵宗と済州島」として同著『モンゴル帝国から大清帝国へ』藤原書店、二〇一〇年、所収）

——［一九五九］「元の瀋王と遼陽行省」『朝鮮学報』第一四輯（→岡田［二〇一〇］）

——［一九九二］『世界史の誕生』筑摩書房

——［二〇一〇］「元の瀋王と遼陽行省」同著『モンゴル帝国から大清帝国へ』藤原書店

岡本敬二［一九七五］同編『通制条格の研究訳註』第二冊、国書刊行会

——［一九七六］同編『通制条格の研究訳註』第三冊、国書刊行会

岡安勇［一九八三］「中国古代史料に現われた席次と皇帝西面について」『史学雑誌』第九二編第九号

奥村周司［一九七九］「高麗における八関会的秩序と国際環境」『朝鮮史研究会論文集』第一六集
――［一九八四］「使節迎接礼より見た高麗の外交姿勢――十一、二世紀における対中関係の一面」『史観』第一一〇冊
小澤重男［一九八九］『元朝秘史全釈続攷』下、風間書房
――［二〇〇七］同訳『元朝秘史』上、岩波書店
鴛淵一［一九二九］「元の征東行省に就きて」『大谷学報』第一〇巻第四号
愛宕松男［一九八八a］「元朝の対漢人政策」『愛宕松男東洋史学論集　第四巻　元朝史』三一書房
――［一九八八b］「蒙古人政権治下の漢地における版籍の問題――特に乙未年籍・壬子年籍及び至元七年籍を中心として」『愛宕松男東洋史学論集　第四巻　元朝史』三一書房
乙坂智子［一九八九］「サキャパの権力構造――チベットに対する元朝の支配力の評価をめぐって」『史峯』第三号
――［一九九七］「元代「内附」序論――元朝の対外政策をめぐる課題と方法」『史境』第三四号
――［一九九八］『蛮夷の王、胡羯の僧――元・明代皇帝権力は朝鮮・チベットからの入朝者に何を託したか』平成八・九・一〇年度文部科学省科学研究費補助金（特別研究員奨励費）「明朝対外政策史の研究――チベットとの関係を中心として」報告書
片山共夫［一九七七］「元朝四怯薛の輪番制度」『九州大学東洋史論集』第六集
――［一九八〇a］「元朝怯薛出身者の家柄について」『九州大学東洋史論集』第八集
――［一九八〇b］「怯薛と元朝官僚制」『史学雑誌』第八九編第一二号
――［一九八二］「元朝の昔寶赤について――怯薛の二重構造を中心として」『九州大学東洋史論集』第一〇集
――［一九八七a］「元朝必闍赤雑考」『モンゴル研究』第一七号
――［一九八七b］「元朝怯薛の職掌について（その一）」日野開三郎博士頌寿記念論集刊行会編『日野開三郎博士頌寿記念論集　中国社会・制度・文化史の諸問題』中国書店
――［一九八八］「元朝の玉典赤・八剌哈赤について」『モンゴル研究』第一八号
加藤一郎［一九八一］「モンゴル人によるルーシ支配の開始――キプチャク汗国の成立」『史潮』新一〇号
――［一九八五］「一三世紀後半のキプチャク汗国とロシア――汗国史へのエチュード⑴」『文教大学教育学部紀要』第一九集
――［一九八八］「一四世紀前半のキプチャク汗国とロシア――汗国史へのエチュード⑵」『文教大学言語文化研究所紀要』第一号
――［一九八九］「一四世紀後半のキプチャク汗国とロシア――汗国史へのエチュード⑶」『言語と文化』第二号
――［一九九三］「トフタムイシ汗とキプチャク汗国の解体――汗国史へのエチュード⑷」『文教大学教育学部紀要』第二六集
カルピニ／ルブルク［一九八九］『中央アジア・蒙古旅行記――遊牧民族の実情の記録』光風社、護雅夫訳
川添昭二［一九七五］「鎌倉時代の対外関係と文物の移入」『岩波講座日本歴史6　中世2』岩波書店

――［一九九六］「中世における日本と東アジア」同著『対外関係の史的展開』文献出版
川西裕也［二〇一二］「高麗末・朝鮮初における任命文書体系の再検討」『朝鮮学報』第二二〇輯
神田喜一郎［一九八四］「八思巴文字の新資料」『神田喜一郎全集 第三巻　東洋学文献叢説・旧鈔本叢説・𠷡盦蔵書絶句』同朋舎出版
岸本美緒／宮嶋博史［一九九八］『世界の歴史12　明清と李朝の時代』中央公論社
北川誠一［一九七五］「オルジタイ・ハトゥン降嫁の事情（一）――イル・ハン国のグルジア政策」『史朋』第二号
――［一九七六］「オルジタイ・ハトゥン降嫁の事情（二）――イル・ハン国のグルジア政策」『史朋』第四号
――［一九七七］「イル＝ハン国の西南グルジア支配とサムツヘ―アタベギ領（サアタバゴ）の成立」『史朋』第七号
――［一九七八］「モンゴル帝国の北西イラン支配とオルベリヤン家の台頭」『北海道大学文学部紀要』二六ノ二
――［一九七九］「モンゴル帝国とグルジア王国」『史朋』第一〇号
――［一九九七］「モンゴル帝国のグルジア征服」『オリエント』第四〇巻第二号
北村秀人［一九六四］「高麗に於ける征東行省について」『朝鮮学報』第三二輯
――［一九六五］「高麗末に於ける立省問題について」『北海道大学文学部紀要』一四ノ一
――［一九七二］「高麗時代の瀋王についての一考察」『人文研究（大阪市立大）』第二四巻第一〇分冊
許一範［二〇〇〇a］「チベット・モンゴル仏教の高麗伝来について」『印度学仏教学研究』第四八巻第二号
金文京／玄幸子／佐藤晴彦［二〇〇二］同訳註『老乞大――朝鮮中世の中国語会話読本』平凡社、鄭光解説
栗生沢猛夫［二〇〇七］『タタールのくびき――ロシア史におけるモンゴル支配の研究』東京大学出版会
小林高四郎［一九八三］「元朝投下考」同著『モンゴル史論考』雄山閣出版
小林隆道［二〇〇九］「宋代「備准」文書と情報伝達――朱熹『紹熙州県釈奠儀図』「文公潭州牒州学備准指揮」の分析から」『九州大学東洋史論集』第三七集
近藤剛［二〇〇八］「嘉禄・安貞期（高麗高宗代）の日本・高麗交渉について」『朝鮮学報』第二〇七輯
佐伯弘次［二〇〇三］『日本の中世9　モンゴル襲来の衝撃』中央公論新社
坂上康俊［二〇〇四］「勅命下達文書の比較研究――日本と中国の場合」『東アジアと日本――交流と変容』創刊号
坂本勉［一九七〇］「モンゴル帝国における必闍赤＝bitikčï――憲宗メングの時代までを中心として」『史学』第四二巻第四号
酒寄雅志［二〇〇一］「渤海国中台省牒の基礎的研究」同著『渤海と古代の日本』校倉書房
佐口透［一九四三a］「モンゴル人支配時代のウイグリスタン（上）」『史学雑誌』第五四編第八号
――［一九四三b］「モンゴル人支配時代のウイグリスタン（下）」『史学雑誌』第五四編第九号
――［一九五一］「河西におけるモンゴル封建王侯」和田博士還暦記念東洋史論叢編纂委員会編『和田博士還暦記念東洋史論叢』講談

社
桜井益雄［一九三六］「汪古部族考」『東方学報』東京第六冊
志茂碩敏［一九九五］『モンゴル帝国史研究序説——イル汗国の中核部族』東京大学出版会
白鳥庫吉［一九七〇］「『高麗史』に見えたる蒙古語の解釈」『白鳥庫吉全集　第三巻　朝鮮史研究』岩波書店
末松保和［一九九六］「朝鮮議政府考」『末松保和朝鮮史著作集5　高麗朝史と朝鮮朝史』吉川弘文館
杉山正明［一九九二］『大モンゴルの世界——陸と海の巨大帝国』角川書店
——［一九九五a］「大元ウルスの三大王国——カイシャンの奪権とその前後（上）」『京都大学文学部研究紀要』第三四号
——［一九九五b］『クビライの挑戦——モンゴル海上帝国への道』朝日新聞社
——［一九九六a］『モンゴル帝国の興亡（上）——軍事拡大の時代』講談社
——［一九九六b］『モンゴル帝国の興亡（下）——世界経営の時代』講談社
——［一九九七］「中央ユーラシアの歴史構図——世界史をつないだもの」『岩波講座世界歴史11　中央ユーラシアの統合』岩波書店
——［二〇〇四a］『モンゴル帝国と大元ウルス』京都大学学術出版会
——［二〇〇四b］「モンゴル帝国の原像——チンギス・カン王国の出現」同著『モンゴル帝国と大元ウルス』京都大学学術出版会
——［二〇〇四c］「モンゴル帝国の変容——クビライの奪権と大元ウルスの成立」同著『モンゴル帝国と大元ウルス』京都大学学術出版会
——［二〇〇四d］「クビライと大都——モンゴル型「首都圏」と世界帝都」同著『モンゴル帝国と大元ウルス』京都大学学術出版会
——［二〇〇四e］「八不沙大王の令旨碑より——モンゴル諸王領の実態」同著『モンゴル帝国と大元ウルス』京都大学学術出版会
——［二〇〇四f］「ふたつのチャガタイ家——チュベイ王家の興亡」同著『モンゴル帝国と大元ウルス』京都大学学術出版会
——［二〇〇四g］「モンゴル命令文研究導論——真定路元氏県開化寺聖旨碑の呈示をかねて」同著『モンゴル帝国と大元ウルス』京都大学学術出版会
——［二〇〇四h］「東西文献によるコデン王家の系譜」同著『モンゴル帝国と大元ウルス』京都大学学術出版会
周藤吉之［一九六九］「唐宋の資料に見える頭項・頭下と探馬——遼・元の投下との関連に於いて」同著『宋代史研究』東洋文庫
全宗釈［一九八七］「高麗仏教と元代喇嘛教との関係——喇嘛教の影響を中心に」『印度学仏教学研究』第六五巻第二号
高雄義堅［一九四四］「元代に於ける僧尼管属僧並に度牒の研究」『仏教学論纂（『龍谷大学紀要』第一輯）』平楽寺書店
高橋公明［一九八二］「外交文書、「書」・「咨」について」『年報中世史研究』第七号
竹内理三［一九八二］同編『鎌倉遺文』古文書編第二三巻、東京堂出版
田中謙二［二〇〇〇］「元典章文書の研究」『田中謙二著作集』第二巻、汲古書院

檀上寛［一九九七］「初期明帝国体制論」『岩波講座世界歴史11　中央ユーラシアの統合』岩波書店
――［二〇〇九］「明朝の対外政策と東アジアの国際秩序――朝貢体制の構造的理解に向けて」『史林』第九二巻第四号
張東翼［二〇〇五］「一二六九年「大蒙古国」中書省の牒と日本側の対応」『史学雑誌』第一一四編第八号
朝鮮総督府［一九一九］同編『朝鮮金石総覧』上、朝鮮総督府
陳高華［一九八四］『元の大都――マルコ・ポーロ時代の北京』中央公論社、佐竹靖彦訳
辻森要脩［一九二九］「南禅大蔵跋文蒐録（四）」『佛典研究』第一巻第六号
――［一九三〇］「南禅大蔵跋文蒐録（八）」『佛典研究』第二巻第一〇号
津田左右吉［一九一三ａ］「元代に於ける高麗西北境の混乱」『朝鮮歴史地理』二、南満洲鉄道株式会社（→津田［一九六四ｂ］）
――［一九一三ｂ］「元代に於ける高麗の東北境」『朝鮮歴史地理』二、南満洲鉄道株式会社（『津田左右吉全集　第一一巻　満鮮歴史地理研究一』岩波書店、一九六四年、所収）
――［一九六四ａ］「高麗西北境の開拓」『津田左右吉先生全集　第一一巻　満鮮歴史地理研究一』岩波書店
――［一九六四ｂ］「元代に於ける高麗西北境の混乱」『津田左右吉先生全集　第一一巻　満鮮歴史地理研究一』岩波書店
堤一昭［一九九五］「李璮の乱後の漢人軍閥――済南張氏の事例」『史林』第七八巻第六号
――［二〇〇〇］「大元ウルス江南統治首脳の二家系」『大阪外国語大学論集』第二二号
――［二〇〇三］「大元ウルス高官任命命令文研究序説」『大阪外国語大学論集』第二九号
内藤乾吉［一九六三］「西域発見唐代官文書の研究」同著『中国法制史考証』有斐閣
内藤雋輔［一九六一ａ］「高麗駅伝考」同著『朝鮮史研究』東洋史研究会
――［一九六一ｂ］「高麗兵制管見」同著『朝鮮史研究』東洋史研究会
――［一九六一ｃ］「高麗時代の鷹坊に就いて」同著『朝鮮史研究』東洋史研究会
――［一九六一ｄ］「朝鮮支那間の航路及び其の推移に就いて」同著『朝鮮史研究』東洋史研究会
中西朝美［二〇〇五］「五代北宋における国書の形式について――「致書」文書の使用状況を中心に」『九州大学東洋史論集』第三三号
中村淳［一九九三］「元代法旨に見える歴代法師の居所――大都の花園大寺と大護国仁王寺」『待兼山論叢（史学篇）』第二七号
――［一九九七］「チベットとモンゴルの邂逅――遙かなる後世へのめばえ」『岩波講座世界歴史11　中央ユーラシアの統合』岩波書店
――［一九九九ａ］「クビライ時代初期における華北仏教界――曹洞宗教団とチベット仏僧パクパとの関係を中心にして」『駒澤史学』第五四号
――［一九九九ｂ］「元代大都の勅建寺院をめぐって」『東洋史研究』第五八巻第一号
――［二〇〇五］「元代チベット命令文の総合的研究にむけて」『駒澤大学文学部研究紀要』第六三号

――［二〇一〇］「モンゴル時代におけるパクパの諸相――大朝国師から大元帝師へ」『駒澤大学文学部研究紀要』第六八号
中村淳／松川節［一九九三］「新発現の蒙漢合璧少林寺聖旨碑」『内陸アジア言語の研究』Ⅷ
中村淳／森平雅彦［二〇〇二］「韓国・松広寺所蔵の元代チベット文法旨」『内陸アジア史研究』第一七号
中村栄孝［一九六五ａ］「文永・弘安両役間の国際政局」同著『日鮮関係史の研究』上、吉川弘文館
――［一九六五ｂ］「『太平記』に見える高麗人の来朝――武家政権外交接収の発端」同著『日鮮関係史の研究』上、吉川弘文館
中村裕一［一九九一ａ］「教――少林寺武徳八年（六二五）秦王「教」を中心に」同著『唐代官文書研究』中文出版社
――［一九九一ｂ］「渤海国咸和一一年（八四一）中台省牒――古代東亜国際文書の一形式」同著『唐代官文書研究』中文出版社
――［一九九一ｃ］『唐代制勅研究』汲古書院
――［一九九六］『唐代公文書研究』汲古書院
仁井田陞［一九三七］『唐宋法律文書の研究』東方文化学院東京研究所
――［一九八〇］「北方民族法と中国法との交渉（二）――元代刑法考」同著『補訂 中国法制史研究――刑法』東京大学出版会
――［一九九七］『唐令拾遺補』東京大学出版会、池田温編集代表
西尾賢隆［二〇〇六ａ］「元朝の江南統治における仏教」同著『中国近世における国家と禅宗』思文閣出版
――［二〇〇六ｂ］「元末帝師の事績」同著『中国近世における国家と禅宗』思文閣出版
野上俊静［一九五〇］「元の宣政院に就いて」羽田博士還暦記念会編『羽田博士頌寿記念東洋史論叢』東洋史研究会
野口周一［一九八四］「元代武宗期の王号授与について――『元史』諸王表に関する一考察」岡本敬二先生退官記念論集刊行会編『アジア諸民族における社会と文化――岡本敬二先生退官記念論集』国書刊行会
旗田巍［一九六九］『日本人の朝鮮観』勁草書房
秦野裕介［二〇一二］「クビライ・カアンと後嵯峨院政の外交交渉」『立命館文学』第六二四号
羽田亨［一九五七］「元朝駅伝雑考」『羽田博士史学論文集』上、東洋史研究会
平岡定海［一九五九］『東大寺宗性上人之研究並史料』中、日本学術振興会
平田茂樹［二〇一二ａ］「文書を通して見た宋代政治――「箚子」、「帖」、「牒」、「申状」の世界」同著『宋代政治構造研究』汲古書院
――［二〇一二ｂ］「文書を通して見た宋代政治――「関」、「牒」、「諮報」の世界」同著『宋代政治構造研究』汲古書院
福田美穂［二〇〇四］「元大都の皇城に見る「モンゴル」的要素の発現」『仏教美術』第二七二号
藤島建樹［一九六七］「元朝「宣政院」考」『大谷学報』第四六巻第四号
――［一九七五］「元朝における政治と仏教」『大谷大学研究年報』第二七輯
藤田明良［二〇一〇］「東アジアにおける島嶼と国家――黄海をめぐる海域交流史」荒野泰典／石井正敏／村井章介編『日本の対外関

係4　倭寇と「日本国王」』吉川弘文館
藤野彪［一九五四］「朱清・張瑄について」『愛媛大学歴史学紀要』第三輯
舩田善之［二〇〇六］「書評：杉山正明著『モンゴル帝国と大元ウルス』」『史学雑誌』第一一三編第一一号
――［二〇〇七］「蒙文直訳体の成立をめぐって――モンゴル政権における公文書翻訳システムの端緒」『大東文化大学フォーラム』第一三号
古畑徹［一九九五］「渤海使の文化使節的側面の再検討――渤海後期の中華意識・対日意識と関連させて」『東北大学東洋史論集』第六号
古松崇志［二〇一〇］「契丹・宋間における外交文書としての牒」『東方学報』京都第八五冊
星斌夫［一九五九］「元代海運運営の実態」『歴史の研究』七
堀敏一［一九九三］『中国と古代東アジア世界――中華的世界と諸民族』岩波書店
――［一九九八］「渤海・日本間の国書をめぐって」同著『東アジアのなかの古代日本』研文出版
堀江雅明［一九八二］「モンゴル＝元朝時代の東方三ウルス研究序説」小野勝年博士頌寿記念会編『小野勝年博士頌寿記念東方学論集』龍谷大学東洋史学研究会
――［一九八五］「テムゲ＝オッチギンとその子孫」『東洋史苑』第二四・二五号
本田実信［一九九一］「ヘラートのクルト政権」同著『モンゴル時代史研究』東京大学出版会
ポーロ、マルコ［一九七〇］『東方見聞録』1、平凡社、愛宕松男訳註
前田直典［一九七三］「元朝行省の成立過程」同著『元朝史の研究』東京大学出版会
真杉慶夫［一九七〇］「怯薛制度について」『社会文化史学』第六号
松井太［二〇〇二］「モンゴル時代ウイグリスタンの税役制度と徴税システム」平成12〜13年度科学研究費補助金基盤研究（B）（1）研究成果報告書『碑刻等史料の総合的分析によるモンゴル帝国・元朝の政治・経済システムの基礎的研究』（研究代表者：松田孝一）
松川節［一九九五］「大元ウルス命令文の書式」『待兼山論叢（史学篇）』第二九号
松田孝一［一九七八］「モンゴルの漢地統治制度――分地分民制度を中心として」『待兼山論叢（史学篇）』第一一号
――［一九七九］「元朝期の分封制――安西王の事例を中心として」『史学雑誌』第八八編第八号
――［一九八〇ａ］「フラグ家の東方領」『東洋史研究』第三九巻第一号
――［一九八〇ｂ］「雲南行省の成立」『立命館文学』第四一八・四一九・四二〇・四二一号
――［一九八二］「カイシャンの西北モンゴリア出鎮」『東方学』第六四輯
――［一九八三］「ユブクル等の元朝投降」『立命館史学』第四号
――［一九九三］「紅巾の乱初期陝西元朝軍の全容」『東洋学報』第七五巻第一・二号

――［一九九四］「トゥルイ家のハンガイの遊牧地」『立命館文学』第五三七号
――［一九九六］「宋元軍制史上の探馬赤（タンマチ）問題」佐竹靖彦／斯波義信／梅原郁／植松正／近藤一成編『宋元時代史の基本問題』汲古書院
――［二〇〇〇］「中国交通史――元時代の交通と南北物流」同編『東アジア経済史の諸問題』阿吽社
丸亀金作［一九三四］「元・高麗関係の一齣――瀋王に就いて」『青丘学叢』第一八輯
宮紀子［二〇〇六a］『モンゴル時代の出版文化』名古屋大学出版会
――［二〇〇六b］「モンゴルが遺した「翻訳」言語――旧本『老乞大』の発見によせて」同著『モンゴル時代の出版文化』名古屋大学出版会
――［二〇〇六c］「程復心『四書章図』出版始末攷――大元ウルス治下における江南文人の保挙」同著『モンゴル時代の出版文化』名古屋大学出版会
宮崎市定［一九九二a］「宋元時代の法制と裁判機構――元典章成立の時代的・社会的背景」『宮崎市定全集11　宋元』岩波書店
――［一九九二b］「洪武から永楽へ――初期明朝政権の性格」『宮崎市定全集13　明清』岩波書店
村井章介［一九九七］「文書からみた東アジア地域の交流」同著『国境を超えて――東アジア海域世界の中世』校倉書房
村岡倫［一九八五］「シリギの乱――元初モンゴリアの争乱」『東洋史苑』第二四・二五合併号
――［一九九七］「元代江南投下領とモンゴリアの遊牧集団」『龍谷紀要』第一八巻第二号
村上正二［一九六〇］「蒙古来牒の飜訳」『朝鮮学報』第一七輯
――［一九七〇］同訳註『モンゴル秘史――チンギス・カン物語』一、平凡社
――［一九九三a］「元朝における投下の意義」同著『モンゴル帝国史研究』風間書房
――［一九九三b］「チンギス汗帝国成立の過程」同著『モンゴル帝国史研究』風間書房
――［一九九三c］「モンゴル朝治下の封邑制の起源――特にSoyurγal とQubi とEmčü との関連について」同著『モンゴル帝国史研究』風間書房
護雅夫［一九五二a］「Nökör 考序説――主として、主従関係成立の事情について」『東方学』第五輯
――［一九五二b］「Nökür 考――「チンギス＝ハン国家」形成期における」『史学雑誌』第六一編第八号
森平雅彦［一九九六］「高麗後期の賜給田をめぐる政策論議について――一四世紀初葉の政局情勢にみるその浮上背景」『朝鮮学報』第一六〇輯
――［一九九八a］「駙馬高麗国王の成立――元朝における高麗王の地位についての予備的考察」『東洋学報』第七九巻第四号
――［一九九八b］「高麗王位下の基礎的考察――大元ウルスの一分権勢力としての高麗王家」『朝鮮史研究会論文集』第三六集

―――［二〇〇二］「大元ウルスと高麗仏教――松広寺法旨出現の意義に寄せて」『内陸アジア史研究』第一七号
―――［二〇〇三］「朱子学東伝の国際的背景――モンゴル時代と高麗知識人」『アジア遊学』第五〇号
―――［二〇〇四］「高麗における元の站赤――ルートの比定を中心に」『史淵』第一四一輯
―――［二〇〇六］「朱子学の高麗伝来と対元関係（その一）――安珦朱子学書将来説の再検討」『史淵』第一四三輯
―――［二〇〇七］「朝鮮における王朝の自尊意識と国際関係――高麗の事例を中心に」『九州大学21世紀COEプログラム「東アジアと日本：交流と変容」統括ワークショップ報告書』九州大学21世紀COEプログラム「東アジアと日本：交流と変容」
―――［二〇一一］「朱子学の高麗伝来と対元関係（その二）――初期段階における禿魯花・ケシク制度との接点」『史淵』第一四八輯
矢木毅［二〇〇八a］『高麗官僚制度研究』京都大学学術出版会
―――［二〇〇八b］「高麗事元期における官品構造の変革」同著『高麗官僚制度研究』京都大学学術出版会
安田純也［二〇〇二］「高麗時代の僧録司制度」『仏教史学研究』第四五巻第一号
箭内亙［一九一三a］「満洲に於ける元の疆域」『満洲歴史地理』第二巻、南満洲鉄道株式会社
―――［一九一三b］「元明時代の満洲交通路」『満洲歴史地理』第二巻、南満洲鉄道株式会社
―――［一九三〇］「元朝怯薛考」同著『蒙古史研究』刀江書院
山根幸夫［一九六五］「明太祖政権の確立期について――制度史的側面よりみた」『史論』第一三集
山本隆義［一九五五］「元代に於ける翰林学士院について」『東方学』第一一輯
吉川真司［一九九八］「奈良時代の宣」同著『律令官僚制の研究』塙書房
吉田孝［一九九七］『日本の誕生』岩波書店
四日市康博［二〇〇二］「ジャルグチとビチクチに関する一考察――モンゴル帝国時代の行政官」『史観』第一四七冊
李治安［一九九二］「元代における蒙古諸王の中原居留に関する問題」『愛知大学文学論叢』第九九輯
―――［一九九四］「オゴタイ汗時期における小功臣の食邑民分封に関する考察」『日本モンゴル学会紀要』No.二四
李領［一九九九］『倭寇と日麗関係史』東京大学出版会
鷲尾順敬［一九三三］同監修『菩提達磨崇山史蹟大観』菩提達磨崇山史蹟大観刊行会
渡辺健哉［一九九九］「元代の大都南城について」『集刊東洋学』第八二号
渡辺信一郎［二〇〇三］『中国古代の王権と天下秩序――日中比較史の視点から』校倉書房

【朝鮮語文献】

姜英哲（강 영 철《カン・ヨンチョル》）［一九八四］「高麗駅制의《の》成立과《と》変遷」『史学研究』第三八号

――〔一九八七〕「高麗駅制의《の》 構造와《と》 運営」崔永禧先生華甲紀念論叢刊行委員会編『崔永禧先生華甲紀念韓国史学論叢』探求堂

姜晋哲（강 진 철《カン・ジンチョル》）〔一九七四〕「蒙古의《の》 侵入에《に》 대한《対する》 抗争」『한국사《韓国史》7 武臣政権과《と》 対蒙抗争』국사편찬위원회《国史編纂委員会》

姜在光（강 재 광《カン・ジェグアン》）〔二〇一一〕『蒙古侵入에《に》 대한《対する》 崔氏政権의《の》 外交的 対応』景仁文化社

姜好鮮（강호선《カン・ホソン》）〔二〇〇〇〕『14세기《世紀》 前半期 麗・元 仏教交流와《と》 臨済宗』서울《ソウル》大学校碩士論文

高柄翊（고 병 익《コ・ビョンイク》）〔一九六一〕「麗代征東行省의《の》 研究（上）」『歴史学報』第一四輯（→高柄翊〔一九七〇b〕）

――〔一九六二〕「麗代征東行省의《の》 研究（下）」『歴史学報』第一九輯（→高柄翊〔一九七〇b〕）

――〔一九七〇a〕「蒙古・高麗의《の》 兄弟盟約의《の》 性格」同著『東亜交渉史의《の》 研究』서울《ソウル》大学校出版部

――〔一九七〇b〕「麗代征東行省의《の》 研究」同著『東亜交渉史의《の》 研究』서울《ソウル》大学校出版部

――〔一九七四〕「元과의《との》 関係의《の》 変遷」『한국사《韓国史》7 武臣政権과《と》 対蒙抗争』국사편찬위원회《国史編纂委員会》

高昌錫（고 창 석《コ・チャンソク》）〔一九八四〕「麗・元과《と》 耽羅와의《との》 関係」『済州大学校論文集』第一七輯

――〔一九八五〕「元代의《の》 済州島 牧場」『済州史学』創刊号

――〔一九九八〕「『元高麗紀事』耽羅関係 記事의《の》 検討――13세기《世紀》 耽羅와《と》 元과의《との》 関係」『慶北史学』第二一輯

権寧国（권 영 국《クォン・ヨングク》）〔一九九四〕「원간섭기《元干渉期》 고려《高麗》 군제의《軍制の》 변화《変化》」14세기《世紀》 고려사회《高麗社会》 성격《性格》 연구반《研究班》『14세기《世紀》 고려의《高麗の》 정치와《政治と》 사회《社会》』민음사《民音社》

綺山錫珍（기산《キサン》 석진《ソクチン》）〔一九六五〕同編『大乗禅宗曹渓山松広寺誌』松広寺

吉熙星（길 희 성《キル・フィソン》）〔一九八三〕「高麗時代의《の》 僧階制度에《に》 対하여《ついて》――特히《に》 高麗図経을《を》 中心으로《に》」『奎章閣』七

金庚来（김 경 래《キム・ギョンネ》）〔一九八八〕「瀋陽王에《に》 対한《関する》 一考察」『誠信史学』第六輯

金光哲（김 광 철《キム・グァンチョル》）〔一九九一〕『高麗後期世族層研究』東亜大学校出版部

金九鎮（김구진《キム・グジン》）〔一九八六〕「元代 遼東地方의《の》 高麗軍民」李元淳教授華甲記念史学論叢刊行委員会編『李元淳教授華甲紀念史学論叢』教学社

――〔一九八九〕「麗・元의《の》 領土紛争과《と》 그《その》 帰属問題――元代에《に》 있어서《おける》 高麗本土와《と》 東寧府・双城総管府・耽羅総管府의《の》 分離政策을《を》 중심으로《中心に》」『国史館論叢』第七輯

金文京（김 문 경《キム・ムンギョン》）〔二〇〇七〕「원간본《元刊本》（元刊本）《지정조격（至正条格）》에《に》 대한《関する》 기초적《基礎的》 고찰《考察》」국제학술회의《国際学術会議》『13―14세기《世紀》 동아시아의《東アジアの》 법과《法と》 사회《社会》――『至正条格』출판기념《出版記念》』한국학중앙연구원《韓国学中央研究院》

金成俊（김 성 준《キム・ソンジュン》）〔一九五八〕「麗代 元公主出身王妃의《の》 政治的 位置에《に》 対하여《ついて》」金活蘭博士教職勤続四十周年紀念論文編輯委員会編『韓国女性文化論叢』梨花女子大学校出版部（→金成俊〔一九八五〕）

――〔一九八五〕「高麗後期 元出身王妃의《の》 政治的位置――특히《とくに》 忠宣王妃를《を》 중심으로《中心として》」同著『韓国中世政治法制史研究』一潮閣

金成煥（김 성 환《キム・ソンファン》）〔二〇〇〇〕「高麗時代 墓誌銘 新例――元瓘墓誌銘」『韓国文化』二五

金順子（김순자《キム・スンジャ》）［一九九四］「원《元》 간섭기《干渉期》 민의《民の》 동향《動向》」14세기《世紀》 고려사회《高麗社会》 성격《性格》 연구반《研究班》『14세기《世紀》 고려의《高麗の》 정치와《政治と》 사회《社会》』민음사《民音社》

――［二〇〇六］「고려《高麗》、원의《元の》 영토정책《領土政策》、인구정책《人口政策》 연구《研究》」『역사와《歴史と》 현실《現実》』제六〇호

金龍善（김용선《キム・ヨンソン》）［二〇一二］同編『高麗墓誌銘集成（第五版）』翰林大学校出版部

金渭顕（김위현《キム・ウィヒョン》）［二〇〇四］「元과의《との》 人的交流考」同著『高麗時代 対外関係史 研究』景仁文化社

金日宇（김일우《キム・イル》）［二〇〇〇］『高麗時代耽羅史研究』신서원《新書苑》

김재홍《キム・ジェホン》［一九六三］『원《元》 침략자를《侵略者に》 반대한《抵抗した》 고려《高麗》 인민의《人民の》 투쟁《闘争》』과학원출판사《科学院出版社》

金昌洙（김창수《キム・チャンス》）［一九六六］「成衆愛馬考――麗末鮮初 身分階層의《の》 一断面」『東国史学』第九・一〇輯

金昌賢（김창현《キム・チャンヒョン》）［一九九八］『高麗後期政房研究』高麗大学校民族文化研究所

金泂秀（김형수《キム・ヒョンス》）［一九九六］「13世紀 後半 高麗의《の》 奴婢辨正과《と》 그《その》 性格」『慶北史学』第一九輯

――［二〇〇一］「원간섭기의《元干渉期の》 国俗論과《と》 通制論」韓国中世史学会編『韓国中世社会의《の》 諸問題』韓国中世史学会

金恵苑（김혜원《キム・ヘウォン》）［一九八六］「忠烈王 入元行績의《の》 性格」辺太燮編『高麗史의《の》 諸問題』三英社

――［一九八九］「麗元王室通婚의《の》 成立과《と》 特徴――元公主出身王妃의《の》 家系를《を》 중심으로《中心として》」『梨大史苑』第二四・二五合輯

――［一九九三］「高麗後期 瀋（陽）王의《の》 政治・経済的 基盤」『国史館論叢』第四九輯

――［一九九四］「원《元》 간섭기《干渉期》 立省論과《と》 그《その》 성격《性格》」14세기《世紀》 고려사회《高麗社会》 성격《性格》 연구반《研究班》『14세기《世紀》 고려의《高麗の》 정치와《政治と》 사회《社会》』민음사《民音社》

金浩東（김호동《キム・ホドン》）［一九九九］『황하에서《黄河から》 천산까지《天山まで》』사계절《四季節》

――［二〇〇二］同訳註『부족지《部族誌》――라시드《ラシード》 앗 딘 의《アッディーンの》 집사《集史》1』사계절《四季節》

――［二〇〇五］同訳註『칸의《カンの》 후예들《後裔たち》――라시드《ラシード》 앗 딘 의《アッディーンの》 집사《集史》3』사계절《四季節》

――［二〇〇七］『몽골제국과《モンゴル帝国と》 고려《高麗》』서울대학교출판부《ソウル大学校出版部》

나카무라 준（中村淳）［二〇〇二］「松広寺 元代 티베트《チベット》文 法旨에《に》 대하여《ついて》」『普照思想』제一七집、森平雅彦訳

南基鶴（남기학《ナム・ギハク》）［二〇〇〇］「고려와《高麗と》 일본의《日本の》 상호인식《相互認識》」『日本歴史研究』第一一輯

盧明鎬（노명호《ノ・ミョンホ》）［一九九七］「東明王篇과《と》 李奎報의《の》 多元的 天下観」『震檀学報』第八三号

――［一九九九］「高麗時代의《の》 多元的 天下観과《と》 海東天子」『韓国史研究』一〇五

盧明鎬（노명호《ノ・ミョンホ》）ほか［二〇〇〇a］『韓国古代中世古文書研究』上、서울대학교출판부《ソウル大学校出版部》

――［二〇〇〇b］『韓国古代中世古文書研究』下、서울대학교출판부《ソウル大学校出版部》

모리히라 마사히코（森平雅彦）［二〇〇二］「松広寺法旨의《の》 발급경위를《発給経緯を》 둘러싼《めぐる》 제문제《諸問題》」『普照思想』제一七집

――［二〇一二］「牧隠 李穡의《の》 두가지《二つの》 入元루트《ルート》――몽골시대《モンゴル時代》 高麗-大都 간의《間の》 육상《陸上》 교통《交通》」『震檀学報』第一一四号

文化芸術課［一九九八］同編『文化財目録――道指定文化財篇』全羅南道

文化財管理局文化財研究所［一九九三］同編『坡州 瑞谷里 高麗壁画墓——発掘調査 報告書』文化財管理局文化財研究所

閔賢九（민 현 구《ミン・ヒョング》）［一九七四］「高麗後期의《の》 權門世族」『한국사《韓国史》8 高麗後期의《の》 社会와《と》 文化』국사편찬위원회《国史編纂委員会》

——［一九八二］「高麗 恭愍王의《の》 即位背景」韓沽劤博士停年紀念史学論叢刊行準備委員会編『韓沽劤博士停年紀念史学論叢』知識産業社

——［二〇〇四］「元 干渉期 高麗의《の》 정치《政治》 양태《様態》——国王 不在中의《の》 국정운영을《国政運営を》 통해《通して》 본《みた》 王朝体制의《の》 지속성《持続性》」同著『高麗政治史論——統一国家의《の》 확립과《確立と》 独立王国의《の》 시련《試練》』고려대학교출판부《高麗大学校出版部》

民族文化推進会［一九九六］同編『국역《国訳》 동문선《東文選》』8、솔《ソル》

朴栄済（박 영 제《パク・ヨンジェ》）［一九九四］「원《元》 간섭기《干渉期》 초기《初期》 불교계의《仏教界の》 변화《変化》——冲止（一二二六〜一二九三）의《の》 현실인식과《現実認識と》 불교사상을《仏教思想を》 중심으로《中心に》」14세기《世紀》 고려사회《高麗社会》 성격《性格》 연구반《研究班》『14세기《世紀》 고려의《高麗の》 정치와《政治と》 사회《社会》』민음사《民音社》

朴胤珍（박 윤 진《パク・ユンジン》）［二〇〇六］『高麗時代王師・国師研究』景仁文化社

朴宗基（박 종 기《パク・チョンギ》）［一九九四］「14세기의《世紀の》 고려사회《高麗社会》——원간섭기의《元干渉期の》 이해문제《理解問題》」14세기《世紀》 고려사회《高麗社会》 성격《性格》 연구반《研究班》『14세기《世紀》 고려의《高麗の》 정치와《政治と》 사회《社会》』민음사《民音社》

朴鍾進（박 종 진《パク・チョンジン》）［二〇〇〇］『고려전기《高麗前期》 재정운영과《財政運営と》 조세제도《租税制度》』서울대학교출판부《ソウル大学校出版部》

朴洪培（박홍배《パク・ホンベ》）［一九八六］「高麗 鷹坊의《の》 弊政——主로《に》 忠烈王대를《代を》 중심으로《中心に》」『慶州史学』第五輯

方東仁（방 동 인《パン・ドンイン》）［一九八二］「双城総管府考（上）」『関東史学』第一輯（→方東仁［一九九七b］）

——［一九八四］「東寧府 置廃小考」『関東史学』第二輯（→方東仁［一九九七a］）

——［一九九〇］「麗・元関係의《の》 再検討——双城総管府와《と》 東寧府를《を》 중심으로《中心として》」『国史館論叢』第一七輯

——［一九九七a］「東寧府 置廃小考」同著『韓国의《の》 国境画定研究』一潮閣

——［一九九七b］「双城総管府 置廃考」同著『韓国의《の》 国境画定研究』一潮閣

徐閏吉（서윤길《ソ・ユンギル》）［一九七五］「道詵과《と》 그의《その》 裨補思想」『韓国仏教学』創刊一輯

——［一九七六］「道詵의《の》 裨補思想의《の》 淵源」『仏教学報』第一三輯

沈載錫（심 재 석《シム・ジェソク》）［二〇〇二］『高麗国王冊封研究』혜안《慧眼》

安啓賢（안 계 현《アン・ゲヒョン》）［一九六〇］「麗元関係에서《から》 본《みた》 高麗仏教」東国大学校史学会／黄義敦先生古稀記念論叢編纂会編『海圓黄義敦先生古稀記念史学論叢』東国大学校出版部

——［一九八三］「麗代僧官考」同著『韓国仏教思想史研究』東国大学校出版部

安智源（안 지 원《アン・ジウォン》）［二〇〇五］『고려의《高麗の》 국가《国家》 불교의례와《仏教儀礼と》 문화《文化》——연등《燃灯》・팔관회와《八関会と》 제석도량을《帝釈道場を》 중심으로《中心に》』서울대학교출판부《ソウル大学校出版部》

梁元錫（양 원 석《ヤン・ウォンソク》）［一九五六］「麗末의《の》 流民問題——特히《に》 対蒙関係를《を》 中心으로《に》」斗溪李丙燾博士華甲紀念事業委員会編『李丙燾博士

華甲紀念論叢』一潮閣
梁義淑（양의숙《ヤン・ウィスク》）［一九九三a］「高麗 禿魯花에《に》 대한《関する》 研究」素軒南都泳博士古稀紀念歴史学論叢刊行委員会編『素軒南都泳博士古稀紀念歴史学論叢』民族文化社
――［一九九三b］「麗・元 宿衛考――新羅의《の》 対唐宿衛外交와의《との》 比較 중심으로《(を)中心に》」『東国史学』第二七輯
呂恩暎（여은영《ヨ・ウニョン》）［一九八二］「麗初 駅制形成에《に》 대한《関する》 小考」『慶北史学』第五輯
呉宗禄（오종록《オ・ジョンノク》）［一九八六］「高麗末의《の》 都巡問使――下三道의《の》 都巡問使를《を》 중심으로《中心に》」『震檀学報』第六二号
――［一九九一］「高麗後期의《の》 軍事 指揮体系」『国史館論叢』第二四輯
劉善浩（유선호《ユ・ソノ》）［一九九〇］「高麗時代 駅의《の》 運営에《に》 관한《関する》 研究――地方組織과《と》 駅의《の》 관계《関係》 및《および》 駅의《の》 運営要員을《を》 中心으로《に》」『서울《ソウル》産業大学論文集』第三二輯
柳在城（유재성《ユ・ジェソン》）［一九八八］『対蒙抗争史』国防部戦史編纂委員会、蔡漢国主幹
柳洪烈（유홍렬《ユ・ホンニョル》）［一九五七］「高麗의《の》 元에《に》 対한《対する》 貢女」『震檀学報』第一八号
尹龍爀（윤용혁《ユン・ヨンヒョク》）［一九九〇］「고려《高麗》 대몽항쟁기의《対蒙抗争期の》 불교의례《仏教儀礼》」『歴史教育論集』第一三・一四輯
――［一九九一］『高麗対蒙抗争史研究』一志社
――［一九九四］「몽고《モンゴル》 침입에《侵入に》 대한《対する》 항쟁《抗争》」『한국사《韓国史》20 고려《高麗》 후기의《後期の》 사회와《社会と》 대외관계《対外関係》』국사편찬위원회《国史編纂委員会》
尹銀淑（윤은숙《ユン・ウンスク》）［二〇〇六］『蒙・元 帝国期 옷치긴《オッチギン》家의《の》 東北満洲 支配――中央政府와의《との》 関係를《を》 중심으로《中心に》』江原大学校博士論文
――［二〇一〇］『몽골제국의《モンゴル帝国の》 만주《満洲》 지배사《支配史》――옷치긴《オッチギン》 왕가의《王家の》 만주《満洲》 경영과《経営と》 이성계의《李成桂の》 조선《朝鮮》 건국《建国》』소나무《ソナム》
李康漢（이강한《イ・ガンハン》）［二〇〇七］「征東行省官 闊里吉思의《の》 고려제도《高麗制度》 개변《改変》 시도《試図》」『韓国史研究』一三九
李玠奭（이개석《イ・ゲソク》）［二〇〇八］「大蒙古国-高麗 関係 연구의《研究の》 재검토《再検討》」『史学研究』第八八号
李蘭暎（이난영《イ・ナニョン》）［一九六八］同編『韓国金石文追補』中央大学校出版部
李命美（이명미《イ・ミョンミ》）［二〇〇三］「高麗・元 王室通婚의《の》 政治的 의미《意味》」『韓国史論（서울《ソウル》大）』四九
李逢春（이봉춘《イ・ボンチュン》）［一九九四］「승관조직과《僧官組織と》 승관제도《僧官制度》」『한국사《韓国史》16 고려전기의《高麗前期の》 종교와《宗教と》 사상《思想》』국사편찬위원회《国史編纂委員会》
李昇漢（이승한《イ・スンハン》）［一九八八］「高麗 忠宣王의《の》 瀋陽王 被封과《と》 在元 政治活動」『全南史学』第二輯
李龍範（이용범《イ・ヨンボム》）［一九八九］「元代 喇嘛教의《の》 高麗伝来」同著『韓満交流史研究』同和出版公社
李益柱（이익주《イ・イクチュ》）［一九九四］「충선왕《忠宣王》 즉위년《即位年》（一二九八）관제개편의《官制改編の》 성격《性格》」14세기《世紀》 고려사회《高麗社会》 성격《性格》 연구반《研究班》『14세기《世紀》 고려의《高麗の》 정치와《政治と》 사회《社会》』민음사《民音社》
――［一九九六a］『高麗・元関係의《の》 構造와《と》 高麗後期 政治体制』서울《ソウル》大学校博士論文
――［一九九六b］「高麗 対蒙抗争期 講和論의《の》 研究」『歴史学報』第一五一輯

――［一九九六ｃ］「高麗・元関係의《の》構造에《に》대한《関する》研究――소위《いわゆる》'世祖旧制'의《の》분석을《分析を》중심으로《中心に》」『韓国史論（서울大《ソウル》）』三六

――［二〇〇九］「고려《高麗》-몽골《モンゴル》 관계사《関係史》 연구《研究》 시각의《視角の》 검토《検討》――고려《高麗》-몽골《モンゴル》 관계사에《関係史に》 대한《関する》 공시적《共時的》、통시적《通時的》 접근《接近》」『한국중세사연구《韓国中世史研究》』제二七호

――［二〇一一］「고려《高麗》-몽골관계에서《モンゴル関係に》 보이는《みえる》 책봉《冊封》-조공《朝貢》 관계《関係》 요소의《要素の》 탐색《探索》」동북아역사재단《東北亜歴史財団》／경북대학교《慶北大学校》 한중교류연구원《韓中交流研究院》編『13～14세기《世紀》 고려《高麗》-몽골관계《モンゴル関係》 탐구《探究》』동북아역사재단《東北亜歴史財団》

李仁在（이인재《イ・インジェ》）［二〇〇〇］「高麗後期 鷹坊의《の》 設置와《と》 運営」河炫綱教授定年紀念論叢刊行委員会編『韓国史의《の》 構造와《と》 展開――河炫綱教授定年紀念論叢』혜안《慧眼》

李貞信（이 정 신《イ・ジョンシン》）［二〇〇四］「동녕부와《東寧府と》 고려의《高麗の》 대외관계《対外関係》」同著『고려시대의《高麗時代の》 정치변동과《政治変動と》 대외관계《対外関係》』景仁文化社

李載昌（이 재 창《イ・ジェチャン》）［一九七五］「高麗仏教의《の》 僧科・僧録司制度」崇山朴吉真博士華甲紀念事業会編『崇山朴吉真博士華甲紀念 韓国仏教思想史』圓光大学校出版局

李智冠（이지관《イ・ジグァン》）［一九九七］同編『校勘訳註 歴代高僧碑文』高麗篇4、伽山仏教文化研究院

印鏡（인 경《インギョン》）［二〇〇〇］『蒙山徳異와《と》 高麗後期 禅思想 研究』仏日出版社

張東翼（장 동 익《チャン・ドンイク》）［一九八一］「恵諶의《の》 大禅師告身에《に》 대한《関する》 検討――高麗 僧政体系의《の》 理解를《を》 중심으로《中心に》」『韓国史研究』三四

――［一九九四ａ］『高麗後期外交史研究』一潮閣

――［一九九四ｂ］「원의《元の》 간섭과《干渉と》 자주성의《自主性の》 시련《試練》」『한국사《韓国史》20 고려후기의《高麗後期の》 사회와《社会と》 대외관계《対外関係》』국사편찬위원회《国史編纂委員会》

――［一九九七］『元代麗史資料集録』서울대학교출판부《ソウル大学校出版部》

――［二〇〇〇］『宋代麗史資料集録』서울대학교출판부《ソウル大学校出版部》

――［二〇〇四］『日本古中世高麗資料研究』서울대학교출판부《ソウル大学校出版部》

鄭求先（정구선《チョン・グソン》）［二〇〇二］『공녀《貢女》――중국으로《中国に》 끌려간《連れ去られた》 우리《我が国の》 여인들의《女性たちの》 역사《歴史》』국학자료원《国学資料院》

鄭茂煥（정 무 환《チョン・ムファン》）［一九八〇］「高麗時代 僧科 僧録司制度」『釈林』제一四집

鄭枖根（정 요 근《チョン・ヨグン》）［二〇〇一］「高麗前期 駅制의《の》 整備와《と》 22駅道」『韓国史論（서울大《ソウル》）』四五

――［二〇〇七］「고려《高麗》 역로망《駅路網》 운영에《運営に》 대한《関する》 원(元)의《元の》 개입과《介入と》 그《その》 의미《意味》」『역사와《歴史と》 현실《現実》』제六四호

鄭容淑（정 용 숙《チョン・ヨンスク》）［一九九二］「元 公主 출신《出身》 왕비의《王妃の》 등장과《登場と》 정치세력의《政治勢力の》 변화《変化》」同著『고려시대의《高麗時代の》 后妃』民音社

趙晟佑（조성우《チョ・ソンウ》）［一九九九］「13世紀初 옹구트《オングト》部 継承紛争과《と》 그《その》 背景」『서울大《ソウル》 東洋史学科論集』第二三輯

周采赫（주 채 혁《チュ・チェヒョク》）［一九八九］「몽골《モンゴル》-고려사《高麗史》 연구의《研究の》 재검토《再検討》――몽골《モンゴル》-고려사의《高麗史の》 성격《性格》 문제《問題》」『国史館論叢』第八輯

――［二〇〇九］『몽《蒙》・려전쟁기의《麗戦争期の》 살리타이와《サリタイと》 홍복원《洪福源》』혜안《慧眼》

秦弘燮（진 홍 섭《チン・ホンソプ》）［一九九七］「高麗後期 金銅仏像에《に》 나타나는《みえる》 라마《ラマ》仏像様式」同著『新羅・高麗時代 美術文化』一志社

崔柄憲（최 병 헌《チェ・ビョンホン》）［一九七五］「道詵의《の》生涯와《と》羅末麗初의《の》風水地理説——禅宗과《と》風水地理説의《の》관계를《関係を》중심으로《中心に》」『韓國史研究』一一
최희림《チェ・フイリム》［一九八二］「흥화진성의《興化鎮城の》위치와《位置と》축조《築造》형식《形式》및《および》시기에《時期に》대한《関する》연구《研究》」『력사과학《歴史科学》』一〇四호
카와니시 유야（川西裕也）［二〇〇九］「고려말기《高麗末期》元 任命箚付 体式의《の》수용《受容》——「金天富箚付」의《の》검토《検討》」『古文書研究』三五
푸지오니、토니노（Puggioni, Tonino）［一九九九］「14世紀前半期 麗・元仏教交流의《の》研究——在元 高麗僧의《の》活動을《を》中心으로《に》」第五〇回朝鮮学会大会発表レジュメ
韓基汶（한기문《ハン・ギムン》）［一九九八a］「寺院의《の》組織과《と》運営」同著『高麗寺院의《の》構造와《と》機能』民族社
——［一九九八b］「寺院의《の》特殊한《な》機能」同著『高麗寺院의《の》構造와《と》機能』民族社
——［一九九九］「高麗中期 李奎報의《の》南游詩에《に》나타난《みえる》尚州牧」『歴史教育論集』第二三・二四輯
韓盛旭（한 성 욱《ハン・ソンウク》）［二〇〇〇］「松広寺 聖宝博物館」『五台法報』四四
韓国民族文化大百科事典編纂部［一九九一］同編『韓国民族文化大百科事典』第一一巻、韓国精神文化研究院
韓国学文献研究所［一九七七］同編『曹渓山松広寺史庫』亜細亜文化社
韓国学中央研究院［二〇〇七］同編『至正条格 影印本』휴머니스트《ヒューマニスト》
許一範（허일범《ホ・イルボム》）［二〇〇〇b］「高麗・朝鮮時代의《の》梵字文化 研究」『회당학보《悔堂学報》』제五집
許興植（허흥식《ホ・フンシク》）［一九八四a］同編『韓国金石全文』中世上、亜細亜文化社
——［一九八四b］同編『韓国金石全文』中世下、亜細亜文化社
——［一九八六a］「仏教界의《の》組織과《と》行政制度」同著『高麗仏教史研究』一潮閣
——［一九八六b］「僧科制度와《と》그《その》機能」同著『高麗仏教史研究』一潮閣
——［一九八六c］「国師・王師制度와《と》그《その》機能」同著『高麗仏教史研究』一潮閣
洪潤植（홍 윤 식《ホン・ユンシク》）［一九九四］「불교행사의《仏教行事の》성행《盛行》」（ただし第五節をのぞく）『한국사《韓国史》16 고려전기의《高麗前期の》종교와《宗教と》사상《思想》』국사편찬위원회《国史編纂委員会》

【中国語文献】
白寿彝［一九三七］『中国交通史』商務印書館
蔡美彪［一九五五］同編『元代白話碑集録』科学出版社
陳高華［一九九二］「元代大都的皇家仏寺」『世界宗教研究』一九九二年第二期
——［二〇〇五］「元朝与高麗的海上交通」同著『元史研究新論』上海社会科学院出版社
陳学霖［二〇〇一］「張昱〈輦下曲〉与元大都史料」蕭啓慶主編『蒙元的歴史与文化——蒙元史学術検討会論文集』上冊、学生書局
党宝海［二〇〇六］『蒙元駅站交通研究』昆侖出版社

丁崑健［一九八〇］「元代征東行省之研究」『史学彙刊』第一〇期
潘念慈［一九五九］「関於元代的駅伝」『歴史研究』一九五九年第二期
方慧［二〇〇一］『大理総管段氏世次年歴及其与蒙元政権関係研究』雲南教育出版社
蓋山林［一九九一］『陰山汪古』内蒙古人民出版社
耿世民［二〇〇一］「回鶻文《亦都護高昌王世勲碑》研究」同著『新疆文史論集』中央民族大学出版社
寛城県志編纂委員会［一九九〇］同編『寛城県志』河北人民出版社
黄文弼［一九八九］「亦都護高昌王世勲碑復原并校記」黄烈編『黄文弼歴史考古論集』文物出版社
李治安［二〇〇〇］『行省制度研究』南開大学出版社
――［二〇〇七］『元代分封制度研究（増訂本）』中華書局
羅賢佑［一九八七］「試論元朝蒙古皇室的聯姻関係」中国社会科学院民族研究所主編『中国民族史研究』中国社会科学出版社
卡哈爾・巴拉提／劉迎勝［一九八四］「亦都護高昌王世勲碑回鶻碑文之校勘与研究」『元史及北方民族史研究』第八期
譚其驤［一九八二］同主編『中国歴史地図集 第七冊 元・明時期』中国地図出版社
――［一九八八］同主編『中国歴史地図集――釈文匯編・東北巻』中国地図出版社
王崇実［一九九二］「元与高麗統治集団的聯姻」『吉林師範学院学報』一九九二年第四期
王文楚［一九八一］「両宋和高麗海上航路初探」『文史』第一二輯
喜蕾［二〇〇三］『元代高麗貢女制度研究』民族出版社
西蔵自治区檔案館［一九九五］同編『西蔵歴史檔案薈粋』文物出版社
蕭啓慶［一九八三ａ］「元麗関係中的王室婚姻与強権政治」同著『元代史新探』新文豊出版公司
――［一九八三ｂ］「元代的宿衛制度」同著『元代史新探』新文豊出版公司
葉新民［一九八三］「関於元代的〝四怯薛〟」『元史論叢』第二輯
于采芑［二〇〇六］「蒙古汗国国号〝大朝〟考」赫時遠／羅賢佑／烏蘭編『天驕偉業――成吉思汗与蒙古汗国研究紀念文集』社会科学文献出版社
于杰／于光度［一九八九］『金中都』北京出版社
余大鈞／周建奇［一九八三］同訳『史集』第一巻第一分冊、商務印書館
――［一九八五］同訳『史集』第二巻、商務印書館
札奇斯欽［一九八〇］「説元史中的「禿魯花」（質子軍）与元朝秘史中的「土児合黒」（散班）」同著『蒙古史論叢』下、学海出版社
張帆［一九八八］「元代翰林国史院与漢族儒士」『北京大学学報（哲学社会科学版）』一九八八年第五期

――――［一九九七］『元代宰相制度研究』北京大学出版社
張松柏／任学軍［一九九二］「遼高州調査記」『内蒙古文物考古』一九九二年第一・二期
趙和平［一九九三］『敦煌写本書儀研究』新文豊出版公司
周良霄［一九八三］「元代投下分封制度初探」『元史論叢』第二輯
周清澍［二〇〇一 a］「汪古部統治家族」同著『元蒙史札』内蒙古大学出版社
――――［二〇〇一 b］「歴代汪古部首領封王事跡」同著『元蒙史札』内蒙古大学出版社
――――［二〇〇一 c］「汪古部与成吉思汗家族世代通婚的関係」同著『元蒙史札』内蒙古大学出版社
――――［二〇〇一 d］「汪古部的領地及其統治制度」同著『元蒙史札』内蒙古大学出版社

【欧米語文献】

Allsen, Thomas T.［1983］"The Yüan Dynasty and the Uighurs of Turfan in the 13th Century", *China among Equals : The Middle Kingdom and Its Neighbors, 10th–14th Centuries*, Edited by Morris Rossabi, Berkeley : University of California Press.
――――［1987］*Mongol Imperialism : The Policies of the Grand Qan Möngke in China, Russia, and the Islamic Lands, 1251–1259*, Berkeley : University of California Press.
Boyle, John Andrew (trans.)［1958］*Genghis Khan : The History of the World-Conqueror*, Manchester : Manchester University Press.
――――［1971］*Successors of Genghis Khan*, New York : Columbia University Press.
Cleaves, Francis Woodman［1951］"The Sino-Mongolian Inscription of 1338 in Memory of J̌igüntei", *Harvard Journal of Asiatic Studies* 14.
Hambis, Louis［1945］*Le Chapitre CVII du Yuan Che*, supplément au *T'oung pao* Vol. XXXVIII, Leìden : E. J. Brill.
――――［1954］*Le Chapitre CVIII du Yuan Che*, monographies du *T'oung Pao* Vol. III, Leìden : E. J. Brill.
――――［1957］"Notes sur l'histoire de Corée à l'époque Mongole", *T'oung Pao* XLV.
Henthorn, William E.［1963］*Korea : The Mongol Invasions*, Leìden : E. J. Brill.
Hsiao, Ch'i-ch'ing［1978］*The Military Establishment of the Yuan Dynasty*, Cambridge : Harvard University Press.
Ledyard, Gari［1963］"Two Mongol Documents from The Koryŏ sa", *Journal of the American Oriental Society* 83-2.
Pelliot, Paul［1923］"Les Mongols et la papauté", *Revue de l'Orient chrétien* XXIII.
Zhao, George Qingzhi［2008］*Marriage as Political Strategy and Cultural Expression : Mongolian Royal Marriages from World Empire to Yuan Dynasty*, New York : Peter Lang.

あとがき

　かつて筆者は、こうした研究書のあとがきで来し方を回想することについて、あまり潔しとしない考えをもっていた。しかし最近、それ自体きわめて人間的な営みにほかならない学問の歴史をのちに社会史的関心からふりかえる際、論考中に直接書きこめない研究活動の原点や周辺状況を記録しておくことは、それなりに有益な史料になるともうようになった。また偶然の出会いが人生の転機になるとはよくいわれるが、筆者の学問生活もその連続であり、それについて口をつぐんでいることは、ある意味、典拠を明記しない行為にも等しい。そこで前言をひるがえして先例にならうことをお許しいただきたい。

　筆者は幼いころから動植物に親しみ、その生態に関心をもってきたが、一〇代になるとそこにホモ・サピエンスもふくまれるようになり、結果的に大学での専攻として歴史学を選ぶにいたった。しかし当初、朝鮮史についてはろくな知識もなく、興味にいたっては皆無だった。東京大学文学部において東洋史学研究室に進学することにしたのは、北アジアや中央アジアの諸民族の歴史、もしくはこれに関わるところの中国史を学ぶためだった。厳しい自然条件に適応するための生活文化、そして周辺地域との多様で複雑な関係性に魅力を感じていたのだが、その根本には〝生き物好き〟からくる生態環境への関心があったとおもう。

　そんなとき、本郷進学前の学部二年次に駒場キャンパスで開講された東洋史の入門講義を担当されたのが、朝鮮古代史の武田幸男先生だった。内容は『三国志』魏書・東夷伝の講読だったが、これを通じて史料の一言一句を徹底吟味する歴史学共通の醍醐味にふれると同時に、〝はじめから興味がある人のための特殊分野〟にしかみえなかった朝鮮史が、〝ユーラシアに大きく開かれ、つながっている歴史〟として、北アジア史などに対して抱いていたものと共通した知的好奇心の対象に変わってきたのである。この偶然の巡り合わせがなかったら、筆者が朝鮮史に目をむけることは、おそらくなかったであろう。

かくして学部三・四年次を通じて武田ゼミの末席をけがしたが、当時の演習テーマが高麗の対外関係だったことは、筆者が朝鮮史に対して抱きはじめた興味関心にもぴたりとはまり、現在にいたるまでこの問題にとりくむ最初のきっかけとなった。おもえばゼミの席上、武田先生は「モンゴルとの関係は研究が手薄で穴場だ」とおっしゃっていた。この授業での筆者の関心は渤海の残存勢力や女真との関係のほうにむいていたので、その時点ではあまり気にとめなかったが、いまになってみると、何かの縁だったのであろう。

ただ卒論のテーマとしては、国際関係から派生して高麗の統治システムに目をむけ、土地制度史に落ち着いた。武田先生にはマンツーマンで構想相談につきあっていただいたが、大学のサークルで東欧の民族舞踊などをやり、それなりに舞台度胸をつけていたはずの筆者は、このときはじめて〝膝が勝手にふるえ出す〟という経験をした。武田先生の声色や表情が恐ろしかったわけではない。先生はよく婉曲な〝禅問答〟で相手のセンスや見識を試され、また「質問は答えがわかってからしなさい」と安直な発言をいましめられたが、ゼミの課題発表とはまた数段異なるレベルで自分のセンス・実力がありのままに問われる状況に、かつてない緊張をおぼえたのである。いまでも論文を書くときには、あのときの感覚をおもい出すようにしている。

武田先生は筆者の学部卒業と同時、一九九五年に東大を定年退職され、大学院からは朝鮮近世史の吉田光男先生に御指導いただいた。吉田先生からは特に〝現地感〟の大切さを教わった。これは、歴史舞台としての朝鮮半島のヒトと土地の実際を体験的にふまえること、そして机上の観念を排して具体的な実態に即して物事をとらえることの二つの意味であり、要するに〝活きた人間の姿がみえる歴史像〟を求めることと理解している。

当初、筆者の朝鮮語力はなかなか上がらず（大した努力もしなかったので当然だが）、近代史専攻の後輩のほうがはるかに現地通だったりして、コンプレックスに似た感情を抱くこともあった。現在でこそ筆者は現場主義のフィールドワーカーを自認して韓国や中国にしじゅう出かけていくが、修士課程時代に吉田先生の現地調査にお伴させていただいた際、〝外国史研究者として現地で言葉が通じないことの情けなさ〟をたっぷり味わったことが原体験である。なお現地を渡り歩くノウハウという点では朝鮮古代史の田中俊明先生の巡見に御一緒させていただいたことも大きい。近世史に関わる対人調査と古代史に関する史跡調査という二つの現場をわずかなりとも体験できたことは、高麗史への応用に役立っている。

それはともかく、大学院でも、史料豊かな他の時代からの誘惑にめげず、修士・博士課程を通じて高麗史にとりくんだ。ここで対モンゴル関係をメイン・テーマとするようになるが、これは北アジア・中央アジアへの原点回帰というより、卒論を通じて、対モンゴル関係の理解不足が高麗内部社会の動向を理解するうえで大きな制約になることを実感したからである。朝鮮社会を理解するツールとしての対モンゴル関係史というスタンスはこうしてかたまっていったが、一方でこのことは、一国史的な朝鮮史像の相対化という問題意識（本書第二章）にもつながっている。これは朝鮮古代史の李成市先生の仕事に触発された部分も大きい。

かつて日本の朝鮮前近代史研究において、高麗史は多くの研究者が集う一つの花形だったが、一九九〇年代後半にはすでに過去の話であった。数少ない先達である北村秀人先生と濱中昇先生にはおりにふれて御示教と激励をいただいたが、東大の院生には筆者以外に高麗史の専攻者はなく、朝鮮前近代史まで広げても博士課程のずっと上のほうに留学生が一人いただけで、日常の研究活動は完全に孤軍奮闘だった。

ただ朝鮮史に関しては吉田先生の近世史ゼミのほか、当時東洋文化研究所にいらっしゃった宮嶋博史先生の近代史ゼミがあった。また学外では新羅史研究会において武田先生、李成市先生、木村誠先生をはじめとする古代史研究者とのつながりがあり、さらに朝鮮史研究会にも参加するようになった。これらのゼミや研究会等は、いずれも学外の関係研究者との出会いの場であり、また朝鮮史全体に目をむけ、研究をとりまく社会情勢について自分なりのスタンスを考える機会ともなった。このころの経験は、学生のニーズに応じて時代を問わず朝鮮史の諸テーマに対応しなくてはならない現在、それなりに役立っているとおもう。

東洋史学研究室においても、アジア諸地域を専門とする個性豊かな教授陣や同窓生たちと有意義な時間をすごした。とりわけ当時の大学院の先輩には〝やたらエラそうな〟うるさ型がそろっており、学部時代の初歩の手ほどきからはじまり、多くの刺激と薫陶をうけた。また日本史や西洋史の知己にも舌を巻くほどのキレモノがいた。おかげで鳥なき里の何とやらにはなれなかったし、分野外の人々とつきあうことで自分のやっていることを外から見る習慣がついた点では、むしろよかったといえる。

独りだったことには、学内の関係資料を独占できるという逆のメリットもある。筆者が大学院に進学する前年の一九九四年、東大文学部の文化交流研究施設に、朝鮮学専門の新機構として朝鮮文化部門が設置された。東大最後の一年の武田先生はそこに移籍され、吉田先生はその新スタッフとして着任された。制度上は学生が所属しない研究室だが、筆者は事実上その専属学生の第一号となった。そのため研究室運営に関連していろいろお手伝いすることは多かったが、そのぶん余慶にもたっぷりあずかった。

ただ東洋史学研究室の朝鮮史関係図書が、新研究室への移管にともない、書庫とは名ばかりの暗くジメジメした（水漏れすらある！）倉庫に移され、利用時にはいちいち施設関係の事務部まで鍵を借りにいかなくてはならなかったことには、いささか閉口した。筆者の二〇代の記憶は、その屋根裏か床下のような狭い空間の薄暗い蛍光灯と、カビの臭いとともにある。吉田先生の個人研究室、およびそれと一体の研究室事務室も講義棟の片隅にある元物置部屋で、急ごしらえ感たっぷりだった。大学に出むいた日にはよくそこで資料のコピーをしたが、ときに吉田先生につかまり（先方の言い分では筆者が帰ろうとせず）、長話が夜遅くまでつづいたりした。

一方、モンゴル史に関しては、東大では細々と独学するしかなかった。そんなとき、当時早稲田大学の院生で現在は職場の同僚である舩田善之氏が元朝・モンゴル帝国史の研究会（『元典章』講読会）を立ち上げ、筆者も発起メンバーにくわえてもらった。この研究会と、そこから生まれたモンゴル史関係のネットワークは、現在にいたるまで筆者が高麗・モンゴル関係史を研究していく貴重な土台となっている。とくに中村淳氏との共同研究にもとづく本書の第六章などは、これぬきでは成立し得なかった。

また一九九九年から二〇〇〇年にかけてソウル大学に留学し、韓国人のコミュニティにひたりきって過ごしたのは、研究のみならず人生の宝でもある。吉田先生を介して国史学科の盧明鎬先生にご紹介いただいてのことだったが、私費による手作り手探りの個人留学である。ダッフルバッグをかかえてモーテルに転がりこみ、各種の手続きを進めつつ下宿を探すところからはじめた。

外国暮らしというのは、当人のかくありたいという理想とは別にウマが合う合わないの現実があるが、幸いにして筆者は韓国とウマが合った。そして何よりうれしかったのは、当然ながら高麗史研究の、それも同世代の仲間が大勢いたことである。研究発表などの際、きわめて専門的な知識にもとづく質疑応答が展開するのは、日本では経験したことがなく、本当にゾクゾクした。長期滞在することが現地感や朝鮮語力を向上させるうえで決定的に有益だったことはいうまでもない。

帰国後ほどなく博士課程を単位取得退学するとともに、二〇〇一年度には日本学術振興会の特別研究員（ＰＤ）に採用され、財団法人東洋文庫に籍をおかせていただいた。が翌年、朝鮮文化部門の解消とともに、東大大学院に新たに韓国朝鮮文化研究専攻が開設されることになり、筆者はその初代助手として採用された。旧組織を継承するとはいえ、ほとんど一からの組織立ち上げである。施設の引っ越し、新しい部屋のレイアウトと備品の手配、第一期生の募集などの裏方仕事でめまぐるしい日々を送り、しまいには本当のめまいに悩まされた。

こうしてみると、筆者の学問生活は、一九九〇年代に入って韓国との学術交流が急速に深まるなか、日本における朝鮮史の研究教育基盤が大きく発展する過程と並行している。筆者はそのなかでいくつかの重要な画期に立ち会い、幸運にもそこでチャンスをあたえられた。良くなっていく時代の恩恵をこうむった立場でエラそうにいうべきことではないが、現在の環境が整った後から朝鮮史にとりくむようになった人たちには、それが自明ではなく、しかも比較的最近の状況好転であることを、ぜひ知ってもらいたい。
忙しかった助手暮らしも一年で終わり、二〇〇三年度からは心機一転、九州大学の朝鮮史学研究室に職を得て、いまにいたっている。現在の日本で稀少・貴重な存在である朝鮮史の専門講座を担当することの責任は、マイペースな筆者でもいささか重く感じるところで、最初のころは講義やゼミを受講する学生の顔が、当研究室の卒業生であるコワい先輩研究者（複数）のそれにみえてすこぶる緊張したものである。先年、着任と同時に修士課程に進学してきた学生が博士号を取得し、シーズンIが終わってシーズンIIにはいったと感じている。

この間、研究室主任の濱田耕策先生には自由な研究活動をお許しいただき、深く感謝をもうしあげる。また歴史学をはじめとする関連講座の同僚にもめぐまれ、自分なりのスタンスとペースを保ちつつ、新しいことにも挑戦して、それなりに幅を広げることができているとおもう。

福岡の地は朝鮮半島や中国大陸を股にかけて動き回るにはまことに地の利を得ており、土地柄も筆者にとって相性がよい。古くからの対外交流の窓口にきたことで、国際関係史に関する筆者の関心も、国家間の高次の政治関係のみならず、その下で展開するヒト・モノ・情報の動きと、それを支える船乗りなどの人間活動へと広がった。最近は越境汚染の最前線にいることを実感させられることも多く、またその一因である彼の地（複数国）の自然破壊を現地で目の当たりにすることで、かつての〝生き物好き〟がぶりかえし、いわゆる環境史にも関心がむいてきた。

最後に、御本人はこんなところで言及されて迷惑かもしれないが、高麗史研究に学恩ある先達の一人として奥村周司先生について触れておきたい。奥村先生は一九七〇年代より高麗の国際的な国家姿勢について刺激的な論考を発表され、その成果は筆者の問題意識にも大きな影響をあたえたが、私立学校勤務という本務を別にお持ちのなかで研究を継続してこられた。〝研究そのものを本務とする立場をあたえられた者が、その職分に見合った仕事をしているか〟と自問するとき、筆者にとって先生の仕事はみずからの怠慢をいましめるものであり、おかげでこれまでのところ、質はともかく量的には手綱をゆるめずにこられたとおもう。もちろんこれは、御本人の人生観とはまったく無関係な、筆者の勝手な想いである。ただ現在の日本で朝鮮史の研究職ポストはまだまだ少なく、それを得る運にめぐまれた者の学問に対する責任はそれだけ大きいのであるから、斯学の発展を願う意味で、あえて述べさせていただきたい。

本書は、筆者が二〇一〇年に東京大学に提出し、翌一一年に博士（文学）の学位を授与された学位請求論文『高麗・元関係の基本構造――モンゴル帝国の覇権と高麗王家』を原型とする。審査を御担当くださった六反田豊（主査）・吉田光男・村井章介・早乙女雅博・佐川英治の各先生には、あらためて感謝をもうしあげたい。

序章以外の各章は、一九九八年から二〇一一年にかけて発表してきた個別論文をもとにするが（終章の原論文はシンポジウム報告を兼ねて執筆され、博士論文提出後に公刊）、一編の学位論文、一冊の書籍として編みなおすにあたり、旧稿の不備を全面的に補訂し、記述を一新した個所も多い。今後は本書をもって関係論考の決定稿とみていただければ幸いである。

刊行にあたっては、平成二五年度日本学術振興会科学研究費補助金（研究成果公開促進費〈学術図書〉）の交付をうけた。名古屋大学出版会の三木信吾氏と長畑節子氏には、出版に素人である筆者をはじめからおわりまで、暖かくかつ熱心にサポートいただき、心から御礼をもうしあげる。

私事ながら、後先を考えず気ままな人生を送る息子に何一つ干渉がましいことをいわず放任してくれた両親、そして、いまもそのような夫であり父である筆者に対し、日々明るい食卓を用意してくれる妻と二人の子どもに感謝する。

二〇一三年九月一〇日

森平雅彦

初出一覧

序　章　新稿

第一章「駙馬高麗国王の成立――元朝における高麗王の地位についての予備的考察」（『東洋学報』第七九巻第四号、一九九八年）

第二章「高麗王位下の基礎的考察――大元ウルスの一分権勢力としての高麗王家」（『朝鮮史研究会論文集』第三六集、一九九八年）

第三章「高麗王家とモンゴル皇族の通婚関係に関する覚書」（『東洋史研究』第六七巻第三号、二〇〇八年）

第四章「元朝ケシク制度と高麗王家――高麗・元関係における禿魯花の意義に関連して」（『史学雑誌』第一一〇編第二号、二〇〇一年）

第五章Ⅰ「13世紀前半における麗蒙交渉の一断面――モンゴル官人との往復文書をめぐって」（한일문화교류기금《韓日文化交流基金》／동북아역사《東北亜歴史》재단《財団》編『몽골의《モンゴルの》 고려《高麗》・일본《日本》 침공과《侵攻と》 한일관계《韓日関係》』景仁文化社、二〇〇九年）

同　Ⅱ「牒と咨のあいだ――高麗王と元中書省の往復文書」（『史淵』第一四四輯、二〇〇七年）

第六章　中村淳／森平雅彦「韓国・松広寺所蔵の元代チベット文法旨」（『内陸アジア史研究』第一七号、二〇〇二年）「はじめに」・第Ⅲ節、および森平雅彦「大元ウルスと高麗仏教――松広寺法旨出現の意義に寄せて」（同前誌）

第七章「高麗における元の站赤――ルートの比定を中心に」（『史淵』第一四一輯、二〇〇四年）

第八章「『賓王録』にみる至元十年の遣元高麗使」（『東洋史研究』第六三巻第二号、二〇〇四年）

第九章「事元期高麗における在来王朝体制の保全問題」（『北東アジア研究』別冊第一号、二〇〇八年）

終　章「제국《帝国》 동방《東方》 변경에서《辺境で》 일본을《日本を》 막는다《防ぐ》――원《元》 제국《帝国》 속에서《における》 고려의《高麗の》 기능적《機能的》 위치《位置》」（동북아역사재단《東北亜歴史財団》／경북대학교《慶北大学校》 한중《韓中》교류연구원《交流研究院》編『13～14세기《世紀》 고려《高麗》-몽골관계《モンゴル関係》 탐구《探究》』동북아역사재단《東北亜歴史財団》、二〇一一年）

朝鮮史研究会編
朝鮮史研究入門
A5・538 頁
本体4,400円

礪波護／岸本美緒/ 杉山正明編
中国歴史研究入門
A5・476 頁
本体3,800円

宮　紀子著
モンゴル時代の出版文化
A5・754 頁
本体9,500円

承　志著
ダイチン・グルンとその時代
—帝国の形成と八旗社会—
A5・660 頁
本体9,500円

岡本隆司著
属国と自主のあいだ
—近代清韓関係と東アジアの命運—
A5・524 頁
本体7,500円

A. シュミット著　糟谷憲一他訳
帝国のはざまで
—朝鮮近代とナショナリズム—
A5・336 頁
本体4,800円

池内　敏著
大君外交と「武威」
—近世日本の国際秩序と朝鮮観—
A5・468 頁
本体6,800円

池内　敏著
竹島問題とは何か
A5・402 頁
本体4,600円

山本有造編
帝国の研究
—原理・類型・関係—
A5・406 頁
本体5,500円

《著者略歴》

森《もり》 平《ひら》 雅《まさ》 彦《ひこ》

1972 年生

2002 年　東京大学大学院人文社会系研究科博士課程単位取得退学

現　在　九州大学大学院人文科学研究院准教授，博士（文学）

著　書　『モンゴル帝国の覇権と朝鮮半島』（山川出版社，2011 年）

『東アジア世界の交流と変容』（共編著，九州大学出版会，2011 年）

『中近世の朝鮮半島と海域交流』（編著，汲古書院，2013 年）他

モンゴル覇権下の高麗

2013 年 11 月 30 日　初版第 1 刷発行

定価はカバーに
表示しています

著　者　森　平　雅　彦

発行者　石　井　三　記

発行所　一般財団法人　名古屋大学出版会

〒 464-0814　名古屋市千種区不老町 1 名古屋大学構内
電話(052) 781-5027 / FAX(052) 781-0697

© Masahiko Morihira, 2013

Printed in Japan

印刷・製本 ㈱クイックス

ISBN978-4-8158-0753-5

乱丁・落丁はお取替えいたします。

Ⓡ〈日本複製権センター委託出版物〉

本書の全部または一部を無断で複写複製（コピー）することは，著作権法上の例外を除き，禁じられています。本書からの複写を希望される場合は，必ず事前に日本複製権センター（03-3401-2382）の許諾を受けてください。

索　引

ア　行

カ　行

サ　行

タ　行

ナ　行

ハ　行

ワ 行

A-Y